"博学而笃志，切问而近思。"
（《论语》）

博晓古今，可立一家之说；
学贯中西，或成经国之才。

复旦博学·复旦博学·复旦博学·复旦博学·复旦博学·复旦博学

作者简介

陆晔，复旦大学新闻学院教授、复旦大学信息与传播研究中心研究员。教育背景：华中理工大学工学学士，北京广播学院法学（新闻学）硕士，复旦大学法学（新闻学）博士，香港中文大学博士后，美国南加州大学富布赖特访问学者。主要研究领域：新闻生产社会学，受众与传播效果研究，新技术、影像、日常生活，公共艺术传播。

赵民，复旦大学新闻学院副教授。教育背景：复旦大学法学（社会学）学士，复旦大学法学（新闻学）硕士，复旦大学法学（新闻学）博士。主要研究领域：广播电视法规与制度、媒介社会学、新媒体与网络传播、大众文化研究等。

新闻与传播学系列教材／新世纪版

本教材得到复旦大学本科课程教材建设项目的资助和复旦大学新闻学院一流学科建设项目的支持

博学

当代广播电视概论

（第三版）

陆晔 赵民 著

复旦大学出版社

内容提要

第二版推出十年后,在传统广播电视面临挑战、视听新技术快速发展的时代背景下,《当代广播电视概论》(第三版)修订成书。

《当代广播电视概论》是广播电视学专业基础课程教材,也是非广播电视学专业学生及广播电视从业者了解广播电视媒介的入门教材。本书将广播电视最基本的历史沿革、制度、技术发展、现状和运作策略等结合起来进行深入浅出的阐述,勾勒出广播电视行业相对完整的样貌。

第三版在第二版的基础上,做了较大修改:在结构上,原十七章调整为十四章,前五章呈现传统广播电视行业历史沿革和基本概览,后九章详述广播电视视听要素、节目、受众、社会功能;鉴于信息时代获取知识的便利性,压缩便于获取的知识细节,腾出更多篇幅来提供有关移动互联网时代视听文化的现状描摹、案例分析、未来前瞻。延续第二版的结构,每一章后提供有针对性的延伸阅读书目,方便读者做进一步研究。

本书作者教授广播电视学专业课程三十余年,对于课程内容组织、结构有着丰富的经验。本书是作者长期科研及教学实践累积的产物,适用于广大新闻传播学师生。

第三版前言

2021年1月23日是中国湖北省武汉市为防止新型冠状病毒肺炎（COVID-19）扩散而"封城"一周年的日子。非虚构影像机构Figure在其官方微博"@FigureVideo"和微信公众号上同时推出《武汉封城一周年特别专辑——武汉一年：被夺走的亲人和春节》，23分钟的短纪录片在微博和微信上分别有6万次和1.5万次观看量；一位武汉的外卖小哥、因"封城"期间冒着巨大风险坚持工作并为普通市民和医护人员配送物资而为人们所熟知的"老计"，用他在"封城"76天里走街串巷送外卖、头戴GoPro拍摄的视频素材，剪辑制作了一支5分钟的音乐视频《老计的平凡之路》，发在他自己的微博账号"@计六一六"上，有4.1万次观看量。

也是在这一天，据多家媒体报道，美国87岁高龄的知名主持人拉里·金（Larry King）在洛杉矶一家医院不幸病逝，此前曾有媒体报道他感染新冠肺炎。拉里·金可以说是第一个在世界范围内享有盛誉的电视脱口秀节目主持人，在美国更是家喻户晓。他24岁从迈阿密一家小广播电台DJ起步，从广播脱口秀到电视脱口秀，半个世纪职业生涯采访过5万名各界人士，主持了25年的品牌节目《拉里·金现场》（Larry King Live）一直是美国有线电视新闻网（CNN）收视率最高的节目。他那一副大黑框眼镜、领带、衬衫挽起袖口、吊带西裤的装束，也成为令人印象深刻的、独一无二的电视荧屏形象。

拉里·金的辞世，似乎象征着传统广播电视黄金时代的谢幕——收音机和电视机不再是家庭与个人闲暇时间最主要的陪伴。取而代之的是手机，各类手机应用App，尤其是基于移动互联网的社交媒体，成了今天人们获取信息、享受娱乐、进行社会交往的重要平台。与传统广播电视"一点对多点"的传播模式截然不同，互联网是"多点对多点"的，就像著名媒介文化学者曼纽尔·

卡斯特在《网络社会的崛起》中强调的,"无时间的时间"、"流动空间"不仅创造了前所未有的"真实虚拟文化",也让社会大众从大规模无差别的受众真正成为传播的"节点主体"。智能手机的普及,4G/5G信号的广泛覆盖,由人工智能技术驱动的各式各样影音制作App的便捷化,共同降低了传统广播电视时代的专业技术门槛,民众成为视听产品的生产者,稀释了过往传统广播电视行业主导的机构媒体的视听产品生产,甚至改变了声音和影像的主流叙事。

以抖音、快手等为例,个人用户生产的短视频内容取向和移动端的碎片化、趣味性短视频消费习惯,催生了大量"网红城市",与传统广播电视机构呈现的城市形象大相径庭。例如,2019年抖音上最受欢迎的西安城市短视频不是与大小雁塔、兵马俑、碑林这些名胜古迹相关的内容,而是以在抖音上年播放量超过25.9亿的《西安人的歌》作为背景音乐的热门短视频呈现的民俗"摔碗酒"、美食"毛笔酥",其中,永兴坊"摔碗酒"单条短视频播放量超过8 000万次,"网红城市"标签下的西安城市短视频的总播放量在2019年达到80亿次。抖音上的重庆,最热门的是那些能够凸显"8D魔幻山城"形象的网红打卡点——"穿楼而过"的李子坝轻轨站、"27层也是1层"的休闲广场,这些短视频内容在抖音上为"网红城市"重庆吸引了一年113.6亿次的短视频总播放量。抖音上的上海,那些普通人,如"车载音响系统比车贵"的滴滴司机、"最美小姐姐"——迪士尼"网红"安全员,成为这座国际大都市的视觉表征。还有抖音累计播放频次62.5亿、点赞量5.5亿次的四川成都环卫工人变身时尚超模的短视频,有205万粉丝的广东东莞摆摊夫妻,超过700万粉丝的辽宁沈阳调酒师,"让每一个生活都可以被看见"的快手平台理念催生的376万粉丝的河北保定"废材爱迪生"手工耿,345万粉丝的贵州天柱县女孩"爱笑的雪莉吖",将近60万粉丝的东北佳木斯"笑星"老四……

这一切,在传统广播电视时代都是难以想象的。

这正是我们修订《当代广播电视概论》的理论前提和现实场景。这本书从第一版到第二版间隔了十年,我们亲历了中国广播电视行业在市场化背景下的飞速发展,将我们的所思所想在第二版中呈现出来。从第二版到第三版又是十年,这是最坏的十年,也是最好的十年。一方面,新的信息与通信技术革命为包括广播电视在内的传统媒体行业带来巨大冲击,传统媒体"危机话语"不绝于耳;另一方面,数字化和移动互联网推动的传播活动前所未有地活跃。在2019年美国第71届艾美奖颁奖典礼上,开场嘉宾、《绝命毒师》主演布莱恩·克兰斯顿(Bryan Cranston)说:"50年前,尼尔·阿姆斯特朗登上月球,透过电视的力量,6亿人、5 300万户家庭一道见证,收视率可真不错。我当时13岁,坐在电视机前面开启了全新的可能性:我能成为任何人!我能去到任何地方!50年后,电视仍然能够把我们带去遥远的地方,比如'临冬城'、'颠倒世界',甚至'热带天堂',它将我们迎进许多人的家,让我们跟'邓菲'一家一起欢笑,与'皮尔逊'一家一起哭泣……电视从未有过如此庞大的规模,电视从未如此重要,电视从未如此出色。"而颁奖嘉宾、担任过美版电视音乐类真人秀《蒙面歌王》评委的肯·郑(郑江祖)则把互联网短视频应用带进了这个向来是面向传统电视行业的颁奖典礼现场:"大家,我需要各位帮忙。我的孩子完完全全迷上了TikTok(抖音国际版)。你们听说过这个应用程序吗?我需要你们帮我录一段……我已经拍好开头和结尾,需要你们大家帮我完成中间的精华部分。我希望微软剧院的5 000个嘉宾用尽全力尖叫,来吓唬一下我家小屁孩。对哦,我知道我是个多棒的爸爸。"传统广播电视和新兴手机短视频社交应用两相对应、相互嵌入,正是我们今天讨论广播电视,乃至整个机构媒体主导的传统大众传播行业和新技术发展的重要背景与立足点。

鉴于互联网时代获取知识的便利性,第三版在保留传统广播电视行业历史沿革和基本概览的前提下,压缩那些在今天这个信息时代便于获取的知识细节,腾出更多篇幅来提供有关移动互联网时代视听文化的现状描摹、案例分析、未来前瞻,以期勾勒出从传统广播电视时代一路走来,但日益超越传统广播电视的新视听行业的面貌,并且展望新传播技术驱动下新型视听文化的未来。

第三版修订的分工:赵民完成第一、二、三、四、五章,陆晔完成第六、七、八、九、十、十一、十二、十三、十四章;由陆晔统稿。

感谢从第二版到第三版这十年间,复旦大学新闻学院广播电视学系每一位与我们共度课堂时光的本科生、研究生和助教同学,感谢传统媒体和新媒体行业的各位好友,感谢学界同人,那些曾经在课堂内外、在新闻现场、在餐桌上讨论,甚至激烈争辩的话题,都在这本书里留下了深浅不一的印记。

  感谢复旦大学本科课程教材建设项目的资助,感谢复旦大学新闻学院一流学科建设项目的支持。

作者

2021 年 4 月 30 日

第二版前言

八年前,编撰《当代广播电视概论》,是因为在承担广播电视专业本科生课程"广播电视概论"的教学工作时,我们深切地感到,一本既能满足专业基础课教学的系统性,又能结合当今中国广播电视业的现状和发展,并且与本专业其他课程,如"广播电视新闻采访与写作"、"节目制作"、"节目构成"等有效衔接的教材,是十分必要的。因此,从一开始我们就试图将广播电视最基本的理念、制度、历史沿革、现状和运作策略等结合起来,通过这样一本入门教材,勾勒出广播电视行业,尤其是中国广播电视业现状的相对完整的样貌,尽管这一样貌仍然是比较粗线条的。在这一编撰思路下,2002年版的《当代广播电视概论》的17个章节在结构上大体可归纳为四个主要部分,即广播电视的历史、现状和社会功能,广播电视主要节目类别概述,广播电视技术的基本特征和发展,广播电视的规制与经营管理。

这一思路在如今的《当代广播电视概论》(第二版)中得以延续,在结构上仍然从上述四个主要部分来展开。然而,与第一版相比,我们关注的重点有了一些改变。

这一改变首先定位于一个全新的议题,即全球化背景下世界广播电视行业近年来的飞速发展,尤其是与中国社会改革和媒介改革同步发展的广播电视的新变化,以及新媒介技术对传统广播电视行业的深刻影响。尽管作为广播电视专业基础课的第一本入门教材,我们依然需要从广播电视的发端和它们最基本的传播特点开始说起,尽管我们根本无法在一本最基础的教材里涵盖这个行业种种新的变化趋势,但是,基于对广播电视急剧变化的行业现实的观照,《当代广播电视概论》(第二版)是以全新的内容为主的。换言之,第二版与第一版一样,还是17个章节,但是,不仅相当一部分章节改换了新的主题,即便与原有的主题一样,内容也都是全新撰写的;而且余下的极少量原有内容,也都进行了大幅度的修订和更新。这样的改变也源于我们八年来讲授"广播电视概论"课的心得,更重要的是,源于年复一年在课堂上和课堂之外,与众多修读这门课程的同学的沟通,以及与兄弟院校同样使用《当代广播电视概论》作为参考教材授课的教师的交流。

《当代广播电视概论》(第二版)撰写的具体思路和大致内容如下。

首先,在全书的结构上,充分考虑到一些院校的广播电视专业在授课内容上需要"广播电视概论"课程讲授最基本的内容,并且与之后的其他专业课有效衔接;而另外一些院校的非广播电视专业在校期间只教授这样一门广播电视方向的入门课程,需要一本入门教程就能够大体上涵盖广播电视的方方面面。因此,本书在保持原有结构的四大部分(广播电视的历史、现状和社会功能,广播电视主要节目类别概述,广播电视技术的基本特征和发展,广播电视的规制与经营管理)基本不变的前提下,对于每一部分的具体内容做了调整,将世界广播电视的三大体制、广播电视传播的特性与社会功能、广播电视的传播符号独立成章,增加广播电视受众与受众研究,以期在结构上更具系统性和完整性,并且在内容分配上详略得当,可供任课教师根据实际授课需要灵活调整。

其次,在具体每一章节的内容上,都根据广播电视行业的新特点和新变化删改了已经不合时宜的提法,根据新的行业发展变化趋势撰写了相关内容,尤其是与节目形态、样式和受众研究相关的部分,增加了大量的新内容,比如频道频率的专业化、新闻节目的新发展、娱乐节目的多种节目类型、受众调查和电视节目欣赏指数等。同时,根据需要适当增加了一些具体的节目案例分析,一方面可以强化本课程与广播电视实践的互动;另一方面,也通过这种方式抛砖引玉,促进读者从不同章节涉及的各种内容和观点生发开来,对广播电视行业的现状和未来进行思考。

最后,我们在每一章的末尾都提供了一个延伸阅读及参考文献书目,其中包括少数影音内容的索引。这个庞大的书目并不是要给读者增加心理负担,也并不要求每个读者都完成如此大量的阅读。我们坚持增加这部分的内容,主要是由于本书的篇幅有限,同时限于全书的逻辑结构,很多相关内容无法在书中得以完整体现。因此，我们挑选了一些有针对性的素材、资料、文献等，目的是帮助那些对某些特定章节的内容有兴趣的读者，从延伸阅读及参考文献中获得一个相关资料检索的途径或入口。我们对这些材料的选择标准是对丰富相关章节的认知、素材有帮助，但这并不意味着我们完全认可他们的观点和素材的准确性，有些延伸阅读本身是为读者提供一些有益的参照或对比。

在我们年复一年讲授"广播电视概论"的课里课外，我们总是会忍不住提起，广播电视行业是一个多么令人着迷的行业。同样的设备、不同的理念，同样的素材、不同的从业者，有时会有截然不同的结果。它缤纷绚丽，又充满艰辛。在这个行业里，除了专业知识，还需要勇气、智慧、思想、良知、理想、使命、责任，有时甚至是一些小小的灵感和运气。所有这些，都不是从教科书里面能够得来的，而是需要你的全心投入，才能逐渐体会到。跟以往一样，我们所能做的，只是通过我们的认真努力，为大家提供一个相对完整和前沿的有关广播电视最基础的学科平台，并且仍旧期望从这里出发，每一个进入这个行业的同学，都会有更加宏伟的建构。当然，本书仍可能存在疏漏和不当之处，恳切希望得到来自各方的批评和指正。

感谢复旦大学新闻学院每一位曾经和正在课堂上与我们分享广播电视行业点点滴滴快乐和坚持的同学；感谢周围的师长、同事好友的鼓励与支持；感谢复旦大学出版社为本书编撰提供的支持与帮助；还有参与本书第一版的所有作者，尽管在新的一版中，你们原先的文字几乎全部被更换，但你们提供的良好的基础给我们搭建了进步的平台；感谢所有帮助过我们的人们，没有你们，这本书无法面世。

陆 晔 赵 民
2010年10月10日

目 录

第一章 广播电视发明与技术基础 … 1
 第一节 广播电视与人类传播史革命 … 1
 第二节 声音广播的发明与早期发展 … 11
 第三节 电视广播的发明与发展 … 18
 第四节 广播电视的主要技术标准 … 22

第二章 世界广播电视体制 … 32
 第一节 世界广播电视体制：三种模式 … 32
 第二节 商业广播电视的发展：美国模式 … 40
 第三节 公共广播电视的发展：西欧/日本模式 … 51
 第四节 国营/国有广播电视的发展：中国模式 … 56

第三章 中国广播电视的起步和发展 … 69
 第一节 民国时期广播事业概况 … 69
 第二节 人民广播事业的诞生与发展 … 75
 第三节 新中国电视事业的诞生与发展 … 83
 第四节 港澳台地区广播电视概览 … 103

第四章 广播电视技术发展：有线系统、卫星系统、"三网融合" … 132
 第一节 有线电视系统的特点与发展概述 … 132
 第二节 有线电视系统的频道资源与管理 … 146
 第三节 卫星技术应用于广播电视传播 … 154
 第四节 中国卫星电视广播的应用与发展 … 160
 第五节 卫星电视广播的跨境传播与管理 … 174

第六节　"三网融合"和"全国一网" ……………………………… 183

第五章　中国广播电视法规与从业者 ……………………………… 200
　　第一节　中国广播电视管理的行政和法规体系 ………………… 200
　　第二节　核心法规：从《广播电视管理条例》到《广播电视法》…… 220
　　第三节　中国广播电视节目的规范与管理 ……………………… 228
　　第四节　中国政府对境外影视剧的管理与规范 ………………… 234
　　第五节　中国广播电视从业者现状及发展目标 ………………… 239

第六章　广播电视的视听语言——声音与画面 …………………… 245
　　第一节　广播电视的传播符号 …………………………………… 245
　　第二节　声音语言：从广播到电视 ……………………………… 254
　　第三节　广播电视中的音响与音乐 ……………………………… 258
　　第四节　电视画面、镜头语言、声画关系 ……………………… 261
　　第五节　新技术时代的视听语言：新的可能 …………………… 266

第七章　广播电视节目——类别、市场与编排 …………………… 271
　　第一节　中国广播电视节目的沿革和基本类别 ………………… 271
　　第二节　栏目、板块和频率/频道专业化：中国广播电视节目的
　　　　　　发展 ……………………………………………………… 279
　　第三节　广播电视市场全球化的历史过程 ……………………… 284
　　第四节　广播电视节目的类型化策略和节目编排 ……………… 289

第八章　广播电视新闻——类别与变化 …………………………… 298
　　第一节　广播电视新闻的概念和基本类别 ……………………… 298
　　第二节　现场直播和民生新闻：中国广播电视新闻改革的重要维度 …… 306
　　第三节　移动互联网时代的广播电视新闻："液态"新闻业的启示
　　　　　　……………………………………………………………… 313

**第九章　广播电视新闻——全新闻频率/频道、深度报道、非虚构文本和
　　　　　可视化** ………………………………………………………… 324
　　第一节　广播电视全新闻频率/频道的理念和实践策略 ………… 324

第二节　广播电视新闻深度报道的发展和意义 ……………… 348
　　第三节　移动互联网时代的非虚构文本和可视化 ……………… 359

第十章　广播电视谈话节目 …………………………………… 370
　　第一节　广播电视谈话节目的基本内涵和发展 ………………… 370
　　第二节　广播电视谈话节目的类别和特征 ……………………… 388
　　第三节　互联网时代的谈话节目 ………………………………… 399

第十一章　广播电视文艺娱乐节目 …………………………… 405
　　第一节　广播电视文艺娱乐节目沿革和类别 …………………… 405
　　第二节　广播音乐节目和音乐广播 ……………………………… 416
　　第三节　广播电视游戏节目 ……………………………………… 422
　　第四节　电视真人秀 ……………………………………………… 431
　　第五节　广播剧和电视剧 ………………………………………… 442

第十二章　广播电视体育节目 …………………………………… 454
　　第一节　广播电视体育节目的特点和种类 ……………………… 454
　　第二节　中国广播电视体育节目的历史和发展 ………………… 462
　　第三节　广播电视产业和体育产业的互利共赢 ………………… 471

第十三章　广播电视受众与受众研究 …………………………… 481
　　第一节　广播电视受众：特征与变化 …………………………… 481
　　第二节　广播电视受众研究：视听率测量 ……………………… 488
　　第三节　广播电视受众研究：电视节目欣赏指数 ……………… 498

第十四章　广播电视的社会功能与技术驱动的未来 ………… 507
　　第一节　广播电视的社会影响和传播特性 ……………………… 507
　　第二节　广播电视的社会功能 …………………………………… 517
　　第三节　超越广播电视：技术驱动的未来 ……………………… 524

第一章 广播电视发明与技术基础

本章概述

从人类传播变迁的视角,了解广播电视的基本定义及三次媒介形态变化,对广播电视技术发明、早期历程及技术基础有基本的认知,初步树立起以历史和发展的眼光理解、看待广播电视的学习视角,培养将广播电视视为学习、研究对象的专业理解。

第一节 广播电视与人类传播史革命

2021年1月13日,皮尤研究中心发布的《2020年跨社交媒体平台的新闻使用情况》报告显示,53%的美国成年人自我报告他们"经常"或"有时"从社交媒体获取新闻;他们获取新闻会同时使用多个不同的社交网站,其中,作为人们常规新闻来源的社交媒体前五名分别是Facebook、YouTube、Twitter、Instagram和Reddit,用这些网站作为自己常规新闻来源的人数比例分别是36%、23%、15%、11%和6%[①]。信息与传播技术(Information & Communication Technology,简称ICT)革命对当下新传播形态的深刻影响,使得包括广播电视[②]在内的传统媒体行业的"危机话语"凸现(Zelizer, 2015; Alexander, Breese &

[①] 参见皮尤研究中心官网, https://www.pewtrusts.org/zh/topics/media-and-news, 最后浏览日期: 2021年1月30日。

[②] 广义的"广播"(broadcast)包括"声音广播"(radio)和"电视广播"(television);狭义的"广播"仅指"声音广播"。根据中文使用习惯,如未经说明,本书所称"广播"均特指"声音广播";"广播"的广义含义则以"广播电视"词组来代替,包括本书书名;但在特定语汇或译名中,仍少量保留"广播"的广义用法,如"英国广播公司"、"哥伦比亚广播公司"等。

Luengo,2016)。随着技术和社会的整体变迁,传统媒体在商业模式、生产常规、文本形态、与使用者的关系等多个方面遭遇巨变和挑战(王辰瑶,2018)。报纸、广播、电视在相当长一段时间内"三分天下"的稳定格局被彻底撼动。尽管如此,广播电视也在移动互联网和数字化时代获得了新的发展契机。2020年10月28日,第四届"阿基米德声音盛典"发布年度广播节目推荐。这个以"阿基米德"喻指"通过每一个广播节目形成的支点,帮助用户撬动声音的世界"、近百家省市级广播电台正式入驻使用、覆盖全国所有省市及全球一百多个国家和地区的移动社交音频平台①,聚合多平台数据,从两万多档广播节目中,对跨地域、跨人群、跨类型的节目,进行抓取、分析,并且经过业界、学界、互联网专家导师的复评,推出2020年度十大维度的100个优质广播节目和主播,如"十大IP节目"、"十大健康科普节目"、"十大女性节目"、"十大跨界主播"等②,无不体现出新传播环境下广播节目的新样态。2021年1月29日,赛立信媒介研究官方微博发布"中国广播频率融媒体云传播金牌榜(2021年1月3日—1月9日)",国家级广播频率融媒体云端点击量和云听指数冠军均为中央广播电视总台中国之声,点击量3 056.20万次,云听指数37.66%;省级电台和城市电台融媒体云端点击量冠军分别是上海电台和郑州电台,点击量分别为1 161.93万次和419.21万次③。

  由此可见,广播电视从初具雏形到当代数字技术发展的日新月异,虽然不过100多年的时间,但广播电视的基本概念、技术特征,以及相关的组织结构和社会功能已发生很大变化,要用简单几句话来阐释清楚恐怕并非易事。但不可否认的是,作为20世纪最伟大的发明之一,广播电视不仅在很大程度上改变了全球人类的生存环境、生活方式、价值观念和文化体验,而且对社会的政治、经济、文化、公共事务等各个领域都产生了深远影响。

  尽管"广播"这个词汇在中国汉代典籍中就有使用,如汉桓谭《新论·琴道》"八音广播,琴德最优",再如裴松之对《三国志·孙策传》的注释中转引《吴录》"陛下广播高泽,不遗细节"等,但其中的"广播"为广泛传播、普遍施予的字面意义,与现代语义上的专用名词"广播"的含义不同。我们可以给广播

---

① 参见阿基米德官网,http://www.ajmide.com/home/about.html,最后浏览日期:2021年1月30日。
② 参见《2020"阿基米德"声音盛典在沪举办》(2020年10月29日),中国新闻网,http://www.sh.chinanews.com/yule/2020-10-29/82043.shtml,最后浏览日期:2021年1月30日。
③ 赛立信融媒体云传播效果数据的"点击量"、"云收听"指的是特定时段内频率或节目在主流音频聚合平台喜马拉雅、蜻蜓FM等手机应用上被用户点击的总次数,反映的是在线实时直播收听状况。参见赛立信媒介研究官方新浪微博(2021年1月29日),https://weibo.com/1322740771/JFojTf4BY,最后浏览日期:2021年1月30日。

电视下一个简明的定义：一般认为，通过无线电波、线缆系统等（包括电缆、光纤及将来可能发展的其他传输介质或技术）向广大地区或一定区域有规律地传输含有节目内容的视频、音频信号，上述机构、传输的内容及传播过程本身，可统称为广播系统（broadcast）。

广播按照不同的标准可以有不同的类别划分。按照传播信号划分，只传送音频信号的，称为声音广播或电台广播，简称广播（radio）；同时传送音频（声音）及视频（图像）信号的，则叫电视广播，简称电视（television）。按照传输方式划分，通过无线电微波开放式传送的，叫无线广播或开路广播；通过电缆或导线封闭式传播的，则叫有线广播①或闭路广播；其中，以人造地球卫星作为转发站传送信号的，叫卫星广播电视；通过互联网技术进行传送的，叫网上广播（online broadcasting 或 webcasting）。按照覆盖范围，可分为地方广播、全国广播和国际或区域广播。按照传输技术标准，则分为传统的模拟广播和数字广播。

与其他大众传播媒介相比，广播电视的物质技术基础与信息载体有所不同。报刊书籍作为纸质媒介，其物质技术基础是印刷技术设备，其信息载体是纸张，并且通过一定的发行渠道被受众获得；同样作为视听媒介的电影，其物质技术基础是感光技术设备，其信息载体是胶片或数字硬盘，并且通过发行和放映渠道传递给受众；而广播电视是电子媒介，其物质技术基础是电子摄录设备，其信息载体是无线电波或导缆，它不需要特别的发行渠道。由于无线电信号的传播速度为每秒钟30万千米，在信号发射的同时，只要受众打开接收设备，就可以几乎同步接收到。卫星传送更使得广播电视的覆盖范围遍及全球各个角落。而有线电视所具有的双向传播的技术可能性大大地拓展了印刷媒介的传播功能，并且建立起与受众的直接联系。人们以广播、电视为媒介，建立专门的机构并形成一定的系统和规模，向社会提供信息、娱乐、服务等，是社会影响力巨大的大众传播活动之一。

当然，由于电视同时具备声音与画面元素，更符合人们的感知习惯，因此，在大部分国家（地区），电视要比广播更常被受众视为日常信息媒介，而广播往往对开车人士、老年人、学生等特定群体具有更多影响力。赛立信媒介研究公司2018年媒体用户基础调查的数据显示，中国的广播电视受众的接收习惯也符合这个特点：用户经常接触的媒体，电视为72.7%，广播为42.8%，报纸为

---

① 中国的有线广播站除了偏远农村地区及一些企事业单位内部之外已很少使用，但世界一些国家、地区或特殊场合，仍保留部分有线广播的实际运用。此外，一些广播电台为了提高播音质量，充分利用有线电视网络系统，通过有线电视网络传输调频广播节目信号，成为新的意义上的"有线广播"。

21.6%,杂志为 10.3%,互联网为 90.7%①。

一、人类传播史的三次媒介形态大变化

在媒介学者看来,传播媒介的形态变化,除了现实需要和压力,社会和技术革新的复杂相互作用是其中一个重要的成因。如果将人类社会的传播系统作为一个整体进行考察,就会发现新媒介不是自发地和独立地产生的,它们是从旧媒介的形态变化中逐渐产生的。当较新的传媒形态出现时,较旧的形态通常并不会凋亡,而是会继续演进和适应。媒介形态变化的三个关键概念是共同演进、汇聚和复杂性。当然,不同媒介领域也有其主要特征和区分度。若以人际领域、广播领域、文献领域的传播形态来划分,人际领域是信息的双向交流形式,既有非中介的面对面交谈,也包括电话交谈这样有中介的传播,还可以扩大到人与计算机之间的互动,计算机程序担任代理人角色;广播领域则不只是指广播和电视,还扩展到所有中介传播形式的现代电子媒介,如电影;文献领域则是通过易于携带的媒介,如书籍报刊,向个人传播事先建构好的书写或印刷的所有中介传递形式,也包括计算机网络上的页面形式(罗杰·菲德勒,2000:19-29)。广播电视传播作为有中介的单向传播,与无中介双向参与的人际传播不同,也因其可听可视的全景三维、线性、时间取向,与同样作为中介的单向传播的文献传播的文本/可视的二维空间取向截然不同。以这一理论视角观照广播电视的产生和发展,就必须将其置于媒介形态变化的过程中进行整体性的讨论。

1. 口头语言和第一次媒介形态变化

口头语言的形成与使用普及,对人类传播形态产生了重大影响,因此被研究者称为"人类传播史上的第一次革命"(DeFleur & Dennis,1991:4)。大约在五万到十万年以前,"正在形成中的人,已经到了彼此间有些什么非说不可的地步了。需要产生了自己的器官:猿类不发达的喉头,由于音调的抑扬顿挫的不断加多,缓慢地然而肯定地得到改造,而口部的器官也逐渐学会了发出一个个清晰的音节"(恩格斯,1972),语言正是这样从早期人类的体态语言——姿势、表情——和简单的音节系统发展而来。语言的形成大大丰富了传播的内容,与简单的手势、简单音节等传播符号相比,语言更适合表达更为丰富、精确、复杂的内容,为人的传播沟通与思想交流提供了更有效的方式。

---

① 参见《解码 | 2018 年中国广播收听市场》(2019 年 1 月 6 日),搜狐网,https://m.sohu.com/a/286961010_738143?_trans_=010004_pcwzy,最后浏览日期:2021 年 1 月 31 日。

口头语言使人类得以用他们在先前的进化阶段不可能出现的方式来处理其身处其中的自然和社会环境,人们可以结合成更大的群体,有组织地处理复杂的难题。口头语言除了使人与人之间的外部沟通更加有效,也为人与人之间的内部沟通,为思想提供了更加有效的方式——掌握语言规则的能力大大提高了人类推理、计划和概念化的能力,并且最终为人类提供了传承知识和文化的方式(罗杰·菲德勒,2000:48—49)。

2. 书面语言和第二次媒介形态变化

书面语言(文字)的创制与运用是人类传播史上的第二次重大变化。最初人们通过在树皮、骨头、兽皮或岩石、土地上刻画简单的图案来记录事务、指明特征,但这些图案通常不成体系且比较简陋,他人也难以完整识别。随着这些图案逐渐向系统化、规范化的方向发展,最后形成可以完整表达、识别的书面语言系统。现有考古证据显示,人类最早的书面语言可追溯至六千年前的古苏美尔及埃及,歌手周杰伦在他的歌曲作品《爱在西元前》中唱到的"楔形文字"即属于那个时代。世界各地的人类先后独立地发展出自己的书面语言系统。书面语言的普遍运用成为人类传播史上的第二次革命。书面语言(文字)传播极大地突破了口语信息传播的时间、空间限制,使人类有了文明史、历史记载,使人类社会扩大统一、迅速发展进步,人类的经验能在更大范围内传播沿用。相较于语言,文字也便于长久保留,例如过去只能保存在记忆中的知识与口头文学作品等;同时,用文字进行传递的信息比用口头语言更为精确,传递范围也更广。书面文献将字词从其言说者和最初的上下文中分离出来,削弱了记忆的重要性,允许对信息内容进行更加独立和从容的审视,也使得思想和方法可以在其原创者死去之后独立地留存于世(罗杰·菲德勒,2000:53)。

印刷术长期被视为中国四大发明之一。早在 8 世纪左右,中国出现的邸报就使用了雕版印刷术。1045 年,宋代毕昇发明的活字印刷术更是印刷术一次重要的技术飞跃,尽管由于种种技术和文化原因,毕昇的活字印刷术在中国并未广泛使用,直到清末《红楼梦》等流行小说也主要是利用雕版印刷术印制。15 世纪中叶,德国人古登堡发明了拉丁文字母的活字技术印刷机,这项技术被真正投入使用,使原本誊抄复制、少量流通的文字媒介得以实现大量印刷、大规模传播。印刷成本也大为降低,使得更多普通大众能接触到文字作品。印刷媒介成为重要的大众传播媒介。媒介历史学家安东尼·史密斯认为,"欧洲的印刷业直接发展于这个抄写社会里对文本的未被满足的需求"(Smith,1980:7)。

随着印刷术的日益成熟与工业化发展,包括其配套的油墨、纸张等周边产业链的形成,尤其是上述产业的廉价化,很快催生了书面语言在大众传播中的成熟运用——报纸。起初的报纸更多作为商业信息载体被使用,也包含少量的新闻条目。随着教育的普及,普通市民阶层有能力阅读,而工业化印刷使得报纸售价下降到普通人可消费的水平("便士报"的名称就是来源于其低廉的售价),现代意义上的报纸才真正产生。从那时起,直到现在,文献领域在与其他媒介的竞争中不断演化,以服务于其最初的目标——以最大限度的、穿越时空的便携性,提供结构化的中介信息(罗杰·菲德勒,2000:59-60)。

3. 数字语言和第三次媒介形态变化

尽管现在电子传媒几乎全面数字化了,二进制的比特流(bit是电子信息传输的最小元素)可以打通一切电子媒介的传输壁垒,成为互联网的基础。在数字化技术成熟之前,人们的电子设备及传播系统普遍使用模拟技术。但无论是数字技术还是早期的模拟技术,其本质是将信息转化成电磁或电子信号的形式进行远距离传播。例如,将声音与画面转码成电子信号,再利用无线电波或线缆系统进行瞬间的远距离传播,这就是广播与电视。

利用电磁理论,将无线电信号以光速覆盖全球,极大地提高了传播速度,扩大了信号覆盖的范围。无线电在通信传播方面的应用包括电报、电话、广播、电视、传真等,广播电视是其中最重要的工具。从1957年苏联发射第一颗人造地球卫星起,20世纪60年代之后,电视传播手段从过去的地面微波传送、局部覆盖,发展到利用同步卫星转播电视节目进行全球传播的时代。1962年,美国电星一号(Telstar I)发射成功,它是世界上最早用来传播电视节目的通信卫星;同年7月23日,电星一号将美国发射的电视节目传送到欧洲,又将欧洲发射的电视节目传到美国,开创了全球电视的新纪元。

数字系统拥有三个较之于模拟系统的优势:其一,可以有效地降低处理、储存、显示和传输信息所需的数据数量;其二,可以无限制地复制数据而没有明显的质量损失;其三,可以高精度、轻松地控制数据(罗杰·菲德勒,2000:61)。在数字语言里,人类在文本、影像和声音中的区别是无关紧要的,它们最终都以比特而存在于数字系统当中。

数字语言的发展对人类社会有深远的变革性影响,使用数字语言的计算机网络极大地延伸了全世界人类的互动。信息技术革命将我们带入一个新的时代——信息时代。我们正处在传媒新技术崛起的时期,新技术不断涌现,并且与原有媒体形成融合。传媒技术的革新呈现出这样的特点:信息处理手段数字化,传送方式高速化,覆盖范围全球化,传播形式多媒体化。由于计算机技术,尤其是网络技术在传播领域的应用,传播媒体新技术不断与其他媒体发生融合和渗透,广播电视与其他媒体的区分也不再那么泾渭分明。我们正迅速进入一个数字化世界,所有的传媒技术和传播内容(语音、图像、视频和数据等)都被数字化,这使得多媒体通信和综合业务网络(Integrated Service Digital Network,简称 ISDN)相互渗透与融合,广播电视网、电信网、互联网"三网合一"是大势所趋。中国广电体系已完成全部数字化改造,广播电视模拟信号陆续停播,广播电视全面数字化的时代已经到来[①]。

二、广播电视:当代重要的大众传媒

从最初的雏形发展到现代化的数字广播电视、网络音视频传播,广播电视已经建立起不同于其他传播手段的表达方式和技巧,并且在综合其他传播手段优势的基础上,形成了独特的新闻与信息、娱乐、商业、社会公共服务等奇妙的混合形式。不可否认,广播电视已成为当代重要的大众传播媒介,全世界几乎所有国家都开办了广播电视机构(如表 1-1 所示),在世界范围内广播电视已成为家庭不可或缺的信息媒介。

表 1-1 世界各国(地区)开办广播电视情况(截至 20 世纪 90 年代末[②])

单位:个

地域	国家(地区)数	开办广播的国家(地区)数	开办电视的国家(地区)数	开办彩色电视的国家(地区)数
全世界	196	196	184	183
亚洲	44	44	43	43
非洲	53	53	49	49
欧洲	45	45	43	43
大洋洲	16	16	11	10
南北美洲	38	38	38	38

资料来源:广播电影电视部《中国广播电视年鉴》编辑委员会编,《中国广播电视年鉴(1998)》,北京广播学院出版社 1998 年版,第 630 页。

中国自改革开放 40 余年以来,广播电视事业取得了长足发展。1983 年召

---

① 在中国模拟电视数字化的进程中,自 2020 年 6 月 15 日起,全面启动中央广播电视节目地面模拟电视信号关停工作,绝大部分在 2020 年 8 月 31 日已全部完成,有特殊情况的经国家广播电视总局批准后,也于 2020 年 12 月 31 日前完成关停。其他地方性广播电视频道,也稍晚于 2021 年 3 月 31 日前全部完成数字化,部分未完成改制的频道则关停。

② 尽管表中数据截至 20 世纪 90 年代末,但近年来未开办广播电视的国家(地区)的数据几乎没有变动,主要是列支敦士登(Liechtenstein)等袖珍小国或极端贫穷的国家(地区),多位于非洲及太平洋的岛屿。

开的第十一次全国广播电视工作会议,制定了中央、省、市(地)、县"四级办广播、四级办电视、四级混合覆盖"的广播电视建设方针,全国各地兴建广播电视台。近年来,中国着重进行广播电视产业结构调整,不仅追求数量上的发展,更强调质量上的提高。表1-2展示了中国广播电视业发展的高速进程。

表1-2 中国广播电视事业基本情况一览表

	1979年	1988年	1997年	2008年	2019年
广播电台	99座	461座	1363座	257座	
电视台	38座	422座	923座	277+45座**	
广播电视台*				2 069个	2 591个
广播电视从业人员	8万人		46万人	67万人	99.44万人
广播人口覆盖率			86.0%	95.56%	99.39%
电视人口覆盖率			87.6%	96.95%	99.13%

资料来源:历年《中国广播电视年鉴》、国家广播电视总局官网数据。

注:*2008年后的统计数据,广播电视台(总台)为单一广播电台、电视台之外的复合型广播电视机构。
**教育电视台数量。
本表内容不包含港澳台地区统计数据。

国家广播电视总局数据显示,截至2019年年底,全国广播节目综合人口覆盖率达99.13%,电视节目综合人口覆盖率达99.39%,除极少数地理位置偏远、安装技术难度高、居住人口稀少的地区,中国几乎已实现广播电视人口全覆盖。截至2019年年底,全国开展广播电视和网络视听业务的机构约4.7万家,其中,广播电台、电视台、广播电视台等播出机构2 591家,从事广播电视节目制作经营活动的机构约3.3万家;全国广播电视从业人员99.44万人。2019年,全国广播电视行业总收入8 107.45亿元,广播电视和网络视听业务实际创收收入6 766.90亿元。广播电视节目制作、播出能力显著提升。2019年,中国广播节目制作时间801.87万小时,播出时间1 553.40万小时;电视节目制作时间345.58万小时,播出时间1 950.99万小时。其中,新闻资讯类广播电视节目制作、播出时间稳中有升。2019年,全国新闻资讯类广播节目制作时间141.88万小时,播出时间302.15万小时;新闻资讯类电视节目制作时间108.61万小时,播出时间279.72万小时[①]。

---

① 参见《2019年全国广播电视行业统计公报》(2020年7月8日),国家广播电视总局官网,http://www.nrta.gov.cn/art/2020/7/8/art_113_52026.html,最后浏览日期:2021年4月2日。另据国家广播电视总局发布的《我国地级以上广播电视播出机构及频道频率名录》,截至2020年12月,全国共有399家地级以上广播电视播出机构、36家教育电视台。

三、广播电视改变信息接收方式及结果

广播电视的普及很大程度上改变了受众接触信息的方式和信息传递的结果。1969 年 7 月 20 日，美国航天飞机阿波罗 11 号经过 76 个小时的航行，最后抵达月球。整个登月过程通过卫星信号转播传送到 49 个国家，仅保守估计，全球观众人数达到创纪录的 6 亿人[①]，时任美国总统尼克松在白宫椭圆形办公室里观看了现场直播。通过电视转播，全球的电视观众共同见证了人类登月的那一瞬间——美国休斯敦时间 1969 年 7 月 20 日下午 4 时 17 分 43 秒；也记住了阿姆斯特朗稍后踏上月球后发表的著名讲话："这是我个人的一小步，却是全人类的一大步。"[②]相形之下，意大利航海家哥伦布大约于 1492 年航行至中美洲巴哈马群岛，被认为是哥伦布发现新大陆的开端，但其准确时间已不可考，这显然与当时经由航海者口口相传的信息传递方式相关。如今，像登月直播这样的直播报道数不胜数。2020 年 7 月 23 日，中央电视台直播中国首次火星探测任务天问一号探测器发射圆满成功；2020 年 12 月 17 日，嫦娥五号闯过地月转移、近月制动、环月飞行、月面着陆、自动采样、月面起飞、月轨交会对接、再入返回等多个难关，成功携带月球样品返回地球[③]，其间的相关广播电视报道，都是重要的实例。

广播电视学者普遍认为，同样都是通过电子设备传输信号来完成信息传递，电报和电话提供的是点对点的个体间的交流与沟通，广播电视则跨越了时间和空间的边界，提供了点对面的传者与受众之间传播的可能性。广播电视还能给人更为身临其境的体验与感受，正如从借由静态的文字进行信息传递的书信发展到直接进行语言交流的电话，与印刷媒介相比，广播电视更能保留新闻事件的现场感。正是由于广播电视传播的直观性和临场感，广播电视媒介为世人见证了无数难以忘怀的历史瞬间，无论是令人兴奋的成就，还是让人悲痛的惨况：从第二次世界大战盟军的胜利到麦卡锡主义者的猖獗，从人类

---

① 中国的电视观众并没有机会参与见证阿波罗登月的人类奇迹。那时中国虽然有自己的电视系统，但由于观念局限、数量有限，电视尚未成为当时的主要大众媒介。
② 参见《人类登月 50 年 | 阿波罗 11 号完成了不可能的任务》（2019 年 7 月 21 日），澎湃新闻，https://www.thepaper.cn/newsDetail_forward_3972262，最后浏览日期：2021 年 4 月 12 日；其他阿波罗 11 号登月相关资料，可参见美国国家航空航天局（National Aeronautics and Space Administration，简称 NASA）官网，https://earthobservatory.nasa.gov/images/39408/apollo‐11‐landing‐site，最后浏览日期：2021 年 4 月 12 日。
③ 参见《历时 23 天 嫦娥五号成功完成揽月之旅》（2020 年 12 月 17 日），央视网，https://news.cctv.com/2020/12/17/ARTIB7G9F9RN7VUFeeOpvLGU201217.shtml，最后浏览日期：2021 年 4 月 12 日。

登上月球的第一步到挑战者号航天飞机的失事,从戴安娜王妃的童话婚礼到"风中之烛"熄灭后的世纪葬礼,从香港、澳门回归的激动到汶川大地震的悲恸,从千禧年的第一缕曙光到北京奥运圣火在"鸟巢"上空点燃,从日本"3·11"大地震导致福岛核电站的灾难到2020年新冠肺炎病毒肆虐下全球人们的生活常态……

这些历史瞬间当然是真实发生的,同时都是由广播电视媒介经过有意无意的事实挑选、画面呈现而建构起来的。对于普通大众来说,是广播电视为他们提供了透视当代风云变幻的历史过程的独特视角。许多遥远的故事、异地的场景、陌生的人和事,他们本无缘亲身经历或亲眼看见,却由于广播电视的存在而深深地沉浸其中:观众能在自家客厅里为2020年与新冠肺炎疫情顽强奋战的全体武汉市民及全国驰援的医护工作者加油,为嫦娥五号和亚洲一号火星探测器欢呼,为福岛核废水的排放担忧……

与此同时,广播电视自身也在经历着从传输技术、手段到行业结构及传播理念等方面的一系列变化和调整:调频电台的出现使得类型音乐电台成为广播市场中重要的组成部分,也第一次使青少年流行文化成为商业广播电视重要的市场推动力量;有线电视从社区共用天线发展到光缆入户传送上百套节目,不但使电视的分众"窄播"成为可能,也使得因为无线电频谱资源的稀有性而将广播电视业视为公共信托这一传统信条的基础受到动摇;卫星技术加快了文化全球化的步伐,强势文化通过无远弗届的卫星电视信号"长驱直入",随着广播电视媒介"突破"国界走向全球,随之而来的信息传播、思想文化渗透、政治论战、干扰与反干扰从来就没有停止过。商业化与公共服务、全球化与本土化、印刷媒介代表的严肃思辨和视听传播的娱乐特征,种种争论此起彼伏。

可以说,广播电视已成为现代社会越来越重要的生活情状、思维框架和文化景观。难怪有一位美国广播电视学者这样说:在笛卡尔时代,一个人可以说"我思故我在",而在今天这个大众传播时代,恐怕只能变成"我上电视故我在"了(Abelman,1998)。当然,在广播电视对受众接触信息的方式产生巨大影响的同时,反过来,受众的接受习惯也潜移默化地改变了广播电视的制作、播出方式。对于广播电视媒介而言,如果不与受众需求紧密结合,是不会对受众产生更多的实际影响力的。正如媒介文化学者指出的那样:"电视必须跟人民的实际生活相联系,包括现实生活和想象中的生活;如果在电视中看不到我们自己的生活、愿望及梦想,那么电视对我们来说就毫无意义可言。"(安德鲁·古德温、加里·惠内尔,2001:69)

根据中国互联网络信息中心(CNNIC)《第47次中国互联网络发展状况统计报告》的数据,截至2020年12月,中国网民规模达9.89亿,互联网普及率达70.4%。其中,手机上网比例高达99.7%,电视联网率为24%,笔记本电脑、平板电脑上网比例分别为28.2%、22.9%①。这显示出使用电视机收看视频节目已经不是唯一的渠道,通过联网移动设备收看视频节目已成常态,这不仅打通了电视与网络视频的壁垒,也在形式上丰富了传统广播电视节目的样态。例如使用手机在碎片化时段收看的短视频,截至2020年年底,中国短视频用户规模高达8.73亿,短视频节目质量有明显提升,像抖音(TikTok)还积极拓展海外市场,取得了瞩目的成效。广播电视不再是单纯的传统样态,必须将之与网络视频、音频传播的大趋势结合起来一起讨论。

第二节　声音广播的发明与早期发展

一、声音的特性

声音广播(radio)通过声音来传递信息,是诉诸人类听觉的传播媒介。广播的听觉元素是指受众可以通过广播的声音表达感知的声音信息内容的要素。声音是广播的唯一媒介。声音具有多种性能,广播电视对声音的研究需要认识声音的如下特性。

1. 声音的物理性

声音是一种物理现象,它在本质上是一种波动,即声源的振动以波的形式在介质中的传播。声波在传播媒介(如空气、液体、固体物质等)引起的质点的振动形成的波,而这种振动方向与声波的传播方向是在同一直线上,即声波是一种纵波。

声波通常可以用波长、频率和波速三个主要变量描述:波长是沿着声波的传播方向,两个相邻的同相质点间的距离,通常以相邻两个振动密部中央或疏部之间的测量距离②;频率是指单位时间内声波引起的质点的振动次数;声音的传播速度是单位时间内振动传播的距离,即声波的波长和频率数值的

---

① 参见中国互联网络信息中心:《第47次中国互联网络发展状况统计报告》(2021年2月),http://cnnic.cn/hlwfzyj/hlwxzbg/hlwtjbg/202102/P020210203334633480104.pdf,最后浏览日期:2021年4月12日。

② 由于声音是纵波,即声波在传播媒介(如空气、液体、固体物质等)引起的质点的振动方向与声波的传播方向在同一直线上,纵波图像中的纵坐标轴表示各质点因振动而顺着声音传播方向或逆着声音传播方向偏离中心位置的距离,其纵坐标轴的方向和实际声波振幅的方向是垂直的。因此,简单以声波图像来理解声波的波长是相邻波峰或波谷间的距离是一种习惯的误解。

乘积。

声音振动的频率,表示单位时间内的振动次数。振动的次数越多,频率的数值越高。由于振动频率在振动波的传播过程中是不变的,因此,声音的频率也就是声源物体的振动频率。频率通常用 f 表示,计算单位是赫兹(Hz),即每秒钟波的振动次数。发声物体的振动频率决定音调的高低:声源振动频率越高,声音的音调就越高;反之,振动频率越低,音调就越低。例如,男声的平均频率为 130 Hz,女声的平均频率为 260 Hz,因此,我们听到女声通常比男声音调高、声音尖。人耳能听到的声音一般在 16 Hz 到 20 000 Hz 之间,频率低于 16 Hz 的次声波和高于 20 000 Hz 的超声波,人耳一般不能听见。

2. 声音的方位感和空间感信息

人们在日常生活中听到的声音来自周围不同的空间位置,除了声音的音色、音调、响度等声音要素之外,声音还包括方位感和空间感的信息。声音方位感信息是指能判定声音来自前、后、左、右、上、下等不同方位的信息;声音空间感信息指能通过声音强弱的变化,以及渐次反射声、延时声和混响声的组合,来判定声音产生空间的纵深度的信息。要完整包含以上信息,传统单声道广播的点声源是很难胜任的;而立体声广播技术能够通过具有方位感和空间感的群声源,来较好地还原声音的丰富的临场感与真实感。

立体声广播包含两个或两个以上的不同声道的放音系统,在不同的放音系统之间形成一个声场,用以模拟现实环境中不同声源的发声位置,使声音场中的各部分声源发出的声音具有空间分布感,同时使声音源具有一定的几何宽度。这种声音的宽度感和空间感,能使声音更接近于现实环境中的声音效果,具有更高的还原性和保真性。因此,立体声广播的声音要比传统单声道广播的声音效果更具现场感、真实感,给人以身临其境的感觉。

目前,中国各地广播电台都开办了调频立体声广播节目,一开始主要用于对声音要求较高的音乐广播频率。随着立体声技术的逐渐普及,很多非音乐台的广播也实现了调频立体声播出,例如上海人民广播电台的新闻频率从 1999 年起就开始中波和调频双频联播。

随着广播电视技术的不断进步,尤其是数字式技术在广播领域的使用,立体声广播的空间感和方位感越来越逼真,对现实声音场的还原程度进一步提高。

3. 声音的心理性

声音的物理特性与空间感,是声波的构成基础,但声音具体传达的内容与情绪,更有心理上的因素。听觉是主观感受客观的过程,必然要通过人的主观感觉得以实现,因此,同样的声音在不同的人听来会有不同的心理反应。声音的音调、音色、响度等要素的不同组合,作用于听者特定的心理活动,会产生表情达意的作用,即声音具有心理性。

二、无线电理论及初期应用

19世纪末至20世纪初,世界各地利用无线电波传送声音的实验相继成功,一步步推动了广播的发明与诞生。从简单的电磁感应现象的发现,到无线电传输最终应用于广播电视节目的传输与播出,其间经历了复杂、漫长的过程,广播的发明也不能简单归因于某一位科学家或发明者。在这一过程中,有许多人名应该被详述,但限于篇幅只能简单提及:发现电磁效应的丹麦科学家奥斯特博士,确立电磁感应定律的英国科学家法拉第,集电磁学大成的苏格兰科学家、被称为"电磁学之父"的麦克斯韦尔,首先通过科学实验证实无线电波存在的德国物理学家赫兹。

赫兹是国际单位制中频率的单位,每秒钟的周期性变动重复次数的计量,其符号是Hz。在无线电通信应用中,用作信号传输的一般都是交流电,即随着时间呈有规律的正弦变化的交流电信号,以一定的能量和速度向前传播。上述正弦波幅度在一秒钟内的重复变化次数称为信号的频率(用f表示),而把信号波形变化一次所需的时间称作周期;电磁波的传播速度是$3×10^8$米/秒。在载带信息的无线电信号中,有时会包含多种频率成分;将所有这些成分在频率轴上的位置标示出来,并且表示出每种成分在功率或电压上的大小,这就是信号的频谱,它所占据的频率范围叫作信号的频带范围。例如,在电话通信中,话音信号的频率范围是300~3 400赫;在调频广播中,声音的频率范围是40~15千赫,电视广播信号的频率范围是0~4.2兆赫等。

由于广播电视传输中使用的无线电频率很高,为使用方便,无线电频率单位更多使用千赫(简写为KHz,1 KHz = 10^3 Hz)、兆赫(简写为MHz,1 MHz = 10^6 Hz)、吉赫(简写为GHz,1 GHz = 10^9 Hz)等。通常声音广播所使用的无线电频率在300 KHz至300 MHz之间,分别用于中波调幅广播、短波广播和调频广播,如表1-3所示。

表1-3 广播无线电波频率分布

波 段	频 段	频 率 范 围	用 途
中波	中频(MF)	300 KHz~3 MHz	调幅广播(AM)
短波	高频(HF)	3 MHz~30 MHz	短波广播(SW)
微波	甚高频(VHF)	30 MHz~300 MHz	调频广播(FM)

无线电波的传输与接收真正从科学原理到应用于人类的传播领域,最初的发明是无线电报。1895年,俄罗斯科学家亚历山大·波波夫与意大利发明家马可尼,几乎同时分别独立制成了最早的不用导线传递电磁信号的设备——无线电收发报机。1895年5月7日,波波夫在彼得堡俄国物理化学学会物理学部年会上报告了他的研究成果,并且表演了他制成的一架无线电接收装置——雷电指示器。为纪念波波夫的发明,苏联政府于1945年规定每年的5月7日为无线电节。到1900年,他制作的无线电收发报机的发射与接收范围已经达到148千米。马可尼于1895年9月利用无线电波进行通信的实验获得成功。马可尼的发明一开始未受到意大利政府的重视,他于1896年来到英国,在英国邮政总局公开演示了他的发明并获得成功,并且在英国得到无线电发明专利权。1897年,马可尼在英国组织了一家公司,制造无线电器材,从而又进行了一系列实验,推动了无线电通信的实际应用。

在无线电报发明之前,利用线缆进行电磁信号及语音本身的传输已经得以实现。1851年11月13日,英国在英吉利海峡敷设了连接英法两国的世界第一条海底电缆,使伦敦与巴黎之间可以开展有线电报业务。1858年,由于大西洋海底电缆的架设,英美两国首次用电缆通信。尽管历史上曾引起许多法律争议,美国发明家贝尔的电话专利最终于1876年获得美国专利局的批准,实现了声音的远距离传输。1893年,匈牙利人西奥多·普斯卡把布达佩斯700多条电话线连接起来,定时向听众广播新闻,被称为"电话报纸"(有线广播①)。有线广播取得的进展比无线电广播要早,但人们的兴趣似乎集中在无线电广播的发明上。

三、声音广播的发明与早期发展

最早利用无线电波传送和接收声音的是美国匹兹堡大学教授费森登与被称为"无线电之父"的美国杰出发明家李·德福雷斯特。

1900年,费森登对利用无线电对声音传送问题产生了兴趣,想出把按声波频率震动的电波叠加到恒定的无线电频率上。他按声波的形状调制了无线电波的波幅(调幅原理)。他还发明了一种用于无线电话很灵敏的电解检波器。在一系列发明的基础上,费森登于1902年在马萨诸塞州建立了无线电发射台。1906年圣诞节前夕,费森登在纽约附近设立了一个广播站,进行

---

① 这种利用电话线进行信息传播的方式很接近于后来的"有线广播",但与通行的"广播"概念仍有相当的距离。

了世界上第一次语言广播实验,内容包括《圣经》故事、歌曲演唱与小提琴演奏等。第一次短暂的实验性广播成功了,虽然听到这次广播的人并不算多,但这一广播节目被当时四处分散的持有接收机的人们(主要是无线电报务员)清晰地收听到了。从技术的初步标准来看,声音广播从此宣布诞生。但由于当时设备还不完善,在最初的几年里,这种广播技术还只限于临时传递一些紧急消息。

1899年,李·德福雷斯特发明了电解检波器和交流发射机。1902年,他公开表演了用于商业、新闻、军事的无线电报通信装置。1906年,他发明了三极真空管。这种真空管的功能是检波、产生振荡、放大电信号、改变电信号频率等。1912年,他开始用多个三极管连续放大微弱的高频无线电信号,这对无线电和长途电话通信是个重大发展。后来,他在纽约高桥自己的实验电台做实验广播,用《纽约美国人报》提供的简讯广播了1916年威尔逊和休斯在总统竞选中的得票数字。这次广播被视为美国的第一次新闻广播。

1916年,无线电报务员出身的萨诺夫提出制作无线电音乐盒(收音机)的设想。经过几年研究,美国无线电公司(Radio Corporation of America,简称RCA)制成最初的收音机。

随着广播发射和接收技术的发展与改进,各类不同性质的实验性广播电台相继出现。1909年,美国加利福尼亚州圣荷塞市广播电台开始播音,呼号是KQW,这是美国最早开始播音的电台之一。1916年,美国纽约州诺克城的2ZK电台开始定期播放音乐节目。1919年,美国威斯康星大学设立了WHA电台,这是最早在大学里设立的实验电台,它广播的主要内容是市场行情和天气预报。1920年,荷兰、英国等也开始试验无线电广播。

在美国,每日有规律播出的广播节目是从底特律开始的,德福雷斯特的营业机构已经取得经营实验电台的营业执照。1920年8月20日,在《底特律新闻》的资助下,德福雷斯特的8MK电台就在报馆办公楼上开始日常广播;8月31日,它广播了密歇根州美国总统选举初选结果。从此,德福雷斯特的实验电台每天都播送新闻、讲话和音乐,是第一次世界大战结束之后最早的一个民间实验电台。

1920年9月29日,匹兹堡的《太阳报》上刊登的一则推销无线电接收机的广告引起了威斯汀豪斯(Westinghouse)公司(又称西屋电气公司)高层的注意:如果广播电台能够定期提供节目,一定有利于大量推销收音机。于是,威斯汀豪斯公司开始筹办一个广播电台。根据美国联邦政府1912年无线电法令的要求,公司向商业部提出设立商业广播电台的申请,而后获得商业部颁发的商业电台营业执照及核发的 KDKA 的呼号。这是美国第一个正式申请商业执照的电台,被认为是世界上第一家正式成立的广播电台。1920 年 11 月 2 日,威斯汀豪斯公司在匹兹堡建立的 KDKA 电台正式广播(见图 1-1),开播的第一天播出了当天举行的美国总统大选结果:来自俄亥俄州的共和党候选人哈定参议员获胜。一批选民聚在公共扩音器前收听到电台播出的最新消息,KDKA 广播获得了成功。这座电台是无线电收音机制造商为了商业利益筹建起来的电台,其目的是以稳定的广播节目来推销收音器材。

图 1-1　1920 年 10 月西屋大楼顶部 KDKA"无线电棚屋"(radio shack)内部

(资料来源:大英百科全书官网,https://www.britannica.com/topic/KDKA)

到 1922 年,美国的广播电台已经发展到近 500 家。在欧洲,1920 年 6 月 15 日,马可尼公司在英国举办了一次无线电播出的音乐会,远至法国、意大利、挪威,甚至在希腊都能清晰地收听到。1922 年,设在法国巴黎埃菲尔铁塔的无线电台正式播音,发射功率为 5 千瓦。1922 年 11 月 14 日,伦敦 ZLO 广播站正式开始在英国广播节目,该站后来发展成为英国广播公司(BBC)。

俄国十月革命以后,1918 年春,政府划定了一批无线电台用来播发政治新闻。1919年,苏俄制造了一台大功率发射机,并于1920年1月在位于下诺夫哥罗德城(后来的高尔基城,现已恢复原名)的无线电实验所用无线电传送口语节目。1920年2月5日,列宁写信给实验所称,广播是"不用纸张、'没有距离'的报纸,将是一个伟大的事业"(列宁,1959:435)。同年秋天,5千瓦的电台在莫斯科霍德无线电中心(又称"火登卡"电台,后改称十月电台)开始播送政治新闻,以及朗读报纸、杂志上的文章。1922年9月17日,莫斯科中央广播电台开始播音,并且第一次成功地举行了一场大型音乐会,这个日子后来被认为是苏联广播事业的诞生日。莫斯科中央广播电台的播出功率为12千瓦,是当时世界上功率最强的电台。

自20世纪20年代开始,各国广播站如雨后春笋般相继涌现。当时在欧洲,广播已被视为一个庞大的传播工具,收听广播也成为一种文明时尚(见图1-2)。之后,全世界的广播事业不断发展,加拿大、新西兰、中国、日本等多国相继进入广播时代。到1930年,无线电广播(语言广播)已经遍布世界主要国家。

图1-2　20世纪30年代一个正在听收音机的美国家庭

(资料来源:大英百科全书官网,https://www.britannica.com/topic/radio/The-Golden-Age-of-American-radio)

第三节 电视广播的发明与发展

一、电视画面的物理特性

与广播单一的声音传播元素相比,电视广播的传播符号除了声音符号(包括语言、音乐及音响等),也包括视觉符号(包括图像、色彩、图表、新闻照片、字幕、画面特技等)。广播用声音单通道传递信息、塑造形象,其语言表达的准确性、声音形象的清晰度和感染力等,是非常值得重视的要素。对于现代电视来说,先进的摄录设备提供了同期记录画面和声音的便利,数字式的后期制作设备使得各种语言与非语言符号的综合运用越来越灵活多样。因此,视、听、读的三位一体,已经成为现代电视表达的重要特征。

电视利用人眼的视觉残留效应显现一帧帧渐变的静止图像,形成视觉上的活动图像。电视系统的发送端把景物的各个微细部分按亮度和色度转换为电信号后,顺序传送。在接收端按相应的几何位置显现各微细部分的亮度和色度来重现整幅原始图像。

传统的电视画面是通过电视荧屏接受电子束扫描而形成的[①]。在彩色电视中,红、绿、蓝三原色电子枪发射的电子束对每个像点进行轰击时,交叉于荧屏前的阴罩上的40万个小孔,并汇聚在荧光屏上。荧光屏上有120万个荧光粉小点,每一红、绿、蓝色小点组合成一个三色组,对应着阴罩上的小孔。从这里发射出去的色光在人眼中产生相应于原物的彩色视觉。这些发光的光点由于单线扫描而不停地闪动,其好处是对视觉的刺激较强,有透明感,尤其是明亮绚丽的事物更有鲜明剔透的视觉效果;其缺陷是光电的反应过程容易造成景物轮廓的清晰度较差,明暗、色别、影调之间的界限比较模糊。

随着电视技术不断发展,高清晰度电视(HDTV)已普及,画面质量几乎可与电影画面媲美。在中国,21世纪前十年高清晰度电视系统进入实用,如中央电视台高清频道的开播、北京奥运会的高清电视转播等。尤其是2010年南非

---

① 主要是针对阴极射线电视管的技术原理。事实上,在实际使用中,不同的电视设计有不同的技术特点,如平板电视(又有等离子、液晶和一部分超薄壁挂式DLP背投的区分)、CRT显像管电视(纯平CRT、超平CRT、超薄CRT等)、背投电视(CRT背投、DLP背投、LCOS背投、液晶背投)、投影电视等,但在基本成像原理上有相通之处。

世界杯,高清电视转播使得绿茵场上选手的每一个动作、每滴汗水的滴落都清晰可见,令人印象深刻。中国香港地区的香港电视广播有限公司(TVB)于2007年正式推出高清数码广播,由汪明荃主演的《野蛮奶奶大战戈师奶》(内地引进播出时改名为《我的野蛮婆婆Ⅱ》)是TVB首部高清电视技术制作的电视剧集。

二、电视的理论基础与阶段性成果

电视广播同样是在科学技术进步的基础上诞生的。电视广播的关键首先在于解决光电转换的问题,即把图像的光影转换成电信号传播出去,接收时再把电信号复原为图像的光影信息。1817年,瑞典科学家布尔兹列斯(又译贝采利乌斯)发现了化学元素硒。1873年,英国科学家约瑟夫·梅证实了硒元素的光电效应,即硒元素受光线照射后能向外发射电子,可以将光能变成电能,在理论上证明了任何物体的影像可用电子信号进行传播。这是电视发明的理论依据。

1884年,德国工程师保罗·尼普柯夫发明了机械性的无线电图像扫描盘——"尼普柯夫圆盘"。这种圆盘在图像与光电管之间旋转的时候,能够把图像分解成许多像素(图像的小单元),并且将此变成无线电信号传送出去。这样,通过电信号传递可把图像信号从甲地传送到乙地,由乙地把这些电信号接收起来再复原成图像。尽管每幅画面只有24行线,并且图像相当模糊,但这为电视的发明奠定了基础。

几乎在李·德福雷斯特发明三极管的同时,1906年,澳大利亚电气工程师罗伯特·里埃本也设计出放大的三极电子管。这对无线电信号放大技术和电视的发展至关重要。

1907年,俄国教授罗津格得到设计世界上第一台电子显像的电视接收机的特许权。1911年,他研制成功利用电子射束管的电视实用模型,用它显示了简单的电视图像。

1925年,俄裔美国物理学家兹沃尔金获得光电摄像的专利权,它可以取代由许多光电管组成的摄像屏和笨重的机械转盘。同年,在纽约与费城之间用电视播映了一部影片。

1925年10月2日,苏格兰科学家约翰·贝尔德利用尼普柯夫发明的机械扫描盘,在伦敦的一次实验中成功"扫描"出木偶的图像,被看作是电视诞生的标志,贝尔德因此被称作"电视之父"。当时画面分辨率仅30行线,扫描器每秒只能5次扫过扫描区,画面本身仅2英寸高、1英寸宽。1928年,贝尔德成功地将电视画面从伦敦发射至格拉斯哥及纽约,证明了无线电波可长途传递电视信号。

像广播一样,电视同样不是哪一个人的发明创造,它是由一大群来自不同历史时期和国度的科学家与发明家们的共同结晶。但人们通常还是把贝尔德称为"电视之父",尽管这一称呼事实上是有争议的,因为兹沃尔金同时在威斯汀豪斯公司的资助下展示了他的电视系统。虽然时间相同,但贝尔德与兹沃尔金的电视系统的传输和接收原理有很大差别:贝尔德的电视系统被称作机械式电视,兹沃尔金的系统则被称为电子式电视。

三、电视广播的早期发展

1928年,仅在美国就有30多个公司从事电视研究,有12家无线广播电台在做实验性的电视广播。电视设备在英国、美国、德国等国的无线电器材展览会上展出,市场开始出售电视接收机和有关器材,制造电视接收机已经成为一些技术爱好者的业余爱好。

1929年秋,英国开始实验性电视广播。1930年,英国广播公司成功试验播出了有伴音的电视图像,并且直播了实况电视演出——舞台剧《口含一朵鲜花的勇士》。当时因为技术水平尚低,扫描只有30行[①]。从1932年起,英国的电视实验开始由英国广播公司负责,技术标准有所提高,扫描改为每帧120行。

美国是世界上最早开始电视实验广播的国家,第一座实验台出现于1928年,到1937年,已经增加到17座实验电视台。1931年9月,贝尔德应纽约市WMMM和MDJ电台之邀,帮助建立电视广播。同年10月28日,贝尔德第一次与美国观众"见面"。1939年4月30日,美国全国广播公司(NBC)所属的WZXBC实验电视台实况转播了罗斯福总统在当年美国世博会现场的开幕词,RCA公司总经理萨诺夫也在RCA电视展区前发表讲话。在纽约建立电视广播的申请却被美国联邦通信委员会拒绝了。美国法律规定,电视台在未经联邦通信委员会批准之前,都不得进行实验性播出以外的正式播出。尽管美国是最早进行实验性电视播出的国家,但直到1941年7月1日,美国第一家正式成立的商业电视台——NBC的WNBT电视台才获准开播(可参见表1-4的具体年份)。

---

① 发射与接收电视图像时都有帧频和扫描行数的技术指标,帧频和扫描行数越多,图像质量越高,技术要求也越高。

表 1-4 各国电视广播播出年份一览表

国家	电视试播年份（顺序）	电视正式播出年份（顺序）	第二次世界大战后恢复年份
中国	1958 年	1958 年	战前未开播
英国	1929 年(2)	1936 年(1)	1946 年
法国	1932 年(4)	1938 年(2)	1955 年
苏联	1931 年(3)	1939 年(3)	1945 年
德国	1935 年(5)	1939 年(4)	1952 年(联邦德国)
美国	1928 年(1)	1941 年(5)	未中断
日本	1939 年(6)	1953 年(6)	战前未开播

资料来源：笔者综合整理。

英国是世界上第一个正式播出黑白电视的国家。1936年11月，英国广播公司在伦敦以北的亚历山大宫建成英国第一座正式的电视台，也是世界第一座正式的电视台。11月2日，英国广播公司第一次正式播送电视节目，使用的就是贝尔德的机械电视系统，用的是240行扫描。这一天被视为世界电视事业的开端。几个月后，采用了新的电视设备，扫描线发展到405行，图像更加清晰。

法国政府于1932年在巴黎建立了第一座实验性电视台，从1938年起开始每天定期播出。苏联从1931年开始试验静止图像和活动图像电视节目的发射与接收；1937年，苏联莫斯科中央电视台建成并试验播出电视节目；从1939年起开始定期播出电视节目。德国于1935年开始试播电视节目；在1936年柏林举行奥运会期间，也进行过电视转播。日本的电视研究工作始于1928年；1939年5月，由日本广播协会进行的电视的发射与接收实验成功。

1939年第二次世界大战爆发，使得世界各国刚刚开始发展的电视广播事业陷入停滞状态或者完全中断。英国的电视台在1939年9月1日中途被迫停止了正在播出的"米老鼠"节目，开始了长达7年之久的停播。美国电视并未因为战争而中断，但美国电视事业的发展也趋缓，许多生产电视机的企业转为生产军需品，照常播出节目的电视台只有6家。

1943年，美国无线电公司成功研制灵敏度和清晰度更高的电视摄像器件。1946年，美国第一次播出全电子扫描电视。从此，电视从机械扫描时代进入电子扫描时代。

电视事业在战后又迅速发展起来。1945年5月7日，苏联电视台开始恢复正常播出;英国于 1946 年 7 月 7 日恢复电视广播;联邦德国的电视于 1952 年正式开办;1953 年,日本开始了电视广播;意大利于 1954 年开始电视播出;法国则在 1955 年恢复了电视节目的播出;中国的电视事业于 1958 年起步。

大部分国家的电视播出始于黑白电视系统,但对于彩色电视系统的研发很早就开始了。早在 1902 年,奥地利物理学家芬·伯兰克就提出彩色电视图像的发射与接收原理——三基色原理,并且获得发明专利。1928 年,英国的贝尔德利用尼普柯夫扫描盘传送黑白电视时,同时进行彩色电视的实验,取得成功。1929 年,彩色画面的传播由美国工程师艾维斯实验成功。同时,法国、德国、苏联等国都在进行彩色电视的研发工作,但各国普遍进展缓慢。美国是第一个播出彩色电视的国家,早在 1940 年美国哥伦比亚广播公司和全国广播公司就开始实验彩色电视系统。这项实验由于第二次世界大战而中断,直到 1954 年彩色电视才实验成功。至此,电视广播锦上添花,进入五光十色、更加诱人的彩色电视新阶段。

第四节　广播电视的主要技术标准

一、无线电频率的分配与使用

在发射传输广播电视信号时使用的无线电波频率范围分别称为广播波段和电视频道。根据广播载波和音频信号的不同变化关系,分为调幅广播和调频广播。调幅(amplitude modulation,简称 AM)广播应用最广的就是常见的中波广播,调幅是用声音的高低变为幅度的变化的电信号;对设备要求较为简单,但受天气因素影响较大,适合省际电台的广播。其中,调幅广播也可用于长波、短波广播,但现在长波电台已很少见,在中、短波可以容纳较多电台。

使载波频率按照调制信号改变的调制方式叫调频(frequency modulation,简称 FM)。载波经调频后成为调频波,已调波频率变化的大小由调制信号的大小决定,变化的周期由调制信号的频率决定,而已调波的振幅保持不变。调频波的抗干扰性极好,用调频波传送信号可避免幅度干扰的影响而提高通信质量,广泛应用于通信、调频立体声广播和电视中。我们习惯用 FM 来指一般的调频广播(76~108 MHz,在中国为 87~108 MHz)。事实上,FM 也是一种调制方式,即使在短波范围内的 27~30 MHz,作为业余电台、太空、人造卫星通信应用的波段,也有采用调频方式的。在中国,调频广播是载波频率在米波段的

87~108 MHz 的超短波广播,占用的频带较宽(中国的标准是 200 KHz,是一般调幅广播的 10 倍)。调频广播抗干扰能力强,声音保真度高,音质好,尤其适合播送音乐节目。

根据国际规约,无线电频谱从 30 千赫(KHz)到 300 千兆赫(GHz)共分为如下波段:极低频(extremely low frequency,简称 ELF)、超低频(super low frequency,简称 SLF)、特低频(ultra low frequency,简称 ULF)、甚低频(very low frequency,简称 VLF)、低频(low frequency,简称 LF)、中频(medium frequency,简称 MF)、高频(high frequency,简称 HF)、甚高频(very high frequency,简称 VHF)、特高频(ultra high frequency,简称 UHF)、超高频(super high frequency,简称 SHF)、极高频(extremely high frequency,简称 EHF)。具体频率范围及广播电视相关用途参见表 1-5。

表 1-5 广播电视使用无线电频率范围

波 段	频 率 范 围	广播电视相关用途
极低频(ELF)	3~30 Hz	—
超低频(至低频)(SLF)	30~300 Hz	—
特低频(ULF)	300~3 000 Hz	—
甚低频(VLF)	3~30 KHz	—
低频(LF)	30~300 KHz	—
中频(MF)	300~3 000 KHz	调幅广播(AM)
高频(HF)	3~30 MHz	短波广播(SW)
甚高频(VHF)	30~300 MHz	54~88 MHz:第 2—6 电视频道; 88~108 MHz:FM 调频广播; 174~216 MHz:第 7—13 电视频道
特高频(UHF)	300~3 000 MHz	UHF 电视频道(14—69)、卫星电视广播
超高频(至高频)(SHF)	3~30 GHz	卫星、数字电视广播
极高频(EHF)	30~300 GHz	—

资料来源:笔者综合整理。

二、彩色电视制式标准的历史

彩色电视制式即彩色电视图像扫描、传输与接收的技术制式,具体是根据发送、接收端对红、绿、蓝三基色（RGB 三基色）信号的不同编码和解码方式构成不同的彩色电视标准。目前，由于世界各国对于彩色电视的红、绿、蓝三基色光束采用的编码和解码方式不同，形成三种不同的彩色电视制式，即 NTSC、PAL 和 SECAM。由于政治和经济等利害关系，这三种制式未能统一。目前，大多数美洲国家使用 NTSC 制，许多亚洲和西欧国家使用 PAL 制，不少东欧国家使用 SECAM 制（具体可参见表 1-6）。

表 1-6 部分国家电视技术制式一览表

国家/地区	彩色电视开播年份（年）	彩色电视制式	黑白电视制式
Afghanistan 阿富汗		PAL	B
Albania 阿尔巴尼亚	1981	SECAM	B,G
Argentina 阿根廷	1978	PAL	N
Australia 澳大利亚	1967	PAL	B
Austria 奥地利	1969	PAL	B,G
Bangladesh 孟加拉国	1980	PAL	B
Belgium 比利时	1971	PAL	B,H
Bolivia 玻利维亚	1979	NTSC	M,N
Bosnia and Herzegovina 波黑	1971*******	PAL	B,H
Brazil 巴西	1972	PAL-M	M
Bulgaria 保加利亚	1970	SECAM	D
Canada 加拿大	1966	NTSC	M
Chile 智利	1972	NTSC	M
China 中国	1973	PAL	D,K
Colombia 哥伦比亚	1973	NTSC	M
Croatia 克罗地亚	1971*******	PAL	B,G
Cuba 古巴	1958,1975*	NTSC	M
Czech 捷克	1971**	SECAM	D,K
Denmark 丹麦	1969	PAL	B,G
Egypt 埃及	1973	SECAM	B
Finland 芬兰	1969	PAL	B,G

续 表

国家/地区	彩色电视开播年份(年)	彩色电视制式	黑白电视制式
France 法国	1967	SECAM	E,L
Germany 德国	1967***	PAL	B,G
Greece 希腊	1976	SECAM	B,G
Hong Kong 中国香港地区	1967	PAL	I
Hungary 匈牙利	1971	SECAM	D,K
Iceland 冰岛	1973	PAL	B
India 印度	1979	PAL	B
Indonesia 印度尼西亚	1970	PAL	B
Ireland 爱尔兰	1971	PAL	A,I
Israel 以色列	1977	PAL	B,G
Italy 意大利	1977	PAL	B,G
Japan 日本	1960	NTSC	M
Jordan 约旦	1974	PAL	B,G
Korea,DPRK 朝鲜	1974	PAL	D,M
Korea,Rep. 韩国	1980	NTSC	M
Kuwait 科威特	1974	PAL	B
Lebanon 黎巴嫩	1975	SECAM	B
Libya 利比亚	1976	PAL	B
Luxembourg 卢森堡	1972	PAL,SECAM****	G,C,L
Macau 中国澳门地区	1982	PAL	I
Malaysia 马来西亚	1978	PAL	B
Mexico 墨西哥	1963	NTSC	M
Mongolia 蒙古	1975	SECAM	D
Morocco 摩洛哥	1973	SECAM	B
Netherlands 荷兰	1968	PAL	B,G
New Zealand 新西兰	1973	PAL	B

续 表

国家/地区	彩色电视开播年份(年)	彩色电视制式	黑白电视制式
Norway 挪威	1971	PAL	B,G
Pakistan 巴基斯坦	1976	PAL	B
Panama 巴拿马	1972	NTSC	M
Peru 秘鲁	1976	NTSC	M
Philippines 菲律宾	1966	NTSC	M
Poland 波兰	1971*****	PAL	D,K
Portugal 葡萄牙	1979	PAL	B,G
Qatar 卡塔尔	1974	PAL	B,G
Romania 罗马尼亚	1983	PAL	D,K
Saudi Arabia 沙特阿拉伯	1973	SECAM	B,G
Serbia 塞尔维亚	1971*******	PAL	B,G
Singapore 新加坡	1974	PAL	B,G
Slovakia 斯洛伐克	1971**	PAL,SECAM	D,K
Slovenia 斯洛文尼亚	1971*******	PAL	B,H
South Africa 南非		PAL	I
Spain 西班牙	1974	PAL	B,G
Sudan 苏丹	1976	PAL	B
Sweden 瑞典	1970	PAL	B,G
Switzerland 瑞士	1968	PAL	B,G
Taiwan 中国台湾地区	1969	NTSC	M
Thailand 泰国	1975	PAL	B
Turkey 土耳其	1981	PAL	B,G
United Arab Emirates 阿拉伯联合酋长国	1974	PAL	B,G
United Kingdom 英国	1967	PAL	I,A
USA 美国	1953******	NTSC	M

续 表

国家/地区	彩色电视开播年份(年)	彩色电视制式	黑白电视制式
USSR/Russia 苏联/俄罗斯	1967	SECAM	D,K
Venezuela 委内瑞拉	1973	NTSC	M
Zimbabwe 津巴布韦	1984	PAL	B

资料来源：笔者综合整理。

注：＊1958年古巴开播彩色电视，次年即停播，1975年重新开始播出彩色电视。

＊＊在1992年捷克斯洛伐克解体之前，捷克与斯洛伐克是一个国家；1971年以"捷克斯洛伐克电视台"（Czechoslovak Television，简称CST）名义开播彩色电视。

＊＊＊民主德国于1969年开播彩色电视，采用SECAM制式；1990年两德统一后，民主德国电视制式转为PAL制。

＊＊＊＊卢森堡根据电视播出语言及目标市场分别采用两种不同的彩色电视制式，其中，使用德语、荷兰语的电视采用PAL制，法语电视采用SECAM制。

＊＊＊＊＊1971年波兰以SECAM制开播彩色电视，1995年后转为PAL制。

＊＊＊＊＊＊在1953年的NTSC制之前，美国哥伦比亚广播公司（CBS）于1950年以场描法制式首先播出彩色电视，但该制式于1951年停播。美国本土外的夏威夷和阿拉斯加分别直至1965年和1966年才开播彩色电视，制式仍为NTSC制。

＊＊＊＊＊＊＊塞尔维亚、波黑、克罗地亚、斯洛文尼亚等均为南斯拉夫社会主义联邦共和国的加盟共和国，1992—2003年先后独立，本表均以1971年南斯拉夫开播彩色电视为起点。

1. NTSC制

NTSC制（简称N制）是由美国无线电公司（RCA）1946年研发成功的"点描法彩色电视标准"（dot interlacing color system）。该制式于1953年年底被批准成为国家标准后，改以美国国家电视系统委员会（National Television System Committee）的缩写来命名。这种制式属于同时制，其色度信号调制特点为平衡正交调幅制，即包括平衡调制和正交调制两种，虽然解决了彩色电视和黑白电视广播相互兼容的问题，并且有解码线路简单、设备成本较低的优点，但同时存在相位容易失真、色彩不太稳定等不足之处。NTSC制电视的工作频率为60 Hz，场频为每秒60场，帧频为每秒30帧，扫描线为525行，图像信号带宽为6.2 MHz。目前采用NTSC彩色电视制式的国家和地区有美国、加拿大等大部分美洲国家，以及日本、韩国、菲律宾等国家及中国台湾地区等。

2. PAL制

PAL制（phase alteration line，也称帕尔制）是由联邦德国于1962年在综合NTSC制的技术成就基础上研制出来的一种改进方案，于1967年开始正式广播。PAL制也属于同时制，在一定程度上改善了NTSC制对相位失真的敏感性问题。PAL制对同时传送的两个色差信号中的一个色差信号采用逐行倒相,对另一个色差信号进行正交调制方式,这样一旦在信号传输过程中发生相位失真,则会由于相邻两行信号的相位相反起到互相补偿作用,从而有效地克服因相位失真出现的色彩变化。因此,PAL制对相位失真不敏感,图像彩色误差较小,与黑白电视的兼容也好。但PAL制的编码与解码技术要比NTSC制复杂,接收机的造价也相应更高。PAL制彩色电视的工作频率为50 Hz,场频为每秒50场,帧频为每秒25帧,扫描线为625行。采用PAL制的国家主要有德国、英国、新加坡、澳大利亚等,中国内地与香港地区、澳门地区也采用PAL制彩色电视制式。

3. SECAM制

SECAM制(sequential color with memory,也称色康制)意为"按顺序传送彩色与存储",属于同时顺序制,1967年由法国研发成功并投入使用。SECAM制也是为改善NTSC制的相位敏感性而发展的一种兼容彩色电视制式。SECAM制式在信号传输过程中,亮度信号每行传送,两个色差信号则逐行依次传送,即用行错开传输时间的办法来避免同时传输时产生的串色,以及由其造成的彩色失真。SECAM制式的特点是抗干扰性好、彩色效果出色,但兼容性较差。SECAM制式的帧频为每秒25帧,扫描线为625行,隔行扫描。采用SECAM制式的国家主要有法国、苏联(俄罗斯)、非洲大部分国家,以及苏联东欧集团的主要国家等。

三、电视的其他技术制式

值得注意的是,并非只有电视播出时才会涉及电视制式问题,其实电视的制式是从拍摄记录节目信号初期就开始了,因此,电视台、录像带、录像机及各种视频播放方式等通常也是有制式的。

此外,黑白电视也有技术制式,只是相较于彩色电视制式而言,黑白电视制式区别不那么大,因此比较少被明确提及。目前,世界各国采用的黑白电视制式有A、B、C、D、E、F、G、H、I、K、K1、L、M、N等,其中,A、C、E已不采用。由于当彩色电视出现的时候,黑白电视仍在广播,因此,彩色电视信号一定要能够兼容黑白电视信号才有市场。考虑到兼容黑白电视的需要,各国在设计彩色电视广播技术标准时,都一致认为要能够使黑白电视机也能接收彩色电视信号兼容的黑白电视图像,这就涉及黑白电视制式的问题。事实上,美国哥伦比亚广播公司于第二次世界大战已成功研发场描法彩色电视标准(field sequential color system),并于1950年被联邦通信委员会(Federal Communications

Commission,简称 FCC)采纳为国家标准。但该标准虽然显像效果出色,后却无法兼容黑白显像。如果采用该制式,电视台必须同时播出彩色及黑白两套电视信号,才能分别被彩色电视及黑白电视用户接受。这个致命的弱点,使得这一制式在 1951 年就被撤销批准,退出市场。要完整标识一种电视技术制式,应当是由彩色电视制式+黑白制式而成。例如,中国内地采用的是 PAL/D、K 制,中国香港地区采用 PAL/I 制。现有的三种彩色电视制式加上 10 种黑白电视制式,形成了大约 39 个电视制式组合。

目前,NTSC 制、SECAM 制、PAL 制都已经使用数十年,三种制式都是行之有效的彩色广播电视制式,单从技术性能方面比较,并不能得出完全肯定或否定某一制式的结论。实际上,各国在选定电视技术制式过程中还受到社会、政治、经济、文化等多重因素的影响,而非仅仅出于技术层面的考虑。鉴于采用不同制式给国际、地区间视频节目交换和设备生产销售等都会带来一定不便,随着科学技术的不断发展,目前基于传统模拟电视而确立的电视技术制式,随着数字电视、高清电视(high definition television),甚至高保真电视(Hi-Fi television)的出现与普及,电视技术制式差异的问题可能会得到一定程度的缓解。

当然,即使是数字电视,也同样存在制式问题。例如,目前数字电视制式主要有美国 ATSC 制和欧洲 DVB 制。2020 年 4 月 27 日,国家广播电视总局颁布《广播电视国家技术标准目录》。其中,标准号 GB3174-1995《PAL 制电视广播技术规范》规定了 PAL-D 制电视广播系统的技术特性,适用于 PAL-D 制电视广播系统中心设备、发送设备、接收设备及传输设备接口和测试仪器等有关设备的设计、生产与运行。标准号 GB/T7401-1987《彩色电视图像质量主观评价方法》规定了关于彩色电视图像质量的主观评价方法。作为对现行的彩色电视图像质量进行主观评价方法的依据,也可作为对其他新电视制式彩色图像质量进行主观评价时评价方法的参考。标准号 GB/T14857-1993《演播室数字电视编码参数规范》规定了 625 行/50 场演播室彩色电视分量信号(Y、R-Y、B-Y 信号或者 R、G、B 信号)的数字编码方式及其参数,适用于 625 行/50 场数字电视演播室,并且可作为设计、生产、维护数字彩色电视系统及其设备的技术依据[①]。2021 年 1 月,国家广播电视总局发布《超高清晰度电视图像质量主观评价方法 双刺激连续质量标度法》和《基于 IP 传输的地面数字电视广播单频网组网技术规范》两项广播电视和网络视听行业标准,以及《数字

---

① 参见国家广播电视总局:《广播电视国家技术标准目录》(2020 年 4 月 27 日),http://www.nrta.gov.cn/art/2020/4/27/art_3714_50859.html,最后浏览日期:2021 年 4 月 12 日。

电视卫星传输信道编码和调制规范》等行业标准①,进一步规范广播电视技术标准,促进广播电视行业发展。

安德鲁·古德温,加里·惠内尔(编著)(2001). 电视的真相. 魏礼庆,王丽丽译. 北京:中央编译出版社.

恩格斯(1972). 劳动在从猿到人转变过程中的作用. 载中共中央马克思恩格斯列宁斯大林著作编译局(编). 马克思恩格斯选集(第三卷). 北京:人民出版社.

列宁(1959). 列宁全集(第三十五卷)(1912年2月—1922年12月). 中共中央马克思恩格斯列宁斯大林著作编译局译. 北京:人民出版社.

罗杰·菲德勒(2000). 媒介形态变化:认识新媒介. 明安香译. 北京:华夏出版社.

王辰瑶(2018). 反观诸己:美国"新闻业危机"的三种话语. 国际新闻界,8.

Abelman, R. (1998). *Reaching a Critical Mass: A Critical Analysis of Television Entertainment*. Mahwah, NJ: Lawrence Erlbaum Associates Inc.

Alexander, J. C., Breese, E. B. & Luengo, M. (2016). *The Crisis of Journalism Reconsidered: Democratic Culture, Professional Codes, Digital Future*. New York: Cambridge University Press.

DeFleur, M. L. & Dennis, E. E. (1991). *Understanding Mass Communication (4th ed.)*. Boston: Houghton Mifflin.

Smith, A. (1980). *Goodbye Gutenberg: The Newspaper Revolution of the 1980s*. New York: Oxford University Press.

Zelizer, B. (2015). Terms of Choice: Uncertainty, Journalism, and Crisis. *Journal of Communication*, 65(5): 888-908.

---

① 参见国家广播电视总局:《国家广电总局关于发布〈超高清晰度电视图像质量主观评价方法 双刺激连续质量标度法〉等两项广播电视和网络视听行业标准的通知》(2021年1月5日),http://www.nrta.gov.cn/art/2021/1/5/art_113_54646.html,最后浏览日期:2021年4月12日;《GY/T 338—2020 数字电视卫星传输信道编码和调制规范》(2021年1月8日),http://www.nrta.gov.cn/art/2021/1/8/art_3715_54680.html,最后浏览日期:2021年4月12日。

戴维·克劳利,保罗·海尔(编)(2011).传播的历史:技术、文化和社会(第五版).董璐,何道宽,王树国译.北京:北京大学出版社.

郭镇之(2016).中外广播电视史(第三版).上海:复旦大学出版社.

赫伯特·蒂尔曼(编)(2002).英德汉广播电视技术词典.梁瑛,徐衍艳,张莉译.北京:中国广播电视出版社.

罗伯特·L·希利亚德,迈克尔·C·基思(2012).美国广播电视史(第5版).秦珊,邱一江译.北京:清华大学出版社.

伊丽莎白·爱森斯坦(2010).作为变革动因的印刷机:早期近代欧洲的传播与文化变革.何道宽译.北京:北京大学出版社.

第二章 世界广播电视体制

本章概述

通过本章学习,初步掌握世界广播电视体制的形成和发展脉络,了解媒介体制和社会体制的关系,分析和比较不同广播电视制度的异同点,较为深入地理解中国广播电视体制的改革路径和现状。

第一节 世界广播电视体制:三种模式

广播电视已经建立起不同于其他传播手段的表达方式和技巧,并且在综合其他传播手段优势的基础上,形成了独特的新闻与信息、娱乐、商业、社会公共服务等奇妙的混合功能。全世界几乎所有国家都开办了广播电视,广播电视已成为世界上重要的传播媒介。

作为电子传播方式的广播电视,与口头传播、印刷传播等方式相比,更依赖于整个社会的发展与进步。广播电视的发明与发展需要三个基本条件:一是信息远距离传输的能源;二是电子信号的发射和接收渠道;三是传递的音频和视频信息所借助的编码解码方式。如果没有电子技术的发明,广播电视不可能通过空想和社会需求而变为现实。广播电视设备的不断改良也依赖于科学技术水平的发展,例如 ENG、SNG 技术的应用对广播电视新闻事业的促进。

广播电视的出现是科学技术进步的产物,社会经济发展更是进一步推动了广播电视的发展。国家经济发展水平直接影响对广播电视业的投入,社会文化事业的发展也为广播电视业提供了宽松的发展环境与丰富的内容资源。广播电视发展所需要的巨额投资来源,除了少数完全依赖政府自己投入,或以收视费、执照费为经费来源的广播电视机构之外(这部分电视机构的数量非常有限),大部分广播电视的发展依赖于巨额的广告营销收入。社会对信息的需求程度也直接促进了广播电视的发展,广播电视与社会的信息需求相契合。

一、媒介体制与社会体制

大众传播媒介的一个重要特质在于其组织化、工业化、批量化的内容生产和传播方式,以及其触达庞大、匿名的社会公众的巨大潜力,这样的潜力与其他通信和传播形态有着本质区别,当然也与"网络社会"的特征截然不同。曼纽尔·卡斯特(2006)从技术的角度将人类不同历史阶段的传播系统看成三个不同的系统:以字母的发明并经由印刷术推动的书写文化的"古腾堡星系";先是电影和广播,然后是以电视为代表的电子媒介视听文化的"麦克卢汉星系";当今世界围绕互联网形成的人类首次将书写、口语、视听模态整合到一个沟通系统当中并通达全球的互动网络所形成新的真实虚拟文化的"互联网星系",成就了人类经验的性质变化的互联网社会。

从这一视角看,大众媒介与社会系统密不可分,广播电视正是媒介系统和社会系统发展过程中的重要组成部分。由于广播电视从发端之初所使用的无线电频率资源的稀有性、互斥性和公共资源属性,与办报、办杂志不同,既不能任由所有人无限度地使用无线电频率资源,同一地区同一波段若有两个以上的使用者也会相互干扰,甚至有可能干扰到海岸救援队、警察、消防员的地面通信而造成社会隐患。因此,以无线电频率资源的公共性作为理论基础,由政府介入,依据一定的程序进行分配和管理,成为世界各国对广播电视进行规制的通行原则。这也使得广播电视与社会体制的关系更为密切和复杂。就像1912年美国国会通过的《1912年无线电法案》(*The Radio Act of 1912*)认为,无线电波这一稀有资源应由全体人民共享,因此制定了详尽的频率分配条款(Udell,1972)。尽管目前并没有依据该法案获得播出执照的广播电台完整名录,但当时由美国商务部主持的执照审核仍可管窥这一法案制定的基本思路(Bathgate,2020)。

如果说不同的媒介体制之间存在差异,那么,要了解这些差异,就需要了解大众媒介赖以运行的社会体制(弗雷德里克·S·西伯特、西奥多·彼得森、威尔伯·施拉姆,2008)。媒介学者丹尼尔·C·哈林和保罗·曼奇尼(2012)考察了美国、加拿大与西欧的大部分国家的媒介体制,认为即便聚焦这些具有相对可比较的经济发展,以及存在诸多共性的文化和政治历史与现状的"最相似体制",也依然可以将其划分为三种媒介体制模式:盛行于爱尔兰和北美的自由主义模式,市场机制和商业性媒介占据相对支配性;盛行于欧洲大陆北部的民主法团模式,有着较长的商业性媒介和那些与有组织社会和政治团体相联系的媒介共存的历史,以及相对活跃但在法律上受限的国家角色;盛行于欧洲大陆南部地中海国家的极化多元主义模式,媒介被整合进政党政治,商业性媒介较弱的历史发展,以及国家的强大角色。这三种媒介体制在不同的国家与社会体制相互缠绕,体现出由众多分离的、重叠的、不连贯的社会要素组成的动态和多元混合性,就像英国历史上始终存在三种截然不同的新闻文化一样,小报、高品质大报、广播电视在专业取向上泾渭分明,但又相互关联地存续于社会体制当中。

进入 21 世纪以来,信息与传播技术革命催生的数字化、信息化浪潮,日益模糊了广播电视和电信、互联网之间的边界,媒介融合的趋势带来诸多新的变化。即便如此,包括广播电视在内的媒体行业依然受到媒介体制的过往历史和现状的影响。

二、广播电视的所有权与体制

通常而言,大部分国家的政府对广播电视的管理与控制相对印刷媒体而言都较为严格,主要基于几个方面的考量。

第一,开办广播电台或电视台和办一家报纸有根本的不同,办报可以只使用私人投资而不需要占用公共资源,但广播电视必然会占用公用资源——无线电频率资源。这些公共资源可以由谁使用、谁不能使用、如果使用需满足什么样的条件及资质等,需要一定的专门机构来进行适当的分配和管理。

第二,无线电频率资源是有限的,在一定的区域里,只要有足够的经济支持,报刊的出版发行在理论上是可以无穷多的,广播电视机构受到频率资源的限制而不能无限度地发展。因此,世界上大多数国家认为,对广播电视所需要的无线电频率资源应该是限制性地使用,并且根据不同的情况制定相应的法律法规,对无线电波频率的使用进行适当的分配和管理。广播电视业者获得的,并不是对其所使用的无线电波频率资源的拥有。他们更像是一种公共资源的信托者,在使用这些资源的同时满足适当的信托条件,以确保公共利益不受损害。

第三,广播电视媒体传播生动形象,更容易为人接受,受众门槛相对较低,因此,对广播电视的传播内容通常有更为严格的选择,以使广播电视媒体更符合社会公序良俗的需要和社会主流民意的支持。

例如,美国《1927 年无线电法案》(*The Radio Act of 1927*)的核心理念可归纳为：无线电频谱为国家资源，私人不得拥有；无线电频率执照拥有人具有满足"公共的利益、便利和需求"；禁止政府实行新闻检查；广播服务在各州间平衡进行(Udell,1972)。该法案对无线电频率资源的使用限制作了明确的说明。虽然《1927年无线电法案》在法律上已被替代，但其核心理念被后续法律沿用至今。

从整体上看，和其他大众传播媒介一样，广播电视并不是孤立存在的，它不仅受到社会系统中种种因素的制约和影响，也对社会系统产生影响。在不同的社会环境中，由于国家体制和政策的不同，在全世界范围内形成了不尽相同的广播电视管理体制和组织结构形态。

依照不同的标准一定会有不同的分类方式，正如传播学者维奥(Wiio,1983)指出其实没有任何一个模式能适用于全世界所有的媒介制度，他本人则以"政府管理模式"和"媒介所有权"为两个向量，形成四个象限的划分(见图2-1)。

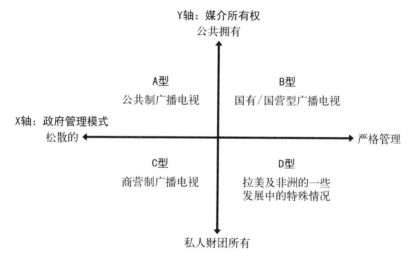

图2-1 政府对媒介的管理模式与媒介所有权类别

(资料来源：笔者自制；参见 Wiio, O., The Mass Media Role in the Western World, In Martin, L. J. & Chaudhary, A. G. (eds.), *Comparative Mass Media System*, New York: Longman, 1983, pp. 85-94)

在世界各国，由于社会制度、经济模式的不同，广播电视体制也各不相同。根据其性质的不同，在管理体制上可将不同的广播电视机构分为三种不同的体制模式：商业广播电视、公共广播电视、国有广播电视。

1. 国有/国营型广播电视机构

国有/国营型广播电视机构归全体国民所有，但通常是由政府(或执政党①)直接来建立、管理、控制的一种类型。国有/国营型广播电视机构通常直接由政府出资兴办,代表政府立场,负起传播新闻、引导舆论、服务受众的责任。其经费主要由政府拨款,同时依靠部分广告收益。中国及其他一些社会主义国家的广播电视事业都是依照这一模式建立的。随着广播电视事业的发展和受众需求的不断深化,政府直接拨款越来越无法满足广播电视事业的需求。如何在坚持为社会主义新闻事业服务,坚持正确的舆论导向的前提下,扩大广播电视的广告经营收入,是国家广播电视事业面临的新课题。

这类组织结构和管理体制的特点是,所有的广播电台和电视台都为国家所拥有。在20世纪80年代以前,这类广播电视台往往是非营利性的事业单位,其运作所需要的全部费用包括更新设备、员工工资福利等,均由国家财政拨款,不播放商业广告,基本上不进行节目买卖。例如,苏联的中央电视台和全苏广播电台②、朝鲜的广播电视机构,中国的广播电视事业在20世纪80年代以前的情况也是如此。随着广播电视,尤其是电视节目的制作经费不断提高,技术设备的更新需要有更高的投入,单纯依靠政府资金已不完全足够,因此,国营电视体制也引入很多商业化的运作。

虽然美国的广播电视机构以商业私有制为绝对主体,但美国政府新闻署下属的国际广播电台"美国之音"③,包括"美国之音"的姊妹台"自由亚洲之声"、"马蒂之声"(主要针对古巴广播)等电台,都是美国国有/国营的广播电视机构,由美国政府拨款成立并负责营运,其社论节目有时会直接表明代表美国政府的立场。但由于立法机构的顾虑、民众的反应和美国的文化传统,以往作为美国政府下属的"外宣机构",按照美国联邦立法的规定,"美国之音"等电台不得向美国本土进行广播,这是比较耐人寻味的社会现象。截至2021年2月,"美国之音"官方YouTube账号订阅人数165万,Twitter账号关注人数168.2万,Facebook账号关注人数超过1 246万,每周为超过2.36亿观众提供45种不同语言的广播、电视和数字节目,是全美最大的国际广播公司④。

---

① 理论上,国有/国营与党有/党营并不相同,但直接以执政党名义运营的广播电台、电视台非常有限,两者特点也较为一致,因此,将党有/党营型广播电视机构划入国有/国营型广播电视机构类型之中。

② 苏联解体后,其全部由国家拥有和经营型的广播电视体制随之解体。1992年,俄罗斯联邦政府成立俄联邦新闻中心,负责管理俄罗斯新闻通讯社和俄罗斯公共电视台——该台的前身即苏联中央电视台,如今已经私有化。到1995年,俄罗斯已经开办500多家私营电台和电视台,仅在莫斯科就有30家。

③ 美国之音(Voice of American,简称VOA),成立于1942年2月,总部位于华盛顿哥伦比亚特区,目前同时提供广播、电视和互联网数字社交平台的新闻信息内容服务。

④ 参见 https://www.youtube.com/c/voanews/about, https://twitter.com/VOANews, https://www.facebook.com/voiceofamerica/?ref=page_internal,最后浏览日期:2021年2月19日。

2. 公共机构经营型广播电视机构

公共机构经营型(简称公共型)广播电视机构,通常是由国家委托或特许公共机构负责运营、管理,其运作经费主要来源于收取广播电视执照费(或视听费),或者通过政府捐助或民间善款等其他财务来源来维持。

公共广播电视①是广播电视体制的一个重要组成形式,强调公共服务,承担为公众传播新闻、提供文化和娱乐节目的责任。其公共利益原则大致包含以下内容:独立——在政治上不为政府或其他利益集团所左右;平等——观众不分等级,享受同样的广播电视服务;全面——节目内容满足不同层次、不同口味的观众需求;多元——反映不同的观点,照顾少数人的兴趣;不迎合——不追求最大的听众、观众人数,不一味迎合受众,而是通过节目来培育民主精神,提高公众的文化品位(赵月枝,2011:106)。

公共广播电视台(公司)由国家委托/特许公共机构经营。其运作经费来源于收取受众的收音机和电视机的执照费(又称视听费),各种民间、私人和企业捐助,以及部分国家财政拨款。一些国家的公共广播电视在主频道电视节目中不播放商业广告,如英国广播公司(BBC)、日本放送协会(NHK)、德国电视二台(ZDF)等;有一些允许少量的商业广告或是赞助商的企业形象广告,如美国的公共广播协会(PBS),但明确规定赞助不得影响节目内容。

至于向受众收取收视费,主要有两种不同的思路。一种是英国的"准税收模式",即只要你拥有电视机,就默认你需要缴纳 BBC 的执照费,而不去实际考察特定的人是否真的收看 BBC 的公共电视节目。一旦强调教化、修养的公共电视节目收视份额低于电视人口的一半以下,就会面临多数人缴费为少数人的趣味与需求服务的困境。另一种是日本 NHK 采取的向实际收视用户收取收视费。2020 年每户 NHK 电视收看户每月需要为 NHK 地上波电视节目支付 1 225 日元,如果需要收看 NHK 的卫星电视(BS)节目,每月的费用则会提高到 2 170 日元。NHK 官网显示,2017 年 NHK 的运营预算高达 7 000 亿日元,其中,政府财政补贴的部分仅为 36 亿日元,可以看出 NHK 的运营主要是依靠观众的收视费用。

实行公共广播电视体制,便是基于广播电视频谱资源的公共性和稀有性这样的传统信条,通过国家特许和委托公共机构经营广播电视媒体,来保障社会公共利益。在欧洲,除卢森堡以外,传统上大多数欧洲国家都将广播电视视为公共服务事业。在 20 世纪 80 年代以前,这些欧洲国家都基本遵循国家垄

---

① 有些国有/国营型广播电视机构也被称为"公营的",与"私人的"、"商业的"特点相对应,但这不是一种严格的学术表达,与学术上"公共机构经营型"不能混为一谈。

断,或国家管理下公营和少量私营广播电视媒体相结合的发展模式。即使在十分商业化的美国,公共电台和公共电视系统也具有相当的影响力。

公营台的隶属虽不直接划入国家的组织机构之中,但公营台因其严肃性和权威性,事实上被认为是准官方的电视广播机构,国家的重要文告经常通过公营台向民众传达,因此,比商业广播电视更带有一些官方色彩。有学者将欧洲和北美的公共广播电视分为四种:政府模式、专业模式、国会或比例代表模式、公民/法团主义模式。其中,政府模式指广播电视直接受到政府或政治多数派控制。例如,法国广播电视在1964年以前一直受政府新闻部控制,一直到20世纪80年代,政府通过对名义上独立的法国广播电视局管理委员会的任命来进行控制,被认为很接近国有广播电视体制(丹尼尔·C·哈林、保罗·曼奇尼,2012)。

3. 商业型广播电视机构

商业型广播电视机构是由财团或个人所有与经营,以盈利为重要目的。其主要收入来源是商业广告、节目销售及其他经营性收入,政府只是通过一定的法律和法规来进行管理。商业型广播电视机构有其他一些称呼,如私有型、独立型、民间型等,都是以商业利润为主要经费来源。美国的美国广播公司(ABC)、全国广播公司(NBC)、哥伦比亚广播公司(CBS),日本的日本电视台(NTV)、东京广播公司(TBS)、全国朝日广播公司(ANB)、富士电视台(Fuji TV),中国香港地区的香港电视广播有限公司(TVB)、亚洲电视(ATV),以及在东南亚颇为知名的星空卫视(Star TV)等,都是商业广播电视的代表。

在广播诞生之初,到处都是私营台,例如英国的BBC最初便是最著名的一家私营台。私营台发展了几年之后,各国当局鉴于广播的强大影响力,加之涉及频率分配、电波开放等技术问题需要统一管理,于是相继采取立法和行政措施,将广播(包括后来的电视)纳入国家的控制之中,形成相当长一段时间公共广播电视垄断的局面。但私营广播电视的发展始终未曾间断,及至20世纪70年代后期,政治、经济、文化等多方面的原因,尤其是西方商业经营的暗流日益强大,使得私营广播电视取得新一波发展势头。

商业广播电视机构本身是一种企业实体,它绝大部分活动的主要目的是获取最大的商业利润。商业广播电视的主要部门包括节目制作部门、广告部门和支持系统。节目制作部门负责制作新闻、文娱、服务等各类节目,相当于一般企业的生产部门;广告部门相当于广播电视台的销售部门,负责向广告客户出售广告时段,从而获得商业利润。广播电视台的广告一般以秒为计算单位,大多数广告是长约15—30秒的广告短片,在正常节目之间插播。广告收入是商业广播电视机构最主要的收入来源。此外,商业广播电视的其他收入还包括节目出售收入、客户挂牌节目、有线电视的收视费等。

三、广播电视机构理论类型的比较

广播电视三种不同的理论类型——国有/国营型、公共型、商业型广播电视机构,在开办与终止、经费来源、广告播放、负责人产生方式、节目取向、节目管理方式等方面有不同的特点,当然也有共同点,具体如表2-1所示。

表2-1 广播电视机构的理论类型特点比较

比较项目	国有/国营型	公共机构经营型	商业型
开办与终止	由政府或执政党直接决定开办或终止	国家向公共机构发放特许状或委托状准许开办;因上述文件届满而自动失效或因特定事由被收回、取消而终止	由投资者按法律、法规申请开办或终止经营
经费来源	1. 政府或执政党拨款; 2. 商业运营收入的补充等	1. 执照费或收视费; 2. 民间捐助; 3. 部分政府财政拨款; 4. 商业收入补充等	1. 商业广告、节目销售等经营性收入; 2. 其他投资收入
广告播放	1. 基本不放或播出少量商业广告; 2. 播出公益或政令发布、政策宣导广告	1. 基本不播出商业性广告; 2. 播出公益广告或政令发布广播; 3. 播出少量商业广告或赞助商形象广告(节目赞助明确不得影响节目内容)	1. 播出商业广告; 2. 根据需要播出其他性质的广告
负责人产生方式	由政府或执政党直接任命、指派或认可;本身属于政府或政党序列	由公共机构委任、延聘,或经国家机关通过、备案	投资者或股东大会产生或认可
节目取向	重视新闻、教育节目;政治倾向性强,承担政策宣传、舆论导向、政令发布任务;节目总体较严肃,格调健康	重视新闻、服务类节目,强调对公众负责;节目取向较严谨,格调健康	强调商业利润,节目以受众喜好、收视率为主要导向;节目取向从严肃到娱乐化都有,没有明显倾向
节目管理方式	由政府或执政党直接介入管理,或通过法律、法规进行管理:事前限制、事后追惩和强制近用	通过法律及特许状管理:事后追惩、强制近用	通过法律、法规进行管理:事后追惩、强制近用

节目管理方式包括：事前限制、事后惩罚和强制近用(Zelezny,1993)。事前限制是指政府主管机构依法在信息传播之前通过许可证制度或节目审查制度对媒体传播内容加以限制，以决定允许该节目播出，或要求修改后播出，以及限制、禁止该节目播出。事后惩罚(追惩)指主管机关事先不对媒体播出内容进行审查，但若播出内容违反法规和政令，则对媒体进行相应的惩罚。这种模式往往需要有较为明确、完善的法规系统，让节目主创人员有明确的制作指南。强制近用是指政府通过法令等强制媒体传播某些特定内容的节目，如政令发布、公益节目、救灾信息等。

当然，现实生活的丰富程度永远超过理论概括，我们只是用抽象的理论归纳来掌握不同类别广播电视机构的基本特点，但具体到一个国家或地区，一个广播电视机构的属性和特点，则需要放到具体的社会语境中进行分析。

第二节　商业广播电视的发展：美国模式

有媒介学者认为，若要对不同国家的媒介体制进行比较，一个较为有效的框架是从四个维度来展开：其一是媒介市场的发展；其二是政治平行性，即媒介与政党联系的性质和程度；其三是新闻专业主义的发展；其四是国家干预媒介体制的程度和性质(丹尼尔·C·哈林、保罗·曼奇尼，2012)。这些维度都是复杂的，并且在社会和政治语境的演化中不断变化。基于广播电视行业的特殊性，有关三种不同类型的广播电视体制模式的讨论，将重点放在第一和第四维度上，即媒介市场的规模、活跃程度，以及政府对广播电视的规制。往往每一个国家都并不只是选择其中一种方式来组织、规范本国的广播电视机构，而是根据广播电视机构的不同目标、功能等，选择不同的管理方式。自20世纪80年代以来，随着政治、经济、社会形势的发展，世界各国的广播电视业都发生了较大的变革与发展(金冠军、郑涵、孙绍谊，2005)，因此，选择从国家入手对三类广播电视体制进行讨论，更有助于理解媒介体制的动态变化。其中，商业广播电视体制的讨论以美国为例展开。

一、以商业型为绝对主体的美国广播电视

美国模式是典型的以商业型广播电视机构为绝对主体的商业化运作体制。广播电视媒体由财团或个人所有和经营，盈利是其重要目的，其财政收入来源于商业广告、节目销售和其他经营性收入。政府对商业广播电视机构的

管理主要通过法律实现,媒体之于政府具有比较完整的独立性。另外,国家根据对外传播及公共事务的需要,还设立少数国有型、公共型广播电视机构作为整个广播电视体制的补充与平衡。

美国大多数广播电视公司都是由财团拥有和运营的,联邦通信委员会通过一系列条款对广播电视机构进行必要的管理。商业型广播电视机构的基本特点为:机构以盈利为最终目标;节目以收视率作为制作、播出的直接目标;节目取向以迎合受众为节目制作的基本原则(有不同的目标受众就有不同的节目取向,有低俗,也有高雅);垄断竞争是美国电视业运作的基本模式。

从美国的现实情形看,商业广播电视系统的存在和发展基于几个方面的动态作用:一是联播网在全国范围内的节目分配和发行;二是各种各样的节目制作公司和辛迪加(节目购销的中介公司)所提供的大量节目;三是商业广告的经济支撑;四是地方附属台和独立台对受众的大面积覆盖。

传统上,联邦通信委员会对商业广播电视网的管理与控制,主要集中在两大原则上:一是反垄断原则,对于财团拥有广播电台和电视台的总量、执照的审核、联播网和辛迪加的关系、节目和广告内容等,都有相应的限制性条款;二是公正原则,至少在形式上保证新闻时政节目的公平性,其中,最著名的就是节目播放的公正准则(又称对等原则),以确保不同的意见观点都能够在广播电视上发表。

自 20 世纪 80 年代以来,美国广播电视管理体制中出现去规制化(deregulation,又译作放宽管制、规制缓和)倾向,即政府放宽对广播电视产业结构和节目内容方面曾经为确保公共利益而作出的种种限制。美国《1996 年电信法》(The Act of Telecommunications 1996)①几乎彻底打破财团对媒体的垄断限制,以及允许电信、传媒行业间的相互渗透。

始于 20 世纪 80 年代的大规模的广播电视去规制化,在很大程度上改变了商业广播电视既有的市场秩序,包括公正准则在内的联邦通信委员会在广播电视节目内容上的许多规定被取消或削弱,为促进节目公平竞争和保护独立制片人利益的"经济利益和辛迪加规则"也在 1995 年年底被取消,新的联播网通过进入节目制作领域进一步瓜分市场。传统三大商业广播网 CBS、NBC、ABC 在美国广播电视市场上的霸主地位一路滑落,从 20 世纪 70 年代将近 90%的市场份额减少到 90 年代中期 55%的市场份额。随着互联网的快速发展,各家广播电视机构都纷纷开展线上内容服务,从流媒体到社交平台不一而

---

① 法律全称为"Telecommunications Act of 1996, Pub. LA. No. 104-104, 110 Stat. 56",参见美国联邦通信委员会官网,https://www.fcc.gov/general/telecommunications-act-1996,最后浏览日期:2021 年 4 月 12 日。

足,形成了新的竞争格局。截至2021年2月,NBC的NBC News在YouTube、Facebook、Twitter上分别有519万、1 080万、835万用户;ABC的ABC News在社交平台上的用户数分别是YouTube用户1 100万、Facebook用户300万、Twitter用户1 651万;CBS的CBS News在社交平台上的用户数分别是YouTube用户351万、Facebook用户606万、Twitter用户805万;后来者福克斯新闻网的FOX News在社交平台上的用户数分别是YouTube用户691万、Facebook用户1 875万、Twitter用户2 007万。

二、去规制化:反媒介集中与垄断的措施逐步放宽

随着美国国家经济政策的变化,一些用来限制媒介集中和垄断的措施被放宽。例如,20世纪80年代,每家财团拥有电台和电视台的数量不能超过8家;到90年代,这个数字增加到12家;《1996年电信法》则放宽到只要每家财团或公司的全国受众不超过30%即可,而对其拥有电台和电视台的数量基本上没有限制。去规制化使得美国商业广播电视的兼并案不断出现,在《1996年电信法》颁布后达到高潮,国际化的超级传媒王国开始出现,呈现出广播电视业和印刷媒介、电信业、娱乐业大融合的趋势。

由于传统理念和政策的界限,在20世纪80年代以前的美国广播电视市场上,要购买一个联播网几乎是不可能的事情。但当大都会(Capital Cities)成功地兼并ABC之后,一切都改变了。随后,通用电气(GE)买下RCA、NBC;到90年代,迪士尼(Disney)公司买下大都会/ABC(Capital Cities/ABC),西屋电气(Westinghouse)购并CBS,CNN归入时代-华纳(Time-Warner)旗下。

这样的兼并与再兼并产生了巨无霸型媒介集团,改变了整个广播电视市场结构,尤其是《1996年电信法》的出台使20世纪90年代初开始的传媒业的兼并、收购、重组的商业浪潮再度出现热潮(见表2-2)。对比近年来的大型媒介集团(见表2-3、表2-4)可以发现,以计算机、互联网视频串流平台为核心的新型媒介集团,已经成为巨型媒介集团的主体力量。

表2-2 1998年美国10家大型媒介集团

公司名称	营业额 (亿美元)	流动资金 (亿美元)	年利润 (亿美元)	业务范围
时代-华纳(Time-Warner)	246.22	54.12	27.28	电视、有线电视、电影、互联网、期刊、音乐、出版、娱乐、零售业等

续表

公司名称	营业额(亿美元)	流动资金(亿美元)	年利润(亿美元)	业务范围
迪士尼(The Walt Disney Company)	224.73	71	43.12	电视、有线电视、电影、互联网、出版、音乐、零售业、体育、娱乐业和主题公园等
索尼(Sony)	156.09	20.2	15.65	电影、音乐、电子游戏等
维亚康姆(Viacom)	132	17	7.528	电视、有线电视、电影、出版、娱乐等
新闻集团(News Corporation)	128	14.01	18	电视、有线和卫星电视、电影、报纸、期刊、出版、技术开发和服务等
TCI	75.7	29.75	6.85	有线和卫星电视、因特网、出版、音乐、技术和设备等
环球(Seagram)	64.39	7.12	N/A	电视、电影、娱乐、音乐等
CBS	53.63	7.72	2.49	电视、有线电视、广播电台、户外广告等
通用电气/NBC	51.53	4.5	10.02	电视、有线电视、因特网等
Cox Enterprises	49.37	N/A	N/A	电视、有线电视、广播电台、报纸、电话等

资料来源：*Broadcasting & Cable*, September 7, 1998.

表2-3 2019年全球10家大型媒介集团(按媒体相关收入排序)

公司名称	总收入(亿美元)	新闻/信息/媒体收入(亿美元)	知名媒体品牌
Alphabet(字母表)	1 619	1 500	谷歌、谷歌新闻、YouTube
Facebook(脸书)	707	697	Facebook、Instagram、WhatsApp
Apple(苹果)	2 602	538	Apple News、Apple News+、Apple TV、Apple One
Disney(迪士尼)	654	284	ESPN、《国家地理》、美国广播公司、Viceland
Comcast Corporation(康卡斯特)	1 089	255	CNBC、MSNBC、NBC、Sky

续表

公司名称	总收入（亿美元）	新闻/信息/媒体收入（亿美元）	知名媒体品牌
ViacomCBS（维亚康姆—哥伦比亚广播）	278	244	CBS、第5频道、MTV
Netflix（网飞）	202	202	
Amazon（亚马逊）	2 805	192	Amazon Prime Video、Kindle、Audible、Twitch
Byte Dance（字节跳动）	160	160	TikTok
Mircosoft（微软）	1 430	158	MSN、LinkedIn

资料来源：Turvill, w., "The News 50: Tech Giants Dwarf Rupert Murdoch to Become the Biggest News Media Companies in the English-speaking World," PressGazette, December 3, 2020, accessed February 19, 2021, https://www.pressgazette.co.uk/biggest-media-companies-world/; Murphy, A. etal., "GLOBAL 2000: The World's Largest Public Companies," Forbes, May 13, 2020, accessed February 19, 2021, https://www.forbes.com/global2000/#7d50bbfb335d.

表2-4 2020年全球10家大型媒介集团（按市值排序）

公司名称	营收	市值（截至2020年7月）	经营范围
Netflix（网飞）	2018年数据：净利润12.11亿美元 2019年数据：流媒体营收198.6亿美元、DVD租赁2.97亿美元	2 340亿美元	流媒体、影视制作、DVD等租赁、互联网社群；成立于1997年，截至2019年年底，拥有1.67亿订户
Disney（迪士尼）	2018年数据：净利润125.98亿美元、营收额594.34亿美元	2 240亿美元	传媒业（广播、电视、书籍等）、主题公园和度假村、电影和音乐制作、互动游戏、周边零售、流媒体服务（Disney Plus）；截至2020年6月27日，订户数量已增至5 750万
Comcast Corporation（康卡斯特）	2018年数据：净利润117.31亿美元、营收额945.07亿美元	2 090亿美元	通信、高速互联网和语音服务、有线电视网络、广播电视（Telemundo和NBC）和卫星电视（sky）、电影、主题公园；成立于1963年

续 表

公司名称	营 收	市值(截至2020年7月)	经营范围
AT&T（美国电话电报）	2018年数据：净利润193.7亿美元、营收额1 707.56亿美元	2 030亿美元	2018年以1 010亿美元完成对时代-华纳公司的收购而获得媒体服务TNT、TBS、CNN、Cartoon Network和相关网站（如CNN.com），增加了Turner Broadcasting和HBO的服务，华纳兄弟品牌的电影、电视节目和视频游戏；2015年收购卫星数字电视DirecTV；原时代-华纳已于2018年6月下市
Charter Communications（特许通信）	2018年数据：净利润12.3亿美元、营收额436.34亿美元	1 300亿美元	2015年以874亿美元的价格收购了时代-华纳有线，增加了在美国提供视频、高速数据和语音服务；运营的Spectrum拥有2 600万客户
Sony（索尼）	2020年3月31日的财政年度：82.6亿美元	950亿美元	电子和音乐巨人，也具有其他媒体属性，主要领域包括游戏和网络服务、音乐、图片和电子产品
Thomson Reuters Corporation（汤森路透）		400亿美元	总部位于加拿大，业务有五个部分：法律专业人士、公司、税务和会计专业人士、路透新闻、全球印刷
ViacomCBS（维亚康姆-哥伦比亚广播）	2018年数据：Viacom净利润17.19亿美元，CBS净利润19.6亿美元；Viacom营业收入129.43亿美元，CBS营业收入145.14亿美元	175亿美元	Viacom于2005年在纽约成立，经营范围包括数字（在线和移动）、电影（派拉蒙影业）和电视，受欢迎的品牌包括MTV、Nickelodeon、TeenNick、Comedy Central和Spike TV；Viacom和CBS于2019年12月合并成ViacomCBS，运营AddictingGames.com和Shockwave.com等网站游戏业务；CBS的经营范围主要是广播、印刷和电视，以及户外广告

续 表

公司名称	营 收	市值(截至 2020 年 7 月)	经营范围
Fox(福克斯、21 世纪福克斯)	2018 年数据：净利润 21.87 亿美元、营收额 101.53 亿美元	154 亿美元	福克斯以前是传媒行业的巨头；现在，其 154 亿美元的市值只是过去的一小部分。2017 年，它以 710 亿美元的价格将娱乐业务出售给迪士尼，包括 20 世纪福克斯电视和电影制片厂，以及 Hulu 和 FX 等美国有线频道 30%的股权。现在，福克斯是一家精简的媒体公司，包括福克斯新闻频道、福克斯商业、Big Ten Networks 和福克斯广播公司，以及其他精选资产
DISH Network Corporation(碟网)	2018 年数据：净利润 15.75 亿美元、营收额 136.21 亿美元	145 亿美元	成立于 1980 年，作为母公司控股，通过其多个子公司，经营直接卫星广播、宽带服务、电影，以及按需出租和出售的游戏业务

资料来源：Seth, S., "The World's Top Media Companies," Investopedia, October 7, 2020, accessed February 19, 2021, https://www.investopedia.com/stock-analysis/021815/worlds-top-ten-media-companies-dis-cmcsa-fox.aspx；中国银河证券研究院，《视频行业专题报告(一)——美国视频产业发展回顾》(2019 年 6 月 5 日), http://pg.jrj.com.cn/acc/Res/CN_RES/INDUS/2019/6/5/26c40329-cf7b-4510-88e5-ef75db233bfc.pdf,最后浏览日期：2021 年 4 月 4 日。

  1996 年 6 月，西屋/CBS（Westinghouse/CBS）宣布以 490 亿美元购买 Infinity Broadcasting，这一"联姻"造就了一个拥有 82 家广播电台的大集团，成为当时最大的电台拥有者 Clear Channel 和 Jacor 的强劲竞争对手。1998 年 9 月，Chancellor 成功地兼并了 CBS/Infinity，成为最大的电台公司（可参见表 2-5、表 2-6，观察数年来的变化与发展）。2000 年，互联网公司美国在线（AOL）以 1 840 亿美元一口吞掉了称雄百年的时代-华纳（Time-Warner）公司[①]。

[①] 这次合并至今依然有争议性，主要是有关市场垄断方面的顾虑。随着科技/互联网泡沫的终结，到 2002 年，美国在线（AOL）已是公司中最小的一部分资产。2003 年 9 月 17 日，美国在线-时代-华纳（AOL-Time-Warner）宣布将公司名称又改成时代-华纳（Time-Warner），公司的标志也从原先的美国在线的标志改为合并之前时代-华纳的标志。2009 年 5 月 28 日，时代-华纳宣布董事会已授权管理层执行拆分美国在线的计划，至 12 月 9 日拆分计划完成后，美国在线重新成为一家独立的上市公司。

尽管美国在线-时代-华纳公司已经重新分拆,但这一过程对美国,乃至全球传媒行业,带来了巨大的影响。

表 2-5　1998 年美国广播电台前五强

广　　播	电台数量(座)	1997 年营业额(亿美元)
Chancellor Media Corporation	471	15.8
CBS/Infinity	162	14.9
Jacor Communications, Inc.	205	6.13
Clear Channel Communications, Inc.	219	4.78
ABC	38	3.27

资料来源:*Radio World*,September. 16,1998.

表 2-6　美国广播机构规模及收入排名(2004/2005)

广播机构	下辖电台数量(2005 年)(座)		收入额(2004 年)(亿美元)	
	新闻类电台数量	电台总数量	新闻类电台收入	电台总收入
Clear Channel	136	1 190	3.67	35.62
Infinity Broadcasting	19	178	4.20	22.08
Entercom	14	103	0.69	4.86
Citadel Communication	23	225	0.28	4.13
Cumulus Broadcasting	33	303	0.20	3.24
Salem Communications	22	104	0.35	2.04

资料来源:"The State of the News Media 2006: An Annual Report on American Journalism," Pew Research, accessed April 12, 2021, http://assets.pewresearch.org.s3.amazonaws.com/files/journalism/State-of-the-News-Media-Report-2006-FINAL.pdf.

应该说,集约经营、规模经营是现代产业经营管理的一个重要特征,类似时代-华纳兼并特纳广播公司、迪士尼公司兼并美国广播公司这类超大规模的传媒经营权的集中,必定会给现代传媒业的发展带来积极作用:有助于提高不同媒体的整合程度,以提升媒介集团在国内外的竞争能力;有利于集团内部的资源共享及合理化配置,降低成本;从信息制作到传播的垂直一体化,有助于减少传播流程。然而,对具有商业经营和社会舆论功能双重性质的传播媒介而言,控制权过分集中于某些利益集团,可能会产生同样强大的副作用,不得不引起人们的关注。

美国《1996 年电信法》对原有法律做了重大修改:打破电信业、传媒业与其他产业之间的壁垒,允许产业间相互渗透;放宽对媒介的限制,以促进自由竞争①;限制暴力、色情等内容的传播。然而,这些年来出现的传媒公司间的合并、收购、兼并、买卖、合资的浪潮,使得美国传播界的格局发生了重大变化,少数传媒巨头变得有能力控制越来越多的媒介资源。事实似乎在某种程度上与《1996年电信法》立法者的初衷背道而驰。人们很难理解,越来越少的传媒垄断巨头能"激起预告信息时代黎明即将来临的竞争高潮"。

巨型媒介集团控制了大部分的受众市场,信息传播口径趋同化,受众的知情权可能因此而受到侵犯。成为时代-华纳公司副总裁的特纳不愿看到CNN受到默多克旗下的福克斯新闻频道的有力挑战,下令时代-华纳下属的有线电视网不得传输福克斯新闻频道。愤怒的默多克称这是"特纳的懦夫行为"。然而,也正是这位"愤怒的默多克",在他取得香港星空卫视(Star TV)的控制权一开始,就不同意卫视传送CNN新闻。正如《纽约时报》的一篇社论所称,"看着一个被少数传媒巨人支配的世界,而没有想到这些传媒公司是由恶意的极端利己主义者所经营,这是相当令人不安的"(展江,1997)。

随着大量原本与传媒业毫无关系的大财团、大公司进入传媒界,可能会对新闻事业产生一定威胁。财团更多关心的是公司的利润率,往往忽略新闻的社会责任。一方面,由于受到财团的控制,新闻将面临越来越多的不能触犯的利益,包括间接的和直接的,例如很难期望CBS新闻能够对关于其投资母公司——西屋电气公司重大利空消息做揭露报道;另一方面,为了商业利益,媒体无休止地满足受众的需求,有日益娱乐化、软性化的迹象。随着传媒公司极度膨胀,新闻部门也许会越来越多地受到来自各方的掣肘,成为"越来越小的土豆"。

2018年3月,美国辛克莱广播集团(Sinclair Broadcast Group)旗下至少66家地方电视台播出地方台主播分别播报、内容严格基于通稿、谴责"偏见与假新闻"的片段②。有人将各台分别播出的不同版本的同一内容剪辑成短片在社交媒体上播出,引起关注及担忧。一些评论者认为,辛克莱广播集团使当地主播在不透露声明来自何处的情况下阅读联合声明这一行为,其背后是集团资

---

① 《1934年通信法案》确认了广播电视传播媒体满足"公众的利益、便利和必需"的义务,强调美国的广播电视不应由政府经营,同时不应由私人垄断而成为无限制的纯自由竞争的事业。稍后在1941年,美国联邦通信委员会(FCC)广播联营条例规定,一家广播公司在同一地区、同一时间不得有两个以上的广播网。经过法律诉讼,1943年NBC旗下蓝网最终被FCC强令出售,售出的蓝网于1944年改组为美国广播公司。NBC、CBS和ABC后来成为美国广播业(包括后来的电视业)的主干。

② 参见Lakshmanan, I. A. R., "Why Sinclair's Promos Were a Journalism Ethics Train Wreck," Poynter, April 9, 2018, accessed April 10, 2021, https://www.poynter.org/newsletters/2018/why-sinclair%c2%92s-promos-were-a-journalism-ethics-train-wreck/。

本与政商复杂关系的影响,始终需要考虑商业垄断等可能对新闻专业产生的影响。

三、美国模式:以商业型为主,其他形式补充

美国商业电视体制运营的内部机制大致由三部分构成。

(1) 广播电台和电视台

广播电台和电视台是节目传输与组织机构。电视节目传输的设备最早由电视台自行研发,后转为向专业公司直接购买。节目组织对内实行节目管理、生产与编排,对外经营广告业务与购买节目(但通常新闻等节目由电视台自制)。

(2) 节目制作者

节目制作者是节目的实际策划、制作机构。非电视台的节目制作者已成为电视节目的重要来源,制作者可以是电视台的关系企业或者纯粹外部机构。电视节目买卖是双向的,由电视台购买外制节目用以播放,或由制作者向电视台购买合适的播出时段。通过专业制作公司可以降低节目制作成本,同时,此举也或多或少地体现电视的公共资源属性,努力使节目取向多元化。

(3) 广告商

广告商包括广告主及广告代理商。目前,广告商仍是美国电视发展的主要经济来源,成为广播电视的重要组成部分。广告商除直接投放电视广告之外,也会赞助电视节目的制作(通常是娱乐类节目),但广告商不得影响节目的内容与制作流程,对新闻类节目等的广告投放、赞助通常有更为严格的限制措施。

美国广播电视的收入是多元化的,并不仅仅依靠广告投放。例如,从美国21世纪前十年电视业的收入结构来看,尽管广告收入绝对数值一直在增长,但增长幅度却比不上电视订购(如有线电视、卫星电视节目订购等)收入的增长幅度(可参见表2-7)。

表2-7 美国电视产业收入结构(2003—2006)

	2003年	2004年	2005年	2006年
电视家庭(百万户)	108.7	109.6	110.2	111.6
电视订购收入(亿英镑)	256.8	286.1	313.4	335.9

续表

	2003 年	2004 年	2005 年	2006 年
公共服务收入（亿英镑）	2.71	2.81	2.89	3.11
广告收入（亿英镑）	317.8	331.3	335.8	361.7

资料来源：英国广播电视管理机构 Ofcom；转引自国家广播电影电视总局、中国广播电视年鉴编辑委员会（编）,《中国广播电视年鉴（2009）》,中国广播电视年鉴社 2009 年版,第 567—570 页。

除了商业型广播电视机构占美国广播电视体制主体之外，还有其他类型的广播电视机构作为补充与平衡，这也是美国广播电视体制的一个特点。例如，前文提到的美国政府新闻署下属的国际广播电台"美国之音"（VOA）、"马蒂之声"（Radio Marti）等，就是属于美国国有/国营的广播电视机构，由美国政府拨款成立并负责营运，主要负责海外广播事务。

另外，为了平衡商业型广播电视媒体可能出现的媚俗、迎合受众的现象，美国还有公共机构经营型的广播电视机构，如美国公共电视网（Public Broadcasting Service，简称 PBS，也称公共广播协会或美国公共电视台）、全国公共广播电台（National Public Radio，简称 NPR）等，通常制作具有公共价值的新闻、教育或儿童节目。公共电视与全国公共广播及其下属电台的运营经费来自政府拨款及民间捐助，但政府拨款不得影响公共广播电视的节目制作。例如，具有世界知名度的儿童节目《芝麻街》（*Sesame Street*）就是由 PBS 委托制作、播出的。作为一档幼儿教育电视节目，《芝麻街》结合教育和娱乐，节目由 Children's Television Workshop（CTW）制作，1999 年后由 CTW 分立的 Sesame Workshop 继续制作。节目采用大量布偶（muppet）作为大部分主角。《芝麻街》于 1969 年 11 月 10 日首播，是美国电视历史上最长久的儿童电视节目。截至 2019 年，该节目开播 50 周年，已制作 4 500 集、2 部长篇电影（1985 年的《追鸟》和 1999 年的《艾莫大冒险》）、35 部电视特辑、200 部家庭录像和 180 张专辑。它的 YouTube 频道拥有 500 万订户。2020 年开始的第 51 季移至 HBO Max 播出。节目成功地在 120 个国家播放过（中国也曾引进部分内容），推出过 20 多个不同的国际版本，被公认为是世界上最家喻户晓的幼儿教育节目。截至 2018 年，《芝麻街》共获得 189 项艾美奖和 11 项格莱美奖，比其他任何儿童节目都要多[①]。

美国政府并不直接向公共广播电视拨款，而是通过一家名为公共广播公司（The Corporation for Public Broadcasting）的非营利性机构对政府拨款进行再

---

① 参见《芝麻街》官网,https://www.sesamestreet.org,最后浏览日期：2021 年 4 月 12 日。

分配与转拨款。这一制度安排的重要目的是在政府拨款与直接干涉公共广播电视节目制作之间,设置一道防火墙与缓冲垫(buffer),防止政府直接以拨款控制方式来影响公共广播电视的独立性。尽管这一安排的形式意义大于实质意义,但也说明在社会文化传统上,政府不应通过拨款来影响公共广播电视的独立性已经形成共识。

第三节 公共广播电视的发展:西欧/日本模式

一、以公共广播电视为主、商营广播电视共同发展的双轨制

西欧/日本模式是以公共广播电视为主、商营广播电视共同发展的双轨制。在 20 世纪 80 年代之前,除英国、卢森堡外,西欧主要国家的广播电视业全是单一的公营电视体制;而 80 年代以后,西欧各国均出现了广播电视业私有化进程,除卢森堡外,西欧各国均发展出商业型广播电视机构(在英国称独立广播电视)。

即便在西欧,不同国家的公共广播电视与政府的关系也是有所不同的,以 BBC 为代表的公共广播电视专业模式在很大程度上摆脱政府的直接控制,由广播电视专业人士运作,加拿大广播公司(CBC)也是如此,类似的还有爱尔兰、斯堪的纳维亚和美国公共广播电视;20 世纪 80 年代的意大利广播电视台作为国会模式的典型,不仅理事会要根据各政党比例代表制任命,三个频道也分别由不同的政党掌控;荷兰的法团主义模式与国会模式相似,只不过公共广播电视的控制权是在不同的社会或政治团体中分配(丹尼尔·C·哈林、保罗·曼奇尼,2012)。

日本则从公营型 NHK 一枝独秀的压倒性优势,发展到与民营(商业型,也称"民间放送"、"民放")广播电视机构(如富士电视台、东京广播公司、日本电视台、朝日电视台)齐头并进的局面。日本商业电视(民放)体制灵活,又有背后财团的资金助益,民间放送在很多领域与 NHK 产生激烈竞争。此外,NHK 近年来出现的一些争议性事件,也使之前 NHK 超然、独立的公正形象有所耗损,影响了 NHK 的社会影响力。2014 年,与时任日本首相安倍晋三关系密切的籾井胜人出任 NHK 最高决策机构经营委员会负责人。由于他的"右翼"背景,籾井胜人在三年任内干扰了 NHK 编辑部的独立决策权,尤其直接干扰了好几个对第二次世界大战日本军国主义反思的节目的正常制播。经营委员会

的集体决策制度,使得籾井胜人遭到 NHK 内部和外部社会的强烈反对。2017年,争议不断的籾井胜人没有获得留任。在他的 NHK 负责人任期届满后,NHK 不久便安排在黄金时间播出揭露日本军国主义臭名昭著的 731 部队进行"细菌战"与"活体实验"的罪行的纪录片①,在日本社会投下震撼弹。

自 20 世纪 80 年代以来,全球广播电视行业发生了巨大的变化,最根本的冲击就是市场化和商业化。一方面,有线电视和直播卫星的发展,不仅打破了公共广播电视赖以存在的基于无线电频谱资源的公共性和稀有性的传统信条,而且极大地拓展了广播电视的服务范围,为受众提供了更为丰富的选择机会;另一方面,广播电视是高投入、高成本的行业,随着市场竞争日益激烈,公共广播电视所依赖的视听执照费在市场日益趋于饱和的情况下很难再有大幅度提升,而节目成本却在年复一年地增加,许多公共广播电视机构在强大的市场压力下越来越难以为继。于是,欧洲各国政府不得不对公共广播电视政策做出种种调整和改变,以适应市场的需要。

西欧主要国家及日本原先较为单一的公营广播电视体制政策的改变主要表现在三个方面。一是自由化,即通过国家干预,积极在广播电视领域引入新的私有/商营者,打破公有广播电视一统天下的局面,与原来的公共广播电视机构形成新的竞争格局。二是商业化,在广义上指广播电视在经营中更多地强调市场因素和盈利倾向。国家减少对广播电视业的公共资源投入,使在公营广播电视财政收入中,国家拨款和视听费的比重相对下降,广告和其他商业性收入的比重增加。三是去规制化,即国家政府放宽,甚至去除对广播电视产业结构和节目内容方面曾经为确保公共利益而作出的种种限制。商业广播电视在欧洲快速发展起来。

随着各国公营型广播电视政策的变革,近年来各国商营广播电视机构的数量及实力、影响力都不断增加,打破公营广播电视机构一统天下的局面。原先在西欧主要国家(以英国为代表,如 BBC)及日本(如 NHK)占绝对垄断地位的公营广播电视机构,不断受到本国迅猛崛起的商业广播电视机构的挑战。

二、公营与商营广播电视体制的平衡:以英国为例

英国公营广播电视体制确立的过程,就是在公营型与商业型之间寻找平衡的过程。1922 年 11 月,经过邮政大臣的独家特许授权,英国广播公司

---

① NHK 综合频道 2017 年 8 月 13 日首播,《731 部队的真相——精英医学者与人体试验》(731 部队の真実~エリート医学者と人体実験~)。

（British Broadcasting Company，简称 BBC）开始广播服务。早期的 BBC 是商业性质的公司，以出售收音机等收入支持广播节目，收取收音机执照费（收听许可费）以弥补经费缺口。随着广播活动日益发展，公众对商业机构独占广播利润的体制日益感到不满。1923 年 4 月，英国政府成立希可斯委员会以检查商营 BBC 的合理性。

希可斯委员会认为，电波频率是公共资源，授权时应慎重考虑公共利益；广播这种对民意、对公众生活具有极大潜在影响的媒介，不应毫无节制地任由商业利益团体独占，而应由国家授权的公益团体经营。1925 年 7 月，另一个研究广播政策的克劳佛德委员会也提出相似的建议：由议会立法成立一家公共广播公司，为全民的利益制作和播出广播节目；该公共广播公司对新闻、时事节目的内容应有独立的自主权。

英国政府最后采用了这两个委员会的专业建议。1926 年 12 月 31 日，BBC 由商营改制为公营机构，国王批准了第一个皇家特许状（Royal Charter）。公营的 BBC 于 1927 年开始广播。

英国公营型广播体制延续到新生的电视事业。1934 年 5 月，英国成立了第一个电视对策委员会——塞尔斯顿委员会，对电视事业的发展进行评估。塞尔斯顿委员会支持发展电视事业的决策，并且提议由 BBC 依照公共广播的思想和方式负责第一个电视频道的经营管理。

1934 年成立的华兹沃特委员会负责评估公营的 BBC 第一个十年的表现，以决定是否继续授予 BBC 独占经营广播事业的特权。该委员会对 BBC 不偏不倚的立场和兼容并蓄的原则表示赞赏，还附议了塞尔斯顿委员会的建议，也主张由 BBC 开办第一个电视频道。BBC 获准于 1936 年 11 月 2 日正式播出电视节目，并于 1937 年获得第二个十年的广播电视特许状。自此，BBC 正式进入公营型广播电视体制的时代。

但与美国商业性电视节目相比，BBC 以训导和教育为主的电视节目缺少吸引力，也引发了批评。一些议员批评 BBC 的独占体制缺少竞争，美国的经验受到重视，呼吁开放商业电视。民调显示，多数英国人赞成 BBC 独占声音广播，而在电视体制上支持商业经营。其中，保守党上层、工商界人士及劳工阶层赞成商业电视；反对商业电视制度的主要是工党上层人士及知识分子，认为商业电视会拉低电视节目的教育水准。

经过数年的政策反复，在主张开放商业电视（英国称独立电视）的保守党的支持下，1954 年 8 月，《独立电视法案》在议会获得通过。法案允许成立一个与 BBC 性质相近的公共机构——独立电视局（Independent Television Authority，简称 ITA），管理独立（商业性质的）电视广播。而独立广播的开放要晚于独立电视,一直到 1971 年,保守党政府才宣布开放商业广播。次年,ITA 改名为独立广播电视局(IBA),着手审批商业性和地方性的独立广播电台。从此,英国不仅有商业电视,还有商业广播,"公商并营"的广播电视体制在英国正式确立。

从英国广播电视体制的确立过程可以看出,自从 1922 年英国广播公司成立以来,广播电视的公共经营理念之于全社会都是根深蒂固的。尽管 1954 年商营的独立电视 ITV 开通,打破了公营的 BBC 的独家垄断,但由于其特殊的产权结构和严格的管理方式,ITV 被看作公共广播电视系统的有机组成部分;1982 年建立的专门提供非大众口味节目的第四频道,采取的是购买节目(尤其是独立制片人节目)间接广告资助模式,为商营媒体服务于公共利益起到了一定的示范作用(赵月枝,2011:108)。

但从 20 世纪 80 年代初开始,开放广播电视市场的论调占了上风。1988 年 11 月,英国政府公布了关于广播电视立法计划的白皮书《1990 年代的广播电视:竞争、选择、节目质量》,指出由于技术进步和国际化进展,广播电视系统的变化在所难免。白皮书宣布政府将尽可能地对广播电视采用同放宽限制的一般政策相一致的方针。1990 年 11 月,英国新的广播法案生效,开始实行商业广播电视开放政策。与此同时,虽然 BBC 还没有在其国内主要频道播放广告,但它在 1991 年开设了 24 小时商业性质的国际电视服务 WSTV,在 1995 年与私营公司合作开办了两个欧洲卫星电视频道。通过商业性的国际广播电视服务来维持国内的非商业特色,已经成为 BBC 行之有效的发展战略。

其他国家的公共广播电视体制所面临的情况也十分相似。例如,加拿大联邦政府对公营的加拿大广播公司(CBC)的财政投入在 1983 年到 1994 年间减少了 23%;美国各级政府对公共电视 PBS 的投入份额也从 20 世纪 70 年代的 70%减少到 90 年代初的 40%左右,同时,企业和私人资助的份额则从 30%增长到超过 50%;欧洲一些实行视听费的国家也不同程度地降低或取消了视听费,而让商业性收入成为公共广播电视的主要经济来源;更有甚者,法国最主要的公营电视频道 TF1 则被完全私有化了。

不过,迄今为止,对于社会公众来说,广播电视的公共性质仍然是一个重要的概念。在北欧一些社会公众参与政治决策比较深入和广泛的国家,各种社会公益团体仍然是阻止广播电视市场进一步商业化的重要力量。在挪威,消费者委员会一直在努力强调对商业电视进行严格管理的重要性;丹麦的消费者委员会则有效地阻止了在第二个全国电视网和地方电台上播放商业广告(赵月枝,2011:120)。

三、公营与商营广播电视体制的节目互补

公共广播电视(public broadcasts)①的节目构成策略与商业广播电视节目的构成策略有明显差异。公共广播电视内部其实也有不同的节目宗旨,但有两个共同的目标:教育性和非商业性。这意味着公共广播电视必须直接为公众服务,而不是服务于商业性目的。公共广播电视节目编排策略与商业广播电视节目编排策略的一个差别是:公共广播电视并不需要不惜一切代价进行节目编排来追求最多的观众,与此相反,公共广播电视还有为特殊受众服务的义务②,这些受众因数量太少而无法引起商业广播电视的兴趣。公共广播电视也不能仅仅迎合极少数口味怪异的受众。公共广播电视终究是大众媒介,无论是商业的还是非商业的,只有能照顾到相对较多的受众,它才有理由占据无线频道和由公共经费提供的巨额广播电视设备(Eastman & Ferguson,2004:207-208)。

公共广播电视的节目编排原则通常有四个方向:一是根据"公共电视"的定位精神(公共的、多元的、教育的)来规划节目性质与类型;二是根据"观众收视研究"资料结果来对照节目在目标观众中的收视偏好,并且据此修正节目本身或调整编排方式③;三是采取"反向编排策略",与其他商业广播电视机构的节目不同以减少同质节目互相竞争;四是规划年度"招牌节目"(年度大戏)和策划受众喜爱的"重点节目"。

从广播电视实践来看,公营型广播电视与商业型广播电视节目相互补充,通常既能满足受众多元化的节目需求,又能在很大程度上避免在过度竞争的商业环境下容易产生的节目低俗化的倾向。因此,以西欧/日本模式为代表的"公商并营"的广播电视发展机制,也成为很多国家对广播电视体制确立或调整的一种有益参照。

---

① "公共广播"中的"公共"(public)一词,最早由美国卡内基教育电视委员会(the Carnegie Commission on Educational Television)在1967年引入,用来取代容易引起歧义的"指导性(instructional)电视"或"教育性(educational)电视"的概念。

② 一些公共广播电视的经营者也支持这一观点。例如,美国公共电视(PBS)总经理布鲁斯·克里斯藤森(Bruce Christensen)将公共电视的目标描述为"提供在很大程度上被商业电视台忽略或至少是不普遍的节目";作为公共电视标杆的英国广播公司(BBC)的总经理迈克尔·查克兰德(Michael Checkland)也提出,"公共服务……就意味着为全体公众服务,不是在多数人和少数人之间划一条界线"(参见 *Broadcasting*,May 13, 1991,p.49)。

③ 由此可见,公共广播电视并非排斥视听率数据的使用,相反,它们同样需要借助视听率数据来检验、调整其节目本身及节目编排方式。只是原来可以对商业广播电视产生决定性作用的视听率数据,在公共广播电视领域所能起到的作用相对有限。

第四节　国营/国有广播电视的发展：中国模式

一、国有属性不变，引入商业运营机制

中国模式的广播电视体制是在保持广播电视媒体国有属性不变的前提下，引进商业运营机制，在第三世界国家中较具代表性。与纯粹的国营/国有广播电视体制相比，具有如下新的特点：一是广告、节目出售等商业经营收入在广播电视业中占据重要地位；二是节目的制作部分以市场导向来执行，但仍主要发挥执政党和国家的宣传喉舌作用；三是广播电视机构之间虽出现激烈竞争，但在政府相关职能部门的管理和协调下，并不会陷入盲目的恶性竞争。

自 20 世纪 80 年代以来，随着中国社会的改革开放，过去的计划经济体制开始逐步转向社会主义市场经济体制，社会形态的变化与广播电视业自身发展的需要，促进了中国广播电视媒体逐渐从单纯的事业单位走上"事业单位，企业管理"的改革之路①。1979 年，上海人民广播电台和上海电视台率先恢复与播出商业广告。1983 年 3 月召开的第十一次全国广播电视工作会议，把"广开财源，提高经济效益"作为中国广播电视改革的方针之一，指出："我们不能只依靠国家投资，还应采取措施开源节流，以便有更多的资金加快广播电视事业的发展。"②

随着社会主义市场经济体制的建立，以及媒体经济规模及产业化程度的提高，人们再次认识并承认媒体的产业性质。1985 年 4 月，经由国务院批转的《国家统计局关于第三产业的统计报告》第一次将广播电视事业列为第三产业。1987 年，国家编制投入产出表明确将传媒业列入信息产业，一些学者也明确提出新闻媒体的双重性质的问题（李良荣，2003）。1992 年 6 月，中共中央、国务院颁布《关于加快第三产业发展的决定》，要求第三产业机构应该"做到自主经营、自负盈亏；现有的大部分福利型、公益型和事业型的第三产业单位向经营型转变，实行企业化管理"。1998 年第九届全国人大第一次会议明确

---

① 1949 年 12 月，政务院新闻总署召开全国报纸经理会议，确定报纸企业化经营，《人民日报》等一批报社做到自给自足。自 1957 年以来，中国新闻媒体在很长一段时间里采取党政机关化管理，财政上由政府拨款，统收统支，不计盈亏。

② 参见广播电视部政策研究室《当代中国的广播电视》编辑部：《方向与实践——第十一次全国广播电视工作会议文件与典型材料选编》，中国广播电视出版社 1984 年版。

指出，国家今后对包括广播电视在内的大多数事业单位，要逐年减少拨款的三分之一，三年后这些单位要实行自收自支，广播电视事业要全部推向市场。

从中国广播电视发展情况来看，在许多经济发达地区，以广告为主的商业经营性收入，已经成为广播电视业非常重要的经济支撑。1996年，全国电视广告营业额达到90.78亿元；1997年为114亿元，占全国广告经营额的24.7%，其中，中央电视台的广告经营额为41亿元（广播电影电视部、《中国广播电视年鉴》编辑委员会，1998：71）；到2008年年底，全国广播电视广告总收入为701.75亿元，其中，电视广告收入为609.16亿元（国家广播电影电视总局、中国广播电视年鉴编辑委员会，2008：537）。

以上海为例，在1979年上海广播电视业的财政收入中，政府财政拨款占88.3%（455万元），经营性收入占11.7%（60万元）；1984年，该行业的经营性收入（1 099万元）和政府财政拨款（1 100万元）已基本持平；1992年，该行业的广告和其他经营收入即为同年财政拨款的5.5倍（陈怀林，1998）。此后，经营性收入一路攀升，成为上海广播电视行业最主要的经济来源。从1979年广播电视恢复广告以来，上海广播电视的广告经营收入经历了一个高速增长的过程，从1979年的60万元猛升至2008年的43.94亿元，30年间增幅超过7 300倍（见表2-5）。

表2-8 上海广播电视系统历年广告经营收入

单位：万元

年度（年）	广告经营收入	年度（年）	广告经营收入
1979	60	1990	5 414
1980	120	1991	10 559
1981	282	1992	23 214
1982	408	1993	47 700
1983	512	1994	60 000
1984	1 099	1995	80 000
1985	1 484	1996	130 000
1986	1 958	1997	150 000
1987	2 388	2007	412 300
1989	4 470	2008	439 400

资料来源：笔者在上海市广电局进行的访谈，1995年；魏永征等，《上海新闻改革15年》，上海社会科学出版社1994年版；历年《中国广播电视年鉴》。

中国广播电视业近年来发展迅速,但行业年度总收入与世界主要发达国家相比还有一定的差距,如图 2-2 所示。2013 年,中国广播电视市场收入总额只占日本的三分之二,数据虽高于英国的统计值,但考虑到中国与日本、英国的体量差距,其广播电视总收入的差距更为明显。

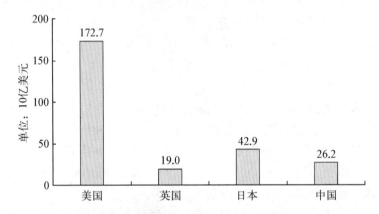

图 2-2　2013 年美国、英国、日本、中国广播电视市场总收入

（资料来源：强荧、焦雨虹（主编），《上海传媒发展报告（2015）：媒体格局突破与创新》,社会科学文献出版社 2015 年版）

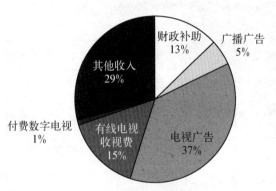

图 2-3　2011 年中国广播电视收入结构

（资料来源：张晓明、王家新、章建刚（主编），《中国文化产业发展报告（2012~2013）》,社会科学文献出版社 2013 年版）

若以图 2-3 中的数据与 2019 年的数据相比,在中国广播电视业收入结构中,政府财政的比重下降,传统广播电视广告收入的整体比重下降,尤其是广播广告的收入比重下降更为明显。

2019 年的数据显示,中国广播电视行业年度总收入 8 107.45 亿元,同比增长 16.62%。其中,财政补助收入 801.97 亿元,同比增长 3.48%;广播电视和网络视听业务实际创收收入 6 766.90 亿元,同比增长 19.99%;其他收入 538.58 亿元,同比增长 0.19%。尤为重要的是,传统广播电视广告收入下降,新媒体广告收入增长明显。2019 年中国传统广播电视广告收入 998.85 亿元,同比下降 9.13%;广播电视和网络视听机构通过互联网取得的新媒体广告收入 828.76 亿元,同比增长 68.49%。其中,广播电视机构新媒体广告收入 194.31 亿元,同比增长 25.11%;广播电视和网络视听机构通过楼宇广告、户外广告等取得的其他广告收入 247.66 亿元,同比下降 9.41%。交互式网络电视(IPTV)平台分成收入 121.23 亿元,同比增长 20.69%;互联网电视(OTT)集成服务业务收入 62.53 亿元,同比增长 33.16%。持证及备案机构网络视听收入 1 738.18 亿元,同比增长 111.31%。其中,广播电视机构网络视听收入 152.82 亿元,同比增长 49.38%。在网络视听收入中,用户付费、节目版权等服务收入增长迅猛,达 609.28 亿元,同比增长 172.07%;短视频、电商直播等其他收入大幅增长,达 1 128.90 亿元,同比增长 88.58%[①]。

二、中国广播电视系统"三位一体"的管理职能

1997 年 8 月,国务院正式颁布《广播电视管理条例》,以行政法规的形式肯定了中国广播电视事业"宣传工作、事业建设和行业管理"的"三位一体"的广播电视体制。由于中国的广播电视是党和人民的喉舌,是党和政府联系群众的桥梁与纽带,广播电台、电视台是国家重要的舆论宣传机关,因此,《广播电视管理条例》明确规定中国的广播电视台要由党和政府授权的广播电视行政部门设立,禁止任何其他单位和个人设立广播电视台,禁止设立外商独资经营、中外合资经营和合作经营的广播电视台,以确保和促进中国广播电视事业的健康发展。

中共中央 1983 年批转的广播电视部党组《关于广播电视工作的汇报提纲》在谈到广播电视机构的性质和职能时指出:"中央和地方各级广播电视机构,既是新闻宣传机关,又是事业管理机关,中心工作是宣传。"尽管在具体实践中,存在"重宣传,轻管理"或者"重管理,轻宣传"的一些片面做法,但各级广播电视行政部门既管宣传,又管事业建设,宣传、技术、行政后勤"三位一体"的管理职能,基本符合中国广播电视工作的客观规律。广播电视媒体是新闻宣传的重要组成部分,是党和人民的喉舌,广播电视部门的中心工作是宣传工作。宣传工作离不开传播手段,传播手段又直接服务于宣传工作。宣传工作与事业管理是广播电视事业不可分割的组成部分,片面强调一方面而忽略另一方面的做法不符合广播电视工作的客观规律。离开了广播电视的事业管

---

① 参见国家广播电视总局:《2019 全国广播电视行业统计公报》(2020 年 7 月 8 日)http://www.nrta.gov.cn/art/2020/7/8/art_113_52026.html,最后浏览日期:2021 年 2 月 19 日。

理,广播电视宣传工作将难以实现;反之,偏离了宣传中心的广播电视事业,会偏离广播电视事业的根本方向。

三、对中国广播电视经营管理的认识

广播电视事业的经营管理是以经济利益为考虑要素,对广播电视事业的频段资源、传播效应等一系列社会功能进行合理配置与管理运作的所有经营管理的统称,这是广义上的广播电视经营管理的概念。从狭义上讲,广播电视经营管理专指出售广播电视广告时段的有关经济活动和管理运作。不管是从广义上还是从狭义上理解广播电视经营管理的概念,都必须基于对广播电视事业的产业属性和经济功能的认识。

对广播电视的功能和属性的认识,属于人们对广播电视事业本质的认识。认识的正确与否,对于广播电视发展和改革实践,都具有重要的决定意义。随着广播电视事业的发展,几十年来社会、政治、经济、文化等环境的变化,社会需求的不断深化,以及广播电视本身的升级换代,都使我们对广播电视的属性和功能的认识不断地发展深化。

在过去,我们一直单方面强调广播电视是党和人民的喉舌,是重要的宣传工具和舆论武器。毫无疑问,这样的认识起到团结广大群众、促进精神文明建设的作用。作为党和人民的喉舌,广播电视充分发挥了它的宣传功能、政治功能、舆论功能和教育功能等。然而,对广播电视的经济功能或商业运作却一直认识不到,或是讳莫如深。

早在1940年,邹韬奋在《事业性与商品性的问题》一文中,就指出媒体商品性的必要性和必然性(邹韬奋,1995:681-682)。改革开放以来,在建立社会主义市场经济体制的过程中,原有的从阶级属性、政治功能出发的广播电视管理体制和运营机制已越来越不适应广播电视的发展。正如中共十四大报告中指出的:"原有经济体制有它的历史由来,起过重要的积极作用,但是随着条件的变化,越来越不适应现代化建设的要求。"如果我们仍按行政事业、计划经济的传统思路来研究广播电视的经营管理,必将无法正确认识到广播电视的产业属性。广播电视的属性和功能是双重的:一方面,由广播电视的阶级属性所决定,它总是为一定的政府、政党、集团所控制,并依照其意志来进行管理运作,这表现在我们一贯强调的广播电视的喉舌功能;另一方面,广播电视相对于社会经济活动范畴而言,具有明显的产业性,从产业发展的角度来研究广播电视,是深化广播电视改革,发展广播电视生产力的必然。

广播电视业并非有形财富的生产者,因此,广播电视业可以划入第三产业

的范畴。基于这一点,我们对广播电视的产业性有如下认识:第一,广播电视的基本经济功能是向社会提供服务,从这一层面而言,属于服务性行业;第二,广播电视业属于服务行业中起社会信息中介作用的信息行业;第三,既然认识到广播电视属于信息服务行业,那么广播电视经营运作等必然受到供求平衡、市场竞争等市场经济客观规律的制约。

在对广播电视的政治功能、阶级属性和经济功能、产业属性有明确认识之后,我们应当按照广播电视基本的属性和功能,建立起广播电视事业的事业型与产业型相结合的双重体制,既走宣传经营之路,强调广播电视的政治宣传功能,又发挥其传播服务和经济功能。各级电台电视台的主体频率应重点发挥政治宣传作用,可以称之为主体台;利用其他区域性频道开办的各类系列台、专业台等,则更多地发挥其社会功能和服务功能。

要实现广播电视的产业属性,广播电台、电视台应当纳入市场经济的运行轨道。

首先,必须实现广播电视资源的有偿使用、依法管理。广播电视实现社会功能的基础资源是无线电频率,使这一资源人格化(属于有产权载体的法人所有)、资产化(有货币资本的投入)、价值化(有市场竞争价格体现),实行有偿使用广播电视资源。这样可以使频率资源配置最优化。有限的频率资源的有偿使用和分配,可以促进广播电视媒体之间的竞争,从而实现最大的社会效益和经济效益。

其次,要有完备的法律体系来控制、约束广播电视发展不偏离社会主义新闻事业的主航道。市场经济行为是一种有法制体系保障的合法行为,政府虽逐步减少对广播电视台的直接行政手段的干预,但可以通过立法、政策调控、经济手段等一系列间接手段来实现对广播电视事业的有序管理,使各级广播电视机构在严格的法律法规的范围之内有效地发挥其社会功能和经济功能,实现依法建台、依法治台、依法管台,将广播电视事业的经营管理纳入法治化的轨道。

再次,实现广播电视的产业属性的前提是坚持广播电视的政治属性。广播电视事业是中国社会主义上层建筑的重要组成部分,提出注重广播电视的产业属性,并非意味着党和国家对舆论阵地的放松管理,而是强调广播电视的政治属性和经济属性兼顾,事业型和产业型兼顾,两者不可偏颇。相反,强调广播电视的产业属性更要加强对广播电视内容的政治保障,主要通过政府厘定原则的行业行政管理和党委部门的政治领导来实现。但在原则确定的前提下则由广播电视台自行制定节目风格、样式、内容编排等。

广播电视深层体制改革的目标在于建立一种层次分明、结构合理,将广播电视的事业型和产业型特点相结合,并且充分实现广播电视的政治功能和社会功能、经济功能的一种新型的具有中国特色的广播电视体制。

四、中国广播电视经营现状

中国广播电视首先是党和人民的喉舌,是党和政府路线方针政策等信息传播的主渠道,主要执行舆论宣传的社会功能。而在市场经济条件下,传媒业的经营性质与服务性质更显突出。广播电视不仅传播政府信息,还传播更多的知识信息和商业信息,把商品生产者与商品消费者以其特有方式联系起来,成为人们生产生活中不可或缺的组成部分。

然而,从中国广播电视经营的现状看,仍然受到计划经济体制下的思维惯性的影响。中国传媒业尽管对媒体的双重性质有所认识,但往往只考虑到媒体的喉舌功能,而对媒体的经济功能认识不足,主要表现在以下几个方面。

第一,各地各级媒体的重复建设现象较为严重,条块分割,媒体资源分散,缺乏优化配置,加重了政府财政负担。地方省委、省政府、省政协及各省级部门,分别开办杂志社、报纸媒体,形成党务部门有喉舌、政府部门有喉舌、其他单位均设喉舌的状况,这是一种水平分割。政府机构的建制是上下隶属,上级组织设立何种机构,下级组织应相应设立隶属机构,往往上下级同时办有媒体,造成覆盖重复,这可称为垂直分割。条块分割本身就是重复建设的表现之一,中国中央—省—地市—县四级办广播电视的模式是一种典型的叠加覆盖的重复建设例子。在历史上,中国四级办电视的举措起到汇集各级政府资源、迅速提高广播电视人口覆盖率的功效。但后来又或多或少出现资源重叠、效率不彰的问题,尤其是县级广播电视机构,往往出现节目制作能力不足,导致县级台营收能力较弱,较弱的营收又影响优质节目的投入产出,由此形成不良循环。但由于地方政府的多重考虑,贸然"一刀切"取消县级电视台在操作上还存在诸多阻滞。从长远来看,减少中国广播电视的层级设置,进行资源优化配置是一个趋势,但短期内要实现尚有难度。

第二,市场主体身份不够清晰,经营意识不强,行政思维可能对专业管理产生影响,缺乏妥善处理宣传工作和经济利益的有效平衡。一些县级广播电视机构,政府往往是出资者,也直接介入经营,还是消费者。出资源于财政,消费同样源于财政,都是对财政这块"蛋糕"的分割,只不过存在上级财政与下级财政、大财政与小财政之别,因此,谈不上真正意义上的经营和效益。此外,广播电视常常容易将媒体担负的喉舌功能与其经营活动对立起来,或者一味强调舆论宣传工作,忽略市场反应与受众需求;或者迎合市场需要,部分广播电视节目呈现低俗化的趋向,甚至丧失舆论阵地。

第三,市场竞争机制尚未真正形成。市场经济体制的重要特点就是公平竞争、优胜劣汰,而中国媒体经营这一领域仍然处于计划经济体制的惯性作用之下,优胜劣汰的市场规律与效率优先的竞争机制远未真正形成。其实,缺乏反映市场需求的媒介产品,广播电视所担负的喉舌功能、舆论阵地的作用非常有限。就目前的体制而言,仍无法实现传媒业竞争优化的机制,有限的媒体资源不能实现从弱势媒体向优势媒体的有效配置流动。

第四,宏观调控方式单一,法治建设仍然不够超前。市场经济是法治经济,而目前在传媒法治建设中存在法律数量不足、层级不高、内容老化的现象。虽然近年来,中国已在法治化进程中取得了长足进步,但在传媒业的宏观管理中缺少核心法律,主要依靠行政法规及法律层级更低的部门或地方规章作为管理依据,同时以大量稳定性较弱的政策、方针来代替法律法规的制定,影响到中国传媒业的宣传、经营管理的进一步发展。2021年3月,国家广播电视总局正式向公众就《广播电视法》(草案)征询意见,这意味着作为广播电视部分法的立法工作正式启动,也是专业化法治建设的重要进展。

第五,缺乏传媒业高级管理人才,尤其缺少兼备宣传意识与传播专业管理的高端人才。中国曾受计划经济体制的影响,加之媒体作为政府职能的延伸,使得中国媒体的管理烙上了行政管理的印迹,经营管理者往往等同于政府行政部门的官员,因此出现了一些媒体管理者并不懂经营的情况。在市场经济体制之下,人才竞争成为关键,传媒业缺乏适应市场经济需要的高级媒介管理人才,将严重制约中国媒体宣传效果、经营水平的发挥,同时也不利于中国媒体参与国际市场的竞争。

五、中国广播电视经营管理体制的改革

中国广播电视业已取得明显的进步,但是,如何做到既要坚持正确的舆论导向,完成大众传播媒体宣传、教育的主功能,又要积极开展经营创收活动,实现社会效益和经济效益的统一,是广播电视从业人员面临的重要课题。

1. 提高新闻节目质量,强化喉舌功能,树立舆论导向

新闻节目是广播电视节目的主干,各广播电台、电视台之间的竞争在很大程度上反映在新闻报道的竞争上。在国外,新闻节目不仅占节目播出总量的很大比重,还成为衡量一家电台、电视台的重要指标。在中国,新闻类节目是实现广播电视喉舌功能的重要形式,是实现广播电视的政治功能、发挥舆论导向作用的最重要、最直接、最集中的形式。

随着改革开放的不断深入,受众对社会生活各个领域的发展变化,乃至对国际重大事件的关注程度不断提高。为满足广大受众的需要,新闻报道不断地发展,从倡导短新闻、增加信息量,到加大经济报道的力度;从拓宽报道面、挖掘深度报道、系列报道,到新闻节目时间延长、国际国内混合编排、滚动播出和现场直播等。全国各地各级电台、电视台纷纷增加新闻节目的播出比重,同时提高新闻报道的时效性和质量,产生了一批有影响力的新闻节目。在加强新闻节目比重的同时,有些地方的广播电台、电视台成立新闻中心,一改过去那种部门繁多、各自为政、力量分散的小生产方式,发挥新闻中心的规模效应,提高快速反应能力,增强时效性。一些广播电台和有线电视台还开辟了专门的新闻专业频率(频道)。

新闻改革的直接结果是广播电视新闻节目质量明显提高,不仅形成了一批有影响力的拳头产品,也加强了新闻评论、深度报道的力度,充分发挥新闻节目扬清激浊、扬善惩恶、针砭时弊等舆论引导和舆论监督作用。

2. 改变政府职能,加强宏观调控

中国的广播电视事业在初期,采用由中央广播事业局和地方政府双重领导,但以中央广播事业局的管理为主的体制。20世纪80年代之后,中国广播电视开始迅猛发展,尤其是各地新建电台、电视台纷纷出现,原先以纵向为主的管理机制改为现行的"条块结合,以块为主"。这种管理体制,一方面,起到促进地方党政机关加强对广播电视部门的领导,以及促进地方兴办广播电视事业的积极作用;另一方面,因为"双重领导"体制的不明确而衍生出一些矛盾。例如,全国已形成初具规模的包括中波、调频、微波、有线广播电视系统、卫星传输、地面中转等多环节、多层次、多功能的综合性广播电视网络系统,在这种网络上,如果有统一、集中的科学管理、资源合理配置,具有不可估量的作用。但现行的管理体制是分散成块的,各自为政,为全国有计划地、稳步协调发展广播电视事业带来许多困难。"双重领导"体制的散状分布与广播电视手段的现代化、网络化不相适应。事实上,广播电视系统的上级部门对下级部门的领导权是有限的,除了一些宣传重心、舆论导向等原则问题之外,对地方广播电视的发展,各地间的合理配置、资源优化缺乏有力的手段。

广播电视的政府主管部门应做好统筹规划、掌握政策、信息引导、组织协调、提供服务和检查监督的管理工作。

第一,推动立法步伐,建立比较完善的大众传播的法律法规体系,加大执法力度。

第二,建立广播电视执照管理制度,加强批台、建台管理。严格贯彻中央关于广播电视治散治滥的指示,严格审批新台成立和节目套数的增加,以避免资源浪费。

第三,建立电台、电视台的年检制度,加强电台、电视台常规化、规范化管理,对于效益不佳或社会效益未达到预期效果的电台、电视台,进行关、停、并、转处理。

第四,建立、健全节目许可证制度,加强广播电视节目制作和流通的管理。可以按照广播电视节目制作单位的生产规模及节目质量、数量发放制作许可证,逐步建立广播电视节目制片人资格认证制度,加强对现有节目交换网络的调控与规范,加强中央和省级节目交流中心的建设。

第五,建立广播电视节目评议制,以加强宣传管理和舆论引导,对新闻性、评论性、重点专题节目、黄金时间的文艺节目及广播电视使用语言文字规范化情况进行评议,提出改进意见,并且以此作为广播电台、电视台年度检评的指标。

第六,建立、健全引进节目的审查制度,加强对进口广播电视节目和引进影片的管理工作,充分引进海外广播电视节目,以丰富中国广播电视节目,同时谨慎把关,防止不符合中国国情或对社会产生负面作用的节目,甚至是有错误政治倾向或诲淫诲盗的节目进入中国。

第七,强化对于卫星传输电视节目的管理工作,加强对海外卫星电视节目的接收工作。

3. 引入公平竞争机制,在市场竞争中求发展

长期以来,中国的广播电视系统基本是大台垄断的格局,受众对于媒体缺乏选择,媒体之间也缺少必要的竞争机制。由于缺乏竞争,各地各级电台、电视台普遍缺少活力,节目陈旧,对于受众缺少吸引力。这样的情况,事实上已经阻碍中国广播电视事业的发展。

近年来,各级电台、电视台大量出现,使广播电视呈现出多台竞争、共同发展的局面。各地广播电视不仅要面对来自中央及本地各级广播电视机构的竞争,随着全国省级电视台全部上星传输,本地的广播电视还面对来自全国各地广播电视节目的竞争。另外,大量的有线电视系统也是广播电视中的一支新生力量。这种多台竞争的格局,促使各台不断提高自身的节目编播制作水平,节目样式不断推陈出新,促进了广播电视水平的提高。

公平竞争促进广播电视的蓬勃发展,但在个别地方出现了一些相互倾轧、降格迎合等恶性竞争的苗头。广播电视的公平竞争要注意几个问题:坚持正确的舆论导向不变;广播电视竞争的社会参与和社会调节;综合开发,资源共享,实现理性、双赢的市场行为,避免恶性竞争;避免急功近利的短视行为,走科学、可持续发展的道路。

4. 遵循广播电视发展规律,建立科学管理模式

自改革开放以来,中国广播电视事业虽然取得了很大的发展,但是对广播电视发展规律的探究和科学管理模式的建立仍有不足。要建立科学的、行之有效的广播电视管理模式,必须掌握广播电视作为大众传播媒体的共性规律和作为新兴电子传媒的特殊规律,两者缺一不可。

首先,加强对广播电视传播媒体区别于其他大众传播媒体的特殊性研究。作为一种新兴的传播手段,广播电视有必要从其他传媒管理模式中借鉴和学习,同时,广播电视媒体有自身的独特规律,应摸索符合广播电视特色的科学管理模式,才能求得广播电视的大发展。

其次,如今广播电视已作为第三产业纳入社会主义市场经济的发展轨道,我们要不断改革传统广播电视管理体制中不适应在新时代市场经济条件下的广播电视新发展、新情况的部分,理顺政府职能部门和广播电台、电视台的宏观管理调控与依法自主经营的关系,不仅要将广播电视作为宣传事业来抓,实现良好的社会效益,还要把广播电视作为产业来有效经营,获得良好的经济效益。在社会主义市场经济体制下,要增强、完善广播电视的宣传、舆论等作为党和人民的耳目喉舌的基本功能;同时,要顺应市场经济的洗礼,在平等竞争中求生存、求发展,必须改革传统的管理体制,摸索出符合市场经济发展规律的新型的广播电视管理体制和方法。

最后,要在坚持自主意识的同时,借鉴各国广播电视的先进管理经验。一些发达国家(地区)的广播电视事业起步较早,在广播电视的设备、技术、经营管理、制作等方面都积累了相当丰富的经验。近年来,中国广播电视与海外同行积极合作,除了引进技术、设备之外,还引进了一些海外广播电视的管理模式、经营理念、节目样式、传播手段等,在很大程度上拓宽了我们的视野,提高了我们的管理水平。由于意识形态、文化传统、国情民风的差异,在借鉴、吸引国外先进经验的同时,要注意剔除与中国国情不符,甚至是糟粕的东西。要建立新兴的、行之有效的广播电视管理体制,必须积极地借鉴吸收他国的先进经验,缩短差距,同时也要牢固树立自主意识,坚持"以我为主,为我所用,对我有利,对等交流"的原则。

陈怀林(1998).试论垄断主导下的大陆广播电视商业化.载何舟、陈怀林.中国传媒新论.香港:太平洋世纪出版社.

丹尼尔·C·哈林,保罗·曼奇尼(2012).比较媒介体制:媒介与政治的三种模式.陈娟、展江等译.北京:中国人民大学出版社.

弗雷德里克·S·西伯特,西奥多·彼得森,威尔伯·施拉姆(2008).传媒的四种理论.戴鑫译.北京:中国人民大学出版社.

广播电影电视部、《中国广播电视年鉴》编辑委员会(编)(1998).中国广播电视年鉴(1998).北京:北京广播学院出版社.

国家广播电影电视总局、中国广播电视年鉴编辑委员会(编)(2008).中国广播电视年鉴(2008).北京:中国广播电视年鉴社.

金冠军,郑涵,孙绍谊(主编)(2005).国际传媒政策新视野.上海:三联书店.

李良荣(2003).论中国新闻媒体的双轨制——再论中国新闻媒体的双重性.现代传播,4.

曼纽尔·卡斯特(2006).网络社会的崛起.夏铸九,王志弘等译.北京:社会科学文献出版社.

展江(1997).《1996年电信法》给美国带来了什么?.国际新闻界,4.

赵月枝(2011).传播与社会:政治经济与文化分析.北京:中国传媒大学出版社.

邹韬奋(1995).韬奋全集(第九卷).上海:上海人民出版社.

Bathgate, G. (2020). *Radio Broadcasting: A History of the Airwaves*. Philadelphia: Pen & Sword Books Ltd.

Eastman, S. T. & Ferguson, D. A. (2004). 电子媒介节目设计与运营:战略与实践(第6版)(英文影印版).北京:北京大学出版社.

Udell G. G. (Ed.) (1972). *Radio Laws of the United States*. Washington: U.S. Government Printing Office.

Wiio, O. (1983). The Mass Media Role in the Western World. In Martin, L. J. & Chaudhary, A. G. (eds.). *Comparative Mass Media System*. New York: Longman.

Zelezny, J. D. (1993). *Communications Law: Liberties, Restraints and the Modern Media*. Belmont: Wadsworth.

陈永庆(2009).解密BBC:世界传媒王国的成长之路.北京:华夏出版社.

刘兆明(2020).融合:转型中的"媒介体制"与新闻业.北京:中国社会科学出版社.

迈克尔·埃默里,埃德温·埃默里,南希·L·罗伯茨(2009).美国新闻史:大众传播媒介解释史(第九版).展江译.北京:中国人民大学出版社.

西奥多·格拉瑟(主编)(2009).公共新闻事业的理念.邬晶晶译.北京:华夏出版社.

英国贸易工业部,英国文化媒介体育部(2002).英国政府通信白皮书.顾芳等译.北京:中国法制出版社.

詹姆斯·沃克,道格拉斯·弗格森(2005).美国广播电视产业.陆地,赵丽颖译.北京:清华大学出版社.

张举玺等(2016).苏联晚期媒介生态与体制.北京:中国社会科学出版社.

赵永华(2013).中亚转型国家的新闻体制与媒介发展.北京:中国书籍出版社.

第三章　中国广播电视的起步和发展

本章概述

学习了解中国广播电视的历史沿革,对中国广播电视发展历程形成基本认知,包括民国时期广播事业概况、人民广播事业的诞生与发展历程、新中国电视事业的发展简史、港澳台地区广播电视的基本概况等。

第一节　民国时期广播事业概况[①]

一、民国时期广播电台的发轫

在中国,广播事业的起步基本与世界广播事业同步。中国第一座广播电台是由美国无线电商人奥斯邦与一位旅日华侨合作建立的。1922年年底,为了推销无线电器材,奥斯邦在上海建立的中国无线电公司与在上海出版的英文报纸《大陆报》(The China Press)合作,建起一座无线电台。1923年1月23

---

① 民国时期指1911年10月至1949年10月。未注明来源的资料综合如下。① 上海市档案馆等编:《旧中国的上海广播事业》,档案出版社、中国广播电视出版社1985年版,第16—20、807—808页。② 黑龙江省广播电视厅编:《黑龙江广播电视历史编年(1906—1996)》,黑龙江人民出版社1997年版,第3—4页。③ 赵玉明主编:《广播电视简明辞典》,中国广播电视出版社1989年版,第205页。④ 赵玉明、王福顺主编:《广播电视辞典》,北京广播学院出版社1999年版,第419页。⑤《当代中国》丛书编辑部编:《当代中国的广播电视》(上),中国社会科学出版社1987年版,第9—10页。⑥ 赵玉明:《中国广播电视史文集(续集)》,北京广播学院出版社2000年版,第122—124页。⑦ 李煜:《抗战期间国民党政府的有关广播宣传管理的政策法规》,《中国广播电视学刊》2005年第11期。⑧ 中国社科院新闻研究所:《抗日战争时期的中国新闻界》,重庆出版社1987年版,第188—199页。⑨ 朱莺:《民国时期广播事业发展状况研究》,《求索》2004年第3期。后同。

日,"大陆报—中国无线电公司广播电台"正式开始播音,呼号 XRO,功率 50 瓦。电台每晚播出 1 小时的广播节目,主要内容是播送音乐、娱乐节目和由《大陆报》提供的国内外新闻,时称"空中传音"或者"无线电话"。电台并没有忘记其推销无线电器材的初衷。为了普及收音机、广播的相关知识,电台还举办过无线电常识的讲座。

这是在中国境内第一次出现无线电广播,孙中山以敏锐的目光发现这是一种新兴的效力强大的宣传工具。电台在 1923 年 1 月 26 日播出孙中山在上海发表的《和平统一宣言》。《大陆报》对此曾做如下报道(上海市档案馆,1985:10):

孙逸仙博士祝贺《大陆报》广播
南方领袖为此发明而欢欣——预言将有极大教育价值

孙逸仙博士为重新开始对立宪事业的积极领导而离沪赴粤。昨临行前夕,他祝贺《大陆报》和中国无线电公司把广播引进中国,并对于广播在各方面的成功以及大大有助于在中国传播光明表示极大信心。

孙博士说:余之宣言亦被宣传,余尤欣慰。余切望中国人人能读或听余之宣言,今得广为宣布,被置有无线电话接收器之数百人所听闻,且远达天津及香港,诚为可惊可喜之事。吾人以同意中国为职志者,极欢迎如无线电话之大进步。此物不但可于言语上使中国与全世界密切联络,并能联络国内之各省各镇,使益加团结也。

孙博士的宣言和他将于星期六离沪的消息(这是大部分中国人一直期待听到的),与其他中外新闻一道,星期四晚上从《大陆报》暨中国无线电公司广播电台播出。

但电台并未维持多久,由于当时收音用的耳机等在北洋政府的海关章程中被列为军用品,禁止输入(胡道静,1937),中国无线电公司很快因无货可卖而不能继续播音,加上其他内部原因,它开办的电台三个多月后即遭取缔并停止播音,甚至连具体停播时间也不确切,有两种时间记录。

在"大陆报—中国无线电公司广播电台"之后,继之而起的是由英商开办的全国无线电公司广播电台和由美商开办的开洛公司广播电台等。此时,由于美国的无线电用品公司向北洋政府申述耳机等无线电器材结构简单,与军用品不同,因此请求解禁。不久之后,北洋政府批准无线电器材以民用器材重新进口。1924 年 5 月,开洛电话材料公司在上海销售电话及无线电用品,并且在法租界福开森路成立开洛电台(开始的发射功率 100 瓦,后有所增加),每日播音两次。开洛电台与《申报》《晚报》合作,在报馆大楼内安装广播室,播报汇兑、市价、钱庄等商务信息和重要新闻等节目。1929年10月,开洛电台结束播音。

此后,外国人相继在中国开办无线广播,其中一部分电台是单纯为推销无线电器材服务的,也有不少电台事实上在经济、政治、军事、文化等方面对中国进行渗透,为其所属国家进行宣传。到抗日战争爆发之前,美国、英国、法国、意大利等国家仅在上海租界就办有七座广播电台,俄国、日本在东北地区也建起十几座电台;抗日战争胜利以后,美国还在天津、青岛等地建立了军事专用的广播电台。

中国人自己筹办广播电台始于1923年,奉系军阀在原来军用无线电台的基础上成立东三省无线电总台。1925年,北洋政府交通部派人在天津、北京等地筹建广播电台,组织了无线电广播公司以推进建台事宜。1926年10月1日,奉系军阀支持下的哈尔滨广播无线电台开始播音,以汉语和俄语双语播音(呼号XOH,功率100瓦),每天播音两小时,主要内容有新闻、音乐、文艺、演讲及物价报告等。1927年5月,天津无线电报局建立的天津广播无线电台开始广播(呼号COTN,发射功率500瓦)。同年9月1日,北京广播无线电台也开始播音(呼号COPK,功率初为20瓦,发射功率100瓦)。北洋政府在上海、哈尔滨、沈阳、天津等地先后建立了十几座官方广播,但发射功率一般都比较小,收听范围也限于广播电台所在区域。

1927年3月19日,上海新新公司为了推销公司的矿石收音机产品,也开办了一座广播电台。尽管电台规模很小,但新新公司无线电台被认为是中国国民自己兴办的第一座民间商业性质的广播电台。1927年年底,北京出现了一座商办的燕声广播电台。

二、国民党中央广播电台

1927年,蒋介石、汪精卫先后在上海、汉口发动"四一二"政变、"七一五"政变,国民党全面占据权力的核心,中国进入国民政府统治时期。国民党当局日益加强对宣传的控制。1928年8月1日,国民党中央广播电台开始播音(最初电台呼号为XKM①,后改为XGZ,发射功率为500瓦),这是国民党继《中央日报》、中央通讯社之后组建的又一个以"中央"命名的宣传机构。国民党中央广播电台初期的所有新闻稿均由中央社供给。开播之初,电台在上午和下

---

① 当时电台呼号管理已趋统一,呼号的首字母"X"代表中国。当时世界各大通讯社、广播电台都有用以代表所属国家的英文字母,中国的代码为"X"。

午各播音一次,每次一小时,上午为演讲节目,下午为新闻节目。

事实上,"中央广播电台"是电台的简称,全称是"中国国民党中央执行委员会广播无线电台",电台的党营属性一目了然。在电台正式播音的第二天,《中央日报》刊登了中央广播电台的通告:"嗣后所有中央一切重要决议、宣传大纲以及通令、通告等,统由本电台传播。"再次明确电台在国民党内部的地位。除了对民众宣传外,国民党也注重利用广播对军队士兵的宣传控制,"鉴于各部队散遍全国,欲集合训话,事实上万不可能,且防地偏僻,中央政令时多隔阂,而于紧要命令之传递,尤不免稽延时刻";国民政府于1930年2月"故决定于各师旅团部设置无线电广播收音机,以接收中央政闻、训话、演说、命令、通报等"(罗家伦,1963:5695)。

为了进一步扩大宣传,国民党当局于1932年5月又建成一个新的广播中心,引进德国进口的全套广播设备。同年11月12日,广播中心正式启用。中央广播电台的发射功率扩大到75千瓦(呼号改为XGOA),成为当时亚洲发射功率最大、世界第三位的无线广播电台。国民党中央广播电台的信号覆盖范围不仅包括大部分中国国土,还远播美国、澳大利亚、印度、苏联等国的一部分地区。

与此同时,国民党在各地建立了多家无线广播电台。到抗战爆发之前,1937年6月的统计显示,国民党官办广播电台23座,发射功率超过110千瓦,占全国广播发射总功率的94%以上。

三、国民党统治下的民营广播电台

民营电台也日渐普及,其中有一些电台节目以经营广告事业为重,所播节目完全迎合低级趣味的内容,为此,有关当局开始加强对民营无线电广播的管理。1929年8月,国民政府公布《电信条例》,并且在此基础上颁布实施了一些具体管理规制,如交通部制定的《装设广播无线电收音机登记暂行办法》(1930年7月)、《民营广播无线电台暂行取缔规则》(1932年11月)、《指导全国广播电台播送节目办法》(1936年)、《民营广播电台违背"指导播送节目办法"之处分简则》(1937年4月)等,用以规范日益普及的无线电广播。虽然相关管理法令原则上允许民间经营无线电广播,但由于国民党当局与此同时采取较为严厉的新闻管制政策,对民营电台的新闻报道节目实施"事前检查"与"事后追惩"相结合的管理制度,民营电台事实上对新闻、评论类节目尽量避免涉及,讳莫如深。

当时在国民党统治地区的民营广播电台很少制作时事新闻类节目。民营广播电台主要有三种类型:第一类为商业性广播电台,以播放娱乐节目和广告为主,通常规模较小;第二类为教育性电台,多由民间学馆或教育机构兴办,受众范围较狭窄,节目内容较为单一;第三类为宗教性电台,这类电台与海外宗教势力及官方维持着较为密切的联系,通常这类电台的经营资本较为充裕,但由于节目内容集中于相应的宗教教义的散播,其听众范围较为有限。

四、抗日战争时期的无线广播电台

1931年"九一八事变"爆发,国难空前。1932年"一·二八淞沪抗战",更是激起中国人民的爱国热情,全国抗日救亡运动高潮迭起,广播电台也在其中扮演了不可忽略的角色:"一面揭露敌寇阴谋,一面安定人心,对于鼓励士气、唤醒民众,尽力甚多。"(中华年鉴编辑委员会,1948)尽管受到种种干扰与压制,当时许多广播电台仍程度不同地反映过抗日军民的呼声。抗战期间,中国广播电台在舆论宣传上起到了重要的作用,使前方战讯传达到各地,鼓舞民心、增强士气,揭露敌情,争取国际援助、伸张正义。

1936年12月"西安事变"爆发,张学良、杨虎城将军接管西安广播电台(发射功率500瓦)。西安广播电台是西北地区的第一座广播电台,当时反复宣传抗日救亡的八项主张。1937年"七七事变"前后,在上海的爱国进步人士往往通过上海的广播电台做救亡宣传。1937年年底,国民党党政机关大部迁到武汉,以周恩来为首的中国共产党代表团也进驻武汉,武汉一度成为中国各界团结抗日的政治中心。当时,汉口广播电台、汉口短波广播电台和长沙广播电台联合接替了因日军攻陷南京而停止播音的国民党中央广播电台的广播,成为全国抗日宣传的重要喉舌。

抗战全面爆发之后,中央广播电台随国民党政府不断内迁,于1938年3月10日在当时的陪都重庆恢复播音,但因为条件有限,发射功率减为10千瓦。尽管如此,重新播音的中央广播电台使人民再次听到中央政府的声音,在很大程度上起到稳定民心、鼓舞人心的作用。

当时的国民党政府开始利用电台进行对外宣传。国民党当局最早的对外广播电台是设在南京的短波广播电台(发射功率为500瓦,呼号为XGOX),于1936年2月23日开播;稍后的汉口短波电台(发射功率250瓦)于1938年开播。1938年,用英国进口的短波发射机在重庆建成了中央短波广播电台(发射功率35千瓦,呼号为XGOX、XGOY)[①],电台于1939年年初正式开播,每天

---

① 其中,定向北美各国服务的短波广播呼号为XGOX(沿用之前南京短波广播电台的呼号),定向欧亚各国服务的广播呼号为XGOY。

用英、德、法、俄、日等多种外语及中文(包括方言)向海外播出广播节目。1940年1月5日,中央短波广播电台改名为"中国国际广播电台"(呼号仍沿用XGOX、XGOY),英文名称为"Voice of China"(中国之声,简称 VOC),成为当时对外传播国内战争局势、争取国际声援的有力武器。

在抗日战争时期,中国政治格局较为复杂,相应的广播电台类型分布也颇为复杂。抗战期间,在国内播音的广播电台主要有以下一些类型。

① 国统区内由国民党或国民政府主办的广播电台,在当时成为中央政府的代表。

② 国统区内民营广播电台,主要依靠商业广告收入维持运营的广播电台,节目以娱乐、消遣取向为主,电台规模通常较小。

③ 抗日根据地的人民广播事业,代表是 1940 年创立于延安的新华广播电台。虽然当时由于设备、政治环境的限制,电台播出功率、覆盖范围有限,经常被迫中断播音,但新华广播电台代表进步政治势力的声音,也是后来新中国人民广播事业的前身。

④ 沦陷区内的民营广播电台。在日伪统治下的民营广播电台多以软性的娱乐节目为主要内容。在当时抗战救亡的气氛下,民营广播电台播出的靡靡之音被认为是"商女不知亡国恨",但一些具有爱国良知的民营广播电台通过这种做法事实上回避了替日伪政权做为虎作伥的宣扬。

⑤ 沦陷区内的日伪广播电台。日军及伪政权不仅强占了原有的广播电台,还新建了许多座电台,进行粉饰侵华战争、扭曲历史的"心战"宣传。沦陷区内日伪电台的反动属性一目了然。

⑥ 其他性质的广播电台。例如,1941 年苏联以苏商名义在上海创办了"苏联呼声"广播电台,以俄、英、德等外语播送新闻节目。再如,美军陆续在成都、桂林、泸县等地设立军用电台,但由于主要以外语播音并服务特定人群,其影响力相对较小。

五、国民党广播事业的没落与崩溃

1945 年,抗日战争取得全面胜利,全国广播事业格局发生了重大变化。随着日军投降,日伪政权主办的广播电台均停止播音,等待接管,国民党当局采用各种手段接管了日伪政权留下的大部分广播电台(其他小部分被八路军、东北抗日联军等接收)。国民党统治区内广播事业得以迅速恢复发展,主要是由国民党、国民政府主办和控制的党营电台、官方台,据 1947 年 9 月的统计,当时国统区的广播电台数为 131 座,总发射功率为 460 千瓦(温济泽,1982:10),

其中,民营广播电台只占少数,发射功率累计不足 10 千瓦。

国民党中央广播电台随着国民政府于 1946 年迁回首都南京。国民政府并未延续由抗战胜利而积累的政治名声,反而沦于政治派系内耗、中饱私囊、营私舞弊,更积极准备发动内战。国民政府的倒行逆施,导致国统区经济濒临崩盘、内战节节败退,国民党政府渐失民心,国民党的党营广播电台逐渐失去听众的支持。为了打击中国共产党,国民党中央广播电台以"主义急于灌输"为中心,在宣传中多次违背基本事实,因此遭到听众唾弃。

随着 1949 年国民党政权败退至台湾,大部分国民党党营电台的设备、资料也随着迁往台湾,国民党中央广播电台也在其列。1949 年 4 月南京解放前夕,国民党中央广播电台停止播音,不久即迁往台湾,改名为"中国广播公司",在名义上改制为企业化管理,实际上仍然被台湾地区行政管理机构征用为国民党的官方广播电台。

第二节 人民广播事业的诞生与发展

一、人民广播事业的发展阶段

由中国共产党领导的中国人民广播事业诞生在新中国成立之前,其发展历程大体可以分为五个阶段。

1. 起步时期(1949 年之前)

主要是在边区、解放区内发展起来的人民广播事业,虽然条件艰苦、环境恶劣,但人民广播事业取得了从无到有的突破,积累了宝贵经验。

2. 初步发展时期(1949—1965)

完成对已有电台的社会主义改造,初步实现全国广播系统的规划与建立。当时强调广播的新闻舆论功能,也注重文娱功能,当然仍然强调文艺创作要"为政治服务"。1949 年 7 月召开的中华全国文学艺术工作者代表大会(第一次文代会)提出,要"广泛地接触目前政治上各方面的运动"。在此期间,人民广播事业取得了初步发展。

3. 挫折、停滞时期(1966—1976)

1966—1976 年"文化大革命"期间,极"左"路线的肆虐使整个社会秩序遭到很大破坏,广播事业基本处于被干扰、停滞状态。尽管 1972 年下半年以后,情况一度略有好转,但在当时整个社会、政治大环境之中,广播事业除了少数技术层面的进步外,并没有取得实质性发展,基本处于停滞不前的状态。

4. 复苏、振兴时期(1977年—20世纪80年代中期)

由于极"左"思潮还有影响,在"文化大革命"结束之初,广播的发展仍然受到一定的束缚。直到十一届三中全会以后,思想路线开始全面的拨乱反正,改革开放使广播电视事业才真正再度振兴。从中央广播电台到各地的广播电台,广播重新获得发展机遇,出现新气象、新成就,不同题材、体裁、形式、风格、流派的优秀广播节目纷纷出现。随着改革开放的深入,广播事业取得空前的发展,并且逐渐过渡到全面繁荣的发展阶段。

5. 发展、繁荣时期(20世纪80年代中后期至今)

从1977年至20世纪80年代中期广播的复苏、振兴,过渡到80年代以后的全面繁荣阶段,此间并没有一个清晰的分界线,而是一个相对渐进的过程,通过量变到质变的积累、飞跃。在这一时期,随着改革开放的深入发展,广播事业取得了比以往任何时候都要明显的成就。尤其是1992年邓小平视察南方谈话发表之后,广播节目无论在内容、题材上,还是在节目形式、体裁、制作水平、表现手法上,都有了较大的发展:广播节目的播出量空前增加,广播节目的题材、内容日益丰富,广播发展重视自身的客观规律,广播听众的参与互动逐渐成为常态,广播电台的技术力量、制作水平不断提高。

二、人民广播事业的诞生

我们通常把由中国共产党领导下的广播事业称为人民广播事业,其开端要早于1949年10月中华人民共和国成立,一直追溯至1940年延安革命根据地的广播事业。

1940年春,中共中央决定成立广播委员会,由周恩来出任主任,负责广播电台的筹建工作。1940年12月30日,设在窑洞里的"播音室"开始试验播出,这一天后来被定为中国人民广播的创建纪念日①。广播电台设在延安西北的王皮湾村,发射机房是两座石窑洞,利用由苏联辗转运至延安的广播发射机进行播音。这是中国共产党领导下的第一座人民广播电台——延安新华广播电

---

① 也有学者考证认为,早在1931年11月7日,位于瑞金革命根据地的中华苏维埃共和国红色新闻台(呼号RCI,后改为CSR)就开始播音,这一天应被视为人民广播的真正发端。但由于该电台设备简陋、播音不规律等,大部分学者仍认为延安新华广播电台才是人民广播事业的诞生日。相关资料可参见刘卫国、刘照龙:《寻访中国人民广播事业之根——关于红色中华新闻台最新史料的考证》,《声屏世界》2002年第11期。

台(呼号 XNCR,发射功率 300 瓦)①。

下面是一篇山东解放区关于延安新华广播电台开播的报道。

陕甘宁边区每日广播

【大众社】陕甘宁边区政府为推进新闻事业,供给正确报道起见,特制备播音机器一座,并已于上月三十日起,开始向外广播,其广播时间为每日十九时至二十一时(即晚七时至九时),呼号为 XNCR,波长二十八米,我山东各军政机关、民众团体,备有收音机者,可赶快按时收听,借以收罗一切正确真实之新闻材料,并可粉碎敌伪投降派所进行之欺瞒国人之一切虚妄宣传也。②

延安新华广播电台试播之际,正值"皖南事变"发生。在相关真相、公正舆论被严密封锁的情况下,延安新华广播电台承担了传播人民之声的任务。

由于当时国民党对边区实施严格的物资禁运,广播设备极度匮乏,因故障器材无备用零件可资更换,广播播出经常时断时续。到 1943 年春,由于主要零部件失效,延安新华广播电台被迫彻底停止。这次中断持续了两年时间,一直到 1945 年 9 月 5 日,经过多方努力才正式恢复播音。恢复播音的延安新华广播电台的主要内容有:国内外时事新闻、解放区消息、解放区建设信息、言论等,还有一些文艺节目。

1947 年,国民党胡宗南部进犯延安。延安新华广播电台于 3 月 14 日再次停播。同日,由设在瓦窑堡(子长县)好坪沟一座小庙里的战备电台接替播音,继续播出边区人民的广播。3 月 21 日,延安新华广播电台改名为"陕北新华广播电台"(呼号仍为 XNCR)。4 月 1 日,电台随新华社总部迁往晋冀鲁豫解放区太行山麓的新社址继续广播(台名未变)。9 月 11 日,陕北新华广播电台开办英语新闻节目。随着战争形势的发展,陕北新华广播电台于 1948 年 5 月 23 日随着大部队迁往河北省平山县继续播音。

1941 年 12 月 3 日,延安窑洞里还传出中国国际广播电台的前身——延安新华广播电台日语广播的第一次播音,这次广播被认为是人民对外广播事业的诞生。

日本投降之后,各地敌伪电台纷纷被接收。尽管由于国民党部队的阻挠,

---

① 由于这个电台属于新华社编制,是新华社下属的一个"口头广播组",后来发展成为该社的"语言广播部",因此取名为"新华广播电台"。
② 原载山东《大众日报》1941 年 1 月 16 日。

大部分敌伪电台被国民党方面接收,但是中国共产党仍接收了一部分地方电台,一般统称为"某地新华广播电台"。

1948年11月20日,中共中央发布《对新解放城市的原广播电台及其人员的政策决定》,要求各级政府积极接管、改造旧有广播电台,新建一批地方无线广播电台和有线广播站,逐步形成全国广播传输覆盖网。

三、新中国成立初期的中国广播事业

1949年北平解放,陕北新华广播电台3月25日随中共中央迁入北平市,随之取消了XNCR呼号,改名为"北平新华广播电台"。

1949年4月21日,北平新华广播电台播出毛泽东、朱德联合发布的《向全国进军的命令》。次日,电台播出由毛泽东撰写的消息《我卅万大军胜利南渡长江》。这条广播新闻言简意赅、气韵生动、音节铿锵,成为广播短新闻的经典范例。

1949年6月5日,中共中央决定语言广播部与新华社总社分开,成立中央广播事业管理处,以管理和领导全国的人民广播事业。至此,中国的广播电台成为独立的新闻机构。

1949年9月21日晚7时,中国人民政治协商会议第一届全体会议在北平中南海怀仁堂召开。当晚9时15分,北平新华广播电台播出毛泽东致会议开幕词的讲话录音,即著名的"占人类总数四分之一的中国人从此站起来了"。这在当时的技术条件下,能在短短两个小时内就完成录制、编辑工作并顺利播出,是非常了不起的成就。

这次政协会议正式决议中华人民共和国首都名称由"北平"改回"北京"。1949年9月27日,北平新华广播电台顺理成章地改名为"北京新华广播电台"。

1949年10月1日下午3时,中华人民共和国开国大典暨阅兵式在北京天安门广场正式举行,北京新华广播电台第一次在天安门城楼上进行实况广播。北京新华广播电台对开国大典及后续群众大会进行全程直播,时间长达6小时25分,全国各地新华广播电台同时转播北京新华广播电台的信号。当时解放区内很多部队、学校都利用扬声器进行转播,组织战士、学生集体收听开国大典的实况转播。

新中国成立后,中央广播事业管理处升格为管理局,隶属于中央人民政府新闻总署。1949年12月5日,北京新华广播电台改称"中央人民广播电台",仍为中国广播宣传的中心。随后,各地新华广播电台先后改名为"某地人民广

播电台"。

1949年10月1日中华人民共和国成立之际,全国已有广播电台49座,发射总功率为138千瓦。新中国成立初期,中央对人民广播事业进行了一系列恢复和改造:第一,恢复和新建了一批广播电台,增加发射功率,以中央人民广播电台为中心的全国广播网初具规模;第二,建设农村有线广播网,全国农村的有线收音站建设初步覆盖完成;第三,完成对民营广播电台的社会主义改造,中国内地广播电台全部收归国家经营。

四、改革开放之前的广播事业

1950年4月,政务院新闻总署发布《关于建立广播收音网的决定》,这是人民广播史上第一个由政府主管部门公布的有关无线电广播的法令。同年,新闻总署规定广播宣传的任务有三项:发布新闻与传达政令、社会教育及文化娱乐。1952—1966年,中国召开了九次全国广播工作会议,对广播事业的发展作了宏观全面部署,加快了从中央到地方广播事业的发展。

"文化大革命"期间,广播电台被作为推行"无产阶级全面专政"的工具,造成广播宣传的大混乱、广播事业的大挫折、广播队伍的大灾难。从1967年开始,地方电台的主要播出内容是转播中央台的内容。自1969年起,中央人民广播电台播出的节目要经过广播事业局的直接管理。在当时,广播最主要的政治动员和意识形态功能,也只是向全国民众全文广播和反复播送"两报一刊"(《人民日报》、《解放军报》、《红旗》杂志)的社论及其他"重要"政治指示和文章,广播被当作转播重要政治内容的"高音喇叭",并没有被真正当作意识形态传播的源头。与报纸、杂志相比,广播似乎处于从属地位。

尽管在"文化大革命"期间,广播的地位、功能被高度政治异化,但从技术层面而言,人民广播事业仍然取得了一些进步。例如,中国农村的有线广播系统覆盖继续扩张,在设施、技术保障上取得发展,曾经达到中国有线广播的最大规模与覆盖。再如,1974年10月中央人民广播电台的调频广播正式开播,标志着中国广播进入调频广播的新阶段,播音质量明显提高。

1976年,包括广播在内的大众传播的社会功能被重新认识,在广播领域逐步恢复了原先人民广播的一些优良传统,节目样式、内容有了很大的改变。

从新中国成立至改革开放之前,人民广播事业经历了起伏的发展,既有新中国成立初期人民广播全面改造、建立的高速发展阶段,也经历了"文化大革命"期间广播事业的停滞与异化。改革开放之后,人民广播事业获得了新的发展契机。

五、改革开放以来广播事业的发展

改革开放以后,尤其在20世纪80年代中期之后,中国广播电视事业进入高速发展时期,在节目管理和运营机制上都有了可喜的变化。全国基本形成从中央到地方、无线和有线相结合的广播和电视、城市和农村、对内和对外并重的现代化广播电视宣传网。

1980年,第十次全国广播工作会议召开,重提坚持"自己走路"方针。1983年,第十一次全国广播工作会议强调"扬独家之优势,汇天下之精华"。广播事业彻底摒弃"文化大革命"中"无产阶级专政工具"的错误定位和"读报台""抄报台"的从属性,开始向建立符合新闻规律、符合媒体规律的科学广播事业发展。

1986年12月,珠江经济广播电台成立,以其"大众型、信息型、服务型、娱乐型"的办台方针,继承了中国广播的传统,借鉴并吸取海外现代广播之精华,适应珠江三角洲地区听众的需要,被视为中国广播改革的第一次浪潮。当时被称为"珠江模式"的核心是"主持人中心制",特点是节目按大板块进行设置,主持人具有编、采、播、控的综合素质,主持人"提纲加资料"的现场直播(新闻和信息除外),听众通过热线电话的同步深度参与等。

1990年,南京经济广播电台率先引进听众电话参与方式,引起了广播界,乃至新闻界的重视。1992年10月,邓小平视察南方谈话发表。上海东方广播电台随之开播,在当时首创一个直辖市两家平级广播电台(上海人民广播电台、上海东方广播电台)并行运作、相互竞争的新格局。

自中国实施改革开放政策以来,人民广播事业取得了前所未有的发展。

首先,广播事业基础建设高速发展。随着广播发射功率的扩大、广播专用微波传输网的延伸覆盖、广播转播台站和地方台站遍布全国,中国广播事业又有了进一步的发展。在一些沿海经济发达省份的广播事业建设走在全国前列,如广东"珠江模式"、上海"东广模式"等在不同时期成为广播改革的样本。中国广播形成以中心台为枢纽,各种传输手段相结合,与全国地方电台(站)相联结的广播覆盖网络。截至1996年年底,全国拥有收音机、收录机5亿多台,有线广播喇叭8 100多万只,全国广播人口覆盖率达到84.2%。从表3-1的数据中可以比较看出中国广播事业的发展。

表 2-1 中国声音广播基础设施发展

项　　目	1986 年	1996 年	2008 年	2016 年
广播电台(座)	278	315	257+2 069*	169+2 269**
中、短波发射台和转播台(座)	599	746	808	
调频发射台和转播台(座)	239	1 737	12 087	
广播人口覆盖率(%)	70.2	84.29	95.96	99.13

资料来源:《中国广播电视年鉴》1987 年、1997 年、2009 年卷;国家广播电视总局,《2016 年中国广播收听报告》(2017 年 10 月 20 日),http://www.nrta.gov.cn/art/2017/10/20/art_2178_39206.html,最后浏览日期:2021 年 4 月 20 日。

注:*根据《中国广播电视年鉴(2009)》,2008 年全国广播电视(总)台(同时提供广播、电视节目的播出机构)共 2 069 座,广播电台 257 座。

**根据《2016 年中国广播收听报告》(2017),2016 年全国广播电视(总)台(同时提供广播、电视节目的播出机构)共 2 269 座,广播电台 169 座。

其次,广播电台从综合台发展到多个频率,广播频率专业化改革与国际接轨,遍及全国。频率专业化的实质追求是节目布局的合理和定位的精准,顺应的是广播窄播化的大势。在发达国家,广播频率专业化已运作多年,频率越分越细,适应各类人群的各种需求。广播频率专业化改革是参考国外先进经验的产物,更是在中国文化体制改革的大背景下,从广播长远发展考虑的战略选择。20 世纪 80 年代末至 90 年代初,利用已有的频率资源开办音乐台、交通台在各地电台中蔚然成风,各具特色的专业化频率开始争奇斗艳,一个区域的上空往往存在十几个频率的电波,广播界内的竞争由此趋于激烈。例如,2002 年,中央人民广播电台开始"频率专业化,管理频率化"改革,先后推出中国之声、经济之声、音乐之声、都市之声、中华之声、神州之声、华夏之声、民族之声、文艺之声、奥运之声 10 个专业广播频率。1982 年(自 1982 年起有统计数据)的全国公共广播节目播出时间约 76 万小时;2008 年,全国公共广播节目播出时间已达到 1 163 万小时;2019 年,全国广播节目制作时间 801.87 万小时,播出总时间 1 553.40 万小时①。

再次,广播的传播手段从单一到多元,广播节目形态愈加丰富且趋向类型化、专业化。改革开放以来,随着对广播理解的深入和对广播特性的把握,广播节目形态呈现出多元化特征,传统节目类型划分不断遭遇新兴节目样态冲击。以新闻节目为例,从前是以播音员播报为主,后来逐渐出现录音新闻、现

---

① 参见国家广播电视总局:《2019 年全国广播电视行业统计公报》(2020 年 7 月 8 日),http://www.nrta.gov.cn/art/2020/7/8/art_113_52026.html,最后浏览日期:2021 年 4 月 8 日。

场直播、记者口头播报、主持人与嘉宾互动、多点连线直播、新闻谈话、深度调查等,最有广播特色的音响在节目中被充分运用,多种声音元素充盈广播。节目形态的丰富加速了节目类型的区分,深化了节目专业程度。各类节目逐渐形成各自的结构方式和叙述习惯。大量专家的引入和编辑、主持人专业水平的提升,使广播解读世界、解读社会的能力增强,也使广播的专业化程度大为提高。

最后,广播"受众本位"理念逐渐明晰,服务意识提高。正因为听众是广播改革的出发点和落脚点,广播的听众意识、服务意识被重新唤醒,服务听众的理念得以明确树立,一些电台成立听众服务中心,组建听众呼叫平台,搜集听众的反馈意见(听众的反馈意见从听众来信、听众电话、听众短信到听众网上同步留言,一步步向迅捷、实时、互动、手段便捷、多元化的方向发展)。在节目设置上,听众需要什么、听众喜欢什么、如何把节目做得好听成为广播人关注的重点。先是出现了专门的生活服务类节目,而后根据受众多元的收听需求,开设以人群、地域、内容为区别的各类节目,诠释广播全方位服务社会生活的大概念。广播频率的专业化现状和越发专业的频率设置趋向将广播细致服务听众的理念推向极致。为听众服务、让听众满意,是广播众多改革的核心。然而,个别电台片面追求收听率,忽视了电台引导舆论、弘扬正气的职责,导致个别节目庸俗、低俗、媚俗,多次被国家广电总局叫停,这是对广播服务受众意识的误读。

总之,随着改革开放的发展,广播界也迈开改革开放的步伐。个性鲜明的主持人节目开始出现,亲切自然、平易交流的话语风格开始盛行,广播摒弃居高临下教化的风格,显露出本该具有的朴素真诚的模样。广播传递信息、解读社会、沟通情感、娱乐的功能逐渐显露出来,广播的贴近性、服务性、伴随性凸显出来。

随着中国社会发展和人们生活方式的改变,广播的收听方式也发生了一系列变化,尤其是互联网的快速发展和移动通信的普及带来的深刻变革。例如,2014—2018年,中国大陆私人轿车拥有率从46.77%跃升至68.79%,使得广播这一伴随式媒介的车载收听比例大大提升。五年里总体人口中在家收听广播人数的占比持续降低,从2014年的40.66%降低到2018年的27.26%;而车上收听广播人数的占比持续上升,从2014年的54.52%增加到2018年的69.97%。与此同步的是,听众使用普通收音机收听广播的占比,从2014年的31.16%降低到2018年的18.13%;而使用车载广播收听广播的占比,从2014年的52.76%提升到2018年的68.49%。由于移动互联网接入的提速和降费,以及智能手机的普及,使用手机App收听广播也实现了从无到有的飞跃。

2018 年,使用 App 收听广播的占比已经达到 6.89%①。

第三节　新中国电视事业的诞生与发展

相较于中国的广播历史,电视起步相对较晚。1949 年中华人民共和国成立不久,中国就曾开始考虑发展电视事业。1953 年,中国派遣 10 名技术人员到捷克斯洛伐克学习电视技术。1954 年,毛泽东提出要办电视。1955 年 2 月 5 日,中央广播事业局提出计划于 1957 年在北京建立一座中等规模的电视台。2 月 12 日,周恩来总理批示,将此事列入文教五年计划讨论。中国电视筹建工作开始于 1957 年。1958 年 4 月,中国研制出第一套黑白电视与摄像器(物质基础)。1958 年,天津广播器材厂生产出第一批北京牌国产电视机投放市场。

一、中国电视的初创期(1958—1965)

1958 年 4 月 29 日,当时主管全国广播电视工作的中央广播事业局在给中宣部、中央政府的报告中指出:北京电视台的任务是"宣传政治、传播知识和充实群众文化生活"。1958 年 5 月 1 日晚,中国大陆建立的第一座电视台——北京电视台(中央电视台的前身,现在的北京电视台是由北京市另外成立的市级电视台)试验播出黑白电视节目,每周播出两次节目。1958 年 5 月 5 日,《人民日报》刊出消息《我国第一座电视台开始实验性广播》:"北京地区备有电视接收机的观众以后每逢星期四和星期日十九点到二十一点可以经常看到电视台的实验性电视节目。"

当时的电视影响力比较有限,很大原因是电视机的数量实在太少。1958 年,全北京仅有 32 台电视机,后来国家还从苏联紧急进口 200 台黑白电视机应急。在这样的物质基础上,电视要成为一个有广泛影响力的大众传媒尚不可能。当时很多人根本没机会看到电视实物,而是通过电影新闻纪录片来了解电视,出现了"通过电影看电视"的有趣场景。

1958 年 9 月 2 日,经过四个月试播期之后,北京电视台正式开播,每周播出四次节目(星期二、星期四、星期六、星期日),主要播出新闻播报(新闻栏目

---

① 参见《数据|2018 年广播收听市场概况(上)》(2019 年 3 月 27 日),搜狐网—电台工厂,https://www.sohu.com/a/304291182_738143,最后浏览日期:2021 年 2 月 20 日。

的名称就叫"电视新闻")和文娱节目表演等。在开办之前,中央广播事业局在报告中对"电视新闻"有如下定义:(电视新闻)"尽可能反映当前国家和人民政治生活中的重要事件,报道社会主义建设的成就","通过电视新闻片突破资本主义国家新闻媒介对我国的新闻封锁,反击他们对我国的诬蔑和诽谤"(梅益,1997)。

上海电视台于 1958 年 10 月 1 日建成并开始试播,1959 年 10 月 1 日正式对外播出,是中国第二座电视台。早在 1956 年,上海就开始关注在国外已经蓬勃发展的电视媒体,希望上海也能尽快办起电视台。1956 年 10 月 22 日,上海方面致函中央广播事业局,申请电视频道,提出自己动手设计制造电视发射设备。1958 年 3 月,中共上海市委正式批准筹建上海电视台;同年 4 月,上海电视台筹建组建立。上海电视台建台初期,隶属于上海人民广播电台,主要人员来自广播电台、上海科教电影制片厂和美术电影制片厂。上海电视台筹备组充分利用上海市中心区原高层建筑的有利条件,选中市中心 18 层的新永安大楼(上海人称之为"七重天"),在大楼顶部安装了距离地面 108 米高的电视发射天线,覆盖半径可达 40 公里。上海电视台开播初期,只有一个频道(5 频道)播出黑白电视节目,每周星期三和星期六晚播出两次,每次 2—3 小时的播出量;节目内容主要有新闻性节目、社会教育节目和文艺节目、剧院演出的实况转播、电影等。

1958 年 10 月 1 日,上海电视台利用电影摄影机拍摄完成第一条新闻片《1958 年上海人民庆祝国庆大会和游行》。受设备条件的限制,这条新闻片的制作过程非常紧张:国庆当天上午,记者在人民广场拍摄上海人民庆祝国庆的盛况,胶片被分批送往上海第一医学院(冲印设备所在地)进行冲洗;胶片洗印完成后立即进行剪辑制作,最后成片的长度有 8 分多钟。当天晚上 8 点左右,上海电视台在播文艺节目的过程中,插播了这条《1958 年上海人民庆祝国庆大会和游行》的新闻片[①]。

1958 年 12 月 20 日,哈尔滨电视台(黑龙江电视台的前身)开始试播。之后不久,天津、沈阳、长春、广州及抚顺、鞍山等地陆续开办实验性电视台或者转播台。到 1960 年年底,全国共有电视台、试播台和转播台 29 座。

1959 年国庆时,北京电视台通过电缆传送,现场转播了天安门广场的文艺晚会实况,这是中国第一次在现场电视转播规模较大的文艺演出。

受当时国家整体经济形势较为困难等多种因素制约,最初电视发展并非

---

① 参见《上海电视 60 岁了!开播那天,全上海 100 台黑白电视机收看|冯乔》(2018 年 10 月 1 日),搜狐网,https://www.sohu.com/a/257260167_467532,最后浏览日期:2021 年 4 月 8 日。

一帆风顺。1960年10月,北京电视台着手精减人员,压缩播出时间。1963年2月,除北京、上海、广州、沈阳、天津、哈尔滨、长春、西安8座电视台或实验台外,全国其余大部分电视台或实验台均被撤销,直至1965年才开始陆续恢复。20世纪60年代中期,全国电视机数量为5万余台,其中,京、沪两地占3万余台。

当时的电视节目都是现场直播的。电视新闻节目由技术员放影片,播音员对着画面解说,录音员同时放送事先录制好的音乐,技术人员再将电视节目直接转播出去。其他文艺节目则由导播根据节目要求、场面调度、表演人员的需要,将不同摄像机拍摄的画面进行现场切换合成,使观众在屏幕上可以看到全景、中景、近景和特写等画面效果。

1958年6月15日,在北京电视台试播一个月后,中国第一部电视剧《一口菜饼子》诞生了,由中央广播电视实验剧团参与演播。当时是在50平方米的演播室里搭建布景,按事先分好的镜头台本进行切换合成,现场通过电缆播送出去;其中,少量全家逃荒的镜头,是事先用电影胶片在外景拍好,然后插入播出。虽然《一口菜饼子》没有留下录像资料,但这是中国电视剧的开端,在电视发展史上留下了难忘的一页。

除了北京电视台,上海、广州、哈尔滨、长春、天津等地的电视台,也播出了演播室表演、现场合成直接播出的电视剧。直播并不等于制作粗糙。例如,1965年之前,广州电视台播出的大型电视剧《像他那样生活》,全剧有300多个镜头,音乐和效果拟音60多处,长100多分钟,在三次直播中,没有一个环节出现失误。

这种电视信号播出后不能留存,因此,当时电视节目的播出画面无法保留下来。这种"原始"的电视直播方式一直延续到1965年。1965年北京电视台元旦文艺晚会播出利用黑白录像机录制的两场戏曲表演,这是中国电视台第一次使用录像技术制作播出电视节目,结束了中国电视节目因为技术限制而"被迫"全程直播的局面。但由于经济条件的制约,当时录像技术的使用面并不广泛,大量电视节目仍采用原始的直播模式。

二、中国电视的停滞期(1966—1976)

"文化大革命"期间,中国电视事业的发展遭遇较大挫折与冲击,基本陷入停滞状态。1967年1月2日,北京电视台发出通告称:自次日起,除重大政治时刻和重要节目外,一段时期内停止一般性电视节目的播出。此后,全国十多家电视台(实验台)均处于时播时停的状态。1967年12月12日,中央广播事业局实行军事管制,强化对广播电视政治宣传管理。

电视的发展严重依赖技术和资金投入。在技术和资金都不足的条件下诞生的电视新闻,为了满足中国特殊的现实政治要求,自觉地形成与之配套的制作思路和方法。当时电视的覆盖率极低,是非常小众化的传播媒介。据中央广播事业局的统计,截至 1975 年年底,全国有电视机 46.3 万台(其中,彩色电视机约 5 900 台),68%的电视机分布在城市。按照当时人口计算,每 1 600 人才拥有一台电视机。

在"文化大革命"期间,电视被视为"斗争工具",其中一个主要作用是用来转播批斗大会。用电视转播"走资派"大会实况,是上海电视台的"独创"之举。1967 年 1 月 6 日,上海电视台首次电视直播了由当时的造反派组织的批斗大会。这一举动引发了舆论界的轰动。上海电视台在"文化大革命"中先后直播了 100 多次批斗会。"文化大革命"初期,造反派夺权、揪斗活动较为密集,仅 1967 年就在电视上播出过 51 次,大批被揪斗的党政领导、文化演艺界人士、高级知识分子等受尽凌辱。

当时电视播出的其他节目不仅数量少,而且样式单调,基本以转播"样板戏"或各种"毛泽东思想文艺宣传队"的舞台演出为主,再加上《地道战》、《地雷战》、《列宁在 1918》等不超过十部故事片,就构成当时电视文艺节目的全部。电视台自制节目比例大幅度下降。例如,1966 年上海电视台的自制节目总时长为 26 小时 38 分,1970 年则降到 8 小时 59 分。

尽管在电视理念、综合发展上,"文化大革命"期间中国电视事业几乎没有取得成就,甚至出现严重的倒退,但在技术层面,中国电视事业仍然取得了一定的进步。

第一,录像设备的小范围使用(1966 年北京电视台首次使用)。录像设备的使用可使电视节目很轻易地被复制、转录,也使得电视播出的影像资料被保存下来,但当时录像设备的使用范围比较有限。

第二,初步建成全国电视微波传输覆盖网。自 1971 年起开始通过微波线路传输电视节目;1985 年,全国 26 个省市自治区的微波网全面建设完成。

第三,电视实现向彩色电视的过渡。1973 年 5 月 1 日,北京电视台通过第八频道向北京地区试播彩色电视节目成功。1977 年,北京电视台改为全部彩色播出。1978 年,北京电视台又增加了一套彩色电视节目。1973 年 8 月 1 日,上海电视台试播彩色电视正式成功,但当时全市仅有 69 台彩色电视接收机。

三、中国电视的恢复期(1977—1978)

1978 年 1 月 1 日,北京电视台开办的《全国电视台新闻联播》节目,成为每天晚上的主新闻节目。节目由各地方电视台选送当地的新闻报道,再由北京电视台统一编辑、播出。这标志着以北京为中心的全国电视广播传输覆盖网已基本形成,才使得电视台之间新闻素材交换、传输能顺利完成。北京电视台的《全国电视台新闻联播》就是现在中央电视台的《新闻联播》,它已经成为中国电视新闻改革的重要指针与风向标。

1978年5月1日,北京电视台正式改名为"中国中央电视台",定位为中国国家电视台,英文缩写为"CCTV"。在此前后,全国各省会电视台陆续由所在城市命名改为以省区名称命名,如广州电视台改名为广东电视台、哈尔滨电视台改名为黑龙江电视台等①。1978—1979年,西藏电视台及北京电视台(省台)成立,至此,省级台全部建成(港澳台地区除外),全国电视网初具规模。

1978年6月25日、26日和7月2日,中央电视台首次通过国际通信卫星转播在阿根廷布宜诺斯艾利斯举行的第11届世界杯的半决赛和决赛实况。当时这种转播比现在要困难得多。由于无法使用地球同步卫星作为转播卫星,电视直播是辗转通过国际通信卫星接力传送实现的;由于阿根廷与中国分别位于西半球南部和东半球北部,转播信号的线路更为复杂。当时具体的转播线路是:转播比赛的电视信号首先由阿根廷地面卫星站发射至大西洋上空的通信卫星,再由卫星将信号转发至设在英国的地面站,再由英国地面站转发给印度洋上空的通信卫星,最后由中国的卫星地面站接收印度洋卫星转发的信号,然后通过微波传送网等手段向全国电视观众播出比赛实况。

1978年12月,中央电视台启用ENG(electronic news gathering,即电子新闻采集)设备。ENG制作方式使用便携式的摄像、录像设备来采集电视新闻,一般一名摄影师与记者可组成一个流动新闻采访组,可机动灵活地深入街头巷尾、村庄山区进行实地拍摄和采访,使新闻制作流程进一步简化,新闻时效性随之增强。

四、中国电视的发展期(1979年至今)

"文化大革命"结束之后,电视事业逐步得到恢复。电视真正取得蓬勃发展是在1979年之后。随着改革开放政策的确立与深化,中国电视事业取得了

---

① 后来又新建了各省会城市的地方电视台,但这些重建的城市电视台只是与现在省级电视台的前身重名,而不存在实际的机构联系。例如,现在还有广州电视台、哈尔滨电视台,但这与已改名的广东电视台(原名广州电视台)、黑龙江电视台(原名哈尔滨电视台)并不是同一家电视台。在涉及这部分史料时需注意不要混淆重名电视台的关系。同样,原北京电视台(已改名中央电视台)与现在的北京电视台(城市台)也不是一家机构。

前所未有的进步。

首先,电视广播的传播规模迅速扩大。① 四级办电视、四级混合覆盖。1983年第十一次全国广播电视工作会议制定政策,要求全国实行中央、省、有条件的省辖市(地、州、盟)和县(旗)"四级办广播电视,四级混合覆盖"。"四级覆盖"政策有效地促进了中国电视事业的发展。② 电视台数量、节目套数及播出时间均大幅增加。1978年(自1978年起有统计数据),全国公共电视节目播出时间约6万小时;2008年,全国公共电视节目播出时间已达到1 495万小时,增长了249倍(见表3-2)。

表3-2 中国电视广播基础设施发展

项　　目	1986年	1996年	2008年	2016年
电视台(座)	292	344	277+2 069+45*	187+2 269+42**
电视发射台和转播台(座)	15 177	40 866	18 490	
电视人口覆盖率(%)	71.4	86.22	96.95	98.88
有线电视家庭入户数(万户)	无统计	5 000多	16 398+4 528+449***	22 830+20 157+5 817****
有线电视入户率(%)	无统计	无统计	41.63	52.75

资料来源:《中国广播电视年鉴》1987年、1997年、2009年卷;国家广播电视总局,《2016年度广播电视产业发展概况》(2018年10月20日),http://www.nrta.gov.cn/art/2018/10/20/art_2178_39229.html,最后浏览日期:2021年4月8日;国家广播电视总局,《2016中国电视收视报告》(2018年10月20日),http://www.nrta.gov.cn/art/2018/10/20/art_2178_39216.html,最后浏览日期:2021年4月8日。

注:*根据《中国广播电视年鉴(2009)》,2008年,全国广播电台(同时提供广播、电视节目的播出机构)共2 069座,电视台277座,教育电视台45座。

**根据《2016中国电视收视报告》,2016年,全国共有电视台187座,广播电视(总)台(同时制播广播节目、电视节目的复合机构)2 269座,教育电视台42座。

***根据《中国广播电视年鉴(2009)》,2008年,全国有线广播电视用户包括:有线广播电视用户16 398万,数字电视用户4 528万,付费数字电视用户449万。

****根据《2016中国电视收视报告》,全国有线广播电视用户数为22 829.53万户,数字电视用户数为20 157.24万户,付费数字电视用户数为5 817.15万户。

其次,电视制作条件与传播手段的进步。① ENG技术普及。例如,1984年2月,上海电视台建立新闻播出中心,全面采用ENG电子采访设备,实现新闻采、录、编、播一条龙,彻底结束了电视新闻使用16毫米胶片拍摄的历史,大大提高了电视新闻的时效性。② 制播技术改善。③ 有线电视发展。④ 卫星转播应用扩大。

再次,播出节目的内容与形式更加丰富。① 新闻纪实类节目的发展。从

表3-2可以看出,从1986年、1996年到2008年,电视节目中新闻资讯类节目所占的比重越来越多。尽管在电视节目中,新闻类节目仍比不上影视类节目等文娱节目的播出时间,但由于绝对播出时间的增加,新闻资讯类节目的实际播出时间要比其他节目播出时间的构成比重上升幅度更大。中国也出现了中央电视台新闻频道(CCTV新闻)、英语新闻频道(CCTV-NEWS)等24小时滚动播出的全新闻电视频道,也有像第一财经频道等财经资讯类专业频道,可见电视台对新闻资讯类节目日益重视。② 综艺节目的发展与繁荣。电视综艺类节目的表现手法、制作质量等艺术水准都有了长足的进步,出现了很多精品。③ 电视剧的生产逐步走向繁荣,制作播出了大量优秀作品,在表现手法、艺术形式上都有明显进步:电视剧数量成倍增长,题材更加广泛,品种日趋丰富;涌现出一大批成功的电视剧目;电视剧创作队伍茁壮成长,包括编、导、演、摄、录、美、音、化、服、道等各个门类的专业人才队伍;与海外业者的交流与合作,引进了海外成功的电视剧。同时,电视剧生产也存在精品不多、题材雷同、跟风现象严重等问题。④ 体育类节目的发展。⑤ 与海外业者的合作进一步深化,从简单地借鉴、模仿海外和国外电视机构的节目类型,到购买节目模式版权,实行重新制作开发(如2010年东方卫视的《中国达人秀》节目)。⑥ 出现新兴的电视节目形式。⑦ 与受众的互动成为常态,电视节目更强调参与性和互动性,电视传播模式已不再局限于"我播你看"的传统模式,强调受众参与、互动反馈等,更好地满足不同目标受众的兴趣需求。

表3-3 中国电视节目类型分布

节 目 类 型	1986年	1996年	节 目 类 型	2008年*
新闻节目	8.8%	9.2%	新闻资讯节目	12.1%
专题节目	8.3%	9.9%	专题服务节目	10.6%
教育节目	19.8%	2.3%	综艺益智节目	8.1%
文艺节目	58.2%	64.6%	影视剧类	44.3%
服务节目	4.9%	14.0%	其他节目	11.6%
—	—	—	广告	13.3%
合计	100%	100%	合计	100%

资料来源:《中国广播电视年鉴》1987年、1997年、2009年卷。

注:* 根据《中国广播电视年鉴(2009)》,原始统计数据单位为万小时,百分比为自行折算;电视节目类别划分与原先划分也有不同。

近年来,全国电视收视市场节目分布没有重大变化,新闻/时事、电视剧

（影视剧）、综艺类节目是电视观众接触最多的类型。以 2016 年全国电视收视市场为例，由电视剧、新闻/时事和综艺类节目组成的第一梯队领先优势不变，三类节目的收视份额分别为 29.6%、13.8%、13.7%，合计高达 57.1%；与 2015 年的数据相比，这三类节目的领先格局基本没有大的变化（见图 3-1）。

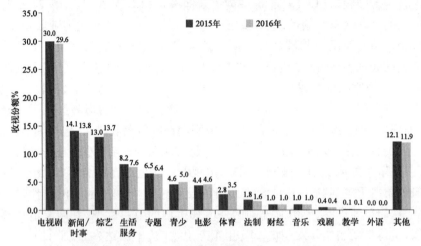

图 3-1　2015—2016 年全国市场各类节目的收视份额

资料来源：国家广播电视总局，《2016 中国电视收视报告》（2018 年 10 月 20 日），http://www.nrta.gov.cn/art/2018/10/20/art_2178_39216.html，最后浏览日期：2021 年 4 月 8 日

最后，广播电视机构数量不断增加，尤其是 20 世纪 90 年代以后，本地电视台/频道增加更快，开始卫星传播，很多地方台开始 24 小时不断播出节目，并且有几个不同频道。省级电视台的电视节目陆续通过卫星开始在整个中国大陆播放。截至 2019 年年底，全国开展广播电视和网络视听业务的机构约 4.7 万家。其中，广播电台、电视台、广播电视台等播出机构 2 591 家，从事广播电视节目制作经营机构约 3.3 万家①。中国国家级电视机构与省级电视机构的具体频道情况可参见表 3-4、表 3-5。

进入 21 世纪以来，中国广播电视在新的信息与传播技术革命的浪潮下，正加快步伐推进和引领全面数字化转型。2020 年 7 月，中国地面数字电视覆盖网全面建成。2020 年年底，无线模拟电视退出历史舞台，中国全面进入数字电视时代，这标志着中国广播电视基本公共服务标准化、均等化取得重大进展。在以习近平同志为核心的党中央的领导下，广播电视工作坚持以人民为

---

① 参见国家广播电视总局：《2019 年全国广播电视行业统计公报》（2020 年 7 月 8 日），http://www.nrta.gov.cn/art/2020/7/8/art_113_52026.html，最后浏览日期：2021 年 4 月 8 日。

表 3-4　中国国家级电视台频道

机构名称（建台日期*）	广播频率/节目套数	电视频道/节目套数	电视节目设置	备注
中央广播电视总台(1958 年 5 月 1 日)	23	30	1. 综合频道 2. 财经频道 3. 综艺频道 4. 中文国际频道（亚洲版） 5. 体育频道 6. 电影频道 7. 国防军事频道 8. 电视剧频道 9. 纪录频道（国内版） 10. 科教频道 11. 戏曲频道 12. 社会与法频道 13. 新闻频道 14. 少儿频道 15. 音乐频道 16. 农业农村频道 17. 体育赛事频道 18. 英语新闻频道 19. 法语国际频道 20. 西班牙语国际频道 21. 阿拉伯语国际频道 22. 俄语国际频道 23. 4K 超高清频道 24. 中视购物频道 25. 娱乐频道 26. 戏曲频道 27. 中国电影频道（长城平台版、香港版） 28. 中文国际频道（欧洲版） 29. 中文国际频道（美洲版） 30. 纪录频道（国际版）（频道 25—30 仅限境外落地）	1958 年 5 月 1 日,中央电视台正式试播,当时名为北京电视台; 同年 9 月 2 日,正式播出; 1978 年 5 月 1 日,改称中央电视台; 2018 年 3 月,与中国国际电视台、中央人民广播电台、中国国际广播电台合并为中央广播电视总台,电视播出仍保留中央电视台

续 表

机构名称 （建台日期*）	广播频率/ 节目套数	电视频道/ 节目套数	电视节目设置	备 注
中国教育电视台 （1986年10月1日）		5	1. 综合教育卫星频道 2. 教学卫星频道 3. 北京35频道（地面频道） 4. 职业教育频道 5. 早期教育数字付费频道	中国教育电视台于1986年7月1日试播,10月1日正式开播,隶属于教育部,同时受广播电影电视部的业务指导,是唯一的国家级专业电视台；地方各级教育电视台隶属于所在省（市）的教育厅（局）,国家广电总局和各地方的广电部门只对与之同级的教育部门下属的教育电视台进行业务上的指导,而非与其他电视台一样由各级广电局直接监管

资料来源：根据国家广电总局发布的《地级以上广播电视播出机构及频道频率名录》、《教育电视台及频道名录》整理,统计截至2021年3月。

注：*电视台建台日期以该台最早成立的电视频道为准。

表3-5 中国省级电视机构

机构名称* （建台日期）	广播频率/ 节目套数	电视频道/ 节目套数	电视节目设置	备 注
安徽广播电视台 （1960年9月30日）	9	8	1. 新闻综合频道 2. 经济生活频道 3. 影视频道 4. 综艺·体育频道 5. 农业·科教频道 6. 公共频道 7. 移动电视频道 8. 国际频道（频道仅限境外落地）	

续　表

机构名称* （建台日期）	广播频率/ 节目套数	电视频道/ 节目套数	电视节目设置	备　注
北京广播电视台 （1979年5月16日）	10	11	1. 综合频道 2. 文艺频道 3. 科教频道 4. 影视频道 5. 财经频道 6. 生活频道 7. 青年频道 8. 新闻频道 9. 卡酷少儿频道 10. 冬奥纪实频道 11. 北京电视台（频道仅限境外落地）	北京电视台成立于1979年5月16日；2001年6月，北京电视台与北京市有线广播电视台合并为新北京电视台（英文缩写为"BTV"）
福建电视台 （1960年）		10	1. 综合频道 2. 东南频道 3. 乡村振兴·公共频道 4. 新闻频道 5. 电视剧频道 6. 旅游频道 7. 经济生活频道 8. 体育频道 9. 少儿频道 10. 福建海峡电视台	前身福建电视台成立于1960年（最初名为福州电视台）
福建教育电视台 （1998年2月）		1	教育教学频道	设置主体为福建省教育厅； 1995年年底以福建有线电视教育频道名义试播； 1998年2月，福建教育电视台正式成立
甘肃电视台 （1970年10月3日）		7	1. 综合频道 2. 经济频道 3. 公共应急频道 4. 都市频道 5. 文化影视频道 6. 少儿频道 7. 移动电视频道	2004年12月16日，甘肃省广播电影电视总台挂牌成立； 2007年9月6日，甘肃省广电总台与贵州电视台结成战略联盟，在运营、节目创优等方面进行全面合作

续 表

机构名称* （建台日期）	广播频率/ 节目套数	电视频道/ 节目套数	电视节目设置	备 注
广东广播电视台 （1959年9月30日）	9	13	1. 综合频道 2. 珠江频道 3. 公共频道 4. 体育频道 5. 嘉佳卡通频道 6. 新闻频道 7. 经济科教频道 8. 粤语频道 9. 综艺频道（4K超高清） 10. 影视频道 11. 少儿频道 12. 移动电视频道 13. 国际频道（频道仅限境外落地）	广东电视台于1959年9月30日成立，最初名为广州电视台； 1960年7月1日正式开播； 1979年1月1日改名为广东电视台； 2001年7月1日，广东有线广播电视台撤销，原隶属于该台的体育频道并入广东电视台
广西广播电视台 （1970年10月1日）	7	10	1. 综合频道 2. 综艺旅游频道 3. 都市频道 4. 乐思购频道 5. 影视频道 6. 新闻频道 7. 科教频道 8. 公共频道 9. 移动电视频道 10. 国际频道（频道仅限境外落地）	
贵州广播电视台 （1968年7月1日）	7	9	1. 新闻综合频道 2. 公共频道 3. 影视文艺频道 4. 大众生活频道 5. 体育旅游频道 6. 科教健康频道 7. 经济频道 8. 家有购物频道 9. 移动电视频道	

续　表

机构名称*（建台日期）	广播频率/节目套数	电视频道/节目套数	电视节目设置	备　注
海南广播电视台（1984年10月1日）	5	7	1. 综合频道 2. 经济生活频道 3. 公共频道 4. 文旅频道 5. 少儿频道 6. 新闻频道 7. 移动电视频道	海南电视台创建于1979年； 1984年10月1日正式播出； 1989年6月，升格为海南电视台省级电视台； 2001年8月，海南人民广播电台（1952年）和海南电视台合并； 2002年后，其卫视频道曾用名为旅游卫视
河北广播电视台（1969年2月16日）	9	7	1. 新闻综合频道 2. 经济生活频道 3. 都市频道 4. 影视剧频道 5. 少儿科技频道 6. 公共频道 7. 农民频道	
河南广播电视台（1969年9月15日）	10	12	1. 综合频道 2. 都市频道 3. 民生频道 4. 法治频道 5. 电视剧频道 6. 新闻频道 7. 欢腾购物频道 8. 公共频道 9. 乡村频道 10. 移动电视频道 11. 中华功夫卫星电视频道（频道仅限境外落地） 12. 国际频道（频道仅限境外落地）	

续表

机构名称* （建台日期）	广播频率/ 节目套数	电视频道/ 节目套数	电视节目设置	备 注
黑龙江广播电视台（1958年12月20日）	9	8	1. 综合频道 2. 影视频道 3. 文体频道 4. 都市频道 5. 新闻·法治频道 6. 公共·农业频道 7. 少儿频道 8. 移动电视频道	
湖北广播电视台（1960年12月1日）	8	9	1. 综合频道 2. 文艺频道 3. 经济频道 4. 美嘉购物频道 5. 影视频道 6. 生活频道 7. 教育频道 8. 公共·新闻频道 9. 垄上频道	
湖南广播电视台（1960年）	8	11	1. 新闻综合频道 2. 经视频道 3. 都市频道 4. 金鹰纪实频道 5. 娱乐频道 6. 电视剧频道 7. 公共频道 8. 电影频道 9. 金鹰卡通频道 10. 快乐购物频道 11. 国际频道（频道仅限境外落地）	湖南电视台（时称长沙电视台）创建于1960年，1962年停播，1970年10月1日正式开播；2000年12月27日，湖南电视总台成立；2010年1月，湖南广播电视总台成立
湖南教育电视台（1999年）		1	教育教学频道	设置主体：湖南省教育厅
吉林广播电视台（1959年10月1日）	9	9	1. 综合频道 2. 都市频道 3. 生活频道 4. 影视频道 5. 乡村频道 6. 综艺·文化频道 7. 公共·新闻频道 8. 长影频道 9. 延边卫视频道	

续 表

机构名称* （建台日期）	广播频率/ 节目套数	电视频道/ 节目套数	电视节目设置	备 注
吉林教育电视台 （1995 年正式开播）		1	教育教学频道	设置主体：吉林省教育厅
江苏电视台		10	1. 综合频道 2. 城市频道 3. 综艺频道 4. 影视频道 5. 好享购物频道 6. 体育休闲频道 7. 公共·新闻频道 8. 优漫卡通频道 9. 教育频道 10. 国际频道（频道仅限境外落地）	江苏省广播电视总台（集团）成立于2001年6月，由江苏人民广播电台、江苏电视台、江苏有线电视台等单位合并而成
江西广播电视台 （1970 年 10 月 1 日）	9	8	1. 综合频道 2. 都市频道 3. 经济生活频道 4. 影视·旅游频道 5. 公共·农业频道 6. 少儿频道 7. 新闻频道 8. 移动电视频道	
江西教育电视台 （1994 年 12 月）		1	教育教学频道	设置主体：江西省教育厅
辽宁广播电视台 （1959 年 10 月 1 日）	9	11	1. 综合频道 2. 都市频道 3. 公共频道 4. 教育·青少频道 5. 经济频道 6. 生活频道 7. 影视剧频道 8. 体育频道 9. 北方频道 10. 宜佳购物频道 11. 移动电视频道	

续 表

机构名称* （建台日期）	广播频率/ 节目套数	电视频道/ 节目套数	电视节目设置	备 注
内蒙古广播电视台（1969年10月1日）	9	8	1. 新闻综合频道（蒙语） 2. 综合频道（汉语） 3. 文体娱乐频道 4. 经济生活频道 5. 新闻综合频道 6. 农牧频道 7. 少儿频道 8. 蒙语文化频道	内蒙古电视台（NMTV）是内蒙古自治区的省级电视台，筹建于1960年4月； 1969年10月1日试播成功； 2001年5月1日，内蒙古电视台与内蒙古经济电视台、内蒙古有线电视台合并，成立新的内蒙古电视台
宁夏广播电视台（1971年1月1日）	5	5	1. 综合频道 2. 经济频道 3. 影视频道 4. 公共频道 5. 少儿频道	宁夏电视台创立于1970年10月1日； 1971年1月1日正式播出； 2003年4月1日，宁夏电视台（无线）、宁夏有线台合并为宁夏广播电视总台
宁夏教育电视台		1	教育教学频道	设置主体：宁夏回族自治区教育厅
青海广播电视台（1971年1月1日）	5	4	1. 新闻综合频道 2. 经济生活频道 3. 安多藏语综合频道 4. 都市频道	青海电视台原名为西宁电视台，1970年7月1日建成试播； 1971年1月1日正式播出； 1980年5月，正式更名为青海电视台

续 表

机构名称* （建台日期）	广播频率/ 节目套数	电视频道/ 节目套数	电视节目设置	备 注
上海广播电视台 （1958年10月1日）	11	12	1. 新闻综合频道 2. 东方影视频道 3. 第一财经 4. 五星体育频道 5. 纪实人文频道 6. 都市频道 7. 外语频道 8. 东方购物频道 9. 哈哈炫动频道 10. 东方卫视 11. 移动电视频道 12. 东方卫视国际频道（频道仅限境外落地）	上海电视台是上海广播电视台的前身主体； 1993年1月18日，上海东方电视台成立； 1949年5月27日，上海人民广播电台成立； 1992年10月28日，上海东方广播电台成立于； 2001年，在整合上海人民广播电台、上海东方广播电台、上海电视台、上海东方电视台、上海有线电视台等单位的基础上，组建上海文广新闻传媒集团； 2009年10月21日，上海文广新闻传媒集团更名为上海广播电视台
上海教育电视台 （1994年2月27日）		1	教育教学频道	设置主体：上海市教育委员会
山东广播电视台 （1960年10月1日）	8	9	1. 综合频道 2. 齐鲁频道 3. 文旅频道 4. 综艺频道 5. 生活频道 6. 体育频道 7. 农村科普频道 8. 新闻频道 9. 少儿频道	
山东教育电视台 （1992年）		1	教育教学频道	设置主体：山东省教育厅

续 表

机构名称* （建台日期）	广播频率/ 节目套数	电视频道/ 节目套数	电视节目设置	备 注
山西广播电视台	8	7	1. 新闻综合频道 2. 山西黄河电视台 3. 经济与科技频道 4. 影视频道 5. 社会与法治频道 6. 公共频道 7. 教育文化频道（频道仅限境外落地）	山西广播电视总台整合山西人民广播电台、山西电视台、山西广播电视报社所属各频率、频道、报刊等资源，于2004年11月1日正式成立
陕西广播电视台 （1960年7月1日）	10	11	1. 综合频道 2. 新闻资讯频道 3. 都市青春频道 4. 生活频道 5. 影视频道 6. 公共频道 7. 体育休闲频道 8. 西部电影频道 9. 农林科技频道 10. 乐家电视购物频道 11. 移动电视频道	2007年7月1日，陕西电视台与陕西有线电视台正式合并为新陕西电视台
四川广播电视台 （1960年5月1日）	9	11	1. 综合频道 2. 文化旅游频道 3. 经济频道 4. 新闻频道 5. 影视文艺频道 6. 星空购物频道 7. 妇女儿童频道 8. 科技教育频道 9. 四川乡村频道 10. 峨眉电影频道 11. 康巴藏语卫视频道	2009年7月，四川人民广播电台和四川电视台合并为四川广播电视台，保留四川人民广播电台和四川电视台播出呼号
天津广播电视台 （1960年3月20日）	10	9	1. 综合频道 2. 新闻频道 3. 文艺频道 4. 影视频道 5. 都市频道 6. 体育频道 7. 科教频道 8. 少儿频道 9. 三佳购物频道（与河北、内蒙古电视台联办）	

续 表

机构名称* （建台日期）	广播频率/ 节目套数	电视频道/ 节目套数	电视节目设置	备 注
西藏广播电视台 （1985 年 8 月 20 日）	5	4	1. 综合频道（藏语） 2. 综合频道（汉语） 3. 影视文化频道 4. 经济生活服务频道（暂停播出）	
新疆广播电视台 （1970 年 10 月 1 日）	12	12	1. 汉语新闻综合频道 2. 维吾尔语新闻综合频道 3. 哈萨克语新闻综合频道 4. 汉语综艺频道 5. 维吾尔语影视频道 6. 哈萨克语综艺频道 7. 汉语经济生活频道 8. 维吾尔语经济生活频道 9. 汉语影视频道 10. 汉语体育健康频道 11. 汉语信息服务频道 12. 少儿频道	2001 年 7 月 1 日,新疆电视台与新疆有线电视台、新疆经济电视台合并为新新疆电视台
新疆生产建设兵团广播电视台 （2007 年 10 月 7 日）	1	1	综合频道	
新疆教育电视台 （1980 年 8 月）		1	教育教学频道	设置主体：新疆维吾尔自治区教育厅
云南广播电视台 （1969 年 10 月 1 日）	8	9	1. 综合频道 2. 都市频道 3. 娱乐频道 4. 生活资讯频道 5. 影视频道 6. 公共频道 7. 少儿频道 8. 移动电视频道 9. 国际频道（频道仅限境外落地）	

续　表

机构名称* （建台日期）	广播频率/ 节目套数	电视频道/ 节目套数	电视节目设置	备　注
浙江电视台 （1960年10月1日）		9	1. 综合频道 2. 钱江都市频道 3. 经济生活频道 4. 教科影视频道 5. 民生休闲频道 6. 新闻频道 7. 少儿频道 8. 好易购频道 9. 国际频道（频道仅限境外落地）	浙江广播电视集团于2001年12月26日成立，由浙江人民广播电台、浙江电视台、浙江广播电视报社、大众电视杂志社、浙江音像出版社、浙江省电视剧制作中心、浙江电影制片厂等20个单位联合组成
重庆电视台 （1960年12月）		13	1. 综合频道 2. 新闻频道 3. 影视频道 4. 科教频道 5. 都市频道 6. 文体娱乐频道 7. 生活资讯频道 8. 时尚频道 9. 公共·农村频道 10. 少儿频道 11. 时尚购物频道 12. 移动电视频道 13. 国际频道（频道仅限境外落地）	1970年10月1日，开始转播中央电视台节目； 1981年10月1日，正式播出自办节目； 重庆广播电视集团（总台）于2004年11月18日由重庆人民广播电台、重庆电视台、重庆经济广播电台、重庆交通广播电台、重庆音乐广播电台、重庆都市广播电台、重庆教育广播电台、北京广播学院重庆函授站、重庆音像资料馆合并组建

资料来源：根据国家广电总局发布的《地级以上广播电视播出机构及频道频率名录》《教育电视台及频道名录》整理，统计截至2021年3月。

注：*以机构名称拼音顺序排序。

中心，国家出台一系列政策鼓励并支持发展有线电视、直播卫星数字化入户覆盖，将地面数字电视纳入国家基本公共文化服务体系。截至2020年7月，全国有线电视和直播卫星用户分别达到2.1亿户和1.3亿户，5 000余座发射台、上万部数字电视发射机覆盖广大城乡地区，通过多渠道传输覆盖系统，观众打开电视就能收看到数字电视节目。后续将进一步聚焦"三区三州"等深度贫困地区,全力推动广播电视传输覆盖升级,着力改善贫困地区电视收看效果,通过有线、无线、直播卫星综合覆盖,使贫困地区群众收看到更加清晰的电视信号、更加丰富多样的电视节目,不断提升收视体验,丰富人民群众精神文化生活,真正做到"享受高质量电视服务、一个观众也不能少"[1]。

2021年1月28日,中国广电与中国移动在北京签署5G战略协议,正式启动700 MHz 5G网络共建共享。自2020年5月中国广电与中国移动签署5G共建共享合作框架协议以来,双方就建设、维护、市场和结算等具体问题充分沟通、深入磋商,并且达成全面共识。根据协议,双方将充分发挥各自的5G技术、频率、内容等方面的优势,坚持5G网络资源共享、700 MHz网络共建、2.6 GHz网络共享、业务生态融合共创,共同打造"网络+内容"生态,以高效集约方式加快5G网络覆盖,推动5G融入百业、服务大众,让5G赋能有线电视网络、助力媒体融合发展,不断满足人民群众精神文化生活需要。700 MHz是稀缺资源,对构建5G优质网络具有独特优势。国家广播电视总局将举行业之力,按照边清频边建设的策略,支持广电5G发展,加快共建700 MHz+2.6 GHz 5G精品网络,努力用广电5G服务网络强国、数字中国、智慧社会建设,进一步提升全社会的数字化、信息化水平,更好地满足人民群众对美好生活的新期待[2]。

第四节 港澳台地区广播电视概览

一、香港地区声音广播的历史和现状

第一次鸦片战争之后,英国通过1843年《南京条约》、1860年《北京条约》、1898年《新界租约》等不平等条约,逐步侵占中国香港地区(包括香港本岛、九龙半岛、新界地区及邻近的235个离岛,总面积为1 061平方千米)。香

---

[1] 参见国家广播电视总局:《享受高质量电视服务 一个观众也不能少——我国全面进入数字电视时代》(2020年7月22日),http://www.nrta.gov.cn/art/2020/7/22/art_114_52191.html,最后浏览日期:2021年2月20日。

[2] 参见国家广播电视总局:《中国广电与中国移动5G战略合作签约仪式成功举行》(2021年1月28日),http://www.nrta.gov.cn/art/2021/1/28/art_112_54958.html,最后浏览日期:2021年2月20日。

港的文化形态因独特的历史地理环境，显得复杂、充满异质，又兼容并蓄、多元，既有中国传统文化的影响，又具备"西化"思潮下外来的因子。香港广播电视的发展过程也充满中西混杂、多元渗透的特色。

尽管面对电视和互联网等媒体的夹击，广播面临前所未有的冲击，但在香港，广播作为媒体仍然保有一席之地。根据广播事务管理局的资料（2008），在全港13个广播频率中，除RTHK6全天转播英国广播公司的广播之外，全部为自制节目；全港每周自制广播节目的累计时长超过2 000小时；香港15岁以上居民中有66.5%曾收听广播，其中，40.7%每天收听，平均日收听广播时间1.7小时；听众中有55.8%对电台节目质量表示满意。

20世纪20年代，世界主要国家和地区纷纷开始自己的广播服务，中国香港地区也紧跟潮流。无线电广播在当时仍然是新事物，英国广播公司开播也才几年的时间。香港最早的实验性广播出现在1923—1926年，由一群业余无线电爱好者组成香港无线电广播社（Hong Kong Society of Radio），通过无线电播放一些社会新闻，转播歌剧演出等。香港无线电广播社被认为是后来香港电台的前身。

1928年6月30日上午9时，一群热爱无线电人士在收音机旁边，满怀兴奋地期待香港第一个广播电台（电台呼号GOW）正式开播。电台是由港英政府资助的。1928年，香港的无线电广播只有英语节目，每天播出2小时。经无线电波广播的第一句话是报出台号，然后读出波长和频率，以及当天的日期。第一个节目就是以英语播送的新闻报道，主要内容如下：

这是香港GOW电台，本台以355公尺波长段，845千周中波广播。今天是1928年6月30日星期五，现在报告新闻……

在美国，严重经济不景气仍然持续，联邦政府正建议一些远大的计划，以挽救工商业的衰退……

英皇乔治五世今日为连接欧洲25个国家及美国、日本、澳洲和印度的广播系统主持开幕典礼；他用金的麦克风致辞。

现在看来，这篇新闻报道是十分平常的一次节目，但这是香港广播史上第一篇正式的新闻稿，被作为香港广播电视发展史的开篇，6月30日被指定为香港电台的成立纪念日。当时的广播设备相当简陋，除无线电发射机之外，演播室中所有的设备只有一支话筒和一台电唱机。

当时的香港广播台呼号是GOW，以波长355米、频率845千赫播发，电台发射站设立在太平山顶。香港市民要收听广播节目，每年需缴纳4元的港币收音机执照（broadcast receiving licence）费用，但严格遵守的民众不多。截至1928年年底，港英政府仅发出124个收音机执照，即全港当时只有124台合法收听的收音机。1929年2月1日，广播电台的呼号改为ZBW。

1929年，港英政府成立广播委员会。10月8日，正式宣布ZBW电台为政府所办，并且委任时任港英政府邮政总监史密夫出任第一任台长。当时，收音机执照已增加约四倍，共发出476个。在广播节目方面，全日广播7小时，中英文分开时段播放。

1934年，中文台成立，台号为ZEK。最初中文台和英文台两台共享一套设备，错时播出节目。1938年1月，第二个广播发射台建成，两台才得以同时广播。1938年，港英政府发出的收音机执照已有8 000多个。港英政府每年用于广播节目的经费接近9 000万元，即1928—1938年共用去公款近90万元，港英政府征收的收音机执照费也逐年增加至12元/年。

1941年12月，日军大举进攻，香港沦陷。香港电台在12月8日中断广播。三天后，日军使用其设备以"香岛放送局"名义（呼号JPHA）重新广播。在被日本占领期间，香港居民收听广播仍需申领收音机执照，并且缴纳执照费。

1945年8月3日，日军投降，日本当局在香港的电台随之停播。9月1日，当时英国海军少将在电台里正式宣布英国重新接管香港。9月15日，香港电台的中英文节目恢复播出。

在香港广播行业，香港电台有着举足轻重的地位。1928年6月30日，香港GOW电台开播，这个电台就是后来香港电台的前身（中间经历呼号的变更）。1948年8月，"香港电台"（Radio Hong Kong，简称RHK）被正式命名，取消原ZBW和ZEK呼号，增加早晨节目的播出时间。抗战结束后，香港电台虽依靠少量经费来维持，但中文节目在战前已有很好的基础，所以重建广播工作进展得比较顺利，当时收音机执照已增加到2.2万个。

1951年，港英政府解散广播委员会，相关广播事务由港英政府新闻处（Government Public Relations Office）接管。1952年，收音机执照费用已从最早的4元/年增加到20元/年，听众要向邮政局申领执照才能合法收听广播。当年香港邮政署还配备有电信追踪车，车顶配有一个转动的圆环。追踪车在街道上巡逻，根据信号侦测取缔"无牌"收听广播的爱好者。这种做法与英国国内收取广播执照费的做法几乎完全一样，可以推测港英政府的这种做法就是从英国广播管理方法中沿用过来的。

1953年7月，港英政府决定让香港电台脱离港英政府新闻处，另设立广播处长一职来负责香港电台的管理工作。当时香港电台中文台每天播出17小时,英文台播出 9.5 小时。

自 20 世纪 60 年代起,调频广播投入实际应用,香港电台开始播出立体声调频节目,良好的播出效果吸引了更多听众加入。在这一阶段,广播在灾害等紧急时刻能发挥的信息功能逐渐显现出来。例如,1962 年超级台风温黛正面登陆香港,香港电台每隔 15 分钟报道最新的台风资讯,有效地降低了损失。

1965 年,港英政府共发出收音机执照 135 000 多个,但"无牌"收听收音机的用户估计超过 60 万。庞大的"非法"收听人群,使得当局无法执法管控,港英政府最终在这一年取消了收音机执照的申领制度。1965 年之后,在香港拥有收音机不再需要事前取得当局的许可。

1970 年,香港电台成立公共事务电视部。1976 年 4 月,香港电台的原英文名称加上"电视"一词,改为"Radio Television Hong Kong"(简称 RTHK)。到 20 世纪 70 年代中期,香港电台配合社会需要,获得极速发展。1976 年年初,香港电台共提供 4 个不同频率的中英文节目。

香港电台隶属于香港特别行政区政府商务及贸易发展局,定位为非营利性公共广播机构。也有人认为,香港电台是香港特区政府下属的电台,因为香港电台的经费由特区政府划拨(例如,2008 年香港特区政府为香港电台拨款 4.9 亿元港币),香港电台台长的职务由香港特区政府聘任,而且往往是由特区政府广播处处长来兼任台长一职。此外,香港电台还有大部分工作人员直接隶属于特区政府的公务员编制。例如,2008 年香港电台 759 名工作人员中,就有 600 人属于公务员。根据 2021 年 2 月香港电台官方网站的简述,"香港电台(港台)于 1928 年启播,是政府部门,也是香港唯一的公共广播机构,在本地拥有最悠久的广播历史。港台同时提供电台、电视及互联网服务,肩负《香港电台约章》所定的公共目的和使命。节目制作秉持编辑自主,且遵循《节目制作人员守则》定明的业务守则"①。

从 2000 年开始,香港电台全面提供网络广播服务,每天直播全部电台和所有在黄金时间播放的电视节目,并且在网上提供新闻文本。目前,通过互联网可实时收听香港电台的 7 套节目。香港电台网上数据库容量庞大,过去一年播出的 7 套广播节目,均可在香港电台官网"节目重温"栏目中查找收听,为听众提供了很大的便利。

目前,香港电台拥有 7 个电台频率,分别以普通话、粤语、英语每天 24 小时播出中英文节目,具体包括:第一台 FM92.6~94.4,以新闻资讯类节目为

---

① 参见香港电台官方网站,https://www.rthk.hk/aboutus,最后浏览日期:2021 年 2 月 20 日。

主,粤语播出;第二台 FM94.8~96.9,音乐、娱乐、文化类节目,粤语播出;第三台 AM567,英语频道,主要以音乐及关联节目为主;第四台 FM97.6~98.9,以英语(为主)和粤语播出的古典音乐节目;第五台 AM783,主要播出面向长者的节目或其他文教节目,以粤语(为主)和普通话播出;第六台 AM675,24 小时转播中央人民广播电台香港之声;第七台 AM621,普通话台(偶尔也有一些粤语节目),是全港唯一本地全普通话广播频率,1997 年 3 月开播,以普通话放送音乐节目与谈话类节目为主,每隔一小时播出一节新闻报道。香港电台还提供社区参与广播服务(community involvement broadcasting service,简称 CIBS)平台,鼓励社区、非政府机构、弱势社群申请制作节目,在相关频率播出,也提供一定的经费资助①。香港电台电视部提供三个地面数字电视频道。在新媒体服务方面,香港电台于 1994 年开始开展新媒体服务,运用互联网和流媒体平台跨越海内外提供全天候节目内容,包括手机 App、博客 Podcast 和 YouTube、Facebook、Twitter 频道等。截至 2021 年 2 月,香港电台在 YouTube 上有 109 万订户,Facebook 订户近 30 万。香港电台提供资讯、教育和娱乐,报道本地及国际时事,协力推动香港文化发展及提供自由表达意见的渠道,普遍被认为是香港最具公信力的电子传媒。

在香港的声音广播史上,除无线电广播之外,还曾提供有线广播服务,通过电缆分配系统将广播节目传输至听众处。尽管有线广播有维护成本较高、覆盖不易等缺点,但也有信号稳定、播音质量高等优点。1949 年 3 月,香港丽的呼声(Rediffusion)有线广播电台开播,分中文台(Silver Network)和英文台(Blue Network)播出节目,每天播音长达 17 小时。1956 年 7 月,丽的呼声增设第二个中文台(Gold Network),提供普通话、粤语、潮州话、上海话等方言节目。1973 年,丽的呼声全面结束有线广播业务,其时间跨度长达 24 年,有线广播的听众最多时曾高达月 100 万人,广播电缆长度累计达 1.1 亿米。不可否认,有线广播在香港广播史上曾写下过辉煌的一页。

在无线电台方面,除了公共属性的香港电台之外,还有在 1959 年 8 月 26 日开播的香港商业广播有限公司(Commercial Radio Hong Kong),简称商业电台或商台。1963 年 6 月,商业电台增设中文二台,以娱乐资讯为主。但港英政府一直未批准商业电台播出自制新闻节目,只允许其转播香港电台的新闻节目②。直至 1974 年,商业电台才争取到自行采制、编播新闻的权利,成立新闻

---

① 参见香港电台官方网站,https://www.rthk.hk/aboutus,最后浏览日期:2021 年 2 月 20 日。
② 事实上,在 1973 年之前,香港电台也没有新闻部门,它制作的新闻简报是由香港特区政府新闻处提供的。

部。这也从一个侧面反映出港英政府在广播媒介管理政策上表现出较为明显的保守性。

目前,香港商业广播有限公司共有3个广播频率,每天24小时不停广播,分别是:雷霆881(商业一台,粤语),是全港听众人数最多的频道,以播放资讯、时事和娱乐节目为主;叱咤903(商业二台,粤语),以音乐为主的年轻人频道,节目以轻松、活泼、娱乐和创意为主;英语广播频道(AM864),以精心挑选的国际流行曲为主,为听众提供本地歌曲以外的选择。

1991年8月开始播音的新城广播有限公司(Metro Broadcasting Corporation Limited),简称新城电台,目前由长江实业及和记黄埔各持一半股权。新城电台也有3个广播频率,全部为自制节目,分别是:新城知讯台(前称新城娱乐台、新城997、新城劲歌台),以资讯、娱乐和音乐为主,部分时间联播新城财经台和广东电台的节目,定位较为不清晰,口号为"知讯音乐,成就力量";新城财经台(前称精选104、新城金曲台),主要报道香港及外地的股汇行情,以及少量音乐与资讯节目,口号为"全球财经,尽在新城";新城采讯台(AM1044 Metro Plus),主要播放专为少数族裔而设的节目,主要以英语播出,也包括印尼语和菲律宾语,另外亦有部分时段实时转播中国国际广播电台的节目。

1971年,港英政府成立"英军电台",为驻港英军提供有针对性的英语广播节目。1997年7月,香港回归,"英军电台"随之结束广播业务。

表3-6 香港声音广播频道

机构属性	广播机构	广播频率	开播日期
公营广播	香港电台(RTHK)	香港电台第一台(粤语FM) 香港电台第二台(粤语FM) 香港电台第三台(粤语FM) 香港电台第四台(粤语、英语FM) 香港电台第五台(粤语AM) 香港电台第六台(粤语、普通话AM)(全天转播中央人民广播电台香港之声) 香港电台第七台(普通话AM)	1928年6月30日
商营广播	香港商业广播有限公司(商业电台)	雷霆881(商业一台) 叱咤903(商业二台) AM864	1959年8月26日

续 表

机构属性	广播机构	广播频率	开播日期
商营广播	新城广播有限公司（新城电台）	新城知讯台 新城财经台 新城采讯台	1991年8月12日

资料来源：香港通讯事务管理局所编撰的《香港的持牌广播服务一览表》和《香港模拟声音广播服务频率表》，2020年12月。

注：广播频率分布参见香港通讯事务管理局办公室，《香港模拟声音广播服务频率表》，https：//www.ofca.gov.hk/filemanager/ofca/common/Industry/broadcasting/freq_table_sound_sc.pdf，最后浏览日期：2021年2月20日。

二、香港地区电视的发展

香港的电视广播服务最早始于1957年，由亚洲电视有限公司（简称亚视）的前身——丽的映声提供有线电视播出。1949年3月1日，香港丽的呼声（Rediffusion Hong Kong）开播有线广播电台——丽的呼声电台（Radio Rediffusion）。1957年4月，丽的呼声获颁有线电视执照，以香港"丽的映声"（Rediffusion Television，简称RTV）的名称于5月29日晚间正式开播。这不仅是中国香港地区的第一个电视台，更是全球华人地区的第一个电视台[1]。丽的映声电视台以粤语为主要播出语言，开台时就每日播放24小时，节目内容包括新闻和体育消息等。丽的映声电视采用有线方式入户（订户需支付月租费来收看电视，费用不低，最初的月租费为25元港币，相当于当时警察一个月的薪水），订户数很有限（开始时仅640家订户），丽的映声因此被称为富裕阶层的奢侈品。

1961年，港英政府计划引进免费电视服务，委派工作小组撰写研究报告及草拟监管法例，最终在1964年11月4日通过《电视条例》并批出一个15年电视牌照期限的无线电视广播商业牌照。1966年，港英政府接受财团竞投地面电视广播牌照，申请的财团包括邵逸夫旗下邵氏兄弟（香港）有限公司、英国独立电视台与美国全国广播公司合组的香港电视集团、由香港商业广播有限公司等合组的财团，以及独资竞投的日本富士电视台等。最终，香港电视集团胜出，获颁免费电视牌照，在1967年11月19日以"香港电视广播有限公司"的

---

[1] 当年丽的映声电视台以有线电缆方式分配入户，用户数较少且收视费用昂贵，影响力不大。而世界各国电视几乎都是先开办无线播出的电视机构，在相当多的材料中并未将有线电视播出的丽的映声统计在内。如果以无线电视的标准来看，中国首个电视机构应为1958年创办的北京电视台（现中央电视台前身）。

名义推出免费电视广播服务。

香港电视广播有限公司(Television Broadcasts Limited,简称 TVB)是香港地区第二家商营电视台,由于是香港首家且是当时唯一一家采用无线方式播出的电视台,因此被香港人称为"无线电视台"或"无线台",这个称呼沿用至今①。不用观众安装线路,更不用收费,这与收费相对昂贵的丽的映声形成鲜明的对比。无线电视节目的播出立即吸引了大批观众,在公众中形成巨大影响。1967 年因此被认为是真正意义上的香港电视元年。

无线台的免费电视节目造成收费的丽的映声观众大量流失。根据 1973 年出版的《香港年鉴》数据,截至 1972 年 12 月,79.6%的香港家庭已经有电视机,其中,有 55 万台收看无线,而丽的映声只有 4.3 万收视户。最终,丽的映声做出重大改革,于 1973 年 12 月 1 日起播出形式从有线转为无线,从收费变成免费,改名"丽的电视",设丽的中文台和丽的英文台两个频道。虽然丽的电视改为免费播出,但收视率并没有立即改善②,并未撼动无线台的垄断地位。当时,收看电视已经成为香港人的主要娱乐方式,无线台的一些电视节目的收视更高达 60—70 点,这在现在几乎是不可想象的。

无线台启播初期由香港制作的电视节目并不多,以香港新闻节目为主,使之成为整个 20 世纪 70 年代收视最高的节目类型之一。港英政府在牌照上要求电视台多播出西方电视节目,而且无线台当时的股东中还包括美国的广播机构,因此,当时无线台大量播出粤语配音的外国节目。1976 年,无线台开拍的第一部百集连续剧《狂潮》播出后广受好评。1980 年,当局取消进口节目规定,无线台的本土制作比重迅速增加,成为香港本土电视文化的代表。

自 20 世纪 70 年开始,无线电视台为全香港首次提供彩色广播,1972 年改为正式全彩色电视广播。丽的电视也在 1973 年全面改用彩色制式播映节目。

1970 年,香港电台成立公共事务电视部。1976 年 4 月,香港电台的新英文名称"Radio Television Hong Kong"(简称 RTHK),也体现出其电视业务的部分。香港电台制作出《针锋相对》、《狮子山下》等广受欢迎的电视节目,奠定了香港电台电视部的发展地位。但当时的香港电台本身并没有独立的电视频道,港府主管当局规定,香港电台制作的电视节目(多为评论、教育类节目)由其他两家商业电视台免费播出,播出时段也有限制,必须包含相应比例的晚间黄金时段。2020 年 12 月,香港电台以"港台电视 31"、"港台电视 32"、"港台

---

① 尽管现在 TVB 早就不是唯一一家无线播出的电视台,但"无线台"的简称仍沿用下来。

② 丽的电视的收视不但当时并未超过无线台,后来的佳艺电视台(1975 年开播,1978 年停播)的收视率也常常比丽的电视高。近年来,香港的收费电视——香港有线电视台的一些节目收视也比亚洲电视(改名后的丽的电视)高。

电视33"的名称,播出三个独立的电视频道。

除了无线台与丽的电视两家电视台进行市场竞争之外,在香港电视广播史上还出现过短暂的"三台鼎立"的市场格局。1973年,港英政府根据广播发展工作小组的建议,决定增加无线电视台。1975年9月7日,香港佳艺电视有限公司(Commercial Television)启播,简称"佳视",加入免费无线电视市场的竞争,成为香港第三家免费电视台。香港电视"三台鼎立"的竞争格局就此形成①。为提高牌照申请成功的可能性,佳艺电视台在竞投牌照时自动提出多项节目制播的条件。例如,星期一至星期五晚黄金时间(晚9:30—11:30)播放2小时教育节目,教育节目时段不得插播广告;星期一至星期五下午5:00—6:00则播放香港电台制作的电视节目。佳艺电视台的教育节目主要以成人教育为主,并且与香港中文大学校外进修部和基督教职业训练学校合办电视课程。佳艺电视台的台徽是以六个成120度角之线条组成的环状六角形,代表中国古代儒家的六艺"礼、乐、射、御、书、数",这从一个侧面反映出佳艺电视台重视教育类节目的特征。

这些附加条件使得佳艺电视台成功获颁免费电视牌照,但这些限制也使这类教育节目很难与娱乐节目形成竞争,这也是后来佳艺电视台未能取得收支平衡而导致最终倒闭的原因之一。佳艺电视台曾推出金庸名著改编的电视剧,掀起武侠剧热潮,迫使无线电视台和丽的电视大量购入金庸与古龙的名著。然而,多重因素导致佳艺电视台难以为继,董事局于1978年8月22日宣布停止营业。佳艺电视台成为香港第一家倒闭的商营电视台,结束香港电视史上"三国争雄"年代。

在佳艺电视台倒闭后,其台前幕后的人才分别流向无线电视台和丽的电视,使其竞争日渐白热化。丽的电视投巨资制作电视剧来抢夺无线台在播放《欢乐今宵》时段不爱看综艺节目的观众。1980年,丽的电视动员全台力量拍摄乡土剧《大地恩情》系列,播出后收视率大胜无线台同时播出的电视剧《轮流传》,迫使无线台中断播出尚未播完的《轮流传》。该剧成为香港电视史上,也是无线电视台开台以来首部被"腰斩"的电视剧。尽管丽的电视有若干胜利,但无线台在竞争中优势更明显。1980年年初,丽的电视股东数度易手。1982年,远东集团收购丽的电视股权,并于1982年9月24日正式更名为亚洲电视(Asia Television)。

---

① 当时佳艺电视台、丽的电视、无线电视台、香港电台、商业电台刚巧都坐落于九龙塘广播道(Broadcast Drive),一条不足一千米的广播道上总共有三家电视台和两家广播电台,因此被称为"五台山"。

1978年佳艺电视台倒闭之后,直到2013年之前,香港特区政府再没有核发第三家免费电视牌照,导致香港免费电视领域形成"两台参战、无线独大"的稳定格局,而两台悬殊的实力事实上导致"胜者不思进取、败者得过且过"的局面。因此,各界一直呼吁香港特区政府应当核发新的免费电视牌照,以形成更为健康的传媒格局与市场环境。

亚洲电视(包括其前身丽的电视)在与无线台的竞争中,长期处于相对弱势。在香港有"惯性收视率"的说法,即一些香港电视观众会惯性地、不假思索地首先选择无线台的节目,只有当无线台实在没有适合节目可看的时候才会选择转台。夸张的说法是,有的香港家庭一年也用不上几次电视遥控器。在这样的情况下,尽管亚洲电视有过不少突破,甚至个别胜绩,但在总体上并未扭转局面。

1994年3月,亚洲电视推出时事性综艺节目《今日睇真D》,无线台被迫改变原先的节目计划,临时推出《城市追击》予以还击。《今日睇真D》最令人轰动的是,购得所谓外星人解剖片段,一周以内密集报道,而"陈健康事件"更是成为香港媒介历史上最大争议报道。尽管《今日睇真D》收视上占有上风,但事实上并未给亚洲电视带来好的声誉。

1998年,吴征入主亚洲电视后大刀阔斧进行改革。除了裁员外,引入多个先进节目制作系统,如非线性后期制作,新闻部则于9月引入虚拟演播室技术,令电视制作更具灵活和创新性,亦使新闻直播室看起来更宏伟。同时,在黄金时段进行改革,宣传口号为"新新ATV,新新的选择"。20世纪90年代后期,亚洲电视开始将节目制作外派,减少自制剧集及节目,是香港电视业中首先推行的。但亚洲电视内部权力斗争等原因,导致吴征的改革无疾而终,并且被迫退出亚洲电视。

1999年,亚洲电视新闻部突破传统,起用艺员朱慧珊和何守信报道新闻,并且在新闻时段加插娱乐消息,引起社会公众,尤其是专业人士对亚洲电视新闻部公信力的广泛质疑。香港记者协会批评此举侮辱了新闻从业人员的努力。亚洲电视在一年后取消了这一安排。

进入20世纪90年代,无线电视台创作的电视剧整体而言仍然在收视率中称霸,却无可避免地面对收看电视人数下滑的现实。1987年,无线台在黄金时段的平均收视达45点,此后受到多个外在和内在因素影响,包括有线电视的开台、录影机日渐普及、市民娱乐增多(如电视游戏机、卡拉OK),以及节目本身质量普遍下降和大量当家小生、花旦出走等,平均收视持续滑落至1995年黄金时段只有24点的低谷。

总体而言,无线台虽然优势明显,但由于竞争对手亚洲电视积弱不振,缺少竞争对手的无线台没有持续进步,反而墨守成规、故步自封,一味追求低成本下的高市场份额；同时，无线台对职员的管理近乎压榨，也使无线台的制作人和艺人流失均较为严重。而由于无线台充分利用其优势市场地位，与上下游合作的相关产业也摩擦不断。随着卫星电视、有线电视、宽频电视（IPTV）、互联网视频等新媒体加入竞争，无线台的市场优势已受到动摇。从 2005 年到 2008 年，无线台年营业额增长仅为 1.35%，2009 年营业额更是下跌一成半。

近年来，无线台不进反退，而亚洲电视除节目质量并无起色、社会争议不断（例如，亚洲电视高层涉嫌性骚扰，"亚姐"、"亚洲先生"比赛被批性别观念偏差）之外，内部高管层的控股、实际管理权的纷争激烈（例如，蔡衍明、查懋声、黄炳均、王征等大股东和实际控制人之间的复杂矛盾，导致多次管理危机）。2021 年 4 月，华人文化产业投资基金董事长、香港 TVB 副主席兼非执行董事黎瑞刚接受香港媒体采访，直接公开批评 TVB，并且表示"TVB 现在的情况，我是不满意的，而且我非常不满意"。黎瑞刚直言，对 TVB 来说，过去十年可以说是"迷失的十年"，是方向战略迷失的十年。在他看来，TVB 缺乏创新、全面老化，内部管理山头林立、诸侯割据、矛盾很多，已经面临生死存亡的问题，必须当机立断改革①。

近年来，香港特区政府借数字式电视转制的机会，开始考虑新的免费电视牌照的核发事宜。2009 年 9 月 21 日，香港特区政府核准一直没有独立电视频道的香港电台在未来数年内开设独立免费数字电视频道。2010 年 1 月，香港宽带、有线宽带和电讯盈科先后向香港广播事务管理局申请营办免费数字电视台，推动免费电视的公平竞争。可以预见，香港即将出现多家免费播出的电视机构相互竞争的市场格局，这必将在很大程度上改变现有的无线台"一台独大"的畸形电视市场格局。

20 世纪 90 年代，香港电视业在技术上取得突破。例如，当时丽音电视广播技术的引入，使立体声或双语电视广播成为可能；以电脑技术创造虚拟背景的虚拟演播也渐被应用。此外，卫星电视和收费的有线电视先后于 1991 年 8 月 26 日和 1993 年 10 月 31 日启播。

相较以无线方式免费播出的广播电视将占用公共频率资源，主要以有线、光纤或卫星直播系统入户的收费电视服务对公众资源的占用较少，因此，一般对于它们的审核相对宽松。香港特区政府对第三家及以上的免费电视牌照的核发至今仍未有定论。2000 年，香港特区政府同意向五家机构核准收费电视

---

① 参见《深度访谈|黎瑞刚：TVB 面临生死存亡，再不把它拉上来，可能就要没了》（2021 年 4 月 12 日），澎湃新闻，https://www.thepaper.cn/newsDetail_forward_12159697，最后浏览日期：2021 年 4 月 20 日。

牌照。之后,有公司结业退还牌照。目前,还有无线电视旗下的银河卫视持有收费电视服务牌照,并于 2004 年推出无线收费电视。

亚洲电视因为免费电视牌照不获政府续期而停播。2016 年 4 月 1 日是亚洲电视本地免费电视牌照的最后一日,4 月 2 日零时起将终止地面电视广播,多间传媒机构均有直播亚洲电视"熄机"过程。2016 年 4 月 1 日晚 11 时 59 分 57 秒,亚洲电视所有频道播出蓝色画面。蓝色画面从亚洲电视大埔总台控制室播出,作为通知慈云山发射站中断讯号的讯息。

2014 年 1 月 6 日,香港电台加入电视广播,香港电台电视推出数码地面电视广播服务启播。随着 2016 年亚洲电视结束本地免费电视广播,其模拟和数码频道分别由香港电台电视和香港电视娱乐接手。2016 年 4 月,香港电视娱乐(ViuTV)开台,提供一个粤语中文频道,主打破格真人秀抢收视。与有线电视同系的奇妙电视亦于 2017 年 5 月启播,计及无线电视、香港电台电视、ViuTV 及奇妙电视,香港已经步入公共电视广播及再有"三台鼎立"的全新时代。

科技进一步发展,电视传送方式走向多元化,包括互联网、宽带等传播技术,"广播"定义的边界逐步扩大。香港互动电视(iTV)于 1997 年利用电讯盈科前身香港电讯的 ATM 宽带网络,推出双向式收费电视服务,但因价钱过于昂贵和技术不成熟而不受市场欢迎,最终于 2002 年结束业务。电讯盈科于 2003 年先后推出收费电视服务 now 宽带电视。自从 now 宽带电视服务推出后,用户人数倍增,其后取得不同频道的独家播映权。香港宽带网络有限公司于同年推出收费电视服务——香港宽带 bbTV(未持有电视牌照)①。

香港广播电视主管机关宣布,香港数字地面电视广播于 2007 年 12 月 31 日开始逐步转制,采用中国内地的数字电视广播 DMBT/H 制式作为数字地面广播制式,要求电视在 2012 年数字电视转制完成前同时保持原有模拟方式的地面电视广播现有频道。在新旧交替期间,两家免费电视台会以模拟电视和数字电视两种制式同步广播。

2007 年 12 月 31 日香港时间晚 7 时,数字地面电视服务正式启播,由香港特别行政区时任行政长官曾荫权于香港文化中心主持数字电视启播仪式。仪式过后,无线电视翡翠台和高清翡翠台同步播出第一个节目《东张西望》,亚洲电视本港台和亚洲电视高清频道也同步播出第一个节目《十六不搭喜趣来》。

2007 年,数字电视启播之初,仅有慈云山发射站投入服务,覆盖全港大约 50% 人口。2008 年年底增至 75%,直至覆盖香港全部收视人口。2010 年 4

---

① 根据法庭裁定,由于收费电视供应商香港宽带 bbTV 被界定为互联网电视,这种传播方式不用正式领取牌照经营,也不受香港《广播条例》监管。

月,香港商务及经济发展局指出,数字广播已覆盖全港 90% 人口,估计渗透率(安装机顶盒或转用内置机顶盒的数字电视)约有 52%,或相当于 120 万住户有接收数字电视。

步入网络时代,影片分享网站及 OTT 平台愈趋普及,免费电视虽仍然为家庭观众最主要的资讯接收渠道,但收视人数已经有所减少。香港电视广播业面对竞争对手的出现,正积极转型并加大在互联网上的投入。香港特区政府也积极研究检讨过时的《广播条例》,放宽对电视广播业者的规制和管理,拉近电视业和互联网媒体在管理上的差别对待,保障它们能够面对竞争、持续经营及保持收视。另外,广播事务管理局与电讯管理局合并为通讯事务管理局,以有效监管。

2013 年 10 月 15 日,香港特区政府发布公告称:行政长官会同行政会议已"原则上批准"奇妙电视有限公司(奇妙电视)及香港电视娱乐有限公司(香港电视娱乐)的本地免费电视服务牌照申请,而另外一家申请机构——香港电视网络有限公司(简称香港电视)的申请则被拒绝。

根据 2020 年 12 月的统计,香港向本地观众提供电视广播的主要机构如表 3-7 所示。

表 3-7　香港电视广播机构

机 构 名 称	服 务 属 性	主 要 电 视 频 道
香港电视广播有限公司(TVB)	本地免费电视节目	播出 5 个频道:翡翠台、J2、无线新闻台、明珠台、无线财经·资讯台
香港电视娱乐有限公司	本地免费电视节目	播出 2 个频道:ViuTVsix、ViuTV
奇妙电视有限公司	本地免费电视节目	播出 2 个频道:香港国际财经台、香港开电视
香港有线电视有限公司	本地收费电视节目	播出 132 个频道:有线财经资讯台、有线新闻台、有线直播新闻台、中央电视台新闻频道、凤凰卫视资讯台、东森亚洲新闻台、BBC World News、CNN 国际新闻网络、NHK World-Japan、Bloomberg TV、FOX 等
电讯盈科媒体有限公司	本地收费电视节目	播出 228 个频道:now 剧集台、HBO Hits 台、now 爆谷台、卫视中文台、动物星球频道、国家地理频道、BBC World News、CNN 国际新闻网络、Sky News、Bloomberg TV、中天亚洲台、澳亚卫视等;另有 now 新闻台自选服务

资料来源:香港通讯事务管理局办公室,《香港的持牌广播服务一览表》,https://www.ofca.gov.hk/filemanager/ofca/sc/content_108/channel_list_chi.pdf,最后浏览日期:2021 年 4 月 10 日。

除上述基本的电视广播服务外,香港还有收费的电视机构提供服务,也有机构通过互联网传输提供无需申请牌照的线上视听流服务。此外,还有其他一些以香港为基地的广播电视机构①,通过本地广播电视平台或卫星、有线电视系统等方式播出电视节目,但这些节目主要不是针对香港本地电视观众,收视份额也不高,通常不被认为是香港本地的电视机构。例如,中国内地观众较为熟悉的凤凰卫视就属于这一类电视机构。

三、澳门地区广播电视的发展与现状

澳门面积狭小,邻近香港,在社会、经济、文化上都受到香港很大的辐射与影响。香港广播电视也对澳门广播电视产生重大影响,甚至可以认为,澳门本地居民受到香港广播电视的影响要甚于本地广播电视媒体。

由于澳门特区政府不干预香港广播电视机构对澳门的信号覆盖,澳门居民可以轻易收到香港地区的广播电视信号,尤其在电视方面,澳门本土的竞争力并不强。相关数据显示,澳门电视的晚间中文新闻节目(包括澳门本土新闻)其实拥有不少电视观众,但新闻结束后,澳门电视的收视率立即下降,大多数市民转而收看香港电视节目(主要是无线台的电视节目)。因此,澳门的广播电视对本地居民的影响力相对较小,这里仅对澳门的广播电视基本情况作简要的介绍。

澳门的声音广播起步于20世纪30年代,澳门电台是澳门地区最早的无线电广播电台,于1933年8月26日开播(呼号CRY9 Macau),用葡萄牙语播放新闻和音乐。澳门电台中间经历过停播(1937—1938)、多次变更呼号等,于1948年划归澳葡政府经营(隶属新闻旅游处管理),1962年转归邮电厅负责,1980—1981年一度由葡萄牙广播公司管理。

1950年,葡萄牙人创办私营的绿邨广播电台(Radio Vila Verde Lda),最初主要播出音乐节目,1964年开始以粤语广播商业新闻。1981年,绿邨广播电台由香港公司经营,改成"澳门绿邨商业电台"。1993年,电台宣布暂停广播。

澳门电台于1982年并入政府出资组成的公共企业——澳门广播电视公

---

① 根据香港广播事务管理局资料,非本地电视机构的电视服务并非以香港本地为主要目标市场,此类机构的电视服务的持牌人也需确保其电视节目符合香港的法例及有关标准。根据2020年12月的数据,香港这类非针对本地电视观众的广播电视机构(持牌机构)主要有:阳光文化网络电视企业有限公司、Auspicious Colour、凤凰卫视、香港卫视国际传媒集团、亚太第一卫视传媒集团、星空华文中国传媒、Disney Networks Group Asia Pacific、华纳媒体亚太(香港)、亚太卫视发展、Starbucks(HK)。参见《香港的持牌广播服务一览表》(2021年6月1日),香港通讯事务管理局办公室官网,https://www.ofca.gov.hk/filemanager/ofca/sc/content_108/channel_list_chi.pdf,最后浏览日期:2021年4月10日。

司,葡萄牙语名为 Teledifuso de Macau(简称 TDM)。电台分为中文台和葡文台两部分,增加新闻广播。

2000年3月,澳门绿邨商业电台重新开播,节目除时事新闻外,还有音乐、体育及赛狗节目,覆盖面扩展到香港和珠江三角洲地区。该台在每天的播音中设置8小时的葡文节目。

澳门的电视广播起步较晚。1984年5月14日,澳门广播电视公司开播旗下的电视台,主要覆盖澳门本地,开始设一个频道轮流播出中文和葡文的电视节目。1990年10月,增设一个频道,将中文和葡文电视节目分开播出。自1988年起,澳门广播电视公司转制为有限公司,向私人财团转让部分股份,实行董事局管理制,但新闻节目仍由澳门当局主办。

1996年,澳门宇宙卫星电视公司(通常简称为澳门卫视)成立。1999年12月,澳门卫视开播澳门卫视旅游频道,为24小时播出的卫星电视。澳门卫视自办有旅游台、亚洲台、五星台(POP 频道)、生活频道、财经台和卡通台等,转播节目约50余套。

2000年7月,澳门有线电视正式开播。该台由中葡两国及中国澳门地区合作,于1999年成立,向澳门电视观众提供40多个中文、英语、葡语频道。澳门有线电视以转播为主,不自制电视节目。到2003年,澳门有线电视已覆盖澳门40%。2005年7月,澳门有线电视频道增加到70个。

2002年10月28日,澳门莲花卫视(Lotus Satellite TV Macau)开播,原称澳门卫视国际商务台,提供新闻、财经、娱乐、本土历史文化、社会动态信息的卫星电视频道。2008年12月,正式获得澳门特区政府批出卫视频道执照。莲花卫视通过亚洲二号通信卫星,覆盖以亚太地区为主的全球53个国家和地区,节目24小时滚动播放。

2003年前后,澳门广播电视股份有限公司(简称澳广视)财政问题一度严重。2004年10月,澳门特区政府宣布澳广视提供公营服务,正式成为公营广播机构。澳广视的财务问题最终在政府协助下得以解决。2005年,澳门特区政府购买了澳广视的全部股份。

澳门其他电视广播机构还包括亚洲联合卫星电视(UTV,2001年11月开播)、澳门东亚卫视(2002年开播)、CBN(中国商务网)卫视(2006年6月开播)。

澳门广播电视业的一个显著特点是卫星电视业务比较发达。澳门特区政府为推动澳门传播事业,强调要对外开放卫星电视业务。但从严格意义上来说,卫星电视主要不是针对本地受众设立的,因此,这些卫星电视只是基地设在澳门的电视机构,同样不能算作澳门本地电视台。

四、台湾地区声音广播的沿革和发展

台湾的广播事业最早是在 20 世纪 20 年代日本占领台湾期间发展起来的。1925 年,台湾"总督府"在台北建立播音室,进行最早的实验性广播。1931 年 1 月 13 日,财团法人台湾放送协会(台湾广播协会)正式成立,以日语进行播音。

1945 年日本投降,台湾主权回归祖国。此前日本殖民当局开设的所有媒体,包括广播电台及其分支机构,随即由国民党当局接收,旧有广播设备被改装、修复与增补。1945 年 10 月,台湾放送协会改制为台湾广播电台,隶属于国民党中央执行委员会下设的"中央广播事业管理处",下辖台中、台南、嘉义、花莲各地方台,形成初步的广播网。台湾广播电台在当时的节目设置上仿照"中央广播电台",同时为满足地方需要(如台湾居民学习汉语的需要等),开办了新闻、政令、教育、服务类的广播节目,以普通话、闽南语、客家话、少量英语及日语播音。

加上 1949 年之前,国民党当局有计划地从中国大陆撤迁到台湾地区的公营和民营广播电台,这些已有的设备、技术、人才、资金等为台湾广播事业的起步提供了良好的发展基础。国民党政府于 1949 年 11 月将部分设备运抵台湾的"中央广播电台"正式改组为"中国广播公司",同时全面接收"中央广播事业管理处"的业务,并在原先台湾广播电台 4 个分台的基础上,增建扩容为 22 台广播联播网。各地方电台利用此系统将地方新闻传送至"中央广播电台"台北总台。

国民党军方电台"军中广播电台"(1942 年成立)、"空军之声"(1946 年成立)先后迁往台湾并复播。随国民党当局迁往台湾的民营电台有益世(1946 年成立于南京)、民本(1946 年成立于上海)、凤鸣(1934 年成立于上海)等广播电台,先后在基隆、台北、高雄等地复业。

国民党当局迁往台湾之后,对广播事业采取既扶持又管制的政策,对推动台湾广播及以后的电视事业的发展起到一定的作用;而对民营广播采取有限开放的政策。1957 年后,陆续在台湾各县市批准民营电台的设立,但每一地区仅限一家民营电台。这一开放政策到 1959 年后即告结束,当局以整顿频率为由,冻结了民营广播的申请。

尽管"戒严"时期政治环境较为严苛,但以"中央广播电台"为代表的台湾广播仍然取得了许多技术上的突破。1968 年,"中国广播公司"在台北地区正式开播调频广播,节目以新闻与音乐为主。与此同时,军中电台、警察电台、教育电台、台北"国际社区电台"相继开播调频广播,台湾广播进入调频时代。1969 年,"中央广播电台"租用国际通信卫星,独家转播在美国举行的台湾"中华金龙少年棒球队"与美国西区队的比赛实况。这一节目开台湾广播电台利用通信卫星传送广播节目信号之先河。

台湾广播事业在"戒严"时期取得了一些发展,但因为当时政治、社会、文化环境的制约,有着与现在台湾广播不一样的生态与特点。

1. 对广播宣传严密管理与审查

在国民党迁往台湾初期,岛内局势复杂,国际地位孤立。1950 年,蒋介石在台北"复职视事",整顿党务及完成权力分配,发布《动员戡乱时期临时条款》对台湾实行严密控制。自 1949 年 5 月起,台湾进入长达 38 年之久的"戒严"时期。在这样的政治环境下,当局对广播业同样实行严密的管控措施。

1952 年,国民党当局成立广播事业管理委员会(当时隶属于"教育部",1958 年后转由"交通部"管辖),负责广播电台的设置与审查、广播节目的设计与指导、广播资料的审查与供应、广播从业人员的审核与登记,以及其他广播事业的稽核等业务。当局的基本政策是:对党营、军营的广播进行扶持,对公营广播进行辅助,对民营电台采取适度开放的政策。

1976 年,台湾的《"广播电视法"》公布实施。《"广播电视法"》及后续的《"广播电视法施行细则"》、《"广播电视事业从业人员管理规则"》、《"广播电视节目供应事业管理规则"》、《"广播电视节目规范"》等相关条例的基本走向延续了国民党对广播的管理政策的脉络。

2. 国民党实际控制下的"中央广播电台"与军政广播主控台湾广播业及宣传导向

从 1949 年到 20 世纪 80 年代,台湾广播电台体系与格局基本没有变化。"中国广播公司"从国民党党营的"中央广播电台"转制而来,虽然名义上已成为公司制电台,但实际上仍由国民党掌控,"中央广播电台"因此能获得当局重组的经费支持而得以发展壮大。军方直接或间接经营广播及后来的电视,军营电台也得以扩张。此外,台湾警政、渔政、教育等一些公营单位也介入广播经营。

3. 对大陆的"反共"宣传与"国际"广播

国民党当局不惜动用大量资源扩大对大陆进行所谓的"心战"宣传,广播就是其中的主要媒介之一。从 1950 年 11 月起,"中央广播电台"就以"中央广播电台"的呼号对大陆进行广播,每天播出 6 小时节目。从 1949 年起,"中央广播电台"还以"自由中国之声"为台呼,以普通话和英语开始"对外"广播,后来广播语种逐渐增加到 15 种(包括方言)。另外,"亚洲之声"的广播主要以中国大陆及东南亚为广播目标。

4. 涌现出一批有影响力的民营电台

在台湾发展初期,广播成为许多人的一种便利的媒介(尤其是作为娱乐工具),一批新型的民营广播得以兴起。到1972年台湾三家电视台成立,广播影响力受到冲击而明显下降,民间电台因此成立"民营广播电台联合会"加强合作。这一时期的民营电台普遍重视新闻节目,丰富娱乐节目(以音乐与广播剧为主),来适应激烈的竞争环境。

5. 专业电台的成立

设立、强化专业电台是20世纪50年代以后台湾广播的一个重点,尤其是60年代以后,为适应不同层面、不同族群的听众需要,成立了一批专业电台,比如台中农民电台(为农民提供相关消息)、警察电台(提供路况资讯)、教育电台(从事"空中教学")、"中央广播电台新闻网"(1973年成立,全新闻广播频率)、渔业广播电台(服务渔民及其家属)、台北和高雄的市政电台(强调都会服务)、幼狮电台(主要针对青年"救国军"团体)。

1987年7月,台湾宣布"解严",标志着"戡乱体制"的结束,原本控制严格的广播资源开始向民间倾斜。尽管如此,"中央广播电台"因其历史久、规模大、人才济济、财力雄厚,在台湾广播媒体中仍处于领先地位。自20世纪90年代以来,台湾当局释出广播频率资源,广播体制和节目开始多元化,一改台湾广播封闭保守的格局。电台的增多同时也导致广播业竞争失序,出现了复杂、多变的局面。

"解严"初期,国民党仍然控制主要的广播媒体,同时在民众中具有相当的影响力。例如,由国民党实际控制的"中国广播公司"[①],下辖新竹、苗栗、台湾、嘉义、台南、高雄、台东、花莲、宜兰9个分台、7个发射组、6个转播站;分设"中央广播电台"流行网、闽南语、音乐网、新闻网、服务网等专业服务广播网。长久以来,"中央广播电台"节目的广告收益和观众收听率高居台湾广播界榜首,受到广大听众,尤其是中老年听众的喜爱。

台湾军方电台在发射机数量、功率、比例等方面都有明显的优势。台湾军方共有6家广播电台(含59家分台):"军中广播电台"、"中央广播电台"、汉声广播电台、复兴广播电台、"空军广播电台"、复兴岗广播电台。军方占有台湾广播频率的精华,播出功率占全台湾总功率的51%。民间强烈要求军方应当释出部分频率资源。迫于民意,军方做出相应调整。

尽管国民党及军方的广播机构在"解严"初期凭借已有的成绩,仍然保持

[①] 尽管个别民营台的规模也能与"中央广播电台"一争高下,例如正声广播公司作为台湾规模最大的民营电台,在规模上、影响力上一度与"中央广播电台"不相上下,但大部分民营电台的规模、影响力都较为有限。

一定的优势,但广播媒体多元化的特点在"解严"后(尤其是20世纪90年代以后)表现得尤为突出。1993年,台湾当局开放广播频率,标志着台湾广播媒体迈入一个新的多元化的阶段。新成立的多是区域性的电台、中功率和小功率的电台,尤其是调频台的剧增,使得台湾广播频率得到多层次的释放和运用。听众有更多的选择,广播节目在地化、多元化的特点日益明显。

1988年台湾当局全面开放"报禁"后,由于社会舆论的压力和经济多元化对资讯的迫切性,台湾当局不得不排除一些政治因素的考虑,不再垄断资源频道。正是在这种认知的推动下,1993年1月30日,台湾"交通部"与"新闻局"共同宣布开放调频广播频道,所开放的频道可容设28家区域性调频广播电台。台湾广播从此进入多元化并存的新阶段,初步形成三个层次的调频广播网:覆盖全岛的电台、地区级电台和社区级电台。

1993年至今,台湾当局分九梯次开放广播频率供民营广播申请。其中,1993—1996年是第一梯次至第八梯次开放的广播频率,包括中大功率调频广播电台、社区教育功能的小功率电台、金(门)马(祖)地区小功率调频广播电台,以及台北地区的客家话中功率调频广播电台,共有118家电台筹备处获得核配广播频率,除个别退回频率申请的之外,已有109家完成电台建设。

针对前八个梯次的广播频率释出,台湾广播事业生态发生重要变化,经营竞争激烈。主管部门经过对频率特性、民众需求、广播市场格局、弱势族群及偏远地区民众的需求,以及前八个梯次开放对业者的冲击等多方面信息进行综合评估后,决定于1999年后继续开放第九梯次的广播频率申请。这一梯次的频率主要是中小功率频率,强调合理规划、均衡布局,尤其强调优先照顾偏远地区、弱势族群及教育服务的广播需要,以期建立多元、均衡、公平、健全的广播市场。

1993年后台湾整个广播频率的开放过程,体现出这样的变化:政策有意向民营电台倾斜,强调资源分配平均、民营优先,以均衡长期存在的"重官营、轻民营"的偏颇生态;强调地方性特点,提供在地化服务,也是对长期存在"重总台、轻地方"的广播政策的修正;多元化、专业化的电台发展,打破电台类型同构化的现状;广播市场窄播化,突出"类型电台"(format radio),淡化综合性电台"一统天下"的特点;突出企业化的经营理念,取代传统经验法则。

20世纪90年代初,台湾广播机构依然有党营电台、军营电台、公营电台、民营电台四大体系。1993年,台湾广播电台共有33个单位,其中,公营7个单位,军营5个单位,民营21个单位,电台188座。广播节目逐渐增加,内容日趋多元。一些电台不仅播第二套、第三套节目,还普遍延长播出时间,很多电台开始24小时全天候播音。

自1993年台湾广播频率开放申请之后,少数播放范围为全台湾地区的大功率电台仍走综合型电台路线,以大众的普遍需求为综合目标。大部分电台在市场竞争及差别定位的考虑下,通常采用专业电台、类型电台、社区电台等经营方式。本土化、在地化、社区化、专业化更是不少电台追求的广播节目风格走向。

(1) 强化专业台,增设新栏目

原先广播频率因受当局垄断和控制,观念上对专业电台也认识不足,因此,专业台并不普遍。近年来,台湾广播开始注意强化专业台,增设了许多新栏目,强化对目标受众的深度黏着。尤其是出现了24小时播出的全新闻电台(如"中央广播电台新闻网"),以适应听众扩大的经济、文化、社会生活资讯的需要。广播电台传播资讯比电视、报纸、杂志快速,一有重大新闻即可随时报道。

(2) 重视少数族群的节目制播

台湾广播近年来出现了"多声道发声,方言成新宠"的现象。过去广播倾向普通话和闽南语,而新近电台语言政策开始调整,客家话、原住民语节目陆续出现,形成新的趋势。1993年频率开放也多倾向于区域性的电台、中功率和小功率的电台,强调广播的在地化、区域化服务功能。

(3) 热线电话盛行,变传统电台的单向传播为双向交流

随着电话的普及与观念的改变,在直播节目中引入听众的电话已经变得十分普遍,力图把节目办成"听众自己的节目"。听众可以随时打电话进节目发表意见、参与讨论,许多节目因此变得非常火爆,台湾用语习惯将热线电话根据英语读音译为"叩应"(call-in),也非常形象。

(4) 跨媒体合作,汇整新资源

信息时代传媒发展的方向,在于整合运用各种传播渠道,并且以最佳的组合搭配,达到更好的传播效果,在专业领域发挥更大作用,配合未来科技的持续发展。广播与有线电视、卫星电视,或与报纸、杂志等媒体寻求横向联系和合作也同样如此。广播在与其他媒介竞争的同时,也开展多媒体间、跨媒体、跨地域等多层次合作,实现传播效果共赢。在广播同业态的竞争中,也强调策略联盟合作,在没有直接竞争关系的电台间实现经营合作也是一种有效的尝试①。

---

① 例如,从1997年开始,台湾飞碟电台原本仅限于台北地区播音,但飞碟电台在台湾各地与其他地方台形成合作关系,事实上形成飞碟联播网(达到类似于覆盖全台湾的目的),这对其他广播业者形成竞争压力。这种做法并非只有飞碟电台一家,高雄KISS电台、亚洲电台联播网都有类似的联播机制。这种联合经营的做法,一方面是地方电台合作参与市场竞争的一种有益尝试,另一方面与当初频率分配时强调的多元化、在地化等理念及申请筹设的理由不相符合。因此,尽管这种做法并不直接"违法",也在业界及学界引发一定的争议。1969年9月,台湾电视公司发射台湾第一个彩色电视节目讯号,不定期试播彩色电视节目成功。同年11月19日,台湾电视公司首次使用人造卫星,以彩色电视信号转播美国"阿波罗12号"载人登月实况。

五、台湾地区电视的发展

台湾电视开始于 1962 年 2 月,台湾第一家实验电视台——教育电视实验台开播,发射功率仅为 100 瓦,覆盖范围约 10 公里,每天播出 2 小时的教学节目。

事实上,早在 1951 年,台湾"行政院"决定以民营企业制度推动台湾的电视事业,并以美国的商业电视制度为蓝本发展台湾的电视业。真正实现电视的商业性播出是在 20 世纪 60 年代以后了。

1962 年 10 月,台湾电视公司(简称台视)播出电视讯号,正式成为台湾第一家官股民营的商业电视台,创立并基本确立了商业电视制度。1968 年 9 月,以国民党党营的"中央广播电视台"为核心的台湾"中国电视公司"(简称"中视")正式成立,并于次年 10 月 31 日开播。"中视"率先开启台湾彩色电视时代。"中视"的开播,改变了台湾无线电视"仅此一台"(台湾电视公司)的局面。继而教育电视台扩大改组为"中华电视台"(简称"华视"),在 1971 年成立并开播。"华视"虽最初由行政经费创办,但以商业方式经营。"华视"的开播使台湾的电视竞争格局从一枝独秀演变为三台鼎立,无线三台垄断型竞争的状态维持了很多年。

台湾电视媒体在初期发展极为迅速:由一家电视台扩展为三家电视公司;由黑白电视发展到彩色电视;发射机数量、功率、收视区域、节目播出时数同时快速增长。技术的进步、经济的繁荣,又促进电视机的生产与消费,电视几乎成为现代家庭普遍的必需电器。1992 年 1 月,台视、"中视"、"华视"立体多声道电视广播系统正式开播,采用美国 Zenith 公司开发的 Zenith-dbx 电视立体声与双语音系统频谱。

1987 年,台湾当局宣布"解严"。为适应社会大众对电子媒体开放的需求,当局于 1993 年执行频率开放政策。虽然频率开放政策的主要受益媒体是广播,而不是电视,但频率开放也使原先电视无线三台呈垄断状态的格局最终被打破。

1994 年 1 月 28 日,台湾"行政院新闻局"宣布开放第四家无线电视频道。有关方面经过规划、公告、受理申请及审议等过程,于 1995 年 6 月召开审议委员会,民间全民电视股份有限公司筹备处获得当局核发的台湾第四家无线电视台的经营权。1997 年 6 月,民间全民电视台正式开播。

1993 年之后,台湾当局着手"修法",将已经大量存在的有线、卫星电视业者按资质进行登记,纳入"合法"管理的范畴,使得台湾的电视频道竞争更为激烈,观众也有了更多元化的选择。

台湾地区的无线电视台概况如下。

1. 台湾电视事业股份有限公司

台湾电视事业股份有限公司简称"台视"、"TTV"，英文名 Taiwan Television Enterprise, Ltd.，官网 http://www.ttv.com.tw，是台湾第一家正式播出的电视台，成立于1962年4月28日，同年10月3日开始试播（呼号为BET21），10月10日中午12点正式开播。台视过去是隶属于台湾当局的公营事业机构，采用官股（政府持有股份）民营（董事会管理）的商业模式。2006年，台视开始民营化进程。之后，官股及日资企业持有的台视股权陆续释出。2007年9月，台视公司上市，正式完成民营化。

1961年3月，台湾政府"新闻处"成立"台湾电视事业筹备委员会"，与日本企业（富士电视、东芝电器、日立制作、日本电器）等合作，推进台视筹建工作。1962年，台视于10月10日开播。台视在1965年建设完成中部、南部4个中继站，组成南部联播网。1969年9月，台视宣布彩色电视节目试播成功。1969年和1971年，相继完成花莲及台东转播站，形成覆盖全岛的网络。

台视新闻开播时称为"电视新闻"，只在每日20:00播出15分钟的新闻，由记者与播音员轮流播报。到"中视"开播后，台视才将"电视新闻"改名为"台视新闻"以做区分。台视曾享有"新闻王国"的称号，率先与美国有线电视新闻网（CNN）签约，在新闻中使用CNN的新闻素材，拓展了台湾电视新闻的视野。1988年1月1日，台视新闻部体育组升格为体育部，专门负责制播体育节目（包括体育新闻）以提升体育类节目制作能力，制播的体育节目总称是"台视体育"。1997年3月1日，台视"晚间新闻"主播李四端跳槽"华视"，对台视新闻部门形成一定冲击。台视新闻在早上、中午、晚间、深夜有四个常态档次；如逢选举等重大事件，则会播出特别报道。台视新闻部也制作新闻资讯节目（深度报道），主要以财经议题、社会新闻为主题。

2. "中国电视事业股份有限公司"

"中国电视事业股份有限公司"简称"中视"、"CTV"，英文名"China Television Company, Ltd."，官网http://www.ctv.com.tw。"中视"成立于1969年，是台湾第二家正式成立的无线电视台。在21世纪前十年"党政军退出媒体"的过程中，原为国民党的股份被售给《"中国时报"》，现与有线电视频道业者中天电视同属旺旺——"中时"集团旗下。

1967年10月17日，由"中国广播公司"、28家民营广播电台及其他人士联合成立"中国电视公司筹备委员会"，推进"中视"筹建工作。"中视"于1968年组建成立，1969年10月9日开始试播，10月31日正式播出。"中视"于1975年完成全台湾联播网的搭建。"中视"开播之初，推出普通话连续剧《晶晶

（主题曲由邓丽君演唱），长达102集，开创了连续剧的先河，形成收视高峰。

"中视"在筹备期就把负责制播新闻节目的单位单列新闻部，与节目部（新闻以外的节目）和工程部并列为"中视"三大部分，这为开播之后的"中视"新闻奠定了良好的基础。1971年9月1日，"中视"全部改彩色节目讯号录播新闻。1978年1月16日，"中视"新闻的气象播报时段定名为"中视气象台"，气象专业的男编辑冯鹏年担任主播，成为台湾第一位男性电视气象主播和第一位气象专业的气象主播。1976年5月5日，"中视"新闻部开始以电子新闻采集（ENG）设备拍摄新闻片，提高了新闻的时效性。

"中视"的早间新闻节目历经多次大改版，先后有《我爱早晨》、《"中国"早安》、《大家早》、《"中视"早安新闻》（第一代）、《早安！您的气象新闻》、《"中视"早安新闻》（第二代）。"中视"现在播映中的晚间新闻节目是《"中视"新闻全球报道》，每天晚上7点播出，时间1小时。《"中视"新闻全球报道》在相当长时间内保持为全台湾收视率最高的新闻节目。自2010年1月1日起，"中视"新闻进行主要时段（早安新闻、午间新闻和夜线新闻）的新闻节目片头动画、镜面及虚拟布景等全面革新，以统一的风格呈现，各节新闻皆有各自代表的颜色（早安新闻是蓝色，午间新闻是绿色，夜线新闻是红色）以做区分。

3. "中华电视股份有限公司"

"中华电视股份有限公司"简称"华视"、"CTS"，英文名Chinese Television System Inc.①，官网http://www.cts.com.tw。"华视"是台湾第三家电视台，与台视、"中视"并称为台湾"老三"或"无线三台"②，也是台湾地区五个无线电视台之一。1970年2月，台湾当局决定扩建教育电视台，改名为"中华电视台"。1971年1月，由"教育部"、"国防部"及企业界人士与海外"侨领"等共同设立的"中华电视台"正式成立。1971年10月10日，"华视"开始试播。10月31日16时整，"华视"正式开播。"华视"开播后，立即成立"空中教学委员会"，大力推进以"空中教学"为主的远程教育，成为"华视"除新闻、娱乐、公益节目之外的重要节目样式。"华视"最初只有一个VHF频道，后为独立制播"空中教育"课程而增加一个UHF频道，是台湾唯一拥有双频道和设立教学事业处

---

① "华视"原来的英文名为"Chinese Television Service"。1987年7月22日，修正为现用名"Chinese Television System"，简称一直是"CTS"。

② 从三家电视台的资本结构分析，台视是由台湾当局与中日民间企业人士参与投资，"中视"是以国民党党营的"中央广播电台"为核心，以民间广播公司和私人资本为辅的电视台，"华视"的资金分别来自台湾"国防部"、"教育部"及部分民间投资人士。虽然这三家电视台在法定地位上都为民营公司，但通过股权分析可以发现，三家电视台都有若干官方的股份，事实上受控于官方，并且与官方有着千丝万缕的联系，因此被认为是具有官方色彩的电视台。这三家电视台被统称为"老三台"或"无线三台"，以区分于后来完全强调民间资本的"第四台"民视。

的电视台。台湾"国防部"为加强金门地区"军中"政治教育及文娱活动,于1978年正式从小雪山转播站以5千瓦高功率的微波机将电视送达金门岛,在当时是电视业少见的技术突破。

"华视"新闻开播之初,每天仅以黑白画面播出四次新闻:《"华视"晨间新闻》、《"华视"午间新闻》、《"华视"晚间新闻》和《"华视"夜间新闻》。其中,开播日当天就播出的《"华视"晚间新闻》,每天播出25分钟。1982年2月,"华视"开始以卫星接收英国维斯新闻社(Visnews)和美国哥伦比亚广播公司(CBS)传送的新闻素材,并且在新闻节目中选用。20世纪90年代,《"华视"晚间新闻》率先尝试使用普通话和闽南语双语(主播以普通话播报,旁白以闽南语播报)播出新闻节目。2010年7月之后,《台语新闻》、《"华视"午间新闻》、《"华视"夜间新闻》、《早安今天》等新闻节目全部启用3D全虚拟摄影棚。

4. 民间全民电视股份有限公司

民间全民电视股份有限公司简称"民视"、"FTV",英文名 Formosa Television Inc.,官网 http://www.ftv.com.tw。民间全民电视①,是台湾第四家开播的无线电视台,为台湾五个无线电视台之一,也是台湾第一家纯民间资本的无线电视台。为了防止财团垄断媒体市场,民视有意采取分散股权的方式来募集建台资金。民视在筹备的过程中,喊出"来自民间,属于全民"的口号,吸引了大量个人资金的支持。1997年5月5日,民视的新闻频道"民视新闻台"先行开播。1997年6月10日,民视最后取得"新闻局"的电视执照。6月11日晚7时,台湾第一家纯民营的无线电视台正式开播,打破了台湾电视事业30多年来三足鼎立的态势。

由于民视两位主要建台发起人都是民进党重要人物,而其政论节目所请的嘉宾及其立场往往被批评过度"亲绿",常被讥讽为"民进党党营媒体",但也有泛绿人士批评民视是"绿皮蓝骨"。民视新闻存在广告化倾向的问题,有时也为政治人物选举等活动进行植入性营销。

5. 台湾公共电视

台湾公共电视的正式名称为财团法人公共电视文化事业基金会,简称"公视"、"PTS",英文名 Public Television Service Foundation,官网 http://www.pts.org.tw。公视也是台湾五家无线电视台之一,但与前面商营公司制的电视台不同,根据台湾《"公共电视法"》,公视被定位为服务公众,是一家独立且全民共

---

① "民间全民电视"的名称比较复杂。"民视"其实是由民间传播与全民电通两家公司合作筹建,是由两个公司的名称合并而成,"民视"是更通用的简称。自2001年起,民视各节目片尾的公司名称已简化为"民视电视公司",只在正式场合才称全名。

同拥有的公共媒体,不受任何政府、政党及利益团体控制;公视的使命在于维护民众表达自由及知的权利,提高全民教育和文化水平,促进民主社会发展,增进公共福祉。

公视的理念可回溯到 1982 年。1983 年,公共电视节目制作中心因经费过高、人力庞大而搁置。1984 年 2 月,台湾"行政院新闻局"设立公共电视节目制播小组,征用"老三台"的时段播出公共电视节目。1986 年,公共电视的制作转由广播电视事业发展基金下设的机构来负责。1994 年 10 月,公视业务再由广电基金移至公共电视台筹备委员会,但没有专属频道播出而征用"老三台"时段播出。由于借用的播出时段经常被调动,影响公视观众的收视权益。

1996 年 9 月,由学术、文化界人士组成公共媒体催生联盟,推动《"公共电视法"》通过。经由民间锲而不舍的游说及"立法院"密集的政党协商,1997 年 5 月 31 日,《"公共电视法"》终于获得通过。1998 年 7 月 1 日,公共电视文化事业基金会正式成立,并于同日开播。至此,公视完成长达 18 年的建台历程。

公视提供全民多元充实的高品质节目,注重妇女、儿童、原住民等弱势团体的收视需求,内容以教育、益智、环保、文化、艺术为主。公视新闻节目内容健康、素材多元、报道深入,没有其他新闻台血腥、火爆的场面。相较于台湾其他商业电视台,公视新闻的政治立场尽量客观,不偏向任何政党色彩,公视新闻在台湾受到各方好评。公视新闻节目主要包括《公视晚间新闻》、《公视手语新闻》、《公视午间新闻》、《公视中昼新闻》、《公视暗时新闻》[①]。

公视运营资金最早由政府提供,政府划拨的金额逐年递减(前 5 年每年递减 10%)。从 2001 年开始,政府拨款维持每年新台币 9 亿元。公视依法不能播送商业广告。为增加公视财务独立性,避免过于依赖政府捐赠,公视的其他经费来源还有企业赞助(但不得进行促销或暗示,不得参与节目制播)、个人捐赠、其他财源(例如公视节目周边产品销售等其他收入)。

表 3-8 台湾无线电视机构[*]

电视机构	频道名称	卫星[**]播出	备注
台湾电视事业股份有限公司	台视(主频道)	中新 2 号 亚太 7 号 亚太 5 号 PALAPA-D	1962 年 4 月 28 日,台视正式设立,本日为台庆日; 1962 年 10 月 10 日,主频道开播
	台视新闻台		
	台视财经台		
	台视综合台		

---

① 其中,《公视中昼新闻》、《公视暗时新闻》用闽南语播出,"中昼"(中午)、"暗时"(晚间)就是闽南语。

续 表

电视机构	频道名称	卫星**播出	备 注
"中国电视事业股份有限公司"	"中视"（主频道）	中新2号 亚太7号 亚太5号 PALAPA-D	1968年9月3日为机构设立日期； 1969年10月31日，主频道开播
	"中视"新闻台		
	"中视"经典台		
	"中视"菁采台		
"中华电视股份有限公司"	"华视"（主频道）	中新2号 亚太7号 亚太5号 亚洲4号 PALAPA-D	1971年1月8日（前身为1962年2月14日开播的教育电视台）成立；同年10月31日，主频道开播； 2006年7月1日，财团法人公共电视文化事业基金会与"华视"合组为台湾公共广播电视集团； "国会"频道主要直播台湾地区立法机构的相关会议及讨论过程
	"华视"教育文化台		
	"华视"新闻资讯频道		
	"国会"频道1台		
	"国会"频道2台		
民间全民电视股份有限公司	民视无线台（主频道）	中新2号 亚太7号 亚太5号 亚洲4号 PALAPA-D JCSAT-10	1996年4月8日（公司登记日期）创建，最早由民间传播股份有限公司（1993年8月6日创立）与全民电通投资股份有限公司（1994年1月28日创立）合并转制为第四家无线电视频道；民视无线台开播日为1997年6月11日； 2013年2月，节目片尾署名从"民视电视股份有限公司"改为"民视电视公司"
	民视新闻台		
	台湾交通电视台		
	民视台湾台		
财团法人公共电视文化事业基金会	公视（主频道）	中新2号 亚太5号	1998年7月1日，公共电视文化事业基金会正式成立，公视主频道（PTS）于同日开播； 公视主频道为综合台形式，更重视公共服务节目及弱势族群（儿童、老人、原住民族等）节目； 2006年7月1日，财团法人公共电视文化事业基金会与"华视"合组为台湾公共广播电视集团； 2007年1月1日，客家台视台加入台湾公共广播电视集团后，由
	公视2台		
	公视3台		
	客家电视台		

续 表

电视机构	频道名称	卫星**播出	备 注
财团法人公共电视文化事业基金会	原住民族电视台（原视）	中新2号 亚太5号	财团法人公共电视文化事业基金会承办节目制播,此前客家台视台节目由台视文化公司（2003—2005）、东森电视（2006）承办采购; 原视于2005年7月1日开播,时称"原住民电视台";2007年1月改为现名"原住民族电视台"
	宏观电视	JCSAT-10 新天6号 PALAPA-D SatMex 6 银河25 银河3C 电星12号	由台湾"侨务委员会"委制,以普通话、闽南语、粤语、客家话、英语,通过卫星免费向海外华人播出; 2000年3月1日开播,时称"宏观卫星电视"（宏观卫视、MSTV）;2001年2月5日改名为"宏观电视"; 自2007年1月1日起,指定由公共电视台承办

资料来源:笔者综合整理(截至2017年12月)。

注:*本表统计的是台湾获得开路无线播出电视频道执照的电视公司,包括下属的卫星、有线及向海外播出的子电视频道(台)。

**本表仅统计用于覆盖台湾的卫星,而各电视频道通过国际卫视、华人天空直播(C-Sky-Net)、数码天空直播(D-Sky)、146天空直播(146-Sky-Net)、世华天空直播(I-Sky-Net)等卫星系统向海外播出的数据,未统计在本表中。

  有线电视、卫星电视媒体在台湾俗称"第四台",泛指"老三台"(无线播出)之外的所有电视媒体。早期"第四台"出现主要是为改善电视信号传输品质、提供更多节目选择,但有的"第四台"带有政治意识形态色彩,事实上也突破了对广电频率的控制。台湾当局在早期并未开放合法经营"第四台",业者处于地下经营的状态。但由于取缔成效不彰,"第四台"逐渐在台湾民间开枝散叶。自1993年11月起,台湾当局在修改《"有线电视法"》及相关规定后对既成事实予以承认,开放"第四台"登记为过渡性质的有线电视节目播送系统业者,当时共有610家取得临时登记证。1994年10月,正式受理有线电视系统业者登记。

  台湾民众使用卫星电视(俗称"小耳朵")直接接收海外卫星电视节目,一开始同样不合规范,遭到相关单位的取缔。但由于设备价格日益走低、体积日益小巧,取缔工作增加了执法成本。通过一系列抗争与协商,卫星电视业者也像有线电视系统业者一样逐步走向合法。但由于一些卫星频道除通过直播到户的方式入户外,还向有线电视系统业者提供节目。因此,一般电视观众其实不能完全弄清一个电视频道到底属于有线电视还是卫星电视,而是笼统地称之为"第四台"。

随着有线电视、卫星电视的合法化,外资电视频道纷纷进入,如 ESPN、CNN、Discovery Channel、迪士尼频道等;民间也成立卫星电视公司,有线电视频道业者提供播出的节目,使得台湾的有线电视频道数量直线上升。根据 2017 年 1 月台湾广播电视主管机关(台湾通讯传播委员会)的统计数据,在台湾提供直播卫星广播电视服务的机构共有 5 家(包括外商机构),提供卫星电视频道节目的机构共有 126 家(包括外商机构),提供 303 个电视频道。

这为台湾观众带来了丰富的频道选择机会。同时,不可否认的是,为填补频道容量,一些品位不高、意识不良的节目出现,频道多元化带来的结果是两面的。主管机关制定了《"电视节目分级处理办法"》,规定电视节目必须明示分级标志,分别是普遍级(适合所有观众)、保护级(未满 6 岁的儿童不宜观赏,6 岁以上未满 12 岁的儿童需父母、师长或成年亲友陪伴收看)、辅导级(未满 12 岁的儿童不宜观赏,12 岁以上未满 18 岁的少年需父母或师长辅导收看)、限制级(未满 18 岁者不宜收看)。台湾原本只有普遍级、辅导级和限制级,后来追加保护级。这种分级制度一直流传下来,现在也有要求更加细分电视节目的舆论。首开台湾电视节目分级制度的电视台为"中视",之后其他电视台陆陆续续才慢慢跟进,以方便电视观众对节目风格的判断与选择。

参考文献

胡道静(1937).上海无线电台的发展.载上海通志馆.上海研究资料续集.北京:中华书局.转引自上海市档案馆等(编)(1985).旧中国的上海广播事业.北京:档案出版社、中国广播电视出版社.

罗家伦(主编)(1963).抗战前有关国防建设史料.革命文献,27.

梅益(1997).关于初创时期电视新闻的三个问题.载杨伟光(主编).往事如歌:老电视新闻工作者的足迹.北京:人民出版社.

上海市档案馆等(编)(1985).旧中国的上海广播事业.北京:档案出版社、中国广播电视出版社.

温济泽(1982).从邸报到现代新闻事业.载中国新闻年鉴编辑委员会.中国新闻年鉴(1982).北京：中国社会科学出版社.

中华年鉴编辑委员会(1948).中华年鉴(下册).北京：中华年鉴社.

陈尔泰(2008).中国广播发轫史稿.北京：中国广播电视出版社.

郭镇之(2000).电视传播史.北京：北京师范大学出版社.

何贻谋(2002).台湾电视风云录.台北：台湾商务印书馆股份有限公司.

洪民生(主编)(1988).中国中央电视台30年.北京：中国广播电视出版社.

李少南(编)(2003).香港传媒新世纪.香港：香港中文大学出版社.

李献文,何苏六(2004).港澳台电视概观.北京：北京广播学院出版社.

刘习良(主编)(2007).中国电视史.北京：中国广播电视出版社.

刘幼琍(1994).有线电视经营管理与频道规划策略.台北：正中书局.

谭天(2010).港澳台广播电视.广州：暨南大学出版社.

王天滨(编著)(2002).台湾新闻传播史.香港：亚太图书出版社.

赵玉明(1995).中国现代广播简史(1923—1949)(第2版).北京：中国广播电视出版社.

赵玉明(主编)(2006).中国广播电视通史.北京：中国传媒大学出版社.

郑明椿(2003).换个姿势看电视：看透台湾有线电视.台北：扬智文化事业股份有限公司.

钟大年(主编)(2002).香港内地传媒比较.北京：北京广播学院出版社.

钟大年,朱冰(主编)(2006).凤凰秀：凤凰卫视十年节目回顾.北京：中国友谊出版公司.

第四章　广播电视技术发展：有线系统、卫星系统、"三网融合"

> **本章概述**
> 通过本章了解卫星广播电视发展简史及各个阶段的不同特点，包括卫星广播电视从集体接收到直播到户的发展趋势；了解卫星电视对外传播的功能及与此相关的管理规范。

第一节　有线电视系统的特点与发展概述

一、有线电视的基本概念

中国广播电视网拥有中波、短波、调频、微波、卫星、有线（光缆）等多种技术方式，形成了高效的覆盖网络。近年来统筹有线、无线、卫星等多种方式的"智慧广电"建设工程卓有成效。截至 2019 年年底，全国广播节目综合人口覆盖率达 99.13%，电视节目综合人口覆盖率达 99.39%，比 2018 年分别提高了 0.19 和 0.14 个百分点。围绕决战决胜脱贫攻坚重大部署，对接乡村振兴战略，深入实施广播电视户户通，截至 2019 年年底，农村广播节目综合人口覆盖率达 98.84%，农村电视节目综合人口覆盖率达 99.19%，比 2018 年分别提高了 0.26 和 0.18 个百分点。农村有线广播电视实际用户数 0.73 亿户，其中，农村数字电视实际用户数 0.67 亿户，同比增长 1.52%。在有线网络未通达的农村地区，直播卫星用户 1.43 亿户，同比增长 3.62%。加快有线电视网络高清化、智能化升级改造，全国有线广播电视实际用户数 2.07 亿户，同比下降

5.05%。其中,全国有线数字电视实际用户数 1.94 亿户,占有线电视实际用户数比例为 93.72%,比 2018 年提高了 1.52 个百分点;高清有线电视用户突破 1 亿户,同比增长 9.16%;有线电视智能终端用户 2385 万户,同比增长 26.59%;IPTV、OTT 用户规模持续扩大,全国交互式网络电视用户(IPTV 用户,指通过电信专网获取广播电视服务的用户)达 2.74 亿户,互联网电视用户(OTT 用户,指通过互联网电视集成播控平台获取广播电视服务的用户)达 8.21 亿户[①]。

有线电视(cable television,简称 CATV),也称为电缆电视或闭路电视,是通过电缆或光缆组成的分配系统,将节目信号直接传送给用户的一种电视传播方式,是集节目组织、节目传递及分配于一体的区域型网络。有线电视与无线电视唯一的区别在于它是利用线缆传输信号。目前,国际上传输视频信号的通用媒介是同轴电缆和光学纤维。电缆每秒能传递 50 万比特信息量;光纤不仅传输量更大,还具有线路损耗低、传输距离远、保密性强、成本低等优点。

有线电视最早于 1948 年出现在美国,当时是为了解决多障碍地区(如山区、高楼林立的城市等)和远离电视台的弱场强地区的电视接收困难来开发的共用天线系统(community antenna television,也简称 CATV)。自 20 世纪 70 年代以来,在欧美一些国家及日本日益增多。

无论是国外还是中国,最初发展有线电视都是为了解决无线电视信号的稳定收视问题:无重影、无静电、抗干扰的电视画面和声音质量上的技术进步。共用天线是有线电视的雏形,不同在于前者仅仅是改善用户的无线电视接收效果,后者则向用户提供包括自办节目在内的更多的电视节目。

二、有线电视系统的特点

随着科学技术的发展,有线电视也经历了一场大的变革,经历了共用天线、电缆电视,目前已经进入第三代综合信息网。其传输方式从单一的电缆传输向光纤、电缆、微波、卫星等各种传播媒体相结合的方向发展。

如今,已经有越来越多的场合利用光纤电缆传输电视节目,有线电视这一名称可确切地表达这种变化。有线电视系统具有以下特点。

[①] 参见国家广播电视总局:《2019 年全国广播电视行业统计公报》(2020 年 7 月 8 日),http://www.nrta.gov.cn/art/2020/7/8/art_113_52026.html,最后浏览日期:2021 年 2 月 26 日。

1. 高质量的图像接收

彩色电视机接收电视信号时,要求其场强大于一定值,但是,由于各电视机用户接收电视信号的环境和条件各不相同,这将影响收看效果。在有线电视系统中,采用高质量的前端接收设备,信号经过一系列的技术处理,最后用电缆或光缆进行传送,可有效地屏蔽空间的各种干扰,保证接收信号的强度和质量。

2. 传输频道增多,节目内容丰富

有线电视系统具有比普通无线广播更丰富的频道资源,通常有几十个,甚至上百个频道。光缆的巨大承载量带给有线电视台的是无线电视台望尘莫及的丰富频道资源,为有线电视自办频道专业化发展创造了良好的条件。丰富的频道资源带来充裕的时段,使许多节目在一定程度上摆脱了先前所受的时间限制,可以更多地考虑节目质量,而不需要总是为了有限的时段而忍痛割爱。因此,不少有线电视台试图尝试开办专业频道。专业频道虽然不是有线或无线哪一种传输方式的"特产",却是有线电视的优势。

3. 有线电视广播系统是一种费用较低的广播电视传输覆盖系统

原来由各家各户自行安装天线接收电视,为提高电视节目的收视效果,人们都在大楼的顶部架设电视接收天线或卫星接收天线,形成"顶部天线,外墙馈线"的现象。这种情况既造成资源损耗、成本费用的增加,又存在建筑物的承重能力、避雷等各种安全问题,而且一些地形复杂或障碍地形的地区,个人的接收天线很难收到良好的效果。有线电视系统能够有效地解决这一问题。有线电视不但能收到良好的传输效果,而且可以合理布线,安装统一的避雷系统,达到降低成本和保障公共安全的目的。

4. 双向传输,多种用途

随着科技的发展,信息技术、多媒体技术等应用逐步广泛,有线电视在信息技术利用方面正朝着大容量、多功能、双向传输的方向发展。有线电视不但能传输高质量的电视节目信号,还可以为用户提供交互式的图像、文字、语言、数据等综合业务。国家信息基础结构(National Information Infrastructure,简称NII)计划的实施[1],即通常所说的"信息高速公路",将广播电视传输覆盖网、互联网、电话通信网组合在一起,形成一个交互式网络,以高速、宽带的特点满足对信息传输的综合需求。

---

[1] 也有资料将"国家信息基础结构"译为"国家信息基础设施",实务界及学术界没有统一的译名。因为国家信息基础结构中不仅包括光缆、电话网、卫星通信网、电子计算机通信网、有线电视网和移动通信网等物质建设,还包括人才建设,因此将"infrastructure"译成"结构"比"设施"更为贴切,因为能够将人才视为结构的组成部分,但不能将人才视为设施。

以枝型分配网络为主要特征的有线电视网络将在国家信息网络中起到基础的作用。新的综合信息网络，一般应采用光缆-电缆系统，增加相应的电话、数据、传真等接口单元设备，将分配网络改装成双向传输结构。有线电视的双向传输功能潜力很大，可以提供多种功能，并且可根据经费、技术、环境、设备等条件，采用不同的信息复用技术（空间复用技术、时分复用技术或频分复用技术等）以降低双向传输的成本，提高信号传输的质量。中国有线电视网络已基本覆盖城市和比较富裕的乡镇地区，具有很好的发展前景。大部分城市的有线电视网络系统已经实现双向数据传输的功能，可以同时向用户提供电视节目信号和互联网接入服务。

有线电视网络已不仅是单纯的有线电视广播的信道载体，还通过自身的线缆系统（cable system）及其附属设备进行数据交换、传输、通信、计算机联网（internet over cable）等，已在现实中实现技术突破。这一网络实质上是有线电视、互联网与电信网络的整合，有助于提高网络的使用效率，充分利用软硬件资源，降低社会成本。

三、有线电视系统的频道扩容

在有线电视系统中，为增加传送广播电视节目的套数，主要可以采取以下技术措施。

第一，扩大传输系统的频带宽度，提高网络的截止频率，以增加频道的负载容量。在有线电视发展初期，中国广电部推广的有线电视系统的带宽为 300 MHz，之后逐渐扩大到使用 450 MHz 的有线电视系统；国际上技术先进国家和地区普遍采用带宽为 550 MHz 的有线电视系统。

第二，采用邻频道传输技术（简称邻频传输）。有线电视系统传输的信号是各频道的射频信号混合在一起的宽带高频信号。当宽带高频信号进行长距离传输时，各频道的电视信号，特别是相邻频道的信号，将产生各种干扰，严重地影响接收效果。为此，在有线电视传输前端，必须对传输信号进行处理，用隔频道传输（简称隔频传输）和邻频传输的方法解决对射频信号减少信号的干扰问题。

过去有线电视系统多用隔频传输的方法，即把经有线电视系统转播和自办的多套有线广播电视信号分别配置在有一定间隔的频道上，以避免各个频道信号之间的相互干扰。随着有线电视系统规模的扩大和节目数量的增加，这种隔频传输的形式已经不能满足系统的节目容量增加的需要，于是有线电视系统逐渐过渡到采用邻频传输的方法，即将传输的多套节目信号安排在相邻的频道上传输,同时在前端进行必要的技术处理,以避免不同频道之间的电视信号的相互干扰。采用邻频传输技术的有线电视系统,能有效地提高节目传输容量。而采用数字广播电视制式之后,这一问题得到根本性的解决。

第三,利用广播电视频段的空余,增设有线电视系统的增补频道。无线电频率的波段是一种有限资源,中国的无线电管理委员会对电波的频率和广播电视频道进行了标准管理。有线电视广播系统的频道配置采取与开路的广播电视频道相同的频率标准。在中国广播电视技术标准中,在广播电视使用的甚高频(VHF)频段和特高频(UHF)频段中有相当宽的频率波段已移作他用。

但由于有线电视是采用闭路传输方式,电波不在空间开路传播,因此不必受这方面的约束。有线电视系统就能利用这些频段,建立增补频道,增加有线电视系统的实际可利用的频道数,增加传输信号的容量。但考虑到有线数字电视信号与其他无线电业务之间的电磁兼容及特殊的传输要求,国家无线电主管机关还设置了禁用频道,尽量避免使用频道、保护间隔和专用数据通道等。根据相关国家标准,中国数字有线电视频道配置见表 4-1。

表 4-1 中国数字有线电视系统的频道配置(111~948 MHz)

频 段	频道代号	频率范围(MHz)	备 注
A	Z-1	111.0~119.0	禁止使用 (与航空导航业务频率重叠)
A	Z-2	119.0~127.0	尽量避免使用 (与航空通信业务频率重叠)
A	Z-3	127.0~135.0	尽量避免使用 (与航空通信业务频率重叠)
A	Z-4	135.0~143.0	
A	Z-5	143.0~151.0	可能受固定通信业务干扰
A	Z-6	151.0~159.0	
A	Z-7	159.0~167.0	
A	DS-6	167.0~175.0	
A	DS-7	175.0~183.0	
A	DS-8	183.0~191.0	
A	DS-9	191.0~199.0	
A	DS-10	199.0~207.0	
A	DS-11	207.0~215.0	
A	DS-12	215.0~223.0	

续 表

频　段	频道代号	频率范围(MHz)	备　　注
B1	Z-8	223.0~231.0	
	Z-9	231.0~239.0	
	Z-10	239.0~247.0	
	Z-11	247.0~255.0	
	Z-12	255.0~263.0	
	Z-13	263.0~271.0	
	Z-14	271.0~279.0	
	Z-15	279.0~287.0	可能受固定通信业务干扰
	Z-16	287.0~295.0	
	Z-17	295.0~303.0	
	Z-18	303.0~311.0	
	Z-19	311.0~319.0	
	Z-20	319.0~327.0	
	Z-21	327.0~335.0	尽量避免使用 (与航空导航业务频率重叠)
	Z-22	335.0~343.0	
	Z-23	343.0~351.0	可能受固定通信业务干扰
	Z-24	351.0~359.0	
	Z-25	359.0~367.0	
B2	Z-26	367.0~375.0	可能受固定通信业务干扰
	Z-27	375.0~383.0	
	Z-28	383.0~391.0	
	Z-29	391.0~399.0	
	Z-30	399.0~407.0	
	Z-31	407.0~415.0	
	Z-32	415.0~423.0	
	Z-33	423.0~431.0	

续表

频段	频道代号	频率范围(MHz)	备注
B2	Z-34	431.0~439.0	
	Z-35	439.0~447.0	优先用于双向数据的下行通道
	Z-36	447.0~455.0	
	Z-37	455.0~463.0	
C	DS-13	470.0~478.0	
	DS-14	478.0~486.0	
	DS-15	486.0~494.0	
	DS-16	494.0~502.0	
	DS-17	502.0~510.0	
	DS-18	510.0~518.0	
	DS-19	518.0~526.0	
	DS-20	526.0~534.0	
	DS-21	534.0~542.0	
	DS-22	542.0~550.0	
	DS-23	550.0~558.0	
	DS-24	558.0~566.0	
D	Z-38	566.0~574.0	
	Z-39	574.0~582.0	
	Z-40	582.0~590.0	
	Z-41	590.0~598.0	
	Z-42	598.0~606.0	
	DS-25	606.0~614.0	
	DS-26	614.0~622.0	
	DS-27	622.0~630.0	
	DS-28	630.0~638.0	
	DS-29	638.0~646.0	
	DS-30	646.0~654.0	

续 表

频 段	频道代号	频率范围(MHz)	备 注
D	DS-31	654.0~662.0	
	DS-32	662.0~670.0	
	DS-33	670.0~678.0	
	DS-34	678.0~686.0	
	DS-35	686.0~694.0	
	DS-36	694.0~702.0	
	DS-37	702.0~710.0	
	DS-38	710.0~718.0	优先用于双向数据的下行通道
	DS-39	718.0~726.0	
	DS-40	726.0~734.0	
	DS-41	734.0~742.0	
	DS-42	742.0~750.0	
	DS-43	750.0~758.0	
	DS-44	758.0~766.0	
	DS-45	766.0~774.0	
	DS-46	774.0~782.0	
	DS-47	782.0~790.0	
	DS-48	790.0~798.0	
	DS-49	798.0~806.0	可能受固定、移动通信业务干扰
	DS-50	806.0~814.0	
	DS-51	814.0~822.0	
	DS-52	822.0~830.0	
	DS-53	830.0~838.0	
	DS-54	838.0~846.0	
	DS-55	846.0~854.0	
	DS-56	854.0~862.0	

续表

频　段	频道代号	频率范围(MHz)	备　注
E 用途待定	DS-57	862.0~870.0	可能受固定、移动通信业务干扰
	DS-58	870.0~878.0	可能受无线CDMA直放站干扰
	DS-59	878.0~886.0	
	DS-60	886.0~894.0	
	DS-61	894.0~902.0	
	DS-62	902.0~910.0	可能受数字电话干扰
	DS-63	910.0~918.0	
	DS-64	918.0~926.0	
	DS-65	926.0~934.0	
	DS-66	934.0~942.0	
	DS-67	942.0~950.0	
	DS-68	950.0~958.0	

资料来源：中华人民共和国工业和信息化部无线电管理局（国家无线电办公室），https://www.miit.gov.cn/jgsj/wgj/index.html，最后浏览日期：2021年4月20日；无线电视频率配置（GB/T 17786-1999）、有线电视广播系统技术规范（GB/T 106-1999）、有线数字电视广播信道编码与调制规范（GB/T 170-2001）。

四、中国有线电视的创办与发展

有线电视的优势在于：利用电缆、光缆传送节目信号，信号质量稳定，不受外来电波干扰，图像清晰；节目容量大，可供多方面、多层次观众选择收看；一根电缆、光缆可传送多套节目，可以解决电视频道资源有限的矛盾；传者与受者的接近性，接收对象的稳定性，自办节目有本地特色等。

中国有线电视的发展，可分为四个阶段。

1. 始于20世纪60年代末的共用天线系统阶段

中国与西方发达国家发展有线电视的初衷是一样的，有线电视的起源也是从共用天线开始，是以改善无线电视的收视效果为目的。1964年，北京饭店安装了第一套共用天线实验系统；到1974年国庆节前夕，发展为2个频道、140个彩色电视机终端；1976年，系统发展为能接收12个频道的电视节目、连接650台彩色电视机的闭路电视系统。但由于设备比较昂贵，除少数高级宾馆外,20世纪70年代末期,以共用天线为特征的闭路电视系统并没有得到充分发展。

2. 始于20世纪80年代初期的机关、企业、高等院校等内部的有线电视系统阶段

1978年与1979年,浙江衢州化学工业公司与北京燕山石油化工公司分别开始建设闭路电视系统,并于20世纪80年代初期转而成立有线电视台。这种企业内部的有线电视台,是中国最早的有线电视台。之后,许多大中型企业纷纷开始创建有线电视台。除了利用共用天线改善无线电视节目收视情况外,有线电视台主要还开始自办节目,向企业员工宣传和提供娱乐。到20世纪80年代末,规模比较大的企业有线电视台已达500多家,同时,各高等院校、政府机关等也开始内部建设有线电视系统。1988年6月,由60家企业有线电视台发起创立了"中国企业有线电视台协作会",1990年3月更名为"中国有线电视台协会",由此可见企业有线电视台在中国有线电视发展历史中的特殊地位。

3. 始于20世纪80年代中后期的作为社会媒介的有线电视阶段

20世纪80年代中后期,在以企业有线电视为主的团体内部有线电视系统蓬勃发展的同时,一些大城市的近郊区和中小城市开始建设地区性的城市型有线电视传输网络。1983年,广东省佛山市开始建设有线电视传输网。1987年8月1日,上海市闵行区有线电视台宣告建立,于10月1日正式开播。

1990年11月,经国务院批准,全国的有线电视台均由广播电影电视部归口管理,标志着中国有线电视事业开始进入一个统一规划、统一标准、照章建设的有序发展阶段。20世纪90年代,作为社会媒介的城市有线电视台的发展呈现出更大规模的态势。1990年9月,湖南省率先创建了旨在以全省为传播区域的有线电视台,中心台设在长沙,规划有15个电视频道,在长沙市内用电缆传送信号给用户;对长沙市以外的地区,先通过微波中继,再由各地分台的电缆网络传输信号到用户终端。1991年7月,北京市政府批准组建北京有线电视台,1992年5月试播,拥有22个频道资源,采用的是多点多路微波分配系统(multi-point multi-channel distribution system,简称MMDS)"无线发射、有线入户"的传输方式。1992年年底,用户已达10万户。上海于1992年由邮电管理局和广播电视局分别在徐汇区和长宁区两区开展光纤有线电视的建网试点。同年12月,上海有线电视台正式开播。

到1995年,全国经广播电影电视部正式批准的有线电视台已有1 200家,用户在3 000万户以上。到1997年年底,经广播电影电视部批准的有线电视台有1 300家;有线电视网络长度超过200万公里(其中,光缆干线26万公里),近2 000个县建设了有线电视网络(其中,400多个县实现了光缆到镇、

村),有线电视用户数达 8 000 万户。

这一阶段发展的技术特点是以电缆方式建企业或城域网络、邻频传输,传输的节目套数在十数套左右,有的地方开始采用光缆作为远程传输介质。1990 年 11 月颁布的《有线电视管理暂行办法》标志着中国有线电视进入高速、规范、法制的管理轨道。有线电视开始向大容量、区域联网、多功能的方向发展,并且在成为中国广播电视覆盖和传输的重要技术模式的同时,日益发挥出重要的传播信息和宣传的作用。

4. 2000 年以后数字化、双向传播、三网融合时代的有线电视系统

早在 1998 年,中国广电部门在启动有线电视省级、国家级干线网建设的同时,关于有线电视与互联网、电信网的三网融合的可能性已经引发讨论。1999 年 9 月,为协调广电与电信部门之间的业务争执,国务院办公厅明令"电信部门不得从事广电业务,广电部门不得从事通信业务,双方必须坚决贯彻执行"。但文件还指出:"广播电视及其传输网络,促进互联互通和资源共享已成为国家信息化的重要组成部分。"(国办发〔1999〕82 号文件)有线电视作为国家整体信息网络的重要组成部分,朝着数字化、双向传播、三网融合的方向发展,最终将实现与电信、计算机网络的互联互通和资源共享的目标。2008 年 1 月,国务院办公厅转发发展改革委、广电总局等六部委的《关于鼓励数字电视产业发展若干政策的通知》(国办发〔2008〕1 号),进一步提出要"以有线电视数字化为切入点,加快推广和普及数字电视广播,加强宽带通信网、数字电视网和下一代互联网等信息基础设施建设,推进'三网融合',形成较为完整的数字电视产业链,实现数字电视技术研发、产品制造、传输与接入、用户服务相关产业协调发展"。

数字化、双向传播、三网融合已成为中国有线电视的发展方向。事实上,很多地方有线电视台,通过频道资源整合,将节目部门与当地电视机构合并,而有线电视网络基础建设部分则改制成多功能的网络服务商,以提供包括有线电视传输在内的多重服务。例如,上海东方有线网络有限公司就是为加快上海信息化发展的步伐,在原上海有线电视台网络部的基础上采用网台分离方式重组的;从原先的单载体、单平台、单一的有线电视系统,发展到现在集有线电视、家庭宽带、互动电视、企业数据等于一体的多元化、全业务运营商,成为全国有线网络中规模最大、业务最全、效益最好的基础网络运营商。

2020 年 3 月,国家广播电视总局召开电视电话会议,深入贯彻落实习近平总书记关于发展智慧广电网络的重要指示精神,贯彻落实中宣部等九部委联合印发的《全国有线电视网络整合发展实施方案》,加快推动全国有线电视网络整合和广电 5G 建设一体化发展,就"全国一网"整合工作进行动员部署,提出工作要求:"全国一网"整合将按照"行政推动、市场运作,统一部署、分类进

行、统筹兼顾、积极实施"的基本原则,由中国广播电视网络有限公司联合省级网络公司、战略投资者,共同发起、组建形成中国广播电视网络有限公司控股主导、对各省网公司按母子公司制管理的"全国一网"股份公司,建成"统一建设、统一管理、统一标准、统一品牌"的运营管理体系;建设具有广电特色的5G网络,实现"全国一网"与5G的融合发展,推动大屏小屏联动、无线与有线对接、卫星与地面协同,全面实施智慧广电战略,将显著提升全国有线电视网络的承载能力和内容支撑能力[①]。2020年4月,国家广播电视总局正式启动"全国一网"整合工作[②]。2020年5月,根据国家发展改革委《2020年新型城镇化建设和城乡融合发展重点任务》(发改规划〔2020〕532号),国家广播电视总局印发通知指导地方广电部门组织相关企业向本地区发展改革部门逐级申报"智慧广电公共服务工程",结合本地区实际情况和未来发展需要,统筹考虑有线电视网络和广电5G建设条件与需求,充分利用现有基础设施资源,以县域为重点,升级改造有线电视网络,推动广播电视进手机,建设改造广播电视公共服务业务支撑平台等,进一步提升广播电视传输覆盖水平和公共服务能力[③]。

五、中国有线电视的特点

自20世纪90年代以来,中国有线电视建设速度很快,已初步形成一个规模宏大、覆盖广泛的有线广播电视传输覆盖网络。近几年的一个重要特点是,伴随着网络技术的快速发展,新型媒介逐渐涌现,网络电视、移动电视、手机电视等与传统广播电视对用户的争夺日渐激烈,给有线电视行业带来极大冲击,造成有线电视用户流失。截至2019年第一季度,中国有线电视用户总量已从2018年第一季度的2.389亿滑落至2.215亿,其中,数字有线电视用户数量从2018年第一季度的近2.076亿下降至1.976亿。与互联网相关的有线电视业务则有可喜增长:2019年第一季度,有线宽带接入用户环比增长2.1%,规模达3 936.9万户,占有线电视用户总量的比重提升至17.8%;全国有线智能终端用户规模超过2 000万户,达2 086.3万户,季度净增155万户,环比增长

---

① 参见国家广播电视总局:《国家广电总局召开贯彻落实〈全国有线电视网络整合发展实施方案〉电视电话会议》(2020年3月2日),http://www.nrta.gov.cn/art/2020/3/2/art_112_50147.html,最后浏览日期:2021年2月26日。
② 参见国家广播电视总局:《全国有线电视网络整合工作启动》(2020年4月30日),http://www.nrta.gov.cn/art/2020/4/30/art_3719_50988.html,最后浏览日期:2021年2月26日。
③ 参见国家广播电视总局:《国家广电总局印发文件指导地方申报实施"智慧广电公共服务工程"》(2020年5月28日),http://www.nrta.gov.cn/art/2020/5/28/art_114_51396.html,最后浏览日期:2021年2月26日。

8.0%,占有线数字电视用户总量的比重为9.4%[①]。

中国有线电视系统,从诞生之日起,既是一种独立的电视传输的技术方式,更是整个广播电视网的有机组成部分,担负着转播节目和自办节目的双重任务。中国有线电视系统在功能上有如下一些特点。

第一,中国相关法令要求,有线电视系统应当转播必须转播的内容,通常包括需完整直接传送中央电视台、省级电视台和当地电视台的电视节目,以及国家教育主管部门主办的电视教学节目等。这是因为有线电视系统作为无线电视的延伸与补充,是改善城市无线电视节目收视效果的重要手段。事实上,这也是大部分国家有线电视发展的最初动因。

第二,作为对无线电视台的补充,有线电视根据本地区、本单位观众的需要,办好自办节目。有线电视台服务范围小,对象稳定,并且通过电缆传输节目信号可传送多套节目。因此,可办多种内容不同的节目,既满足本地区、本单位观众的需要,成为中央电视台和省市电视台节目的补充;又便于制作具有在地化特色、符合当地需要的电视节目,服务于本地观众的小众需要。有线电视台自办节目要求立足本地,务实求精。有线电视的区域性决定其必须立足本地、面向本地,它的宣传功能、取材范围都要受到区域性的制约,观众的需要也使得有线电视节目要有浓郁的地方味。这在一些城镇、社区、大型单位的有线电视系统中表现得尤其突出。当然,主管部门对有线电视自办节目的资格、数量与质量都有相应的规定。

第三,有线电视丰富的频道资源是无线电视无可比拟的,通常可以根据观众的不同需求,开放多种频道节目,如新闻频道、综艺频道、体育频道、儿童频道、妇女频道、电影频道、图文信息频道等,频道专业化是有线电视的重要优势。随着有线频道与无线电视频道资源的整合,很多地方的有线电视频道已经与当地的无线电视系统打通,提供系统的、多元化的频道选择。

例如,上海广播电视台、上海文化广播影视集团有限公司(Shanghai Media Group,简称SMG)是目前中国产业门类最多、产业规模最大的省级新型主流媒体及综合文化产业集团。截至2019年年底,SMG共有职能部门11个,事业部7个,一级子公司13家,上市公司1家,二级子公司48家,三级子公司30家;共有从业人员1.7万人。截至2020年6月底,SMG总资产达652.25亿元,净资产达441.86亿元,连续7年跻身"世界媒体500强"品牌,2019年位列世界

---

① 参见前瞻产业研究院:《2019年中国有线电视行业市场现状及发展趋势分析:有线电视的数字网络化发展》(2019年6月12日),https://bg.qianzhan.com/report/detail/459/190612-ab492539.html,最后浏览日期:2021年2月27日。

第82位、中国大陆上榜媒体第5位。业务涵盖七大类型：媒体运营及网络传输、内容制作及版权经营、互联网新媒体、现场演艺、文化旅游及地产、文化金融与投资、视频购物等。SMG与分布于亚太地区十几个国家和地区的媒体机构有着广泛而深入的合作关系，是联合国媒体契约组织(UN Media Compact)、亚广联(ABU)和欧广联(EBU)的盟员。媒体运营及网络传输包括12个广播频率——上海新闻广播、东广新闻台长三角之声、上海交通广播、上海故事广播、上海戏曲广播、经典947、动感101、Love Radio103.7、KFM981、五星体育广播、第一财经广播、浦江之声，11个电视频道——东方卫视、新闻综合、都市、东方影视、第一财经、纪实人文、五星体育、哈哈炫动卫视、ICS外语、东方购物、东方卫视国际频道，15个全国数字付费电视频道——都市剧场、4K超高清欢笑剧场、动漫秀场、全纪实、东方财经·浦东、法治天地、七彩戏剧、幸福彩、游戏风云、生活时尚、魅力音乐、极速汽车、劲爆体育、新视觉、金色频道，6种报纸杂志——《第一财经日报》、《第一财经》(YiMagazine)、《陆家嘴》、《上海电视》、《每周广播电视》、《上海广播电视研究》，网络传输——IPTV、OTT、无线传输、有线传输、卫星传输等。内容生产包括新闻、综艺、社教、体育、影视剧、动漫及纪录片等各类内容制作，旗下五岸传播公司专事集团内外的节目版权交易。互联网新媒体产品主要有：BesTV+平台型产品，包含IPTV、OTT、移动客户端等；融媒体新闻品牌"看看新闻Knews"；互联网音频社群应用"阿基米德"；"第一财经"新媒体矩阵，包含一财网、一财客户端、一财全球(Yicai Global)等。现场演艺包括：8家院团，即上海话剧艺术中心、上海歌舞团、上海杂技团、上海爱乐乐团、上海滑稽剧团、上海木偶剧团、上海轻音乐团、上海音乐剧艺术中心；18座场馆，即直接运营的剧场美琪大戏院、兰心大戏院、艺海剧院、上海马戏城、仙乐斯演艺厅及上海话剧艺术中心，托管运营的有共舞台ET聚场、尚演谷、1933微剧场和上海大戏院等；上海文化信息票务中心、上海马戏学校、上海舞美艺术中心等。另有东方明珠广播电视塔和东方绿洲等文化旅游及地产、文化金融投资和电子商务①。但对于收看其节目的一般电视观众而言，其传输方式是透明的，根本不用知道(事实上也不知道)各个电视频道具体是有线传输还是无线传输的。

第四，有线电视是一个综合的信息传输网，具有很强的信息服务功能。作为"信息高速公路"基础组成部分的城市有线电视网，其双向传输、多元信息服务的功能，具有相当的开放余地和良好的发展前景。有线电视系统可以提供

---

① 参见"SMG简介"，SMG官网，https://www.smg.cn/review/201406/0163874.html，最后浏览日期：2021年2月27日。

的服务已远远超过电视信号传输本身,而是包括基于有线电视网络上的各类增值服务,例如专业的高清付费频道、视频点播、数字录像、电视回看、电视证券、卡拉OK、电视支付和电视购物等交互应用,以及其他网络传输、接入服务等业务。

第二节 有线电视系统的频道资源与管理

一、有线电视系统与节目资源

有线电视是一个整体的称呼,内部还有更细致的功能差别,最主要的可以分为有线电视系统与节目资源两大部分。

有线电视系统是指有线电视传输、覆盖的线缆设施系统,主要由信号源处理、前端、干线传输网络和终端用户分配网络组成。信号源处理部分是向前端提供系统处理、传输的各种节目信号,一般包括开路电视接收信号、调频广播、地面卫星、微波及有线电视台自办节目等信号。系统前端部分的主要任务是将信号源送来的各种信号进行滤波、变频、放大、调制、混合等,使其适用于在干线传输系统中进行传输。干线传输部分的主要任务是将系统前端部分提供的高频电视信号通过传输介质(其传输方式主要有光缆、微波和同轴电缆三种,现在主要依靠光缆系统)不失真地传输给终端用户分配系统。终端用户分配系统的任务是把从前端传来的信号分配给千家万户,它是由支线放大器、分配器、分支器、用户终端,以及它们之间的分支线、用户线组成。

为有线电视系统业者提供单个节目或整个频道内容的供应商称为有线电视节目/频道业者。一般而言,无线电视台的节目制作能力比有线电视要强,但频道资源较少,因此,相比无线电视台,有线电视系统业者往往更依赖于节目/频道业者的内容供应。尽管有线电视"网台合一"的模式也是一种方式,但随着有线电视频道数量激增,仅靠有线电视台本身,要同时完成网络系统的维护及节目内容的提供,有时会显得力不从心。因此,大部分有线电视系统业者选择不同的节目/频道业者提供的内容来填充旗下的电视频道。

二、有线电视频道的节目来源

如果仅依靠有线电视自办节目来填充电视频道几乎是不可能的,必须有更为丰富的电视节目来支撑。有线电视系统业者也并不是依靠一个内容提供商,而是拥有众多节目/频道资源。有线电视系统的节目来源是多样的,一般有以下几种。

1. 转播本地区其他电视台的节目

中国广播电视主管部门规定,中国有线电视台需要安排专用频道完整直接传送中央电视台、省级电视台和当地电视台的电视节目,以及国家教育部门主办的电视教学节目。其他一些发达国家,如英国、芬兰、瑞典等,也有"必传法"(must-carry act)之类的规定。这是因为用户的电视机接入有线电视网络后,很少再去用天线接收无线电视信号。如果有线电视不传送无线电视节目,实质上影响了无线电视的覆盖率,损害受众的接收权益。除了依照有关规定必须转播的电视节目外,有线电视系统还会通过商业途径转播卫星电视,或者其他可转播的有线或无线电视节目。随着有线电视系统功能的开发,转播图文电视系统的节目也将是有线电视节目的一部分。

2. 专业的有线电视频道

一些专业的有线电视频道提供完整的节目资源,可以独立支撑一个或数个频道的播出量;这些专业的有线电视频道成为有线电视系统的重要的节目资源,其中一部分专业电视频道甚至同时拥有自己的有线传输系统,形成"网台合一"的频道模式。专业电视频道包括新闻、财经、体育等针对性较强的某一领域的电视节目,其中,新闻频道尤显重要。例如,全球第一家一周七天、每天24小时全天候滚动播出新闻的有线电视频道CNN[①],之所以能实现其动态新闻24小时全天候滚动播出,对重要新闻进行现场报道,是因为它有由其强大的人力、物力资源支撑的足够的节目来源。CNN在世界各国建立了广泛的新闻采编网络,拥有经验富有的新闻从业人员,确保CNN在24小时全天候播出中有足够的新闻片源。CNN将自身定位为"真相寻求者"和"故事讲述者",其目标是面向世界告知、参与、赋权。从1980年6月1日开播以来,CNN已经发展成为十余个有线和卫星电视频道网络和流媒体网站,如CNN头条新闻、CNN国际新闻、CNN机场频道、2015年启动的CNN印尼新闻频道和印度新闻频道、2020年启动的CNN巴西新闻频道和捷克新闻频道等,以及广播网络,并且在YouTube、TuneIn Radio上有多个视频和音频节目频道,也活跃于Twitter、Facebook等社交平台。CNN于2007年9月开始以高清1080i分辨率格式播出,此格式现已成为CNN的标准格式,并且在所有主要的有线和卫星提供商

---

① 严格说来,CNN的传输方式并不仅仅依靠有线电视系统。在一些地方,CNN同样采用卫星直播到户的方式进行信号覆盖。

中均可使用①。

3. 有线电视系统自制类节目

由有线电视系统直接组织制作的各类节目,即由有线电视各专业频道自采自制的节目。此外,自制节目的另一种途径是由有线系统业者投资,委托独立电视制作机构完成的节目。从版权规定来看,这类节目属于自制节目。自办类节目的另一种形式是合作制作节目,包括有线电视与其他制作机构、媒体联合制作的电视节目。例如上海有线电视台曾经和新华社上海分社合作的节目《国际专题电讯》,在这档国际新闻节目中能看到许多综合新闻节目看不到的新闻,比较有特色。还有通过联合投资合作制作的节目,共享节目版权。在自办类节目中,对其他频道节目的重新编辑、播出,也是有线电视对节目的一种制作方式。这是比较简单的一种制作方式,基本上只是做初步筛选和时间上的剪辑,但对提高节目播出容量、增加节目有效信息有比较重要的作用。

4. 节目购买与交换

有线电视系统通过各种方式购买所需要的节目,包括:直接买断版权,可以安排在任何需要的时间播出;仅购买节目的一次或若干次的播映权,在约定的时间内播出;通过购买大型体育赛事、文艺节目的现场转播权,进行现场实况转播。节目购买的付款方式,可以是直接支付款项,或者通过以节目附带广告时间的形式,折抵全部或部分节目价款,节目附带的广告收益由节目提供者享有,附带广告的时间由交易双方依据节目的质量、价格、媒体的广告费用等因素确定。除了单独购买节目之外,由于国内大部分有线电视规模有限,多家有线电视系统联合购买节目,联合出资、共享收益,也是有线电视购买电视节目的一种方式。

交换节目是指有线电视系统依据协议或对等原则与其他电视机构交换播出的电视节目,包括在一定时间内日常节目的交换播出,以及根据单独协议对一个或若干个节目进行交换播出的方式。由于节目制作与播出的分离已经成为广播电视事业发展的一种新的走向,独立的广播电视节目制作公司将成为有线电视系统的主要节目来源之一。独立电视机构制作的电视节目一般只能依据上述形式通过购买或节目交换的方法取得。

5. 其他节目来源

除了上述节目来源之外的其他有线电视系统节目来源,包括:国家依据规定制作的有线电视播放的电视节目,此类节目的内容一般关系到国家重要事项的发布,或公益内容的节目等;依据版权法规规定已进入公共领域的电视节目,有线电视系统可以根据自己的需要,随时安排播出,各个国家或地区对

---

① 参见 CNN 官方网站,http://www.cnn.com,最后浏览日期:2021 年 2 月 27 日。

有关版权开放的时限、范围等有着不同的规定;个人或机构捐赠的节目,或者从其他合法途径获得的节目。有线电视系统的节目来源如图 4-1 所示。

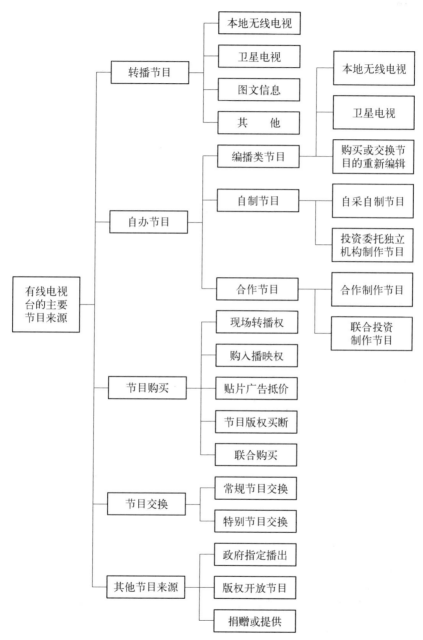

图 4-1 有线电视系统的节目来源

三、频道意识：有线电视频道的专业化

电视频道专业化的形成取决于受众分流的趋势；同时，专业频道又促进了受众的分流，并且试图培养一个相对稳定的频道收视群体。经济发展促使社会分工不断细化，从而决定社会阶层的多样化和多层次，使人们形成不同的消费行为和收视习惯。这也是受众分流的潜在动力。

从媒介自身来看，频道的专业化还得追溯到电视节目的栏目化。电视节目栏目形成后，电视节目定时间、定内容、定栏目，按时播出。在一个节目板块中，围绕一个主题、一个内容或者一种风格编排节目。一方面，电视节目栏目的连续性和整体性在受众中产生潜移默化的影响，逐步培养起固定的收视群体；另一方面，由于电视节目栏目的长期性十分有利于获得反馈，节目因而得到不断改进和创新。电视节目的栏目化是电视节目趋向成熟的标志，也反映出电视从业人员的节目意识的提高。

一个专业频道相当于一个放大的栏目，它有固定的主题（如新闻、体育、影视、教育等）。频道内部所有的节目，都围绕同一主题展开，形成一个相当复杂的母系统，频道内各个栏目则是母系统中的子系统。频道系统同样适用于非专业频道，但是由于专业频道的主题和定位非常鲜明，其系统性相对更强。专业频道系统的结构由频道主题、节目编排、节目设置、节目相互关联、节目内容等构成，它涉及专业频道系统内部栏目之间、一个栏目首播与重播之间、栏目与其他专业频道栏目之间、同一时段中其他媒体电视节目之间等的关系。

以新闻频道来说，这里的"新闻"是一个"大新闻"的概念。从体裁上来看，它包括消息类新闻、专题类新闻（新闻专题片、新闻纪录片）、评论类节目、连续（系列）报道类节目等，内容涉及政治、经济、科技、文艺、体育等。在实际的电视新闻节目中，体裁、内容和形式是互相渗透的，各个栏目通过编排形成一定的结构，构成一个有机整体。采用不同的构成方式，即便都是以同一主题为其"专业"，频道风格也会不同。

专业频道的个性形象体现为频道意识。它对于观众识别媒体、进行选择有着很大的影响力。在频道形象的树立中，节目本身的制作非常重要，还关系到频道定位、节目定位、节目来源、节目包装和频道的整体包装等。

频道意识是在以频道为中心的节目系统中，围绕节目构成，在节目来源、节目设置、节目编排及频道定位与个性方面，用整体、系统的意识进行运作，即强调频道的整体性和系统性。之所以在专业频道中特别强调频道意识，是因为专业频道的运作更需要一个能够控制专业频道系统，使其节目围绕频道定

位形成一个有机整体的观念与策略。

在以频道为中心的节目系统中,频道意识的作用就是优化频道结构,在不断整合的过程中提高频道的专业化水平。频道意识在专业频道中实现的结果应当是培养长期稳定的收视群体,并且不断挖掘潜在受众群体。

频道专业化之后,节目系统按专业细分,受众分流。收视率调查作为了解收视习惯、不断对节目进行修改以提高节目质量的一项重要方式和依据,变得更加复杂,很多因素难以确定,有一些甚至是目前收视习惯调查还不能涵盖的。在反馈中,只有找到受众在某一"专业"中的兴趣点,才可能培养长期稳定的收视群体;反过来,稳定的收视群体也十分有利于提高反馈的真实性和全面性。

频道形象是在节目本身质量、频道整体质量以外培养忠实受众的重要影响力量。频道意识在频道形象中得到反映。是否能够抓住受众,最终取决于专业频道的频道意识在频道系统中起多大的作用。频道意识是从宏观的角度对频道系统进行控制,是一种观念、一种频道管理的策略,因此,它对专业频道的影响是长期且深远的。

四、专业频道的构成与特色:以 CNN 为例

1. 专业频道的节目编排

电视传播的线型特点,决定了节目编排是频道节目结构框架的外在表现形式。以下可以 CNN 的节目编排为例,说明这一特点。CNN 每天 24 小时全天候播出,每个栏目大多相隔半个小时,较长的栏目 45 分钟或 60 分钟,短的 15 分钟,并且所有的节目都在"整数时间"[①]播出,非常有规律。

例如,CNN《世界新闻》(*World News*)每逢正点滚动播出,正是新闻的滚动播出带来"整点新闻"[②]的概念,"每逢正点播出"渐渐成为新闻播出的潜台词。在人们的日常生活中,很少使用"精确时间",往往为了方便起见,使用以 5 分钟为最小单位计算时间,比如"过 5 分钟就到"、"3 点半在门口见面"、"差 10 分钟到 8 点"等。这里暂且称这些时间为"整数时间"。"整数时间"是对精确时间的模糊,十分适合专业频道的节目板块固定播出。

对于专业频道而言,"整数时间"十分有利于频道内部节目的编排和设置,同样十分有利于节目的固定播出培养稳定的收视群体。在 CNN24 小时全天

---

① 这里是指某时一刻、某时三刻等这种以 15 分钟作为最小单位的时间安排。
② 英文为"news of every hour's beginning",即在每个小时开始的时候播出的新闻。

候的播出中,每隔 10 分钟插入广告——商业广告、媒体形象广告、节目宣传片等,这些广告保证了 CNN 的主体节目能够在整时准时播出。

关于电视的片断化问题,日本传播学者藤竹晓是这样论述的:"商业广告的存在,是促使电视视听片断化的原因","现代人生活中的电视体验越是日常化,电视体验的片断化也就越显著。当然,电视体验的片断化倾向,并不是孤立地存在于电视视听行为的领域中,它还是高消费社会所产生的社会自动化现象的一个环节。电视体验的片断化,促进了这种社会倾向,而且起到了习惯化的作用"(藤竹晓,1987:20、25)。

凡是看电视的人都会有这种体验:当广告出现在电视剧的间歇时,往往是剧情发展到高潮的时候,久而久之,人们习惯了这种片断化的电视剧;生活节奏的加快,也使一些观众希望有一个间歇可以做些别的事。在这种快速变化的冲击下,人们对一个事物的注意时间越来越短,偏好不断地尝试新的方式和新的事物。

如何抓住观众的兴趣,藤竹晓提出"小爆发"的理论。"小爆发"是指在播出商业广告之前,使观众产生一种悬念,让他们感到广告之后还可以看到相同的节目。在 CNN《世界新闻》中可以看到这种"小爆发"。在节目将要告一段落时,主持人会预告广告之后的主要节目内容,再配以视觉感很强、信息量较大的画面,抓住兴趣点,以免观众因对广告不耐烦而放弃收看后面的节目。

片断广告的加入还可以充实时段,保证节目准时播出。CNN 的片断广告还介绍 CNN 的网上信息、节目播出时间和节目预告,成为一个栏目、一个频道不可或缺的一部分。

专业频道的频道意识最明显、最直接的表现在于频道系统的节目编排。节目编排依据节目类型、内容、长短及目标受众来进行。这关系到专业频道内节目的设置,即系统中要素的优化组合。

2. 专业频道的节目设置

节目设置是根据媒介环境、受众需求和自身条件,确定每个节目的定位、目的、内容、时段、长短,明确各个节目的分工与配合,以及节目的具体形式和方法。对于专业频道来说,节目设置从整体上体现频道定位和频道专业化程度,是显示频道个性的最重要环节之一。

CNN 的节目中主要有这些内容:国内外新闻,以动态消息为主,滚动播出;评论报道,主要讨论一些有争议的问题,通过纪实做背景分析、评论;调查报道,挖掘具有深度的动态新闻报道;财经新闻,报道金融、财贸类的新闻及有关专题片,如《钱线》(*Moneyline*)等;特别报道,如《一周娱乐圈动态》(*Showbiz This Week*)、科技类节目等;谈话类节目,以名人访问、话题讨论等就公众话题进行探讨或评说的节目,例如 2021 年年初去世的著名主持人拉里·金主持的《拉里·金秀》(*Larry King Show*);体育报道,体育、运动的相关新闻报道;天气预报;网上通讯,CNN 在因特网上的内容,包括文字、图片等形式,也可以利用实时音频(real audio)和实时视频(real video)等技术,在网上直接收看 CNN 新闻节目;CNN 西班牙语节目(CNN Spanish),面向西班牙及拉美等西班牙语区居民,以西班牙语播出的新闻节目。

CNN 节目设置体现它的频道定位——"最全面、最及时地向全世界的观众现场报道世界新闻"。CNN 记者在里根遇刺、挑战者号航天飞机失事、海湾战争、"9·11"袭击等重大事件现场所做的新闻报道,给全世界的受众留下了深刻的印象。

CNN 还十分重视节目预告,通常利用每十分钟的广告时间介绍节目播出时间及内容,弥补电视视听的选择性较差的弱点,有利于指导受众收看,以提高收视率。

3. 频道形象与节目形象

好的节目如果没有相应的包装和形象宣传,也会黯然失色,受到观众的冷落。频道形象是在节目形象的树立中形成的,同时节目在突出个性时,必须服从专业频道整体的形象。例如 CNN 的一档财经节目《钱线》,节目一开始,屏幕下方的 CNN 台标会从原来的灰蓝色变成金黄色,非常醒目,符合节目"谈钱"的主题。即使没有看到节目的片头或听到节目的声音,看到这个标志就可以知道是什么节目,与 CNN 的整体形象协调一致。

在专业频道中,各个节目顺序播出,分散在不同栏目和时段之中。必须通过共同的标志性的音响或片头、节目标志,或固定的节目主持人,把节目的每一个部分紧密联系起来,虽然形式上是分散的,却是一个有机整体。

频道形象和节目形象树立的目的是培养忠实的观众。在众多节目和频道之中,让受众注意到一个节目,形成一个专业频道、一档节目的稳固收视群体,形象的树立、个性的突出十分重要。专业频道放弃了节目的大众化,突出个性与专长,因此,专业频道的形象是在每一个节目形象树立的过程中,形成一个有机的整体形象,对目标受众群体产生深刻的印象。

对于有线专业频道来说,建立一个优化的频道系统,提高专业化程度,以吸引并巩固收视群体,达到树立长久形象是非常重要的。特别是在节目本身发展到比较成熟的时候,频道结构成为突出专业频道个性的重要中介。专业频道节目的构成无论采用什么形式和方法,其宗旨都是围绕频道定位,基于对媒介环境中受众的了解,树立频道意识,从整体上建立一个完善、合理的频道系统。专业频道节目的构成过程就是在频道整体意识不断强化的过程中,将频道中所有的构成要素,如节目内容、商业广告、频道形象广告、频道标志等,通过结构的整合形成一个完善的体系。

当然,品牌声望终究建立在专业品质上。2020 年,CNN 记者埃德·拉万德拉(Ed Lavandera)的新闻报道《隐藏的劳动力:美国的无证件者》和 CNN 电影部门的纪录片《阿波罗 11 号》均获得最具专业声望、堪称广播电视行业普利策奖的皮博迪奖(George Foster Peabody awards)[①]。CNN 也因其重要地位一直处于政治事件的风口浪尖。2020 年 5 月,位于亚特兰大的 CNN 新闻中心成为因明尼苏达州明尼阿波利斯市"乔治·弗洛伊德事件"抗议活动引发骚乱的攻击目标,大楼前的 CNN 徽标和大楼内部部分设施遭到破坏[②]。

第三节　卫星技术应用于广播电视传播

当今世界广播电视事业步入多元化、立体化时代,同一空间多套广播电视节目通过多种形式同时播出,无线、有线、卫星电视同时并存。卫星电视广播是在卫星通信的基础上发展起来的,即利用地球同步卫星向覆盖区域转发功率较大的广播电视信号,使该地区内的广大用户能够直接接收电视信号的新型广播方式。

一、通信卫星与电视广播卫星

电视广播使用的是频率超过 30 MHz 的超短波,其传播路径接近光线,衍射性较差,如遇高地或高大建筑物的遮挡,信号传输会被阻断,或者造成重影、"雪花"等不良收视效果。而转播卫星高悬空中,由卫星转发到地面的广播电视信号,几乎可以不受地形等的限制。

1. 通信卫星与电视广播卫星

电视广播卫星是从卫星通信技术发展而来的,最初是利用通信卫星的信号转发器来转发电视广播信号,逐渐发展成为专门的传输电视信号的电视广播卫星,频段也从 L 段、S 段、C 段,发展到 Ku 段。

---

① 参见 Peabody 奖官方网站, http://www.peabodyawards.com/awards,最后浏览日期:2021 年 2 月 27 日。

② 参见"Violent George Floyd Protests at CNN Center Unfold Live on TV,"YouTube, May 30, 2020, accessed February 27, 2021, https://www.youtube.com/watch? v = Yve9DhT8Nt4&t = 771s。

与通信卫星相比,电视广播卫星的转发器的发射输出功率要高得多,一般输出功率约在几十瓦至上百瓦,而一般通信卫星转发器的发射输出功率仅为几瓦至几十瓦。由于通信卫星的转发器输出功率较小,可提供的信道又非常多,传送到地面的电波已非常微弱,地面接收系统只有使用能自动跟踪卫星的、直径很大的、信号增益功能强的卫星接收天线,才能接收通信卫星的信号并达到信号/杂波比的技术要求。因此,使用通信卫星传输电视广播信号,只适合点对点的电视广播信号传输,接收者一般为专业机构。

电视广播卫星的核心是转发器,又称中继器。转发器接收来自地面的发射信号,将其变换为广播频率,并且把功率放大到所要求的大小发生的地面接收站。转发器的性能在很大程度上决定了整个电视广播卫星的性能,转发器根据接收站的实际需要设定发射功率。电视广播卫星提高了信号到达地面的强度,使一般受众使用小口径天线及较简单的设备即可直接接收电视广播信号,对提高电视广播覆盖率有明显作用。

2. 地球同步卫星

电视广播运用的卫星基本上是地球同步卫星[1],亦称"静止卫星"。卫星行进在位于离地面 35 786 千米的赤道上空的轨道中,其运转一圈的周期与地球自转周期相等,即运行周期为 23 时 56 分 4 秒[2]。卫星与地球的相对位置固定不变,非常适用于广播电视覆盖的需要。

地球同步卫星的覆盖视野为南北纬 50 度和经度 100 度的跨度,其信号可以稳定覆盖地球约 42% 的面积。一般只要三颗均匀分布的同步卫星,就可以覆盖除南北极以外的整个地球(见图 4-2),人口覆盖率近 100%[3]。

3. 电视广播卫星的特点

目前的电视卫星多数为地球同步卫星,在信号传输上具有以下一些特点。

第一,在卫星信号覆盖区域内,可有多条信道同时使用,直接与不同的地面站之间进行信号传输;卫星也可以按需要提供信道线路,连接信号覆盖区域内的任何两个或两个以上的地面站。

第二,卫星与各地面站的信号传输理论上不受距离的限制,因此,其技术

---

[1]　并非所有电视广播卫星都是地球同步卫星,电视广播也使用一些非地球同步的通信卫星作为信号传输手段;但由于同步卫星在广播电视领域的优势,越来越多的电视广播信号传输使用地球同步卫星。

[2]　参见"地球同步轨道"、"静止气象卫星"、"轨道倾角"等条目,载《辞海》(1979 年版)(缩印本),上海辞书出版社 1980 年版,第 525、1990、1339 页。

[3]　三颗均匀分布的同步卫星的信号在理论上也不能覆盖整个地球,其中,南北极是信号不能覆盖的盲区;同时,由于特殊地理、气候、接收条件的影响,在卫星的信号覆盖区域内,也不能做到信号完全有效覆盖。

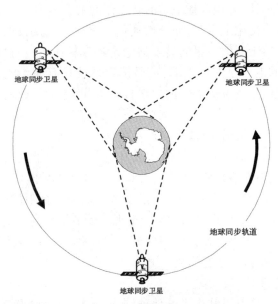

注：图的视点为南极上空俯视；图中比例尺不表示实际距离的比例。

图4-2 同步卫星信号覆盖图

性能和操作费用也不受距离远近的影响。由于卫星传输的信道多、信号质量稳定，其性价比与微波传送、电缆（光缆）传送相比要高，因此，等面积的信号覆盖费用较低。

第三，信号传输的范围广泛，除了传送电视广播的声音、图像信号之外，也可以传播其他无线电信号、数据等。

第四，随着科技水平的不断提高，电视广播卫星技术的发展日益深化，表现出以下趋势：从模拟信号逐步发展为数字式压缩信号；从传输普通电视广播信号逐渐过渡到传输高清晰度电视广播信号；从集体接收向个体接收延伸，由直播电视卫星（direct broadcasting satellite，简称DBS）转播的卫星直播电视（direct to home，简称DTH）日益普及[1]；从信号的开放传播到加密锁码信号传输，接收端需采用相应的解码技术接收电视广播信号；从单纯的节目覆盖功能扩展到利用卫星进行节目交易、双向同步播出、与有线电视联网等多种功能。

---

[1] 卫星直播电视是由设置在赤道上空的地球同步卫星，接收卫星地面站发射的电视信号，再把它转发到地球上指定的区域，再由地面接收设备接收供电视机收看。卫星电视直播技术于1974年首先在美国试播成功。通常将使用Ku频段的提供卫星直接到户的广播电视服务称作卫星直播，每台转发器可向装有0.45 m口径电视接收天线的家庭进行电视直播，一颗直播电视卫星可以直播100多路电视信号。

二、卫星电视广播系统的组成

一个完整的卫星电视广播系统主要由节目源、上行发射站、电视广播卫星、卫星地面接收站、卫星测控站五个部分组成。

1. 节目源

节目源即提供节目的业者,可以由卫星系统业者自行制作,也可以由专业的节目制作机构或频道业者提供,节目以视频信号或录像带、光盘等载体输送给上行发射站。

2. 上行发射站

传输和上行系统包括从前端到上行站的通信设备及上行设备。传输方式主要有中频传输和数字基带传输两种。通过前端系统将电视信号进行数字编码压缩并调制[①],将节目内容转换成可传输的电视信号及卫星附加信号,通过上行信道发往轨道上的电视卫星或通信卫星。

3. 电视广播卫星(或通信卫星)

电视广播卫星具有接收天线和转发器,通过天线接收地面上行站发射的上行信号,进行必要的频率变换、功率放大等技术处理,经由转发器发送给各地面接收站。目前使用的几乎都是直播电视卫星。理论上通信卫星站也能完成电视信号转播,但在编码、转播、接收等有不一样的技术标准。

4. 卫星地面接收站

卫星地面接收站可以是设备复杂的集体接收站,也可以是个人的小口径接收天线,接收由卫星发射的电视信号。如果是通信卫星发送的信号,则只能由技术先进的集体接收站接收,个人天线尚达不到接收要求。由于卫星电视接收站一般都只需单向接收,又可简称为电视单收站(television receive only, 简称 TVRO)。

5. 卫星测控站

通过遥测遥控技术跟踪测量控制卫星的运行和姿态,以及调整卫星转发器的工作状态。根据从卫星上接收的遥测信号进行综合分析,判断电视广播卫星各系统的工作状态。根据需要对卫星进行调控,使之处于对地静止位置并保持良好的工作状态。完成这一任务,地面站需要有庞大的地面测控网来配合。

---

① 前端系统利用统计复用技术,在有限的卫星转发器频带上传送更多节目。目前,卫星直播电视采 MPEG2 标准对视频音频信号进行压缩,可在一个 27 MHz 的转发器上传送多达 10 套电视节目。

整个卫星电视广播的工作系统,如图4-3所示。

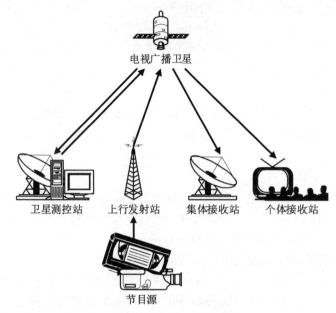

图4-3 卫星电视广播系统

三、卫星电视广播的波段、频道的划分

卫星电视广播技术具有世界性,如卫星轨道位置的分配、频率及波束的分配、电视制式的确定和转换,只有国际上达成一定的规约,才能保证卫星电视广播的有效使用和发展,并且对卫星电视广播进行一定的规范,调整各个国家之间的关系,尤其保障发展中国家将来发展卫星电视的轨道位置。例如,包括中国在内的发展中国家认识到频谱/对地静止卫星轨道资源的战略价值,对国际卫星使用惯例中的"先登先占"(first come, first served)原则提出质疑,使发达国家作出一定让步,在卫星发展空间中为发展中国家预留某些优先权的新程序。

为对世界范围内卫星电视广播进行协调和规范,1972年联合国通过了一项"关于广播卫星使用指导原则宣言";国际电信联盟(International Telecommunications Union,简称ITU)于1971年至1979年主持召开了三次国际性会议,对卫星电视广播的波段、频段,以及卫星的轨道位置等作出相应规定。

1977年,国际电信联盟在日内瓦组织召开世界无线电行政会议(World

Administrative Radio Conference,简称 WARC),对卫星电视广播信号溢波、各国直播卫星使用的频率、信道数、地面功率通量密度,以及天线极化方向、卫星和地面站天线的波段宽度、指向误差等技术数据,都作了相应的规定,以使所有的卫星系统和所有国家遵守一个共同的技术规范。在此次会议上,中国争取到三个同步卫星轨道位置资源(62°E、80°E 和 92°E)、35 个波束和 55 个频道,具体轨道经度与频道安排见表 4-2。

表 4-2 中国广播电视卫星轨道位置和频道

卫星经度	频道代号																							
	1	2	3	4	5	6	7	8	9	10	11	12	13	14	15	16	17	18	19	20	21	22	23	24
62E	✓	✓	✓	✓	✓	✓	✓	✓	✓	✓	✓		✓		✓		✓		✓		✓	✓		✓
80E	✓				✓				✓		✓			✓			✓		✓		✓	✓		✓
92E	✓	✓	✓	✓		✓		✓		✓		✓			✓		✓				✓	✓		✓

资料来源:世界无线电行政会议,1977 年。
注:"✓"表示有此频道。

1977 年和 1979 年的世界无线电行政会议将全世界分为三个区域:第一区包括非洲、欧洲、苏联的亚洲部分、蒙古、伊朗边境以西的亚洲国家,第二区包括南美洲、北美洲,第三区包括大洋洲及不属于第一区的亚洲大部分国家。中国属于第三区。

世界无线电行政会议进一步对不同区域使用的卫星电视广播业务的波段和频道进行划分,并且确认 12 GHz 波段(Ku 段)为直播卫星使用的波段,具体分配如表 4-3 所示。

表 4-3 卫星电视广播频段分配

波段 (GHz)	L 段 (0.7 GHz)	S 段 (2.5 GHz)	Ku 段 (12 GHz)	Ka 段 (23 GHz)	Q 段 (42 GHz)	V 段 (85 GHz)
频段 (GHz)	0.62~0.79	2.5~2.69	(1) 11.7~12.2 (2) 11.7~12.5 (3) 12.1~12.7 (4) 12.5~12.75	22.5~23	41~43	84~86
带宽 (MHz)	170	190	(1) 500 (2) 800 (3) 600 (4) 250	500	2 000	2 000

续 表

波段 （GHz）	L 段 （0.7 GHz）	S 段 （2.5 GHz）	Ku 段 （12 GHz）	Ka 段 （23 GHz）	Q 段 （42 GHz）	V 段 （85 GHz）
使用区域	全世界（协商使用）	全世界（集体接收）	（1）第三区 （2）第一区 （3）第二区 （4）第三区（集体接收）	第二区 第三区 （协商使用）	全世界	全世界

资料来源：世界无线电行政会议，1977 年，1979 年。

目前，卫星电视广播使用较多的是 L 波段、S 波段和 Ku 波段三个较低频段。其中，L 波段可用于卫星电视广播，也可用于地面电视台特高频（UHF）电视广播和其他电信业务；S 波段是卫星电视广播和地面通信业务共用波段；Ku 波段是卫星电视广播和地面广播、移动通信业务的共用波段，但卫星电视有使用优先权，主要用于个体接收。

Ka 波段、Q 波段和 V 波段的卫星电视直播技术仍处于实验阶段。由于各波段波长减小、频率增高，卫星接收设备装置将更趋小型化。但目前相对较少使用这三个频段。

由于 C 波段（3.7~4.2 GHz）已被国际电信联盟规定用于地方微波通信、中继通信和卫星通信，为避免频段使用过于拥挤和对通信的干扰，C 波段不作为卫星电视直播频段使用，因此在 WARC 规定的卫星电视广播频段的 6 个波段上没有 C 波段。但通信卫星也可以传输电视信号，所以 C 波段仍被用作点对点的电视信号传输。中国卫星传输电视信号在开始阶段以使用 C 波段为主，逐渐过渡到 Ku 波段的卫星电视直播技术，例如中国曾使用的亚洲 1 号、亚洲 2 号、中星 5 号都采用 C 波段工作，目前则逐渐转向采用优选频段的 Ku 波段技术。

第四节　中国卫星电视广播的应用与发展

虽然自 20 世纪 60 年代起国际上已经有电视信号的交换和互传，但卫星电视广播技术的真正发展是在 70 年代以后。1979 年，加拿大成为世界上第一个通过卫星直接接收电视节目的国家。卫星电视以其特有的优势，为人类开创了一个新的传播时代，使多种信息通过卫星的辐射和传播，超越国家、民族、地域的界限,打破一切自然阻隔,比任何传统的传播手段更经济、方便、迅速、直接,范围和影响更大。

1980年6月,美国特纳广播公司(TBS)创立的有线电视新闻网(CNN),开始通过卫星向邻近国家的电缆电视系统播送新闻。以此为标志,全球卫星电视逐渐形成全面竞争的激烈态势,给世界政治、经济、文化、社会生活等各领域带来影响,各国也将卫星电视广播的应用纳入国家发展的重要方面。

一、中国卫星技术的发展

中国从1958年开始拟定人造卫星发展规划,于1970年4月24日成功发射首颗科学实验卫星——东方红一号,标志着中国已正式成为世界上少数能发射人造卫星的国家之一。此后,中国又发射了一系列科学实验卫星。利用卫星进行无线电通信中继传输,是现代化通信的重要手段。中国于20世纪70年代开始通信卫星的研究试验工作。

1975年,中国确定直接发射地球同步卫星作为卫星通信传输的方案。之后,中国研制了东方红二号通信卫星,可以转发电视、广播、电话、电报、数据传输、传真等各种模拟和数字式通信信号;在乌鲁木齐、昆明、拉萨等当时地面微波传输网难以全部覆盖的地点建立卫星地面站,为通信卫星的升空做好准备。

1984年1月29日,东方红二号通信卫星由长征三号火箭发射升空,但由于火箭三子级二次点火未获成功,卫星未能进入预定轨道,定点失败;不过,卫星进行了部分实验,结果证明卫星设计方案是正确的,卫星转发器性能满足设计要求。1984年4月8日,东方红二号实验通信卫星第二次发射升空,并于8天后定点于东经125度的赤道上空,这是中国第一颗地球静止轨道卫星。通过卫星进行电话、电报、广播和彩色电视信号传输试验,在乌鲁木齐、昆明、拉萨等地成功收到卫星转发的电视信号。

1986年2月1日,中国通过长征三号火箭成功发射第二颗地球同步卫星,定位于东经103度赤道上空。这颗改进的卫星,传输质量、传输功率等都有一定的提高。至此,标志着中国卫星通信技术已经成熟,开始进入实际应用阶段。

自1988年3月后,中国自行研制发射了东方红2型和东方红3型系列等多颗实用通信卫星,奠定中国利用通信卫星从事广播电视传输覆盖的稳定的基础。中国还购买了一颗位于西经120度的美国通信卫星(SPACENT1),将其漂移至东经115.5度适合中国使用的地球同步轨道,命名为"中星5号",已于1993年7月接替超期服役的东方红卫星(DFH2A)投入实际运营。此外,中国从 1985 年起开始租用国际通信卫星组织的亚太 1 号、亚洲 1 号、亚洲 2 号、泛美 2 号、泛美 3 号、泛美 4 号、俄罗斯 SI13 号、俄罗斯 SI14 号等通信卫星,用于广播电视信号的传输覆盖。

与此同时,中国广播电视卫星地面接收站也迅速发展,从 20 世纪 80 年代后期开始,以超过 30%的速率逐年递增(刘海龙,1998)。截至 2007 年年底,中国已建设使用广播电视上行站 34 座,收转站超过 1 500 万个(包括广电系统 4.7 万个,"村村通"用户 42.7 万个,全国各机关、企事业单位、大专院校、宾馆饭店、小区等接收站 94 万个,农村用户设备 1 468.5 万个,其中,农村个体用户的增长速度最快),使用 7 颗卫星上的 53 个转发器,传输 242 套电视和 199 套音频广播节目,卫星通信成为重大事件和应急通信的重要保障,增幅明显(黄升民等,2012:305)(如表 4-4 所示)。

表 4-4 电视广播卫星地面接收站数量变化

年份(年)	卫星地面接收站(个)	增长率(%)
1986	1 598	—
1987	4 609	188.42
1988	8 233	78.63
1989	12 658	53.75
1990	19 505	54.09
1991	28 217	44.67
1995	96 529	—
1996	133 634	38.44
2007	15 000 000	—

资料来源:刘海龙,《中国卫星电视与新闻直播趋势》,《视听》1998 年第 3 期;笔者综合整理。
注:原数据未说明是否包含中国港澳台地区数据;1995 年地面站数据根据百分比自行计算得出。

1995 年,中国尝试数字压缩技术、加扰技术、付费电视等技术在卫星传输通路领域的应用。同年,中央电视台四套节目加密上星传输,开始了中国在传输通路上的数字化进程,以此为契机带动中国卫星数字电视的传输技术。1999 年,CBTV"村村通"卫星直播电视试验平台搭建,鑫诺二号卫星研制基本成熟,中星 9 号进入订购阶段。出于安全考虑,2003 年,国家将卫星数字电视调整为有线数字电视的重要补充,在发布的《中国有线电视向数字化过渡时间表》中明确"有线—卫星—地面"三步走的战略思路。2005 年,国家广播电影电视总局开始积极筹备中国卫星直播电视的信号。2007年6月,鑫诺三号发射成功,可以收到33套电视节目;7月,中星6B发射成功,可以收到132套电视节目(包括加密的87套付费频道节目);此外,鑫诺三号和中星6B上的中央电视台第三、五、六、八套新闻节目是加密的。亚太6号卫星可以收到"村村通"平台节目20套、中国教育电视台节目3套,以及全国中小学远程教育、全国农村党员干部远程教育、全国文化信息资源共享工程、高校基础教育,山东、甘肃、新疆远程教育等数据广播业务,其所有节目都是加密的。2008年6月,直播卫星中星9号发射成功并投入运行,意味着中国卫星数字电视直播新阶段的开端(黄升民等,2012:300-305)。

二、中国卫星电视广播的发展

中国广播电视行业对卫星传输覆盖技术的使用比较重视。早在1982年,中国就正式确定采取电视广播卫星覆盖全国的方针。从1985年开始,中国在改造原有的无线电发射、微波线路传输的同时,有计划地采用卫星电视广播技术传输电视节目。自1985年8月6日起,中央电视台以每年160万美元的费用,租用印度洋上备份的五号卫星的第23号转频器,进行中央电视台节目的传输覆盖。1986年12月,中国召开"卫星通信应用试点工作会议",决定广泛利用卫星进行通信和传输广播电视节目,分三个阶段进行。

第一阶段,先从租用和购买国际通信卫星组织的卫星转频器开始,用于电视节目的传输覆盖。1985年10月1日,中国租用国际通信卫星C频段传送中央电视台第一套模拟制电视节目。1986年,新疆维吾尔自治区电视台利用中央电视台第一套节目租用的国际通信卫星空闲时间上星播出,这是中国省级台节目首次通过卫星播出。1986年10月1日和1987年11月2日,中央教育电视台两套教育节目先后通过卫星向全国各地覆盖。

第二阶段,从1987年开始,利用自制和发射的通信卫星进行通信与广播电视节目传输,同时租用、购买国际卫星转频器作为补充。从1989年2月起,中央电视台的主要频道已从租用国外卫星转为使用自己制造、发射的东方红二号甲通信广播卫星。

第三阶段,从1990年起,主要使用自己制造、发射的大型通信卫星进行传输,使中国广播电视卫星技术有很大的提高。1989年之后,为了解决高山、海岛等地形复杂及边远地区的广播电视覆盖问题,新疆、四川、西藏、浙江、山东、云南、贵州七家省台的第一套节目先后上星传输。1995年,广播电影电视部又确定十家省台上星;与此同时,中央电视台的八套节目也先后上星播出。

由于安装有 24 个转频器的东方红三号通信卫星发射定位失败,使通信卫星的传输量受到一定限制,于是,广播电影电视部于 1996 年 3 月确定采用数字式压缩技术来取代传统的模拟式信号传输技术(曹曙光,1997)。数字式压缩技术与传统模拟式广播电视传输技术相比,具有精度高、容量大的优势。采用数字式压缩技术之后,1997 年 1 月 1 日,亚洲 2 号卫星同时增加中央电视台及河南、青海、福建、江西、辽宁、内蒙古、广东、湖南、湖北、广西十省共 20 套电视广播节目,这是以往采用的模拟技术难以达到的容量。

1999 年 1 月,中国使用鑫诺一号卫星 Ku 频段转发器进行面向农村的"村村通"数字卫星电视直播实验,这是中国首次利用卫星 Ku 段开展的电视直播业务。

截至 2007 年 8 月 1 日,中国全国省级至少已有一套综合节目上星传输,包括中央电视台和各省市台共 152 套卫星电视节目和 155 套卫星广播节目。中国的天空卫视频道纵横,对受众或者媒体而言,都面临一种完全不同的全新格局。

根据国家广播电视总局编制的《广播电视卫星应用总体规划(2018—2022年)》,到 2022 年,广播电视卫星将拥有包括中星 6A、中星 6B、亚洲 6 号、亚太 6C、中星 6C、中星 9 号、中星 9A 等多颗卫星,提供 C 频段 3 582 MHz 和 Ku 频段 810 MHz 带宽容量,2 颗直播卫星提供 1 728 MHz 带宽容量,L、C、Ku、Ka、Q、V 等多频段卫星广播频率资源储备更加充分,中国卫星广播电视资源的权益和地位得到有效巩固。其中,中星 6A 卫星、中星 6B 卫星主要传输中央和省级卫视高清频道,亚洲 6 号卫星、亚太 6C 卫星主要传输付费类节目,中星 6C 卫星主要传输 4K/8K 超高清电视等新业务,中星 9 号卫星主要播出中央和省级卫视高标清频道,中星 9A 卫星主要播出其他新业务,亚太 6C、亚太 5C 等通信卫星也承担部分外部节目落地、"走出去"、海外覆盖等广电业务。《广播电视卫星应用总体规划(2018—2022 年)》还显示,国家广播电视总局将全面启动卫星传输向效率更高的新一代传输技术标准升级,推动卫星直播系统向 Ka 频段延伸,探索 Q、V 频段卫星广播业务应用。从传输内容看,电视节目基本实现全高清化,对于已实现高标清同播的电视频道,逐步关闭其标清电视信号,4K 超高清电视频道达到 20 套传输能力,8K 超高清电视卫星传输试验得到开展;直播卫星兼有高清、标清电视节目,4K 超高清、推送点播、增值付费、移动接收、双向交互、智能融合等新业务得到开发试验和应用推广[①]。

---

① 参见卫星界:《广电总局印发广播电视卫星应用总体规划:将逐步关闭标清电视信号》,http://www.china-satellite.org/s/3526.html,最后浏览日期:2021 年 2 月 28 日;《广电总局要求到 2022 年:电视节目全面高清化,4K 超高清电视频道达到 20 套》(2019 年 4 月 30 日),广电网,http://www.dvbcn.com/p/95648.html,最后浏览日期:2021 年 2 月 28 日。

三、中国主要卫星电视广播的参数

中国卫通集团股份有限公司（简称中国卫通）是中国航天科技集团有限公司从事卫星运营服务业的核心专业子公司，具有国家基础电信业务经营许可证和增值电信业务经营许可证，是中国唯一拥有通信卫星资源且自主可控的卫星通信运营企业，被列为国家一类应急通信专业保障队伍，2019年6月28日登陆上海证券交易所主板挂牌交易。中国卫通运营管理着15颗优质在轨民商用通信广播卫星，覆盖中国全境、澳大利亚、东南亚、南亚、中东及欧洲、非洲等地区。截至2021年2月，中国卫通运营的15颗在轨卫星为中星6A、中星6C、中星6B、中星9号、中星9A、中星10号、中星11号、中星12号、中星15号、中星16号、亚太6号、亚太7号、亚太9号、亚太5C、亚太6C；广电业务主要通过中星6A、中星6B、中星6C、中星9号、中星9A和亚太6C等卫星，为广播电视传输、广播电视直播等提供带宽出租产品和服务；还提供临时租用服务，将现场新闻转播车采集的广播电视节目传输到电视台进行编播[①]。

中星6A卫星于2010年9月5日由长征三号乙运载火箭发射，定点于东经125度同步卫星轨道，提供24个C频段、8个Ku频段转发器商业通信服务，同时提供1个S频段的通信业务，覆盖中国全境、亚太及中东地区。中星6A卫星是继中星5C、中星6B卫星之后，又一颗能够充分满足中国广播电视信息传输要求的高质量卫星。

中星6C卫星于2019年3月10日0时28分由长征三号乙运载火箭在中国西昌卫星发射中心发射成功，采用中国空间技术研究院自主研发的东方红四号卫星平台，提供广播电视节目传输服务。中星6C卫星是一颗新增广电专用传输卫星，轨道位置东经130度。卫星上设计25个C频段转发器，覆盖中国及周边、澳大利亚、新西兰等南太平洋地区，为广电用户4K/8K等超高清业务发展提供充足的优质卫星资源保障，为助推"智慧广电"建设工程，推进广播电视高清化、新技术的应用起到积极作用。同时，实现C频段广电专用卫星在轨安全备份，确保广电业务安全播出。

中星6B卫星于2007年7月5日由长征三号乙运载火箭发射，定点于东

---

① 参见中国卫通集团股份有限公司官网"公司简介"，http://www.chinasatcom.com/n782699/n782739/index.html，最后浏览日期：2021年2月28日；"产品服务"，http://www.chinasatcom.com/n782714/n3018314/n3018355/index.html，最后浏览日期：2021年2月28日。

经115.5度同步卫星轨道,提供38个36 MHz带宽C频段转发器商业通信服务,为全国各地广播电台、电视台、无线发射台和有线电视网等机构,提供高质量、高可靠性的广播电视节目上星传输和地面接收服务。

中星9号卫星于2008年6月9日由长征三号乙运载火箭发射,定点于东经92.2度同步卫星轨道,提供22个BSS频段转发器直播服务,是一颗大功率、高可靠、长寿命的广播电视直播卫星。7月5日,中星9号开通4个转发器,传输45套电视和43路广播,进入业务试运行阶段。8月6日,西藏近7 000台卫星电视接收机从亚太IIR转星至中星9号,标志着中国直播卫星业务正式开通。8月,对中星9号覆盖进行实地测试,选择阿勒泰、西沙、漠河、普兰等27个测试点进行,结果表明中星9号性能良好。2013年,为确保直播卫星业务安全播出,规避中星9号孤星运行的系统风险,确保亿万群众收看的广播电视节目安全播出,中国卫通重新启动中星9A(鑫诺二号替代星)建设工作。

中星9A卫星是中国首颗国产广播电视直播卫星,采用中国空间技术研究院自主研发的东方红四号卫星平台,提供Ku BSS规划频段转发器直播服务。中星9A卫星于2017年6月在中国西昌卫星发射中心发射,定点于东经101.4度。卫星上设计24个Ku BSS频段转发器,覆盖中国全境,随后承担了中星9号直播卫星安全备份的任务,满足中国广播电视、新媒体和直播产业发展需求。中星9A卫星专门设计了南海波束,确保中国主权地区的直播卫星覆盖。通过中星9号及中星9A直播卫星,"村村通"和"户户通"工程有效覆盖59.5万个行政村,满足1.4亿用户收听收看广播电视节目的需求,超过全国广播电视用户总数的三分之一。长期困扰中国农村广播电视覆盖"难、贵、差"的问题得到根本解决,农村广播电视覆盖质量、水平和收视效果得到很大提升。截至2019年,全国农村用户可通过中星9号卫星收听收看17套中央广播节目、17套中央电视节目和27套省级广播节目、41套省级电视节目,新疆、西藏、宁夏、内蒙古、贵州、海南等实现本省(区)或地市节目上星传输、定向覆盖。从2018年开始,通过中星9A卫星逐步实现中央广播电视节目和少数民族语言节目的双星备份,同时利用卫星上的南海波束,开始向南海地区群众提供中央和部分沿海省市广播电视节目。

中星10号卫星采用中国自主研发的东方红四号卫星平台,从国外引进有效载荷系统,提供30个C频段和16个Ku频段转发器商业通信服务。中星10号卫星于2011年6月在中国西昌卫星发射中心发射,用于接替中星5B卫星在东经110.5度轨道位置工作,以满足中国及西亚、南亚等国家和地区用户的通信、广播电视、数据传输、数字宽带多媒体及流媒体业务的需求。

中星 11 号卫星于 2013 年 5 月由长征三号乙增强型运载火箭发射,配置高功率固定和移动波束及转发器切换能力,提供 45 个 C 频段和 Ku 频段转发器商业通信服务,满足亚太地区用户的通信、广播电视、数据传输、数字宽带多媒体及流媒体业务需求。

中星 12 号卫星于 2012 年 11 月由长征三号乙增强型运载火箭发射,提供 47 个 C 频段和 Ku 频段转发器商业通信服务,以满足中国、东亚、南亚、中东、东欧、非洲、澳大利亚和中国海域、印度洋区域用户的通信、广播电视、数据传输、数字宽带多媒体及流媒体业务的需求。

中星 15 号/白俄罗斯 1 号卫星是一颗中国和白俄罗斯的合作卫星,采用东方红四号卫星平台,设计寿命 15 年,卫星定点于东经 51.5 度,提供 20 个 C 频段和 18 个 Ku 频段转发器。C 频段波束可以覆盖非洲、欧洲、中东和亚洲,Ku 频段非洲波束覆盖西非、中非和东非地区。中星 15 号卫星通过高质量的卫星转发器为上述地区提供广播、通信、电信港和数据中心服务。

中星 16 号卫星于 2017 年 4 月 12 日由长征三号乙运载火箭发射,定点于东经 110.5 度同步卫星轨道,提供 26 个用户波束,覆盖中国及近海区域,可应用于远程教育、医疗、互联网接入、机载和船舶通信、应急通信等领域。

亚太 6 号卫星于 2005 年 4 月 12 日发射,定点于东经 134 度同步卫星轨道,提供 38 个 C 频段和 12 个 Ku 频段转发器商业通信服务,是新一代大功率、高可靠性的通信卫星。

亚太 7 号卫星于 2012 年 3 月 31 日发射,接替运行于东经 76.5 度的亚太 2R 卫星,提供 28 个 C 频段和 28 个 Ku 频段转发器商业通信服务,总功率 11.4 千瓦。C 频段可为亚洲、中东、非洲、澳大利亚、欧洲等地提供电视传输和卫星通信服务,Ku 频段可为中国、中东、中亚、非洲提供 DTH、VSAT 等跨洲际广播通信服务。

亚太卫星公司采购的亚太 9 号卫星,是基于中国航天科技制造的东方红四号卫星平台的卫星。亚太 9 号卫星搭载 32 个 C 频段转发器和 14 个 Ku 频段转发器,2015 年 10 月 17 日成功发射到东经 142 度轨道位置以接替亚太 9A 卫星。亚太 9 号卫星的 C 频段设计有两个波束:一个覆盖亚太地区的 AP 波束;另一个着重覆盖东南亚地区的 SEA 波束,适合于提供视频广播、VSAT 网络和移动网络基站传输等业务。Ku 频段覆盖自印度洋东部到太平洋西部的广大区域,以及一个移动波束,可以提供电视直接到户、VSAT、海事和航线宽带接入等业务。

亚太5C卫星于2018年9月10日搭载SpaceX猎鹰9号运载火箭在美国卡纳维拉尔角空军基地发射,定位于东经138度,接替亚太5号卫星。亚太5C卫星配备34个C频段和32个Ku频段转发器,为地面、空中和海上的广播公司、电信服务提供商和企业网络提供卓越的性能。它的广泛的C频段覆盖范围扩展至亚洲地区至夏威夷,从而实现亚洲与美洲任何地点之间的直接连接。它的Ku频段容量扩大Telesat对中国、蒙古、东南亚和太平洋地区不断增长的卫星服务市场的覆盖范围。

亚太6C卫星于2018年5月4日0时06分由长征三号乙运载火箭在西昌卫星发射中心发射升空,成功定点于东经136.5度。亚太6C卫星采用东方红四号卫星平台,卫星设计寿命15年。该卫星配置了32个C频段转发器、20个Ku频段转发器和1个Ka频段转发器,在C、Ku、Ka三个频段提供8个波束覆盖区。转发器系统具备复杂的波束切换和波束交链功能,85%的转发器可在不同波束间切换,用于亚太等地区的卫星通信和卫星广播服务,在进一步提升亚太系列卫星通信服务功能的同时,也为中国"一带一路"倡议提供更多支持。

中国卫通还运营五个卫星地面设施。北京地球站是目前中国最大的民用卫星地面控制中心,是国家一级通信枢纽,拥有先进的卫星测控系统和经验丰富的测控技术团队,能够同时对多颗卫星进行在轨测控管理,还具备对后续卫星测控的能力。沙河测控站拥有先进的地面控制软件系统、基带中频设备和射频设备及多套天线系统,具备支持系列卫星在轨管理和通信服务的能力,可对东经60度至东经165度间的同步轨道和漂移轨道卫星进行控制与监测。香港亚太大埔卫星测控中心坐落于香港新界大埔工业邨,承担多颗在轨通信卫星的测控、通信业务监测和客户技术支持服务等职责。成都都江堰地球站主要承担Ka宽带卫星关口站和快速精定轨测站任务。新疆喀什地球站具备多星测控、业务监测及业务传输能力。在远期规划中,喀什地球站将成为中国卫通连接欧亚非大陆的卫星通信枢纽①。

卫星电视信号覆盖往往会超越国(边)境。除了中国自有的卫星资源以外,中国技术上可以接收到电视广播卫星的数量远超上述提及的十几颗,信号

---

① 参见中国卫通集团股份有限公司官网"卫星资源",http://www.chinasatcom.com/n782704/index.html,最后浏览日期:2021年2月28日;《中国卫通:模式创新助力高质量发展》(2019年8月5日),新华网,http://www.xinhuanet.com/tech/2019-08/05/c_1124836228.htm,最后浏览日期:2021年2月28日。

可覆盖中国境内的电视直播卫星(基本上东半球上空的地球同步卫星信号均可覆盖中国至少一部分的领土、领海)可参见表4-5。

表4-5 信号覆盖中国的主要直播卫星(截至2010年10月7日)

所 属 机 构	卫 星 名 称	轨道参数
Intelsat General Corporation	Intelsat-701(国际701号)	180.0°E
SES WORLD SKIES	NSS-9(新天9号)	177.0°E
GE International Holdings Inc.	GE-23号	172.0°E
Intelsat General Corporation	Intelsat-5(国际5号)	169.0°E
	Intelsat-8(国际8号)	166.0°E
SKY Perfect JSAT Corporation(日本)	JCSAT-2A(日本通信2A号)	154.0°E
	JCSAT-1B(日本通信1B号)	150.0°E
Mabuhay Satellite Corporation(菲律宾)	Agila-2(马布海2号)	146.0°E
Russian Satellite Communications Company(俄罗斯)	Gorizont 45号(俄)	145.0°E
SKY Perfect JSAT Corporation(日本)	Superbird-C2(超鸟C2号)	144.0°E
Russian Satellite Communications Company(俄罗斯)	Express-AM3(快车AM3号)	140.0°E
APT Satellite Holdings Ltd. / 中国卫星通信集团有限公司	APSTAR-V(亚太5号)	138.0°E
	APSTAR-VI(亚太6号)	134.0°E
VINASAT centre(越南)	VINASAT-1(越南卫星1号)	132.0°E
SKY Perfect JSAT Corporation(日本)	JCSAT-3(日本通信3号)	128.0°E
中国卫星通信集团有限公司	ChinaSat-6A(中星6A号)	125.0°E
SKY Perfect JSAT Corporation(日本)	JCSAT-4A(日本通信4A号)	124.0°E
亚洲卫星公司(AsiaSat)	AsiaSat-4(亚洲4号)	122.0°E
Thaicom Public Company(泰国)	Thaicom-1A(泰星1A号)	120.0°E
IPSTAR Company Limited / Thaicom Public Company(泰国)	IPSTAR(泰星4号)	119.5°E

续 表

所 属 机 构	卫 星 名 称	轨道参数
PT Telekomunikasi Indonesia, Tbk（印尼）	印尼电信 2 号	118.0°E
KT Corporation（韩国）	韩星 3 号	116.0°E
中国卫星通信集团有限公司	ChinaSat-6B（中星 6B 号）	115.5°E
PT Indosat Tbk（印尼）	PALAPA-D（帕拉帕 D 号）	113.0°E
KT Corporation（韩国）	韩星 5 号	113.0°E
中国卫星通信集团有限公司	ChinaSat 5B（中星 5B 号）	110.5°E
Broadcasting Satellite System Corporation（日本）	BSAT-2A/2C/3A	110.0°E
SKY Perfect JSAT Corporation（日本）	N-Sat 110	110.0°E
SES WORLD SKIES	NSS-11（新天 11 号）	108.2°E
PT Telekomunikasi Indonesia, Tbk（印尼）	印尼电信 1 号	108.0°E
亚洲卫星公司（AsiaSat）	AsiaSat-3S（亚洲 3S 号）	105.5°E
Russian Satellite Communications Company（俄罗斯）	Express-A2（快车 A2 号）	103.0°E
亚洲卫星公司（AsiaSat）	AsiaSat-5（亚洲 5 号）	100.5°E
Russian Satellite Communications Company（俄罗斯）	Express-AM33（快车 AM33 号）	96.5°E
SES WORLD SKIES	NSS-6（新天 6 号）	95.0°E
Indian Space Research Organisation（印度）	Insat-3A/4B（印度 3A 号/4B 号）	93.5°E
中国卫星通信集团有限公司	ChinaSat-9（中星 9 号）	92.2°E
MEASAT Satellite Systems（马来西亚）	MEASAT-3/3a（马星 3 号/3A 号）	91.5°E
Gazprom Space Systems	Yamal-201（雅玛尔 201 号）	90.0°E

续 表

所属机构	卫星名称	轨道参数
"中华"电信股份有限公司(台湾地区)/SingTel(新加坡)	中新1号	88.0°E
中国卫星通信集团有限公司	ChinaSat 5A(中星5A号)	87.5°E
Intelsat General Corporation	Intelsat-15(国际15号)	85.2°E
Indian Space Research Organisation(印度)	Insat-4A/2E(印度4A号/2E号)	83.0°E
Russian Satellite Communications Company(俄罗斯)	Express-MD1/AM2(快车MD1/AM2号)	80.0°E
Thaicom Public Company(泰国)	Thaicom-5(泰星5号)	78.5°E
APT Satellite Holdings Ltd./中国卫星通信集团有限公司	APSTAR-IIR(亚太2R号)	76.5°E
Asia Broadcast Satellite Limited	ABS-1/1B(ABS-1号/1B号)	75.0°E
Indian Space Research Organisation(印度)	Insat-3C(印度3C号)	74.0°E
PanAm Satellite	PanAm Sat-4(泛美4号)	72.0°E
Eutelsat Communications	EutelSat W5	70.5°E
Intelsat General Corporation	Intelsat-7/10(国际7/10号)	68.5°E
	Intelsat-906(国际906号)	64.2°E
SES WORLD SKIES	NSS-12(新天12号)	57.0°E
Thaicom Public Company(泰国)	Thaicom-2(泰星2号)	50.5°E
Gazprom Space Systems	Yamal-202(雅玛尔202号)	49.0°E

资料来源:笔者综合整理。

四、"村村通"工程和"户户通"工程

广播电视是当前农村最现实、最有效的文化信息传播方式,是农村基本公共文化服务的重要内容。党中央、国务院历来高度重视农村地区广播电视覆盖工作,将广播电视"村村通"工程列为新时期农村文化建设一号工程。广播

电视"村村通"工程是为了解决广播电视信号覆盖"盲区"农民群众收听广播、收看电视问题而由国家组织实施的一项民心工程。1998 年,党中央、国务院决定启动广播电视"村村通"工程,分三个阶段。1998—2003 年是第一阶段,完成了 11.7 万个已通电行政村"村村通"工程建设。第二阶段从 2004 年开始,完成了 50 户以上已通电自然村"村村通"工程建设。第三阶段是"十一五"期间,全国已通电行政村和 20 户以上自然村基本实现"村村通"广播电视,农村地区广播电视无线覆盖水平得到全面提高;"十二五"期间,为进一步提高农村广播电视入户率,将偏远农村地区 20 户以下自然村和林区(场)的"盲村"广播电视覆盖纳入实施范围[①]。

"户户通"工程,即"户户通"直播卫星电视服务,是为贯彻中央领导指示精神,尽快解决广大农村地区群众长期无法收听收看广播电视的问题,经中宣部批准,由国家广播电视总局组织实施的直播卫星广播电视新服务。服务区域范围内的群众,可通过自愿购买"户户通"接收设施,免费收看中央电视台第 1 套至第 16 套节目、本省 1 套卫视节目、中国教育电视台第 1 套和 7 套少数民族电视节目,以及 13 套中央人民广播电台节目、3 套中国国际广播电台节目和本省 1 套广播节目。直播卫星"户户通"是以最低成本、最快速度、最有效的方式,从根本上解决中国广大农村家家、户户、人人听广播、看电视的问题,有利于缩小城乡差距,加快推动城乡广播电视公共服务均等化,让农村群众共享中国改革开放成果[②]。截至 2021 年 3 月 31 日,直播卫星"户户通"开通用户数量总计超过 1.3 亿[③](见图 4-4)。

目前,中国直播卫星更多覆盖农村及边远地区,侧重于公共服务所需,有线电视等则重点覆盖城镇区域。2020 年,中国直播卫星电视用户达到 1.45 亿户,"户户通"用户占近九成。国家广播电视总局正在推进直播卫星高清覆盖工作,在 2020 年 12 月印发的《广播电视技术迭代实施方案(2020—2022 年)》中明确直播卫星对 4K/8K 超高清、5G 高新视频的需要,同时要实现与互联网、通信等相关融合业务场景的探索等[④]。

---

① 参见国家广播电视总局广播电视卫星管理中心:"村村通工程介绍",http://www.huhutv.com.cn/col/col1001/index.html,最后浏览日期:2021 年 2 月 27 日。

② 参见国家广播电视总局广播电视卫星管理中心:"户户通工程介绍",http://www.huhutv.com.cn/col/col968/index.html,最后浏览日期:2021 年 2 月 27 日。

③ 参见国家广播电视总局专项工作"户户通"用户发展,http://www.nrta.gov.cn/col/col1146/index.html,最后浏览日期:2021 年 2 月 27 日。

④ 参见《直播卫星户户通用户达 1.31 亿户,1 月新增 32 万户》(2021 年 2 月 8 日),广电网,http://www.dvbcn.com/p/120771.html,最后浏览日期:2021 年 2 月 27 日。

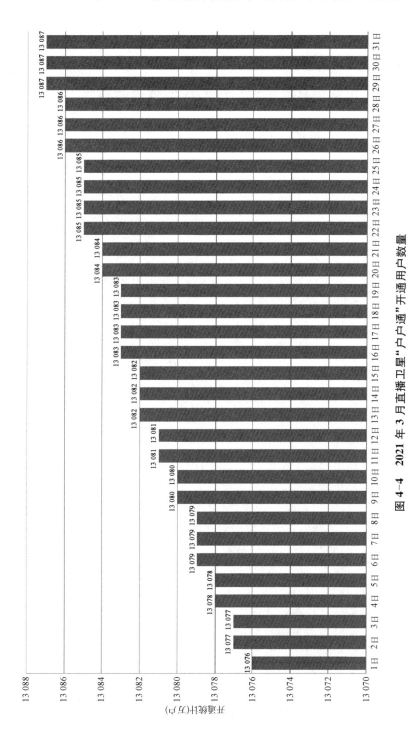

图 4-4 2021 年 3 月直播卫星"户户通"开通用户数量

(资料来源：国家广播电视总局，"户户通—用户发展"，http://www.nrta.gov.cn/art/2021/4/2/art_2178_55653.html)

第五节　卫星电视广播的跨境传播与管理

一、卫星电视广播的跨境传播

1. 全球卫星电视是国家对外传播的重要工具

地球是人类赖以生存的唯一空间,为了在这个有限的空间里获得最佳生存权,每个国家都力争扩大其在国际社会的地位和影响,创造有利于其发展的国际舆论环境。对外传播是实现这一目标的重要手段之一。

在对外宣传的全局中,全球卫星电视的特殊地位和作用正日益明显。电视可以说是当今所有传播媒介中传递最及时、反映最具体、综合信息量最大、对受众影响最直接的传媒,已经成为人们接触世界的重要手段。随着电子技术的进步,电视节目通过卫星可以向全世界的观众播放,三颗地球同步卫星就可以基本覆盖全球,而且不受复杂地形的限制和影响,这无疑实现了对外传播者所预期的传播距离和覆盖范围的最大值。因此,把全球卫星电视作为对外传播手段,其传播效果是其他传播手段望尘莫及的。各国纷纷利用卫星电视来传播自己的观点,推行各自的政治、经济政策、价值观念、文化传统和生活方式。

2. 全球卫星电视发展现状简析

全球卫星电视以通信卫星或广播卫星为中介,电视信号先上行至卫星,再由卫星上的转发器传向地面。一般接收方式有三种:备有特定接收装置(主要是碟形天线的用户)可以直接接收;由设备齐全的电缆电视网接收,同步传送给用户;由一般的地面电视台接收后转播(录播或直播)。

租用卫星转发器使电视节目信号覆盖世界各地,是全球卫星电视解决传送这一环节的重要技术手段。在信号的落地接收上,却有几种不同的方式,这主要是由几个方面的原因造成的:其一,由于价格的技术条件或政策限制,碟形天线这样的直接接收装置目前尚无法在用户中得到全面普及,因而其他两种接收方式可以部分地满足用户对全球卫星电视节目的需求,在现阶段这两种手段还是不可缺少的;其二,电缆电视在各国基本都属于收费电视,将全球卫星电视节目纳入电缆电视网后,用户为了收看此类节目,需要向电缆电视网缴纳额外费用,对增加电缆电视网的收入有重要作用;其三,由于全球卫星电视的节目内容广泛且复杂,将其纳入电缆电视网或由地面电视台接收转播,在一定程度上确保了只有经过审查或过滤的节目才能进入本国的传播流程,这是国家在接收环节上加强对电视节目管理的措施之一。

全球卫星电视的发展进程具有几个显著特点。

第一,由于全球卫星电视是国家进行对外传播的重要工具之一,因此它往往是由国家机构来主持,属于官方或半官方性质,在政策、经费等各方面受到政府的重视和扶持,如美国世界电视网(World Network)、英国BBC国际电视台(BBC World Service Television)、德国之声电视台(Deutsche Welle)和中国中央电视台国际频道等都属于这种情况。同时,这一领域还活跃着另一支生力军,即民办的商业电视台,它们先于官办电视台发展起来,至今仍处于不断壮大的趋势之中。需要指出的是,即使是由非政府组织、团体或企业主持,在国外仍被视为代表和反映这一国家的立场、观点、水平,因此,同样必须以维护本国的形象、尊严和利益为前提。

第二,从全球卫星电视节目的内容来看,新闻节目和娱乐节目处于并重的地位,时事新闻固然有巨大的影响,娱乐节目也是丰富多样的,并且还有像HBO、ESPN、MTV等一些专门播出娱乐、电影、体育等节目的卫星频道,文化传播的比重高了许多。复杂多样的文化特点既可能阻碍跨文化的理解与交流,但比起政治宣传更利于被他人接受,而且文化本身具有强烈的渗透性。因此,有意识地利用文化传播来达到对外传播的目的,也是经常被使用的一种手段。这种手段在一定程度上具有很大的隐蔽性,宣传者用"文化的外衣"将自己的宣传意图包裹起来,宣传的效果在潜移默化中达成。

第三,全球卫星电视机构很明显地集中于欧美发达国家,这主要是由各国社会发展水平决定的,比如美国的世界电视网、家庭影院电视网(HBO)、超级电视台(NBC Super Channel)、英国世界电视台,德国之声电视台,欧洲新闻台(Euro News)等。在经济尚不发达地区,要发展高科技、高资金投入的全球卫星电视,根本不可能。作为发展中国家,中国创办了自己的全球卫星电视机构——中央电视台国际频道,增强自己在国际传播中的地位和影响力。

第四,全球卫星电视的受众目标是全世界的电视观众,但全球卫星电视在发展过程中,市场重心不断转移。早先是欧洲,自20世纪90年代以来开始东移到亚洲,各国的卫星电视机构都将有效占领亚洲市场作为与对手竞争的重要手段,这主要是由世界经济发展形势决定的。亚太地区的经济带动了人民对信息、文化生活和广告的需求,这也促使西方国家的卫星电视机构都将争取亚洲市场作为各自发展的方向。从另一个角度讲,全球卫星电视作为一种对外传播的重要手段,在很大程度上是为国家经济建设服务的,因此,加强对亚洲的传播力度,其实也就是为国家开拓亚洲经济市场奏响前奏曲。

3. 全球卫星电视的影响

全球卫星电视作为一种新兴的传播媒介,以及在发展过程中所表现出的种种特性、趋向,都给整个国际社会带来广泛的影响。

(1) 全球卫星电视与受众

任何一种传播媒介的诞生,都为受众的信息选择开辟了一个新的渠道。全球卫星电视的出现,必将丰富受众的信息活动。全球卫星电视可以传播极大数量的电视节目,使受众有机会接触到他们过去不能(或不完全能)接收到的信息。全球卫星电视的信息传播的数量、质量和速度,可以改变受众原来的信息秩序。由所谓携带事实的信息的传播转为价值判断及意识形态的传播是很容易的,特别是有关不同价值观的信息更是如此。全球卫星电视的节目内容广泛、视觉形象直观,更容易对受众的价值观和世界观产生一定的影响。

(2) 全球卫星电视与对象地区

如今世界各国相互依存,任何国家都不可能再与世界隔绝而游离于"地球村"之外,全球卫星电视的出现有助于加深同一个对象地区的了解和合作。各国的卫星电视机构都是从自身利益出发来制作节目的,各种社会制度下的政治观点、价值观念、文化传统、伦理标准、风俗习惯等,对保持某一地区的政治、文化的同一性带来了挑战。

有些国家采取禁止进口、销售和使用卫星电视接收天线的政策,更多的国家则从若干技术手段上加强监督和管理,但这些措施都只是权宜之计。随着技术手段的进步,用户直接接收变得简单,政府难以监控,而且用封锁信息来控制卫星电视的传播,也会使自己孤立于世界传播体系之外。通过加强自身的国家传播体系的建设,调整传播策略,适应国际竞争的市场需求,增强本国节目的吸引力;或者加强地区性的双边或多边合作,在一定地区内形成传播强势,与外来卫星电视节目相抗衡。归根到底,对象地区只有切实加强自身的社会发展水平,才能在外来影响下保持本民族的特点,才能真正立于不败之地。

(3) 全球卫星电视与国际传播秩序

国际上对卫星电视的管理并没有一个普遍接受的管理规范,主要由各国采取适合自己特点的监管方式来对此进行规范。但从根本上来说,要抑制目前这种混乱的、无序的传播局面,各国应当相互合作协商,寻找彼此能够接受的共同规范。大致包含几个方面:首先,国际卫星电视向别国播放节目,应当尊重他国的主权,只有在他国的同意下,才可以播放;其次,越境卫视播放的节目必须遵守公正、公平的原则,不得鼓励战争,不得煽动国家、种族或地区之间的仇恨及任何形式的歧视、敌意或者暴力;再次,播放广告及其他信息应符合国际有关条约的规定;最后,建立相应的国际或地区性组织,对全球卫星电视布局进行规划和控制。

二、中国卫星电视广播节目的对外输出

卫星通信技术在广播电视领域的应用,使中国广播电视节目对外辐射能力有了很大提高,增强了中国广播电视节目在海外的影响力。

中国利用卫星通信技术对境外传送广播电视节目大致有以下几种途径。

第一,中央电视台通过卫星向世界各地播出海外电视节目。中央电视台中文国际频道(CCTV-4)、英语新闻频道(CCTV-NEWS)、西班牙语和法语频道(CCTV-E&F)信号通过卫星传送基本覆盖全球,并且在北美、欧洲、非洲、亚洲、大洋洲和中南美洲120多个国家和地区实现落地入户。其中,CCTV-4是中央电视台唯一一个面向全球播出的中文频道,目标观众是全球华人,特别是居住在海外的华人、华侨,以及港澳台同胞。2004年10月1日,由中央电视台牵头联合部分地方台、境外中文媒体组成的中国电视长城平台正式开播,包括中央电视台6个频道、7个省级地方频道,以及境外中文媒体共17套节目,在北美地区通过美国艾科斯塔公司平台落地。这标志着中国电视对外传播跃上了一个新台阶,中央电视台对外宣传工作在理念和运作方式上发生了重大变化。央视频道与其他华语频道借助长城平台在美国、加拿大、法国、亚洲、拉美地区,通过有线电视、数字电视、IPTV、卫星电视等方式播出。中央电视台的英语(CCTV-NEWS)、法语(CCTV-F)、西班牙语(CCTV-E)、阿拉伯语、俄语频道等专业外语频道通过卫星覆盖相关地区。截至2009年3月,中央电视台中文、英语、法语、西班牙语四个国际频道的整频道海外落地总用户数已超过1亿户,接近英国BBC、美国CNN国际频道海外落地用户数。其中,CCTV-4用户约1 500万,CCTV-9用户达到7 568万,CCTV-F用户1 051万,CCTV-E用户328万。此外,四个国际频道部分时段节目通过进入当地有线电视网络、卫星电视直播平台、IP电视网、宽带互联网和地面无线电视覆盖等技术手段,在140个国家和地区实现落地入户播出,入户数近1.5亿。中国电视长城平台的影响力不断扩大。中央电视台与世界各地232家电视媒体合作,实施276个整频道或部分时段节目落地项目[①]。2018年,中央电视台落地日本本土化频道"CCTV大富"迎来开播20周年。通过相继进入日本最大的卫星电视网

[①] 参见《央视国际频道整频道海外落地总用户数突破1亿户》(2009年3月19日),中华人民共和国中央人民政府官网,http://www.gov.cn/gzdt/2009-03/19/content_1263356.htm,最后浏览日期:2021年4月20日。

"SKYPerfecTV！"、日本最大的光缆电视网"光 TV"、日本最大的全国有线电视网"J：COM"三大主流电视播出平台，"CCTV 大富"作为中央电视台海外落地唯一以"CCTV"冠名的频道，进入日本千家万户，成为日本民众汲取中国历史文化精粹，倾听中国声音，及时全面了解中国发展变化的"信息直通车"①。

第二，省级电视台使用中星 6A 号、中星 6B 号、亚太 6 号（Ku 段）、中星 9 号（"村村通"使用）等广播电视卫星，已全部实现至少一台上星，部分地方电视台（如延边卫视、深圳卫视、厦门卫视等）也实现上星播出，其覆盖地域事实上已经溢出国（边）界，在亚洲大部至中东的广大地区都能接收到卫星信号。自 2005 年 8 月起，中国卫通通过中卫一号卫星为中央电视台电影频道传输香港落地节目。通过良好的卫星覆盖、稳定的星体状态、优秀的技术支持和周到的客户服务，得到客户的高度认可，并且相继与中国卫通签订高清电影频道、动作频道、家庭影院频道、足球频道等 5 套卫星节目传输合同。2005 年，中国卫通还成功为新疆广播电视局"走出去"工程提供卫星传输服务，向吉尔吉斯斯坦、乌兹别克斯坦、哈萨克斯坦等周边国家传送介绍中国的外语广播电视节目。

第三，中国广播电视机构直接或通过中资机构中介与境外广播电视机构联办卫星电视节目。例如，中央电视台及 20 多家省市电视台与美国 3C 集团合作创办了美洲东方卫星电视，已进入美国洛杉矶和华盛顿地区有线电视网②。再如，中国电视长城平台向海外电视系统提供节目/频道，已进入美国第二大卫星电视公司 EchoStar 系统③。此外，有中资背景的华颖国际有限公司（China Wise International Ltd.）与今日亚洲股份（香港）有限公司（Today's Asia Ltd. Hongkong）和香港卫星电视有限公司（Star TV）合资创办的凤凰卫视控股有限公司，通过亚洲一号、亚洲二号卫星覆盖亚洲广大地区。凤凰卫视中文台于 1996 年 3 月 31 日开播，取代原先的卫视中文频道，具有一定的影响力。之后的默多克新闻集团（News Corporation）通过卫视集团持股凤凰卫视，以及凤凰卫视在港上市，更是通过股权结构市场化而易于为受众所接受。凤凰卫视与中央电视台建立了良好的合作关系，两台联合进行现场直播（比如 1997 年 6 月的柯受良飞越黄河行动、1997 年 11 月中央电视台国际频道开播 5 周年晚会），或者相互支援画面或其他素材（如香港回归政权交接仪式），以及之后一系列合作，都使凤凰卫视在中国内地的知名度大大提升。

---

① 参见《中央电视台落地日本本土化频道迎来开播二十周年》(2018 年 7 月 1 日)，中国新闻网，http://www.chinanews.com/hr/2018/07-01/8552888.shtml，最后浏览日期：2021 年 4 月 20 日。
② 张君昌：《对我国发展国际卫星电视的几点思考》，《南方电视学刊》1997 年第 2 期。
③ EchoStar 公司在美国已经拥有 1 000 万以上订户，覆盖美国全境（包括夏威夷和阿拉斯加）。

第四,中国援非"万村通"项目。"万村通"项目是 2015 年中非合作论坛约翰内斯堡峰会提出的中非人文领域合作举措之一,旨在为非洲国家的一万个村庄接入卫星数字电视信号。2019 年 5 月 10 日,中国援非"万村通"加纳项目竣工,300 个偏僻村庄告别没有卫星电视的历史;5 月 24 日,卢旺达项目竣工,300 个村庄的 900 处公共场所和 6 000 户家庭接入免费卫星电视,120 多名卢旺达青年工程师接受培训,为项目后续运转提供维护;6 月 13 日,赞比亚项目竣工,500 个村庄的 1 500 处公共场所和 1 万户家庭接入免费卫星电视,还创造了大量就业机会,培训了 1 100 多名赞比亚工程师为项目后续运转提供技术支持和服务;10 月 29 日,尼日利亚项目竣工,覆盖尼日利亚全国全部 36 个州及 1 个首都区,惠及村庄 1 000 个,为 2.3 万户家庭免费提供 2 万台机顶盒、3 000 个太阳能板、2 000 个投影仪及 1 000 台数字电视,数百万人因此受益;11 月 14 日,喀麦隆项目竣工,300 个村庄接入卫星数字电视信号;12 月,肯尼亚项目竣工,为肯尼亚 47 个郡的 800 个村庄安装卫星接收天线、机顶盒、数字电视机、投影电视、太阳能系统等设施,1.6 万个农村家庭和 2 400 个公共场所从中获益;科特迪瓦项目则为 500 个村落提供 1 000 套太阳能投影电视系统、500 套数字电视一体机终端、1 万套机顶盒①。

三、对卫星电视广播的管理及规制

听任境外卫星电视节目在本国领空任意辐射和传播,就等于一个主权国家允许外国随意在本国领土上建立电视台或者其他新闻机构,这是世界上任何国家都不会无条件允许的。传播媒介对于一个国家的文化、价值观念、伦理道德,以至社会稳定,都具有很大的影响。为维护本国利益,有利于培养公民的爱国主义精神及保护中华民族的优秀传统,对境外卫星节目作合理且必要的规制是正当的。本国天空的开放与不开放,都属于一个国家的主权范围。我们和一些第三世界国家宣布天空不开放,禁止私自收看境外卫星,就是为了本国的信息流动更为合理,本民族文化不受破坏,使本国经济有一个持续发展的良好环境。2004 年实施的《境外卫星电视频道落地管理办法》有如下规定。

---

① 参见中华人民共和国国务院新闻办公室:《中国援非"万村通"卢旺达项目竣工》(2019 年 5 月 25 日),http://www. scio. gov. cn/xwfbh/xwbfbh/wqfbh/39595/40600/xgbd40607/Document/1656059/1656059. htm;《"我们知道了外面的世界有多大"》(2019 年 11 月 21 日),http://www. scio. gov. cn/31773/35507/35510/Document/1668601/1668601. htm;《"'万村通'给大家带来了欢乐"》(2019 年 12 月 8 日),http://www. scio. gov. cn/31773/35507/35510/35524/Document/1669607/1669607. htm;《中国援非"万村通"肯尼亚项目竣工》(2019 年 12 月 21 日),http://www. scio. gov. cn/31773/35507/35514/35522/Document/1670344/1670344. htm,最后浏览日期:2021 年 2 月 27 日。

第四条:"经广电总局批准,境外卫星电视频道可以在三星级以上涉外宾馆饭店、专供境外人士办公居住的涉外公寓等规定的范围及其他特定的范围落地。"第五条:"申请落地的境外卫星电视频道,应具备下列条件:所播放的内容不违反中国法律、法规、规章的规定;在本国(地区)为合法电视媒体;具备与中国广播电视互利互惠合作的综合实力,承诺并积极协助中国广播电视节目在境外落地;申请落地的频道及其直接相关机构对中国友好,与中国有长期友好的广播电视交流和合作;同意通过广电总局指定的机构(以下简称指定机构)统一定向传送其频道节目,承诺不通过其他途径在中国境内落地;同意并委托指定机构独家代理其在中国境内落地的所有相关事宜。"第六条:"广电总局每年审批一次境外卫星电视频道的落地申请,每年7月至9月办理。"第七条:"对于一个境外卫星电视机构,原则上只批准其所属的一个频道在规定的范围内落地;原则上不批准新闻类境外卫星电视频道在境内落地;不批准境内广播电视机构及其他有关部门、团体、企业、个人在境外开办、合办的卫星电视频道在境内落地。特殊情况,须报广电总局特殊批准。"第十二条:"经批准落地的境外卫星电视频道,禁止播放载有下列内容的节目:危害中国国家统一、主权和领土完整的;危害中国国家安全,损害中国荣誉和利益,泄露中国国家秘密的;煽动中国民族分裂、民族仇恨、民族歧视,破坏中国民族团结,侵害中国民族风俗习惯的;危害中国社会稳定,宣扬淫秽、暴力、迷信、邪教,教唆犯罪的;诽谤、侮辱他人,侵犯他人合法权益的;危害中国社会公德,诋毁中华民族优秀文化传统的;其他违反中国法律、法规、规章规定的。"①2021年2月,经国家广播电视总局调查,BBC世界新闻台涉华报道有关内容严重违反《广播电视管理条例》和《境外卫星电视频道落地管理办法》有关规定,违反新闻应当真实、公正的要求,损害中国国家利益,破坏中华民族团结,不符合境外频道在中国境内落地条件。国家广播电视总局不允许BBC世界新闻台继续在中国境内落地,对其新一年度落地申请不予受理②。

中国天空不向境外卫视任意开放,并不是搞信息封锁,而是通过有效途径转发境外的广播电视节目,以借鉴、吸收国外优秀文化和文明成果,开阔受众眼界,使中国人民更加了解世界。事实上,中国多年来从世界各国先后采取交换、购买等方式,引进大量新闻、专题、综艺、少儿、动画、科教、影视剧等各类广

---

① 参见中华人民共和国商务部:《境外卫星电视频道落地管理办法》(2003年12月4日),http://www.mofcom.gov.cn/aarticle/b/f/200402/20040200177005.html,最后浏览日期:2021年2月28日。

② 参见国家广播电视总局:《简讯》(2021年2月12日),http://www.nrta.gov.cn/art/2021/2/12/art_113_55123.html,最后浏览日期:2021年2月27日。

播电视节目,收到良好的社会效益和经济效益。

1993年10月5日颁布施行的《卫星电视广播地面接收设施管理规定》(国务院令第129号)和1994年2月3日广播电影电视部制定的《〈卫星电视广播地面接收设施管理规定〉实施细则》等相关法规明文规定:各级广播电视行政部门是卫星电视的归口管理部门,会同公安部、国家安全部负责全国卫星地面接收设施管理工作;卫星电视广播地面接收设施的生产、进口、销售、安装、设置、使用实行许可证制度。法规针对中国国情,作了一项补充规定:部分偏远或地形复杂地区的居民无法正常接收微波传输的电视广播节目,《卫星电视广播地面接收设施管理规定》及《〈卫星电视广播地面接收设施管理规定〉实施细则》允许这部分人口按规定申请安装卫星电视接收设备,用以收看国内上星传输的电视广播节目。这一规范根据2013年7月18日《国务院关于废止和修改部分行政法规的决定》修订。第五条:"禁止个人携带、邮寄卫星地面接收设施入境。"第八条:"个人不得安装和使用卫星地面接收设施。如有特殊情况,个人确实需要安装和使用卫星地面接收设施并符合国务院广播电影电视行政部门规定的许可条件的,必须向所在单位提出申请,经当地县、市人民政府广播电视行政部门同意后报省、自治区、直辖市人民政府广播电视行政部门审批。"第十条:"违反本规定,擅自安装和使用卫星地面接收设施的,由广播电视行政部门没收其安装和使用的卫星地面接收设施,对个人可以并处5 000元以下的罚款,对单位可以并处5万元以下的罚款。"第十一条:"当事人对处罚决定不服的,可以依照有关法律、行政法规的规定,申请行政复议或者提起行政诉讼。"①

自2000年以来,随着中国加入WTO,中国的传媒市场,尤其是非新闻的边缘传播市场,逐渐允许向民间及海外开放或者默认地开放,媒体传播的结构与管理方式发生了一定的变化。当然,这些变化都是发生在中国广播电视媒体的根本属性保持不变的前提之上。大致包括以下几个方面。

第一,随着卫星传输广播电视技术、卫星直播到户、Ku段卫星频段的充分开发利用,卫星信号功率的提高,接收设备的小型化,卫星广播电视将日益走进中国受众家庭。

1990年4月9日国务院批准、根据2018年9月18日《国务院关于修改部分行政法规的决定》修订的《卫星地面接收设施接收外国卫星传送电视节目管理办法》第四条规定:"教育、科研、新闻、金融、经贸以及其他确因业务工作需

---

① 参见国家广播电视总局:《卫星电视广播地面接收设施管理规定》(2015年5月21日),http://www.nrta.gov.cn/art/2015/5/21/art_2060_43738.html,最后浏览日期:2021年2月28日。

要的单位,可以按照本办法的规定,申请利用已有的卫星地面接收设施或者设置专门的卫星地面接收设施接收外国卫星传送的电视节目。常住外国人的涉外宾馆(饭店)、公寓确需提供国际金融、商情等经济信息服务的,可以按照本办法的规定,申请设置专门接收外国卫星传送的电视节目的卫星地面接收设施。"第七条规定:"已有卫星地面接收设施的单位,未持有《许可证》的,不得接收外国卫星传送的电视节目;其他单位,未持有《许可证》的,不得设置卫星地面接收设施接收外国卫星传送的电视节目。"第八条规定:"持有《许可证》的单位,必须严格按照《许可证》载明的接收外国卫星传送的电视节目的接收目的、接收内容、接收方位、接收方式和收视对象的范围等要求,接收和使用外国电视节目。"第九条规定:"持有《许可证》的单位,接收外国卫星传送的电视节目,只允许在本单位业务工作中使用。除本单位领导批准外,一律不得录制。严禁将所接收的外国卫星传送的电视节目在国内电视台、有线电视台、录像放映点播放或者以其他方式进行传播。"[1]

目前,中国卫星法令规定,除了教育、科研、新闻、金融、经贸、涉外宾馆(公寓),以及其他因业务工作需要的单位可申请接收外国卫星电视节目,其他个人或单位一律不准接收。但随着卫星电视地面接收设施日益小型化和安装便捷化,职能部门的监控手段面临更多挑战。首先,各个城市私自安装卫星接收设备的现象比较普遍,执法部门主要还是将取缔活动集中在营业场所的非法使用卫星电视接收设备的情况,对于私人安装的情况,由于牵涉面太广,取缔行动相对力度较小。其次,合法安装卫星电视广播地面接收设施的单位或个人,虽然按规定只能接收境内卫星电视广播节目,但同样的接收系统只要设备参数略做调整,同样可以收视境外卫星电视节目。再次,一些地方的有线电视系统私自接收转播海外电视节目。例如,凤凰卫视在中国各地许多小型有线电视系统中均有转播,广州的有线电视系统还接收转播香港的无线电视节目。卫星传输的海外广播电视节目逐渐深入中国内地电视市场的现象仍将存在。

第二,软性节目或媒体通过节目交流、交换、赠送、合作、购买等方式合法进入中国电视广播市场。

随着中国加入WTO,一些与时政新闻关联程度较低的软性电影、电视节目或媒体逐步合法地进入中国传媒市场。例如,进口电影数量增加;音乐、体育、

---

[1] 参见中华人民共和国中央人民政府:《卫星地面接收设施接收外国卫星传送电视节目管理办法》,http://www.gov.cn/gongbao/content/2019/content_5468840.htm,最后浏览日期:2021年2月28日。

文教类电视节目通过各种方式进入中国内地市场,如国际知名电视频道 MTV、ESPN、Discovery 等已通过赠送、低价销售,甚至付出播出费的方式,进入内地有线电视系统,Channel[V]则通过与中国内地电视台合办节目逐步渗入。

这些软性节目的内容,虽然不具有直接的政治意义(这往往是我们比较容易警觉的),但诸如此类的文化产品的进入,也带进了西方的思想观念、生活方式、思维方式的影响,往往会在潜移默化中对受众产生道德、价值观的影响作用,其中一些有损于社会主义精神文明建设。

第三,随着香港和澳门回归,一些海外媒体以香港等地为基地,将其媒介内容辐射到整个华语圈。

例如,默多克的新闻集团(The News Corporation Limited)通过收购香港李嘉诚家族持有的香港星空卫视(Star TV)的股份成功渗入亚太地区的卫星电视领域,并且通过卫星电视的转投资,与中国内地资本合作创办了凤凰卫视,显然是为进一步进入中国电视市场做铺垫。

总之,对于境外卫星电视的进入,除了必要的监管之外,提高中国广播电视节目自身的质量,满足人民日益增长的文化需求,才是一条治本的解决之道。

第六节 "三网融合"和"全国一网"

一、广播电视传播覆盖网的建设与管理

虽然距今已有 20 余年,但 1997 年 8 月 1 日国务院第 61 次常务会议通过、8 月 11 日时任国务院总理李鹏签发、9 月 1 日实施的《广播电视管理条例》(简称《条例》),即国务院第 228 号令,仍是目前中国法律效力层级最高的广播电视管理法规。《条例》明确规定广播电视传输覆盖网的规划、组建和管理的主体是广播电视行政部门,并且首次以法规的形式确认广播电视传输覆盖网在国家信息化建设中的地位和作用,同时为广播电视行政部门规划、建设和管理广播电视传输覆盖网提供了明确的法规依据。

《广播电视管理条例》对广播电台、电视台的概念作出明确界定。《条例》根据 2013 年 12 月 7 日《国务院关于修改部分行政法规的决定》修订。第八条规定:"国务院广播电视行政部门负责制定全国广播电台、电视台的设立规划,确定广播电台、电视台的总量、布局和结构。本条例所称广播电台、电视台是

指采编、制作并通过有线或者无线的方式播放广播电视节目的机构。"①

《条例》并未限定广播电台、电视台必须使用何种传输手段。一般认为,使用电缆或者其他网络传输广播电视节目的机构称为"有线台",使用无线电波传输广播电视节目的机构称为"无线台"。事实上,"有线台"或"无线台"都只是相对而言,由于广播电视技术复合程度日益提高,微波、卫星等无线传输方式往往与同轴电缆、光缆等有线传输方式交错使用、互为补充。例如,不少有线电视系统(如湖南、北京和四川有线电视台等)都曾采用多点多频道微波分配系统(MMDS)的技术方式将节目信号传输到各分站,再通过有线电视网络传送到用户终端,以"无线传输、有线入户"的传输方式实现广播电视联网。因此,"有线台"与"无线台"之间并不存在绝对的分野,一般习惯按最终接入用户终端的方式或节目主要传输方式来称呼"有线台"或"无线台"②。

在一般观念中,广播电台、电视台是广播电视系统的核心节点,所称的电视台除了包括"台"的机构本身之外,也包括传输该广播电视节目的有线或无线网络系统,即"网台合一"的概念。例如,《条例》第十七条:"广播电视传输覆盖网由广播电视发射台、转播台(包括差转台、收转台,下同)、广播电视卫星、卫星上行站、卫星收转站、微波站、监测台(站)及有线广播电视传输覆盖网等构成。""组建广播电视传输覆盖网,包括充分利用国家现有的公用通信等各种网络资源,应当确保广播电视节目传输质量和畅通。"③

从上面对"台"和"网"的概念的重新认识可以发现,尽管现在广播电视传输覆盖网在很大程度上依靠广播电台、电视台的节目传输网络,但随着广播电视事业和科技水平的飞速发展,建立有线、无线纵横交错,光缆、卫星相互补充的稳定独立的全国性广播电视传输覆盖网,不是单独的一个台或几个台可以承受的。因此,《条例》第十七条规定:"国务院广播电视行政部门应当对全国广播电视传输覆盖网按照国家的统一标准实行统一规划,并实行分级建设和开发。县级以上地方人民政府广播电视行政部门应当按照国家有关规定,组建和管理本行政区域内的广播电视传输覆盖网。"第二十三条规定:"区域性有线广播电视传输覆盖网,由县级以上地方人民政府广播电视行政部门设立和管理……同一行政区域只能设立一个区域性有线广播电视传输覆盖网。有线

---

① 参见国家广播电视总局:《广播电视管理条例》(2015年5月21日),http://www.nrta.gov.cn/art/2015/5/21/art_2060_43662.html,最后浏览日期:2021年2月28日。
② 为行文方便,如无特别说明或语境限定,本书使用"电视台"、"广播电视"等名词时,同时包括有线台或无线台,只有当"电视台"和"有线电视台"并用时,前者仅指无线电视台。
③ 参见国家广播电视总局:《广播电视管理条例》(2015年5月21日),http://www.nrta.gov.cn/art/2015/5/21/art_2060_43662.html,最后浏览日期:2021年2月28日。

电视站应当按照规划与区域性有线电视传输覆盖网联网。"第二十九条规定："县级以上人民政府广播电视行政部门应当采取卫星传送、无线转播、有线广播、有线电视等多种方式,提高农村广播电视覆盖率。"[①]不仅明确规定由各级政府广播电视行政部门负责建网、联网、组网、管网,确立广播电视网的法定地位,还明确无线、有线、卫星等多种方式协同覆盖的必要性。

二、有线广播电视传输覆盖网的发展

在广播电视传输覆盖网中,尤其在城市及其周边地区,有线电视传输覆盖网有着十分重要的地位。"有线电视网"在《广播电视管理条例》中被明确地称为"有线广播电视传输覆盖网",这一概念与负责节目制作、播放的"有线电视台"的概念是不完全等同的。有线电视网的主要功能是在一定区域内完整传播包括中央台、地方台等广播电视节目的网络系统。目前,有线电视网一般隶属于当地有线电视台,归有线台所有和使用,这样的机构实际上是"有线电视台"加上"有线广播电视传输覆盖网"的复合体。

"网台合一"的有线电视模式在发展过程中,尤其在地形复杂、人口分散的区域中,可能会遇到一些问题。

第一,现代化有线网络的建设、维护、更新换代的费用相当庞大,仅靠有线电视用户的初装费和收视费是很难维持的,而应像一些投入大、产出慢、周期长的基础建设项目那样,由政府主管部门来统筹安排、规划建设。

第二,随着有线电视系统的联网规模逐渐扩大和多层次网络技术的采用,网络的科学运营牵涉面越来越广,管理运营难度也将明显增加,由有线电视台行使承担区域内绝大多数电视广播节目(频道)传输的有线广播电视传输覆盖网的管理职能,会显得力不从心、事倍功半。

第三,由有线台自行建设有线电视传输覆盖网,容易导致小网林立、标准各异、布局失衡、投资重复的后果,这显然不符合广播电视大联网的趋势。因此,有线电视网的规划、建设及运营、管理由各级政府广播电视行政部门来统筹安排,是科学的做法。

《广播电视管理条例》第二十三条以行政法规的形式,确立有线电视网只能由各级广播电视行政部门来设立、管理和运营的原则。为防止有线电视网的重复建设和布局失衡,由各级政府广播电视行政部门设立、管理和运营的有

---

① 参见国家广播电视总局:《广播电视管理条例》(2015年5月21日),http://www.nrta.gov.cn/art/2015/5/21/art_2060_43662.html,最后浏览日期:2021年2月28日。

线广播电视传播覆盖网会逐步出现与有线台分离的趋势。有线电视网除传输的无线广播电视节目之外，更可利用自身频道资源和网络资源，有偿传输图文信息、语音信箱、计算机互联网接入等非广播电视的网络传输业务。

三、资本市场参与有线电视网络建设

在有线电视网的联网方面，全国各地正在加快进程。与电信网不同，中国有线网是自下而上建设的。目前，全国各地的市、县级当地有线网已初具规模，现在的主要任务是建设省级主干传输网及全国性联网，从而把各地分散的网络连接起来，提高整个网络的价值。在联网过程中，人们不仅要克服技术上的难题，还需要协调参与各方的利益；此外，为了开发网上扩展业务与增值业务，还需要配备各种软硬件设备。为了实现上述网络改造目标，需要有巨额资金投入。这些投入并不能在当期就产生利润，其效益要到若干年后才会体现，回报周期较长。由政府独立承担庞大的经费支出无疑有较大困难，勉力为之也会降低有线网的改造速度。因此，从资本市场融资或以出让部分股份的方式，本着"共担成本、共享利润"的原则，吸引广播电视系统以外的资本进入无疑是必要的且有效的。

早在20世纪90年代末期，已有一些上市公司入股参与有线电视网的建设。例如，电广实业提出对长沙有线网进行HFC改造计划；大显股份主要拓展这方面的设备生产；明星电力首期斥资4 800万元，与成都海星实业总公司合作组建成都大西南有线网络有限责任公司，在大西南网络公司中占50%的股份。重新组建的公司将与成都周边地区政府合作，进行当地有线电视网络的开发和经营。新组建的大西南公司将针对各个地市"局台合一"、"网台合一"的运作方式和经营现状，采用与当地广电局"点对点"合作经营的方式，以资金及设备出资，各市县广电局以现有网络用户、部分设备和经营权作价投资，共同组建各市县当地的有线电视网络经营公司。争取迅速占领成都周边市县有线电视网络市场，并以此为基础，逐步向四川和四川以外的大西南地区扩展，建成中国西南地区跨地区的有线电视网络。以拥有的有线电视网络为基础，进行技术改造生计，增加网络的功能，将单向的广播电视网络改造成为双向的包括广播电视、电话、数据在内的真正"三网合一"的多功能综合服务网。

此外，浙江天然收购绍兴有线网与徐州有线网，四川长虹集团对成都市有线电视网进行改造，南京高科和南京新百参与南京市有线电视网络建设等，随着有线网向双向多媒体宽带网发展，有线电视节目的传输量进一步扩大，还为

用户提供视频点播、互联网接入等功能。

资本市场介入有线网建设,首先在于有线网的发展前景吸引资金进入。通常传播信息的传输网络主要有电信网、计算机网、有线电视网三种。前两者使用双绞线与用户连接(通常所说的"到户最后一公里"),带宽仅 300~3 400 Hz,整个网络的流通能力受到这一瓶颈的限制,全部更新需要巨大的投资。以广播电视业为主体的有线电视网近年来在中国发展十分迅速,在一些地区的普及率甚至有超过电话的势头。同时,视频压缩、信道编码技术的日趋成熟,也使得广播电视业全面向数字化方向发展。目前,有线电视网基本完成从传统电缆网到光纤、同轴电缆混合网的改造,可用的带宽资源大大增加。相较电信网双向交流对称及其双向业务量基本相同的特点,有线电视网的上行和下行是非对称的,由中心向下广播流量大,用户上行流量小,有线电视网络硬件设施与数据业务的传输信息的分配与交换也更合理,更适合广大用户的需求,能为用户提供更优的性能价格比。因此,有线电视网络的发展前景对业外资本的进入具有较强的吸引力。

其次,对现有有线网的升级改造需要大量的资金。中国有线网络按行政管理体制可以分为四级,即国家干线网、省级干线网、地市级网、社区县级网;按网络结构可以分为干线网和用户网。其中,干线网主要连接各有线台,国家网、省级网都属于干线网;而用户网是有线台与广大用户之间敷设的网,地市级网和县级网都是用户接入网。用户接入网虽然是网络的末端部分,却是投资最大、网络运行质量最关键的部分,用户接入设备占整个网络设备投资的50%以上;接入网的带宽,则影响用户接收信息的速度和容量。有线电视网要实现播送电视节目这一基本功能以外的专业信息频道、双向互联网接入、视频点播、远程教育、电缆电话等一系列扩展和增值业务,需要有足够的带宽。对现有设备的改造需要大量的资金,需要资本市场的介入来解决这一问题。

再次,目前中国仍不允许政府以外的系统直接介入媒体,资本市场中的业外资金只能进入有线网络的硬件建设部分,而不能涉及新闻传播部分的内容。《广播电视管理条例》对广播电视事业的主体资格作出明确的限定,即第十条:"广播电台、电视台由县、不设区的市以上人民政府广播电视行政部门设立,其中教育电视台可以由设区的市、自治州以上人民政府教育行政部门设立。其他任何单位和个人不得设立广播电台、电视台。国家禁止设立外资经营、中外合资经营和中外合作经营的广播电台、电视台。"[1]因此,资本市场对有线电视

---

[1] 参见国家广播电视总局:《广播电视管理条例》(2015 年 5 月 21 日),http://www.nrta.gov.cn/art/2015/5/21/art_2060_43662.html,最后浏览日期:2021 年 2 月 28 日。

网络硬件设备的投资是广播电视系统之外的资本市场资金对涉及广播电视媒体投资的唯一可能。2005年4月,国务院发布《关于非公有资本进入文化产业的若干决定》,虽然"非公有资本不得投资设立和经营通讯社、报刊社、出版社、广播电台(站)、电视台(站)、广播电视发射台(站)、转播台(站)、广播电视卫星、卫星上行站和收转站、微波站、监测台(站)、有线电视传输骨干网等;不得利用信息网络开展视听节目服务以及新闻网站等业务;不得经营报刊版面、广播电视频率频道和时段栏目;不得从事书报刊、影视片、音像制品成品等文化产品进口业务;不得进入国有文物博物馆",但同时提出"非公有资本可以建设和经营有线电视接入网,参与有线电视接收端数字化改造,从事上述业务的文化企业国有资本必须控股51%以上。非公有资本可以控股从事有线电视接入网社区部分业务的企业"①。国家有意鼓励社会资本参与有线电视网络建设,强化有线电视网络产业发展的市场意识,为有线电视网络发展注入外部动力。

四、"三网融合"和"全国一网"

广播电视及其传输网络,已成为国家信息化的重要组成部分。

2001年3月15日第九届全国人民代表大会第四次会议批准的《中华人民共和国国民经济和社会发展第十个五年计划纲要》,第一次在国家战略层面明确提出"三网融合":在第六章"加速发展信息产业,大力推进信息化"第二节"建设信息基础设施"中提出,"健全信息网络体系,提高网络容量和传输速度。大力发展高速宽带信息网,重点建设宽带接入网,适时建设第三代移动通信。强化网络与信息安全保障体系建设。建设基础国情、公共信息资源、宏观经济数据库及其交换服务中心,完善地理空间信息系统。促进电信、电视、计算机三网融合"②。

2006年3月14日第十届全国人民代表大会第四次会议批准的《中华人民共和国国民经济和社会发展第十一个五年规划纲要》,第十五章"积极推进信息化"第三节"完善信息基础设施"指出:"积极推进'三网融合'。建设和完善宽带通信网,加快发展宽带用户接入网,稳步推进新一代移动通信网络建设。

---

① 参见中华人民共和国中央人民政府:《国务院关于非公有资本进入文化产业的若干决定(国发〔2005〕10号)》,http://www.gov.cn/gongbao/content/2005/content_64188.htm,最后浏览日期:2021年2月28日。

② 参见中华人民共和国中央人民政府:《中华人民共和国国民经济和社会发展第十个五年计划纲要》,http://www.gov.cn/gongbao/content/2001/content_60699.htm,最后浏览日期:2021年2月28日。

建设集有线、地面、卫星传输于一体的数字电视网络。构建下一代互联网,加快商业化应用。制定和完善网络标准,促进互联互通和资源共享。"①

2011年的《中华人民共和国国民经济和社会发展第十二个五年规划纲要》第十三章"全面提高信息化水平"指出,要"加快建设宽带、融合、安全、泛在的下一代国家信息基础设施,推动信息化和工业化深度融合,推进经济社会各领域信息化"。在第一节"构建下一代信息基础设施"中进一步明确"统筹布局新一代移动通信网、下一代互联网、数字广播电视网、卫星通信等设施建设,形成超高速、大容量、高智能国家干线传输网络。引导建设宽带无线城市,推进城市光纤入户,加快农村地区宽带网络建设,全面提高宽带普及率和接入带宽。推动物联网关键技术研发和在重点领域的应用示范。加强云计算服务平台建设。以广电和电信业务双向进入为重点,建立健全法律法规和标准,实现电信网、广电网、互联网三网融合,促进网络互联互通和业务融合"②。

2015年8月25日《国务院办公厅关于印发三网融合推广方案的通知》(国办发〔2015〕65号)指出:"推进三网融合是党中央、国务院作出的一项重大决策。近年来,各地区、各有关部门认真贯彻落实国务院关于推进三网融合总体方案和试点方案有关工作部署,试点阶段各项任务已基本完成。在总结试点经验的基础上,加快在全国全面推进三网融合,推动信息网络基础设施互联互通和资源共享,有利于促进消费升级、产业转型和民生改善。各地区、各有关部门要充分认识全面推进三网融合的重要意义,切实加强组织领导,落实工作责任,完善工作机制,扎实开展工作,确保完成推广阶段各项目标任务。国务院三网融合工作协调小组办公室要会同有关部门加强指导协调和跟踪督促,不断完善有关政策,及时解决推广工作中遇到的问题。各有关部门要进一步加强协调配合,形成合力,共同推进各项工作。"

具体工作目标有:"① 三网融合全面推进。总结推广试点经验,将广电、电信业务双向进入扩大到全国范围,并实质性开展工作。② 网络承载和技术创新能力进一步提升。宽带通信网、下一代广播电视网和下一代互联网建设加快推进,自主创新技术研发和产业化取得突破性进展,掌握一批核心技术,产品和业务的创新能力明显增强。③ 融合业务和网络产业加快发展。融合业务应用更加普及,网络信息资源、文化内容产品得到充分开发利用,适度竞

---

① 参见中华人民共和国中央人民政府:《中华人民共和国国民经济和社会发展第十一个五年规划纲要》,http://www.gov.cn/gongbao/content/2006/content_268766.htm,最后浏览日期:2021年2月28日。

② 参见中华人民共和国中央人民政府:《国民经济和社会发展第十二个五年规划纲要(全文)》,http://www.gov.cn/2011lh/content_1825838_4.htm,最后浏览日期:2021年2月28日。

争的网络产业格局基本形成。④科学有效的监管体制机制基本建立。适应三网融合发展的有关法律法规基本健全,职责清晰、协调顺畅、决策科学、管理高效的新型监管体系基本形成。⑤安全保障能力显著提高。在中央网络安全和信息化领导小组的领导下,网络信息安全和文化安全管理体系更加健全,技术管理能力显著提升,国家安全意识进一步增强。⑥信息消费快速增长。丰富信息消费内容、产品和服务,活跃信息消费市场,拓展信息消费渠道,推动信息消费持续稳定增长。"

主要任务包括"在全国范围推动广电、电信业务双向进入":"开展双向进入业务许可审批。……广电企业在符合电信监管有关规定并满足相关安全条件的前提下,可经营增值电信业务、比照增值电信业务管理的基础电信业务、基于有线电视网的互联网接入业务、互联网数据传送增值业务、国内网络电话(IP电话)业务,中国广播电视网络有限公司还可基于全国有线电视网络开展固定网的基础电信业务和增值电信业务。符合条件的电信企业在有关部门的监管下,可从事除时政类节目之外的广播电视节目生产制作、互联网视听节目信号传输、转播时政类新闻视听节目服务、除广播电台电视台形态以外的公共互联网视听节目服务、交互式网络电视(IPTV)传输、手机电视分发服务。""加快推动IPTV集成播控平台与IPTV传输系统对接。在宣传部门的指导下,广播电视播出机构要切实加强和完善IPTV、手机电视集成播控平台建设和管理,负责节目的统一集成和播出监控以及电子节目指南(EPG)、用户端、计费、版权等的管理,其中用户端、计费管理由合作方协商确定,可采取合作方'双认证、双计费'的管理方式。IPTV全部内容由广播电视播出机构IPTV集成播控平台集成后,经一个接口统一提供给电信企业的IPTV传输系统。电信企业可提供节目和EPG条目,经广播电视播出机构审查后统一纳入集成播控平台的节目源和EPG。"

"加快宽带网络建设改造和统筹规划":"加快下一代广播电视网建设。加快推动地面数字电视覆盖网和高清交互式电视网络设施建设,加快广播电视模数转换进程。采用超高速智能光纤传输交换和同轴电缆传输技术,加快下一代广播电视网建设。建设下一代广播电视宽带接入网,充分利用广播电视网海量下行宽带、室内多信息点分布的优势,满足不同用户接入带宽的需要。加快建设宽带网络骨干节点和数据中心,提升网络流量疏通能力,全面支持互联网协议第6版(IPv6)。加快建设融合业务平台,提高支持三网融合业务的能力。中国广播电视网络有限公司要加快全国有线电视网络互联互通平台建设,尽快实现全国一张网,带动各地有线电视网络技术水平和服务能力全面提升,引导有线电视网络走规模化、集约化、专业化发展道路。充分发挥有线电视网络的国家信息基础设施作用,促进有线电视三网融合业务创新,全面提升有线电视网络的服务品质和终端用户体验。""加快推动电信宽带网络建设。实施'宽带中国'工程,加快光纤网络建设,全面提高网络技术水平和业务承载能力。城市新建区域以光纤到户模式为主建设光纤接入网,已建区域可采用多种方式加快'光进铜退'改造。扩大农村地区宽带网络覆盖范围,提高行政村通宽带、通光纤比例。加快互联网骨干节点升级,提升网络流量疏通能力,骨干网全面支持 IPv6。加快业务应用平台建设,提高支持三网融合业务的能力。""加强网络统筹规划和共建共享。继续做好电信传输网和广播电视传输网建设升级改造的统筹规划,充分利用现有信息基础设施,创新共建共享合作模式,促进资源节约,推动实现网络资源的高效利用。加强农村地区网络资源共建共享,努力缩小'数字鸿沟'。"[1]

2016 年《中华人民共和国国民经济和社会发展第十三个五年规划纲要》第六篇"拓展网络经济空间"强调,要"牢牢把握信息技术变革趋势,实施网络强国战略,加快建设数字中国,推动信息技术与经济社会发展深度融合,加快推动信息经济发展壮大"。第二十五章"构建泛在高效的信息网络"指出,要"加快构建高速、移动、安全、泛在的新一代信息基础设施,推进信息网络技术广泛运用,形成万物互联、人机交互、天地一体的网络空间"。

具体包括第一节"完善新一代高速光纤网络":"构建现代化通信骨干网络,提升高速传送、灵活调度和智能适配能力。推进宽带接入光纤化进程,城镇地区实现光网覆盖,提供 1 000 兆比特每秒以上接入服务能力,大中城市家庭用户带宽实现 100 兆比特以上灵活选择;98%的行政村实现光纤通达,有条件地区提供 100 兆比特每秒以上接入服务能力,半数以上农村家庭用户带宽实现 50 兆比特以上灵活选择。建立畅通的国际通信设施,优化国际通信网络布局,完善跨境陆海缆基础设施。建设中国-阿拉伯国家等网上丝绸之路,加快建设中国-东盟信息港。"

第二节"构建先进泛在的无线宽带网":"深入普及高速无线宽带。加快第四代移动通信(4G)网络建设,实现乡镇及人口密集的行政村全面深度覆盖,在城镇热点公共区域推广免费高速无线局域网(WLAN)接入。加快边远山区、牧区及岛礁等网络覆盖。优化国家频谱资源配置,加强无线电频谱管理,维护安全有序的电波秩序。合理规划利用卫星频率和轨道资源。加快空

---

[1] 参见中华人民共和国中央人民政府:《国务院办公厅关于印发三网融合推广方案的通知(国办发〔2015〕65 号)》(2015 年 8 月 25 日),http://www.gov.cn/zhengce/content/2015-09/04/content_10135.htm,最后浏览日期:2021 年 2 月 28 日。

间互联网部署,实现空间与地面设施互联互通。"

第三节"加快信息网络新技术开发应用":"积极推进第五代移动通信(5G)和超宽带关键技术研究,启动 5G 商用。超前布局下一代互联网,全面向互联网协议第 6 版(IPv6)演进升级。布局未来网络架构、技术体系和安全保障体系。重点突破大数据和云计算关键技术、自主可控操作系统、高端工业和大型管理软件、新兴领域人工智能技术。"

第四节"推进宽带网络提速降费":"开放民间资本进入基础电信领域竞争性业务,形成基础设施共建共享、业务服务相互竞争的市场格局。深入推进'三网融合'。强化普遍服务责任,完善普遍服务机制。开展网络提速降费行动,简化电信资费结构,提高电信业务性价比。完善优化互联网架构及接入技术、计费标准。加强网络资费行为监管。"

再度强调"三网融合"的同时,宽带中国、物联网应用推广、云计算创新发展、"互联网+"行动、大数据应用、国家政务信息化、电子商务、网络安全保障被列入国家信息化重大工程[①]。

在"三网融合"背景下,有线电视传输覆盖网在中国信息网络的整体建设中扮演着重要的角色,而且有线电视已经不是单纯的广播电视覆盖手段,而是承担了广播电视节目覆盖、互联网网络接入,甚至电信业务等多重功能(见图4-4)。尽管广播电视、电信的互联互通在技术上已不是难题,但出于信息安全、播出安全、行业利益平衡等原则的考虑,两个行业的彻底融合在短期内仍不可能。然而,在技术上实现三网同步、资源共享已成为现实,并且成为进一步发展的趋势。

2016 年 11 月,中宣部、财政部、国家新闻出版广电总局联合印发的《关于加快推进全国有线电视网络整合发展的意见》指出:"经过多年发展,全国有线电视网络干线超过 426 万公里,全国用户约 2.4 亿户,已成为国家重要的信息基础设施,是网络强国建设的重要组成部分。目前,各省(区、市)基本实现'一省一网',数字化、双向化改造深入实施,服务能力和水平不断提高。同时也要看到,随着网络和数字技术的快速发展,新媒体、新业态、新商业模式不断涌现,有线电视网络业务创新、转型升级受到分散运营、分割发展的制约,资源优势、规模效益得不到充分发挥,可持续发展面临重大挑战。适应新形势、新变化、新要求,加快推进全国有线电视网络整合发展,是贯彻落实党中央、国务

---

① 参见中华人民共和国中央人民政府:《中华人民共和国国民经济和社会发展第十三个五年规划纲要》(2016 年 3 月 17 日),http://www.gov.cn/xinwen/2016-03/17/content_5054992.htm,最后浏览日期:2021 年 2 月 28 日。

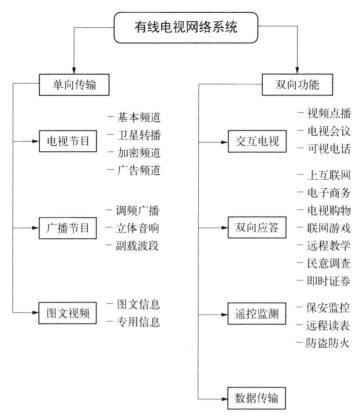

图 4-4 有线电视网络的多重功能

院决策部署的重大举措和重要任务,是赢得发展空间和竞争优势的内在要求,有利于牢牢占领宣传思想文化主阵地,维护意识形态安全、文化安全和网络安全,有利于扩大优秀文化产品和服务的覆盖面和影响力,更好满足人民群众多样化、多层次的精神文化需求,有利于促进文化消费升级和产业转型,推进文化领域供给侧结构性改革。"

指导思想是"以邓小平理论、'三个代表'重要思想、科学发展观为指导,深入贯彻习近平总书记系列重要讲话精神,特别是习近平总书记提出的'努力把我国建设成为网络强国'的总目标,落实国家三网融合战略,进一步巩固有线电视网络传播主流舆论的主渠道地位,加强顶层设计,创新机制体制,强化科技引领,推动全国有线电视网络整合和智能化建设,加快建设兼具宣传文化和信息服务特色的新型融合网络,建立互联互通、安全可控的全国性数字化文化传播渠道,提高网络安全保障能力,推动规模化、集约化、专业化发展,切实增强先进文化的传播力、引导力和影响力"。

工作目标是"到'十三五'末期,基本完成全国有线电视网络整合,成立由中国广播电视网络有限公司控股主导、各省级有线电视网络公司共同参股、按母子公司制管理的全国性股份公司,实现全国一张网。建成全国互联互通平台,完成双向化宽带化智能化改造,网络承载能力和内容支撑能力进一步提高,跨域、跨网、跨终端的综合信息服务和三网融合创新业务加快发展,节目内容、技术应用、平台终端实现共享融通,有线电视网络产业的综合效益、整体实力和核心竞争力显著增强"。[①]

2020年10月,中国广电网络股份有限公司(简称中国广电)成立,完成"全国一网"的整合工作,成为全国第四大电信运营商,迈出了全国有线电视网络整合和广电5G建设一体化发展的重要一步,也将实现行业5G应用的全新发展。"全国一网"的深远意义在于,中国广电拥有5G移动通信、国内通信基础设施服务、互联网国内数据传送等技术电信业务经营许可3项,内容分发网络等增值电信业务7项,以及700 MHZ、4.9 GHZ、3.3~3.4 GHZ等频段的5G频率资源的储备,192号段、10099等电信码号资源使用许可4项。目前,700 MHZ频段的5G国际标准已经颁布实施,支持中国广电5G的生态加速成熟,就近发布的手机基本都支持700 MHZ频段,有线加无线加内容三融合的优势不断显现。这一融合不是简单的相加,而是实现新的定位:"'全国一网'的广电网络是一张新型的媒体融合传播网,是一张新型的数字文化传播网,是一张新型的数字经济基础网,更是一张重要的国家战略资源网,它将在推动媒体融合发展、打造智慧广电媒体、发展智慧广电网络等方面发挥重要的作用。"

这次整合还是一项全面深化改革的过程:"通过引入国家电网和阿里巴巴两大战略投资者,全新的中国广电注册资本达到千亿元规模,拥有全新范围近230万公里的有线电视光纤网络,2.07亿的电视机用户,2 385万户的有线电视终端用户,以及广电宽带电视集成平台等16项特色业务牌照。"中国广电将聚合5G通信和广播电视业务优势,持续深挖、巩固拓展个人家庭和行业用户,开拓新的业务增量。一方面,着力构建"全国一网"的统分运营平台,推广优秀的区域性业务;另一方面,以点带面、规模孵化,扩大前沿科技和新兴领域应用,以5G+大小屏融合的业务为核心抓手,主打5G内容+流量+全域+体验的差异,持续巩固深挖拓展个人和家庭用户。同时,中国广电将积极拓展党政、

---

① 参见《中宣部:41号文〈关于加快推进全国有线电视网络整合发展的意见〉》(2016年12月6日),流媒体网,https://lmtw.com/mzw/content/detail/id/139724,最后浏览日期:2021年2月28日;《中宣部、财政部、广电总局印发〈关于加快推进全国有线电视网络整合发展的意见〉》,东方有线,http://www.ocn.net.cn/ztzh_zhengce08.html,最后浏览日期:2021年2月28日。

媒体、电力、能源等垂直行业,合力建立共享多赢的生态新体系。从用户的角度看,有线电视网络提供的节目内容将更加丰富,随着互联互通平台建成并投入使用,将真正实现海量内容随心选择。与此同时,中国广电正深入开发"融媒TV"产品线,着力推动有线电视终端升级迭代和IP化改造,打造集社交、视频通信、大小屏互动为一体的融合电视产品,"用户自己定义电视"将成为新的收视风潮。"智慧广电"与广电5G建设加紧推进,超高清(4K/8K)、虚拟现实(VR)、物联网等新业态新服务将深入百姓生活,大量垂直应用将涵盖生产生活方方面面,用户使用体验、消费体验将大大升级①。

五、互联网与广播电视的结合

互联网与广播电视的结合,呈现出以下一些特征。

1. 网络电台、电视台逐渐增多

随着互联网技术的普及,尤其是带宽及流媒体技术的逐步成熟②,越来越多的广播电视机构将自己的节目上网传播,还出现了只在网上播出的在线电台、电视台③。互联网广播电视可以突破传播传输技术的限制,只要有一台可以联网的计算机,就可以收听、收看世界各地的广播和电视。

2. 网络经济初具规模

在中国,互联网正在造就一个庞大的产业并推动其他相关产业的发展。相较传统的营销手段,电子商务和与互联网相关的经济金融服务是一个飞跃性转变。

3. 媒介融合趋势加快

互联网已成为21世纪新的经济热点,其中,网络媒体的发展又给传统的媒介生态带来许多新兴的变化。2021年2月中国互联网络信息中心(CNNIC)发布的《第47次中国互联网络发展状况统计报告》显示,截至2020年12月底,中国网民规模已达9.89亿人,较2019年同比增加0.85亿人,互联网普及率持续上升增至70.4%;其中,手机网民规模达到9.86亿人,较2019年同比增加0.89亿人,手机上网比例达到全部网民的99.7%。截至2020年12月,

---

① 参见《"全国一网"来了,中国广电哪些未来可期》(2020年10月28日),人民网,http://media.people.com.cn/n1/2020/1028/c40606-31908499.html,最后浏览日期:2021年2月28日;《"全国一网":迈向智慧广电重要一步》(2020年10月29日),人民网,http://media.people.com.cn/n1/2020/1029/c40606-31910002.html,最后浏览日期:2021年2月28日。

② 流媒体(media streaming)技术改变了传统音频、视频文件必须完整下载后才能播放的情况,可以边下载、边播放,只要有一部分缓存(baffle)时间,就可以收听、收看网上的音频、视频文件。

③ 网上电台(online radio/TV 或 internet broadcasts),也曾被称为"网播"(webcast)。

中国网络新闻用户规模已达7.43亿,手机网络新闻用户达7.43亿;中国网络视频(含短视频)用户规模达到9.27亿,其中,短视频用户人数8.73亿[①]。这些都反映出中国网络使用日益普及,通过网络接收新闻信息已成常态;网络视频服务成为绝大多数网民的选择,由于移动终端使用普及率高,短视频用户的增幅近年来表现尤为突出。

根据2019年日本的广告费调查,日本全年总广告费为6兆9 381亿日元,其中,网络广告费超过2兆日元,首次超过电视媒体广告费。2020财政年度,日本五大民间放送的整体营业利润出现下降,但网络视频流媒体平台成绩不俗,营收大幅增长(见图4-5)。

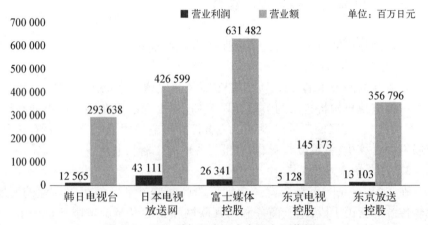

图4-5 2020财年日本五大电视台经营状况

(资料来源:《日本五大电视台经典动画IP在授权收入方面增长保持稳定》,e线资讯,http://www.exzixun.com/news/202005/1696.html)

日本的传统广播电视机构针对网络视频传播的发展趋势积极布局流媒体平台,其中,朝日电视台和日本电视放送网各自旗下的流媒体平台AbemaTV和Hulu,在2020财政年度在用户数和营收方面具有很好的表现。

2020财年,朝日电视台与综合娱乐公司CyberAgent合作开办的网络视频平台AbemaTV,其App下载数累计达到5 000万,广告收入也大幅上涨。由于地域限制,中国用户不能直接使用该视频平台,但在哔哩哔哩等网站上,有大量讨论破解版AbemaTV的下载方法的视频,AbemaTV的火热程度可见一斑。

[①] 参见中华人民共和国国家互联网信息办公室:第47次《中国互联网络发展状况统计报告》(全文),(2021年2月3日)http://www.cac.gov.cn/2021-02/03/c_1613923423079314.htm,最后浏览日期:2021年2月28日。

日本电视放送投资的网络流媒体配信服务 Hulu(日本电视台通过旗下控股公司来实际运营美国流媒体平台 Hulu 在日本的网络视频业务)2020 财政年度也有很好表现,除了会员登录人数比 2019 年大幅增长 10.8%,营业额达 680 亿 6 400 万日元[①]。

与传统媒体相比,网络媒体具有更强的国际性,尽管有出入口管制、防火墙(firewall)等限制,用户在网上的浏览很少受到地域、政治等的强制限制(除语言文字的限制外);而通过简单的代理服务器等不受官方认可却在网上可以轻易得到的免费服务,国内用户想要绕开官方设置的防火墙或者其他限制亦非难事。因此,在网络媒体的竞争方面,从一开始,国内业者就面临来自海外业者的挑战与冲击。

中国提供新闻服务的网站除了面临海外商业网站提供信息服务的竞争外,媒体形态进一步融合,传统媒体与互联网呈现出紧密融合、边界模糊的局面。例如,由美国前副总统戈尔参与主办的电视台潮流电视(Current TV)[②]其实是一个以互联网为传播载体的电视频道。再如,英国《卫报》(*The Guardian*)的网站(http://www.guardian.co.uk/)除了提供文字、图片的电子档,也提供高质量的视频和可视化新闻报道。YouTube 等视频分享网站的出现,更使得网络视频传播呈现出多元、复杂的格局。

4. 传统监管方式需要创新

就新闻传播的范围来讲,互联网意味着把中国的新闻宣传置于世界化的模拟社会——网络之中,大量的信息从各种不同的信息源涌来,受众面对的是整个世界。互联网的离散性、个人化的全新特点,要求中国的新闻传播要有全新的管理理念和方式。

2020 年,国家互联网信息办公室印发《数字中国建设发展进程报告(2019 年)》显示,IPv6 规模部署取得长足进步,截至 2019 年年底,IPv6 活跃用户数达 2.7 亿,占互联网网民总数的 31%,已分配 IPv6 地址用户数达 13.92 亿。5G 商用全面提速,截至 2019 年 12 月底,中国已开通 5G 基站 13 万个,5G 用户快速增长。北斗三号全球卫星导航系统开通,全球范围定位精度优于 10 米,北斗三号卫星核心部件国产化率 100%,北斗相关产品已出口 120 余个国家和

---

① 参见《日本五大电视台 2020 年发展一览:流媒体配信快速发展,广告收入继续下跌》(2021 年 4 月 2 日),网易,https://www.163.com/dy/article/G6HKNCD0051795TH.html,最后浏览日期:2021 年 4 月 20 日;《日本电视台年度业绩:经典动画 IP 创收,流媒体 Hulu 年入 680 亿日元》(2020 年 5 月 16 日),腾讯网,https://new.qq.com/rain/a/20200516A0MAYJ00,最后浏览日期:2021 年 4 月 20 日。

② 该电视台的两名女记者因越境采访,被朝鲜当局以非法入境、刺探机密为由扣押并判刑。2009 年 8 月,美国前总统克林顿突然"私人"访问朝鲜,成功说服朝鲜方面释放两位女记者。这一事件使潮流电视台获得了很多额外的关注。

地区。在数字能力方面,现代信息技术产业体系优化提升。千兆宽带进入规模商用,在全国超过 300 个城市部署千兆宽带接入网络。网络提速降费深入推进,固定和移动宽带平均下载速率较 2015 年提升 6 倍以上,固定网络和手机上网流量资费水平降幅均超过 90%。基础软件生态加速发展,移动操作系统进入生态构建阶段。人工智能技术深化融合应用,面向视觉、语音、自然语言处理等领域的人工智能芯片、深度学习算法等关键技术加快迭代创新。信息技术领域专利布局和知识产权保护增强。大数据产业保持高速增长,2019 年产业规模超过 8 100 亿元,同比增长 32%。工业互联网快速推进,工业互联网标识注册量突破 35 亿,全国具有一定行业、区域影响力的工业互联网平台超过 70 个,连接工业设备数量达 4 000 万台套,工业 App 突破 25 万个。在数字社会方面,共建共治共享的社会治理新格局逐步形成。生态环境的数据化管理技术成为推进环境治理体系和治理能力现代化的重要手段,全国环境监测网络持续健全,为开展污染防治监管执法联防联控提供精准支撑。应急管理信息化体系加快完善,风险监测预警能力全面提升。"互联网+人社"行动成效显著,社保卡全国持卡人数达 13.05 亿人,覆盖中国 93.2%人口。新型智慧城市分级分类推进,省级智慧城市辐射带动作用提升,上海、深圳、杭州、北京、广州、重庆、天津、宁波、福州等智慧城市建设走在前列,雄安新区、浦东新区、两江新区、滨海新区、贵安新区、西咸新区等智慧新区建设取得积极进展,长三角、粤港澳和京津冀等智慧城市群建设积极探索创新。数字乡村建设成效逐步显现,2019 年农村宽带用户数达 1.35 亿户,比 2018 年末增长 14.8%,农村综合信息服务能力、乡村治理现代化水平不断提升。教育信息化 2.0 行动加速推进,全国中小学网络接入率达 98.4%,92.6%的中小学拥有多媒体教室,上线慕课课程数量增加到 1.5 万门。"学习强国"已开通 114 家主流媒体的"学习强国号",手机客户端在 14 家应用商店的下载量达 7.05 亿。"共产党员"教育平台、远程教育平台播出节目 1.3 万余个,干部网络学院课程增加至 1.1 万余门。"互联网+医疗健康"驶入快车道,1 900 多家三级医院初步实现院内医疗服务信息互通共享,异地就医直接结算持续完善。智慧交通让出行更加便捷,全国不停车电子收费系统(ETC)用户突破 2 亿,部分机场实现从购票到机舱口的全程"刷脸"。数字化让文化资源"活"起来,国家图书馆超过三分之二的善本古籍实现了在线阅览,"一键游"、"一部手机游"等移动应用端提升游客旅游体验。新兴媒体和传统媒体融合发展,智慧广电建设加速提质升级,移动应用丰富人民群众生活。网络扶贫五大工程纵深推进,五批电信普遍服务试点共支持 4.3 万个贫困村光纤网络建设和 9 200 多个贫困村 4G 基站建设,基础电信企业推出资费优惠,惠及超过 1 200 万户贫困群众[①]。

传统有线和卫星广播电视,都需要置于推进数字中国建设、构建美好数字世界的进程重新考量。

曹曙光(1997).上星的日日夜夜.声屏世界,3.
黄升民等(2012).数字传播技术与传媒产业发展研究.北京:经济科学出版社.
刘海龙(1998).中国卫星电视与新闻直播趋势.视听,3.
藤竹晓(1987).电视社会学.蔡林海译.合肥:安徽文艺出版社.

黄升民等(2006).中国卫星电视产业经营20年.北京:中国传媒大学出版社.
里斯·舍恩菲尔德(2004).铸造CNN.陈虹译.北京:机械工业出版社.
金国钧(编著)(2004).有线电视概论.北京:人民邮电出版社.
斯科特·柯林斯(2007).狐狸也疯狂:福克斯电视网和CNN的竞争内幕.张卓,王瀚东译.北京:华夏出版社.
托马斯·P·索思威克(1999).走向信息网络社会:美国有线电视50年.吴贤纶译.北京:中国广播电视出版社.
Sara Fletcher Luther(1996).美国与直播卫星:国际太空广电政治学.冯建三译.台北:远流出版事业股份有限公司.

[①] 参见中华人民共和国国家互联网信息办公室:《数字中国建设发展进程报告(2019年)》(2020年9月10日),http://www.cac.gov.cn/2020-09/10/c_1601296274273490.htm,最后浏览日期:2021年4月20日。

第五章 中国广播电视法规与从业者

> **本章概述**
>
> 立足于中国广播电视行业的现实管理架构,通过本章学习,了解中国广播电视法规的基本概况及各阶段的重要特点;通过对核心法规的解读,理解新技术环境下以互联网为特色的广播电视发展趋势的相关管理内容;理解广播电视节目相关管理规范的原则和细则;了解广播电视从业者职业概况与发展。

第一节 中国广播电视管理的行政和法规体系

一、社会系统中的广播电视

大众传播媒介的出现,源自人类越过空间进行传播、越过时间保存传播内容的不懈努力。在历史上的任何一个时期,大众传播媒介都不只受当时技术的影响,也受社会机构和文化的影响(梅尔文·L·德弗勒、埃弗雷德·E·丹尼斯,1989:25)。大众传播媒介的发展是18世纪以来传统社会向现代社会的工业化、城市化、现代化转型的巨大变革之一(希洛·A·洛厄里、梅尔文·L·德弗勒,2009:4-8),广播电视则因其技术特殊性一直在政府规制之下,例如在美国由联邦通信委员会监管(斯坦利·巴兰、丹尼斯·戴维斯,2004:48-52)。丹尼斯·麦奎尔、斯文·温德尔(1987:47-50)认为,约翰·赖利和玛蒂尔达·赖利1959年发表的《大众传播与社会系统》一文是采用社会学观点将大众传播视为社会系统之组成部分进行分析的重要一步,他们把传播系统置于一个包罗一切的社会系统的框架之中,大众传播过程影响这个更大的社会过程,同时又受到它的影响,如图 5-1 所示。

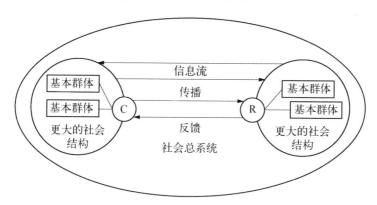

图 5-1 社会总系统框架中的传播系统

(资料来源:丹尼斯·麦奎尔、斯文·温德尔,《大众传播模式论》,祝建华、武伟译,上海译文出版社 1987 年版;丹尼斯·麦奎尔、史文·温达尔,《传播模式(第 2 版)》,杨志弘、莫季雍译,正中书局 1996 年版;笔者综合绘制)

在现代社会中,广播电视媒体与社会环境的各个方面产生互动,并且受社会环境的各个层面的制约(如图 5-2)。广播电视管理不仅指广播电视媒体内部的管理流程,同时,广播电视媒体作为社会组织结构的重要组成部分,本质上属于上层建筑的范畴,必然与社会结构的其他组织发生互动作用。因此,对

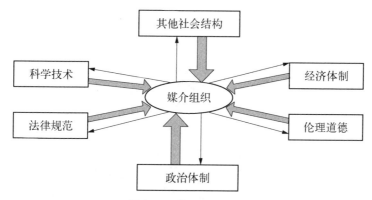

图 5-2 媒介组织①运行于社会环境之中

(资料来源:笔者综合绘制)

---

① 媒介组织包括报纸、杂志、广播、电视等传统大众媒介组织,以及以计算机互联网络和移动通信为技术载体的新媒介组织。

广播电视管理的研究，应该涵盖社会、经济、技术、伦理道德、政治和法律等宏观层面的管理秩序。除了研究广播电视内部的管理制度、经营流程之外，还必须对调控、管理广播电视事业的法规、政策、舆论、职业道德、行业规范等一系列外部社会政治和法规制度环境加以分析。

二、中国广播电视行政管理体系结构

广播电视是重要的大众媒介，在依法治国的大环境下，以法律规章的形式将中国广播电视行政管理体系确立起来，是广播电视管理法治化进程的重要步骤。2021年3月，国家广播电视总局正式发出《关于公开征求〈中华人民共和国广播电视法（征求意见稿）〉意见的通知》，标志着中国广播电视立法有新的进展。根据已公布的草案内容，中国广播电视事业的行政管理体系基本延续既有的规定[①]。在《中华人民共和国广播电视法（征求意见稿）》正式通过并生效之前，中国广播电视管理领域最高层级的法规仍是1997年8月11日中华人民共和国国务院令第228号发布、根据2013年12月7日《国务院关于修改部分行政法规的决定》第一次修订、根据2017年3月1日《国务院关于修改和废止部分行政法规的决定》第二次修订、根据2020年11月29日《国务院关于修改和废止部分行政法规的决定》第三次修订的《广播电视管理条例》[②]。以此为参照，中国广播电视事业行政管理体系如图5-3所示。

《广播电视管理条例》（简称《条例》）作为一部行政法规，重点是调整广播电视系统中国家行政部门同广播电视、电视台及其他有关机构、个人之间产生的法律关系。这方面关系的主要特征是管理和被管理，因此，《条例》主要集中于广播电视事业行政管理中的权利和义务方面，并未将广播电视事业有关的法律关系的内容完全包括其中。《条例》对广播电视行政部门的行政管理职能表述得较为详尽、完整，而对宣传工作要求仅作原则性的规定，这并非淡化宣传工作的重要性，而是与《条例》行政法规的形式相符合。

《条例》第一条开宗明义地指出："为了加强广播电视管理，发展广播电视事业，促进社会主义精神文明和物质文明建设，制定本条例。"确定了广播电视事业在社会主义精神文明建设中的地位和作用。《条例》第三条对广播电视事

---

① 参见国家广播电视总局：《国家广播电视总局关于公开征求〈中华人民共和国广播电视法（征求意见稿）〉意见的通知》（2021年3月16日），http://www.nrta.gov.cn/art/2021/3/16/art_158_55406.html，最后浏览日期：2021年4月21日。
② 参见中华人民共和国中央人民政府：《广播电视管理条例》，http://www.gov.cn/zhengce/2020-12/26/content_5574879.htm，最后浏览日期：2021年4月21日。

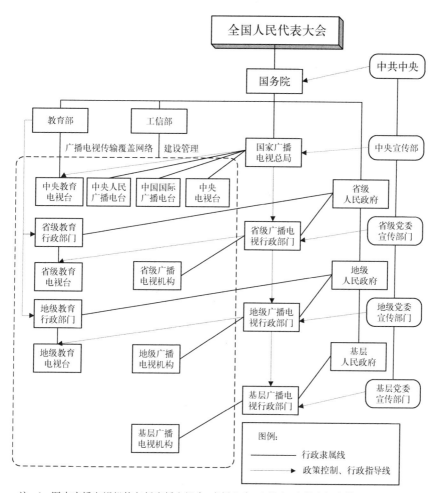

注：1. 图中广播电视机构包括广播电视台、广播电台、电视台、有线电视台等；

2. 本图主要表现广播电视行政管理体系的纵向结构，广播电视行政部门与政府其他相关部门的横向联系未在图中绘出；

3. 图中各级机构的位置表示其相应行政层级的高低，但各级广播电视机构的位置并不表示其与政府部门行政层级的高低比较；

4. 工信部（工业与信息化部）前身为信息产业部，国家广播电视总局在历史沿革中曾使用的名称包括广播电影电视部、国家广播电影电视部、国家新闻出版广电总局，如今，新闻出版及电影事务已被划归中央宣传部管辖；

5. 中央电视台、中央人民广播电台、中国国际广播电台已合并为中央广播电视总台，但各自节目呼号仍被沿用。

图 5-3　中国广播电视事业行政管理体系结构

（资料来源：笔者综合绘制）

业的宣传工作有原则性的规定,即"广播电视事业应当坚持为人民服务、为社会主义服务的方向,坚持正确的舆论导向"。《条例》第三十二条、第三十四条、第四十二条第二款,对广播电视节目、新闻、广告等具体传播内容作原则性的规定。这些条文都体现了广播电视事业在宣传工作中的作用与地位。

《条例》对广播电视行政部门的行政职权和责任作了详尽的规定。《条例》第五十五条规定,国务院广播电视行政部门负责全国的广播电视管理工作,县级以上地方人民政府负责广播电视行政管理工作的部门或者机构负责本行政区域内的广播电视管理工作。

《条例》在五个方面确定了广播电视行政部门的行政职权:广播电台、电视台(含有线电视台、卫星传输电视广播节目、教育电视台等)的设立和审批;广播电视传输覆盖网的规划、建设和管理;广播电视节目制作、播放、交流、交易进出口活动的管理;卫星电视广播地面接收设施的安装使用和进出口管理;广播电视设施的保护活动。这些职权的划定为广播电视行政部门加强行业管理提供了法律依据。

《条例》在赋予广播电视行政部门相应行政职权的同时,也明确了广播电视行政部门的行政责任,对各级广播电视行政部门依法决策、依法行政、依法管理提出了更高的要求。

三、中国广播电视法规体系

法治化管理,是以国家立法、执法、守法和法律监督等活动为核心的管理活动的合称,其根本特征是以法律为管理活动各个层面互动关系的最高准则。管理方法是管理活动中为实现管理目标、保证管理活动顺利进行所采取的工作方法,包括法律手段、行政手段、经济手段、教育手段等。

法治化管理,强调将管理活动纳入规范化、制度化的轨道,具有严肃性、规范性、强制性的特点。法治化管理反映了社会发展的客观规律,是与制度文明的进程相一致的,更是符合中国进步发展的方向,有助于公正、公平地调整各个阶层、各个集团之间的权利义务关系,降低管理成本,增进社会和谐程度,最终推动社会进步。

广播电视业作为新闻媒介的一种,既属于上层建筑中意识形态的范畴,又是一种信息产业。广播电视业同样面临向法治化管理的转变。

"健全法制、依法治国"是中国很久以来一直坚持的改革方向。随着经济改革的深入,推进全面社会改革、加快法制现代化进程的要求已十分明确和迫切。市场经济归根到底是平等互利的法制经济,市场经济条件下的广播电视事业同样需要依靠法制来规范和调节,这不仅是法治社会的基本要求,也是广播电视事业本身发展的内在要求。2019年,《国家广播电视总局2019—2028年立法工作规划》印发,这对推动落实重点任务、重要项目,扎实有效推进广播电视立法工作,为新时代广播电视高质量创新性发展提供有力支撑、保障和服务。

广播电视事业所处的法制环境除媒介管理的法规之外,还牵涉到宪法及民法、刑法、行政法等各部门法的内容,不同层级、不同领域的法律法规构成中国完整的广播电视法规体系,如图5-4所示。

四、中国广播电视法规的主要内容

随着法治化进程的加速,中国广播电视法规已形成初步体系,尤其是近年来广播电视相关管理法规(主要集中在行政法规及部门规章层级)不断出台,对广播电视涉及新领域发展(如数字电视、网络电视、移动电视等)的法规也有前瞻性的考虑。

2004年,国家广播电影电视总局颁行《广播电影电视立法程序规定》(国家广播电影电视总局令第23号)。2010年,国家广播电影电视总局制定《广电总局关于进一步规范发文提高依法行政能力的通知》(广局〔2010〕543号),对规范国家广播电影电视总局立法和规范性文件管理工作、推动广播影视改革发展发挥了重要作用。2020年3月,国家广播电视总局发布《国家广播电视总局立法工作规定》(国家广播电视总局令第4号),以及《国家广播电视总局行政规范性文件管理规定》(国家广播电视总局令第5号)的正式实施,进一步将中国广播电视立法工作纳入规范体系。

尽管还面临法律层级尚不完整,部分法规缺失、滞后等客观存在的问题,但中国广播电视法规体系已初步形成。广播电视法规体系中所涉及的法规繁多,法条调控、规范的广播电视管理也各有重点,主要包括以下几个方面的内容。

1. 基本原则与综合管理

关于广播电视的根本原则主要见诸《宪法》及《广播电视管理条例》等综合管理法规,包括新闻工作的基本方针和原则,以及广播电视工作的总则性法规,也包括广播电视机构的准入条件的设定及对广播电视机构的管理规范等,未来通过立法的《广播电视法》也属于这部分综合管理的范畴。主要法规参见表5-1。

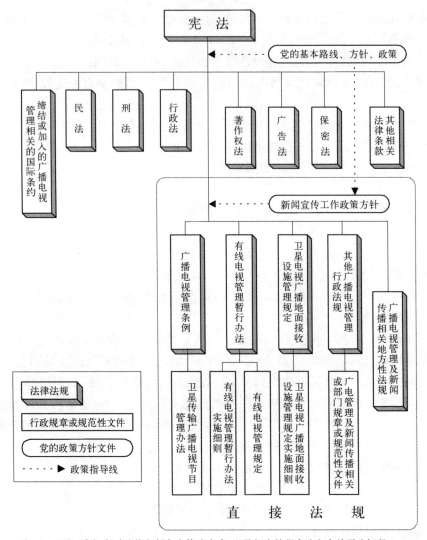

注：1. 民法、刑法、行政法均包括各实体法本身，以及相应的程序法和有关司法解释；
  2. 著作权法、广告法、保密法等专业法规均包括该法律本身，由此衍生的行政法规或规章、司法解释，以及其他法律法规中的相关条款；
  3. 图中各法规的位置，仅表示法学理论上各自法律效力层级的高低，并不表示实际法规适用顺序的先后，党的政策文件的位置不表示其与各法规效力层级的比较；
  4. 党的政策文件不属于广播电视法规体系的范畴，但在实际工作中，事实上规范和管理广播电视节目宣传工作，因此被列入法规体系图中；
  5. 图中仅标注有代表性的法规名称，不能作为全部法规的检索依据；
  6.《广播电视法》完成立法程序，其专门立法的效率位阶与《广告法》等法律同级，但属于广播电视业的专门法，针对性更强。

图 5-4　中国广播电视法规体系
（资料来源：笔者综合绘制）

表 5-1　中国广播电视主要法规(1)

法律/规章名称	制定机构及发布时间	法规层级	备注(规范范畴)
广播电视管理条例（修订）	1997年8月1日国务院第61次常务会议通过，国务院令第228号，1997年9月1日起施行，2013年12月7日修订	行政法规	综合管理
广播电视设施保护条例	2000年11月5日，国务院令第295号	行政法规	技术管理
广播影视节（展）及节目交流活动管理规定（修订）	2004年9月7日，广电总局令第38号，2016年5月4日修订	部门规章	其他
关于加强广播电影电视管理若干问题的通知	1998年5月7日，广电总局	规范性文件	综合管理
关于电视购物频道建设和管理的意见	2009年12月10日，广电总局	规范性文件	机构准入及相关管理
关于进一步加强广播电视节目制作经营机构管理的通知	2005年3月15日，广电总局	规范性文件	机构准入及相关管理
广播电台电视台审批管理办法	2004年8月18日，广电总局令第37号	部门规章	机构准入及相关管理
广播电视节目制作经营管理规定	2004年7月19日，广电总局令第34号	部门规章	机构准入及相关管理
广播电视站审批管理暂行规定	2004年7月6日，广电总局令第32号	部门规章	机构准入及相关管理
境外机构设立驻华广播电视办事机构管理规定	2004年6月18日，广电总局令第28号	部门规章	机构准入及相关管理
关于有线广播电视台和无线电视台合并的有关事项的通知	2000年12月20日，广电总局令第32号	规范性文件	机构准入及相关管理
网上播出前端的设立审批管理暂行办法	1999年11月12日，广电总局	部门规章	机构准入及相关管理
关于重申禁止非法设台和出租、转让广播电视播出频道、时段的通知	1998年11月25日，广电总局	规范性文件	机构准入及相关管理

续 表

法律/规章名称	制定机构及发布时间	法规层级	备注(规范范畴)
广播电影电视行政复议办法	2001年5月9日,广电总局令第5号	部门规章	立法执法相关规范
国家广播电视总局立法工作规定	2020年1月20日,国家广电总局令第4号	部门规章	立法执法相关规范
国家广播电视总局行政规范性文件管理规定	2020年1月20日,国家广电总局令第5号	部门规章	立法执法相关规范

资料来源:笔者综合整理。

说明①:1. 表中仅收入广播电视事业管理相关的部门规章以上的主要法规,低于此效力层级的行政命令、办法、通知未收入,因此不能作为全部法规的检索依据。本表未收入下列法规:① 地方性法规;② 部分由国务院部门发出的阶段性或具体事务性通知;③ 1990年1月1日前的法规文件;④ 未与行政机关联发的党内政策文件。

2. 为整理与现实不符或实际失效的法律规章,主管部门陆续废止了一批广播电视相关法规文件:①《关于废止〈中外合资、合作广播电视节目制作经营企业管理暂行规定〉的决定》(2009年2月6日,广电总局令第59号)废止《中外合资、合作广播电视节目制作经营企业管理暂行规定》(广电总局、商务部令第44号);②《关于废止部分广播影视章和规范性文件的决定》(2009年1月20日,广电总局令第58号)废止《〈有线电视管理暂行办法〉实施细则》(广电部令第5号)等4个规章和60个规范性文件;③《文化部关于废止部分规章和规范性文件的决定》(2007年12月29日,文化部令第43号)废止《音像制品批发、零售、出租和放映管理办法》(文化部令第10号)等部分规章和规范性文件;④《关于废止部分广播影视规章的决定》(2007年11月23日,广电总局令第55号)废止《电视剧管理规定》(广电总局令第2号)等2个法规性文件;⑤《关于废止部分法规性文件的决定》(2005年2月25日,广电总局令第48号)废止《关于引进、播出境外电视节目的管理规定》(广播电影电视部令第10号)等45个法规性文件;⑥《关于公布废止部分广播影视法规性文件的通知》(2003年12月17日,广电总局)废止《文化部关于影片保密问题的规定》([61]文电夏密字第38号)等127个法规性文件;⑦《关于废止〈关于广播电视节目预告转载问题的意见〉等行政规章和规范性文件的决定》(2002年5月8日,国家版权局令第2号)废止《关于向台湾出版商转让版权注意事项的通知》(1987年11月13日,[87]权字第51号)等行政规章和规范性文件。

2. 播出内容及节目管理

主要是关于广播电视的节目制作、内容审查及播出的技术性规范等,广播电视广告播出规范(其中,《广告法》是约束广告经营活动最重要的法规,还包括《消费者保护法》《反不正当竞争法》,以及烟酒、医药用品等特殊产品或服务广告的单行法规、规章或规范性文件中的广播电视广告管理的有关规定)及媒体应遵守的保密制度(包括《保守国家机密法》本体及其实施细则、《军事设施保护法》《统计法》等法规中的相关内容,以及主管部门的有关规范性文件)等相关法规。

在节目制作、内容规范上,主要包括有关法律、规范及政策严禁广播电视

---

① 表5-1至表5-4为系列表格,本说明适用于该系列全部表格,之后各表格不再重复。

媒体刊播反动、淫秽等严重有悖于社会公德和善良风俗，或侵犯他人合法权益的内容。相关法规对广播电视播出以下特殊事件的新闻报道也有相关规定：① 重大、突发事件新闻的报道；② 领袖人物、领导人重要活动的新闻报道；③ 疫情、地震等重大灾难的预报和新闻发布；④ 司法报道；⑤ 军事报道；⑥ 关于未成年人、残障者等弱势群体的报道；⑦ 关于少数民族及宗教事务的报道；⑧ 对外（含港澳台地区）或涉外报道；⑨ 舆论监督和批评报道；⑩ 内参报道；⑪ 援引境外新闻机构消息的报道；⑫ 其他需要加以规范的新闻报道。其中，对广播电视媒体播出境外制作、发行的广播电视节目，以及由境外人士参与的节目的制作、播出有相应的规定。主要法规参见表5-2。

表5-2 中国广播电视主要法规（2）

法律/规章名称	制定机构及发布时间	法规层级	备注（规范范畴）
电视剧内容管理规定	2010年5月14日，广电总局令第63号	部门规章	广电、网络节目综合管理
广播电视安全播出管理规定	2009年12月16日，广电总局令第62号		
关于加强以电视机为接收终端的互联网视听节目服务管理有关问题的通知	2009年8月17日，广电总局	规范性文件	
关于加强互联网视听节目内容管理的通知	2009年3月30日，广电总局		
《中外合作制作电视剧管理规定》的补充规定	2008年1月14日，广电总局令第57号	部门规章	
《中外合作制作电视剧管理规定》的补充规定	2007年9月19日，广电总局、商务部（广电总局令第57号）		
电视剧拍摄制作备案公示管理暂行办法	2006年4月6日，广电总局	规范性文件	
关于调查动画制作机构和播出机构有关情况的通知	2005年11月13日，广电总局办公厅		
关于切实做好广播电视现场直播报道管理的通知	2005年9月10日，广电总局		
关于进一步加强少儿广播影视节目建设的意见的通知	2005年4月6日，广电总局		

续 表

法律/规章名称	制定机构及发布时间	法规层级	备注(规范范畴)
关于实行国产电视动画片发行许可制度的通知	2005年1月7日,广电总局(广发编字〔2005〕48号)	规范性文件	广电、网络节目综合管理
广播电视视频点播业务管理办法	2004年7月6日,广电总局令第35号	部门规章	
关于群众参与的广播电视直播节目必须延时播出的通知	2004年3月16日,广电总局	规范性文件	
关于加强广播影视信息工作的若干意见	2004年2月9日,广电总局办公厅		
关于在广播电视工作中加强无神论宣传和科普宣传的意见	2003年10月17日,广电总局		
关于切实加强和改进广播电视舆论监督工作的要求的通知	2002年5月10日,广电总局		
电影管理条例*	2001年12月25日,国务院令第342号	行政法规	
信息网络传播广播电影电视类节目监督管理暂行办法	2000年4月7日,广电总局(广发社字〔2000〕166号)	部门规章	
互联网等信息网络传播视听节目管理办法	2004年7月6日,国家广播电影电视总局令第39号		
互联网视听节目服务管理规定(修订)	2007年12月20日,国家广播电影电视总局、信息产业部令第56号;2015年8月28日修订		
专网及定向传播视听节目服务管理规定	2015年,国家新闻出版广电总局		
关于促进智慧广电发展的指导意见	2018年,国家广播电视总局		
网络音视频信息服务管理规定	2019年,网信办		

续 表

法律/规章名称	制定机构及发布时间	法规层级	备注(规范范畴)
关于推动广播电视和网络视听产业高质量发展的意见	2019年,国家广播电视总局	规范性文件	
未成年人节目管理规定	2019年,国家广播电视总局	部门规章	
广播电视广告播出管理办法的补充规定	2011年,国家广播电影电视总局	部门规章	
关于协同做好广播电视证券节目规范工作的通知	2010年8月2日,证监会(证监办发〔2010〕78号)	规范性文件	具体节目管理规范
关于切实加强广播电视证券节目管理的通知	2010年7月20日,广电总局		
关于进一步规范卫视综合频道电视剧编播管理的通知	2010年2月23日,广电总局		
关于规范证券投资咨询机构和广播电视证券节目的通知	2006年9月15日,证监会、广电总局(证监发〔2006〕104号)		
关于整顿广播电视医疗资讯服务和电视购物节目内容的通知	2006年7月18日,广电总局、工商总局		
关于进一步加强电话和手机短信参与的有奖竞猜类广播电视节目管理的通知	2005年4月26日,广电总局		
关于"红色经典"改编电视剧审查管理的通知	2004年5月25日,广电总局		
关于加强体育比赛电视报道和转播管理工作的通知	2000年1月24日,广电总局		
关于进一步重申电视剧使用规范语言的通知	2005年10月3日,广电总局	规范性文件	具体播出规范
关于进一步加强电视播出机构台标、频道标识和呼号管理的通知	2005年3月31日,广电总局		

续表

法律/规章名称	制定机构及发布时间	法规层级	备注（规范范畴）
关于规范电视剧演职人员字幕的通知	2004年6月25日，广电总局	规范性文件	具体播出规范
关于加强广播电视节目电影片进口管理的通知	2000年2月24日，广电总局、海关总署（广发社字〔2000〕91号）	规范性文件	涉外节目相关管理
中华人民共和国保守国家秘密法	1988年9月5日第七届全国人大常委会第三次会议通过，2010年4月29日第十一届全国人大常委会第十四次会议修订	法律	保密管理
计算机信息系统国际联网保密管理规定	2000年1月1日，国家保密局	部门规章	
中华人民共和国广告法	1994年10月27日，第八届全国人大常委会第十次会议通过	法律	广告活动相关管理
广播电视广告播出管理办法	2009年9月10日，广电总局令第61号	部门规章	
关于进一步加强广播电视医疗和药品广告监管工作的通知	2009年2月13日，广电总局、卫生部、工商总局等（广发〔2009〕8号）	规范性文件	
关于重申广播电视广告播放管理有关规定的通知	2008年1月29日，广电总局		
关于处置非法集资活动中加强广告审查和监管工作有关问题的通知	2007年7月25日，工商总局、银监会、广电总局、新闻出版总署		
关于禁止播出虚假违法广告和电视"挂角广告"、游动字幕广告的通知	2005年8月29日，广电总局		
关于做好春节期间广播电视广告播放监管工作的通知	2005年2月2日，广电总局		
关于加强教育电视台广告播放管理有关问题的通知	2004年6月1日，广电总局、教育部		

续 表

法律/规章名称	制定机构及发布时间	法规层级	备注(规范范畴)
关于进一步加强对大众传播媒介广告宣传管理的通知	2001年2月5日,国家工商局、广电总局、新闻出版署(工商广字〔2001〕第37号)	规范性文件	广告活动相关管理

资料来源:笔者综合整理。

注: *本条例自2002年2月1日起施行,1996年6月19日国务院发布的《电影管理条例》同时废止。

3. 广电和网络技术及传输覆盖管理

主要是规范有线电视管理及卫星传播的广播电视的管理性法规,包括有线电视及卫星电视的综合性管理法规、内容管理等内容,但纯技术标准另列于技术性法规。近年来关于网络传播(尤其是网络音频视频传播等领域)的法律法规制定工作不断取得进步。

此外还有规范广播电视制作、传输、播出的技术规范,也包括广播电视传输覆盖网所涉及的相关技术性法规。中国法规对破坏广播电视设备及传播秩序的行为加以限制和制裁,主要见于"广播电视设施保护"相关条款,刑法也对严重破坏广播电视设施的犯罪行为制定相应的加重处罚条文。主要法规参见表5-3。

表5-3 中国广播电视主要法规(3)

法律/规章名称	制定机构及发布时间	法规层级	备注(规范范畴)
关于转发《中国下一代广播电视网(NGB)自主创新战略研究报告》的通知	2010年7月2日,广电总局科技司	规范性文件	广电技术发展战略
关于进一步促进和规范高清电视发展的通知	2010年9月2日,广电总局		
2009年广播影视科技工作要点	2009年3月26日,广电总局	部门规章	
转发发展改革委等部门关于鼓励数字电视产业发展若干政策的通知	2008年1月1日,国务院办公厅(国办发〔2008〕1号)	规范性文件	
关于印发《"十一五"时期广播影视科技发展规划》的通知	2006年12月21日,广电总局		

续 表

法律/规章名称	制定机构及发布时间	法规层级	备注(规范范畴)
关于印发《推进试点单位有线电视数字化整体转换的若干意见(试行)》的通知	2005年7月11日,广播电影电视总局	规范性文件	广电技术发展战略
关于发布《移动多媒体广播UHF频段发射机技术要求和测量方法》等六项广播电影电视行业暂行技术文件的通知*	2008年9月24日,广电总局科技司		
关于发布《广播电视播音(演播)室混响时间测量规范》等3项行业标准的通知**	2007年12月26日,广电总局		
广播影视网络专有IP地址规划	2005年11月4日,广电总局转发(GY/T211-2005)		
基于时分复用数字信道的宽带会议电视技术规范	2005年9月8日,广电总局转发(GY/T209-2005)		
广播电视工程测量规范	2005年8月30日,广电总局转发(GY5013-2005)	技术标准	广播电视技术标准
地面无线广播遥控监测站建设标准及技术要求	2005年6月10日,广电总局转发(GY5072-2005)		
采用多音信号对调频广播进行测量的方法	2005年4月19日,广电总局转发(GY/T 206-2005)		
数字广播电视频道识别号及业务标识符编码规范	2005年3月29日,广电总局转发		
广播实况转播节目传输通路技术规范	2005年1月12日,广电总局转发(GY/T205-2005)		
关于发布《有线电视广播系统运行维护规程》等两项广播影视行业标准的通知***	2000年11月29日,广电总局(广发技字〔2000〕868号)		

续 表

法律/规章名称	制定机构及发布时间	法规层级	备注(规范范畴)
关于发布《广播电视 SDH 干线网管理接口协议规范》等九项行业标准的通知****	2000 年 3 月 17 日,广电总局(广发技字〔2000〕136 号)	技术标准	广播电视技术标准
有线电视系统调幅激光发送机和接收机入网技术条件和测量方法	2000 年 2 月 2 日,广电总局发布(广发技字〔2000〕59 号)(GY/T143-2000)		
关于发布《有线电视网络工程施工及验收规范》的通知	2005 年 6 月 27 日,广电总局转发(GY5073-2005)		
有线电视广播系统运行维护规程	2000 年 11 月 29 日,广电总局(广发技字〔2000〕868 号)转发(标准号 GY/T166-2000)		
有线电视系统调幅激光发送机和接收机入网技术条件和测量方法	2000 年 2 月 2 日,广电总局(广发技字〔2000〕59 号)转发(标准号 GY/T143-2000)		
关于进一步做好新时期广播电视村村通工作的通知	2006 年 9 月 20 日,国务院办公厅(国办发〔2006〕79 号)	规范性文件	广电技术综合管理
关于进一步加强广播电视设备器材入网认定工作的通知	2005 年 3 月 29 日,广电总局		
广播电视无线传输覆盖网管理办法	2004 年 11 月 15 日,广电总局令第 45 号	部门规章	
广播电视设备器材入网认定管理办法*****	2004 年 6 月 18 日,广电总局第 25 号令发布		
关于进一步加强无线广播电视发射设备管理的通知	2002 年 10 月 11 日,广电总局、信产部、公安部、外贸、海关总署、工商总局、质检总局(广发技字〔2002〕585 号)	规范性文件	
广播电视发射塔安全管理规定	2001 年 12 月 6 日,广电总局	部门规章	

续 表

法律/规章名称	制定机构及发布时间	法规层级	备注(规范范畴)
有线数字电视试点验收管理办法(暂行)	2006年1月26日,广播电影电视总局	部门规章	广电技术综合管理
广播电视节目传送业务管理办法	2004年7月6日,广电总局令第33号	部门规章	广电技术综合管理
广播电视设施保护条例	2000年11月5日,国务院令第295号	行政法规	广电技术综合管理
关于印发《关于加快广播电视有线网络发展的若干意见》的通知	2009年8月4日,广电总局	规范性文件	有线电视相关管理
关于我国现阶段有线电视综合业务用户终端体制的意见	2000年2月2日,广电总局(广发技字〔2000〕58号)	规范性文件	有线电视相关管理
卫星电视广播地面接收设施安装服务暂行办法	2009年8月6日,广电总局令第60号	部门规章	卫星电视相关管理
关于加强卫星广播技术管理工作的通知	2007年5月30日,广电总局	规范性文件	卫星电视相关管理
关于对卫星广播电视节目播出通道加强管理的通知	2005年1月11日,广电总局	规范性文件	卫星电视相关管理
关于加强对卫星电视广播地面接收设施销售和广告监督管理的通知	2004年12月15日,工商总局、广电总局、信息产业部(工商市字〔2005〕6号)	规范性文件	卫星电视相关管理
关于继续深入开展境外卫星电视传播秩序专项整治工作的通知	2004年3月8日,国家工商总局(工商市题〔2004〕第32号)	规范性文件	卫星电视相关管理
卫星电视广播地面接收设备定点生产管理办法	2000年4月30日,信息产业部(信部产〔2000〕394号)	部门规章	卫星电视相关管理
卫星电视频道技术与维护管理规定	1997年10月13日,广电部		卫星电视相关管理

续 表

法律/规章名称	制定机构及发布时间	法规层级	备注（规范范畴）
卫星传输广播电视节目管理办法	1997年9月23日，广电部	部门规章	卫星电视相关管理

资料来源：笔者综合整理。

注：＊六项技术标准分别为：① GD/J020-2008《移动多媒体广播 UHF 频段发射机技术要求和测量方法》；② GD/J021-2008《移动多媒体广播 UHF 频段直放站放大器技术要求和测量方法》；③ GD/J022-2008《移动多媒体广播音视频编码器技术要求和测量方法》；④ GD/J023-2008《移动多媒体广播紧急广播发生器技术要求和测量方法》；⑤ GD/J024-2008《移动多媒体广播数据广播文件发生器与 XPE 封装机技术要求和测量方法》；⑥ GD/J025-2008《移动多媒体广播电子业务指南发生器技术要求和测量方法》。

＊＊三项技术标准分别为：①《广播电视播音（演播）室混响时间测量规范》，标准编号为 GY5022-2007；②《广播电视微波通信铁塔及桅杆质量验收规范》，标准编号为 GY5077-2007；③《广播电影电视工程技术用房一般照明设计规范》，标准编号为 GY/T5061-2007。

＊＊＊两项技术标准分别为：①《有线电视广播系统运行维护规程》，标准编号为 GY/T166-2000；②《数字分量演播室的同步基准信号》，标准编号为 GY/T167-2000。

＊＊＊＊九项技术标准分别为：①《广播电视 SDH 干线网管理接口协议规范》，标准编号为 GY/T144-2000；②《广播电视 SDH 干线网网元管理信息模型规范》，标准编号为 GY/T145-2000；③《卫星数字电视上行站通用规范》，标准编号为 GY/T146-2000；④《卫星数字电视接收站通用技术要求》，标准编号为 GY/T147-2000；⑤《卫星数字电视接收机技术要求》，标准编号为 GY/T148-2000；⑥《卫星数字电视接收站测量方法——系统测量》，标准编号为 GY/T149-2000；⑦《卫星数字电视接收站测量方法——室内单元测量》，标准编号为 GY/T150-2000；⑧《卫星数字电视接收站测量方法——室外单元测量》，标准编号为 GY/T151-2000；⑨《电视中心制作系统运行维护规程》，标准编号为 GY/T152-2000。

＊＊＊＊＊本办法自 2004 年 8 月 1 日起施行。国家广播电影电视总局发布的同名文件《广播电视设备器材入网认定管理办法》（2003 年 1 月 22 日，广电总局令第 16 号）已废止。

4. 其他广播电视法规

其他广播电视法规，包括广播电视领域的著作权管理规范（除著作权法及实施细则外，还包括民法、继承法、其他行政规章，以及中国所缔结或加入的国际条约中关于著作权保护、稿酬支付的相关规定）、教育电视台的相关规范，以及其他财税管理、行政管理等内容。主要法规参见表 5-4。

表 5-4 中国广播电视主要法规（4）

法律/规章名称	制定机构及发布时间	法规层级	备注（规范范畴）
中华人民共和国著作权法	1990 年 9 月 7 日第七届全国人大常委会第十五次会议通过，2001 年 10 月 27 日第九届全国人大常委会第二十四次会议修正，2010 年 2 月 26 日第十一届全国人大常委会第十三次会议再次修正	法律	著作权相关管理

续　表

法律/规章名称	制定机构及发布时间	法规层级	备注(规范范畴)
《著作权法》实施条例*	2002年8月2日,国务院令第359号	行政法规	著作权相关管理
广播电台电视台播放录音制品支付报酬暂行办法	2009年11月10日,国务院令第566号		
关于进一步加强广播影视节目版权保护工作的通知	2007年9月26日,广电总局	规范性文件	
农业广播电视学校教学管理办法	2009年8月14日,农业部(农科教发〔2009〕8号)	部门规章	教育广播电视管理
关于对现代远程教育试点普通高等学校和中央广播电视大学开展现代远程教育试点工作进行专项检查的通知	2007年12月10日,教育部办公厅(教高厅函〔2007〕57号)	规范性文件	
关于建设中央广播电视大学现代远程教育公共服务体系的通知	2005年4月19日,教育部办公厅(教高厅〔2005〕2号)		
关于转发《中央广播电视大学关于广播电视大学进一步面向农村开展现代远程教育的若干意见》的通知	2004年2月5日,教育部		
关于印发《关于推进市(地)、县(市)教育电视播出机构职能转变工作的意见》的通知	2002年12月24日,教育部、广电总局(教社政〔2002〕13号)		
中国广播电视播音员主持人自律公约	2005年9月10日,广电总局批转中国广播电视协会	行业规范	行业自律或人事资格
广播影视新闻采编人员从业管理的实施方案(试行)	2005年4月1日,广电总局	部门规章	
广播电视编辑记者、播音员主持人资格管理暂行规定	2004年6月18日,广电总局令第26号		

续　表

法律/规章名称	制定机构及发布时间	法规层级	备注(规范范畴)
广播影视行业特有工种职业技能鉴定站管理暂行办法	2003年5月6日,广电总局(广发人字〔2003〕389号)	部门规章	行业自律或人事资格
广播电视播出机构工作人员违反宣传纪律处分处理暂行规定	2002年5月21日,广电总局(广发纪字〔2002〕423号)		
关于进一步加强播音员、主持人管理有关问题的通知	2000年3月31日,广电总局(广发人字〔2000〕157号)	规范性文件	
关于广播影视行政部门公务员在广播影视节目中署名的暂行规定	2000年1月5日,广电总局(广发人字〔2000〕8号)		
广播电影电视部干部聘任管理暂行规定	1995年11月27日,广播电影电视部	部门规章	
关于印发《广播电影电视部关于纠正行业不正之风禁止"有偿新闻"的若干规定》和《广播电影电视部关于广播电台、电视台外借播音员节目主持人的暂行规定》的通知	1995年5月11日,广播电影电视部	规范性文件	
广播电影电视行业统计管理办法	2005年1月27日,广电总局(广电总局令第47号)	部门规章	其他
关于建立广播影视统计简报制度的通知	2005年1月10日,广电总局办公厅	规范性文件	
国家广播电影电视总局工程建设档案管理暂行规定	2001年12月24日,广电总局	部门规章	
国家广播电影电视总局建设项目管理办法	2000年3月7日,广发计字〔2000〕113号		

资料来源：笔者综合整理。

注：＊本条例自2002年9月15日起施行,1991年5月24日国务院批准、1991年5月30日国家版权局发布的《著作权法实施条例》同时废止。

上述广播电视法规并不能涵盖所有与广播电视相关的事务,有些广播电视事务也会用之后的普通法规加以适用,而这些普通法并未列在上述论述中。例如,针对广播电视媒体侵犯、损害受众合法利益的行为,有关权利条文散见于民法及有关单行法律、规定之中。广播电视媒体对受众合法权益的侵犯主要集中于媒体的失实、歪曲或不当报道对相对方的名誉权、荣誉权等权利的侵犯,这些年层出不穷的新闻官司便是明证。媒体与受众之间的法律纠纷涉及内容越来越广泛,如日本的"光过敏中毒"事件。1997年10月16日,东京电视台的一部动画片中的快速强光造成部分收看电视的儿童严重不适症状,日本国会、厚生省、民间放送联盟、日本警视厅纷纷介入①。

第二节　核心法规:从《广播电视管理条例》到《广播电视法》

在《广播电视法》正式立法之前,广播电视的法治化领域仍以《广播电视管理条例》为主要基准,并且以广电总局相关"意见"、"通知"、"令"、"文"等作为行政文件或规范性文件进行补充。对该条例的解读有助于理解中国广播电视法规的主要特色。

一、《广播电视管理条例》的背景

1997年,中国广播电视事业已取得空前的发展,基本形成中央和地方、城市和农村、无线和有线、卫星和微波、光纤和电缆等多层次、多技术的广播电视传输覆盖网。随着广播电视事业的快速发展和高新技术的广泛运用,亟须一部较为完备、全局性的法规来规范、协调广播电视事业的发展,《广播电视管理条例》(简称《条例》)应运而生。

《广播电视管理条例》在1997年8月1日国务院第61次常务会议上通过,8月11日中华人民共和国国务院令第228号发布,9月1日起施行,根据2013年12月7日《国务院关于修改部分行政法规的决定》进行修订。《广播电视管理条例》是在1986年起草的《广播电视法(草案)》的基础上重新修改、拟定的,是根据中国实际国情和适应社会主义市场经济的要求制定的,是国务院第一次全面规范管理广播电视事业的行政法规,是现行最高法律效力的广

---

① 《"光过敏中毒"事件惊动日本各界　"袖珍怪兽"余波未平》,《文汇报》1997年12月23日。

播电视管理法规。

《广播电视管理条例》对广播电台和电视台的设立、广播电视传输覆盖网的建设与管理、广播电视节目的制作与播放等作出较为完整和详尽的规定，是加强中国广播电视事业的法治化管理，促进广播电视事业进一步繁荣、健康有序发展的有力法律保障。

《广播电视管理条例》的有关规定在纵向上明确了《条例》的适用范围，即用以规范广播电视事业中采编、制作、播放、传输等整个过程；在横向上，不论使用何种传输方式的广播电台、电视台都是《条例》的管辖对象。

二、《广播电视管理条例》的特点

《广播电视管理条例》的出台是新闻传播事业法治化进程的重要步骤，对于建立良好的广播电视管理秩序、促进中国广播电视事业的健康发展有着重大现实意义。《广播电视管理条例》的主要内容具有如下特点。

（1）权威性

《条例》是目前广播电视体制中最高层级的行政法规。截至2021年4月中旬，鉴于《中华人民共和国广播电视法（征求意见稿）》尚未正式颁布，由国务院颁行的《广播电视管理条例》在广播电视事业管理中仍具有最高法律效力，具有权威性。

（2）全面性

《条例》是目前广播电视管理工作中覆盖面最广的法规，其内容涵盖广播电视管理的各个方面和广播电视活动的各个阶段，具有全面性。

（3）针对性

《条例》针对中国广播电视存在的问题进行有针对性的管理，重点强调广播电视的治散治滥工作，对广播电视突出存在的多头批台、擅自设台、建网、乱播滥放等干扰广播电视事业健康发展的主要问题作出明确的规定，具有较强的针对性。

（4）超前性和预见性

《条例》突出广播电视的高科技特色，明确广播电视传输覆盖网在国家信息化建设中的地位和作用，为广播电视的发展开辟了新的发展方向，具有超前性和预见性。

（5）可操作性

《条例》明确规定各级广播电视行政部门的职责，体现分级负责的行政管理原则。《条例》的规定具体、详细，具有较强的可操作性。

三、《广播电视管理条例》的主要内容

《广播电视管理条例》从以下方面对广播电视事业管理作出具体的规定。

（1）《条例》确立了广播电视宣传工作、事业建设和行业管理于一体的具有中国特色的广播电视管理体制

《条例》充分体现了中国广播电视事业的社会主义性质，体现了中国共产党对精神文明建设及广播电视工作的各项要求，对新中国成立以来，特别是改革开放以来广播电视系统行之有效的管理经验进行归纳和总结，以国务院行政法规的形式确定了具有中国特色的广播电视法规。

（2）设立广播电台、电视台（包括有线电视台、教育电视台），应当按照《条例》的有关规定报国务院广播电视行政部门统一审批

《条例》规定由国务院广播电视行政部门对广播电台、电视台的设立进行宏观调控和统一审批，以防止擅自设台、多头批台、重复建设等问题，进而逐步形成合理的全国广播电台、电视台的总量、布局和结构。《条例》对广播电台、电视台的定义，设立广播电台、电视台的主体资格，设立广播电台、电视台的条件，设立广播电台、电视台的审批程序，乡、镇广播电视站、单位有线电视站的设立都作了明确的规定，并且对非法设台（站）、擅自设台（站）的行为作出相应的罚则规定。

（3）各级广播电视行政部门应当按照《条例》的规定，对行政区域内的广播电视传输覆盖网进行规划、组建、开发和管理

广播电视传输覆盖网是舆论宣传的物质保障，是国家安全理想的备份网和应急网。为确保广播电视传输通道畅通，《条例》肯定了新中国以来确定的广播电视独立成网、自成体系的方针，规定由各级广播电视行政部门对广播电视传输覆盖网进行规划、组建、开发和管理。《条例》规定国家对广播电视传输覆盖网实行统一规划、分级建设、开发和管理的方针；同时，广播电视行政部门应当保证广播电视传输覆盖网主功能的完成，运用多种技术手段努力提高农村广播电视覆盖率；广播电视行政部门还应当加强对广播电视传输覆盖网的日常管理。《条例》还对擅自建设、破坏广播电视传输网的行为作出处罚规定，有利于广播电视行政部门依法制止损害、破坏广播电视网的违法行为，维护良好的广播电视传输秩序。

（4）《条例》规定了保护广播电台、电视台、广播电视传输覆盖网设施的保护条款，规定任何单位和个人不得破坏广播电视设施

广播电视设施是广播电视安全、优质播出的物质基础。随着高新技术在

广播电视领域的应用,广播电视设施保护工作面临许多新的问题,需要保护的广播电视设施范围在不断扩大。《广播电视管理条例》与"广播电视设施保护"专业法规合理衔接,规定了对广播电台、电视台、广播电视传输覆盖网设施的保护原则,对广播电视专用频率和信号的保护也有相应的原则性规范,并且有相应的处罚规定,与《刑法》相应的条文衔接。

（5）广播电视行政部门应按照《条例》的规定,加强对广播电视节目制作、播放活动的管理,提高广播电视节目质量

《条例》规定了广播电视节目必须由依法批准设立的节目制作经营单位制作。为保证广播电视节目的质量,防止乱播滥放,《条例》规定了广播电视节目的审查制度,与其他相关规定相衔接。《条例》规定了广播电视节目的最低标准,即禁止制作、播出载有反动、淫秽、迷信及法律、法规规定禁止的其他内容的节目。《条例》根据中国国情并借鉴国外经验,规定广播电视节目的审查主体有广播电台、电视台自身,国务院广播电视行政部门或者其授权的机构,授予广播电视行政部门对违反上述规定的节目制作者、播出者或者擅自向境外提供者的行政处罚权。

（6）为确保广播电视宣传任务的完成,规范广播电台、电视台(包括有线电视台、教育电视台)的制作和播放活动,《条例》对广播电台、电视台应当履行的义务进行规定

第一,行政管理。《条例》规定广播电台、电视台应当按照各自许可证载明的相关事项制作、播出节目,不得擅自变更;严格遵守播前审查、重播重审制度,不得制作、播出违背有关节目内容管制规定的节目,播出境外广播电视节目应遵从有关规定;不得擅自利用卫星技术传输、转播广播电视节目等。

第二,维护著作权人和受众利益。广播电台、电视台播放和使用广播电视节目应当符合《中华人民共和国著作权法》的有关规定;使用规范的语言文字及推广应用普通话;按预告播放广播电视节目;应当播放公益广告,播出商业广告不得超过一定比例。

第三,广播电台、电视台的转播义务。《条例》规定地方广播电台、电视台应当按照国务院行政部门的有关规定转播中央和地方广播电视节目,教育电视台不得播放与教学内容无关的电影、电视片。

四、广播电台和电视台的资格

《广播电视管理条例》是在广播电视事业发展中出现一些问题、强调政府

宏观调控的重要性的前提下制定的,针对"解决目前总量过多、结构失衡、重复建设、忽视质量等散滥问题","实现从扩大规模数量为主向提高质量效益为主的转变",有具体的规范要求。对在《广播电视管理条例》生效(1997年9月1日)之前已经设立的广播电台、电视台、有线台、教育电视台,根据不同情况进行重新审核登记:对分开设立的县(市)级广播电台、电视台、有线台、教育电视台合并后予以重新登记;地区及地区机关所在县(市)已经分别设立的播出机构,应当按规定撤销或合并后,重新登记;市辖区已经设立的各广播电视播出机构应予撤销,不予重新登记;企事业单位有线电视台改为有线广播电视站,不予重新登记;各级广播电视机构下属的专业台改为相应的专业频道(频率);《条例》生效前已获准设立而未开播或者开播后又停播的广播电视播出机构一律不予重审登记。

《广播电视管理条例》对广播电视事业的主体资格作出明确限定。第九条规定:"设立广播电台、电视台,应当具备下列四个条件:有符合国家规定的广播电视专业人员;有符合国家规定的广播电视技术设备;有必要的基本建设资金和稳定的资金保障;有必要的场所。审批设立广播电台、电视台,除依照前款所列条件外,还应当符合国家的广播电视建设规划和技术发展规划。"第十条限定了设立广播电台、电视台的主体资格,即"广播电台、电视台由县、不设区的市以上人民政府广播电视行政部门设立,其中教育电视台可以由设区的市、自治州以上人民政府教育行政部门设立。其他任何单位和个人不得设立广播电台、电视台。国家禁止设立外商投资的广播电台、电视台"。其中,对设立广播电台、电视台的主体资格作了两项严格限制:低于上述层级的广播电视行政部门或教育行政部门不得设立广播电台、电视台或者教育电视台,在上述系统之外的任何单位或个人不得设立广播电台、电视台。尤其强调,禁止外资以独资、合作、合资等任何形式参与设立广播电台、电视台。

五、设立广播电台、电视台的审查批准

广播电视覆盖面广、传播速度快,同时具有投资规模大、回收周期长、技术密集等特点。为确保全国广播电视系统形成总量合理、布局均衡的结构,《条例》授权国务院广播电视行政部门为建台审批的主管部门,负责统一审批各级广播电台、电视台的设立申请(参见图5-5至图5-7的建台审批流程),防止重蹈擅自设台、多头批台、重复建设的覆辙。

《广播电视管理条例》还以行政法规条文的形式确立了对中国广播电视行

第五章 中国广播电视法规与从业者 | 225

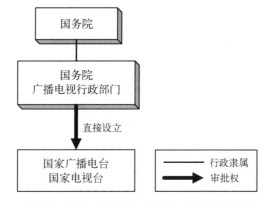

图 5-5 国家广播电台、电视台设立审批流程
（资料来源：笔者综合绘制）

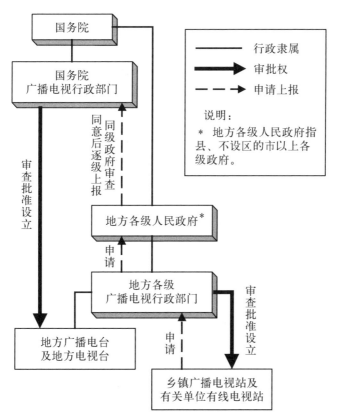

图 5-6 地方广播电台、电视台设立审批流程
（资料来源：笔者综合绘制）

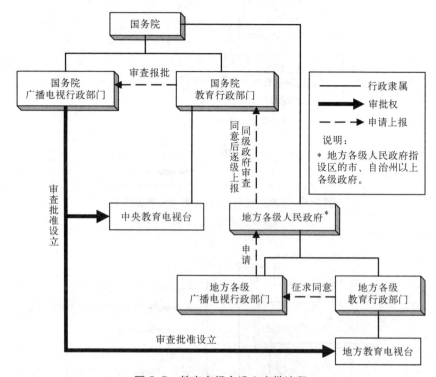

图 5-7 教育电视台设立审批流程

（资料来源：笔者综合绘制）

业治滥治散的管理活动，规定由国务院广播电视行政部门负责广播电台、电视台（含有线电视台、教育电视台）的设立的审批工作，负责频道、波长、卫星空间信道等公共资源的分配和使用。

现代市场经济有两个最基本的特征：一是最有效地配置资源；二是以完备的法律来规范市场行为。资源作为一种投入在社会系统中的优化配置程度，对生产力的增产起着相当重要的作用。对于广播电视来说，无线电频率资源的优化配置是广播电视事业发展增长的关键。资源的稀缺程度可以在市场经济中形成价值。频率是一种相当有限的资源，它与现代社会对广播电视需求的无限扩张已经形成尖锐的矛盾。根据国际法惯例，自然资源天然归国家所有，频率资源也不例外。指定的政府部门保持对频率及其传输和发射设备的拥有，并进行专营，可以通过吊销执照、取消无线电台经营权和更换法人的方式，依法对广播台实现有效的控制，而不会影响其合法经营。

无线电信道、波长、频率等属于国家公共资源，应当由国家行政机关负责频道资源的分配和使用。国务院广播电视行政部门在国家无线电管理委员会的授权下,负责对广播电视无线电专用频率规划和指配,广播电视播出机构持有国务院广播电视行政部门核发的广播电视专用频率指配证明,向国家或省、自治区、直辖市的无线电管理机构办理审批手续,领取无线电执照①。

2021年3月16日,国家广播电视总局发布《中华人民共和国广播电视法(征求意见稿)》,正式启动对起草的《广播电视法》的征求意见。根据国家广播电视总局的说明,本次立法主要在于以下目的:推动实现广播电视领域加强党的领导和全面依法治国融为一体,推动法治国家、法治政府、法治社会建设;为广播电视更好地满足人民群众精神文化需求提供制度保障;为构建全媒体传播体系提供法治支撑,广播电视是全媒体中的重要内容;提升广播电视领域依法行政能力。

相较《广播电视管理条例》,《广播电视法(征求意见稿)》主要有以下新增内容,反映以互联网为特色的广播电视发展趋势。

第一,网络电视台也纳入其中。尽管法律草案关键名词仍沿用"广播电视"的提法,但根据其法规术语定义第二条:"本法所称广播电视活动,是指采取有线、无线等方式,通过固定、移动等终端,以单向、交互等形式向社会公众传播视频、音频等视听节目及其相关活动。"第七十九条:"广播电视节目,是指采取有线、无线等方式,通过固定、移动等终端,以单向、交互等形式向社会公众传播的视频、音频等视听节目,包括广播节目、电视节目、网络视听节目等。""广播电视"含义明显扩大,包括网络视音频传播。

第二,提出推行未成年人保护机制。

第三,涉及境外合作及节目内容条例,包括第二十九条:"广播电视机构与境外组织、个人合作制作电视剧片,应当经国务院广播电视主管部门许可。引进境外广播电视节目和在国际性广播电视节目交流、交易活动中展播的境外广播电视节目,应当经国务院广播电视主管部门或者省、自治区、直辖市广播电视主管部门许可。向境外提供或者赴境外交流的广播电视节目应当符合本法第十九条的规定。"第三十条:"境外卫星电视频道在境内播放的,应当经国务院广播电视主管部门许可,其节目应当符合本法第十九条的规定。"

第四,明确节目主创人员酬劳机制。

---

① 自新中国成立以来,广播电视无线电专用频率的管理一直由国家广播(电视)行政部门负责。1993年《无线电管理条例》颁行之后,依照规定,广播电视行政部门只有取得国家无线电委员会的书面授权,才能行使广播电视的无线电管理职能。1995年广播电影电视部获得国家无线电委员会授权对广播电视专用频段的频率进行规划和指配,但国家无线电委员会并未授权广播电影电视部行使核定发射台台址、核发无线电执照,以及对违法使用无线电行为的处罚权等行政职权。

第五,广播电视专用频率频段管制。

第六,国家推进应急广播建设。

第七,明确县级设施保护机制。

在同时下发的《关于〈中华人民共和国广播电视法(征求意见稿)〉的说明》中,特地强调立法目的在于"为构建全媒体传播体系提供法治支撑。广播电视是全媒体中的重要内容。随着媒体融合走向深入,全媒体传播已经成为主流趋势,融媒体中心等机构成为广播电视业务的开办机构,现行《广播电视管理条例》设定的以广播电台、电视台设立审批为主的管理体制,已经不再适应这一新的发展和管理需求。当前,迫切需要根据全媒体时代特点,从法律层面做好广播电视管理体系的顶层设计"。征求意见稿拟设定的主要制度、措施包括"加强智慧广播电视建设,推动广播电视深度融合发展。征求意见稿明确国家加强智慧广播电视建设,推动广播电视科技创新与服务升级,推进广播电视在全媒体传播体系中深度融合发展,为国家经济社会发展提供智慧广播电视服务。同时在业务准入管理制度上,将广播电视活动按照生产传播链条分为制作发行、集成播放、传输覆盖三个环节,将广播电台、电视台、融媒体中心、视频网站、IPTV集成和传输机构、互联网电视平台等各类播出平台和各类节目制作机构、各类网络传输机构等均纳入其中,按照分类目录实施管理",以及"落实网上网下一个标准、一体管理。征求意见稿明确了网络视听节目的广播电视属性,在网上网下实行一个标准、一体管理。统一规定了电视剧片(包括电视剧、电视动画片、电视电影、电视纪录片、网络剧、网络动画片、网络纪录片、网络电影等)的备案、审查程序"。[①]

第三节　中国广播电视节目的规范与管理

一、中国广播电视节目的规范

广播电视媒体每年播出数量庞大的节目内容是否健康、导向是否正确,是关系到能否保障中国广播电视节目的社会主义性质的重要问题。为确保广播

---

① 参见国家广播电视总局:《国家广播电视总局关于公开征求〈中华人民共和国广播电视法(征求意见稿)〉意见的通知》(2021年3月16日),http://www.nrta.gov.cn/art/2021/3/16/art_158_55406.html,最后浏览日期:2021年4月21日。

电视行政部门对广播电视节目的控制和管理,《广播电视管理条例》以法规形式确立了制作、播放广播电视节目的审查制度。

第一,广播电台、电视台应当按照国务院广播电视行政部门批准的节目设置范围开办节目。广播电视节目必须由广播电台、电视台和经批准设立的广播电视节目制作经营单位制作,这是保证广播电视节目的质量的一个基础;同时,相关节目制作单位必须取得相应的制作许可证。

第二,《条例》第三十二条规定:"广播电台、电视台应当提高广播电视节目质量,增加国产优秀节目数量,禁止制作、播放载有下列内容的节目:危害国家的统一、主权和领土完整的;危害国家的安全、荣誉和利益的;煽动民族分裂,破坏民族团结的;泄露国家秘密的;诽谤、侮辱他人的;宣扬淫秽、迷信或者渲染暴力的;法律、行政法规规定禁止的其他内容。"

第三,用于广播电台、电视台播放的境外广播电视节目,包括影视剧,必须经国务院广播电视行政部门或者其授权的机构审查批准。

第四,广播电台、电视台对其播放的广播电视节目要按照《广播电视管理条例》及其他法规规定的节目标准进行播前审查,重播重审。

图5-8较为清楚地反映了上述几个方面的关系。

二、中国广播电视节目内容的具体管理

中国法规、政令中对广播电视节目的内容的监管可分为以下几个方面:规定或倡导播出的内容,限制播出的内容,禁止播出的内容,行业标准。

1. 法规规定或政令提倡播出的广播电视节目
(1) 舆论引导及精神文明建设内容
《广播电视管理条例》根据中国广播电视事业的社会主义性质,规定广播电台、电视台只能由代表国家和各级地方政府的广播电视行政部门开办和管理,从广播电视主体资格上保证了其制作、播出的节目符合法规和政策的有关规定。对于广播电视节目的原则,有关法规和政策文件都明确要求广播电台、电视台制作、播出的节目符合公序良俗,符合法规和宣传纪律的有关规定,符合精神文明建设的要求,符合正确的舆论导向。

(2) 必须转播的广播电视节目
1993年12月8日,中央宣传部、广播电影电视部联合发文的《关于地方广播电台、电视台必须完整转播中央人民广播电台、中央电视台节目的通知》指出:"各级广播电台、电视台、转播站、电视差转站以及有线电视台(站)和有线广播台(站)都必须以专用频道完整转播中央人民广播电台、中央电视台的第

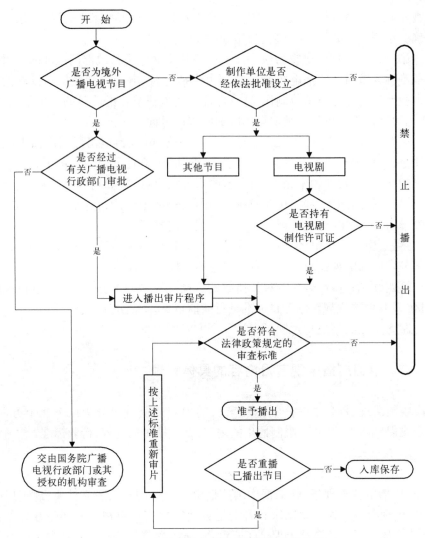

图 5-8　中国广播电视节目播出前审片流程

（资料来源：笔者综合绘制）

一套节目。有条件的还应转播中央台的其他节目。"《广播电视管理条例》则明文规定："地方广播电台、电视台或者广播电视站，应当按照国务院广播电视行政部门的有关规定转播广播电视节目。"条文以准用性规范①的形式援用有

---

① 准用性规范指法律没有直接规定具体、明确的规范内容，而是规定当法定的情况出现时，准许引用有关法律规范。与此相对的确定性规范指法律条文直接而明确地规定行为规范的内容，不需要援用其他规范补充或说明的法律规范。

关规定来确定必须转播的具体内容。这在很大程度上使条例既有原则性,又体现出一定的灵活性。

(3) 法规规定必须播出的内容

广播电台、电视台应强制刊登的内容,主要是政府指定播出的特定内容,以及其他法规规定的内容。《广播电视管理条例》第四十三条规定:"国务院广播电视行政部门在特殊情况下,可以作出停止播出、更换特定节目或者指定转播特定节目的决定。"可以视为政府有关部门指定广播电台、电视台播出特定内容的法规依据。

(4) 更正性内容,即因媒体播出失实或不适当内容,损害他人的合法权益,当事人有权要求媒体予以更正或答辩

《民法》中对责令侵权行为实施者执行消除影响、赔礼道歉等救济措施,可认为是广播电视播出更正或答辩内容的法律依据。《广告法》第三十七条中对于发布虚假广告的广告主"应停止发布并以等额广告费用在相应范围内公开更正消除影响"的规定,可视为广播电视应播出侵权虚假广告的更正内容的法规依据。

(5) 对广播电视节目使用的语言文字的规定

为规范使用语言文字,《广播电视管理条例》对广播电视节目使用语言文字作了原则性规定,即第三十六条:"广播电台、电视台应当使用规范的语言文字。广播电台、电视台应当推广全国通用的普通话。"由国家语言文字委员会和广播电影电视部联合发出的《关于广播、电影、电视正确使用语言文字的若干规定》(1987年4月7日)具有较强的可操作性,在强调使用规范语言文字的基本原则的同时,又对少数民族语言使用作符合实际情况的规定。

2. 广播电视节目内容的限制规定

(1) 特定节目比例及播出方式

具体包括对境外引进电视节目、黄金时间播出的特定节目的相关规定。例如,广播电影电视部于1994年2月3日发布的《关于引进、播出境外电视节目的管理规定》第九条规定:"各电视台每天播出的每套节目中,境外电视剧不得超过电视剧总播出时间的25%,其中黄金时间(18时至22时)不得超过15%。"这方面规定比以前更为严格,允许比例有所下降,尤其对在黄金时间播出的境外节目加强了比例的限制①。再如,广播电影电视部于1997年2月19日发出的《关于进一步加强广播电视广告宣传管理的通知》明确了广播电视节

---

① 广播电影电视部于1992年2月发布的250号文件规定,广播电台、电视台播出外国和中国港澳台地区制作的影视剧与录像制品,每周不得超过总播出量的三分之一。

目中广告播出时间的比例,规定"广播电台、电视台每套节目播放广播电视广告的比例,不得超过该套节目每天播出总量的15%,18:00至22:00之间不得超出该时间段节目总量的12%";还规定广播电视播出广告应当保持节目的完整性,对中断节目插播广告、叠加字幕广告等作了严格的限制。这些具体的比例、标准会随特定的情形与社会现实做具体调整,但这些规定始终存在。

(2) 著作权使用的规定

《广播电视管理条例》第四十六条确定了依法保护广播电视节目著作权、合法有偿使用的原则;对于具体节目的著作权的有关规定,条文以准用性规范的形式援引《中华人民共和国著作权法》相关条款的规定。

(3) 广播电视广告的限制性规定

规范广告活动的最重要、最高法律效力的法律是重新修订的《广告法》。广播电影电视部根据《广告法》及其他有关规定制定相应规范,以行政命令的方式对广播电视广告的内容、表现方式,以及制作、播出、发布等广告经营活动作出较为具体的规范。广播电视广告必须符合有关法规、政令对广告内容的原则性规定。例如,《广告法》规定,广告"应当真实、合法,符合社会主义精神文明建设的要求";"应当有利于人民的身心健康,促进商品和服务质量的提高,保护消费者的合法权益,遵守社会公德和职业道德,维护国家的尊严和利益"(第七条);"不得含有虚假的内容,不得欺骗和误导消费者"(第四条)。这些条文在相关广播电视广告管理规范中都有体现。

(4) 对特定内容的广播电视新闻报道的限制

对于广播电视新闻报道,《广播电视管理条例》仅作出第三十四条"广播电视新闻应当真实、公正"的原则性规定,下列特定新闻报道的具体规范散见于各专业法律法规、政策文件之中。

① 涉及保密问题的新闻报道。对于可能涉及国家秘密或商业秘密的新闻报道,应当依照有关法规、政令慎重处理,可能导致重大泄密的原则上不应公开报道;如确有必要公开报道,应注意过滤会直接泄密或间接推导出秘密的内容。处理涉及保密内容的新闻报道时,既要防止草率处理,导致新闻报道泄密;又要防止矫枉过正,制定不必要的密级,妨碍信息顺畅流通。

② 天气预报、重大灾情、震情、疫情的发布。应当遵循各相关主管部门制定的有关规则,统一口径,防止因随意发布以上消息而导致不良社会后果。

③ 外交事务、国际事件报道或对外宣传。在有关报道中应考虑国际影响力、内外有别,注意不干涉别国内政;有关国际问题的评述应当符合国家外交政策。

④ 突发事件的报道。应当充分考虑可能引发的社会动荡的后果,对突发事件的报道要注意分寸,并且加以适当的引导。

⑤ 司法报道。应当保证公正中立,新闻报道不得妨碍警方的侦查、取证工作;在法庭判决之前,应当推定刑事被告人无罪、民事案件双方当事人平等。

⑥ 弱势群体的报道。应注意保障老年人、妇女、儿童、青少年、残障者的合法权益,尊重少数民族、宗教人士的特定风俗、礼仪。

3. 严禁播出的广播电视节目内容

(1) 禁止播出的一般原则

中国广播电视禁止播出含有反动、淫秽、严重违背现有法律和政策的内容,如前述《广播电视管理条例》第三十二条以正面列表的方式详细列出被禁止播出的广播电视节目的内容。

(2) 禁止播出的特定广播电视广告

为维护社会公益,根据《中华人民共和国广告法》、广电部相关广播播出的规定,以及各专业法规、政令的相关规定,禁止广播电视媒体播出以下几类特定产品的广告:① 烟草广告或者烟草生产企业的形象广告;② 麻醉药品、精神药品等产生药瘾的药品或含毒性、放射性等特种药品的广告;③ 性病治疗或含有色情、性暗示内容的广告;④ 非正式或内部出版物的广告;⑤ 其他法规、政令禁止在广播电视媒体播出的广告。

(3) 禁止播出由资格不合法主体制作、播出的广播电视节目

为加强对广播电视节目的有效管理,根据《广播电视管理条例》及各专业法规、政令的相关规定,禁止广播电视媒体播出以下几类制作或播出主体资格不符合法定要求的广播电视节目:① 超出广播电视行政部门批准的节目设置范围的节目,例如教育电视台不得播出与教学内容无关的电影、电视片等;② 由广播电台、电视台和省级以上人民政府广播电视行政部门批准设立的广播电视节目制作经营单位以外的其他单位或个人制作的广播电视节目;③ 未经国务院广播电视行政部门批准制作的国产电视剧;④ 未取得播放权的电视节目、电影片及音像制品;⑤ 未经国务院广播电视行政部门或者其授权的有关机构审查批准的其他境外广播电视节目;⑥ 无大陆播映权的合(协)拍的电视剧;⑦ 未经国务院广播电视行政部门批准以卫星或其他方式传送境外(外国及中国港、澳、台地区)广播电视节目;⑧ 公开播放仅作为资料参考用途的境外电视节目。

第四节　中国政府对境外影视剧的管理与规范

　　境外影视剧在中国已经有40余年的传播历史。改革开放之初,由电视平台播放的境外影视剧,对当时的中国观众来说是最好的领略外来文化的途径,也启发了当时尚在萌芽状态的国内影视剧产业。从模仿到独立创作,境外影视剧之于中国影视剧产业发展的激励作用不可小觑。同时,境外影视剧传播过程中暴露的一些问题也不容忽视。例如,影视剧节目同质化严重,内容单一。1999年农历春节,中国内地省级卫视频道播放香港地区TVB电视台出品的《天龙八部》高达18家,虽然这反映出优秀电视剧作品的火爆程度,但也提醒广电管理部门,必须为规范传播市场提供相应的对策。境外影视剧中并不完全符合社会主义核心价值观的内容,会对社会造成负面影响。1980年引入的美剧《加里森敢死队》在国内热播,但26集的电视剧仅播放了15集就被叫停,原因是剧内主人公散漫狂野、不拘小节的行事方式促使街头暴力现象陡增,甚至有人模仿剧中的盗窃手法实施犯罪。1990年11月28日,广播电影电视部颁布《广播电影电视部关于引进海外电视剧的审查标准》,首次对海外电视剧的引进和传播作出相对具体的规定。此后,一系列规范播出秩序的规章文件陆续颁布,电视平台自此受到限制,在境外影视剧的引进和播出各方面都有了必须遵循的条款。

　　政策的不断收缩使得电视台逐渐丧失了引进境外节目的积极性,网络技术的发展和现代观影习惯的改变也将大量新生代影视剧受众从传统电视分流到网络视频平台。在政策限制和互联网发展带来的收视习惯转变的合力作用下,境外影视剧的传播重心开始逐步从传统电视向互联网转移,相关管理条例也因此出台。2014年9月,国家新闻出版广电总局发布《关于进一步落实网上境外影视剧管理有关规定的通知》(新广电发〔2014〕204号),规定网上播出的境外电影、电视剧,应依法取得新闻出版广电部门颁发的《电影片公映许可证》或《电视剧发行许可证》等批准文件,并且取得著作权人授予的信息网络传播权。未取得《电影片公映许可证》或《电视剧发行许可证》的境外影视剧一律不得上网播放。"单个网站年度引进播出境外影视剧的总量,不得超过该网站上一年度购买播出国产影视剧总量的30%。"同时还规定,2015年3月31日之前,各网站要将本网站在播境外影视剧名称、集数、购买合同、版权起止日期、内容概要、内容审核情况等信息,上传到"网上境外影视剧引进信息统一登记平台"上进行登记。从 2015 年 4 月 1 日起,未经登记的境外影视剧不得上网播放①。

该通知被业内称为最严"限外令"。该禁令发布后,众多视频网站下架境外剧进行整改。"先审后播"的政策要求也使得海内外同步播放的影视剧接收形式成为历史,互联网平台在经历长期自由、松散的发展后也受到广电规制的约束。至此,有能力购买版权的主流视频网站成为网络用户接触境外影视剧的主要渠道。

一、有关境外影视剧政府规制的发展

1990 年,广播电影电视部颁布了《广播电影电视部关于引进海外电视剧的审查标准》和《广播电影电视部关于引进海外电视节目管理的暂行规定》两个文件,第一次系统地对境外影视剧引进和播放作出规定。笔者以此作为境外影视剧广电规制研究的起点,通过梳理分析历年来的政策文本,探讨境外影视剧广电规制的演变特征。

首先,规制文件依据行政效力区分,普遍以规范性文件为主(在行政效力上,规范性文件<部门规章<行政法规<法律),数据比例为 5∶7。这说明中国的广电传媒及互联网媒体仍处于发展阶段,规制文件需要随着发展状况进行适时的调整。不仅仅是境外影视节目,当前中国广播电视领域的规制体系中,大多规制文件均属于这种管理办法、暂行规定等部门规章和规范性文件。国家广播电视总局网站的政务公开专栏显示,截至 2019 年 3 月,在公开目录中,法律记录 2 条、法规 23 条、部门规章 96 条、国际公约 7 条、规范性文件 21 条。数据的比例说明当下中国广电领域的规制方法:以基本法律为主体,以部门规章为行事准则,同时以规范性文件解释和补充。

其次,规制手段整体上存在逐渐强化的特征:政策发布频率增高;引进平台准入资格的要求趋于严格;对播放环节的限制增多,节目的总量、播出时长、内容要求都纳入监管范畴中。

以政策发布频率为例。1990 年至今,国家广电管理部门平均每年出台的与境外影视剧相关的规制数量不断攀升。以对引进境外影视剧的内容要求为例,2004 年,国家广播电影电视总局第 42 号令第十五条对禁止播放的节目内

---

① 参见《国家新闻出版广电总局关于进一步落实网上境外影视剧管理有关规定的通知》(2015 年 4 月 1 日),北京市人民政府官网,http://www.beijing.gov.cn/zhengce/zhengcefagui/qtwj/201912/t20191211_1055624.html,最后浏览日期:2021 年 4 月 22 日。

容有如下规定:"引进境外电视节目……确保内容健康、制作精良。不得载有以下内容:反对中国宪法确定的基本原则的;危害中国国家统一、主权和领土完整的;泄露中国国家秘密、危害中国国家安全或者损害中国荣誉和利益的;……其他违反中国法律、法规、规章规定的内容。"

总体而言,这些规定还停留在比较宏大和抽象的层面,基本上围绕国家主权和法律而展开。2009年3月《广电总局关于加强互联网视听节目内容管理的通知》,在延续上述十条内容要求的基础上又补充了21条境外影视剧中需要删减的内容,例如,恶意贬损人民军队、武装警察、公安和司法形象的,有虐待俘虏、刑讯逼供罪犯或犯罪嫌疑人等情节的,有强烈刺激性的凶杀、血腥、暴力、自杀、绑架、吸毒、赌博、灵异等情节的;等等。

可以看出,管理部门制定的规章内容在不断具体化,电视台和视频网站在操作中有了更明确的行事准则。2021年1月至3月,国家广播电视总局每月同意发行的境外影视剧(含电影和电视剧)分别是16部(《溏心风暴》、《老婆大人》、《大侠霍元甲》、《鹿鼎记》、《匆匆那年》等)、14部(《动物园恋曲》、《完美的离婚》、《天鹅索套》、《倒数第二次恋爱》等)和4部(《皇冠小姐》、《绿野心踪一》、《绿野心踪二》、《007之黄金眼》)①。

最后,境外影视剧规制的作用平台从泾渭分明到业态整合。2018年9月20日,国家广播电视总局发布通知,将起草的《境外视听节目引进、传播管理规定(征求意见稿)》向社会公开征求意见。该稿在国家广播电影电视总局2004年发布的部门规章《境外电视节目引进、播出管理规定》的基础上修订而成。从文件的标题我们即可看出变化:由"境外电视节目"演变为"境外视听节目",将互联网平台的视听节目纳入统一的监管;由"播出"更改为"传播",体现了在媒介融合的业态环境下,内容传播方式的革新。规制的作用对象同样得到拓展,由"适用于电视台播出的境外电视节目引进和播出",扩展为"用于广播电视播出机构和网络视听节目服务单位传播的境外视听节目"。在此之前,针对境外影视剧的广电政策只作用于单一平台、互不干涉,此次的业态整合正顺应了媒介融合的发展趋势和日益激烈的市场竞争环境。

---

① 参见国家广播电视总局:《国家广播电视总局办公厅关于2021年3月全国引进境外影视剧有关情况的通知》(2021年4月9日), http://www.nrta.gov.cn/art/2021/4/9/art_113_55721.html;《国家广播电视总局办公厅关于2021年2月全国引进境外影视剧有关情况的通知》(2021年3月18日), http://www.nrta.gov.cn/art/2021/3/18/art_113_55450.html;《国家广播电视总局办公厅关于2021年1月全国引进境外影视剧有关情况的通知》(2021年2月8日)。http://www.nrta.gov.cn/art/2021/2/8/art_113_55085.html,最后浏览日期:2021年4月22日。

二、境外影视剧政府规制的历史过程与效果检视

1978年,中国开始实行改革开放,电视产业实现了从无到有的飞速发展,为境外影视剧的引进铺垫了基础。可以说,境外影视剧引进之路基本上是国与国之间外交关系在文化领域的一个反映。1979年中美两国正式建交后,美剧由此打开了在中国传播的渠道。1980年美国科幻电视剧《大西洋底来的人》登陆中国荧屏,掀起当时中国一股模仿剧中人物穿戴的风潮。中韩两国自20世纪50年代起至80年代初一直处于相互敌视的状态,直至1992年中国与韩国正式建立大使级外交关系,第一部韩剧《爱情是什么》方由中央电视台引进播出。中日关系的演变比较曲折:20世纪70年代,中日邦交正常化;80年代的"蜜月期"中,领导人层面的友好往来频繁,电视台引进日剧数量激增;90年代末到21世纪初,关系摩擦加剧,日本领导人坚持参拜靖国神社、"教科书风波"、"钓鱼岛事件"等严重干扰了两国的正常交往,日剧也淡出中国电视频道,成为不少日剧迷心中的遗憾。

1999年国家广播电影电视总局《关于引进海外电视剧的审查标准》首次对境外电视剧的内容制定了较为详细的审查标准,其中明确规定禁止播出"美化超级大国扼制第三世界民族独立"的内容;同时规定,鉴于国际形势的变化,根据斗争的需要,在一定时期内对某些或某个国家电视剧,虽然思想性和艺术性都能接受,也应暂停播出。2018年出台的《境外视听节目引进、传播管理规定(征求意见稿)》指出,因公共利益需要等特殊情况,国务院广播电视主管部门可以作出停止播出、更换特定境外视听节目的决定。

2018年2月,国务院台湾事务办公室联合国家发改委共同出台《关于促进两岸经济文化交流合作的若干措施》,共包括30余项对台优惠政策,涵盖与影视行业关系密切的内容,主要概括为三点:其一,台湾艺人参与国内电视剧电影等节目制作,不受广电部门原有的数量限制;其二,大陆广播电视平台和互联网平台引进台湾的电影和电视剧作品数量,同样不受广电管理部门对境外剧引进的配额限制;其三,放宽两岸合拍文化作品的人员比例、投资比例限制,增强审批时效等。该举措正是从增强两岸关系、促进两岸一家亲的角度,对台湾的影视文化作品放宽限制。

2016年,随着萨德系统的部署,中韩关系日趋紧张,关于"限韩令"的讨论甚嚣尘上。一方面,所有关于"中国官方抵制韩国文化"的新闻均来自韩方媒体;另一方面,调控令虽然没有实质性的文件出台,但在审批韩国艺人方面的政策收紧已成事实,韩国艺人相较之前更少出现在中国的影视作品和商业代

言中,许多已经制作完成的中韩合拍剧也迟迟未获得播出机会。

广电规制文件对于颁布目的的阐述,从侧面反映了中国国家文化软实力和文化自信的提升。1990年的《广播电影电视部关于引进海外电视剧的审查标准》是:为借鉴海外优秀文化,促进中外文化交流,丰富我国的电视荧屏,增进观众对世界的了解,进而为社会主义精神文明和物质文明建设服务,特制定本审查标准。2000年的《关于进一步加强电视剧引进、合拍和播放管理的通知》则是为了:规范电视剧播出秩序,促进国产电视剧繁荣。2002年的《国家广播电影电视总局关于加强引进剧规划工作的通知》是为:进一步做好引进剧(含动画片)在总量、产地、题材和资质等方面的管理,加强宏观调控,推动广播影视节目的"以进带出"。2018年9月国家广播电视总局发布的《境外视听节目引进、传播管理规定(征求意见稿)》规定:传播境外视听节目,应当有利于丰富人民群众精神文化生活,吸收世界优秀文化成果,促进中外文化平等交流。境外影视剧政府规制的40年,也是中国文化产业高速发展的40年。电视剧节目内容由匮乏到多元,生产制作能力迅速增强,降低了境外电视剧节目在电视剧市场的权重,境外电视剧由中国电视剧餐桌的"主食"变为"调味品";同时,中国的电视剧节目也在加速出口,《甄嬛传》、《媳妇的美好时代》等优质国产电视剧在海外的传播,体现出中国国际文化的影响力的提升。

豆瓣网数据显示,在2016年到2018年国内制作播出的近2 000部影视作品中,7分以上者不足200部,还不到十分之一,这反映出观众对于国产剧质量的不满。演员的基本功底和专业素养不到位,演技尴尬、瞪眼表演法、抠图制作法引发网友群嘲,只看流量热度不看演技的现象频出;服装道具廉价,视觉效果雷人;IP风盛行导致同一个作品翻拍数次,造成观众审美疲劳。诸如此类的现实问题,都导致国产剧的口碑日益下滑。国家广电部门若想从根本上改变行业现状,仅仅靠限制境外剧是不够的,甚至有可能因此而放松竞争环境,导致国内电视剧市场更加"烂片云集"。毕竟制作机构和传播平台的市场适应性也是其竞争能力的一部分,而全球化进程不可逆转。从这一角度看,只要是符合要求的优质境外剧,进行适当的引进还是十分有必要的。

境外剧也不总是带来收益。例如,搜狐视频于2015年以20万美元的高价获得韩剧《制作人》的版权,但网站点击量却不尽如人意。广电政策造成的引进模式改革是主要原因。现象级的热门韩剧,或是如同《来自星星的你》,由韩国SBS电视台与爱奇艺合作,同步播放且边拍边播;或是如同《太阳的后裔》,以成片制作的方式引进,能够合理应对广电规制的播前审查。《制作人》卡在政策环境变动的尴尬时期,虽然该剧在韩国斩获多项电视艺术大奖,但在中国历经三个月的审核期,大部分观众已经通过UGC网站观看全集,这一引进并未给搜狐平台带来较高的经济效益。

2016年,各大网站平台仅有极少数的境外电视剧需要收费观看,而目前基本上热门剧集几乎全部需要购买会员付费观看。一方面,这显示出"内容为王"的时代特征。中国在线视频行业经历了一系列商业模式探索,资本的角逐让视频网站的竞争演变为烧钱大赛,如何盈利一直是其成长过程中的痛点问题,而目前,付费观看和会员购买被普遍视为未来最大的经济增长点。另一方面,针对境外电视剧网络传播的规制演变,对现有的版权价格虚高的状况有一定的改善。步入付费时代后,视频网站积累了一定的购买成本,会重点投资经过市场竞争考验的优良剧作品,以此吸引更多用户。关于境外电视剧节目总量、比例的规制传统也从电视剧平台拓展到网络平台。在这一规制背景下,不论是从购买版权的能力出发,还是从网站节目构成的多样性角度,乃至网络视频平台未来发展的角度出发,都促成网站自制剧风潮的兴起。

在视频网站引进境外剧尚未形成风潮时,UGC网站的丰富内容满足了受众对于海外文化的原始渴求。版权意识缺失是该类网站的主要问题。随着广电部门一系列监管条例的推行,这些网站或关停或整顿,也有少量转为地下形式,例如以网盘形式下载等。这都对日后广电机构的管理提出更高的要求。

第五节　中国广播电视从业者现状及发展目标

一、中国广播电视从业者现状

根据《2020年全国广播电视行业统计公报》,截至2020年年底,全国开展广播电视和网络视听业务的机构约4.8万家。其中,广播电台、电视台、广播电视台等播出机构2 543家,持证及备案网络视听机构643家,近千家县级融媒体中心取得网络视听节目许可证,从事广播电视节目制作经营机构约3.7万家。全国广播电视从业人员101.10万人,同比增长1.67%,其中,女职工42.58万,占比42.12%。从岗位上看,管理人员17.15万人,专业技术人员52.39万人(含播音员、主持人3万人,编辑、记者17.57万人,艺术人员3.16万人,工程技术人员14.96万人),其他人员31.55万人;专业技术人员占比51.82%。从学历上看,研究生及以上学历6.2万人,本科及大专学历78.86万人,高中及以下学历16.04万人;大专及以上学历人员占比84.13%。从年龄上看,35岁以下人员44.65万人,36—50岁人员43.48万人,51岁及以上人员

12.97万人;35岁以下人员占比44.16%。高学历、年轻化的人才队伍成为支撑广播电视高质量发展的重要保障①。

二、中国广播电视从业者职业守则

除了遵守所在广播电视媒体机构的相关规章制度和职业守则,作为广大媒体从业者的一员,广播电视从业者同样需要遵守《中国新闻工作者职业道德准则》,坚持以马克思列宁主义、毛泽东思想、邓小平理论、"三个代表"重要思想、科学发展观、习近平新时代中国特色社会主义思想为指导,增强"四个意识",坚定"四个自信",做到"两个维护",牢记党的新闻舆论工作职责使命,继承和发扬党的新闻舆论工作优良传统,坚持正确政治方向、舆论导向、新闻志向、工作取向,不断增强脚力、眼力、脑力、笔力,积极传播社会主义核心价值观,自觉遵守国家法律法规,恪守新闻职业道德,自觉承担社会责任,做政治坚定、引领时代、业务精湛、作风优良、党和人民信赖的新闻工作者。具体而言,就是要做到以下几点②。

(1) 全心全意为人民服务

忠于党,忠于祖国,忠于人民,把体现党的主张与反映人民心声统一起来,把坚持正确舆论导向与通达社情民意统一起来,把坚持正面宣传为主与正确开展舆论监督统一起来,发挥党和政府联系人民群众的桥梁纽带作用。

(2) 坚持正确舆论导向

坚持团结稳定鼓劲、正面宣传为主,弘扬主旋律,传播正能量,不断巩固和壮大积极健康向上的主流思想舆论。

(3) 坚持新闻真实性原则

把真实作为新闻的生命,努力到一线、到现场采访核实,坚持深入调查研究,做到真实、准确、全面、客观报道。

(4) 发扬优良作风

树立正确的世界观、人生观、价值观,加强品德修养,提高综合素质,抵制不良风气,保持一身正气,接受社会监督。

(5) 坚持改进创新

遵循新闻传播规律和新兴媒体发展规律,创新理念、内容、体裁、形式、方

---

① 参见国家广播电视总局:《2020年全国广播电视行业统计公报》(2021年4月19日),http://www.nrta.gov.cn/art/2021/4/19/art_113_55837.html,最后浏览日期:2021年4月22日。

② 参见《中国新闻工作者职业道德准则》(2019年12月15日),中国记协网,http://www.zgjx.cn/2019-12/15/c_138632458.htm,最后浏览日期:2021年4月22日。

法、手段、业态等,做到体现时代性、把握规律性、富于创造性。

(6) 遵守法律纪律

增强法治观念,遵守宪法和法律法规,遵守党的新闻工作纪律,维护国家利益和安全,保守国家秘密。

(7) 对外展示良好形象

努力培养世界眼光和国际视野,讲好中国故事,传播好中国声音,积极搭建中国与世界交流沟通的桥梁,展现真实、立体、全面的中国。

三、中国广播电视从业者的职业发展目标

当前,推动全媒体时代媒体深度融合,事关广播电视高质量创新性发展,事关壮大主流舆论,事关国家长治久安。党的十八大以来,以习近平同志为核心的党中央作出推动媒体融合发展的重大决策部署,各级广播电视机构积极落实,媒体融合取得重要进展。2021年11月,国家广播电视总局印发《国家广播电视总局关于推动新时代广播电视播出机构做强做优的意见》的通知,提出几项基本原则。

(1) 坚持旗帜鲜明讲政治

始终把讲政治作为第一要求,把忠诚可靠作为第一标准,坚持以党的政治建设为统领,始终在政治立场、政治方向、政治原则、政治道路上同以习近平同志为核心的党中央保持高度一致。坚持党的领导,坚持党管媒体,坚持政治家办台、办网,牢牢掌握意识形态工作领导权,始终让党的旗帜在广电行业高高飘扬。

(2) 坚持以人民为中心

坚持"人民至上"理念,牢记全心全意为人民服务的根本宗旨,站稳人民立场,提升广播电视服务人民群众,特别是农村地区、贫困地区、少数民族地区人民群众的能力和水平,持续完善城乡广播电视公共服务体系,着力解决新时代人民日益增长的美好生活需要与广播电视文化供给不充分不平衡之间的矛盾,不断增强人民群众的文化获得感、幸福感、安全感。

(3) 坚持新发展理念

适应新时代要求,坚定不移深化改革,抓住痛点、难点,坚持创造性转化、创新性发展,加快关键领域、重要环节的变革重塑,以智慧广电建设为战略引擎,提高智慧化发展水平,加快打造智慧广电体系,推动广播电视行业高质量创新性发展。

(4) 坚持融合发展

坚持一体化发展方向,坚持移动优先策略,建立以内容建设为根本、先进

技术为支撑、创新管理为保障的全媒体传播体系，推动广播电视向全程媒体、全息媒体、全员媒体、全效媒体发展。坚持网上网下统筹管理、同一标准，营造公平有序发展的良好环境，加快构建网上网下一体、内宣外宣联动的主流舆论格局。

（5）坚持推进治理现代化

深入贯彻党的十九届四中全会精神，着力固根基、扬优势、补短板、强弱项，及时把行之有效的治理观念、治理方式、治理手段转化为制度机制，构建系统完备、科学规范、行之有效的制度体系。强化制度执行，自觉对标制度，严格按制度办事，不断提高治理效能[1]。

这既是对广播电视机构的要求，也是对广播电视从业者职业发展的要求。

与此同时，国家广播电视总局印发《关于加快推进广播电视媒体深度融合发展的意见》，提出广播电视媒体深度融合的总体要求和目标在于，坚持以习近平新时代中国特色社会主义思想为指导，全面贯彻党的十九大和十九届二中、三中、四中、五中全会精神，增强"四个意识"，坚定"四个自信"，做到"两个维护"，全面贯彻落实习近平总书记关于媒体融合发展的重要论述，特别是在中共中央政治局第十二次集体学习时的重要讲话精神，深入贯彻落实中央《关于加快推进媒体深度融合发展的意见》，加强党的全面领导，坚持正能量是总要求、管得住是硬道理、用得好是真本事，坚持深化改革、激活活力，坚持深度融合、整体转型，坚持科技引领、创新驱动，坚持移动优先、一体发展，坚持多屏互动、矩阵传播，坚持平台与网络并用、内容与服务并重，加快推进广播电视媒体深度融合发展，打造一批具有强大影响力和竞争力的新型广播电视主流媒体，占据舆论引导、思想引领、文化传承、服务人民的传播制高点。力争用1—2年时间，新型传播平台和全媒体人才队伍建设取得明显进展，主流舆论引导能力、精品内容生产和传播能力、信息和服务聚合能力、先进技术引领能力、创新创造活力大幅提升。用2—3年时间，在重点领域和关键环节的改革创新取得实质突破。着眼长远，广播电视行业逐步建立以内容建设为根本，以先进技术为支撑，以创新管理为保障的全媒体传播体系[2]。

2020年12月，国家广播电视总局召开全国广播电视媒体深度融合发展推

---

[1] 参见国家广播电视总局：《国家广播电视总局印发〈国家广播电视总局关于推动新时代广播电视播出机构做强做优的意见〉的通知》（2020年11月5日），http://www.nrta.gov.cn/art/2020/11/5/art_113_53696.html，最后浏览日期：2021年4月22日。

[2] 参见国家广播电视总局：《国家广播电视总局印发〈关于加快推进广播电视媒体深度融合发展的意见〉的通知》（2020年11月26日），http://www.nrta.gov.cn/art/2020/11/26/art_113_53991.html，最后浏览日期：2021年4月22日。

进工作电视电话会议。会议指出,媒体深度融合发展,人才是关键。要加快健全全媒体人才培养体系,完善职称制度;落实人才激励政策,激发内生活力;打破身份等限制,拓宽选人用人渠道,发挥高端人才的引领作用①。2021年2月,人力资源社会保障部专技司、国家广播电视总局人事司有关负责同志就印发《关于深化播音主持专业人员职称制度改革的指导意见》(简称《意见》)答记者问,认为播音主持专业人员代表广播电视和网络视听媒体的形象,承担坚持正确导向、传播先进文化、引领文明风尚的重要职责。出台这个《意见》,进一步深化播音主持专业人员职称制度,完善符合播音主持专业人员职业特点的评价机制,对于客观评价播音主持专业人员专业能力水平、建设高素质专业化播音主持专业人才队伍具有重要意义,有利于为培养造就政治坚定、素质优良、德艺双馨的播音主持专业人员队伍夯实制度基础,有利于推动广播电视和网络视听高质量创新性发展。《意见》适用于在广播电视、网络视听和其他提供视听服务的机构中从事播音主持相关工作的专业技术人员。各类播音主持专业人员,包括非公有制广播电视节目制作机构、网络视听节目服务机构及公立机构中各种方式使用的播音主持专业人员均适用《意见》,在职称评审方面享有同等待遇②。

丹尼斯·麦奎尔,斯文·温德尔(1987). 大众传播模式论. 祝建华,武伟译. 上海:上海译文出版社.

梅尔文·L·德弗勒,埃弗雷特·E·丹尼斯(1989). 大众传播通论. 颜建军,王怡红等译. 北京:华夏出版社.

斯坦利·巴兰,丹尼斯·戴维斯(2004). 大众传播理论:基础、争鸣与未来(第三版). 曹书乐译. 北京:清华大学出版社.

希洛·A·洛厄里,梅尔文·L·德弗勒(2009). 大众传播效果研究的里程碑(第三版). 刘海龙等译. 北京:中国人民大学出版社.

---

① 参见国家广播电视总局:《聂辰席出席全国广播电视媒体深度融合发展推进工作电视电话会议》(2020年12月4日),http://www.nrta.gov.cn/art/2020/12/4/art_112_54268.html,最后浏览日期:2021年4月22日。

② 参见国家广播电视总局:《人力资源社会保障部专技司、国家广播电视总局人事司有关负责同志就印发〈关于深化播音主持专业人员职称制度改革的指导意见〉答记者问》(2021年2月5日),http://www.nrta.gov.cn/art/2021/2/5/art_113_55047.html,最后浏览日期:2021年4月22日。

陈力丹(编)(2006).自由与责任:国际社会新闻自律研究.开封:河南大学出版社.

丁迈,缑赫,董光宇(2016).全国广播电视新闻从业者调查报告.北京:中国发展出版社.

郭娅莉,孙江华,龚灏等(编著)(2005).媒体政策与法规.北京:中国传媒大学出版社.

马庆平(主编)(2005).中外广播电视法规比较.北京:经济管理出版社.

牛静,杜俊伟(编著)(2017).全球主要国家媒体伦理规范(双语版).武汉:华中科技大学出版社.

第六章　广播电视的视听语言
——声音与画面

> **本章概述**
> 　　了解作为广播电视传播符号的声音与画面的特点、作用及相互关系；重点了解声音传播元素中的语言、音乐、音响各自的特点和作用，画面的特征和意义，以及声音与画面这两种传播元素不同的配合关系分别能起到的作用。

第一节　广播电视的传播符号

　　每一种大众传播媒介都会用其独特的方式呈现信息。在一些媒介学者看来，平面媒介在其悠久的历史中发展了非常复杂的媒介语法。例如，一本书，除了内容本身，它的一切方面，包括开本大小、封面设计、字体字号、精装本还是平装本、有没有图片，甚至目录、索引、章节标题、字间距和行间距等，都向读者传递出重要的信息。事实上，人们今天认为理所当然的惯例却是经过漫长的行业发展才成为广泛采纳的书籍的标准。报纸也一样有自己的媒介语法类型，并且在不断变化中。"一个明显的例子是与 40 年前相比，当今报纸上彩色照片和图表的数量。"(Pavlik & McIntosh, 2017：45) 尽管批评家们认为，图表占据了本就有限的文本空间，短小易读的新闻单元和醒目的视觉效果不利于报纸的信息深度，但另一些支持者则认为，这是与电视和其他视觉媒体竞争受众注意力的大势所趋。广播则通过音频技术达成不同的传播目标，实况声、音乐和音响效果、多个音轨和音量变化、电话参与的听众互动，都是广播仅仅基于声音的媒介语法。

尽管早期的电视节目有不少直接出自流行的广播节目,但从媒介语法的角度看,电视的视听语言与电影语言的语法(丹尼艾尔·阿里洪,2013)更为接近,包括摄像机的角度和运动、蒙太奇和后期剪辑、声音和画面的关系等。随着媒介技术的发展,影像从业者通过视觉和音频技术可以传递丰富的信息。电视亦如是。无论是电视新闻,还是真人秀、脱口秀、肥皂剧,电视屏幕上图形用户界面、多画屏或多个窗口、屏幕底部滚动的新闻自动更新,"这些媒介语法已被在线的数字媒介大量借鉴"(Pavlik & McIntosh,2017:46)。当然,互联网数字和社交媒介语法还在生长与发展当中,但一些媒介语法的要素业已确立,例如超文本通常带有下划线,或者,在屏幕左上角将一个网站图标链接到该网站的首页,以及通过各种标准化图标等符号形式"创建的一套视觉交互语言,使我们可以轻松地与内容进行交互,并且在社交网络上告知其他人我们正在阅读或正在做的事情。其他示例包括或多或少的功能标准化图标,比如打印、打开文档、播放视频、通过电子邮件发送文档,以及在地图上放大或缩小。数字媒介语法随通信设备而发展。如今,我们可以不假思索地在手机屏幕上滑动以移动到新窗口或捏住屏幕进行缩小,这些不同类型的触摸屏界面反过来也会影响到网络设计和功能的进一步改变"(Pavlik & McIntosh,2017:47)。

媒介理论家威廉·弗卢塞尔(Vilem Flusser)以更宏观的视角概括了媒介语法与媒介技术的关系,认为人类文化自发端以来有两个根本转折:"公元前2000年中叶前后的第一个转折,可以归纳在'线性书写的发明'这一标题下;第二个转折是人们目前正在经历的,可称之为'技术性的影像发明'。"(2017:7)技术性的影像,指的是由技术装置产生的影像,例如照相术的发明,"就像所有技术性的影像一样,照片是被编码成情景(事物状态)的概念,既包括摄影者的概念,也包括已被程序化到装置中的概念",影像"围绕着其在世界中的感光度而展开"(2017:42),摄影曝光"这个停止时刻的关键问题,它赋予白天光线一种时间尺度,一种独立于天文白天的时间单位,一种光线和时间的分离性"(2017:43),"它能永久固定那充满自然天赋的飞逝一刻,这只眼睛,它就是镜头的眼睛"(2017:46)。其重要特征是影像"对时间的概括,视觉即时性"(2017:78)。可以说,技术性影像"让整个社会成为有效的符码","大众文化就是其结果"(2017:19),而人们对影像的理解,需要一种能力,"把现象编码成象征符号并对这些象征符号进行解读的能力"(2017:9)。在传播学集大成者威尔伯·施拉姆看来,符号是人类传播的要素,这些要素在传播者一方的思想中代表着某个意思,如果被另一方接受了,那么在接受这一方的思想中也就代表了这个意思。符号的中心意思被认为是代表了一种思想、一种想法……

命令或愿望、一种概念、一些非它不能传达的信息,无论如何,符号代表了某个东西,它可以是语言的或非语言的,可以是看的、听的、嗅的、触摸的,可以是讲话、文字、印刷品和画片,可以是一个姿势、一个微笑、搭在肩上的一只手、一阵大笑或者一股香味(威尔伯·施拉姆、威廉·波特,1984)。因此,广播电视的传播符号,是广播电视传播的表现形式,它能够体现出一定的意义并能够为受众所感知。

一、语言符号和非语言符号

传播符号可分为语言符号和非语言符号两个大类。语言符号包括文字语言和声音语言;非语言符号的涵盖范围则要广得多,通常指文字语言、声音语言以外的通过视觉、听觉、触觉感觉到的姿势、音容笑貌、气味、颜色、图画等。在人与人之间面对面的交流中,表情、体态、语气语调等都属于非语言符号。不仅语言符号与非语言符号之间存在差异,不同的媒介由于传播技术特征不同,其语言符号和非语言符号的种类也有很大的不同(见表6-1)。例如,在报纸杂志上,非语言符号不仅仅是图片,还包括版面语言,如版面编排方式、字体字号、颜色等。2021年2月21日,美国《纽约时报》头版以巨幅点状图揭示了全美新冠肺炎疫情灾难:图表时间轴上,一个点代表一个因新冠肺炎病毒在美国逝去的生命,从2020年2月29日报告第一个死亡病例到2021年2月21日,已累计有近50万个死亡病例(见图6-1)。《纽约时报》绘制头版图的美术编辑蕾瑟比表示:"疫情持续很长一段时间,人们开始感觉麻木,我们试图提醒人们仍在发生的事情。""关于这幅特别的作品,我们想要阐释的惊人之处在于它(疫情)发生的速度之快。"《纽约时报》美术编辑加米奥认为,该图表的表现手法很恰当,"目的就是让人产生视觉冲击"。加米奥提到,图表跟文字一样能

表6-1 印刷媒介与广播电视传播符号比较

媒介	语言符号	非语言符号
印刷媒介	文字语言	画面造型语言(图片、图表等),版面语言
广播	抽象音响语言(现场语言、演播室语言等)	具象音响语言(人为/自然音响、音乐),编排语言
电视	抽象音响语言(现场语言、播音语言等),文字语言(画内文字、屏幕文字等)	画面造型语言(图像/图片等),具象音响语言(人为/自然音响、音乐),版面编排语言

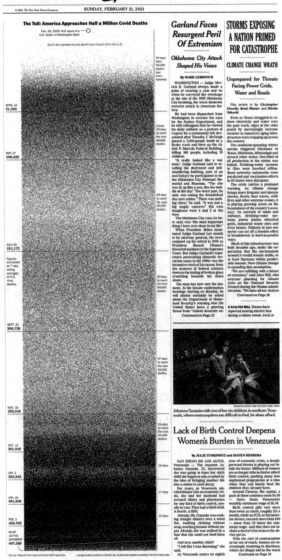

图 6-1 《纽约时报》2021 年 2 月 21 日头版

(资料来源:《死亡近 50 万!〈纽约时报〉头版长图揭美疫情灾难(图)》(2021 年 2 月 22 日),中国新闻网,https://www.chinanews.com/gj/2021/02-22/9416388.shtml)

强而有力地表述现况,"此刻正处于一个非比寻常的时刻,而报纸的视觉语言能反映出这一点"①。

根据广播电视通过视觉和听觉进行传播的技术特点,广播电视传播的语言符号和非语言符号可以分别分为视觉性的和听觉性的两个大类。

广播是听觉性的媒介,因此其语言符号和非语言符号都是听觉性的。对于广播来说,它所使用的语言符号,即声音语言,包括由现场讲话的语言和演播室讲话的语言组成的抽象音响语言;非语言符号,主要为表现环境、气氛、场景等的人为音响、自然音响、音乐,统称为具象音响语言。

电视作为视听双通道的传播媒介,其语言符号有诉诸听觉的声音语言和诉诸视觉的文字语言两种。换言之,电视使用的语言符号,除了广播所有的抽象音响语言外,还有由画内文字和屏幕文字组成的文字语言。电视的非语言符号,除了与广播相同的音乐音响这样的具象音响语言外,还有非常重要的画面造型语言,包括色彩、造型、构图、光线、运动等,以及图片、图表、新闻照片、字幕、画面特技符号等,这也是最具电视特色的非语言符号。通过画面,观众不仅可以感知人际传播的绝大多数非语言符号要素,而且画面剪辑及声音和画面的组合方式本身也能够传递出丰富的信息内涵。对于现代电视来说,先进的摄录设备提供了同期记录画面和声音的便利,数字式的后期制作设备使得各种语言符号和非语言符号的综合运用越来越灵活多样,因此,视、听、读的三位一体,已经成为现代电视符号表达的重要特征。

同时,与报纸的版面语言一样,广播电视的编排语言也可以被视作非语言符号的一种。

二、声音和画面的特点

广播是听觉的媒介,声音是广播内容唯一的符号载体。广播用声音单通道传递信息、塑造形象,其语言表达的准确性、声音形象的清晰度和感染力等,都是非常值得重视的。在第一章里,我们解释了声音的物理特性,而声音除了物理上的性能之外,还具有心理上的因素。听觉是主观感受客观的过程,必然要通过人的主观感觉得以实现,因此,同样的声音在不同的人听来,会有不同的心理反应。声音的音调、音色、响度等要素的不同组合,作用于听者特定心理活动,会产生表情达意的作用,即声音具有心理性的特点。

---

① 参见《死亡近50万!〈纽约时报〉头版长图揭美疫情灾难(图)》(2021年2月22日),中国新闻网,https://www.chinanews.com/gj/2021/02-22/9416388.shtml,最后浏览日期:2021年3月9日。

听众听广播的基本心理活动包括感知（感觉与知觉）、想象（联想与想象）、思维（认识与理解）三个层次。听众由于不同的经历、审美观、价值观、心理敏感程度，会对声音产生各不相同的心理联想。广播声音包括的语言、音乐、音响效果都具有表情达意的功能，声音在时空中展开的情感意绪和人的听觉有着内在的联系。

在广播电视中，通过对写实音响（自然音响）和主观音响（非写实音响）的弱化、强化、异化等不同处理手法，使声音的表达更具心理性的特征。例如，通过强化心跳、时钟走针的声音，来渲染等待、紧张、悬念等气氛。

电视是视听双通道的媒介，声音和影像画面都是重要的符号载体。由于人对现实世界的感知是通过视觉、听觉、触觉、嗅觉、味觉来体会的，对于电视来说，画面和声音可以帮助人在视觉和听觉两个方面相互延伸，强化身临其境的感受。因此，声音也是电视的重要表达元素。除了广播声音的表现力同样也在电视节目当中发挥作用以外，声音可以让画面更具立体感和现实感，声音和画面不同的组合关系也使得电视的感染力更加强化。

与电影类似，电视画面的特性主要有四个方面。一是画面的连续性。影视画面是连续活动的影像，而且可以运用各种不同的景别、不同的角度等拍摄手段，表现出被摄体的运动和连续性。二是画面的再现性。影视画面只能再现拍摄现场，其拍摄对象是具体存在的，而且只能拍摄正在进行的场景，画面能再现现实；已经消失的场景或虚拟的场景，除非搭建布景，通过拍摄布景再现，或者通过对现实镜头加上特技加工而成，否则无法用画面表现。三是画面的选择性。影视画面是有选择地被拍摄和剪辑，以传递信息、表达思想、形成影视美学风格。这种选择性受到传播者主观因素的作用，包括思想观点、文化价值等。四是画面的多义性。对于观众来说，不仅影像画面具有丰富多元的情绪和情感内涵，而且对于具体的时间、地点、人物事件关系等往往不具备明确的信息指向，就像单个的字或词是无法具有完备的表意功能一样，如果没有画面之间的关系，以及其他说明或相关辅助信息，单个影视画面的含义往往是不明确的。

三、广播电视的符号种类

根据广播电视的传播特点，广播电视的语言符号和非语言符号总体上可以概括为语言、画面、音乐音响三个大类，又根据不同的采制方式被细分为不同的小的类别。

1. 语言

语言不仅是人类最重要的交流工具之一，也是人类最重要的思维工具。

广义上说,凡是传达信息的形式-符号系统,都是语言。广播电视使用的语言是狭义的语言,指以语音为物质基础,以词语为构成要素,以语法为结构规律的表意体系。

(1) 声音语言

声音语言是广播最主要的表情达意手段,也是电视传播重要的语言符号之一。广播电视声音语言的构成是非常丰富的,如果按照节目录制的方式来看,可以大体上分为现场录制或直播的语言和后期制作录制的语言。现场录制的部分,包括广播电视记者、主持人在节目演播现场的即兴串联、提问、评论,参与节目的嘉宾、被访者、节目参与者各种各样的内容表达。对于电视节目来说,这些现场的声音语言往往被称作同期声,即与现场画面同时录制的声音。后期制作录制的部分,主要是在演播室根据预先写好的文稿对节目进行录制和配音,包括广播电视新闻、专题类主持人或播音员的口播稿,电视新闻、各类专题、纪录片、娱乐节目当中插播的视频片段的解说词、旁白、画外音等。

(2) 文字语言

对于电视而言,文字语言指在电视内容中通过视觉可以感知和阅读的文字内容,通常分为画内文字和屏幕文字两种。画内文字指画面拍摄到的文字内容,往往是重要的新闻要素、内容细节、节目标识,例如电视新闻画面当中的机构名称、会议会标、法律文件,娱乐节目背景板上的节目名称,采访记者话筒上的标识等。屏幕文字指后期制作合成的文字,即字幕,主要包括节目或栏目名称、节目宣传语、屏幕下方滚动的新闻提要、被访者的姓名身份、同期声的字幕。近年来,电视字幕的功能变得日益强大和多样化。字幕除了传统的交代时空、人物、背景等作用外,还具有渲染气氛、提醒、警示等作用。例如,在过去并未完全制止市区燃放烟花爆竹时,曾有某电视台在春节播出一些带有燃放烟花爆竹的喜庆的广告片时,就在屏幕上叠加"安全燃放烟花爆竹"、"禁区内不得燃放烟花爆竹"等字幕,很好地起到防止可能导致的反面示范的作用。在形式上,字幕也变得形式感更强,字体、字号、文字的特殊效果(阴影、立体、光影、材质效果、加底板等)变得越来越丰富,手法也更多样。有的音乐电视的字幕中甚至随机出现了一些反过来写的文字,夹杂在正常的文字中间,来渲染歌曲所表现的气氛。

2. 画面

画面是电视最重要的特殊的传播符号,主要依靠构图、景别、角度、运动、色彩等造型元素和剪辑方式来形成叙事逻辑。与电影一样,画面是电视节目的基本构成单位。一个画面又叫一个镜头,指摄像机从开机拍摄到关机停止拍摄所记录和获取的一段不间断的连续画面,也是在进行画面剪辑时,在编辑机上从入点到出点这两个编辑点之间所选择的一段不间断的连续画面。在影视作品中，一个画面或一个镜头，往往被看成是最基本的表意单元，相当于一个字或者单词。这样一组画面或一组镜头，通过一定的影视语言的语法组接在一起，就能够形成叙事段落，表达思想感情。一个画面的长短，可以长至数分钟，短至数秒，甚至一秒以内的几个画帧。与影视作品不同，摄影大多通过单幅画面作为一个完整的作品来传达一个明确的主题，而一个单独的影视画面并不构成完整的作品，也不具备完整的叙事功能，其叙事和美学功能通过画面与画面之间的关系来呈现，每个画面都要担负承上启下的作用。一般来说，一部电影或电视片，或者一个电视节目，是由不同拍摄方法和长度的多组画面（多个镜头）衔接组成，只有极少量的实验性影视作品，会采用"一镜到底"的长镜头无剪辑拍摄方式来完成。例如，在2003年多伦多国际电影节上获最佳视觉效果奖的《俄罗斯方舟》，由亚历山大·索科洛夫执导。这部讲述一位当代电影人和一位法国外交官穿越到1700年前圣彼得堡的古老宫殿，目睹俄罗斯几个世纪政治文化风云变幻的剧情片，于2002年5月22日在法国第55届戛纳国际电影节首映。90分钟的影片用一个镜头完成，在圣彼得堡的俄罗斯国立美术馆内，使用高清数码摄像机连续拍摄并直接记录在硬盘上，被视为"长镜头美学"的极致。至于每部影视作品或者每个电视节目应该由多少个画面镜头构成，则无一定之规。一般而言，90分钟的电影，画面镜头大多为300—500个。

　　电视和电影共享同样的画面美学原则。电影画面最独特、最重要的特征是运动（马赛尔·马尔丹，2006），电视画面也不例外。与绘画、摄影这些平面视觉艺术类似，影视艺术也是在画面的二维平面上展现三维空间，所以早期的电影被人们称作"活动的绘画"。但与绘画、摄影的不同之处在于，影视画面不仅能表现空间，还能表现时间。一部影视作品的时间是在真实的时间流程中展开的，每一个单独的镜头，都包含对真实时间的不间断描摹。与雕塑这样的空间艺术不同，影视艺术既是空间的艺术，也是时间的艺术，因此可以表现运动。同时，作为电影美学最重要的核心之一，蒙太奇使得影视艺术超越了传统戏剧观众与舞台之间的单一视点，使得多个不同角度、不同视点、不同距离的镜头画面可以组合在一起，表达一个完整的段落含义，极大地丰富了影视作品的美学内涵。

　　随着电视技术的发展，尤其是数字化制作手段的广泛运用，特技制作便捷程度提高，在电视画面上，一种独特的屏幕符号作为电视视觉传播元素的一种，作用已变得越来越明显，屏幕符号在电视传播中能对画面本身起到说明、提示、解释等补充作用。除了屏幕上的文字内容，屏幕符号主要是叠加在电视画面上的图形、图案等内容。其中一个越来越受到广泛重视的部分是台标(包括频道标记、栏目标志等)。几乎所有电视台(频道)都有各自的标志。电视屏幕上的台标最重要的作用就是频道选择提示和防止非法复制,既能让观众在开机或转换频道时方便地了解所选择的频道,又能标明节目版权,防止非法盗录。同时,台标作为电视台(频道)的独特标志,也是宣传电视台(频道)的形象的重要手段。台标一经确定之后,可以广泛地使用在电视台布景、摄影器材、话筒、车辆、工作服装、各种印刷品、纪念品之上,塑造出电视台(频道)的整体品牌形象。

一般电视台的台标有以下几种形式。

(1) 文字式台标

文字式台标是直接以文字标明电视台(频道)的名称,或以文字为主体、配合简单图案而组成的台标,比如早期的西藏电视台、新疆电视台、英国泰晤士电视公司等。这是一种比较传统和初级的形式,具有易于辨认、信息明确等优点,但也存在设计过于简单、粗糙(有的几乎没有经过任何设计),有时缺少美感和个性特色等缺点。

(2) 字母组合式台标

字母组合式台标是以电视台(频道)的拉丁字母缩写为主要素材,加以变形、夸张等美术手法设计的台标图案,如中国中央电视台(CCTV)、湖北卫视(HBTV)、香港卫视音乐频道(Channel [V])、英国广播公司(BBC)、美国有线电视新闻网(CNN)、美国娱乐与体育节目电视网(ESPN)等。这是目前被广泛使用的一种设计方式,具有图案简洁、容易辨认记忆的特点,但设计思路比较狭窄,有时流于雷同和简单化。

(3) 汉字式台标

汉字式台标是以相关汉字的书法或变形为主体的台标设计形式。这类台标设计充分结合汉字的结构与其他美术要素的长处,具有美观大方、简洁明快、民族特色的风格,是一种颇具个性创意的设计思路。但汉字的结构较为复杂,如何巧妙地运用于设计中往往颇费思量,因此适用范围较为狭窄,同时仅限于汉语文化圈内。其中,较具代表性的有四川卫视("四"字台标)、广东卫视("广")和山东卫视("山")。

(4) 图案式台标

图案式台标是以能够表现电视台某种特征或地方色彩的具体事物图案,或具有象征意义的抽象图案为主体的台标设计方式。这类台标设计比较精致、寓意丰富、个性色彩强烈,一旦为受众所接受,会形成较深刻的印象,并且不容易遗忘,因此也是被广泛使用的一种设计思路。但由于图案一般较为抽象,或寓意不明确,此类台标也存在需要较长的记忆导入期、容易混淆等不足之处。此类台标的代表有上海东方电视台的红日白鸥台标、上海电视台的白玉兰台标、湖南卫视的鱼米抽象图案台标、香港凤凰卫视的凤凰台标、美国全国广播公司(NBC)的彩尾孔雀台标等。

电视台标的广泛使用说明电视台的版权意识、品牌意识、竞争意识明显增强,但也要注意台标作为选择频道的标志,应以不干扰观众收看节目为原则。目前,国内电视台的台标已逐渐从色彩浓艳逐渐转为单色、素色。例如,山东、广东、上海等原先包含三原色的台标都改为单色或透明色,就是为了防止颜色鲜艳的台标与电视画面相冲突。

3. 音乐音响

音乐是通过有组织的乐音形成的声音形象来表达思想感情、反映现实的艺术。音响是除了语言、音乐以外的其他声音,也称音效,包括:大自然发出的各种声音,如风吹树叶、雨打芭蕉、惊涛拍岸;各种动物的声音,如蝉鸣和蛙声;人的讲话和日常活动的声音,如脚步声、聊天的叽叽喳喳、嘻嘻哈哈;社会场景中的声音,如火车汽笛、汽车喇叭、工厂的机械声;等等。

作为广播电视重要的听觉类非语言符号,音乐音响也分为同期录制的现场音乐音响和后期配制的音响或后期配乐两种。前者的一个重要标志是在现场摄录,是对现场声源的还原和再现,换言之,是摄录设备现场捕捉到的真实存在的声音。后者则是模拟的音响,并非现场录制,而是在广播电视节目后期制作时通过音频编辑系统叠加到节目内容当中的。如今数字音频系统的广泛应用,使得广播电视的后期配音配乐十分便利,表现手段也多种多样。

第二节 声音语言:从广播到电视

语言是人们传递信息、沟通交流的重要载体,也是广播电视传播的重要符号载体。在广播电视声音传播元素中,语言和音乐、音响一起构成广播电视的符号系统。语言具有重要地位,主要的叙事、传情、表达思想都可以经由语言来完成。

一、广播语言:规范口语

广播语言是口头语言的一种,一般被称为"规范化的口语",换言之,广播语言具有口语表达通俗易懂、明快简洁的基本特性,但是比日常生活中的口语表达在遣词造句上要更加符合语法规范。在中国,广播语言一般是普通话,也有少量使用方言的广播节目。

作为规范口语,广播时要注意,一些不易上口、不易听明白的词句在广播口语中要尽量避免。例如,书面语言中不时会用到的一些文言虚词,如"则"、"乃"、"矣",对一般文化程度的读者在阅读时并不会造成太大的阅读障碍。但是,广播听众较报纸杂志读者更为广泛,一些广播听众的文化程度不高;另外,读报比听广播注意力更集中,而广播在日常活动中的伴随式收听容易受到干扰,因此,这样的词汇就不太容易让人听清。有时候,书面语言中一些常用的关联词语,如"即便"、"况且"、"因而",在文字阅读上是很顺畅的,但在口语中就会显得比较佶屈聱牙,缺少与听众之间的接近性和亲切感,也以尽量避免为宜。一些同音不同义的字,在书面语言中浅显易懂,但在口语中较难分辨,比如"全部"和"全不"、"切记"和"切忌"、"期中考试"和"期终考试",如果在广播语言中遇到需要表达这样的内容,要尽可能找到其他合适的表达法,例如用"期末考试"代替"期终考试"。另外,短句子在广播里更能让人听得明白畅晓,那些在口语中表达起来不够流畅的长句子、复合句子,要尽量避免。此外,一些机构名称的简称、一些说法的简化,不一定人人都懂,例如世界自然基金会的简称"WWF",在广播节目中最好还是使用全称。

在广播语言当中,有一类被称为类语言或副语言,指的是具有特定含义的自然流露出来、有变化规律的情态声音,包括语气、语调、感叹词等。这类副语言不仅能够传达出传播者的态度喜好、情绪情感,强化有声语言的感染力,有时候,一声欢笑或者一声叹息胜过千言万语,甚至可以代替有声语言。

过去在中国广播节目当中,播音员使用的播音语言,比较多地强调庄重、权威、规范、亲切,要求音色明亮、字正腔圆、有较高的艺术性和表演感,以及播音语言的鼓动性,例如老一辈播音艺术家齐越、夏青的播音风格。从1986年广东珠江经济电台成立,开创了以大板块内容组合为主导并引进热线电话和主持人直播的节目形态,以大众性、信息性、娱乐性、服务性为特色的"珠江模式",到1992年年底上海东方广播电台开播,以及随着广播频率专业化改革的不断深入,播音员朝向主持人转变,广播语言也变得亲切、随和,日常化口语风格日益明显。

二、电视声音语言:种类与特点

电视的声音语言有很多种。从广播电视行业的传统视角看,可以分为旁白和对白两大类。旁白，指为电视画面配的解说。对于观众来说，旁白就是那些非电视画面中人物发出的声音语言。电视新闻的解说词，专题片或电视剧的画外音，谈话、娱乐节目演播现场插播的 VTR 的画外音，都属于旁白，甚至一些直播，比如体育比赛的现场解说，如果观众看不到解说员出现在画面里，也可以被认为是旁白。对白，指电视画面中的人物直接发声的声音语言，比如新闻节目主持人的口播，娱乐节目主持人的串联，谈话节目主持人的清谈、提问、评论，记者的提问和被访者的回答，各类节目嘉宾和参与者的谈话与表达。如果从电视节目生产制作的流程看，电视声音语言中的对白，除某些制作成本较高的电视剧外，一般都是在拍摄画面的时候同期录制获得的声音，观众一看就知道，这就是电视屏幕上的人物正在说的话。而旁白，则是后期制作的时候的配音。

基于现代电视技术的发展，如今电视新闻的声音语言所涉及的节目形态是多种多样的，包括演播室的新闻口播、为电视图像新闻配音、现场报道，以及在演播室内与前方现场记者、嘉宾的直播连线和双视窗对话，或者演播室内与嘉宾的访谈。

跟广播一样，电视从业者，尤其是主持人的声音语言也应该是标准的普通话和规范口语，但对现场记者的语言要求，主要是普通话的标准程度，会略微降低。

与广播节目单单依靠声音符号进行传播不同，电视的视觉和听觉的双通道传播，可以让声音语言和其他语言，尤其是非语言符号共同作用于传播过程，更有助于强化传播的效果。例如，电视节目主持人能够通过图像和声音，与观众形成类似于人际交流的面对面的心理感受。这时，除了声音语言和与广播相同的类语言，主持人还可以通过体态语言，如神情、姿态、手势，以及服饰、化妆等，传递信息和情绪，与观众交流。

电视片的解说词，也需要符合规范口语的特点，而且解说词写作还要考虑到与电视画面、音乐音响的立体结构。解说词往往不要求作为一篇单独的文章在文字结构上具有完整性，而是要与电视的其他表达元素形成相互镶嵌的关系。

需要注意的是，要求广播电视上出现的全部有声语言都是规范口语和标准普通话，不仅是不现实的，也是不必要的。随着广播电视受众参与度的提高，越来越多的普通人通过各种方式进入节目，成为广播电视节目的一部分。对于节目中的参与者、被访者、嘉宾来说，较好的语言表达能力固然很重要，但更重要的是能够传达出什么样的信息内容，尤其是广播电视新闻当中的被访者和消息来源，他们提供的新闻事实的信息量是第一位的，即便无法达到规范口语和普通话的要求,也是能够播出的。

三、广播电视新闻的声音语言形态

在新闻类广播电视节目中,语言的基本形态有三种:新闻播音语言、新闻报道语言和新闻实况语言。它们共同由新闻的真实性原则所规定。

新闻播音语言,是指广播电视新闻机构中承担向受众口头传达语言信息("播音")工作的从业者在播讲稿件时使用的语言,比如新闻播音员、新闻主播或主持人。其功能定位是对记者、编辑等提供的文字稿的口头再现。播音员和主持人需要对文字稿的语言表达是否准确无误承担个人责任。广播电视的新闻播音语言所传达的内容,除非经特别说明,通常可视为代表新闻编辑部的观点,而非播音员或主持人的个人观点。

广播电视新闻播音的内容主要包括新闻的导语和串联词,广播新闻除录音报道、现场报道外的大部分内容,电视口播的新闻快讯简讯,新闻的背景和相关资料,新闻评论,以及一些特殊情况下的公告。新闻播音语言与新闻信息发出者的关系,一般被看成是一种非模仿性的语言再现,换言之,播音员或主持人是在转述新闻稿的内容。新闻播音语言与语境的关系,是一种"你听我播"式的非现场的单向传播,其信息形式则是以规范口语形式体现出来。新闻播音语言的表达样式主要有三种:播报式、宣读式和讲述式。传统上,中国广播电视的新闻播音语言主要是播报式,重大新闻或新闻公告则采取宣读式。近年来,与整个媒介改革相关,广播电视的语言语态朝着更日常、更亲切的方向变化,新闻播音语言当中的播报式和宣读式都大大减少,取而代之的是"说新闻"的讲述式。

新闻报道语言,是指新闻信息传播机构中承担信息采集、编辑报道工作的从业人员为报道新闻而播讲报道内容时使用的语言。新闻报道语言一般是主体语言,即主持人、记者以第一人称进行报道,以明确报道责任,因而在节目中往往需交代报道者与报道语言的明确关系。例如,记者的现场出镜报道往往会以"这是本台记者某某从何处发回的报道"作为结束语。在广播电视实践中,播音员以代主体语言播读、解说的情况大量存在,受众一般能根据声音差异及行文语气来加以区分。新闻报道语言,同样也应当符合标准口语的规范性要求,但相对于播音员,记者等一般报道主体的标准会相对较低。在表达样式方面,新闻报道语言较多地采用讲述式,一般不使用宣读式。

新闻实况语言是与新闻播音语言和新闻报道语言相对而言的语言种类,是指现实事件及采访活动中发生的语言事实,在一定程度上比其他新闻语言形态都更具备事件原始的真实性,是日常生活的口语在广播电视新闻节目当中的呈现。与实况语言直接相关的现场有三种:一是新闻事件的发生现场,又称第一现场,这是实况语言出现最多的地方;二是新闻采访活动现场,这有可能是在新闻事件的第一现场,也有可能是在第二现场或第三现场,比如消息来源的工作场所;三是传播现场,通常是新闻报道的演播室。这三种现场通常是分离的,但也可能是重合的。例如,在2008年北京奥运会开幕式当天,像NBC、BBC这样的国际电视机构,就将自己的演播室安置在国家体育场(鸟巢),这是新闻事件的发生现场,也是这些媒介机构采访相关人士的访谈现场,还是通过演播室传送新闻直播报道的传播现场,三个现场是高度重合的。

新闻实况语言通常有两种情形。一是新闻事件当中人们相互间交流的语言,它不以新闻媒介的采访者及其受众为直接的表达和传播对象。例如,在一场邻里纠纷中,人们七嘴八舌、议论纷纷。尽管实况语言发生在新闻现场,可以被媒介的摄录设备收录,并且在新闻报道中承担一定的传递信息的功能,也常常是广播电视新闻报道中十分生动和有吸引力的部分,但实况语言的发生一般不以广播电视的传播为目的,而是随新闻事件的发生发展的脉络而展开。二是以受众为传播对象的语言,既包括被采访者与代受众提问的记者交谈的语言事实(包括采访语言),也包括被采访者直接以受众为对象诉说的语言。而新闻从业人员直接以受众为对象进行新闻现场报道所使用的语言,通常被认为属于新闻报道语言的一部分,是新闻报道语言的实况状态。

新闻实况语言有几个特点:第一,实况语言与信息的发出者之间的关系是一种实况主体语言;第二,实况语言与语境的关系,是实况语境;第三,实况语言的信息形式是情境语言,对于采访者来说,虽然使用的是规范的口语,但允许有变通,以达到与被访者最佳的沟通效果。例如,在一些民族或方言地区,或面对一些听不懂普通话的老年人,为达到采访目的,就需要变通使用一定的方言和民族语言。对于被访者来说,语言内容的新闻性是第一位的,尽管表达清晰与否确实会对广播电视新闻的传播效果产生影响,但内容本身的新闻价值的高低更为重要。

第三节 广播电视中的音响与音乐

总体上看,音乐、音响和语言一起构成广播电视传播中声音元素的三要素,三要素各自不同形式的使用及三者的有机组合构成广播电视声音的综合应用。广播是声音的媒介。广播中的音乐和音响,是增强广播节目的感染力、吸引听众的重要手段。电视是视听双通道的媒介。在电视节目当中,声音和画面相辅相成,同时作用于人的视觉和听觉,往往能够产生比单独的画面和单独的声音更综合的传播效果。

一、广播电视中的音响

广播电视传播中的音响,是指广播电视声音语言及音乐以外的一切声音,即那些没有被纳入有声语言逻辑表达序列和音乐逻辑表达序列的声音。音响可以分为实况音响和后期制作配音的音响效果两种。实况音响又叫现场声或同期声,是在广播电视节目录制和摄制现场采集的音响。它的主要作用在于,可以再现事实、场景的声音形态,给听众和观众创造身临其境的视听效果,增强传播的感染力。

大千世界万事万物,社会生活丰富多彩,都可以由于其物理特性的不同,在声音形态上传递出特质和差异。例如,不用看窗外,单是听听外面下雨的声音,就可以大致判定雨的大小;有东西掉到地上,可以通过声音大致分辨出是哪一类物品;听见一个人发出笑声,或者唉声叹气,就大体知道这个人此刻的心情。因此,广播电视中的音响可以用来再现事实的声音形态,刻画出身临其境的真实感和立体感,增强传播效果。例如,在广播新闻的录音报道当中,现场音响能够发挥广播新闻的独特优势,起到还原新闻现场、渲染气氛、强化新闻的时空感的作用。此外,实况音响还具有一定的叙述作用,可以传递出现场的具体信息和细节。实况音响能够与声音语言和文字语言、音乐、电视图像一起构筑起立体的传播空间,它们可以同步、相继、各自传播不同时空的信息,产生蒙太奇效果。由于声音传播的延展性,在电视传播中,实况音响可以将电视画面取景框以外的声音引入画面,让观众的听觉感知可以延伸到视觉感知的形象之外,突破视像传播的框限,拓展传播容量。同时,实况音响与其他广播电视的声音元素一样,可以发挥结构上的作用,提高节目转承的平滑度。

广播电视当中后期制作配音的音响效果又叫音效。由于声音具有心理性和表意性,因此,后期的音响效果可以强化、放大,凸显声音对于人的主观心理的作用,创作主观化音响。例如,放大时钟秒针的滴滴答答声,来强化时间流逝给人造成的紧张感。音响效果还可以创作自然音响和社会音响以外的、真实生活中不存在的虚拟音响,表现非日常体验。音响效果还能够营造、渲染气氛,刻画人物形象。例如,在许多广播节目中,后期制作时添加的音响效果,主要是为了烘托气氛,增加收听的吸引力。

也有研究者和业界人士将广播新闻节目当中使用的音响,按照音响表达的内容和功能,大体分为主体音响、环境背景音响、过渡音响几类。主体音响主要用来传递主要的新闻要素,也用来揭示新闻报道的主题。环境背景音响可以用来表达时间、地点、环境这样的新闻元素,尽管并不能像声音语言那么精确地表述时间地点,但是可以通过环境背景音响让听众知道新闻事件是发生在车水马龙的城市,还是在牛羊成群的草原,是在公鸡打鸣的清晨,还是在青蛙鼓噪的夜晚。环境背景音响也能给广播新闻增加可听性和趣味性。过渡音响主要用于新闻报道当中的场景转换、过渡、衔接,即通过声音转场。在实际的广播新闻实践中,这几类音响往往很难截然区分开来,过渡音响可以同时是环境背景音响,主体音响也能用来转场。

二、广播电视中的音乐

音乐是通过组织声音(主要是乐音)表现情感的艺术。与声音语言的理性相比,音乐更感性,更善于表达情绪,富有情绪感染力。在广播电视中,音乐的存在有三种形态:音乐节目、节目音乐和实况音乐。

广播电视的音乐节目指的是以音乐作为节目的主体,或者直接用音乐来构成一档节目。例如,音乐电台和电视音乐频道的主要节目,从流行歌曲点播到维也纳金色大厅年复一年的新年音乐会的广播电视实况转播,音乐都是完整独立的节目内容。在广播电台专业化、类型化的过程中,音乐电台已经发展得比较成熟,其中一个主要特点是让听众在收听音乐电台节目的时候,能够完整地享受一首首歌曲和乐曲,或者将电台音乐节目作为伴随式的背景音乐,而没有其他声音语言夹杂其中,就像听CD唱片那样。在中国音乐电台类型化初期,中央人民广播电台的全音乐频率"音乐之声"曾严格限制节目主持人和DJ在一小时节目当中的声音语言内容不得超过7分钟。

广播电视的节目音乐指的是广播电视节目当中作为非独立元素存在的音乐元素。可以大致归纳为下面几种。

(1) 标识音乐

标识音乐作为广播电视媒介或者节目的品牌标识,可以与电台或电视台的频道、频率呼号一道作为该频道频率的标识,或者作为栏目、节目的"开始曲"。这也是观众听众主要辨识频道频率、节目栏目的标识。

(2) 间奏乐

间奏乐在节目或栏目、小板块之间作为分隔、提示、过渡。尤其在广播的语言类节目当中,为了避免听众长期收听声音语言出现疲劳感,常在内容间用音乐片段作为间隔或过渡。

(3) 节目补白

在节目主体内容结束而下一个节目尚未开始时,使用音乐片段填补空白时段,使节目准时准点。

(4) 节目配乐

节目声音语言的背景或配乐,一般用作渲染、烘托情绪和气氛,刻画人物形象和人物心理。一般来说,广播电视新闻节目以传播信息为目的,要尽可能避免主观性。因此,硬新闻通常不会使用配乐来辅助信息传播,但软新闻、专题特稿、人物专题,以及某些特殊的场景,有可能在新闻中有限度地使用配乐,但以不影响信息传播为基本原则。

(5) 实况音乐

作为编辑手段,凸显、整合节目,创造蒙太奇效果。广播电视的第三种音乐形态是实况音乐,指的是与广播电视传播内容同步或相关的现场音乐,是在表现该内容的现场采集的,而不是事后配音的音乐。例如,广播电视新闻报道现场有声源的音乐,大型活动开幕式、颁奖典礼的音乐,一所小学校里孩子们的歌声,这些现场采集的音乐,都可以在新闻报道当中作为实况音乐使用。

第四节 电视画面、镜头语言、声画关系

电视画面是一个与电影画面共享相似的美学原则的概念。一个影像画面,指的是摄像机从开机拍摄到关机结束拍摄所获得的一段完整连续的活动影像,或者是在编辑机上选择的从入点到出点这两个剪辑点之间的一段完整连续的活动影像。

一、影像画面的美学特质

画面是影视作品的最小单元,相当于有声语言和文字语言里的字或词,是最基本的表意单位。影像画面与绘画和摄影这样的平面视觉艺术很相似,都是在二维的平面上再现三维空间。影像画面与绘画和摄影也有着本质的不同:绘画和摄影只能表达空间,不能表达时间,绘画和摄影都是静止的单个画幅;影像画面不仅能表达空间,而且能表达时间,它既是二维的平面空间的艺

术,也是时间的艺术,能够表达运动。

与剧院观众和戏剧舞台的固定的距离和角度关系相比,影像画面由于摄像机可以灵活地变化与被摄体之间的拍摄距离、拍摄角度和拍摄方向,因而获得了比观看舞台戏剧表演更丰富多样的流动、变化的视觉效果。由此,与绘画、摄影的构图一般以一个视点展开不同,影像画面的视点是随着摄像机与被摄体之间的拍摄距离、角度、方向的变化和摄像机自身的运动轨迹而不断流动和变化。在这个过程中,画面中主体的景别、角度、方向不断流动和改变,取景构图的结构形式也不断流动变化,对于受众的观影效果来说,所获得的视觉体验要比观看舞台表演丰富得多。

另外,绘画和摄影多数都是以单幅的画面作为一个完整作品来表达和阐释主题,而影视作品则通常依靠一组画面,乃至整部作品来表达和阐释主题。除了极少数实验性电影作品外,绝大多数的影视作品都由若干画面组接而成,因此,单幅的影像画面往往无法构成完整的影视作品,就像语言文字当中单个的字词是无法表达某个特定含义,而是需要一组字词依赖约定俗成的语法原则组合在一起才能表达完整的意思一样,每个单独的影像画面都是处在一组画面当中,都需要发挥承上启下的作用。

对于影像画面来说,一个重要的美学特征是,在多数情况下,都会对观众激起一种强烈的现实感,使观众确信电影银幕和电视屏幕上出现的一切是客观存在的(马赛尔·马尔丹,2006)。影像画面具有很强的逼真性,而且可以与现实的时间和空间同步。

此外,影像画面有一定的时间长度,是在时间维度上的线性传播,受现实时间的限制,每个画幅都是转瞬即逝的。对于观众来说,观看影像画面是无法像欣赏绘画、摄影那样长时间观赏的。

二、电视画面的造型特点

电视画面的造型特点,与电视的传播特点相关,也与影像的美学特质相关。

电视画面的第一个造型特点是电视画幅的规定性或者固定性。虽然电视接收机的尺寸大小有所不同,但是其画幅的长宽比例是固定的。目前,电视画幅的长宽比例只有 4∶3 和 16∶9 两种。但电影画面的画幅比例相对来说要多一些,常规电影画幅比例是 1∶1.37,遮幅电影的画幅比例是 1∶1.66 到 1∶1.68,宽银幕压缩画面的画幅比例是 22∶18.5,用变形镜头放映出来的画幅比例是 1∶2.5,以及近年来发展迅速的全景电影、环幕电影等。从影像造型的角度看,实际上无论是电视还是电影,甚至对于绘画和摄影也一样,用有画框的画面形态来表达疆界无限的世界,本身就像是一个不可能完成的任务。画幅比例的规定性对于反映丰富多彩的现实世界,有很大的局限和限制。在有限制的画框里完成构图来表达主题、传递美学观念,本身也是影像从业者必须完成的业务训练。同时,电视和电影一样,可以通过一些方式来突破画幅比例规定性的局限。由于影像画面的流动性和延续性,可以充分发挥开放式构图的优势来突破画框比例的局限。例如,通过被摄主体在画面中的位置和方向来呼应画外空间,利用不完整、不均衡的画面构图来确认和强化与画框外部空间的联系,通过画框之外的声音元素来拓展画面空间等。

电视画面的第二个造型特点是其运动性质。这一点与电影一样。影像画面运动性质的含义包括:逐格逐帧的画面的连续扫描(电影每秒24格,电视每秒25帧)通过人眼视觉暂留造成的似动现象来让观众感受到运动;电视画面能够通过连续拍摄的影像来再现被摄体的运动过程;可以通过摄像机的运动来表现被摄体,包括被摄体的静止形态和静止与运动的状态。

电视画面的第三个造型特点也与电影一样,是其蒙太奇结构方式(哈里斯·华兹,2006)。作为一个源自建筑业的术语,"蒙太奇"体现了影像画面组接的叙事原则和美学逻辑,即画面与画面之间的组接能够产生单个画面所不具备的新的含义。在电影美学学者看来,镜头画面一经连接,原来蕴含在各个镜头当中异常丰富的含义就像电火花一样地发射出来(巴拉兹·贝拉,2003)。电视同样也是一个个、一组组画面经由蒙太奇来结构成段落,再构成完整的电视片或电视节目。

三、电视画面的造型元素

与电影一样,电视影像画面的造型元素主要有景别、拍摄角度、运动。

景别指被摄体在影像画面中所占的范围的大小,也可以叫作成像面积,是由摄像机与被摄体之间的实际距离及镜头的焦距决定的。在摄像机与被摄体距离相同的情况下,镜头的焦距越长,景别就越小,即被摄体在画面中所占的范围就越大。景别大体可分为五种。

(1)远景

远景是一种视野开阔的景别,是一种超常规的视点,颇有点人们通常只有在登高远眺时才能获得的视觉体验。远景与中国传统绘画那种"远取其势"的美学思想有相通之处,主要用于展现被摄对象的环境、规模、气氛,即一般人们所说的大场面。

(2) 全景

全景表现的是场景或人物的全貌,因此有时候又叫作"交代镜头"。一般在拍摄人物时,全景基本上是人物在画面中大致占一个完整的身高。全景镜头又叫定位镜头,是决定在同一场景中一组镜头拍摄总角度的景别。与远景相比,全景要更善于表达人物和环境的关系,以及能够很好地表现出人物的全身动作。

(3) 中景

如果按照拍摄人物来看,中景拍摄的是人物从膝盖左右到头顶的大半身像。中景被认为是现实感最强的画面,也是叙事功能最强的画面,尤其在拍摄人物交流的时候,人物与环境的关系,人物与人物之间的关系,人物的身份特点、动作及其目的、情绪交流和沟通等,都可以比较有效地兼顾。

(4) 近景

同样是拍摄人物,近景是人物的胸像,即包含人物腰部以上的画面。拍摄物体的时候,表现的是局部。一般来说,近景非常适合刻画人物的表情,展示人物的性格,由此展示人物的内心世界。在电视片和电视节目里,近景最常用于采访对象的访谈内容,以及主持人与嘉宾之间的交流。近景突出了被拍摄主体,场景和环境在这个时候退居其次。对于观众来说,近景很接近人与人之间面对面交谈时的视觉感受,因此亲切感比较强。

(5) 特写

特写也是超常视点,是人们在日常生活当中不常体会到的视觉感受。在特写镜头里,被摄体的某个局部往往很饱满地充满整个画面,而场景和环境则几乎完全看不到。特写是非常主观的,是拍摄者带有某种意图的刻意强调和加重,以期给观众留下强烈的视觉印象。很多时候,特写有明显的暗示意味,包含强烈的戏剧张力和冲突性。

如果把摄像机看成代替观众的眼睛观看,那么人们日常观看的角度有多少,影像画面的拍摄角度就有多少。概括起来,在水平方向,有正面、侧面、背面;在垂直方向,大体上有平角度、仰角度、俯角度。每一种拍摄角度都可以传递给观众不同的感受。正面拍摄的画面比较能够体现出庄重的意味;侧面的拍摄角度比较活泼生动,易于表现人物的动势与人物之间的关系;背面的拍摄能给观众带来联想和想象。平视的拍摄角度是影视作品中最常见、最广泛运用的拍摄角度,能让观众感受到亲切和身临其境;俯拍居高临下,可以表现出被摄体的渺小无助,或者猥琐卑劣;仰拍则体现出崇高、威武、豪华的美学风格。

摄像机的运动是影像画面重要的造型元素,归纳起来可分为镜头的运动和摄像机的运动两类。镜头的运动,是一种通过改变光学镜头的光轴来改变被摄主体在画面中所占面积的大小,分为推镜头和拉镜头两种。变动镜头焦距使得主体在画面中的面积由小变大、周围环境由大变小,这种镜头叫推镜头,也叫推摄。其画面特征是造成视点前移效果,模拟的是人们观察事物时从整体到局部、从环境到主体人物的视觉过程和心理过程。反过来,变动镜头焦距使得主体在画面中的面积由大到小的是拉镜头,也叫拉摄。这时视点后移,画面中的环境背景由小变大,模拟的是人们观察事物时从局部到整体、从主体人物到周围环境的视觉过程和心理过程。另外一种镜头运动的方式是摇摄,又叫摇镜头。摄像机的机位不动,镜头以一个固定的轴心做水平或垂直运动,模拟人们观察事物时转动头部和身体,上下左右向四周环顾的视觉过程。摇镜头善于扩大摄像机的视线范围,表达更多的空间内容。摄像机的运动,主要是指移摄和升降。与摇镜头不同,这种是在摄像机的位置不断改变的过程中进行拍摄。移摄或者说移镜头指的摄像机的水平移动,升降镜头则指摄像机的上下直线运动。移摄和升降拍摄由于摄像机的运动,画面的视点不断转移,模拟的是人们在运动时的视觉过程,例如行走或者在交通工具上观察到的周围环境。在实际拍摄中,往往会将推拉摇移升降结合起来,通过丰富多变的画面造型来获得强烈的视觉感染力。

四、电视声音和画面的组合

就像人们在日常生活中对大千世界的认识是通过视觉、听觉等多个感官渠道共同感知的一样,在影视作品中,声音和画面共同承担传递信息、表达情感和思想的功能。从总体上看,声音和画面是相互辅助的配合关系。由于人的视觉和听觉同时作用于外部世界,声音元素在影视传播中,有利于为画面内容增强真实性、突出现场感;同时,声音叙述内容的自由性,有助于打破画面的时空局限,扩充传播容量,使影视传播的表现力大为增强;声音能渲染、烘托画面的环境气氛,刻画、描写人物心理;声音能发挥结构的功能,使画面连接顺畅自然;声音还能补充画面所不能传播的内容,增强画面的表现性。

在影视作品中,声音和画面不同的组合方式会产生不同的传播效果。无论电影还是电视传播,声音和画面的组合方式主要有两种。第一种称为声画合一,即声音和画面表达的具体内容完全一致,画中人、物往往就是声音的发声源,或者声音直接具体说明画面中的事物情景。声画合一的传播方式,能够加强传播内容的真实感和可信度,是声音和画面关系中的最基本的组合方式。第二种叫声画对位,原来是音乐中的技巧,是指两个以上的旋律或声部,根据互相之间的和声关系共同进行,以获得浑然一体的效果。影视作品的声画对位,是指镜头画面与声音按照各自的规律彼此表达不同的内容,又在各自独立发展的基础上有机地组合起来,造成单是画面或声音所不能完成的整体效果。声画对位的结构形式是声音和画面关系的一种升华和飞跃,使声音和画面不再互为依附,而是各自发挥不同的作用,大大扩大了影视作品的容量,打破画面的时空局限,是一种具有高度创造力和表现力的艺术手段。

在影视实践中往往会根据实际需要,综合运用声画合一和声画对位,以达到最佳传播效果。

第五节 新技术时代的视听语言:新的可能

2018年9月10日,法国哲学家和城市规划专家保罗·维利里奥突发心脏病与世长辞,享年86岁。两个月前,卡地亚当代艺术基金会特展"陌生风景"在上海当代艺术博物馆落幕。其中,美国艺术家、建筑师迪勒尔·斯科菲帝欧(Dille Scofidio)与仁弗洛设计事务所的合作项目《出口》(见图6-2),灵感来源正是保罗·维利里奥的思想。这件关于当今人口迁移及其主要原因调查的大型沉浸式装置,将世界范围内的人口迁徙问题围绕六个主题——城市人口转移、流动的资金、难民和被迫迁徙、自然灾害、上升的海平面和下沉的城市、濒危语言和森林开伐展开,从全球数以百计的信息来源采集数据并通过计算机编程和地理位置信息GIS编码等完成可视化架构,在一个几乎360度的球形巨大屏幕上以时间轴滚动地球,直观地用新技术生成的视听语言将全球人类迁徙的趋势与紧迫的社会、经济和环境问题联系起来。《出口》首展于2008年,2015年在联合国气候变化大会于巴黎举行之际重新更新了数据。另一件作品《动物大乐园》由生物声学家伯尼·克劳斯与伦敦联合视觉艺术家协会共同创作,通过一段影片呈现了全世界七个不同地点的自然之声,充分体现了不同地区的生态多样性和生物丰富性。伦敦联合视觉艺术家协会通过一套高技术转换设备,将伯尼·克劳斯录制的声音以视觉方式呈现出来,声画合一进行同步展示,向参观者展现了如风光一般优美的自然之音,并且进一步揭示了不同动物如何通过各种神秘的身体构造的复杂的发声过程。

这些基于新技术、数字化、移动互联网和社交平台的全新视听语言的生成与扩展,正如保罗·维利里奥在其关于新技术与图像逻辑关系的重要学术文集《视觉机器》中讨论的,"我们正好面临一个制度的逻辑性归宿,这个制度若

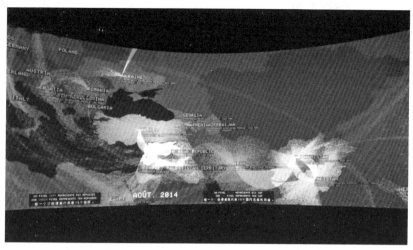

图 6-2　卡地亚当代艺术基金会特展"陌生风景"之《出口》
资料来源：笔者拍摄，2018 年 7 月 6 日

干个世纪以来将首要作用指定给了视听通信技术的敏捷,这是一个强化信息的制度"(保罗·维利里奥,2014：31);影像"通过对可能世界的现时化,向观众突出即时性效果,让观众看着事物到来";"事实上,图像的形式逻辑时代,就是绘画、雕刻和建筑的时代,它与 18 世纪同时结束。辩证逻辑的时代,就是摄影的时代、电影的时代,或可称之为照片的时代,那是 19 世纪。图像的反常逻辑时代,就是随着视频通信、全息摄影和计算机制图的发明而一道开启的时代……似乎到了 20 世纪末,现代性的终结本身就是由公共再现的逻辑终结来标示"(保罗·维利里奥,2014：124)——"不同信息和视听设备迅速增加的道理"(保罗·维利里奥,2014：125),扰乱了现实概念本身,带来传统公共再现(画面的、摄影的、电影的……)危机,反倒有利于一种展示,一种反常的在场,物体或生灵的远距离在场,它会替代自己的存在,就在现时此地。

在维利里奥看来,"电影中的观察,不是做笔记的巴尔扎克,不是事前观察,而是同时观察"(保罗·维利里奥,2014：105);至于电视,"自电视观众打开接收机之时起,不管他们是谁,他们都处于电视的视觉场中。在这个场域中,他们没有任何干预能力"(保罗·维利里奥,2014：127);在电视之后,"在合成图像,即计算机制图软件制作的图像之后,在计算机辅助设计的数字图像处理之后,接着到来的是合成视觉的时代,是知觉自动化的时代"(保罗·维利里奥,2014：122)。这个合成视觉时代有其正在形成的新的媒介语法。1984 年,在蒙贝利亚尔第二届国际视频展览会上,大奖被授予夏埃尔·克利尔的德国电影《巨人》(Der Riese)。这是一部简单的图像剪辑电影,而图像是由安装在德国大城市(机场、公路、超市……)的自动监控摄像头拍摄的。"克利尔说他在监控视频中看到了其艺术的终结和概要……这种对站在摄像机后面的人们的郑重告别,这种视觉主观性在周边技术效果中的完全消失,这种时刻存在的泛电影方式,不知不觉地让我们的平常行为成为电影行为,成为视觉的新型设备。"(保罗·维利里奥,2014:95)

2019年8月,北京今日美术馆和徐冰工作室联合推出"世界图像:徐冰《蜻蜓之眼》"展览。《蜻蜓之眼》是国际知名当代艺术家徐冰执导的首部艺术影像作品。这部81分钟的剧情长片,全部镜头都来自互联网上公开获取的近万小时的监控视频影像。因此,影片片尾代替演职员名单的,是近300个监控摄像头的卫星坐标参数。该片2018年入选洛迦诺国际电影节主竞赛单元,获国际影评人费比西奖一等奖等多项大奖,当年还获得中央美术学院瓦尔达影像奖"特别关注人物奖"。关于这部影片的创作,艺术家自述:"2013年,我就想用监控视频做一部剧情电影,但那时可获取的资料不足以成片。两年前,监控摄像头接入云端,海量的监控视频在线直播。我重启了这个项目,搜集大量影像,试图从这些真实发生的碎片中串联出一个故事。我们的团队没有一位摄影师,无处不在的监控摄像头24小时为我们提供精彩的画面。我们的电影没有主演,各不相干的人闯入镜头,他们的生活片段被植入另一个人的前尘后世。故事中的他和现实中的他们,究竟谁是谁的投影?这个时代,已无法给出判断的依据。"①

尽管如保罗·维利里奥所言,"自公共空间向公共图像让步之时起,就必须期待监控和照明等手段自行转移,从小巷和大街走向家用显示终端。这种终端将替代城市的终端,私人空间将继续失去其相对独立性"(2014:127),这些即时转播设备的滥用,"在城里,在单位或是在私人家里都是这样。这种实时的远程监控不疲倦地窥视着偶然事件、即兴事件、突如其来发生的事情,在这里或那里,今天或明天,在银行,在超市,在体育场……"(2014:128-129)。《蜻蜓之眼》仍然作为艺术家和上传海量监控视频的个人(有意或无意)携手展开协作式影像实践共同生成的艺术项目,具有大众艺术作为一种"权且利用"(making do)的艺术的特质,其创造力落实在创造性的、有识别力地使用现成的资源(约翰·费斯克,2001)达成的新技术时代视听语言新的媒介语法上。一个意味深长的细节:艺术家刻意保留了每一段监控视频加载在图像上的所

---

① 参见艺术家官方主页,http://www.xubing.com/en/work/details/469?year=2017&type=year#469,最后浏览日期:2021年3月9日。

有信息——时间码、地理位置、一段视频被不同个人和平台转发时添加的水印,这些超出传统视听语言范畴的信息不断溢出、挑战、摧毁、重置艺术家以类型电影的严格架构、通过对白和旁白刻意营造的完整闭合的传统电影的叙事逻辑。同时,全片监控视频素材来自近 300 个监控摄像头,其中将近一半有精确的卫星坐标经纬度,遍及全国绝大多数省市自治区(包括中国台湾地区)。这种现实物理时空的社会关联,具体到个人,《蜻蜓之眼》全片出现清晰正面形象的个人,大约有 40 多位。根据监控摄像头的卫星坐标,徐冰工作室在全国各地逐个寻访,最终找到并签署肖像权授权书的有 30 多位,影片的片尾字幕也吁请没有被找到的被摄者主动与徐冰工作室联系。寻访过程不仅被拍成幕后纪录片,寻访活动也实时出现在位于北京的工作室电脑屏幕上的监控视频直播画面里,并且被录制下来。在今日美术馆的展厅里,可以看到这段被监控的寻访影像和工作室的寻访地图。艺术家以出乎意料的方式,更具先见之明地调用新技术,预测、挑战、与当代数字技术保持批判性距离,为观众创造出新的意义。

这个案例虽然并不直接指向传统广播电视的视听语言,但通过创造新的视听媒介语法,这一作品对人类面临不断变化和微妙的、高度不确定的技术场景发声,是值得深思的。就像著名图像学者 W·J·T 米切尔在关于"图像学 3.0"的学术演讲中所言,图像以"元图像"的方式言说自己,元图像的意义在于抵制图像被认为是语言的被动补充。在今天,元图像变成了元媒介,而且今天的图像是存在于云端的,它们之间的联系是没有时差的,是实时的,这正是我们当下世界图像的现状①。

参考文献

保罗·维利里奥(2014). 视觉机器. 张新木,魏舒译. 南京:南京大学出版社.

巴拉兹·贝拉(2003). 电影美学. 何力译. 北京:中国电影出版社.

丹尼艾尔·阿里洪(2013). 电影语言的语法. 陈国铎,黎锡等译. 北京:北京联合出版公司.

哈里斯·华兹(2006). 开拍啦:怎样制作电视节目. 徐雄雄,陈谷华,李欣编译. 北京:中国广播电视出版社.

---

① W·J·T·米切尔:《元图像:图像及理论话语》,北京:OCAT 年度讲座,2018 年 9 月 6 日。

马赛尔·马尔丹(2006).电影语言.何振淦译.北京：中国电影出版社.

威尔伯·施拉姆,威廉·波特(1984).传播学概论.陈亮,周立方,李启译.北京：新华出版社.

威廉·弗卢塞尔(2017).摄影哲学的思考.毛卫东,丁君君译.北京：中国民族摄影艺术出版社.

约翰·费斯克(2001).理解大众文化.王晓珏,宋伟杰译.北京：中央编译出版社.

Pavlik, J. V. & McIntosh, S. (2017). *Converging Media：A New Introduction to Mass Communication* (5th Edition). New York：Oxford University Press.

傅正义(2002).电影电视剪辑学.北京：北京广播学院出版社.

米歇尔·希翁(2014).视听：幻觉的构建(第3版).黄英侠译.北京：北京联合出版公司.

让·米特里(2012).电影符号学质疑：语言与电影.方尔平译.长春：吉林出版集团有限责任公司.

雅克·奥蒙,米歇尔·玛利,马克·维尔内,阿兰·贝尔卡拉(2010).现代电影美学.崔君衍译.北京：中国电影出版社.

赵毅衡(2016).符号学：原理与推演(修订本).南京：南京大学出版社.

第七章 广播电视节目——类别、市场与编排

本章概述

　　了解广播电视节目的概念内涵，熟悉中国广播电视节目的基本类别和发展；了解市场化与全球化对世界广播电视行业的影响；把握基本的广播电视节目编排策略。

第一节 中国广播电视节目的沿革和基本类别

　　广播电视节目，指的是广播电视机构播出内容最基本的组织形式、播出形式和构成单元。由于传统广播电视的线性传播特征，广播电视节目也必须根据线性传播的逻辑和规律，不仅要按照时间段来划分节目单位，也要按时间顺序来安排所播出的节目内容。一般来说，从广播电视的实践层面看，一个节目，无论是广播还是电视，大体上应该是一个包含节目名称和节目内容的完整的播出单位。

　　广播电视节目内容繁多，涉及的领域十分丰富，要给节目归类不大容易。按节目内容，大体可分为新闻类、文艺娱乐类、教育服务类三大类别；按播出方式，可分为直播类节目和录播类节目；按传播和覆盖市场，可分为本地节目、全国市场节目和区域/国际市场节目；按受众定位，可分为一般综合性节目和特定对象性节目；按节目来源，可分为自办节目、联播节目、交换节目、转播节目、购买节目；按节目形式，可分为主持人节目和非主持人节目、受众参与性节目和非参与性节目等。

中国早期的广播电视节目,形式和内容都比较单一,编排也比较随意。如果从新中国成立到改革开放之初的广播电视节目种类看,新闻类节目、文艺类节目、教育服务类节目这三个大类基本囊括中国广播电视节目的所有类别,被业内称为广播电视节目的三大支柱。

在这一节目类别框架下,每一类节目又可以细分为若干子目。其中,一些子目随着广播电视业的发展逐渐形成和发展,也有一些逐渐式微,甚至消失。

一、新闻类节目

传统上广播电视新闻类节目大体上可分为消息类新闻节目、新闻专题节目、新闻评论节目、新闻类纪录片等类别。随着广播电视行业的发展,出现了一些新的节目形态,如广播电视新闻深度报道和新闻杂志型节目、新闻类谈话节目等。

1. 消息类新闻节目

消息类新闻节目大体包括动态新闻、简明新闻、综合新闻等,如中央人民广播电台的《新闻与报纸摘要》、中央电视台的《新闻联播》。早期在综合类广播电台和电视频道中,这一类节目因其重要性,通常的播出时段都是在黄金时间,即开机率最高、收听收看人数最多的时段。对于广播节目来说,通常是早上7点到9点;对于电视节目来说,则是晚上6点到8点。

2. 新闻专题节目

广播电视新闻专题节目与报纸的特稿、通讯颇有类似之处,相对于动态类的简明新闻综合新闻来说,可以用较多的时间容量、较大的篇幅对新闻进行较为详尽深入的报道,也适合用于不同领域新闻内容的呈现。例如,中央人民广播电台新闻频率"中国之声"的《新闻纵横》,开播于1994年,2009年12月改版为2小时的综合性新闻专题节目,每天早上7点到9点播出,获"中国新闻名专栏"荣誉,强调追求高度、角度、深度、广度、速度,用独特视角报道评论新闻事件,用采访当事人和相关利益方接近事件核心,用昨夜今晨的最快报道把握最新变化,从而提供大量独家原创报道,领先其他媒体,凸显与众不同[①]。

3. 新闻评论节目

这一类节目以传播观点为主,新闻事实往往作为立论的基础和论据呈现。

---

① 参见《新闻纵横》简介,央广网,http://www.radio.cn/pc-portal/sanji/detail.html? className=%25E8%25B5%2584%25E8%25AE%25AF&classify_id=273&columnId=577500,最后浏览日期:2021年4月29日。

实际上,早期中国广播电视节目当中没有自办的评论节目,甚至没有自己撰写的评论内容,而是根据需要,在简明新闻综合新闻节目当中播报重要的报纸社论和评论。直到改革开放之后,广播电视新闻节目才有了自己撰写的评论内容。随着中国社会的发展和新闻改革的深入,广播电视评论节目开始出现。例如,1987年上海人民广播电台创办的《今日论坛》就是一档5分钟的广播评论节目,每天早晨以口播的千字文针砭时弊,深受听众欢迎。1980年,中央电视台的《观察与思考》开播,被业界认为是中国电视新闻评论节目的发端。它提供了一种完全有别于传统的报纸评论和后来发展起来的广播评论的节目样式,用声画传递的新闻事实和记者对事实的阐述及表达的意见与观点有机地结合在一起,对其后包括《焦点访谈》在内的一大批深具影响力的电视新闻评论类节目产生了重要影响。

4. 电视新闻类纪录片

这是比较有争议的一个类别,曾被认为是纪录片当中的一个子目。如今,一些研究者和业界人士认为,从创作者的主体性到题材的表现方式和风格,纪录片与新闻都有本质不同,因而会质疑新闻类纪录片这一提法。在中国早期的电视新闻当中,业内往往将时长较短的称为"电视新闻片",一般都在两三分钟以内,而时长相对较长的,如10分钟左右,就称为"新闻纪录片",但是两者在表现手段和影像风格上区别不大。有业界人士认为,早期的"新闻纪录片"无法等同于后来的"新闻类纪录片",前者在中国电视新闻的发展过程中逐渐演化为"新闻专题";而后者题材广泛、风格多样,往往是现实性题材当中那些与新闻事件、社会问题和社会现象关系较密切的部分,如《中华之剑》、《大京九》,都有可能被认为是新闻类纪录片,甚至一些大型文献纪录片,如《邓小平》,也有可能被划归此列,因此要严格归类会比较困难。2016年6月,上海广播电视台与上海市卫生和计划生育委员会联合策划拍摄十集医疗新闻纪录片《人间世》,以医院为拍摄原点,聚焦医患双方面临病痛、生死考验时的重大选择,展现了真实的人间世态,引发社会广泛关注。2019年播出第二季,两季在豆瓣上均获得9.6分的高分[①]。2021年4月8日,距离武汉"解封"恰好一年,晚上10点,由国家广播电视总局重点指导、上海广播电视台和湖北广播电视台联合制作的抗疫新闻纪录片《一级响应》,在东方卫视与湖北卫视同时播出。《一级响应》以时间为序,分成《一月》、《二月》、《三月》、《四月》、《五月》5集,每集50分钟。每集一个主题,展现国家层面如何下定决心,坚定阻止疫情扩

---

① 参见《满屏"残忍"网友打出9.6高分〈人间世〉第二季展示不同的人生》(2019年2月2日),荆楚网 http://news.cnhubei.com/yule/p/10258929.html,最后浏览日期:2021年4月29日。

散,也展现个体故事,并且见证了医院改造、八方支援、方舱建立、疫情拐点等历史性时刻①。

5. 广播电视新闻深度报道和新闻杂志型节目

从20世纪90年代开始,广播电视新闻深度报道类节目和杂志型节目逐渐发展起来。例如,中央电视台的《新闻调查》是十分有代表性的新闻深度报道节目。新闻杂志型节目即借鉴杂志的编排方式,把不同题材内容和题材样式的新闻节目组合串联在一起。例如,中央电视台的《东方时空》作为中国第一个日播的新闻杂志节目,在1993年开播之初,就是由新闻人物访谈《东方之子》、MTV《东方时空金曲榜》、从服务节目演变为短纪录片的《生活空间》和新闻深度报道《焦点时刻》构成。

6. 广播电视新闻类谈话节目

如今,新闻类访谈和谈话节目也是广播电视新闻类节目的一个重要组成部分,如上海人民广播电台的《市民与社会》。

此外,各种专业新闻节目,如财经新闻节目、体育新闻节目、娱乐新闻节目,也已成为广播电视新闻类节目当中的专门类别。

二、文艺娱乐类节目

广播电视文艺娱乐类节目涵盖的面非常广泛。早期中国广播电视文艺节目,主要是运用广播电视这一先进的传播手段来扩大其他文艺样式的传播范围,因而大多是对其他文艺形态进行一定的加工后播出,或者直接播出。随着广播电视市场化程度的提高,文艺娱乐类节目发展迅速,一些新的节目形态和样式开始出现,广播文艺节目的一个变化是流行音乐成为广播文艺娱乐节目的主体,音乐DJ作为节目主持人主导节目中音乐内容的选择和编排,热线电话参与和听众点歌则成为重要的节目形式之一。在电视文艺娱乐类节目当中,游戏节目和真人秀是最典型的新的节目样式。此外,娱乐类谈话节目也大量涌现。

1. 广播文艺的基本类别

中国广播文艺的传统类别,主要包括音乐节目、评书、小说连续广播、诗歌散文、曲艺和戏曲节目、广播剧、电影录音剪辑等。除了广播剧,其他都是将已

---

① 参见《乌合麒麟新出海报〈披甲〉致敬抗疫战士,导演秦博:"武汉人骨子里有种劲儿"》(2021年4月8日,上观新闻,https://www.shobserver.com/staticsg/res/html/web/newsDetail.html?id=356845,最后浏览日期:2021年4月29日。

有的文艺表演或文学样式照搬到广播节目里,或者根据具体情况对这些文艺表演做一点加工,使其更符合广播的传播特点。

2. 电视文艺的基本类别

早期中国电视文艺节目中,音乐、舞蹈、杂技、评书、戏曲曲艺、戏剧等既有的文艺样式直接在电视上播出的情况十分常见,此外,在电视上大量播放电影,也是早期中国电视被老百姓称作"小电影"的一个缘由。加工节目也是很重要的部分,最典型的莫过于电视综艺节目和电视晚会。电视综艺和电视晚会是对音乐舞蹈、小品杂技、戏曲曲艺等舞台表演的文艺样式的二度创作和传播,能够充分发挥电视画面和声音丰富的艺术表现力与技术优势,在时空转换、视听造型等方面呈现出原有的舞台文艺表演所难以表现的独特魅力。例如,将世界各地的文艺表演的视频录像与在演播室进行的文艺表演结合起来;又如,近年来《中央电视台春节联欢晚会》常会联合有关地方卫视和电视台,将设在东西南北多地演播室的表演内容通过卫星传送,融合为一整台电视晚会。这些表现方式既传递出原有的文艺样式的艺术价值,又展现出电视传播的特殊技术优势,为原有的文艺样式增加了艺术感染力,因此深受观众喜爱。

3. DJ 主导的广播流行音乐节目和听众点播

在广播文艺娱乐节目当中,流行音乐节目占据很多播出时段,并且与流行音乐产业紧密结合,通过排行榜等推介方式与唱片工业产生互动。在这类节目中,除了主持人(也称 DJ)和音乐编辑的串编,以及对音乐和歌手的简要介绍以外,一个重要的节目样式是听众通过热线电话点播歌曲,有时也结合一些小游戏和有奖竞猜,通过这样的受众参与方式赢得市场。例如,上海广播电视台旗下的广播流行音乐频率,也是上海最早的音乐电台 Love Radio 103.7FM 的名牌栏目《天天点播》,开播于 1992 年,随即成为上海广播直播互动的新起点。在这档以点歌为特色的音乐节目中,听众直接拨打热线点歌,分享自己的点歌理由和这首歌背后的故事。该节目一度停播。2020 年 3 月,Love Radio 全新改版,经典复刻的《天天点播》回归,周一至周五上午 10 点至下午 1 点播出,由阿彦、仙萍主持,"播你想听的歌,祝福你爱的人,在最爱调频大声呼唤爱"①。

4. 广播电视游戏节目

广播电视游戏节目在国外叫作"game show",是从传统的广播电视猜谜和

---

① 参见《2020 年上海广播流行音乐频率重装出击,新鲜有爱 100 分!》(2020 年 3 月 2 日),搜狐网,https://www.sohu.com/a/377060787_120051820,最后浏览日期:2021 年 4 月 29 日。

知识竞赛类节目发展而来,包括各种各样的广播节目里的有奖竞猜和电视益智问答、猜奖、互动游戏等。这类节目内容庞杂、宽泛,从在演播室内进行的知识问答,如《谁能成为百万富翁》,到户外的各种竞技性的游戏,如《城市之间》,都可以包含在内。竞技内容从儿时游戏到日常生活的方方面面,如做菜、超市采购,到挑战运动素质和体能,再到团队合作和创意,很难严格界定。例如,在一些电视相亲节目当中,游戏环节就是重要的内容之一。由中央电视台科教频道 2016 年推出的大型文化类演播室益智竞赛节目《中国诗词大会》以"赏中华诗词,寻文化基因,品生活之美"为主旨,通过"展现诗词之美,分享诗词之趣",唤醒人们对古典诗词的记忆,从古人的智慧中汲取中华传统文化的营养,涵养当下生活。2021 年 4 月播出第六季,深受观众欢迎[1]。2019 年芒果 TV 推出的实景解密体验秀《密室大逃脱》,将现实版的密室逃脱游戏搬上电视屏幕,以"全未知、无扮演、不限时"作为节目宗旨。节目每期由六位嘉宾合作,他们被困于不同主题的密闭空间内,依靠推理解锁各种机关,直到全员逃脱[2],也可被视为游戏节目之一种。

5. 电视真人秀

电视真人秀在国外叫作"reality show",中文也叫真实电视。有人认为真人秀这个中文名称来源于著名的电影《楚门的世界》(The Trueman Show)。这类节目主要指普通人(当然有些节目里也是名人)而非扮演者,根据电视制作机构预先设定的游戏规则,参与到一个竞技类的活动当中并根据规则完成这个活动。在这个过程中,参与者没有剧本约束,完全按照自己的个性、需求和目标,自由发挥和表现,电视制作机构则将整个过程拍摄下来,制作成节目播出。这类节目的广泛商业影响一般被认为源自《老大哥》(Big Brother)。在节目中,12 名经过报名挑选的参与者,住进一所豪宅,通过各种竞赛和投票不断被淘汰,最终的获胜者可获得巨额奖金。在节目进行期间,参赛者完全"与世隔绝",多台摄像机和录音设备全天候记录每个参与者的一举一动,并剪辑播出。节目名称源自乔治·奥威尔的著名小说《1984》中的"老大哥在看着你",预示着无处不在的摄像机眼睛。这档节目 1999 年在荷兰首播,引起轰动,之后许多国家购买版权制作,成为迄今最受欢迎的室内真人秀节目。之后还出现了野外生存类真人秀,如《幸存者》(Survivor);职场竞技类真人秀,如《学徒》

---

[1] 参见央视网《中国诗词大会》第一季,http://tv.cctv.com/2015/04/23/VIDA1429774772631979.shtml;第六季,https://tv.cctv.com/2021/04/24/VIDEcDV60ekHmgN11ppHC88T210424.shtml,最后浏览日期:2021 年 4 月 29 日。

[2] 参见芒果 TV 官网《密室大逃脱》第二季,https://www.mgtv.com/b/338403/9921451.html?cxid=95kqkw8n6,最后浏览日期:2021 年 4 月 29 日。

(The Apprentice);选秀类真人秀,如《美国偶像》(American Idol);等等。中国电视真人秀的种类也非常丰富。例如,湖南卫视大型亲子真人秀《爸爸去哪儿》,2017年播出第五季;江苏卫视大型科学竞技真人秀《最强大脑》,2021年播出第八季。

6. 广播电视娱乐类谈话节目

作为商业广播电视的一个重要类别,在广播电视谈话节目当中,娱乐类的题材内容很多,主要有娱乐界名人访谈和轻松调侃的娱乐内容的谈话等,例如获得2020阿基米德声音盛典十大维度年度推荐"十大IP节目"的广西广播电视台文艺广播名牌栏目《当红不让》[①]。

三、教育服务类节目

传统上广播电视节目的第三个大类是教育服务类节目。其中,教育类节目又可分为教学节目和社会教育节目两类。专门针对特殊对象群体开办的对象性节目也是其中之一。在社教节目当中,纪录片是一个很重要的方面。服务类节目则是针对日常生活方方面面的问题,在节目当中为受众提供服务。在中国广播电视改革的过程中,服务类节目的范围也在拓展,出现了信息类节目、消费者维权类节目等。

1. 教学节目

教学节目重在传授相对系统的专门知识,是课堂教学的拓展延伸,例如20世纪80年代中央电视台的英语教学节目《跟我学》(Follow Me)。2016年4月,西安广播电视台私家车广播联合西安教育科学研究所、《西安教育》杂志,重磅推出陕西首档专业教育直播节目《1061老师好》,每周一至周五在FM106.1私家车广播中午12:00—13:00黄金时段播出,力图打造广播、杂志、新媒体等多种媒介融合的全媒体现代教育服务平台。节目在优酷网、爱奇艺网站、蜻蜓FM、荔枝FM、喜马拉雅FM等网络平台同时开设官方账号,还开通官方微博、微信公众账号等,内容涵盖教育新闻热点评论、名师名家讲述学习方法、家长学生心理辅导、中高考问题解答等,旨在让学生、家长了解更多的教育信息,获取更多的新鲜资讯,听到更多的名师教学,是互联网时代跨媒体的新型教育教学节目[②]。

[①] 参见《2020上海广播节|阿基米德声音盛典:发现值得发现的声音》(2020年10月29日),网易,https://www.163.com/dy/article/FQ55D62H0530VBT3.html,最后浏览日期:2021年4月29日。

[②] 参见《陕西地区首档广播专业教育类节目〈1061老师好〉开播》(2016年4月18日),搜狐网,https://www.sohu.com/a/70093122_160915,最后浏览日期:2021年4月29日。

2. 社会教育节目

社会教育节目的目标是普及文化知识,提升文化品位。与教学节目相比,社会教育节目并不着重于所传授的知识的系统性,从表现形式上看也与一般教学节目的课堂授课特点有很大区别,形式更多样。社会教育节目是公共广播电视机构尤其重视的节目类别。广播电视社会教育节目涉及的题材种类繁多,天文地理、历史人文、科技法律社会几乎无所不包,如中央电视台科教频道、国防军事频道和社会与法频道的大部分节目。

3. 对象性节目

对象性节目指的是针对特定的受众对象,根据其特殊需要开办的节目。例如,少儿节目,如中央电视台少儿频道的《大风车》;老年节目,如中央电视台社会与法频道的《夕阳红》;农业农村节目,如中央人民广播电台中国乡村之声频率的《田园新主张》、《山水乡愁》、《乡村故事汇》等,中央电视台农业农村频道的《田间示范秀》、《致富经》、《我的美丽乡村》等。

4. 服务类节目

服务类节目主要是通过广播电视节目解答生活中的各种难题,如广东电视台的《家庭百事通》。早期这一类节目主要是在广播电视节目中讨论衣食住行的一些问题,分享日常生活的一些小窍门,如中央电视台的《为您服务》。随着中国社会改革开放的不断深入,社会转型过程中遇到的各种新问题也越来越多地进入这类节目的视野当中,比如医疗问题、法律咨询问题、消费者权益问题、心理咨询问题、投资理财问题等,几乎无所不包。例如,上海人民广播电台上海新闻广播93.4FM的《海波热线》,在热线电话中帮助老百姓解决市场消费领域遇到的形形色色的问题。许多情感、心理自助类的广播电视谈话节目,也可被视为服务类节目之一种,尽管其表现形式和内容取向都与传统的服务类节目有很大不同。

5. 电视纪录片

在电视社教节目当中,纪录片是重要的部分,主要题材集中在历史、自然地理、人文民俗、科技等方面。例如,中央电视台纪录频道2021年4月热播的纪录片节目《航拍中国》第三季、《文学的故乡》、《长江之歌》、《石油的故事》、《跨越喜马拉雅》、《绝色川菜》、《如果国宝会说话》等[①]。

在今天,随着社会生活日益丰富,中国广播电视节目的种类也日益繁多。2020年,全国制作广播节目时间821.04万小时,同比增长2.39%;播出时间

---

① 参见央视网,https://tv.cctv.com/cctv9/index.shtml? spm = C28340.PQ1KSin2j2U5.0.0,最后浏览日期:2021年4月29日。

1 580.72万小时,同比增长1.76%。制作电视节目时间328.24万小时,同比下降5.02%;播出时间1 988.31万小时,同比增长1.91%。2020年,全国制作新闻资讯类广播节目时间145.27万小时,同比增长2.39%;播出时间313.55万小时,同比增长3.77%。制作新闻资讯类电视节目时间109.75万小时,同比增长1.05%;播出时间285.55万小时,同比增长2.08%。2020年,全国制作专题服务类广播节目时间224.18万小时,同比增长2.84%;播出时间333.90万小时,与2019年基本持平。全国制作专题服务类电视节目时间89.98万小时,同比增长3.39%;播出时间262.00万小时,同比增长2.26%;开设"众志成城 共同战疫"专栏专区,涌现出《逆行者》、《在武汉》等优秀节目和作品。2020年,全国制作农村广播节目时间139.00万小时,同比增长8.02%,占制作广播节目时间的16.93%;播出时间459.26万小时,同比增长1.69%,占播出公共广播节目时间的29.05%。制作农村电视节目时间71.38万小时,同比增长5.59%,占制作电视节目时间的21.75%;播出时间452.02万小时,同比增长6.40%,占播出公共电视节目时间的22.73%;涌现出《脱贫大决战》、《我们在行动》、《青春在大地》等脱贫攻坚节目。2020年,全国制作纪录片8.70万小时,同比增长2.96%;播出时间62.10万小时,同比增长23.73%;推出《为了和平》、《不朽的丰碑》、《英雄》、《花开中国》等优秀纪录片[①]。与此同时,也出现了一些新的生活方式相关节目。例如,宠物节目,如苏州汽车广播专门关注宠物相关话题的《宠爱有家》;电竞节目,如上海第一财经广播的《电竞之声》和五星体育的《电竞天下》;美妆节目;甚至风水星座相关节目,如广东城市之声的《玄妙一点》。基于互联网的专门化视频音频节目内容就更丰富了,例如专门的白噪声手机应用App,如潮汐、音嗅、小情绪、自在正念、Just Rain、禅定花园等等。

第二节 栏目、板块和频率/频道专业化: 中国广播电视节目的发展

中国广播电视的发展经历了从节目到栏目化,再到频率/频道专业化的变化过程。

---

① 参见国家广播电视总局:《2020年全国广播电视行业统计公报》(2021年4月19日),http://www.nrta.gov.cn/art/2021/4/19/art_113_55837.html,最后浏览日期:2021年4月30日。

广播电视栏目指的是有固定的播出时间和时长、内容主体和形式风格统一、定期播出的节目单元。广播电视从节目发展到栏目，是由于受众准时收听收看的需要。在中国广播电视节目的发展过程中，大板块的栏目编排是一个重要的阶段。

一、广播电视板块式节目编排的特点

"板块"是借用地质学中的一个概念，在广播电视学中用于对集合式广播电视节目的一种形象的称呼。板块式广播电视节目是指具有基本固定播出时段及周期，节目内容融新闻、信息、服务、文化娱乐等多种节目类型于一体，多采用主持人串联形式播出的大时段节目，亦称杂志型节目。大板块节目的兴起，改变了原有的单一的节目构造，扩大了受众的信息接受面，在有限时间内满足多层次的受众的需求，使广播电视节目呈开放性，具有比较显著的视听效果。

相对于传统的节目编排模式，板块式节目的结构方式具有如下特点。

第一，板块式节目编排集中，时间长度基本固定；传统节目编排结构分散，时间长度随意性较大。在广播节目构成上，板块式结构将全天的播出时间划分为若干单元，每一单元中再由基本固定的集约式小栏目构成板块式节目。板块式节目的长度一般从半小时至 2 小时不等，有的更长，节目长度多以整点或半点为单位。而传统节目的编排，除少量文艺节目、教学节目较长，大量是从 5 分钟到 20 分钟不等的小型节目，并且节目长度较随意。例如，中央人民广播电台 1988 年的第一套节目全天播音 21 小时 30 分钟，共划分为 74 个节目，单个节目平均长度为 17.5 分钟左右[①]。上海东方广播电台 1998 年的中波 792 千赫全天播音 24 小时，却只划分成 15 个左右的大板块节目，节目跨度较长。例如，早晨 6:00—9:00 的《东广早新闻》，这个长达 3 小时的板块包括"东广快讯"、"新闻追踪"、"报刊导读"、"东方传呼"、"792 为您解忧"、"公共服务信息"、"东广体育特快"、"东广金融专递"等子栏目；9:00—12:00 的经济板块《上海潮》，设有"热线急诊室"、"消费指南"、"生财有道"、"市场哈哈镜"等小栏目；其中，最长的午夜谈话节目《相伴到黎明》甚至长达 6 小时，从 0:00 到 6:00[②]。

第二，板块式节目子栏目内容相互关联；而传统结构的节目内容基本互相

---

① 根据 1988 年 7 月 4 日中央人民广播电台第一套节目时间表。
② 根据 1998 年 7 月上海东方广播电台 792 千赫节目时间表。

独立,缺少联系。在板块式节目中,若干子栏目以一定的内在联系为纽带组合起来,使整个板块式节目形成有机的整体风格。中央电视台的《东方时空》节目在开播之初设有"东方之子"、"生活空间"、"焦点时刻"、"音乐电视"等子栏目,由于"音乐电视"的风格与其余子栏目的纪实性风格显然不尽协调,致使"音乐电视"实际游离于《东方时空》节目主线之外。因此,在节目改版时,"音乐电视"即被撤出《东方时空》节目,使整个节目风格更趋统一、和谐。而传统的节目编排方式只是将节目依线性次序编排,不强调节目与节目之间的内在联系。

第三,板块式节目内容具有多元性、多向性的特点;而传统结构的节目内容界定明确,指向单一。板块式节目兼具新闻、信息、服务、文娱等各类节目特性,汇集多方面的内容(往往是在一个大主题之下的多个不同侧面)于一身。而传统编排的节目,内容界定明确,在新闻节目中不能播文艺,文艺节目中不能播信息等;即使在同一大类的节目中,歌曲节目中不播戏剧,经济信息中也不播社会新闻等,节目内容指向比较单一。

二、广播电视板块式节目的内容模式

板块式节目并非是若干不同类别的节目的简单总和,而是对节目内容与节目时段的优化组合,节目内容是一个有机的整体,是依照一定的内在联系与规律编排组合起来的。依其编排标准的不同,板块式节目一般分为三种不同的节目模式:内容集约模式、对象集约模式和混合模式。

1. 内容集约模式

内容集约模式指将多数受众在某一时段希望获得的信息和普遍有兴趣的内容集中统一编排的板块式节目编排模式。

一般在清晨节目中,广播电视大多依照受众的普遍需求,将早新闻、交通、气象、市场等各方面的信息汇集在一个节目板块中,让受众根据这些必要的信息做出相应的日程安排。例如,上海人民广播电台"上海新闻广播"《990早新闻》就是典型的内容集约模式的板块式节目。在这类板块式节目编排模式中,大多数受众需求的集中指向制约、决定了节目的内容安排。根据受众一般的生活习惯,对广播电视的需求具有相对比较集中稳定的指向,符合受众的普遍需求是内容集约模式节目内容间的内在联系。

2020年7月,中央人民广播电台"中国之声"频率依靠总台全球报道力量和环球资讯广播的国际新闻资源,全新打造了一档风格极简、观点突出并独具主编视角的重点国际新闻板块节目《正午60分》,每天中午12点至13点播出。节目编排模块清晰,融合国际新闻资讯、新闻解读、特色报道和个性评论等多种元素,形成了"中国之声"国际新闻节目的新特色。以12点半为分界点,《正午60分》分为上、下两个半段,在每段的开始阶段,男女主播以对播的方式提示栏目版块及当日重点内容。上、下半段的节目由特色鲜明的版块构成:"国际新闻眼"聚焦国际新闻事件,由总台驻当地记者带来最前沿的报道和分析,彰显总台强大的国际报道力量;"热点人物榜"每期挑选三个新闻事件中的重要人物,分别提炼出一个关键词,讲述国际新闻中的人物故事;"全球抗疫进行时"不仅关注世界疫情防控的最新进展和疫情数据,还追踪展现疫情下世界各个国家和地区的政治、经济与社会动态;"时事快访谈"由总台记者对话业内专家;"世界零距离"由海外观察员解读国际新闻事件背后的故事;"全球最新资讯"串烧聚合国际热点新闻;此外,还有体育资讯"正午体育快报",互联网热点板块"科技方法论",以及资讯栏目"此时此刻"、"气象服务站"等[1]。

2. 对象集约模式

对象集约模式是指按照节目的目标受众群的特殊需要来集中编排节目内容的模式。

这种编排模式的节目的目标受众一般比较明确,例如专为老年人、青年人等开设的板块式节目,甚至更加精确地将节目的基本受众定位为"中年以下、事业成功、有高等文化素养的白领阶层"等。这类节目是针对特定明确的受众群,将各方面的需求集中起来,节目内容可以包括新闻、信息、文化、娱乐、服务等几个方面。

例如,上海音乐广播Love radio 103.7FM的名牌节目《三至五流行世界》,每天下午15点至17点播出,时长2小时,最初是上海东方广播电台的热门节目,以青少年为基本目标受众,节目内容涵盖这一层次听众喜欢的流行音乐、生活常识、文艺动态、有奖竞猜、热线点播等子栏目,始终有着稳定的听众群体。再如,中央电视台1995—2002年的《半边天》节目(星期日版),其子栏目包括"时间航班"、"人生百味"、"谁来做客"、"海外来风"等,将原先散杂的有关女性题材的栏目汇集在同一个杂志型的板块节目之中,产生了集合效应。

综上,对象集约模式的板块节目的目标受众具有较明确的指向性,其节目内容为满足特定受众的多层次、多侧面的广泛需要。

---

[1] 参见《中国之声新节目|〈正午60分〉:每天正午一小时,尽看国际风云!》(2020年7月17日),央广网,http://ad.cnr.cn/tszy/20200724/t20200724_525180658.shtml,最后浏览日期:2021年4月29日。

3. 混合模式

一般以时段为标志，以多方面的内容来满足多方面的受众的需求，是介于内容集约模式与对象集约模式之间的一种节目编排的结构模式。

混合模式板块式节目的受众群比较广泛，很少有特殊规定性；同时，受众群的广泛势必引起其收听（收视）需求的广泛性，决定了这类节目的内容比较宽泛，既可以集新闻、教育、文娱、服务于一体，也可以选择其中的两三类来编排。这类节目一般在非黄金时段播出，如工作日的白天时段等，往往无明确的受众群体，缺少明确的需求倾向，可以按混合编排方式来编节目内容；或者双休日时段，由于受众面较广，需求层次也丰富，因此按混合模式的板块式节目正是以兼顾大众的口味为目的。例如，浙江卫视的双休日板块就是典型的混合模式板块式节目，其内容包括新闻、文艺、影视、卡通、游戏等不同类型、不同层次的节目，来适应不同类型、不同层次的受众需求。

板块式节目的编排模式的划分是相对的，因为节目的内容编排在播出过程中不断得到修正，而且不同时期的同一节目的编排风格也会有所差别。因此，三种板块式节目模式的划分只是指出了节目通常的编排倾向，并非一成不变。尤其是混合模式板块式节目，由于缺乏明确的指向，往往容易转向内容集约模式或对象集约模式。

三、频率/频道专业化：中国广播电视节目在市场化背景下的发展

广播电视频率/频道专业化，指的是广播电视机构以频率和频道为单位进行内容划分，以满足特定的市场和受众需要。每一个频率/频道都依托高品质的品牌栏目来支撑。频率/频道专业化，既是全世界广播电视行业发展的大趋势，也是中国广播电视行业在市场化进程中迈出的一大步。以往中国广播电视基本上都是综合频率/频道，在一个频率/频道当中，各种内容，如新闻、文艺娱乐、教育服务无所不包。板块式的节目编排组合方式，将受众的不同需求进行区分，以使节目的衔接与受众的收视收听习惯和需要能够紧密结合。频率/频道专业化则在此基础上更进一步，除少量综合性频率/频道外，从20世纪90年代末开始，中国大多数广播电视媒体都越来越按照不同的内容设置专业频率/频道，这不仅符合现代社会多频率/频道广播电视时代的市场细分和差异化竞争的需要，也符合受众的社会价值、文化需求日益多元化、分众化的需要。

1. 专业化广播频率

目前，中国广播频率专业化的基本类别大致可分为新闻、音乐、交通、经

济、都市生活等类别。以中央人民广播电台为例,目前共有 19 套节目,分别是:中国之声(全天 24 小时的广播全新闻频率)、经济之声(专业财经广播频率)、音乐之声(流行音乐频率)、经典音乐广播,以及台海之声、神州之声、大湾区之声、香港之声、民族之声、文艺之声、老年之声、藏语广播、维语广播、阅读之声、中国交通广播、中国乡村之声、哈语广播、环球资讯广播、南海之声。

2. 专业化电视频率

目前,中国的专业化电视频率大致可分为新闻、电视剧和电影、体育、文艺娱乐、财经、法制、少儿等。以中央电视台为例,开路频道分别是综合(CCTV-1)、财经(CCTV-2)、综艺(CCTV-3)、中文国际频道(CCTV-4,在不同地区分别为亚洲频道、欧洲频道、美洲频道)、体育(CCTV-5)、电影(CCTV-6)、国防军事(CCTV-7)、电视剧(CCTV-8)、纪录(CCTV-9)、科教(CCTV-10)、戏曲(CCTV-11)、社会与法(CCTV-12)、新闻(CCTV-13)、少儿(CCTV-14)、音乐(CCTV-15)、农业农村(CCTV-17),以及英语、西班牙语、法语、阿拉伯语、俄语频道①;同时,开办了数字电视付费频道,如 4K 超高清频道、风云剧场、世界地理、兵器科技、高尔夫·网球、央视文化精品、电视指南、中视购物、戏曲、第一剧场、怀旧剧场、风云音乐、风云足球、女性时尚、央视台球、卫生健康、娱乐等。

第三节 广播电视市场全球化的历史过程

早在 20 世纪 60 年代,加拿大传播学者马歇尔·麦克卢汉(2019)就用"地球村"来描述大众传播媒介的世界。今天,我们生活在一个娱乐和信息产品全球化的市场上,广播电视正是这个市场重要的组成部分,它不仅推动全世界的大众文化潮流,而且是一个运作灵活的巨大的利润工业。在这个以广播电视节目为主体、包括其他相关产品和服务的巨大市场上,全球化的运作策略是其中重要的影响因素。

一、广电业与娱乐业的融合历程:以美国为例

一些海外广播电视业界人士认为,在传统上,广播电视媒体的组织结构是

---

① 参见央视网,https://tv.cctv.com/,最后浏览日期:2021 年 4 月 30 日。

一个金字塔,公司总裁统领几个核心的中层节目主管,底下是庞大的制作人员。而现在,它变成了一只章鱼,有无数触角伸向不同媒介产品的生产购销领域,并且从地方和全国市场伸向全世界。在20世纪的最后二十年,世界广播电视业的规模、结构都快速发展,其中最重要的趋向是全球化。越来越多的大媒介集团进入全球传媒市场,巨大的媒介联合企业兼并不断出现,呈现出娱乐业、新闻业和信息业高度融合的趋势(陆晔,2001)。

以美国为例,作为全世界最发达的广播电视工业的重要组成部分,美国商业电视的成功,主要基于四个方面的动态作用:一是联播网在全国范围内的节目分配和发行;二是各种各样的节目制作公司和辛迪加提供的大量节目;三是广告的经济支撑;四是地方附属台和独立台对受众的大面积覆盖。现有的电视产业结构是以上这些相互关联的部分不断随时代变化而复杂演变的结果,并且在全球化的大格局之下继续变化。

历史上,美国广播电视的节目市场经过了一个从卖方市场到买方市场的变化,其推动力既来自广播电视行业政策的改变,也来自全球一体化的经济和文化格局的影响。这一变化主要发生在2000年之前,大致经历了三个时代。

1. 20世纪60—70年代:美国电视联播网时代

从20世纪40年代电视发轫之初,电视联播网就按照广播电台的操作方式,把购买自独立制作公司的节目的赞助播出权通过中介代理卖给广告主,同时,为了覆盖更多观众,联播网将当地广告主对在地方附属电视台播出节目的赞助费,与附属台三七开分成。对于地方附属台来说,只拿30%的广告赞助费是容易接受的,它们不动一下手指头,就得到了高质量的节目来填补时段。尽管美国政府的广电管理机构联邦通信委员会(FCC)规定,除了新闻类节目以外,联播网不得自己制作其他类型的节目,换言之,不能做"秀"(show),但是,在电视业繁荣的过程中,联播网很快认识到自己的轴心地位,这就是对节目选择和节目所有权的控制,也就是对辛迪加和地方台命运的控制。渐渐地,广告主不再介入节目决策,而是像从报纸或杂志发行人手中购买一个、半个广告版面那样,购买节目中间插播的30秒或60秒广告时段。因此,收视率成为衡量广告主的付出是否物有所值的重要测量标准。

然而,联播网在美国广播电视工业中的霸主地位不久就遭到政府的干预。为了增强市场的竞争力,从20世纪70年代初开始,FCC制定了一系列条例,禁止联播网制作并拥有其自己黄金时间外购节目的所有权和版权,购买的节目除了播映权以外,不得再获得任何利益,不得参与辛迪加出售节目等;取而代之的是,制作公司获得节目的所有权和辛迪加版权。同时,FCC强迫地方附属台每晚必须播出不少于3小时的联播网之外的娱乐节目,以给地方节目制作力量增加新的市场机会。

2. 20世纪80年代：独立制作公司时代

上述政策变化迅速地将电视市场变成买方市场，尽管联播网仍然处于握有节目生杀大权的独特地位，但制作公司和辛迪加也快速发展起来。每个联播网每年从独立制作社购买的节目，在20世纪60年代后期是800个左右，到80年代初则超过2 000个（Abelman，1998）。

美国广播电视工业的许多标准都是在20世纪80年代前后建立起来的，包括：第一，在每个秋季改版，定期推出新节目；第二，节目创意要进行大规模的宣传与推广；第三，大明星大制作。在这一阶段，对于不少独立制作公司而言，一个绝好的赚钱机会是在制作原创性节目的同时，还制作那些已经有一定的知名度，但由于收视率不够理想而在改版时被联播网取消掉的节目，再在来年大量发行给地方台，并且将广告时间卖给全国性的广告商。在这个过程中，辛迪加通过最大范围的节目发行而渔利，制作公司的利益也得到相当的保障。

3. 20世纪90年代以后：大媒介联合企业的全球化时代

始于20世纪80年代中期的"取消规则"（又译作"放宽规制"）由《1996年电信法》正式确立。"制播分离"的传统受到前所未有的冲击。从默多克的FOX联播网在1987年4月首播他拥有的20世纪福克斯公司制作的第一个黄金时间系列情景喜剧《结婚……和孩子们》开始，到1995年7月迪士尼对大都会/美国广播公司（ABC）的兼并，大公司愈演愈烈的兼并风潮，使得节目制作公司和联播网的关系从产—销两级的商业对手，变成相互提携的家族兄弟，联播网堂而皇之地进入节目制作领域。

二、商业竞争与广电业的全球化历程

然而，三大联播网在美国广播电视行业的统治地位一去不复返，派拉蒙（UPN）、时代-华纳（WB）的电视联播网在1995年相继开播，福克斯（FOX）开始从哥伦比亚广播公司（CBS）吸引走了大量年轻观众，越来越多的独立制作公司被大媒介集团收编，它们生产的热门电视剧和其他节目在公司的统筹下被投放到公司旗下的联播网当中。连大名鼎鼎的Kings兄弟都不能幸免。King World因《幸运轮》《好莱坞方块》和《奥普拉·温弗瑞秀》而被业界认为是美国最成功的独立制作公司，也在1999年4月以25亿美元转手给西屋CBS。1998年，King World赢利6.84亿美元[1]。

---

[1] 参见 *Broadcasting & Cable*，1999，4、5。

同时,有线电视越来越成为联播网的竞争对手。1980年全美国的有线电视入户率仅为15%,到1990年则达65%(Abelman,1998)。大媒介集团也开始热衷于收购有线电视服务商,以给自己拥有的制作公司的节目寻找更大的节目市场,并且将节目发行的渠道伸展到全世界。像探索频道和历史频道播出的节目,尽管每一个节目的国内市场份额都很小,但加起来则非常可观,再加上销售到全世界的节目、录像带、纪念品等,利润可想而知。随着节目发行系统的完善和全球观众的增长,大的广播电视公司或娱乐公司开始建立自己的卫星-有线电视联播网系统,把触角伸向全世界。20世纪90年代初,时代公司先是播出家庭票房HBO,后来是Cinemax和Comedy频道。辛迪加的老大维亚康姆(Viacom)播出Showtime,随后,华纳公司开播MOVIE频道、尼克罗迪恩(Nickelodeon)及其他服务。时代-华纳的兼并加强了其拓展国际电视市场的实力,之后与美国在线的联姻更是造就了网络时代的新经济神话。一些专门化的有线电视公司也获得了成功。例如,特得·特纳的24小时新闻频道CNN,以及它在买下米高梅的电影图书馆后开办的Turner Network Television(TNT)。一些专门兴趣的服务,如气象频道和ESPN,也十分兴旺。尽管介入比较晚,起步也慢,但无论如何,有线电视已经成为传统的无线广播电视公司重要的经营领域,像Disney/ABC成为有线电视服务的大户,它拥有和部分拥有ESPN、Lifetime与A&E。

此外,家庭电子娱乐产品的普及也对传统的广播电视工业和节目消费形成巨大威胁。在美国,家用录像机VCR在1981年只有230万用户,1985年增加到2 500万,到1990年变成6 500万,1998年则达到8 500万,家庭拥有量超过90%(Blumenthal & Goodenough,1998),几乎是电视收视行为的一个组成部分。全美国最大的家用录像带租售连锁店Blookbust提供随时随地租用录像带的便利。由于音像产品的私有性质,家用录像带市场的运作原理更接近于书籍,而非电视节目市场,这就使得传统的广播电视行业不得不面对完全不同性质的市场竞争对手。

不仅是VCR,电子游戏、卫星直播电视、付费点播电影频道Pay Per View,直到快速崛起的互联网等,共同改变了人们的闲暇消费习惯。与20世纪70年代相比,90年代广播电视的受众就已经几乎损失一半。互联网不但提供了另外一种闲暇娱乐方式,而且日益变成另外一种广播电视节目产品的播出和发行分配渠道。

于是,各大媒介集团在日益激烈的市场竞争中,不得不通过兼营与广播电视完全或部分不同性质、不同生产层次和不同市场运作模式的其他媒介产品,如印刷媒介或音像制品,以及对同一媒介产品上下游市场的充分开发和整合,例如利用广播电视节目资源来开发相关音像产品等，以此来分担市场风险，扩大赢利范围和提高赢利的可能性。从 20 世纪 90 年代末期开始，大多数持续发展的媒介集团几乎都不是单纯的广播电视公司，而是包括报纸杂志、广播电视、有线和卫星电视、音像制品和其他信息与娱乐服务的超大型媒介巨无霸。想象一下，如果一个媒介公司同时拥有几家电视台、几个娱乐节目工作室和发行公司，再加上若干家音像连锁商店和礼品店，以及一两个卫星或有线电视服务商，那么，媒介企业中任何一个微小的市场事件，例如一部新的电视情景系列剧，或者一个老牌谈话节目的重新包装，都会通过上述众多流通样式的重复再现和潜在的文化价值开发，摇身一变，成为主流的流行文化现象，并让公司财源滚滚而来（陆晔，2001）。

更为重要的是，除了本土的媒介市场的竞争日益激烈外，大媒介集团已经越来越依赖于国际市场的开发。迪士尼/ABC 的海外业务早在 20 世纪 90 年代就已经十分可观。1998 年，它的总赢利中有 38 亿美元，即 17%，来自美国本土以外的国际市场，主要来自创意内容、广播电视节目和主题公园与商业零售业。其中，ESPN 由于广泛开发国际市场，1998 年的赢利增长了 20%，达到约 17 亿美元；现金流增加了 17%，达 7 亿美元。迪士尼的全部广播电视产业（ABC、ESPN、Disney Channel 等）的赢利 1998 年增加了 10%，达 71 亿美元，其中，营业额提高了 3%，为 13 亿美元[①]。NBC 除了拥有和运作十余个分布在美国本土主要大市场的无线电视台以外，也从 20 世纪 90 年代开始有计划地进入有线电视、国际电视和新媒介等传播领域，并且不断拓展国际市场。90 年代，它的两个有线电视服务，一是有关商业和经济信息等的 CNBC，不仅在美国，而且进入了欧洲和亚洲市场；二是 MSNBC，这是 NBC 与微软合作的有线新闻网和因特网新闻站点，也在世界范围内越来越有影响。为进一步进入国际市场，NBC 于 1993 年开播了面向欧洲的 SuperChannel，1994 年则把相应的一套节目拓展到亚洲。在欧洲，家用录像带销售的市场份额，迪士尼占 17.4%，紧随其后的是时代-华纳，占 13.8%。不仅美国的商业媒体，即使是英国 BBC 这样传统的公共广播电视机构，也不得不在竞争压力之下，把开拓国际市场作为重要的战略目标（陆晔，2001）。

由此可以看出，在全球文化工业的重组过程中，广播电视业已经成为大媒介联合企业世界性跨行业协同运作体系中的一部分，和其他媒介产品一起，在推动具有国际化意味的大众文化潮流的同时，通过媒介产品和服务的多元流通来拓展商业意义。

---

① 参见 *Broadcasting & Cable*，1999，1。

第四节　广播电视节目的类型化策略和节目编排

一、"类型"的基本概念

媒介产品的"类型"（format）概念产生于媒介运作与市场调查的逐步结合，最早在商业音乐电台的实践中得到充分发挥。类型化的节目构成，指的是媒介主动通过市场调查和研究，明确界定出具有不同社会价值、文化品位、生活态度和行为准则的目标受众的人口学特征，然后再通过恰当的节目类型来聚合和培养起对这一类型节目最感兴趣的人群。类型化节目构成的策略和技巧在于，既便于达到不同受众群体的人口学特征和不同广告诉求目标最大限度的契合，又便于节目本身系列性的专业化大规模生产。

应该看到，"类型"的概念早已不是局限在广播电视节目运作策略的范畴。作为流行文化产品对不同人口学特征的消费者的吸引和捕获，"类型"概念被广泛运用于流行文化的生产和推广领域：詹姆斯·邦德的"007"是一种"类型"电影，《纽约客》是一种"类型"杂志，Discovery 可被视作一种"类型"频道，如此等等。"类型"不仅仅通过这样系列性的文化消费产品使不同的受众可能在茫茫人海中找到在社会群体中的归宿，而且可以因为对不同类型流行文化产品的消费活动，建构起自己的"个性化"时尚品位，最终成为某类流行文化的一部分（陆晔，2000）。在工业化节目创意策划和生产领域，"类型"发展成为由一整套节目创意、风格、流程和制作标准构成的"节目模式"。

对于广播电视来说，最基本的商业广播电视节目类型，可以被粗略地划分为新闻节目、谈话节目、体育节目、娱乐/游戏节目、儿童节目和电视剧这样几个大类，每一个大类又都可以通过明确的市场划分和受众定位，被更为精确细致地类型化。

例如，在新闻节目中，晚间动态综合新闻一向是全世界各综合性广播电视媒体竞争的焦点之一，从演播室设计、主持人个性到新闻的报道角度和重点，都可以根据对受众人口学特征的精细盘算，以明晰的类型风格来打开市场缝隙。在英国，商业频道"Channel 5"的五频道新闻，60%的观众年龄在 45 岁以下，这个比例是当地其他频道电视新闻的两倍。针对特定收视群体制作特定风格的新闻被看成是该节目最成功之处，体现在内容选择上，即"人决定报道"的原则，消费、健康、教育或者其他与人们的日常生活密切相关的主题是最经常的报道内容。即使是英国 BBC 这样以高品位著称的公共电视机构，面对越来越激烈的新闻竞争，从 20 世纪 90 年代开始也对其新闻节目进行过几次相当大幅度的调整。例如，在晚间 6 点新闻中增加较多的教育新闻、食品和交通等方面的新闻，使报道内容更加贴近以家庭为主要生活内容的女性观众（陆晔，2001）。

电视新闻杂志节目的定位也日益细化。比较一下美国电视新闻杂志的王牌、CBS 的《60 分钟》(60 Minutes) 和咄咄逼人的后来的竞争对手、NBC 的《日界线》(Dateline)，就会发现两个节目从内容到风格的不同。《60 分钟》开播于 1968 年 9 月 24 日，播出时间为每周日晚 7—8 点，节目长度一小时，由三个独立短片组合而成。该节目无主持人，只在每个短片前由该片的出境特派记者在演播室做一个简短述评。《60 分钟》的节目理念在于通过具体事件，探讨大的社会背景之下的重大问题。节目具有较强的述评力度，强调"正论一反论"的辩论风格，其主题多半为涉及政府和社会政策、司法公正、灾难、社会正义等"硬新闻"主题，因此，往往被业界视作新闻业一个高高在上的职业理想范式。NBC 的《日界线》则大有不同。《日界线》开播于 1992 年 3 月 31 日，每周五档，每档一小时，有两位固定的节目主持人。该节目的理念在于"对一切受到社会关注的热点人物和热点事件进行深入报道"，非常注重揭示和刻画细节的特写风格，其主题多为犯罪与社会治安、青少年问题、人际关系等"软新闻"内容。同样一小时的节目长度，《日界线》在节目样式上与《60 分钟》三个独立短片的固定搭配不同，《日界线》并不强求每档节目的样式相同，更看重根据不同题材内容的灵活应变，可以是组合式的特写、一小时纪录片，甚至连续报道等弹性样式。此外，在海外这类节目的制作人的观念中，并没有特别强的给节目类别样式下定义的倾向，他们并不特别介意一个节目究竟是电视纪录片、新闻专题还是特写，而是把这种取材于真实生活并以纪实手法表现的一大类节目统称为"非虚构电视节目"，他们的注意力更多地集中在节目如何吸引目标观众上。

谈话节目是海外商业广播电视中最为流行的节目类型。说流行，并不在于其受众人数众多，而在于各广播电视频道中都有各种不同类型的谈话节目或具有相当谈话风格的节目。广播电视谈话节目大行其道，在于这类节目制作成本相对较低，目标观众的人口学特征集中明确，而且在内容和风格上林林总总，从政治和社会公共事物，到娱乐和个人心理健康，集娱乐和信息为一体，几乎无所不包。许多商业电视的谈话节目，均以 18—49 岁的观众为目标，其中相当一部分的目标观众为女性。有业内分析家认为，推动电视谈话节目成长和发展的最主要因素有二，即经济和技术。从经济的角度看，电视谈话节目不需要像游戏节目和电视剧那样需要为演员付高额酬金，不需要剧本，只需要一个小型的能快速选定话题和嘉宾的主持人与制作人班子,而且制作周期短,容易合成,在首播后还能容易地发行到其他地方电视台重播。何况,电视谈话节目将许多本来属于私人领域的元素,如家庭、邻居、私人交往、个人困境等暴露给公众,也将政治、商业、社会事件和娱乐事件等公众领域与特定的个人联系在一起,极大地满足了现代社会受众的好奇心。再加上电视演播现场造就的谈话流程的不可预测性和广泛的受众参与性,均是电视谈话节目不断推陈出新的动力。

在海外,主要的广播电视谈话节目可以分为三大类:一是新闻、社会事务讨论节目,如《夜线》和CNN的《拉里·金现场》;二是滑稽、娱乐访谈节目,如乔伊·雷诺的《今晚》和大卫·莱特曼的《夜晚》;三是人际关系、心理自助、日常生活讨论节目,广播电视谈话以这一大类为最丰富,遭到的批评也最多,可以从非常严肃的《奥普拉·温弗瑞秀》,到因轻佻刺激而被批评为谈话垃圾的《瑞奇·雷克秀》和《珍妮·琼斯秀》。大多数广播电视谈话节目的绝对收听率或收视率并不高,例如《奥普拉·温弗瑞秀》在20世纪90年代后期曾是收视率最高的辛迪加谈话节目,收视率一般在8.5左右(在美国,一个百分点通常代表约96万个收视家庭),深夜谈话节目收视率更低,在4.0左右,但因为本身这个时段的开机率就低,因此相对收视率并不低,而且明确的受众目标也是广告商感兴趣的(陆晔,2001)。

电视剧也是十分类型化的电视节目样式,是除新闻节目以外最重要的节目形态,在电视节目中总体数量最多,受众面广泛,通常占据大部分黄金时段,对大众文化具有无可替代的影响力。一般可将电视剧分为连续剧(肥皂剧)、系列剧、情景喜剧和电视电影几个大类。通常连续剧在白天时段播出,主要目标受众是家庭妇女和老年人;系列剧往往是每天黄金时段的重头戏,每一集都节奏紧凑、独立成片,靠相同的主人公来强调每一集之间的联系;情景喜剧制作成本低,通常以紧扣流行文化为其最大特色;电视电影指那些专门为电视台生产的单本的故事片,往往在周末晚上一次播出。若按内容分,主要有:警匪故事,如《得克萨斯警察》、《尼基塔》;科幻故事,如《X档案》;家族故事,如《豪门恩怨》;现代生活故事,如《欢迎来到纽约》;等等。许多系列电视剧可以很多年一路演下来,像《急诊室故事》、《成长的烦恼》等,都是在联播网播出相当长时间后,又被放到地方台播第二轮、第三轮。一些老牌电视剧,如《人人都爱雷蒙德》、《老友记》、《欢乐一家亲》等,都播了十年,甚至更久。

二、广播电视的类型化构成策略

对于商业广播电视来说,最基本的节目构成策略有以下几种(Eastman &

Ferguson, 2013)。

1. 连续、稳定的受众流

这种编排方法是指广播电视机构安排一系列的节目,并且使节目与节目之间形成有机的关联和过渡,以始终吸引受众,从而在一个频道(频率)内构成延绵不断的受众流(audience flow)。这种节目编排法的主要目的是,不能让受众有机会转换频道或波段,防止受众"溢流",从而达到变相封锁其他频道(频率)的目的。因此,广播电台、电视台应不仅仅强调单个节目的高收听率、收视率,还要强调整体频率、频道的整体形象,最大限度地争取目标受众的"入流",并且保持受众的"顺流"。这就要求在节目编排时,需要将同类型节目编排在一起,以吸引特定受众持续收听、收看;如果编排缺乏连贯性,就容易造成受众在上一节目结束之后,不再继续停留在本频率、本频道,出现受众"溢流"。

2. 板块式集中编排法

板块式策略,又称"捆绑策略"、"堆积策略"或"区段策略",即将性质相近或诉求对象相同的节目集中编排在相邻的时段,形成一个相对完整的节目板块(blocking),播出时间通常持续两小时以上。这种编排可以尽可能地吸引具有相同视听趣味的受众的持续收看(收听),从而提高该频道(频率)的整体收视(收听)率。这种编排利用广播电视受众收视(收听)行为的沿袭效应。通常来说,如果受众喜爱收看(收听)某一类型的节目,那么在收看(收听)某一节目后,通常会持续收看(收听)接下来的几个能满足他相同需要的相同或相近类型的节目。相反,如果编排缺乏连贯性,前后节目间风格、类型差异悬殊,所吸引的目标受众重叠部分就会很小,容易造成受众在上一节目结束之后,不再继续停留在本频道(频率),不可避免地出现受众的"溢流",导致视听率下滑(Eastman & Ferguson, 2013)。

板块式节目编排并非是几个节目的简单叠加,而是对节目内容与节目时段的优化组合,将各个节目内容视为板块内的一个有机组成部分,依照一定的内在联系与规律编排组合起来。依其编排标准的不同,板块式节目一般可以分为三种不同的节目模式:内容集约模式、对象集约模式和混合模式。无论具体采用何种方式,其目的都是通过集中的节目板块,吸引受众的持续收视(收听)行为。

3. 吊床式编排法

吊床式(hammocking)节目构成,顾名思义,就好像吊床的两端被系在离地面较高的地方那样,在节目编排时,会将一个相对收视(收听)率较低或视听率不易预测的节目,特意安排在两个较受欢迎的强势节目之间。由于受众视听行为的沿袭效应,编排在中间的节目可能得益于第一个节目的高视听率而获得一个相对较高的起点,同时,受众也可能会因为之后一个节目的吸引力而驻留在同一个频道(频率)中,从而使中间的节目也获得相对较高的视听率(Eastman & Ferguson,2013)。

这样的构成方式,无论是在节目内部各个单元之间的编排,还是广播电台(频率)、电视台(频道)的各个节目之间的编排,都有很多具体的应用。一个广播电视节目,或者一个广播电台(频率)、电视台(频道),通常很难做到所有的节目内容都具有强烈的冲击力,每个节目都保持强势也不太符合受众的接受心理。因此,将气势、冲击力相对较弱的节目内容放在两个强势节目之间,不仅可以形成一张一弛的节目节奏,也可以利用两端的节目的影响力,有效抬升中间相对弱势的节目的影响力。有时广播电视机构会把一个新推出的节目或需要宣传的节目,安排在两个成功的节目之间,以增加中间节目的受关注度。

具体选择使用吊床式策略时,要注意到,尽管编排在两档较强节目之间的弱势节目,通常比较容易获得更好的收视(收听)效果,但排在中间的节目不可以太弱,否则中间的弱势节目可能导致受众流失太多而产生"溢流"作用,后续节目的吊床效应就无法发挥出来。

4. 节目导入法

节目导入法,即强化一个时段的首、尾节目对中间节目的影响力(lead-in 和 lead-out)。其中,在整个晚间黄金时间的第一个节目被称为"开场节目"(lead-off)。开场节目奠定了整个晚间节目的基调。广播电视节目编排人员认为,赢得了黄金时间的开场节目,也就赢得了整个晚间的视听率,甚至可能进一步影响整个星期的视听率表现。例如,美国各大电视网纷纷将成功的流行节目作为开场节目,安排在每个工作日的晚上 8 点播出;ABC 在 2000 年就以节目《谁想成为百万富翁?》(*Who Wants To Be A Millionaire?*)作为开场节目,来带动相对较弱的周二、周三的节目。再如,台湾公共电视台为提高《公视新闻深度报导》的收视率,于 2001 年 4 月 9 日将节目移至周一至周五晚上 9—10 点播出,利用之前收视率较高的"公视文学剧场"(晚 8—9 点),来吸引观众继续收看《公视新闻深度报导》,尤其有可能吸引更多的女性观众("公视文学剧场"的观众构成以女性居多)来收看,使节目的收视率有所提升(李美华,2002)。

节目导入策略还是利用了受众收视(收听)行为特点中的沿袭效应,将需要引入或相对播出效果不甚理想的节目,安排在强势节目之前或之后,使之有机会送达这部分受众。这里更注重的是整个时段的总体编排效果,通过强化某一时段的首、尾节目或开场节目的影响力,从而达到在整体上实现提升该时段的节目播出效果的目标。

5. 帐篷式节目策略

帐篷式（tent-poling）编排方法，也称"支撑策略"，与前面的吊床式刚好相反，是指用一个强档、热门节目来拉抬其前后节目的收视（收听）率，就像搭帐篷那样形成中间高、两端低的形态，侧重的是相邻节目（neighboring programs）之间的组合原则。这一编排策略的假设是：广播电视观众（听众）会因为害怕错过某一档喜欢的节目，可能会提前转到此频道（频率）耐心等待，中间的主打节目结束后，紧随其后的一档节目也会因为强档节目的牵引效应而受益（Eastman & Ferguson, 2013）。

帐篷式节目编排方式，也是广播电台、电视台常用的策略之一。电视台通常会在某一高收视率的电视节目前后安排一些有关联的节目播出，一方面，通过必要铺垫可以进一步凸显主体节目的影响力；另一方面，可以切实拉抬前后节目的收视率。例如，电视台会在热门电视剧之前安排播出电视剧制作花絮、主创人员访谈等节目，为主节目（电视剧）的播出"炒热"气氛，起到陪衬、烘托的作用；在电视剧播出之后，还会安排播出有奖问答、精彩回放等环节，以延续电视剧观众的收视行为。

吊床式与帐篷式编排法在本质上非常接近，都是利用强势节目对相对较弱或效果不确定的节目起到拉抬、提升收视（收听）率的作用，也是广播电视机构最经常使用的节目策略之一，两者有时也被统称为"拉抬式编排方式"。

6. 无缝过渡策略

20世纪90年代以后，广播电视受众面临更多的选择，尤其是电视遥控器的频繁使用，使观众变得越来越不耐心，更可能在节目之间的广告时间发生"转台"现象。无缝过渡策略的目的在于防止两档节目之间留下明显"破口"，以便将前面节目的受众顺利导入下一个节目，实现节目与节目间的无缝过渡。美国NBC最先开始采用这一策略并收到良好的效果，从而引得其他电视机构纷纷效仿（刘燕南，2001）。

广播电视机构常选择使用以下节目过渡方式，来尽可能地减少受众从一个频道（频率）向其他频道（频率）流动的可能。

（1）节目开头的无缝过渡

通常广播电视节目的标题（片头）都在一开始就出现，但也有节目（更多的是电视节目）会刻意将主标题延缓到节目开始几分钟，甚至近20分钟后才出现，这样可以从一开始就以扣人心弦的节目主体内容直接锁定受众的注意力（等受众注意力被吸引后，再出现有关节目标题）。例如，日本电视连续剧就经常使用这种手法(尤其是电视剧的第一回或最终回),往往直接展开故事情节,而后才出现剧名、片头等,像中国观众熟悉的《东京爱情故事》(富士电视台,1991)、《悠长假期》(富士电视台,1996)、《蛋糕上的草莓》(东京放送TBS,2001)等日剧,都采用过这样的标题出现方式。

(2) 节目结尾的无缝过渡

电视节目结尾出现制作群字幕时往往是观众转台的高峰时刻,现在越来越多的节目倾向于采用在节目尾声部分(节目还在正常进行时)同时叠加节目制作群字幕,这样节目的最后几分钟就充满活生生的情节,而不是只有制作人员的字幕。例如,在电视节目《康熙来了》的结尾,访谈仍在进行,但制作群字幕已在屏幕下方的斜条中出现,当主持人说感谢嘉宾参与节目的结束语后,节目也刚好结束。

为了形成节目结尾的无缝过渡,电视制作人还有其他选择。例如,演职员字幕可以结合电子音乐或视幻艺术添加到节目最后的场景中;出字幕时同时播出(以屏幕分割或叠化的方式等)节目精彩镜头剪辑或拍摄花絮(NG片段);在电视节目中尽可能使字幕简短化,另外在节目网站上刊出详细的制作群名单。

(3) 节目间隙的无缝过渡

在节目之间或节目段落之间,使用快速多变的插入片花,形成节目间歇,但又不至于流失观众,例如播出大量变化的节目或频道的片头、预告或节奏很快的片花。

在实践中,广播电视节目的构成策略很丰富,很多策略会根据实际需要灵活运用。最重要的是,所有的节目构成策略,都建立在大量充分的受众调查分析的基础上,而不仅仅是媒介从业人员一厢情愿。

移动互联网时代,在网络视听节目与受众/消费者/用户的关系中,技术因素正在发挥巨大的作用,比如数字技术自身的技术可供性(technological affordances, Katz & Shifman, 2017),或者算法推荐机制(陈秋心、胡泳, 2020; Möller, Trilling, Helberger, & van Es, 2018)。与此同时,互联网视听平台日益超越传统广播电视制作播出机构的范畴,成为全新的多终端节目产品体系。例如,音频平台阿基米德以手机应用App为基础,通过微信小程序、车联网、物联网、智能家居设备、公共空间大屏幕等,以多种形式布局音频节目内容的传播渠道,以触达不同场景的广播听众和音频用户。除了聚合超过1 000家广播频率、超过5 000位优秀广播主播、16大类66子类目、千万小时的海量优质音频节目以外,阿基米德开发了自己的技术架构,可全网抓取热点、语音合成、智能音频自动拆条、聚合分发,还开发了专业合成音频生产工具,其强大的合成音频内容库支持检索、挖掘、二次生产,在音视频采集制作和声纹识别、用户与内容画像等数据能力、自然语言处理和社区机器人与推荐算法等人工智能应用能力等方面,积累了扎实的技术实力(王海滨,2021)。因此,新媒介环境下的节目类型和节目编排策略,都需要面对数字化场景及其革命性后果,重新考量。

参考文献

陈秋心,胡泳(2020).抖音观看情境下的用户自我认识研究.新闻大学,5.

李美华(2002).公视新闻深度报导之节目品质评估.淡江人文社会学刊,13.

刘燕南(2001).电视收视率解析:调查、分析与应用.北京:北京广播学院出版社.

陆晔(2000).出售听众——美国商业音乐电台对流行文化的控制.新闻与传播研究,1.

陆晔(2001).探析市场重构的范式与议题——全球化背景下的美国广电业.现代传播,3.

马歇尔·麦克卢汉(2019).理解媒介:论人的延伸(55周年增订本).何道宽译.南京:译林出版社.

王海滨(2021).阿基米德多端产品体系——支持上海广播融媒体流量渠道布局.第四届媒体融合发展战略学术研讨会.上海:华东师范大学.

Abelman, R. (1998). *Reaching A Critical Mass: A Critical Analysis of Television Entertainment*. NY: LEA Inc.

Blumenthal, H. J. & Goodenough, O. R. (1998). *This Business of Television*. NY: Billboard Books.

Eastman, S. T. & Ferguson, D. A. (2013). *Media Programming: Strategies and Practices (9th Edition)*. Boston: Wadsworth.

Möller, J., Trilling, D., Helberger, N., & van Es, B. (2018). Do not Blame It on the Algorithm: An Empirical Assessment of Multiple Recommender Systems and Their Impact on Content Diversity. *Information, Communication & Society*, 21(7): 959-977.

大卫·麦克奎恩(2003).理解电视：电视节目类型的概念与变迁.苗棣,赵长军,李黎丹译.北京：华夏出版社.

赫伯特·霍华德,迈克尔·基夫曼,巴巴拉·穆尔(2000).广播电视节目编排与制作.戴增义译.北京：新华出版社.

徐舫州,徐帆(编著)(2006).电视节目类型学.杭州：浙江大学出版社.

杨乘虎(2014).中国电视节目创新研究.北京：中国传媒大学出版社.

张春华(2015).美国广播电视体制变迁研究：从"公众委托模式"到"市场模式".北京：社会科学文献出版社.

第八章 广播电视新闻——类别与变化

本章概述

了解广播电视新闻的基本概念、类别和特点;认识中国广播电视新闻栏目化发展历程;通过对不同个案的讨论,认识全球化、数字化、移动互联网时代广播电视新闻的发展趋势,尤其是互联网在线视听新闻的影响和"液态"的新闻业前瞻。

第一节 广播电视新闻的概念和基本类别

一、广播电视新闻的基本概念

在广播电视节目的收视市场上,新闻的重要性不容置疑。以电视为例,迄今为止,占据电视总收视量最大比重的依然是电视剧、新闻和综艺节目。根据中国主流广播电视受众研究机构中国广视索福瑞媒介研究(简称 CSM 媒介研究)的调查,2019 年上半年,全国电视剧、新闻、综艺的播出比重和收视比重分别是 29.5%和 33.3%、10.6%和 12.9%、5%和 11.6%[①],体现出新闻类节目的重要性。

要讨论什么是广播电视新闻,就要面对"什么是新闻"这一问题。在各种纷繁复杂的新闻定义当中,有三个新闻定义值得关注:一是 1943 年 9 月陆定一提出的新闻是"新近发生的事实的报道"(陆定一,1980);二是 1981 年王中

---

① 参见张晶晶:《媒体融合浪潮中电视收视的变化——2019 上半年电视收视市场回顾》,《收视中国》2019 年第 8 期。

教授将新闻定义为"新近变动的事实的传播"(赵凯,2004);三是新闻史学者宁树藩教授1984年提出的新闻是"新近变动的事实的信息"(宁树藩,2004)。陆定一的新闻定义是长期以来为中国新闻理论界所接受的经典定义;伴随着改革开放和中国新闻业的发展,尤其是传播学、信息观念的引进,王中教授和宁树藩教授的新闻定义则体现出学者们在新的社会历史场景下对于"什么是新闻"的认识的进步。

广播电视新闻,作为通过某些特定的电子技术(如无线电、光缆、卫星)公开传播的正在或新近变动的事实的信息,则是广播电视的特性导入新闻定义的结果。无论是将新闻视为"新近发生的事实的报道",还是"新近变动的事实的传播",又或者"新近变动的事实的信息",其中的"新近",充分体现出新闻对时效性的高要求。广播电视作为"通过无线电波或导线向广大地区或一定区域播送声音、声像节目的大众传播方式"(甘惜分,1993:234),广播电视新闻的特性不仅在于其传播方式依托于特定的电子技术,如无线电信号、光缆、卫星信号,实现了新闻信息从发送到接收的同步,而且通过现场直播这一技术手段和传播方式,在人类新闻发展的历史上,广播电视第一次将"新近发生"或"新近变动"变成"正在发生"或"正在变动",实现了从新闻事件发生发展到受众接收的同步。从战争灾难到节日庆典,在广播电视新闻的现场直播当中,整个变动的事实的传播过程本身,就是事实的发生发展变化过程,也是受众通过视觉、听觉面对不可预测的新闻事件的信息接收和参与过程。这种从传统报纸新闻"今天新闻今天报"的 TNT 模式(Today News Today)到广播电视新闻"即时新闻即时报"的 NNN 模式(Now News Now)的变化,不仅带来了新闻报道理念和方式的变化,而且基于新传播技术革命、能够让受众与新闻报道进行充分交互的可视化互动新闻(尼基·厄舍,2020)和移动互联网时代社交媒体的视听新闻传播,更是为我们重新理解广播电视新闻的特质,提供了广阔的思考空间。

二、广播电视新闻的种类和特点

按照不同的划分标准,广播电视新闻可以有不同种类的划分,有些与报纸新闻的分类相似,有些与广播电视的技术特征相关。按照中华全国新闻工作者协会中国新闻奖的评选分类,目前与广播电视新闻相关的类别主要有消息、评论、专题、访谈、直播、编排六个大类。当然,随着媒介融合的步伐加快,一些新的类别也在出现,比如页(界)面设计、融合创新等成为超越传统广播电视新闻生产类别的新类别。例如,2020年获第三十届中国新闻奖特等奖的广播电视机构的作品,除了中央广播电视总台的电视新闻专题《我们走在大路上》,还有央视网的页(界)面设计《走向伟大复兴》①。不同的媒介机构有不同的分类习惯。例如,上海电视台的电视新闻网站和客户端看看新闻(www.kankannews.com)的内容频道分类有六类:中国、全球、上海、港澳台、文娱、社会。中央人民广播电台新闻网站央广网(www.cnr.cn)的内容频道分类则要细得多,计有要闻、财经、军事、文化、教育、科技、旅游、房产、健康、地方、民族、应急、你好台湾网共13个大类。大体上,按照行业惯例,有以下几种分类方法。

(1) 按新闻发生地,可分为本地新闻、全国新闻、国际新闻

本地新闻往往是地方广播电视机构最具影响力的节目内容。根据 CSM 媒介研究的调查,2019年在全国24个连续调查城市中,由于各自广播发展特点和城市消费习惯差异等因素,各地区强势广播频率类型也有所差异,其中,市场份额占据榜首的强势音乐类频率有4个,新闻综合类频率有3个,其余强势频率全部为交通类频率,共17个。3个榜上有名的当地强势广播新闻综合频率分别是佛山人民广播电台 FM94.6、济南新闻广播 FM106.6/105.8、郑州新闻广播 AM549/FM98.8②,它们的本地新闻节目都是非常优质的。

在中国,广播电视的全国新闻,中央级媒体优势显著。CSM 媒介研究的调查显示,2019年上半年,电视新闻/时事类节目收视继续由中央级频道主导,收视份额为43.7%。中央级频道在综合新闻和新闻评述类节目上的领先地位,盖因其作为重大新闻的首发平台,专业性、权威性、可信度高,每当有大事件发生的时候,观众首选的还是中央台的新闻转播,其新闻评述类节目也因其分析和观点多来自知名专家,具有一定的专业性和权威性而受到观众的青睐。2019年上半年,中央级频道组新闻评述类节目占近三分之二的收视比重,收视比重为61.9%。而各级地面频道主打民生类新闻,贴近本地百姓生活,以民生新闻为主的"新闻/时事其他"的收视分布中,省级地面频道和市级频道共获得60.9%的比重③。

广播电视国际新闻的来源通常有二。其一是购买海外通讯社和广播电视机构的节目素材。对于广播电视媒体的国际新闻报道,尽管有诸多政策规定,尤其是地方广播电视国际新闻报道始终有所限制,但外购的国际新闻仍是广播电视新闻内容的重要组成部分。其二是广播电视机构派出自己的记者采访

---

① 参见《第三十届中国新闻奖、第十六届长江韬奋奖评选结果揭晓》(2020年11月2日),中国记协网,http://www.zgjx.cn/2020-11/02/c_139485465.htm,最后浏览日期:2021年3月14日。
② 参见马超:《2019年全国广播收听市场回顾》,《收视中国》2020年第3期。
③ 参见张晶晶:《媒体融合浪潮中电视收视的变化——2019上半年电视收视市场回顾》,《收视中国》2019年第8期。

报道的国际新闻。自采国际新闻,尤其是参与重大国际事务报道,是新闻机构权威性和重要性的体现。对于中国媒体来说,能否在世界舆论场中发出中国自己的声音,标志着中国广播电视新闻全球化与国际化的程度,其重要性可见一斑。除此之外,还有一类是针对重大国际新闻事件的新闻时评类节目。例如,上海东方卫视的深度国际时评栏目《环球交叉点》,2013年1月推出,以中国国家利益为核心,邀请相关领域专家,对当前涉及中国的国际热点问题进行解读、分析和探讨。每周日8点15分在东方卫视首播,每周二16点在上海广播电视台新闻综合频道重播,在看看新闻KNews客户端同时在线播出。主持人袁鸣为英国剑桥大学硕士、英国伦敦政治经济学院志奋领奖学金访问学者,嘉宾是来自复旦大学、上海社会科学院、上海外国语大学等的专家学者。近期话题有2021年3月14日《拜登布局东北亚 美日韩能否抱团?》、2021年3月7日《中东十年乱象 春天还有多远?》、2021年2月28日《拜登上任满月 外交政策初见端倪》、2021年2月21日《展望2021——疫情重塑世界 全球如何修复?》等①。在移动互联网时代,和其他广播电视新闻节目一样,《环球交叉点》除了在传统电视频道播出节目,也通过官方微信公众号、微信视频号等触达社交媒体用户。2021年3月15日,该节目微信视频号发布了一条源自国际通讯社的网友拍摄的现场视频,内容为3月13日著名大提琴家马友友在美国马萨诸塞州接种新冠疫苗后在观察区演奏15分钟,现场没有人认出他来,甚至有人往他的琴盒里"投币打赏"。《环球交叉点》对这则新闻稍加编辑,增加了一年前疫情初现时马友友为鼓励民众开始以#慰藉之歌(#songofcomfort)为标签在社交媒体上发布作品的背景材料。从传统广播电视频率频道拓展到社交平台的新闻操作方式已成为新闻机构内容生产和分发的常态。

(2)按新闻题材,可分为时政新闻、财经新闻、社会新闻、法制新闻、科技新闻、文化教育新闻、娱乐新闻、体育新闻等

时政新闻主要指报道国家政治生活中发生的重大事件,包括党政领导的重大活动、国家的大政方针、重大经济决策、外交事务、本地区的党政活动和社会公共事务等,重要程度高、影响力大,一般以硬新闻为主。社会新闻内容涵盖社会生活的方方面面,往往是与老百姓的衣食住行等切身相关的事件,非常适合广播电视新闻表现,也深为受众关注。社会新闻里有关犯罪、社会纠纷的内容,往往和法制新闻难以严格区分。财经新闻、娱乐新闻、体育新闻既可以是专业财经、娱乐、体育频率/频道的一个内容,也可以是综合新闻的组成

---

① 参见看看新闻官方网站,http://www.kankanews.com/list/hqjcd/,最后浏览日期:2021年3月14日。

部分。

（3）按新闻体裁，可分为消息、深度报道、新闻专题、新闻评论、人物专访、特写、通讯等。

深度报道原是报纸为应对广播电视的新闻竞争而发展起来的新闻报道体裁，认为广播电视的特长在于它的时效性和现场感，并不在于深度，深度报道需要受众的思考，因此是报纸恰好能够发挥文字传播优势的地方。而如今广播电视也探寻出自身的深度报道之路，这一体裁已成为广播电视新闻的重要体裁之一。人物专访是新闻类谈话节目的一部分，如中央电视台的《面对面》。相反，长篇通讯这一源自报纸的样式，曾是广播新闻的重量级的报道体裁，不过在今天激烈的新闻竞争中，广播更注重其迅捷传播的优势，加上深度报道的崛起，通讯日渐式微。

（4）按新闻采编方式，可分为口播新闻、（电视）图像新闻、现场报道/录音报道、现场直播

录音报道是广播新闻增强现场感的重要手段。随着广播电视技术手段的日新月异，现场报道、现场直播的运用日益广泛。

（5）按新闻的播出方式，可分为直播新闻和录播新闻

录播是指一档广播电视新闻节目预先在演播室录制完成，再播出；直播是指广播电视新闻节目在演播室由主持人边串联边播出。中国广播电视新闻经过从直播到录播，再到直播的发展过程。最初的直播是因技术条件限制、缺乏录制设备，不得已而为之，今天的直播是改革开放带来的新闻观念进步的自觉选择。

三、栏目化：中国广播电视新闻的发展脉络

1. 中国广播电视新闻栏目化发展历程

中国广播电视新闻栏目化的发展历程大致分为四个阶段。

（1）从《电视新闻》到《全国电视台新闻联播》（1958—1978）

其间，广播的新闻节目已初步开始新闻栏目的尝试，但基本上广播电视新闻节目仍处于非规范化阶段，尤其是电视新闻节目基本处于"纪录片"阶段。

1958年5月，中国第一座电视台——北京电视台（中央电视台的前身）正式开播，开始播出一些新闻片。第一部新闻片是中央新闻纪录电影制片厂摄制的新闻片《到农村去》。自1960年元旦起，北京电视台实行固定的节目表，设立每周三次的《电视新闻》栏目，但《电视新闻》只是简单粗糙的新闻片与纪录片的组合。

"文化大革命"开始之后,由于特定的政治、社会等多方面的原因,中国广播电视新闻出现了近十年的"停滞"状态。1976年7月1日,北京电视台重新开始试办固定的新闻节目。1978年1月1日开办的《全国电视台新闻联播》(简称《新闻联播》),成为真正意义上的电视新闻固定栏目,并且产生了巨大的效应。

(2)从《新闻联播》的创办到中央电视台《观察与思考》栏目的开办(1978—1987)

这一阶段是中国广播电视新闻栏目兴盛与发展的时期。

1978年5月1日,北京电视台正式更名为"中国中央电视台",并且把《新闻联播》栏目作为中央电视台电视新闻的形象标志,大力加强对《新闻联播》的重点建设。1980年4月1日,中央电视台开始通过国际通信卫星收录英国维斯新闻社和合众独立电视新闻社国际新闻,并且采用新华社稿件编发国际新闻。《新闻联播》从此成为涵盖国内新闻和国际新闻、既有图像报道又有口播新闻、较为系统的动态性固定电视新闻栏目。在此之后,《新闻联播》开始涉足电视连续报道,以强化节目的深度和影响力。

地方电视台在转播《新闻联播》的同时,也根据本地实际情况创办了一些有特色的新闻栏目。例如,上海电视台1981年的《国际纵横》栏目是全国地方台的第一个国际新闻知识节目,1983年的《国际瞭望》更是引人注目;广东电视台的《港澳动态》、《国际纵横》,也是新闻栏目的佼佼者。

1980年7月,中央电视台创办第一个评述性电视新闻栏目《观察与思考》。它不满足于一般的动态性报道,而是把镜头触及社会生活的深处,对新闻事件、新闻人物进行深度分析报道,引发观众的思考。1987年,《观察与思考》率先设立新闻栏目的固定主持人,每周日黄金时间播出。

(3)上海电视台《新闻透视》和福建电视台《新闻半小时》栏目的创办(1987—1992)

这一阶段中国广播电视新闻栏目逐渐走向成熟,进入广播电视新闻杂志型栏目的发展兴盛期。

广播电视新闻杂志型栏目的出现,打破了以往广播电视新闻栏目风格单一的框框,给节目形式带来了更多的灵活性和适应性。1987年7月,上海电视台推出国内第一个社会多视角杂志型电视新闻栏目《新闻透视》,形式上是大板块内设小板块,播音员主持串联。这个与香港无线电视1981年开播的电视新闻时事栏目同名的节目开中国电视新闻杂志先河。1988年元旦,福建电视台推出《新闻半小时》,以敢于揭露现实生活中的某些腐败现象、探讨改革开放过程中出现的问题、实施舆论监督为主要特色。《新闻半小时》在制作方式上大胆地任用采、编、播合一的主持人,一改由播音员客串主持的传统做法。

《新闻透视》等栏目的出现表明杂志型新闻编排方式已经进入中国广播电视新闻空间。除《新闻透视》、《新闻半小时》之外,这一阶段中央人民广播电台的《午间半小时》、中央电视台改版后的《观察与思考》、山西电视台的《记者新观察》和《新闻纵横》、浙江电视台的《晚间 600 秒》、北京电视台的《看世界》、辽宁电视台的《本周 30 分》等栏目,都是比较有影响的广播电视新闻杂志型栏目。

(4) 大型新闻杂志型栏目《东方时空》与新闻评论栏目《焦点访谈》的创办(1993 年至今)

这一阶段广播电视新闻栏目向高层次、高品位、全方位、大型化的方向进一步发展。

1993 年 5 月 1 日上午 7 时,一个崭新的电视节目《东方时空》走进千家万户。《东方时空》是中央电视台新闻栏目改革的产物,是集新闻性、社会性、知识性、趣味性于一身的大型综合杂志型节目。这档节目题材广泛、包容量大、时代感强、构思精巧,标志着广播电视新闻栏目在总体上迈上一个新的台阶。

《焦点访谈》是中央电视台 1994 年 4 月 1 日在黄金时间推出的电视新闻评论节目,将镜头投向受众普遍关注的社会热点,"时事追踪报道,新闻背景分析,社会热点透视,大众话题评说"是对节目定位的精辟概括。《焦点访谈》是电视新闻向评论拓展和深化的起点,也是中国广播电视新闻从初级阶段向高级阶段尝试的标志。

2. 中国广播电视新闻栏目化的特点

纵观广播电视新闻栏目的发展,广播电视新闻栏目化呈现的基本特色如下。

(1) 社会化趋势

从社会发展的大背景出发,反映社会各个层面的生活与困难、现实探究与理想追求,覆盖面广而内涵深、真实感强,对受众有较强的针对性、启发性。

(2) 广播电视新闻评论地位专门化确立

广播电视评论历来是电视媒体的弱项,中央电视台的《焦点访谈》、上海东方广播电台的《东方论坛》等栏目通过固定的评述性专栏来强化广播电视评论,每天固定时间播出,广播电视评论节目逐渐规范化、专门化。

(3) 由记者直接主持栏目代替播音员客串主持的传统模式

例如,中央电视台《东方时空》的白岩松,《焦点访谈》的方宏进、水均益,上海人民广播电台《市民与社会》的左安龙等主持人的风格,给受众留下了较深的印象。记者型主持人的出现符合现代广播电视新闻传播的发展方向。

（4）一改过去单纯注重新闻报道内容而忽视栏目自身视觉、听觉形象设计的局面

这些栏目充分利用现代化特技电子手段来实现栏目编导的设计意图,以强化栏目对受众的吸引力。

3. 中国广播电视新闻栏目化的原因

（1）广播电视新闻栏目化是受众对广播电视新闻信息需求不断增加的体现

广播电视新闻随着社会发展而不断进步完善。在信息时代,受众对新闻信息的需求在不断增加。对自身生存空间的关注,观察社会视野的开阔,不仅使人们获取各种信息的需求变得比任何时候更加迫切,也促使广播电视日益凸显出其信息传播的功能,并且使其不断崛起成为媒介的主体力量。社会对新闻信息的需求促使广播电视新闻从内容到形式、结构发生变化,以适应受众多层次、全方位的需要。广播电视新闻要根据不同的目标受众、层次、节目内容、性质和功能等因素来划分若干固定栏目,形成广播电视新闻栏目群体。

（2）广播电视新闻制作管理的专业化推动广播电视新闻传播的规范化、栏目化

先进的广播电视传播技术手段,使广播电视新闻传播活动变得更加生动、简便、快捷,由此带来的广播电视新闻制作管理的标准化、专业化,推动广播电视新闻栏目化的形成。从世界性的广播电视网来看,美国广播公司(ABC)、美国全国广播公司(NBC)、美国哥伦比亚广播公司(CBS)、美国有线电视新闻网(CNN)、英国广播公司(BBC)都把广播电视新闻制作视为广播电视网的主体。新闻节目制作趋向专业化、标准化,广播电视新闻栏目已成为衡量一个广播电视机构管理水平的重要标准。广播电视新闻栏目化的实行并不是播出形式上的简单变化,而是广播电视新闻管理模式适应社会化大生产要求的转变,以及广播电视新闻节目的现代传播意识和传播观念的加强的体现。

4. 中国广播电视新闻栏目化的传播优势

（1）广播电视新闻的栏目化有利于广播电视在新闻传播中保持竞争优势和地位

增设广播电视新闻节目并赋予栏目规范化的制作、管理模式是增加广播电视新闻信息密度的有效途径。

（2）广播电视新闻的栏目化能有效地发挥广播电视新闻各种文化功能

广播电视新闻具有认知、教育、审美等基本功能,新闻栏目根据新闻传播的性质、任务、传播对象的不同提供多样化的选择,即将社会发展需求的广播电视新闻信息,通过栏目规范化形式传播给受众,发挥广播电视新闻的认知、

教育、审美、教化等功能。

（3）广播电视新闻的栏目化有利于适应不同层次和爱好的受众的需要

广播电视新闻作为社会公共型节目,在满足大多数人共同需要的同时,必须办好多样的新闻栏目并使之规范化,以满足不同类型、不同层次的受众的需求。同时,广播电视新闻栏目有规律地传播便于受众收听(收视),有利于培养受众的收听(收视)习惯,使栏目拥有较为固定的受众群,也能相对稳定和扩大收听(收视)面。

（4）广播电视新闻的栏目化有助于广播电视新闻整体水平的提高

广播电视新闻实施栏目化传播必然要求在确保定量的基础上求得质的提高。一个新闻栏目如果只有一部分新闻的质量不错,而大多数节目质量平平,甚至低下,这种局面会带来受众对栏目失望的结果。栏目化的新闻传播内容的选择必须要求具有连续性、可持续性发展的特点。

第二节　现场直播和民生新闻：中国广播电视新闻改革的重要维度

一、中国广播电视新闻改革的背景

进入21世纪以来,在全球化的推动下,世界范围内广播电视新闻呈现出一些新的变化。变化之一表现在广播电视新闻节目越来越要求权威性、信息量和可看性的高度统一。传统上,与报纸新闻一样,独家新闻和首发报道都是广播电视新闻最看重的品质,也曾因为广播电视的技术传播特点而在时效性上比报纸新闻占据更大的优势。但在全球化、新技术和日益激烈的媒介竞争环境下,在媒介一方,任何新闻事件被独家报道的可能性都微乎其微;在受众一方,也并不是只接触单一媒体的新闻。新媒介技术高度发达,信息更新的速度越来越快,使得不同新闻媒体之间的报道时间可能只相差几分几秒。例如,2003年3月,美军攻打巴格达的消息,全世界首发的新闻机构新华社,只比其他媒体机构早了10秒。在这种情况下,首发的意义便不如单纯的日报时代来得重大。于是,新闻媒体本身的权威性和公信力,单条新闻和整个新闻节目,乃至整个频道的新闻节目在总体上所能够提供给观众的有效信息量,以及基于SNG技术的大量现场报道给观众的视听冲击力、故事化的表达方式和可能的悬念设置,成为广播电视新闻竞争的重要因素。一个重要实例就是基于

SNG 提供的便捷技术手段,频繁出现的电视现场报道和日常化与庆典式大型全方位现场直播的结合,成为世界范围内电视新闻的重要组成部分。

变化之二表现在基于全球化语境下的广播电视新闻跨境传播与社区传播的两极发展。一方面,大的媒介集团越来越重视新闻国际市场的开发和培育,以 CNN 和 BBC 为代表的海外电视新闻媒体,早已开始在全球范围内扩大影响。另一方面,更多的广播电视新闻节目,尤其是各种各样的地方性广播电视机构的自办节目,都开始重视新闻内容和报道风格上地方性与全球性的整合,即在全球化的经济与文化语境中报道地方性内容,用地方化的视角报道新闻时体现出国际化的报道水准和报道风格,以及用全球化和地方化的双重视界对重要的新闻事件进行深度阐释与评论。

变化之三是广播电视新闻节目的品牌和风格越来越成为广播电视新闻媒体影响力的重要构成要素。无论是广播新闻报道的编排、电视新闻拍摄制作风格和声画节奏,还是主持人的语言风格和语速,乃至电视新闻演播室的色彩和空间设计、栏目名称和音乐、片花,以及一切在广播新闻和电视新闻节目中呈现出来的视觉听觉元素的包装组合,都成为广播电视新闻节目风格与品牌形象的构成要素。特别是新闻主播/主持人之于节目的重要性日益提升。新闻主播/主持人是节目的"脸面",他们不仅帮助节目树立和巩固在听众和观众心目当中的品牌形象,为节目增加人际传播的个性化和软性化特征,还可以因其独特的个性魅力,成为新闻权威性、可信度和风格化的象征。一个好的新闻主播,就是一个优秀的新闻内容的"说书人",成为听众和观众与新闻事件,乃至社会环境之间的中介。受众对新闻节目的品牌忠诚度,也常常与对新闻主播个人形象的忠诚度紧密关联。

事实上,多频道/频率时代为广播电视新闻造就了一种新的受众观,这种受众观深深地影响到新闻报道的取向。一方面,新媒介技术的发展,尤其是数字压缩技术给广播电视业带来的突破性发展,使得多频道、多频率专业化分工和针对不同受众需要的差异性传播成为可能;另一方面,集团化运作的资源整合,又使得这种差异性传播的有效市场分割和优势互补成为可能。

二、现场直播:全球化背景下技术进步推及新闻理念

广播电视新闻现场直播在 21 世纪的发展最先来自技术平台的支撑。广播电视技术从模拟转向数字,不仅有了更好的录音、摄制和传输质量,还有了更轻巧易携的设备:一个折叠式卫星天线和一部可视电话,就可以进行电视新闻直播,广播新闻的直播常常只需要一部普通的手机就可以完成。技术平

台的重建将广播电视新闻直播推向日常化。

广播电视新闻的现场直播可以分为两个大类。第一，节目播出的实时直播，即主持人演播室的部分。以中央电视台为例，1978年1月1日开播的《新闻联播》，作为国家电视台最权威和最重要的电视新闻栏目，于1996年1月1日正式将演播室部分由录播形式改为现场直播。目前，各新闻栏目主持人演播室的口播部分已全部实现直播，在导播、画面切换、音控、字幕等环节上的技术协调能力已完全采纳全世界电视新闻演播的通用标准。第二，新闻事件的现场直播。无论是广播还是电视，新闻事件的现场直播都至少由两部分构成：一是演播室内主持人的口播和相关访谈；二是现场记者的实时直播报道和采访，以及其他有关的连线。对于电视新闻直播来说，还有第三个部分，即相关背景资料，包括图像资料、图表和其他文字，以及用绘画箱模拟的现场等。如今，电视新闻虚拟演播室的普遍使用，实时图形图像渲染技术和跟踪技术，为数字化的电视新闻直播提供了更广阔的创作空间。

广播电视新闻在现场直播时，往往在电视屏幕右上角会出现英文"LIVE"或中文"直播"的字样，这是全世界通行的新闻直播的标识。从2005年对印度洋海啸灾难的快速反应开始，到随后的"两会"、"连宋大陆行"、纪念抗日战争胜利60周年和长征70周年、郑和下西洋600周年、西藏自治区成立40周年、新疆维吾尔自治区成立50周年、珠峰测量、"神舟六号"飞天等重大事件的直播，广播电视新闻报道针对重大事件的现场直播日趋常态。

2006年"神舟六号"直播首次采用不延时直播，即做到紧跟任务动态，发射现场随时播出。这是一次系统比较复杂的直播。在全球设立了26个直播点、7个演播室，设立了包括地方电视台和海外记者站共73个机位，转播车11部，卫星车11辆，现场直播达到187场次，直播和特别报道时间长达74小时10分钟，开创了中央电视台直播史上对同一事件报道用时最长、布点最广、演播室最多的全新纪录。其全程独家直播吸引了超过5亿观众，广告收入也达5个多亿[①]。

地方电视媒体也把新闻直播作为重要的竞争手段。2002年11月24日，江苏卫视晚间新闻《江苏新时空·正在直播》栏目直播了江苏省泗阳县西汉古墓的现场挖掘过程。2003年7月7日开播的江苏广播电视总台城市频道全新栏目《绝对现场》，大量采用SNG直播常规新闻报道，之后直播部分成为从属于频道、直接为《绝对现场》和《南京零距离》两个栏目服务的独立报道组，承担频道每晚4点至8点突发事件的报道，每天在固定的新闻节目中切入SNG

---

① 参见庄殿君：《央视：直播187场次》，《中国记者》2005年第11期。

直播信号。2004年12月,湖南经济电视台都市频道投资1 000万余元购置两台SNG车,打造专业民生频道,推出9个风格各异的新闻栏目,都将直播放在重要位置。2005年1月29日,国内首个台商春节包机启动,也是新中国成立56年来从中国大陆飞往台湾地区的首架民航客机,海内外100多家媒体300余名记者参与报道。其中,中央人民广播电台第一套中国之声的现场连线直播报道、第五套中国之声普通话直播、第六套神州之声闽南语直播同时进行,海峡之声广播电台同时在四套节目中进行了长达四个半小时的直播报道①。广州电视台动用了三台卫星直播车,三路同时展现北京、上海、台北航班情况,进行了三个半小时的电视直播报道。2005年"麦莎"、"龙王"台风来袭,一些电视台均多次打断正常节目,切入SNG现场信号。福建电视台新闻频道在"龙王"台风来袭时,进行了十几个小时的直播。

  在大型电视直播中,为了应对新闻竞争,也为了利用多方资源,电视机构在不同层次上携手合作,使新闻更具竞争力。这种合作首先体现在媒体之间。2005年,台湾地区政治人物连战、宋楚瑜访问中国大陆,"连宋大陆行"通过直播报道把海峡两岸电视媒体的记者、主持人、评论员连接在一起,在同一时间的直播平台上就同一主题进行面对面的交流和对话,全世界共有90个国家和地区的322家电视机构转播了中央电视台国际频道的直播节目。同年,在"神舟六号"载人航天飞船升空报道中,中央电视台与台湾东森电视台联合制作的"两岸看神舟"专题直播节目,连续5天在中央电视台黄金时段播出,同时,东森新闻台每天制作25分钟的专题节目在台湾地区播出。2005年年底,"全国电视SNG协作体"(China Satellite News Gathering Association,简称CSNGA)成立,13家电视台共同签署《全国电视SNG协作体章程》,以实现资源共享。协作体合作采取多种形式,可以是多个成员的共同联合、同步直播,可以是两个成员之间的双向联合直播,也可以是一个成员向另一个或几个成员的单向连线直播②。除了电视机构之间在大型直播中的合作以外,与以互联网为代表的跨媒体合作也逐渐兴起。在2005年抗战胜利60周年特别报道中,湖南经济电视台联合南京电视台、上海东方电视台、山东齐鲁电视台、福建电视台新闻频道和香港凤凰卫视、台湾东森电视台,以侵华日军受降之地湖南省芷江县为中心点,横向连线抗日战争时期各主要战役所在地城市,在8月15日推出"中国这一天"大型直播节目,长达5小时,新浪网、湖南经视网、金鹰网同时进行

---

  ① 参见覃继红:《历史上的跨越,情感上的贴近——2005台商春节包机报道扫描》,《中国广播》2005年第4期。

  ② 参见《全国电视SNG首次高峰会在山东济南举行》(2005年11月10日),新浪宽频,http://video.sina.com.cn/tvs/2005-11-10/105012188.html,最后浏览日期:2021年3月14日。

网上联合直播。

如今,融媒体在线直播已成为视听新闻直播的常态。2021年3月,全国"两会"期间,中央广播电视总台的现场视频直播、新华社的现场图文直播均在包括电视频道、官方网站、官方微博等多个平台播出。中央教育电视台专门开设"两会"直播间(http://www.centv.cn/2021lhzbj),中国网开设了"两会"现场直播专区(http://www.china.com.cn/zhibo/node_8022597.htm)。

三、民生新闻:中国广播电视新闻改革的公共价值

在中国社会变革和媒介改革背景下,激烈的媒介竞争使得广播电视新闻媒介不断以自己的方式寻求突破。其中,地方广播电视媒介机构更多地报道当地社区事务,用关注民生的方式来体现对"国计"的关注和参与。自2000年以来,作为中国地方广播电视新闻的一个重要突破,民生新闻在取得良好收视业绩的同时,越来越引起业内的高度关注,比如江苏电视台城市频道的《南京零距离》(现更名为《零距离》)、福建电视台新闻频道的《现场》、湖南经济电视台都市频道的《都市一时间》、安徽电视台经济生活频道的《第一时间》等。以《第一时间》为例,这档大型直播民生新闻资讯栏目,从2003年7月28日开播至今,以时效性强、信息量大、贴近实际、贴近生活、贴近群众为努力方向,在坚持正确舆论导向的前提下加强舆论监督,赢得了广泛的赞誉,在当地收视率一直稳居第一①。其内容紧扣热点和本地社会生活。例如2021年3月14日的节目,头条为植树节特别报道《让林长制成为"林长治"》,讲述2017年安徽率先在全国实施的林长制改革,建立省市县乡村五级"林长责任制"体系、促进森林和草原资源保护的故事。

民生新闻作为一种广播电视新闻报道类型,严格来说,并不是一个关乎新闻体裁样式的专业性概念,它更多地体现为一种针对广播电视新闻媒介和新闻记者的实践活动的价值取向。换言之,尽管民生新闻的报道内容与传统新闻分类中的社会新闻十分接近。但民生新闻并不如社会新闻那样着重于在新闻报道内容上与其他新闻类别的区分。民生新闻不仅概括了广播电视媒介机构对新闻报道内容的选择标准,还体现报道者的立场、态度和出发点,更蕴含了媒介对自身社会功能的认识。从其丰富的实践形态大体可看到三个特点。

---

① 参见安徽网络广播电视台官方网站《第一时间》,http://www.ahtv.cn/pindao/ahjs/dysj,最后浏览日期:2021年3月14日。

（1）民生内容

广播电视民生新闻报道关注的是平民百姓的生活状态、生存状态和心灵状态。一切本地老百姓日常生活中所做的、所想的、所关注的、所疑惑的，就都是民生新闻的报道对象。因此，它对新闻接近性的追求显而易见，重视现场声音画面的冲击力和细节的展现是广播电视民生新闻的一个重要特征。

（2）平民视角

平民视角指在进行报道时，立足于城市最基层的普通市民，从他们的切身利益出发，站在他们的立场上看问题，倾听他们的诉说，感受他们的生活，反映他们的呼声。因此，报道者的态度是真诚平和的，无论是解说还是评论，都强调朴素直白，体现本色化和市民化的特征。这主要表现为在广播电视新闻报道中为百姓说话。

（3）社会主义民主与法制的价值取向

通过新闻报道，帮助受众树立起公民意识，参与社会改革进程，行使民主权利。民生新闻的广播电视栏目尊重受众的知情权和话语权，鼓励听众和观众积极地参与到新闻传播过程中来，对社会事务发表自己的见解，进行讨论，最终形成公众意见。民生新闻的互动性正是在这个意义上发挥了很大的作用。受众是广播电视新闻的关注者，更是新闻事件的参与者和传播者，大大凸显了受众的主体性。

从广播电视民生新闻的实践策略，能够比较清晰地体现民生新闻的上述三个特点。我们通过一个具体案例来展开。

《都市一时间》是湖南经济电视台都市频道的一档市民新闻节目，时长为 60 分钟。该栏目以"民生视角，本色表达"为节目宗旨，被国家广播电影电视集团评为"全国百佳电视栏目奖"，成为全国民生新闻的引领者之一[①]。在湖南广电旗下互联网视频平台芒果 TV 上，可以看到从 2018 年起每一天的节目视频回放(https://www.mgtv.com/h/334880.html)。目前，该栏目一小时的直播时间分为：关于民生相关信息的"权威发布"，关于法律相关问题的"执行风暴"，关于本地治安和安全问题的"长沙警务报道"、"执法现场"，记录医疗急救第一现场、科普急救知识的"救在现场"，当日民生热点"重点关注"，好人好事"公民榜样"，以"让事实说话，为正义发声"为宗旨的批评报道和舆论监督深度报道板块"真相大追击"，体育健康板块"健康湖南"，社会新闻"焦点现场"，市民爆料调查"百姓说话"，文化生活话题"打卡长沙"，还有"公益时间"，

---

① 参见湖南广电互联网视频平台芒果 TV，https://www.mgtv.com/h/334880.html，最后浏览日期：2021 年 3 月 14 日。

以现场记者个人命名的城市各行业各领域探寻的"海瑞探秘"等。

在报道选题上,《都市一时间》以本地公共生活相关事件和市民生活为主要关注点,既有本地的重大突发事件的现场报道,也有大量与百姓切身利益密切相关的问题的报道,以及普通人的冷暖人生、百姓故事。例如,2021年3月的头条选题为"长沙火车南站前往北京方向票务搜索预订量上涨"(14日)、"长沙地铁展开三期建设规划调整"(13日)、"保护消费者权益,湖南市监接投诉14万余件"(12日)、"长沙:天心区与湖南师大附中合作办学"(12日)、"278元吃顿饭,长沙一市民发票中奖50万"(11日)等,均为市民关心的民生类议题。

在报道视角上,《都市一时间》提出"民生视角,本色表达"的节目宗旨,从老百姓的角度进行报道,这一点尤其体现在新闻之后主持人的简短评论中,有的是对百姓生活细节的善意提醒,有的是对弱势人群生存状态的关注和关怀,有的是对不法分子侵害百姓权益的揭露和抨击,还有直指相关部门的质疑与追问。栏目的平民视角和百姓立场始终是鲜明可见的。

在报道形式上,《都市一时间》充分利用各种技术手段强化节目的互动性,从开播之初的手机短信、热线电话、DV等,到现在充分利用公众提供的行车记录仪影像等,观众参与始终是新闻报道的重要组成部分。

为什么是民生新闻,而不是别的什么类型的新闻节目,在广播电视新闻的竞争中异军突起呢?原因是多方面的。

第一,社会发展的大环境决定了民生成为人们越来越关注的焦点,民生新闻相应地成为广播电视新闻报道的热点。民生新闻的崛起背景与中国社会发展息息相关,2003年召开的中共十六大把全面建设小康社会作为未来发展的首要任务。新一届政府举起"以人为本"的大旗,亲民爱民的执政理念十分突出。"民生"被提到与"国计"同样重要的位置上。在市场经济确立的过程中,公民的主体性逐步树立起来,民主观念和权利意识日益加强,人们有了选择生活方式的权利和自我决策的可能,"民生"的概念在普通人心目中占据越来越重要的位置。无论是政府还是公民个人对民生的重视,都为民生新闻的崛起准备了条件。

第二,中国新闻媒介传播价值观的转变,也是民生新闻发展的动力之一。中国的大众传播媒介从以传者为中心转向以受者为中心,无论是中国的百姓,还是中国的广播电视从业者,都厌倦了呆板说教的枯燥模式,渴望回归平民化的新闻内容和表达方式。民生新闻正是顺应了这股不可逆转的改革潮流。

第三,公民社会的建设要求媒介成为民众利益的代言人,这也是催生民生新闻的因素之一。中国社会的都市化造就了具有现代意识和现代价值观的现代公民,他们对大众传媒有着新的需求。民生新闻所要完成的任务正是如此。它是以现代都市中的市民为主要目标受众,要适应这一群体的需求,代表这一群体的利益,并且为他们的利益表达服务。因此,民生新闻在都市化进程中应运而生。

第四,民生新闻是地方广播电视新闻应对新闻竞争的必然选择。在日新月异的信息社会,传媒产业发展迅猛,新闻竞争日益激烈。电视新闻报道无论在数量上还是在质量上都在成倍地提高。2003年,中央电视台新闻频道的开播翻开了中国电视新闻的全新一页。全天24小时滚动播出海量的新闻信息,大规模现场直播世界重大事件的最新动态,它对新闻资源的占有和强大的报道实力,是一般地方广播电视机构难以望其项背的。地方媒体做时政新闻和国际新闻都不可能打开局面,只能重新找准自己的优势进行突破。这个突破点就是民生新闻。

第三节 移动互联网时代的广播电视新闻:"液态"新闻业的启示

一、新技术对广播电视新闻的影响

2020年年初,突如其来的新冠肺炎疫情改变了人们的生产生活方式,居家、保持社交距离成为新常态。与此同时,新闻的生产方式、传播方式也在新技术、数字化和移动互联网快速发展的推动下发生了许多变化。在国内主流广播电视受众研究机构中国广视索福瑞媒介研究(CSM)看来,直播、短视频成为传媒行业的主流传播手段,促使传统媒体与新兴媒体迭代共进,智媒体在疫情防控期间得到迅速发展,5G、云计算、大数据、人工智能等技术的发展和应用,为媒体融合提供了重要支撑。在万物互联的2020年,媒体融合进入加速跑的赛段,体现出智能无界、新闻无限的特点。其中一些与广播电视新闻相关,但突破了传统广播电视新闻采集生产和传播范畴的重要表现值得关注[①]。

其一,AI赋能媒体。在2020年的全国"两会"上,多家媒体的AI主播竞相亮相。作为新闻界首位由人工智能驱动、3D技术呈现的AI合成主播,新华

---

① 参见《收视中国》2020年第12期,http://pic.csm.com.cn/Files/2021/1/13/14529427519157f6-6.pdf,最后浏览日期:2021年3月14日。

社推出的"新小微"从不同角度全方位呈现播报形态,使立体感和层次感明显增强;新疆日报社推出的 AI 主播,每天亮相直播间,就"两会"上各族干部群众关注的热点话题,发表观点,引导舆论;人民日报社智慧媒体研究院推出全新"5G+AI"模式,用智能助力"两会"报道,"5G+AR"采访眼镜可以让记者实时了解人物信息资料,并且在拍摄时与后方编辑实现屏幕共享、实时互动。

其二,直播+内容探索前行。新冠肺炎疫情在一段时期内改变了人们的生产生活方式,"直播+新闻"、"直播+扶贫"、"直播+旅游"、"直播+教育"等"直播+"的媒介传播方式悄然兴起。2020 年清明节,自新冠肺炎疫情以来闭馆 72 天的故宫博物院联合人民日报社、新华社、抖音等媒体和平台,首次开展"安静的故宫,春日的美好"网络直播;2020 年 4 月 20 日,习近平在陕西考察脱贫攻坚工作时,走进"秦岭天下"直播间,与直播带货的村民一起交流;在 2020 年 4 月 23 日世界读书日当天,快手开展"24 小时公益直播接力"活动,嘉宾通过直播的方式分享自己和书的故事;"云旅游"为游客带来了全新体验,助推旅游产业的优化升级;线上音乐节也将文化消费从线下搬到线上,给受众呈现出与众不同的视听盛宴。除此之外,教育、医疗等也在 2020 年与直播相加、相融,出现了云教育、云养生……直播倒逼许多行业和企业的数字化升级。

其三,短视频蓬勃兴盛。新冠肺炎疫情期间,受众有更多时间浏览资讯信息,许多媒体机构突破传统媒体的传播逻辑,大量利用网络平台,以更为直观的短视频,一方面提供新闻资讯与防疫知识,另一方面传递情感关怀与抗疫信心。身处武汉的湖北日报传媒集团自 2020 年 1 月 20 日起推出"众志成城共克疫情"抖音合集;《钱江晚报》为配合疫情防控,自 2020 年 1 月 23 日起在抖音《小时视频》栏目发布"战疫情,加油中国";《南方都市报》推出动画形式的科普短视频;《人民日报》抖音号 2020 年 3 月 15 日发布的《现场宣布!襄阳对援襄医疗队 A 级景点和 25 家星级酒店终身免费》获得超过 641 万点赞;澎湃新闻及所属外文新媒体平台第六声(Sixth Tone)在脸书和推特等海外社交媒体上推送的人物短视频故事,打破了第六声海外社交账号对外传播数据多项纪录。2020 年是脱贫攻坚的决战决胜之年和全面建成小康社会的收官之年。在这一年,中央与地方媒体一方面以"短视频+直播带货"的方式帮助各地复工复产,助力脱贫攻坚;另一方面,讲述脚踏实地、勤劳奋斗的小康故事,激发内生动力。例如,新华社客户端推出短视频《迎着东升的红日——走向小康之路的赫哲族》;《光明日报》、《工人日报》开设的《走向我们的小康生活》专栏,均采用全媒体报道方式;浙江报业集团县级融媒体中心共享联盟策划的《大潮起之江"窗口"看小康》系列短视频,首批播发的 17 期报道全网转发量达 1 200 万。受疫情影响,2020 年全国"两会"采访从面对面改为在"云端"进行,媒体用通俗易懂的短视频产品阐释"两会"亮点。例如,人民日报新媒体中心、一本政经工作室和法治头条工作室联合推出 3D 动画短视频《当哪吒遇上民法典》;人民网推出《"桃园三兄弟"用上民法典》动画短视频;中国青年报社打造《两会聚焦》微视频等全媒体专栏;齐鲁晚报·齐鲁壹点打造《民法典遇上四大名著》六集系列短视频;重庆日报社"两会"期间推出《十秒读报告》、《十秒看两会》等短视频;湖北日报传媒集团在抖音、快手平台开设"聚焦 2020 全国两会"专题。此外,无论是纪念中国人民抗日战争暨世界反法西斯战争胜利75周年,还是对南方洪涝灾害的报道、国庆报道,以及对新冠肺炎疫情发生以来中国在线下举办的首场重大国际经贸活动——中国(北京)国际服务贸易交易会的关注,短视频都有出色的表现。例如,人民日报社推出的短视频《快看!60 秒打卡 2020 服贸会》,新华社推出的短视频《不朽的军魂——记抗战老兵叶道清》,南方网的短视频《我爱我的祖国——八代人唱响时代曲》等。

当然,新技术和媒体融合的发展并没有完全取代与消解传统广播电视新闻的重要社会功能。2020 年,在新冠肺炎疫情期间,传统电视机构仍然全面承担主流媒体应有的社会责任。中央广播电视总台(简称总台)《新闻联播》自 2020 年 1 月 20 日起开始播发疫情相关的最新消息,紧密围绕抗击疫情工作的进展及时调整内容,及时播发《中央政治局常委会召开会议》、《研究新型冠状病毒感染的肺炎疫情防控工作》、《中共中央总书记习近平主持会议》等多条时政新闻,向人民群众传达党中央防控疫情的指示精神,表明党和政府一切为人民的态度,提振精神,鼓舞人心。1 月 26 日,总台新闻频道推出《战疫情》特别报道,通过专家访谈、记者连线、新闻发布会直播、武汉前线记者连线等多种方式报道相关资讯,及时向社会发布新冠肺炎疫情的各种数据,让观众直观地了解疫情相关最新情况。《战疫情》作为抗疫的主要宣传平台,依托其专业可靠的信息来源、全方位的多元化议题设置、丰富多样的报道类型,在业内和观众中都获得了高度的肯定。节目在 1 月 26 日至 4 月 30 日播出期间,总体观众规模达到 8.15 亿人。其中,《战疫情清明特别节目》在总台各频道及全国 40 余家上星频道并机播出,总收视率达 4.48%,总收视份额高达 55%。自 2020 年 1 月 25 日起,湖北卫视推出特别节目《众志成城战疫情》,全天多时段播出,让观众及时了解"封城"状态下武汉的一线情况,掌握疫情发展最新动态。截至 2020 年 4 月 30 日,节目共播出 410 期,总收视观众达 4.59 亿人。2020 年 1 月 26 日,湖南卫视、浙江卫视、重庆卫视、天津卫视等推出疫情相关新闻节目;1 月 27 日后,安徽卫视、上海东方卫视、江苏卫视、旅游卫视、贵州卫视等纷纷跟进。浙江卫视多时段播出《众志成城防控疫情》,总体观众规模达到 3.49 亿人;湖南卫视《抗击疫情特别时间》播出时间紧跟总台《新闻联播》之后,总体观众规模达 1.95 亿人;广东卫视多时段播出《防控疫情特别报道》,总体观众规模为 2.4 亿人①。

与此同时,公众个人拍摄的手机小屏视频作品和传统电视新闻机构的大屏内容有效融合。2020 年 1 月武汉因疫情"封城"以后,大众对武汉一线的实际情况满是未知和担心,而武汉防控压力巨大,不允许大量记者去采访报道,所以一贯比较严肃的电视媒体大量运用一线人员小屏拍摄的画面作为素材。《战疫情》中"方舱日记"、"医生实拍"、"我的治愈故事"等系列大量采用一线医护、患者的实拍画面,业余的、晃动的镜头向观众展示医生和患者面对的真实处境,讲述从害怕到充满信心配合治疗的心理变化历程,给观众更强烈的现场感和参与感,观众的同理心、共情能力被激发。整个节目给观众呈现出立体的全民抗疫氛围,极大地消除了广大网民的消极恐慌心理,充分调动了人民战胜疫情的决心和信心。总台第九套纪录频道推出的融媒体系列短视频《武汉:我的战"疫"日记》,自 2020 年 2 月 3 日起在晚间黄金档《特别呈现》中播出,每集 5 分钟。一个主题、一个故事、一个场景、一个时间,奋战在一线的医护人员、各行各业的普通人、新冠肺炎患者、留学生等武汉疫情亲历者们用视频日记,从主观视角讲述抗击疫情中的温暖故事。《外婆 我要带你回家》《有画想要对你"说"》、《凌晨四点的武汉》等多视角、接地气的作品,给观众带来更多生活、生命的感悟。

由此可见,随着计算机、电信和大众媒介的深度融合,包括广播电视新闻在内的传统新闻业正在发生深刻的变化,互联网重构了新闻信息采集、生产、发布的整个流程。就像丹麦媒介学者克劳斯·布鲁恩·延森所言,"数字媒介不仅让信息触手可及,而且使得人们更容易接触到信息的提供者。……网络化的媒介让大量的社会成员成为传播者——他们既可以提出问题,也可以回答问题;可以通过一对一的形式,也可以通过集体的形式;可以以同步的方式,也可以以异步的方式,从而成为彼此间互相关注的客体。这也带来新的形式的解释性差异与互动性差异。在网络上,社会行动者本身构成了信息的开放式资源"(2015:54-55)。

二、在线视听新闻:互联网新闻业的新景观

在线视听新闻极大地模糊了传统广播电视新闻的边界。这些视听内容在呈现形态上与广播电视新闻使用同样的视听传播符号,同样作用于受众的视

---

① 参见孙林林:《电视媒体扛起时代重任——抗疫节目收视观察》,《收视中国》2020 年第 12 期。

觉和听觉,但却是完全不同的新闻门类。曾有业内人士声称,如果在 1980 年新闻业的破坏力量是 CNN,2005 年则是赫芬顿邮报(Huffington Post),到了 2012 年,放眼望去,移动社交视频是下一个大事件。根据皮尤研究中心的报告,从 2014 年开始,网络新闻视频已经显示出日益成为新闻不断增长的部分①。在线视听新闻可以被分为几个大类:第一类是传统机构媒体的互联网在线内容品牌,如看看新闻 KNews,它们的内容与广播电视频道上的新闻内容重合度很高;第二类是网友个人制作的用户生成新闻音频或视频,它们的内容主要基于社交平台扩散,与传统广播电视机构的新闻内容重合度不高,在突发新闻事件的现场报道中往往发挥重要作用;第三类是专门为从事互联网视听新闻而发展起来的机构媒体,如梨视频,它们有着与传统广播电视机构不同的运作逻辑,尤其在面对用户生产内容方面,尽管传统媒体和新兴互联网视听新闻机构都会征集使用网友或"拍客"的内容,但其新闻生产的理念、流程和目标都大不相同。

  这其中的一个典型案例是 VICE News。VICE News 是 VICE Media 旗下的一个子频道。VICE Media 创立于 1994 年,前身是加拿大蒙特利尔一家小型的免费独立杂志《蒙特利尔之声》,关注从饶舌与朋克摇滚到毒品交易的青少年街头文化。之后随着影响力扩大,VICE 将办公室搬到美国,创立了每日更新的网站,并且开始拍摄原创纪录片。VICE 这个英文单词有"不道德之行为"的含义,它的宣传片声称这是一个针对年轻一代的网站,强调离经叛道、街头态度、炫酷气质和恶趣味,是下一个 ESPN、CNN、MTV 的综合体,是街头的时代-华纳。VICE 主要通过网站、手机应用 App、YouTube 频道、HBO 电视频道、Showtime 电影频道,以及与 20 多个不同国家的电视机构合作来分发其节目。VICE 将自己定位为"不确定世界的权威指南",有 35 个海外分支机构、全球 23 个国家的电视播出许可。2014 年,平均每月拥有 770 万视频播放量,全球用户数达到约 1.5 亿。在美国,2014 年 7 月,vice.com 通过电脑和移动设备吸引了 930 万访问者,估值达 25 亿美元。2014 年 3 月上线的 VICE News,以原创的新闻深度内容和纪录片见长,每条视频短则数分钟,长则数十分钟。在 2015 年年初就拥有 110 万用户和 1.75 亿视频播放量(陆晔、曾薇,2015)。VIEC News 的口号是"前往全球最热门的新闻现场,点亮那些从未被报道的新闻故事",以年轻态的高水准内容、专业年轻记者和数字时代的网红、内容的高互动性构成其特色,并且有着与传统广播电视媒体截然不同的媒介文化。例如,不仅是

---

① 参见 Pew Research Center, "State of the News Media 2014", accessed June 10, 2015, http://www.journalism.org/packages/state-of-the-news-media-2014/。

VICE News,整个公司都有着非常凸显的文化多样性。在 VICE 媒介集团《2020年多样性、平等与包容性报告》中,首席执行官南希·迪比克(Nancy Dubuc)提及 VICE News 报道全球各地不公正现象的重要意义,体现在屡获殊荣的"Go Off",来自 Refinery29 的 Unbothered 平台的 Sis 播客、VICE 世界新闻的《肮脏的帝国》、VICE 的"Queers Built this"数字包和针对气候变暖的倡议书,以及在 VMG 持续不断向权力说出真相的内容创造。公司首席营销官纳贾·贝朗-怀特(Nadja Bellan-White)强调,VICE 是一个欣赏和赞扬分歧意见的社区,是代表真理、文化和意识形态多样性的最多元化的独立媒体公司①。

VICE News 的报道范围覆盖全球,最初分为六大类硬新闻:政治、观点与分析、战争与冲突、防御与安全、环境、犯罪与毒品。现在,其官网网站上的分类仍是六个,不过主题与过往有所不同,分别是政治、极端主义、问题、调查、VICE News Tonight 和"通过见证系统性种族主义的历史清算,扩大对话以推动实现种族平等承诺的变革"的 8∶46 项目②。VICE 的新闻操作方式是非常互联网化的。例如,从一开始,VICE 的视频播放就可选择包括简体中文在内的 90 多种语言的字幕;所有内容不仅开放评论,还提供评论者在 Disqus 上的个人链接。Disqus 是一家第三方社会化评论系统,主要为网站提供评论托管服务,每月独立用户访问量已接近 5 亿。作为主流网站的"标配",Disqus 有助于提高网站的用户活跃度,增强社区属性,强化交友功能,以便网站浏览者关注感兴趣的评论者。从新闻生产的角度看,VICE 拥有遍布全世界重大新闻现场的快速账户,它由一个个与之有关、能说会道的年轻人组成,这些当地的网红不仅可以快速进入新闻事件现场,也能为节目带来流量。2012 年 9 月,突尼斯骚乱,美国大使馆遭袭击,与传统媒体往往花费上万美元调度资深国际报道特派记者、制片人、摄像师的做法不同,VICE 只派了一名记者——一位在附近大学做中东研究的美国留学生,他几小时内就到达现场并发回报道。与职业记者的客观中立态度不同,这样的报道非常个人化、生动、引人注目,而且花费低廉。由于在突尼斯生活和学习,这名学生对当地政治有基本了解,于是便在报道中基于个人的理解对骚乱原因作了一番解释(陆晔、曾薇,2015)。

VICE 声称打破主流立场,"向你传递你想知道的任何新闻,而传统媒体甚至都不敢告诉你这些事情"。它的新闻理念对于传统新闻业来说是颠覆性的:"真实的个人体验,个人视角。足够个人,足够主观。也许你会觉得这么做不

---

① 参见 VICE 官方网站,https://company.vice.com/diversity-and-inclusion-2020/,最后浏览日期:2021 年 3 月 14 日。
② 参见 VICE News 官方网站,https://www.vice.com/en/section/news,最后浏览日期:2021 年 3 月 14 日。

善良,或者有悖传统的新闻准则,但谁规定新闻准则就必须是客观、善良的呢?"(陆晔、曾薇,2015)有两个实例可以说明这一点。其一是"把新闻做成行为艺术"。2013年春,VICE 记者跟随 NBA 前巨星丹尼斯·罗德曼访问朝鲜并拍摄了独家报道。主流媒体对新闻标题《罗德曼跟 VICE 如今成了朝鲜的朋友》呈现的主观性有诸多批评,VICE 并不以为意。其二是被业内称为"匪夷所思的报道"。在一篇题为"We are with John McAfee, Suckers"的报道中,VICE 刊发了一张 VICE 美国主编与被通缉的犯罪嫌疑人约翰·麦卡菲(John McAfee)在一起的照片,并且嘲笑抓不到他的政府和警察。虽然最终由于照片内置的地图信息在发稿时未删除,警方随后据此在危地马拉将麦卡菲捉拿归案,但主流新闻业对这样的报道取向的批评也很多。

  VICE News 这些年来生产了非常出色的在线视听新闻内容,获得了多个行业奖励,包括因报道在夏洛茨维尔的团结右翼集会和报道 ISIS 武装分子而获得的美国电视艾美奖。然而,它的发展之路并非顺风顺水。2019年6月,与 VICE 公司合作了七年的 HBO 宣布取消"VICE News Tonight"在其频道的播出时段,"我们决定在本季结束后不再续订'VICE News Tonight'"。"我们与 VICE Media 的合作已有七年,首先是每周新闻杂志系列,最近是每晚新闻节目。"这档30分钟、面向千禧一代的新闻节目,2016年首次亮相,每晚在 HBO 播出,目的是为观众提供当天最大新闻的背景。HBO 的这一消息发布在 VICE 公司发生重大动荡之际——华特·迪士尼公司在它第二季度收益报告中透露,已削减它在 VICE Media 中的3.53亿美元股权;当年2月,VICE 解雇了10%的员工,约250人[①]。

  2013年5月,VICE 中国带着它"拒绝无聊的信息"的宗旨上线。宣传语是:"世界在下沉,我们在狂欢。欢迎来到 VICE。""这个世界迟早会在疯狂中完蛋,我们可不想错过,也不会让你错过。"VICE 中国一度拥有网站、优酷频道、新浪微博账号、微信公众号,甚至还有个豆瓣小站和译言网个人空间。2019年10月1日零点,VICE 中国团队发布公告称,"今天,新的时代环境让我们作出一个决定,停止运营国际媒体品牌 VICE 及旗下品牌"[②]。尽管有诸多周折,VICE 公司及其旗下 VICE News 依然在今天保持移动互联网时代新兴青年文化的活跃发展势头。截至2021年3月,VICE News 有614万 YouTube 订

---

  ① 参见 Oliver Darcy, "HBO cancels 'Vice News Tonight,' severing relationship with Vice Media," CNN, June 10, 2019, accessed March 14, 2021, https://edition.cnn.com/2019/06/10/media/vice-news-tonight-canceled-hbo/index.html。
  ② 参见石灿:《VICE 中国落幕,原团队转型探路,顺便做了点"别的"》(2020年6月4日),刺猬公社,https://www.36kr.com/p/735274834560905,最后浏览日期:2021年3月14日。

户,492 万 Facebook 订户,100 万 Twitter 订户。2021 年 3 月 11 日,Telus 基金会宣布和 VICE 携手,通过纪录片探究加拿大年轻人的心理健康和技术、人际关系、金钱的关联①。3 月 15 日,Nine Entertainment 旗下以青年为重点的出版商 Pedestrian Group 宣布与 VICE 达成独家澳大利亚合作协议②。与此同时,Discovery+于 2021 年 4 月上线六部 VICE 的非虚构影像作品,"随着我们继续为非虚构类内容构建最终的流媒体服务,我们很高兴与 VICE 共同合作,制作他们广受好评的系列节目","这些周到、引人入胜的节目完美地补充了我们自己的原创剧集,并且进一步证明 Discovery+是最真实的生活故事的发源地"③。

三、"液态"的新闻业:一个观察思考当今广播电视新闻的新视角

新技术从外部改变了传统新闻业,挑战了组织化新闻生产实践,以及与之相应的新闻实践理念和原则,并且引发了一系列有关"新闻业危机"的论述,广播电视新闻也不例外。全世界范围内印刷新闻和广播新闻的市场与影响力都在减少,电视新闻虽然还是很受欢迎,但与网络相比,仍然会看到数字社交平台迅猛的发展势头。根据 2020 年 3 月的一项调查,在美国播放新闻的电视台约 700 个,其中,播放地方新闻的电视台数量为 363 个,工作日平均播出的地方电视新闻时长将近 6 小时,周末则是 4 小时。从整体上看,美国地方电视新闻业每年可带来近 280 亿美元的收入,绝大多数电视新闻机构财务状况良好,截至 2018 年,只有不到 5%的电视台出现财务亏损。除地方电视新闻之外,福克斯新闻是在线新闻之外美国人最主要的新闻来源——全美国联播网早间新闻和晚间新闻的观众人数分别是 319 万和 535 万,福克斯新闻全天观众人数高达 183.6 万④。然而,2020 年互联网报告(vMVPD)排名靠前的顶级互联网流媒体视听服务(Hulu+Live TV、Sling TV、AT&T TV 和 fuboTV)新增了约 64 万

---

① 参见 Kim Izzo, "Telus Fund, Vice Media Group partner on Take Care content incubator," PealScreen, March 11, 2021, accessed March 15, 2021, https://realscreen.com/2021/03/11/telus-fund-vice-media-group-partner-on-take-care-content-incubator/。

② 参见 Chris Pash, "Pedestrian in exclusive Australian deal with VICE Media," AdNews, March 15, 2021, accessed March 15, 2021, https://www.adnews.com.au/news/pedestrian-in-exclusive-australian-deal-with-vice-media。

③ 参见 Rick Porter, "Discovery+Adds Vice Series to Nonfiction Roster (Exclusive)," The Hollywood Report, March 11, 2021, accessed March 15, 2021, https://www.hollywoodreporter.com/live-feed/discovery-plus-adds-vice-series。

④ 参见 Amy Watson, "TV News-Statistics & Facts," Statista, March 27, 2020, accessed March 14, 2021, https://www.statista.com/topics/5168/tv-news/。

用户,传统的付费电视服务(不包括 vMVPD)在 2020 年失去了约 576.5 个订户①。

在当今新技术主导的传播环境下,包括传统广播电视在内的新闻生产模式改变了。

首先,以职业记者为生产主体,通过"把关"将新闻呈现给受众的单向传播链,被移动互联网的多节点互动取代;通过社交平台,公众也成为新闻生产和传播的主体。多中心、多节点的互联网新闻用户,可以围绕任何一个新闻议题,推动信息和观点呈几何级数般的爆发式叠加,迅速经由他们进入快速的内容再生产。

其次,社交平台成为职业新闻从业者、新闻事件相关当事人(和公共议题相关机构)、立场观点多样的公众之间进行即时交流和交锋的重要渠道,这些分享、讨论可以置换、扭转媒体原本的报道重点和价值取向,甚至质疑、揭穿媒体报道的立场、动机、公正性和准确性,再反馈至新闻生产各环节,对后续报道产生影响。媒介机构不再是新闻事件的阐释主体,新闻报道的价值和意义经由公众的集体参与而被重塑。

再次,基于移动互联网的社交平台,不仅极大地拓展了实时的新闻扩散、分享、讨论的速度和范围,打破了传统媒体新闻生产的时间流程和版面语言,而且以往组织化新闻生产的工作常规,面对新技术和媒体融合驱动下的海量信息的快速流通,都难以为继。传统新闻职业社区的专业控制与社会大众的开放参与之间,已经形成强大的张力。

借用并延伸鲍曼的概念,用"液态的新闻业"(liquid journalism)来概括当今新闻业在新传播形态下的变化特征,是具有一定阐释力的(陆晔、周睿鸣,2016)。

"液态"的新闻业第一个特征是记者身份的"液化"。在新兴的数字媒介文化中,新闻的用户或曰消费者同时也是公共信息的生产者。运用鲍曼的"液化"视角,记者的身份和角色不再是相对稳定的,而是在新闻过程中表现出在职业记者、公民记者、社会大众之间不断转换的特征。甚至依托于不同空间或场景(例如在不同的微信群里),每一个个体都可能同时具备新闻信息生产者、传播者、消费者的多重身份,并且在这些身份当中快速反复切换。

"液态"的新闻业第二个特征是新闻职业共同体的"液化"。职业记者和

---

① 参见"Major Pay-TV Providers Lost About 5,120,000 Subscribers in 2020," Leichtman Research Group, March 4, 2021, accessed March 15, 2021, https://www.leichtmanresearch.com/major-pay-tv-providers-lost-about-5120000-subscribers-in-2020/。

公众既无法固守原有的职业、非职业边界,但也并不是从原有社区秩序中完全脱离,而是相互渗透。新闻生产如今是一个开放的场域,进入其中的已不仅仅是职业新闻从业者和他们的消息源。新的新闻信息的生产及流动形式正在被共同创造中,可能重置传统新闻业的制度化权力结构。

从更大范围看,"液态"的新闻业意味着新闻业身处鲍曼(Bauman, 2005)所定义的"液态现代社会"(liquid modern society)当中,其成员的行为变化比它采取行动固化其惯习和工作常规的方式更快,液态生活与液态现代社会一样不会长时间保持其形状或维持在轨道上。在这个意义上,"液态"的新闻业意味着尊重每一个社会成员以自己的方式生产和使用新闻并借此参与公共生活的权利,公众的参与也反过来极大地推动新闻业拓展社会自身作为公共交流的扩音器角色。

甘惜分(主编)(1993). 新闻学大辞典. 郑州:河南人民出版社.

克劳斯·布鲁恩·延森(2012). 媒介融合:网络传播、大众传播和人际传播的三重维度. 刘君译. 上海:复旦大学出版社.

陆定一(1980). 我们对于新闻学的基本观点. 中国社会科学院新闻研究所(编). 中国共产党新闻工作文件汇编(下册). 北京:新华出版社.

陆晔,曾薇(2015). 互联网究竟为新闻业带来些什么?——以在线视频新闻网站VICENews为个案的讨论. 新闻记者,9.

陆晔,周睿鸣(2016). "液态"的新闻业:新传播形态与新闻专业主义再思考——以澎湃新闻"东方之星"长江沉船事故报道为个案. 新闻与传播研究,7.

尼基·厄舍(2020). 互动新闻:黑客、数据与代码. 郭恩强译. 北京:中国人民大学出版社.

宁树藩(2003). 宁树藩文集. 汕头:汕头大学出版社.

赵凯(主编)(2004). 王中文集. 上海:复旦大学出版社.

Bauman, Z. (2005). *Liquid Life*. Cambridge: Polity Press.

梁建增(2002).《焦点访谈》红皮书. 北京:文化艺术出版社.

尼基·阿瑟(2019).《纽约时报》是怎么做新闻的.徐芳芳译.上海：上海译文出版社.

孙玉胜(2003).十年：从改变电视的语态开始.北京：生活·读书·新知三联书店.

徐泓(编著)(2013).不要因为走得太远而忘记为什么出发——陈虻，我们听你讲.北京：中国人民大学出版社.

Turow，J.（2020）. *Media Today: Mass Communication in a Converging World*（Seventh Edition）. NY：Routledge.

第九章 广播电视新闻——全新闻频率/频道、深度报道、非虚构文本和可视化

> **本章概述**
>
> 充分认识广播电视全新闻频率/频道的特点,并对其实践策略有一定的把握;通过梳理广播电视新闻深度报道产生的背景、特征,理解中国广播电视新闻深度报道与中国社会变革的关联;关注移动互联网时代非虚构视听文本和可视化的发展趋势。

第一节 广播电视全新闻频率/频道的理念和实践策略

一、全新闻频率/频道的新闻理念

广播电视全新闻频道(频率)的兴起,是新闻业和社会公共生活发展变化相互呼应的结果。从 20 世纪 70 年代末美国有了第一家全新闻广播频率,到 1980 年世界上第一个 24 小时播出的电视全新闻频道 CNN 开播,如今每时每刻不间断的滚动新闻和现场直播已经让受众习以为常。Statista Research Department 在 2021 年 1 月 8 日发布的调查报告显示,根据"平均 15 分钟听众份额",与过往一样,2019 年全美国广播听众市场份额占据首位的,依然是新闻/新闻+谈话电台,有 9.5% 的广播听众收听新闻/谈话广播,虽然 2018 年这

个数字要高一点,为10.6%①。该公司的研究报告还显示,2020年在美国三大城市纽约、洛杉矶、芝加哥收听份额前十位的广播电台当中,新闻或新闻+谈话电台均占有一席之地。在芝加哥,全新闻电台WBBM-AM是芝加哥收听人数最多的广播电台之一,自1924年首次播出以来,已成为芝加哥最受欢迎的电台之一,它的全新闻模式使芝加哥市民随时了解当地新闻、气象、体育和交通状况②。在移动互联网的冲击下,全新闻/新闻+谈话电台也遭遇运营困难。调查显示,2018年只有13%的受访电台称其是盈利的,但盈利情况几乎都只有2000年的一半;2018年只有15.5%的广播新闻台的预算比上一年度有所增加③。

从广播电视全新闻频道(频率)的发展脉络看,在媒介技术和社会变迁的推动下,广播电视全新闻频道(频率)在向公众提供丰富的新闻资源的同时,也对新闻业的职业理念和运作实践产生深远的影响。例如,作为世界上第一个24小时播出新闻的电视频道,CNN从20世纪80年代开始为后来者们树立起新闻报道范式,不仅在于其开创性的随时随地在电视屏幕上展示新闻事件的全新报道方式,更重要的在于其通过与新闻事件同步的实时追踪、全景描摹、连续关注,呈现出跨越国境、促成国家与民族之间联系的全球化新闻的广泛影响力,以及来自更多元的政治经济文化环境的信息和意见反馈。而同样秉持新闻专业立场和多元价值取向、在阿富汗和伊拉克战火中声名鹊起的半岛电视台则将"意见和异见"(opinion and other opinions)作为自己的宗旨。

一位CNN的资深记者认为,外界总是把1991年的海湾战争视为CNN发展的重要转折点,认为是海湾战争造就了CNN在国际新闻传播舞台上的影响力,以及呈现出全球化新闻和传统广播电视新闻报道的不同,但事实并不完全如此。事实上,CNN直播的第一个重大国际事件是1985年6月发生在中东的美国环球航空公司847航班劫机事件,这是美国政府的决策者们第一次在电视上观看危机现场并将这种观看作为决策依据之一。这场历时17天的政府与恐怖分子之间的谈判导致激进的什叶派教徒们最终在贝鲁特释放了39名

---

① 参见"Leading radio formats in the United States in 2019," Statista, January 8, 2021, accessed March 15, 2021, https://www.statista.com/statistics/286645/leading-radio-formats-us/。

② 参见"Leading radio stations in Chicago, United States, in October 2020, by ratings," Statista, January 8, 2021, accessed March 15, 2021, https://www.statista.com/statistics/693611/popular-radio-stations-chicago/。

③ 参见"Profitability of radio news in the U.S. 2000-2019," Statista, January 8, 2021, accessed March 15, 2021, https://www.statista.com/statistics/957467/radio-news-profitability-level-us/;"Budget changes in the radio news industry in the United States in 2017 and 2018," Statista, January 8, 2021, accessed March 15, 2021, https://www.statista.com/statistics/957579/radio-news-budgets-us/。

美国人质。CNN连续17天的电视直播把这一事件变成了真正意义上的全球化新闻,尽管当时CNN在全世界的观众人数比之今天是远远不及的。1991年海湾战争的电视报道,把CNN的重大国际事件报道大大地推进了一步。这是一场被电视大规模现场报道的战争,是一个不仅美国政府和五角大楼官员,而且全世界观众都在观看的战争现场。1999年克林顿与白宫实习生的故事,因CNN的电视报道而成为第一个面向全世界进行现场报道的政治丑闻;2000年的美国大选,也因大量的电视报道而可以看成是一次有关美国宪政危机在全世界面前的现场直播;2003年伊拉克战争信息量空前的电视直播和记者嵌入式报道方式,进一步加速了这一事件作为全球化新闻的影响力和广泛性[1]。

然而,在伊拉克战争中,不再是CNN的独家电视新闻直播一统天下。这一次,除了巴格达和其他海湾地区云集的各国记者,阿拉伯国家的电视机构同时向全世界直播和现场报道这场战争,如半岛电视台(Al-Jazeera Satellite TV Channel)。半岛电视台自1996年成立以来,不仅在阿拉伯国家产生了重要的影响,而且是西方国家不得不倾听的来自阿拉伯世界的声音。作为24小时播出的阿拉伯语全新闻频道,半岛电视台并不具备国际新闻传播当中的语言优势;尽管它是靠提供本·拉登录像带这样的独家消息引起全世界的关注,但这也并不是它在全球化新闻报道领域产生影响的唯一原因。2003年,它在美国拥有20万观众,在全世界的观众人数大约为5 000万。在伊拉克战争开始的第一个星期,它在欧洲就增加了400万观众。

如果从传播的目的性看,半岛电视台首先是一个覆盖阿拉伯地区的卫星电视全新闻频道,它所关注的话题和报道内容主要在阿拉伯世界。相对于其他阿拉伯国家的媒体,半岛电视台的突破性在于它敢于报道阿拉伯国家的不同政见者、民主主义者和人权活动,敢于反映社会舆论中的反对意见,关注包括宗教问题、妇女问题等在内的一系列在阿拉伯国家极其敏感的和很少有媒体涉及的问题。

半岛电视台自视为独立媒体,秉承准确、客观、公正、负责的职业立场。它的新闻从业人员大约有200人,他们中的三分之一接受过良好的欧美大学新闻专业的训练,或者曾经为BBC这样的公共媒体工作,公司持续不断地把优秀的新员工送到BBC去接受专业培训。然而,半岛电视台的新闻报道也使自己在中东和其他许多国家遭到巨大的压力:伊朗、伊拉克、沙特阿拉伯、叙利

---

[1] 参见CNN资深记者弗兰克·赛斯诺(Frank Sesno)在奥地利萨尔茨堡研讨班Salzburg Global Seminar Session 407(2003年3月19—26日)"Professional Responsibility in the News Media"的发言 "Global Journalism,Global Responsibilities"。

亚、科威特、印度等国都曾禁止播出半岛电视台的节目；在巴林、阿曼等许多国家，半岛电视台记者的工作常受到限制；半岛电视台在科威特、约旦的记者站都曾被迫关闭，政府禁止当地的新闻网与半岛电视台合作；许多阿拉伯国家禁止商业机构在半岛电视台投放广告，违规者将受到严厉的处罚，这给半岛电视台带来了直接的财政压力。事实上，半岛电视台开播多年来广告业绩一直不佳，这也是它面临的最大问题。

半岛电视台引起阿拉伯世界以外国家的瞩目，播放本·拉登的讲话录像是一个很重要的事件。尽管在国际社会中，特别是在美国，有人指责半岛电视台播出本·拉登的录像带有可能会煽动新的恐怖活动，甚至认为它们播出的"不仅仅是新闻"，而是隐含着某种暗示，但半岛电视台认为，与其他任何一家专业的独立媒体一样，它们并不会去操纵新闻来源，也不会采取不正当的手段去获取信息，它们猜想本·拉登一定认为半岛电视台是他向外界传达他所希望传达的信息的最合适的选择。

在美国和伊拉克开战后，半岛电视台播出美军战俘的画面引起极大争议，美国政府谴责它们违反《日内瓦公约》，但半岛电视台的新闻负责人认为，播出这些画面是为了表明战争是丑陋的。在半岛电视台的电视画面中，不仅有美军战俘，也有伊拉克战俘，还有平民的伤亡。"电视画面只是传达了这样的信息，但我们并不是战俘和伤亡场面的制造者。"半岛电视台认为，新闻的第一要义就是报道事实，"只要报道事实就可以影响舆论，也可以影响同行。在全球化的国际传播时代，没有任何一个媒体可以一手遮天，如果一个媒体忽略了某个新闻事实，或者有意遮蔽某个新闻事实，它会发现，将会有其他媒体告诉公众真相。尽管半岛电视台也有自己的局限性，但它的意义在于，它是来自阿拉伯世界的另一种声音，而这个声音正在和其他媒体一起，面对全球化新闻的新挑战，并且担负起全球化新闻报道的责任"①。

二、全新闻频率/频道的组织架构和节目策略

1. 组织架构与运作

从广播电视新闻的发展历程看，广播电视全新闻频道(频率)打破了以往受众只能在特定的时间接触广播电视新闻的传统，带来的一个重要变化可被称为"时间迁移"(time-shifting)，即利用滚动新闻和重播，让那些错过收听收看某些新闻栏目的听众和观众能在其他时段补听补看。广播电视全新闻频道

---

① 笔者在半岛电视台进行的访谈和调研，2004年7月。

(频率)的一个特征是"极地方化新闻"(hyper-local news),即利用24小时的全天候新闻播出时间来挖掘发生在中心城市以外的地区,那些一般主流报纸、综合性电视频道新闻节目关注重点之外的新闻。广播电视全新闻频道(频率)的另一个特征是新闻类别化,通过新闻内容的细分来满足接受者的"分众化"需要①。例如,CNN和BBC World News都有专门的财经和体育节目;半岛电视台则针对阿拉伯地区观众的特殊需求,专门开设一档叫作《伊斯兰宗教与生活》的谈话节目,讨论极为敏感和富有争议的相关话题。

在组织架构和运作上,专业分工基础上的人力资源和新闻信息资源的共享,是24小时全天候滚动播出新闻的重要保障。以CNN为例,和许多电视新闻机构一样,CNN的内部分工细致,包括主编、栏目制片人、现场制片人、记者、主持人、协调编辑、撰稿、画面编辑等。记者是按地域/区域分工,而非按完全的传统意义上的条线分工。这种新闻采集模式在CNN内部被戏称为"采购"。一旦有需要,当地记者就像采购员,能够以最低的成本、最快的速度进行新闻采集。每个记者站和报道分部的记者并不隶属于任何一个栏目或者部门,他们都是多面手,既能做两三分钟的常规报道,也能应深度报道栏目制片人的要求完成十多分钟的深度报道,能熟练地进行现场直播,也能对政要名流进行访谈。通过以记者为中心的报道组在一个新闻事件现场制作多条不同角度、不同时长的新闻报道供各栏目或频道采用,也是既资源共享又避免各栏目节目雷同的一种方式。CNN也充分利用美国国内400多家、海外300多家伙伴电视机构的新闻资源。CNN嘉宾预约部的人员则按照行业/领域分工,各自负责长期追踪本领域的动态和学术情报,掌握专家线索,每天为各栏目、频道预约接受采访的专家并向制片人提供完备的参考问题,以确保报道的深度。当然,这些人本身也都是各个领域的专家②。

2. 跨平台的内容提供者与行业壁垒的打破

在媒介融合的大趋势下,全新闻频率/频道日益成为跨平台的内容提供者。2006年,法国政府扶持、被称为"法国CNN"的24小时全新闻频道France 24在开播时,先于12月5日晚8:30在www.france24.com网站上开播,在巴黎协和广场和卢浮宫前的杜伊勒丽公园举行开播仪式,并且进行了一系列户外电视访问,包括对希拉克总统的简短采访。在网络首播之后,12月6日,它的法语和英语频道通过卫星和有线电视向全球8 000万家庭播出③。在France

---

①② 胡睿:《电视全新闻频道研究》,复旦大学新闻学院硕士学位论文,2003年。
③ 参见France 24官网,https://www.france24.com/en/about-us,最后浏览日期:2021年3月16日。

24看来,新技术打破电视和互联网的界限势在必行,"将广播与电视频道进行融合,是 BBC 在 1957 年做的。而我们认为,应将电视与互联网进行互补"。"对于我们来说,互联网与广播没有区别。"①2007 年 4 月 2 日,France 24 增加了每天 4 小时的阿拉伯语节目。2009 年 2 月,France 24 成为全世界第一个通过 iPhone 以三种语言免费提供实时节目的新闻频道。2010 年 10 月 12 日,阿拉伯语频道开始每周 7 天、每天 24 小时的全天候新闻播出。2011 年 2 月,France 24 手机应用程序全球下载量超过 200 万。2013 年 12 月,France 24 电视家庭收视数量突破 2.5 亿,每月增加的互联网家庭用户超过 1 400 万,在社交媒体上拥有 650 万关注者②。

媒介融合的技术潮流也使得广播电视全新闻频率/频道不再由传统的媒体行业主宰。从世界范围来看,最早的电视全新闻频道或隶属于大媒介集团,如 Sky News、MSNBC、FOX News;或由有实力的有线电视公司创办,如美国有线电视公司 Cablevision System 的 News 12 系列;或作为日报的电子衍生产品,如纽约时报集团下属的 Six News Now。这些全新闻频道均产生于传统的媒体行业内部。然而,这一行业壁垒早已被打破。2009 年 7 月,总部设在美国纽约的一家从事宽带和无线网络传输业务的公司 Verizon Communications Inc.,宣布旗下两个叫作 FiOS1 Long Island 和 FiOS1 New Jersey 的电视全新闻频道开播,分别为纽约长岛和新泽西州北部的 9 个县提供极地方化的社区内容,包括新闻、交通信息、气象和当地最新的体育赛况等。2014 年 5 月 28 日,该公司新开设了下哈德逊河谷频道 FiOS1 Lower Hudson Valley。其有关本地高中和大学的体育报道一直很受欢迎,如罗格斯大学、霍夫斯特拉大学、普林斯顿大学的各项体育赛事。2013 年,其著名本地生活类栏目《餐厅猎人》(*Restaurant Hunter*)获电视艾美奖娱乐类(Entertainment Feature/Segment)奖。

此外,其他各种专门类别的全新闻类频道也快速成长。美国 C-SPAN(全称 Cable-Satellite Public Affairs Network)1979 年开始进行社会公共事务的直播报道,1986 年开始报道美国参议院的活动,并且越来越多地在美国的政治事务报道中发挥作用。C-SPAN 于 1993 年推出可作为移动演播室的大巴,之后推出 6 辆地方内容转播车(local content vehicle),现在则有在美国各地巡回报道的数字巴士。C-SPAN 有大量直播节目,如美国国会上的各种辩论、政治会议、记者招待会,也通过热线电话(call-in)向观众提供直接与美国国会议员、新

---

① 参见《法国 France 24 电视台:媒介融合 敢为人先》(2012 年 8 月 14 日),央视网,http://www.cctv.com/stxmt/20120814/106978.shtml,最后浏览日期:2021 年 3 月 16 日。
② 参见 France 24 官网,https://www.france24.com/en/about-us,最后浏览日期:2021 年 3 月 16 日。

闻从业者及其他政治领袖通话的参与机会。它也大量报道政治活动,比如竞选期间的候选人活动、各种会议、政治辩论等。它还有一档备受欢迎的读书笔记节目。在这个长度一小时的节目里,主持人邀请重要公共事务著作的作者谈论其著作的写作背景和过程。作为专注公共事务报道的非营利性公共广播电视服务机构,C-SPAN 电视网包括电视频道 C-SPAN、C-SPAN2、C-SPAN3,广播频道 CSPN 电台,提供 C-SPAN 电视网节目的流媒体播放及存档点播的在线网站。C-SPAN 的电视频道可供美国境内约 1 亿的有线电视或卫星电视收视家庭观看。CSPN 电台在美国华盛顿特区通过 FM 收音机收听,全球受众可通过互联网流媒体或手机移动应用接收节目内容[1]。

可以说,新闻细分类别成为全新闻频率/频道新的发展领域。NBC 开办了专门报道商业和经济信息的 CNBC,不仅在美国,还进入欧洲和亚洲市场。于 1996 年 7 月开播的 MSNBC,是 NBC 与微软合作的有线新闻网和因特网新闻站点,在美国拥有 225 万有线电视订户,在世界范围内也越来越有影响。为进一步进入国际市场,NBC 于 1993 年开播了面向欧洲的 Super Channel,1994 年则把相应的一套节目拓展到亚洲。它还开办过一个 24 小时的西班牙语新闻频道(1993—1994),只可惜后来由于竞争太激烈而被迫关闭。事实上,形形色色的有线电视全新闻频道,在通过卫星进入世界市场的同时,越来越多地分流了传统的无线电视新闻观众。1996 年 10 月,默多克的新闻集团开播了基于 FOX 联播网的 24 小时有线新闻网 FNC(Fox News Channel),当年即得到 170 万户观众。

如今,在新技术环境下,由华纳媒体(Warner Media)的子公司特纳广播公司(Turner Broadcasting System)运作的 CNN,早已不拘泥于传统的有线电视分发渠道。作为"自我认同并广为人知的最值得信赖的新闻和信息来源",CNN 的伞状结构包括 9 个有线电视和卫星电视网(电视节目时刻表见表 9-1)、2 个广播网和"全美顶尖的互联网新闻网站 CNN Digital Network,以及全世界最广泛的辛迪加新闻服务 CNN Newsource",这些扩展更易于为受众提供来自世界各地的最新消息。CNN Digital 自认是在线新闻和信息的全球引领者,它的目标是"告知、参与、赋权",除了传统新闻从业者自命为"寻求真相的人和讲故事的人",还强调"我们是新闻工作者、设计师和技术专家","我们的产品和平台将您带到世界上最远的角落,也将世界带给您","与任何其他新闻源相比,我们在更多地方的更多屏幕上可以访问更多新闻"[2]。打开它的电脑版网页,

---

[1] 参见 C-SPAN 官网,www.c-span.org,最后浏览日期:2021 年 3 月 17 日。
[2] 参见 CNN Digital 官网,https://edition.cnn.com/about,最后浏览日期:2021 年 3 月 16 日。

横向菜单可以看到当日要闻、世界、美国政治、商业、健康、娱乐、风尚、旅行、体育、视频等内容分类,其中,当日要闻可在横向菜单右上角的"版面"(Edition)选择美国、国际、阿拉伯、西班牙,主页下拉可看到特稿专栏、视频栏目"请看"(Watch It)、图片栏目"你应该看的照片"(Photos you should see)、付费内容(Paid Content)、"你可能错过的新闻"(In Case You Missed It)(见图9-1)。CNN的重要新闻会在首页左上角实时更新。例如,在2021年3月16日的主页上,新冠肺炎疫情实时报道"COVID-19 LIVE"分为两个部分,一个是"实时更新"(Live Updates),另一个是"按国别的新冠疫苗接种情况"(Vaccinations by country),以确保受众能随时查询新冠肺炎疫情这一全球重大公共卫生事件的相关信息①。截至2021年3月,CNN的Twitter用户有5 322.8万,Facebook用户超过3 792万,YouTube频道订阅者1 220万。2020年6月2日发布的一则时长6分半钟的开播40周年纪念短视频在YouTube上播放量超过232万,是当之无愧的重要国际新闻媒体。

表9-1 CNN、CCTV新闻频道、France 24电视节目时刻表(2021年3月16日)

播出时间	CNN欧洲频道ET	CNN美国频道ET	CNN亚洲频道HKT	CCTV新闻频道	France 24
4:00	CNN Newsroom with Rosemary Church			新闻直播间	News
4:15					Access Asia
4:30					News
4:33				新闻1+1	
4:45					The 51%
5:00	Early Start with Christine Romans and Laura Jarrett			新闻直播间	News
5:15					Eye on Africa
5:17				焦点访谈	
5:30					News
5:33				法治在线	
5:45					Encore!
6:00	New Day			朝闻天下	News

---

① 参见CNN Digital官网,https://edition.cnn.com/interactive/2021/health/global-covid-vaccinations/index.html,最后浏览日期:2021年3月16日。

续　表

播出时间	CNN 欧洲频道 ET	CNN 美国频道 ET	CNN 亚洲频道 HKT	CCTV 新闻频道	France 24
6:15					Headlines
6:16					Business Daily
6:19					News
6:24					In the Press
6:30	New Day				News
6:45					Headlines
6:46					Focus
6:51					Sports
6:56					News
7:00					News
7:15					Headlines
7:16					Business Daily
7:23					In the Press
7:30	New Day			朝闻天下	News
7:45					Headlines
7:46					Global Grid
7:51					Focus
7:56					News
8:00					News
8:15					Headlines
8:16	New Day				Business Daily
8:21					News
8:30			Anderson Cooper 360		News
8:40					Perspective
8:45	World Sport				Headlines
8:46					Focus+Sports
8:57					News

续　表

播出时间	CNN 欧洲频道 ET	CNN 美国频道 ET	CNN 亚洲频道 HKT	CCTV 新闻频道	France 24
9:00	First Move with Julia Chatterley		Cuomo Prime Time	新闻直播间	News
9:15					Headlines
9:16					Business Daily
9:21					In the Press
9:30					News
9:45					Headlines
9:46					A La Carte
9:51					Focus
9:56					News
10:00	Connect the World		CNN Tonight with Don Lemon	新闻直播间	News
10:15					France in Focus
10:30					News
10:45	World Sport				Focus
10:50					Sports
11:00	Connect the World		CNN Tonight with Don Lemon	新闻直播间	News
11:15					Talking Europe
11:30					News
11:45					Talking Europe
12:00	CNN Newsroom (CNN/US)		CNN Newsroom with John Vause	新闻30分	News
12:15					Encore!
13:30					News
12:33					
12:45			World Sport	法治在线	French Connections
12:51					You Are Here
13:00	CNN Newsroom (CNN/US)		CNN Newsroom with John Vause	新闻直播间	News

续 表

播出时间	CNN 欧洲频道 ET	CNN 美国频道 ET	CNN 亚洲频道 HKT	CCTV 新闻频道	France 24
13:15			CNN Newsroom with John Vause	新闻直播间	Headlines
13:16					News
13:19					Business Daily
13:30		CNN Newsroom (CNN/US)			News
13:45					Headlines
13:45					In the Press
13:51					Focus
13:56					News
14:00			CNN Newsroom with Robyn Curnow	新闻直播间	News
14:15					Headlines
14:16					Culture Critics
14:21					Sports
14:26		CNN Newsroom (CNN/US)			News
14:30					News
14:45			World Sport		Headlines
14:46					Focus
14:51					Sports
15:00	Amanpour		CNN Newsroom with Rosemary Church	新闻直播间	News
15:15					Access Asia
15:30					News
15:45					Reporters
16:00	Quest Means Business		CNN Newsroom with Rosemary Church	新闻直播间	News
16:15					Banlieue Project
16:21					You are Here
16:30					News
16:45	Business Traveller Pandemic Travel-Will it Get Easier? Part 1				Correspondence

续 表

播出时间	CNN 欧洲频道 ET	CNN 美国频道 ET	CNN 亚洲频道 HKT	CCTV 新闻频道	France 24
17:00	The Situation Room with Wolf Blitzer		Early Start with Christine Romans and Laura Jarrett	新闻直播间	News
17:15					Encore!
17:30					News
17:45					Middle East Matters
18:00	The Situation Room with Wolf Blitzer		New Day	共同关注	News
18:15					Headlines
18:16					Top Story
18:30					News
18:45					Headlines
18:46					Business Daily
18:51					Focus
19:00	Erin Burnett OutFront		New Day	新闻联播	News
19:10					The Debate
19:30					Headlines
19:32				天气预报	The Debate
19:40				焦点访谈	
19:52					Focus
20:00	Anderson Cooper 360		New Day	东方时空	News
20:15					Headlines
20:16					Business Daily
20:21					Sports Chronicle
20:30			World Sport		News
20:45					Headlines
20:46					Media Watch
20:51					Focus

续　表

播出时间	CNN 欧洲频道 ET	CNN 美国频道 ET	CNN 亚洲频道 HKT	CCTV 新闻频道	France 24
21:00				新闻联播	News
21:17					Headlines
21:18		Cuomo Prime Time	First Move with Julia Chatterley		Business Daily
21:30				新闻1+1	News
21:44					Headlines
21:45					Eye on Africa
22:00				国际时讯	News
22:15					Headlines
22:16			Connect the World		Business Daily
22:21		CNN Tonight with Don Lemon		环球视线	Media Watch
22:30					News
22:44					Headlines
22:45			World Sport		
22:46					Eye on Africa
23:00					News
23:15					Headlines
23:16		CNN Tonight with Don Lemon	Connect the World	24小时	Business + Media Watch
23:29					News
23:44					Headlines
23:45					Sports Chronicle
23:50					Focus
0:00					News
0:11		CNN Newsroom with John Vause	CNN Newsroom (CNN/US)	午夜新闻	The Debate
0:30					Headlines
0:32					The Debate
0:45		World Sport			

续 表

播出时间	CNN 欧洲频道 ET	CNN 美国频道 ET	CNN 亚洲频道 HKT	CCTV 新闻频道	France 24
0∶52	World Sport		CNN Newsroom (CNN/US)	午夜新闻	Focus
1∶00	CNN Newsroom with John Vause		CNN Newsroom (CNN/US)	新闻直播间	News
1∶15					Business Daily
1∶20				焦点访谈	Sport
1∶30					News
1∶36				法治在线	
1∶45					Encore!
2∶00	CNN Newsroom with Robyn Curnow		CNN Newsroom (CNN/US)	新闻直播间	News
2∶15					Focus
2∶19					French Connections
2∶30					News
2∶33				新闻1+1	
2∶45	World Sport				Eye on Africa
3∶00	CNN Newsroom with Rosemary Church		Amanpour	新闻直播间	News
3∶11					The Debate
3∶30					Headlines
3∶32					The Debate
3∶44				焦点访谈	
3∶52					French Connections

资料来源：CNN Digital 官网，https://edition.cnn.com/tv/schedule/asia/index.html；央视网，https://tv.cctv.com/live/cctv13/；France 24 官网，https://www.france24.com/en/tv-guide/yesterday，最后浏览日期：2021 年 3 月 16 日。

与 CNN 类似，如今的半岛电视台在全球 140 多个国家和地区拥有超过 2.82 亿家庭用户。在 2006 年推出英语频道、2009 年发布阿拉伯语和英语的手机移动端 App 之后，半岛电视台于 2011 年开办了总部设在萨拉热窝、为前

(a)

(b)

第九章　广播电视新闻——全新闻频率/频道、深度报道、非虚构文本和可视化 | 339

(c)

(d)

(e)

图 9-1　CNN Digital 首页(2021 年 3 月 16 日)

(资料来源:CNN Digital 官网,https://edition.cnn.com/)

南斯拉夫地区提供新闻服务的半岛巴尔干台。经历了2014年启动土耳其语新闻网站、2017年5月3日关闭等一系列艰难时刻,截至2021年3月,半岛电视台的英文YouTube频道有709万订阅者,Facebook有超过1 474万用户,Twitter用户将近668万,在英语新闻世界中占据重要位置。

法国的国际新闻频道France 24也从英法双语拓展到以法语、阿拉伯语、英语和西班牙语四种语言向世界各地的3.55亿家庭播出(节目时间表参见表9-1),其中,西班牙语节目为每天6小时。这四个频道的每周总收看人数为6 120万,分布在183个国家,尤其对于那些非洲的法语国家而言,可以称得上是首屈一指的国际新闻频道。France 24位于巴黎的新闻编辑室由来自35个国家的430名记者组成,通过遍布几乎每个国家的160个国际记者站网络进行全球事务报道。它的受众可以通过有线电视、卫星电视、DTT、ADSL、YouTube,在电视机、手机、平板电脑上以四种语言接收新闻内容。France 24的数字平台每个月在Facebook和Twitter上吸引1 650万访问量、4 560万视频观看次数(2018年平均)和3 820万关注者(2018年10月)[1]。在它的官网首页,可以选择四种不同语言,可以看到它的新闻类别主要有直播新闻、法国、非洲、中东、美洲、欧洲、亚太地区、商业/技术、体育、文化、旅行。除了这些常规新闻分类,France 24还有两个特殊的新闻类别。

其一是可视化新闻。在这个类目下可以看到包括图文和视频在内的可视化新闻内容。例如,详尽的信息图《新冠:有关法国接种疫苗的20个问题》(2021年2月8日),回应了诸如法国提供哪些疫苗及它们之间的区别、疫苗对新的变种有效吗、有什么副作用等公众关心的问题;可视化互动作品《历史上的大流行》(2020年4月),从公元前430年的雅典瘟疫到当今的艾滋病,回顾了人类有史以来最致命的流行病;长篇图文视频报道《出埃及记:难民记忆中的德军1940年入侵》(2020年5月);可视化呈现的《法国第二轮地方选举的全部结果》;等等[2]。

其二是"与假新闻斗争"(Fight the Fake)(见图9-2)。这是由France 24、法国国际广播电台RFI、蒙特卡洛中东电台MCD合并而成的法国世界媒体集团(France Médias Mond)的网络平台,"致力于提供基于事实的新闻。公正的事实性报道是抵制各类假新闻的最佳武器:谣言、宣传和点击诱饵。我们的全球撰稿人和特派记者网络可帮助我们从世界各地消除假新闻"。其中,"揭

---

[1] 参见France 24官网,https://www.france24.com/en/about-us,最后浏览日期:2021年3月17日。

[2] 参见France 24官网,https://www.france24.com/en/webdocumentaries/,最后浏览日期:2021年3月17日。

穿"(Debunked)着力于揭露假照片和视频,并且为用户提供检测假新闻的工具;"真相还是假象"(Fact or Fake)检测并纠正有关欧盟及其 28 个成员国的虚假新闻;"信息移民"(InfoMigrants)团队则专门追踪有关移民的传言。在这个部分,我们可以看到自 2020 年以来的热门辟谣,比如《得克萨斯州抖音用户把雪放到火上烤以确定它是不是真的》(2021 年 2 月 25 日)、《烧雪吗?阴谋论浮出水面》(2021 年 2 月 15 日)、《真相还是假象:有关新冠疫苗及其效果的错误信息》(2021 年 2 月 8 日)、《新冠病毒肛门检测在中国:为什么这个视频实际上是假的》(2021 年 2 月 5 日)、《事实核查:第一批获得新冠疫苗的人是否死亡》(2021 年 1 月 29 日)、《不!航空公司工作人员并没有阻止美国国会山暴动者登上飞机》(2020 年 1 月 22 日)等①。

(a)

---

① 参见 France 24 官网,https://www.france24.com/en/fight-the-fake,最后浏览日期:2021 年 3 月 17 日。

第九章　广播电视新闻——全新闻频率/频道、深度报道、非虚构文本和可视化 | 343

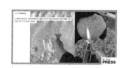

(b)

图 9-2　France 24 官网主页（2021 年 3 月 17 日）

（资料来源：France 24 官网，https://www.france24.com/en/）

并不是所有的全新闻频率/频道在媒介融合的大趋势下都顺风顺水。在 FiOS1 提供地方新闻十年之后，2019 年，Verizon 宣布不再与其新闻节目的制作公司 Regioal News Network（简称 RNN）续签。FiOS1 于当年 11 月 13 日停播，它的网站和社交媒体账号也随即关闭。显而易见，失去本地声音是一个重大的损失，RNN 总裁理查德·弗兰奇（Richard French）在最后的 FiOS1 长岛新闻播报结束时说："过去十年，我们为整个团队，以及为观众带来的成就感到非常自豪。""我们希望您喜欢观看新闻，也喜欢给您带来新闻。这很困难，因为显然,这不是我们告别的选择。"①

三、案例:CCTV 新闻频道的改革历程

伴随重大新闻事件的广播电视同步传送和滚动报道,越来越成为 21 世纪新闻媒体竞争的焦点。CCTV 新闻频道于 2003 年 5 月开播,迈出了中国广播电视新闻媒体走向世界的重要一步。它不仅给中国的广播电视受众带来了全天候 24 小时不间断滚动播出电视新闻的新概念,而且与央视一套、二套、四套、九套在内部形成了一个比较立体的电视新闻传播网,使中国的广播电视新闻媒体在新闻信息传播总量、时效和形态等方面,开始具备与国际传媒竞争的实力。

在世界范围内电视全新闻频道竞争日益激烈的大背景下,2009 年七八月间,中央电视台新闻频道在开播六年、历经大大小小五次改版之后,再一次改版。这次改版在中央电视台内部被称作"节目改进与提高"的变脸,力图进一步整合中央电视台新闻中心的资源,最终从架构上达成大编辑部的运作格局。实际上,中央电视台新闻频道从播出开始,每次改版的目的强调的不外乎有三个方面:一是强化新闻频道特质,提升信息量;二是强化直播,转变电视语态和表达方式;三是调整节目编排,开发新时段、新节目。这次改版的目标仍是"新闻立台",引发的热议很多,主要在于整体包装风格的变化、新主持人的加盟和内容的变化。尽管从社会各界获得不少赞许,但业内专家对新闻频道这三个方面的变化,评价最低的是内容②;对于中央电视台从内部进行改革的动力究竟有多大和能走多远,也颇有质疑③。实际上,如果从思路和运作策略上看,中央电视台新闻频道的这些改变,是与世界电视行业和全新闻频道的发展路向相一致的(见表 9-1、表 9-2)。首先,经过六年的演进,中央电视台新闻频道已不再是开播之初那种按照栏目、部门/中心的架构运作,而是以 24 小时实时发稿更新的动态新闻为骨架,以直播和现场报道为常态节目样式,力图搭建大编辑部资源高度整合的新闻运作平台,这一点非常值得肯定。其次,节目编

---

① 参见 Long Island Press,"FiOS1 News Going Off The Air in November," August 19, 2019, accessed March 17, 2021, https://www.longislandpress.com/2019/08/19/fios1-news-going-off-the-air-in-november/;"FiOS1 News Signs Off For The Last Time," November 14, 2019, accessed March 17, 2021, https://www.longislandpress.com/2019/11/14/fios1-news-signs-off-for-the-last-time/。

② 参见《央视新闻频道改版完成 专家打分内容得分最低》(2009 年 8 月 18 日),新浪网,http://ent.sina.com.cn/v/m/2009-08-18/14492658566.shtml,最后浏览日期:2021 年 3 月 17 日。

③ 参见《央视改版:谁在喧哗,谁在骚动?》(2009 年 8 月 13 日),时代在线,http://www.timeweekly.com/post/4805,最后浏览日期:2021 年 3 月 17 日。

排力求呈现出新闻频道的整体面貌,白天大时段的直播节目满足新闻滚动的需要,晚间黄金时间不同新闻栏目针对目标观众的差异化诉求,也是提升全新闻频道信息量的重要措施。再次,直播、现场报道、演播室与现场的连线等新闻元素能够有效地强化电视新闻与事件同步的现场性,只有这样才能充分发挥出电视全新闻频道的独特优势。此外,频道包装的形式感使得屏幕整体风格趋于明快,有助于从视觉元素上吸引观众的注意力。然而,正如有学者指出:"《新闻联播》所要去除的不是严肃和无华,而是体制性刻板和僵硬。"①制度化的制约使得中央电视台新闻频道的改变更多地局限在外在的形式,更多地在于其象征意义,而非深层次的新闻理念的变化。其中,下述两个问题值得格外关注和思考。

表9-2　CCTV新闻频道从2003年到2009年的主要变化

年份	热点	砍掉栏目	新开栏目	包装	其他调整
2003	滚动新闻	《海外速递》《数字观察》《世界报道》《体育周刊》《财经周刊》《文化周刊》	《面对面》《每周质量报告》《新闻会客厅》《小崔说事》		《社会记录》、《新闻会客厅》、《国际观察》等调整播出时间
2004		《亚洲报道》《文化报道》《声音》			
2005	直播				
2006			《朝闻天下》《360°》《防务新观察》	统一频道包装,黄色弧形标识新演播区电视墙	《法治在线》、《新闻会客厅》、《社会记录》等调整时段,《军情连连看》、《约会新七天》等扩容
2008	汶川地震报道、奥运报道等	《360°》《社会记录》《人物新周刊》《本周》《约会新七天》	《新闻1+1》		《新闻联播》增加本台短评,《国际时讯》扩容,《法治在线》撤出黄金时段

---

① 参见《新闻联播要去除"体制性刻板和僵硬"》(2009年8月5日),搜狐新闻,http://star.news.sohu.com/20090805/n265721814.shtml,最后浏览日期:2021年3月17日。

续　表

年份	热　点	砍掉栏目	新开栏目	包　装	其他调整
2009	最美女主播	《新闻会客厅》《每周质量报告》	《环球视线》《24小时》	整体包装统一风格，三行滚动字幕等	大时段编排，增加直播和现场报道，加大评论力度，《实话实说》暂时停播，《小崔说事》迁至央视一套，《新闻联播》删减会议新闻

资料来源：笔者整理。

第一，在全球化和媒介融合的大背景下，电视新闻面对的是能够接触多种信息来源和多样化新闻内容的新一代受众。以互联网为代表的新媒介技术在中国快速发展，在公众获取信息、表达自我、参与社会方面产生越来越深远的影响。例如，互联网在厦门PX事件中成为公众维权的主要表达平台，在汶川地震中凸显出民间社会强大的组织动员功能，以及"人肉搜索"伴随互联网上汹涌的民意发挥出舆论监督的威力。相比之下，以中央电视台新闻频道为代表的主流媒体如果仅仅着眼于"直播与否"，而不是"直播什么"，是远远不够的。《新闻联播》被网友发现2009年高考报道中出现2008年的画面，中央电视台新大楼辅楼火灾时中央电视台屏幕上正在播出的却是澳大利亚森林大火，这样的问题若不从根本上解决，中央电视台新闻的权威性和公信力是无法依赖新的版面、编排或包装来维系的。

第二，媒介融合带来的挑战还在于网络论坛、视频分享、手机及各类即时通信工具等，能够为公众与新闻事件之间的互动提供多种可能。针对社会热点，公众的表达渠道和表达方式日趋多元，表达内容也日益差异化。这种态势与新媒介的技术平台相关，更与社会学者用来分析当下中国变迁的碎片化特征密切相关（李强，2004）。当中国社会从庞大的整体分化为多元利益群体，人们的社会需求、态度、行为也随之而分化，公众的信息寻求模式和意见特征往往根据具体的热点问题产生不同的分野，并且难以用相同的价值尺度进行整合。如果强势的国家电视机构不能就社会热点及时、便捷地与公众形成充分的互动，并且满足公众差异化、碎片化的意见表达需要，那么公众势必会转而寻求更适合自己的媒体平台。建立新闻媒体与公众之间多元的参与和互动机制，关键在于对于什么是新闻的理解，以及对公众的高度尊重，远非中央电视台新闻频道改版中常被津津乐道的评论员制度能够替代。

无论是对于传统的新闻业而言，还是媒介融合的新态势，新闻业的首要责任是满足公众的知情权。然而,新闻不会从社会生活中自动浮现出来,就算是新技术提供了无数的便利,一个好的新闻机构依赖的仍然是职业记者,他们的专业判断、良知与勇气。党的十七大提出"保障人民的知情权、参与权、表达权、监督权",所有这些权利的实现都与大众媒介息息相关,而其中的基础是知情权。自 2009 年中央电视台新闻频道以新闻立台的改革实践以来,已逐步形成以早间《朝闻天下》、午间《新闻 30 分》、晚间《共同关注》和《东方时空》为核心,以整点新闻《新闻直播间》为特色的整体编排模式。一些新的重点栏目,如《环球视线》、《新闻 1+1》、《24 小时》等,深受观众和专家学者好评(见表 9-2)。2012 年开播的《环球记者连线》于 2014 年停播。2019 年 7 月 20 日 0 点,新闻频道启用中央广播电视总台总部 N01 高清演播室。自 2019 年 10 月 16 日中午起,《新闻 30 分》栏目搬入旧址 N07 演播室进行准高清化直播,从 2009 年开始沿用了十年的频道包装和栏目形式又一次进行了改造。之后,白天时段演播室移至 N07 演播室,全天时段转为高清信号播出,同时,改变频道包装。与 2009 年相比,2019 年的包装采用全新的配色系统,色调更明快(见图 9-3)。2019 年 11 月 20 日,新闻频道高清版在央视频手机 App 正式上线。

图 9-3　中央电视台新闻频道官方网站主页(2021 年 3 月 17 日)

(资料来源:央视网,https://tv.cctv.com/live/cctv13/)

在新冠肺炎疫情期间，中央电视台新闻频道秉持公共利益，推出《战疫情》系列特别报道，在2020年1月26日至4月30日播出，《新闻1+1》也推出系列特别节目。2020年7月18日，《新闻联播》、《天气预报》、《焦点访谈》正式开启全高清制作，《新闻联播》更换高清片头、过场动画、新闻跑马和新闻片段，并从原229新闻演播室迁入N01新闻演播室，《焦点访谈》则迁入全新的N11新闻演播室。2020年7月19日0点，中央电视台新闻频道CCTV-13高清版正式上星加密传输，并且实现高标清同步播出。

第二节 广播电视新闻深度报道的发展和意义

如果说新闻是广播电视媒介机构权威性和社会公信力的集中体现，那么其中的新闻深度类节目就更进一步反映出该媒介机构的新闻理念、职业追求和水准，以及新闻节目的制作实力。纵观全世界顶尖的广播电视媒介机构，无不以消息类综合新闻之外的深度报道、调查性报道、新闻评论栏目等，来树立自身的品牌形象，确保在新闻业的重要地位。就像美国哥伦比亚广播公司（CBS）有《60分钟》，全国广播公司（NBC）有《日界线》，美国广播公司（ABC）有《20/20》，公共电视（PBS）有《前线》；英国广播公司（BBC）有《新闻之夜》，独立电视（ITV）在1999年之前有《世界在行动》；中国中央电视台也把《焦点访谈》、《新闻调查》视为体现世界级大台实力和水准的标志之一。

一、广播电视新闻深度报道：类别界定的中外之别

上述各类节目有一定的内在相似性，但是如果要为这类节目下一个定义，就会发现，尽管这些节目的大致特点主要有——关注时事和社会重大问题，对一个事件的来龙去脉、前因后果有比较深入的分析，对事件的影响和意义有一定的阐释等，但是，的确很难用一个比较简要的概念来赋予它们明确的共同性。从节目形式上看，它们有的是新闻时事杂志，如《60分钟》，每期一小时的节目由三个短片组成；有的是新闻时事专栏，如《世界在行动》，每期一个完整的片子来反映一个事件；有的则要灵活得多，如《20/20》，可以用三个短片组成一小时的节目，也可以把整整一小时都交给芭芭拉·沃尔特斯（Barbara Walters）做对美国前总统克林顿丑闻女主角莫妮卡·莱温斯基的独家专访。

从体裁上看,在国外,这类节目往往混合了调查性报道、解释性报道、特写、短纪录片、人物访谈等;在中国,则是新闻深度报道、新闻专题、特别报道、专访、新闻述评、新闻评论等的混合体。

例如,在一年一度的全国优秀电视新闻评选中,以往很多年来,参评节目类别归属上的争议时常出现。一则新闻报道,究竟应该归属于新闻专题、新闻深度报道,还是新闻评论?实际上,中国电视新闻类别的界定经过了一个随中国广播电视新闻改革同步发展的过程。专题报道和新闻评论是在1986年成为除新闻(意指消息)、连续/系列报道外参评的两个大类,但新闻深度报道这一类别在那时尚不存在。1992年,在经过中国广播电视界专家学者一年多的讨论、数易其稿的《电视新闻分类条目》(讨论稿)中,电视新闻节目被分为消息类、专题类、言论类(包括电视论坛、电视讲座、电视述评、评论员评论等),电视深度报道也并不在条目之中。有趣的是,在这个讨论稿里,获1986年全国优秀电视新闻评选新闻评论一等奖的作品《温州之路》,却作为例子出现在"专题类电视新闻条目"之下,而非"言论类条目"下面。在1998年出版的《中国电视论纲》(杨伟光,1998)一书中,电视新闻节目形态被划分为(消息类)电视新闻、新闻评论、新闻专题、现场直播四大类,其中的新闻专题指的就是针对某一新闻题材所做的深度报道,并且在具有一定深度的同时,又可细分为调查性新闻专题和访谈类新闻专题。本书作者之一的电视新闻深度报道作品《中国基因抢夺战》(1998),在参评上海新闻奖时,被归入新闻专题;在参评中国新闻奖时,被归类为新闻评论;在参评中国广播电视奖时,被归入社教类节目中的社会政治类。上述种种不难看出,中国业界和学界对于广播电视新闻深度类节目在界定上的模糊之处。尤其在使用"调查性报道"这种在国外媒体行业早已形成基本共识的概念时,很容易引起困扰。

如果深入分析国外类似的节目实践,就会发现,许多成功的广播电视新闻节目制作人,都会更关注一个新闻栏目的整体风格和定位,而并不十分介意在栏目中播出的单个节目究竟是调查性报道、特写,还是访谈。例如,美国哥伦比亚广播公司(CBS)《60分钟》栏目的执行主编菲利普·席弗勒曾说,对于《60分钟》这档老牌、权威的新闻杂志节目来说,最基本的选题思路是:寻找一个小故事,但这个故事要在一个大的主题之下,例如一个帮助病人实施安乐死的医生,涉及的是医生的职业伦理和人对自己生命的权利问题;寻找最合适的访谈对象和最恰当的语言表达,来确保新闻报道的准确性和深度。至于每档节目里的三个短片由什么样式来呈现,则取决于具体的选题。因此,栏目的包容性是很强的,既有大量有关社会重大问题的调查性报道,也有一些类似一个年逾七旬的芭蕾舞演员的故事那样优美的人物特写①。《日界线》自诩为"NBC 新闻在黄金时间的标志性栏目,开辟了黄金时间新闻节目的新途径,即一周多次的高密度特别报道,让 NBC 可以充分提供最高质量的深度报道、调查性报道和新闻人物专题"。与《60 分钟》通常每期三个节目组成一档新闻杂志不同,《日界线》的最大特点在于栏目的弹性,它可以由几个不同主题的特别报道组成一期,可以是关于某个重要题材的一小时专题或纪录片,也可以是连续报道和系列报道。它曾倾力对一些突发性新闻和社会热点事件进行长时间的报道,比如洛杉矶的地震和火灾、O·J·辛普森的案子、戴安娜王妃的葬礼;也播出过许多产生广泛社会影响的一小时长的专题报道,比如关于美国全国儿童福利系统的《走失的小女孩》、关于美国种族关系的《我们为什么不能在一起生活》等②。《60 分钟》和《日界线》的新闻实践分别反映了各自对广播电视新闻深度类、调查类、评论类节目的不同理念,而且都获得了成功。因此,在美国一些大学的广播电视新闻专业的课程里,除了消息类广播电视新闻采访写作的内容,按照新闻题材类别大致划分出如政治报道、财经报道、娱乐报道、体育报道分门别类授课外,其他具有一定时间长度和容量的广播电视节目采制,则统统归入一门称为"非虚构节目制作"的重头课程,从人文性极强的纪录片到以揭丑为要旨的调查性报道都囊括其中。对于广播电视新闻从业者来说,能用不同手法来驾驭同一个主题,是他们入行之初就必须完成的基础的专业训练,加之广播电视制作手段的飞速发展,使得广播电视深度类节目的边界和包容性不断变化。因此,只要以新闻业客观、可信、负责任的专业理念作为节目目标,在消息类新闻报道之外,在内容丰富性和深度、阐释性等方面的拓展,都可以视为新闻深度报道的延伸。

  从新闻操作的意义上看,深度报道在新闻业界被认为是"以今日之事态,核对昨日之背景,揭示明日之意义"。参照英美国家深度报道和调查性报道发端发展的历史轨迹,不难发现,深度报道与新闻业作为独立的社会批评监督力量的存在息息相关,也与大众媒介的商业化和市场化密不可分。在英国,深度报道/调查性报道的理念源自纪实性的现实主义文学传统中强烈的社会批判意识,在科学主义为这样的社会批判提供了"客观性"这样一种所谓的超然的新闻专业主义的态度(而非哲学意义上的概念阐释)的同时,像狄更斯那样集新闻记者和小说家于一身的前辈,同样用其作品中对社会底层悲天悯人的道德情怀滋养着投身调查性新闻报道的后来者。而公共教育的发展和识字率的

---

① 笔者访谈和调研美国哥伦比亚广播公司《60 分钟》栏目,1999 年 4 月。
② 笔者访谈和调研美国全国广播公司《日界线》栏目,1998 年 10 月。

快速上升,以及由于普选权和工会运动带来的大众政治化趋势,则为英国调查性新闻报道赖以生存的载体——报业市场的快速扩张提供了机遇(de Burgh,2000:32-42)。在20世纪初美国黑幕揭发运动中发挥巨大作用的调查性新闻报道,则被认为是美国社会转型与大众传播媒介互动的重要个案。民主化的市场社会孕育了现代新闻事业,而历时十余年、产生了2 000多篇有影响的文章的黑幕揭发运动,所产生的公众舆论对美国社会腐败的抑制,不仅以公共利益和公共资源的保护为目标在许多领域最终促进了立法进程,而且派生出美国主流新闻思潮之一的调查性新闻报道。如果我们将新闻专业主义理念作为深度报道/调查性报道最基本的出发点,那么,市场则是一把双刃剑,它既是新闻业公共诉求和舆论力量得以表达和发生作用与影响的场域,也是助长新闻媒体源自道德冲动的煽情、过度曝光与圈套的土壤。换言之,在各种社会关系的角力与协商中,深度报道和新闻评论类电视节目既可能成为推动社会进步的积极力量,也可能异化成销售技巧包装下的消费产品。

二、中国广播电视新闻深度报道的实践脉络

如果不去纠缠广播电视新闻深度报道的概念界定,而是从新闻实践的角度看,那么中国广播电视新闻深度报道的实践形态是十分丰富的。

中国广播电视新闻深度报道是在中国改革开放的社会历程中发育起来的。1978年,作为一家地方媒体,依托于中国经济最发达的城市,上海电视台推出了一档全新的电视栏目《新闻透视》。这个与香港TVB经典新闻深度报道栏目同名的节目,堪称中国内地历史最悠久、生命力最强的电视新闻深度报道和评论节目。从形式上,《新闻透视》几经变革,从最初每周1期、每期30分钟的杂志型栏目变为后来的每天播出1期、每期5分钟左右。尽管形式多变,但是在节目特色上,它始终保持及时准确地捕捉社会热点、针砭时弊反映群众呼声、融现场感与评论性为一体的风格。《新闻透视》的问世,与深度报道和新闻评论在中国改革开放大背景下的勃兴同步。1980年,中央电视台创办了中国第一档电视新闻评论栏目《观察与思考》,"融音响、画面、文字于一体,将现场采访与即时分析结合,开始将纪实性和思辨性贯穿在节目当中"(叶子,1999:312)。在那一时期,无论是《人民日报》的《中国改革的历史方位》(1987年10月6日)、《经济日报》的《关广梅现象》(1987年6月13日),还是《中国青年报》有关大兴安岭大火的系列报道(1987年6月24日、7月4日),无不与中国社会变革的前沿问题相互观照。与此同时,学者提出舆论监督是"实施社会主义民主的有效手段之一",这个词条进入中共十三大报告,成为新闻媒体

监督公共权力合法化的标志（孙旭培，2003）。在此背景下，《新闻透视》同样着眼于当下的社会变革，下设三个板块："纵与横"，取纵横捭阖之义，旨在关注改革开放中社会的主流问题；"长焦距"，聚焦社会现象；"社会广角"是社会新闻的深度版。三个板块相互补充，对重大新闻事件进行跟踪报道、解释和评论，专访新闻人物，对社会热点进行思辨性评价和探讨，直接反映群众呼声和建议，为民排忧解难。与综合新闻相比，《新闻透视》不仅把摄像机更多地对准普通百姓的生活，拓展了报道内容，而且在形式上强调记者的调查和参与，突出舆论监督和引导舆论的功能。面对中国社会改革开放凸显出来的新问题新矛盾，这一类报道与当时中国社会发展的主流价值体系所需要的思想启蒙不谋而合。

20世纪90年代初中期，电视新闻深度报道/调查性报道开始呈现出新的面貌。一方面，中国媒体的市场化程度提高，媒体生存压力骤增，新闻业新的竞争态势开始出现；另一方面，中国社会在社会主义市场经济的强大驱动下开始出现各种利益分化，新的社会问题凸显。1994年4月1日，央视一套《焦点访谈》开播，将内容定位为"时事追踪报道，新闻背景分析，社会热点透视，大众话题评说"。它是"中国观众家喻户晓的一个电视栏目，也是中央电视台收视率最高的栏目之一。《焦点访谈》的收视率稳定在30%左右，每晚收看这个栏目的观众约有3亿，每天有上千名观众给这个栏目打电话、写信、发传真和电子邮件，反映他们的收视意见，提供大量的报道线索。由于坚持'领导重视、群众关心、普遍存在'的选题原则，节目自开播以来，受到上至党和国家领导人，下至普通老百姓的广泛关注和重视。国务院总理称'每日必看《焦点访谈》，从中可以得到第一手的材料'，并且多次以《焦点访谈》报道的内容为依据阐述国家的方针政策，对有关方面的工作作出决策指导，他甚至说《焦点访谈》'是中央工作的一部分'。1998年10月7日，总理到中央电视台视察时，特意为《焦点访谈》赠言：'群众喉舌，舆论监督，政府镜鉴，改革尖兵。'广大观众认为，《焦点访谈》是'正义之剑、民主之盾'，《焦点访谈》进行的舆论监督标志着中国的改革开放和民主法制建设达到了一个很高的水平"[①]。该栏目受到宣传管理和市场逻辑的双重认可，意味着电视新闻深度报道和评论完全可能具有如此特质，既被视为党和政府的批评治理手段，又可以在市场驱动下获得高额利润，其"领导重视、群众关心、普遍存在"的选题原则就是对各方利益博弈的重要操作性和技巧性认知。同是这个阶段，《南方周末》和央视二套等诸多媒

---

① 参见央视网《焦点访谈》栏目介绍，http://www.cctv.com/news/focus/lanmu.html，最后浏览日期：2003年5月10日。

体开始介入与推动的消费者权益保护运动,则更多地呈现出比较自觉的有关现代社会公众启蒙的萌芽。随着媒介环境的变化,1994年6月,上海电视台《新闻透视》进行重大改版,节目样式改为每天1期、每期5分钟,从多角度多层次去深入解读新闻事实或社会热点,力求全方位挖掘其所蕴含的本质特点。节目的形式,可以是深入调查一起新闻事件,可以是细致解读一个社会现象,还可以从多层次展现一种新的精神风貌;既可以理性预测某种发展趋势,也可以倡导某种价值观念。改版使节目逐渐形成一套规范的结构和表达方式。改版的重大变化还在于不再设专门的主持人,记者编辑直接出镜,夹叙夹议,对新闻热点进行及时的分析、解读和点评。与《焦点访谈》的收视状况类似,《新闻透视》开播伊始就在上海电视台新闻类节目收视率排名中独占鳌头。

三、中国广播电视新闻深度报道的困境

2003年前后,中国的新闻深度报道进入更广阔的公众视野。新华社"龙胆泄肝丸引发尿毒症"的报道,《中国青年报》对山西繁峙矿难瞒报的报道,《中国经济时报》对北京出租车行业垄断黑幕的报道等,均不同程度关涉公共利益的真相揭露;《华商报》的《夫妻家中看"黄碟"事件焦点》系列报道将一则普通的社会新闻,引向有关国家公权和公民私权界限的深度讨论;中央电视台《新闻调查》栏目明确提出"做真正的调查性报道"的目标定位,《死亡名单》、《无罪的代价》、《村官的价格》、《派出所里的坠楼事件》、《阿文的噩梦》、《命运的琴弦》等,都体现出新闻媒体在中国社会变动的历史格局中迫近真相的努力,也包含新闻媒体培育现代社会公民意识的思想启蒙功能。《新闻调查》栏目制片人张洁曾说:"人有各种权利,什么样的权利是第一位的?是生存权。其次,才是权利,才是尊严。这是社会的焦点,任何一个法治国家都不会允许公民的生存权受到侵害。我们的调查性报道就要把维护那些普通老百姓的生命权作为第一要义。"(张志安,2005)这可以说是对新闻深度报道在当今中国社会转型过程中所担负的社会功能和新闻专业主义诉求目标的清晰概括。之后的"西安宝马彩票案"、"孙志刚案"、"阜阳奶粉事件"等报道,均体现出不同程度的公民意识的自觉启蒙。

然而,也必须注意到,在这个过程中,市场的力量以更加明确的方式体现出来,收视率的末位淘汰就成为中央电视台《新闻调查》栏目的一道紧箍咒;有关规定所划定的边界也给深度报道和新闻评论的进一步拓展带来压力。中国社会的复杂特征,直接作用于电视深度报道和新闻评论所植根其中的社会环

境,也时时浸透着新闻媒体的专业诉求。对于新闻深度报道和评论而言,一方面,中国社会转型时期多种时代成分并存和多重利益分化,使得这类报道在面对大量可能涉及的内容时,担负着沉重的道义责任,却又必须遵循有关规定划定的报道边界;另一方面,强大的市场驱动在一些时候成为道义责任和新闻专业主义理念的共谋,这往往被表述为"满足受众的需要",或者"在受众中引起强烈反响",进而取得其存在和发展的合法性,但另一些时候,市场却又以其低格调和主动谄媚于貌似主流的社会价值,不仅温婉地扼杀了深度报道和新闻评论中的社会批判性,也消磨掉新闻专业主义诉求的高品质标准。于是,软性题材软化处理,成为不少媒体的当然选择。中央电视台《新闻调查》2005—2006年度的一些报道,如《以生命的名义》、《农民看病现状调查》、《长大未成人》、《医保疑团》等,都是相对软性的题材,或者在叙事上更为软化。上海电视台《新闻透视》的实践也类似,无论是报道结构还是解说词撰写,《新闻透视》都更加追求"讲故事"的效果,让报道生动、鲜活,具有可看性;在选题上也尝试将落点选得比较小,更贴近百姓生活,一事一议,短小精悍,靠近民生去做文章,博得受众和市场的青睐。注重结尾的点评,则是《新闻透视》在"讲故事"之外区别于一般社会新闻报道最大的特点。相关从业者认为,新闻的深度如何体现,一方面是客观深度,在保证时效性、对新闻事件快速反应的同时,为观众提供尽可能多的背景报道和相关信息,解读新闻;另一方面是主观深度,在片子的结尾,主持人进行简短但非常直接的点评,表明媒体态度。但这样的点评并非就事论事,更多是点出单一事件或者现象的普遍意义,对其他相关单位、个人、行业、部门的借鉴意义,而且点评是画龙点睛还是蜻蜓点水,对电视新闻深度报道和评论类节目的优劣有着至关重要的决定作用①。

这种刚性的评论和意见表达与柔性的故事性之间的矛盾,体现的是新闻专业理念与市场需求之间的冲突,同样呈现在其他类似的栏目当中。在上海本地的广播电视新闻深度报道和评论类节目中,除《新闻透视》之外,《东视广角》也有十余年的历史。这档每周一至周五晚7点播出的节目,经过多次改版,在节目因2009年频道专业化调整下马之前,有"广角调查"、"广角关注"和"百姓摄像"三大板块,时长20分钟,内容以关注与上海市民生活密切相关的社会热点为主,注重舆论监督和人文关怀、时效与深度并重,试图在融新闻信息、舆论监督与服务群众于一体的栏目宗旨上有所创新。即使栏目强调其仍坚持舆论监督的节目定位,但近年来,舆论监督类节目的操作难度越来

---

① 笔者对《新闻透视》资深编导的访谈,2007年6月12日。

大,栏目自身也在弱化或者转化这样的色彩,转变为所谓"民生化的舆论监督",或者加大社会现象类和服务类选题的比例。受众调查显示,观众不喜欢演播室的评论部分,而是更看重故事;甚至,栏目从业者们认为,受众存在盲目心态,总觉得舆论监督就是揭黑爆料,把新闻当成电视剧来看,追求非常态的报道,受众的胃口水涨船高。于是,迫于收视率的压力,编导变得越来越主动增加讲述故事的成分。

《1/7》是上海电视台 2004 年推出的 60 分钟大型新闻周刊,每周日晚黄金时间播出,最初分为"热点调查"、"社会故事"、"新闻人物"三大板块,强调"以人为本"的制作理念,以深入的调查、故事化的表达和专业的制作水准,"打造七天中最具影响力的一个小时"。与《新闻透视》和《东视广角》的本地化特色有所不同,在开播之初,《1/7》的全国性选题占相当大的比例,国际性的选题也时有涉及,如"英国莫克姆海滩拾贝惨案"、"东南亚海啸"、"中东问题"、"9·11 事件"等。相对于上海媒体以往的深度报道内容,《1/7》至少有三个显著特点:一是外地选题占的比例相当大;二是故事性比较强;三是出镜记者在节目中的主导作用比较强。从 2004 年 1 月 4 日开播到 2004 年 12 月 5 日,在《1/7》播出的 44 期共 132 个短片中,本地(及与本地相关的)选题只有 41 个,占 31%,而全国/国际选题为 91 个,占 69%。在本地选题中,正面内容占 68%,中性内容占 9%,负面内容占 23%;在全国/国际选题中,正面内容和中性内容各占 29%,负面内容占 42%;在负面内容中,本地选题和外地选题的比例更是高达 1∶4.33。这种状况是因为中国社会深层次矛盾凸显,导致快速多变的社会现实与新闻媒体的专业诉求之间,有可能形成一个相当富有余地的弹性空间,使得新闻报道在一些特定的场合可能有所突破。该栏目强化新闻表达的故事性、情节性和情感性,由出镜记者将事实和细节、采访过程、调查取证、人物情感等各种不同因素融合在一起,在一定程度上有助于将硬新闻软化为"蛋白"式的温情脉脉的对人物命运的关注。《开县过年》就是这样的一个实例。这种被一些学者视为用情感交换来化解矛盾的叙事策略(尹鸿,2004),无论对于拓展市场空间,还是对于拓展报道边界,一度都行之有效。

《深度 105》由新华通讯社与上海文广新闻传媒集团电视新闻中心联合制作,创办于 2005 年 1 月,每周一晚 8 点到 9 点在东方卫视播出。《深度 105》借人类徒手潜水 105 米的极限,寓意栏目制作者将竭尽所能让事实浮出水面的新闻追求。2007 年,《深度 105》全新改版。作为一档时长一小时的新闻评论节目,在三个板块中,"天下事"是硬新闻板块,强调对事件的深度调查和评论;5 分钟一期的"非常道"可称作"嘉宾一个人的脱口秀",侧重嘉宾的观点表达,编辑整合放大,再加上主持人结尾点评;"说旧闻"站在今天的角度看历史,也是观点和评析,更加强调人文关怀。主持人成为节目的标志性元素,由主持人在演播室评论、点评的成分加强。一期节目主持人平均出现十多次,仅在"天下事"板块,演播室评论就能出现5—6次①。由于《深度105》的播出时段处于卫视频道和地方台的电视剧时段,收视率的压力要求在节目选题上和制作品质上,考虑目标受众中年女性的趣味要求。在选题上,如"小保姆受虐真相"等都市家庭伦理故事类的选题,对收视率的拉动很明显。《深度105》还在节目形式上进行大胆的尝试和探索,例如"非常道"板块利用拆字环节,对社会现象和事件进行点评。主持人通过拆析"控"字来评论儿童教育问题,控制孩子的"控"字把手拿开,给孩子一个空间,这是正确的控制孩子的方法。收视率证明,这种新颖、形象,同时也十分另类的软性评论风格,受到观众的欢迎②。

从上述对广播电视新闻深度类节目发展历程的观察和分析可以看到,与中国新闻改革的发展脉络相一致,广播电视新闻深度报道和评论类栏目的实践,呈现出宣传管理、市场需求和新闻媒体自身专业诉求之间的一种微妙的平衡关系。迈克尔·舒德森(2006)认为,任何一个单一的研究取向本身,都很难完全解释新闻生产的所有现象和变化。毫无疑问,电视"趋向商业化的压力是最大的","如果新闻议程在某些方面拓宽了,那么它也在某些方面琐碎化了",以及"在其他方面被窄化了",凡此种种从硬新闻向"煽情主义"的变化常常用严肃新闻的"小报化"来概括(丹尼尔·C·哈林,2006:206-225),这几乎是当今全球新闻界共同面临的最大问题。对于中国媒体的现实环境而言,市场逻辑有时候为媒体的新闻专业诉求拓展边界的实践行为提供现实依据,有时候又会给理想主义的新闻专业诉求当头棒喝;新闻生产过程中各种利益诉求的角力与协商,各种力量随社会环境的变化此消彼长,也同时为新闻专业理念发挥积极作用提供了可能的空间——有些新闻记者仍然相信,新闻业对于整个人类社会来说,依然可能成为多元意见、多种声音的表达和交流平台。就目前看,中央级和地方广播电视媒体的新闻深度报道栏目大多保持高水准运作,持续产生社会影响。中央电视台《焦点访谈》(见图9-4)仍然"是中央电视台收视率最高的栏目之一,多次获中国新闻界最高奖项。栏目平均每天收到数千条来自观众通过电话、信件、传真、电子邮件、QQ等方式提供的收视意见

---

① 笔者对《深度105》栏目负责人的访谈,2007年6月12日。
② 笔者对上海文广电视新闻中心评论部负责人的访谈,2007年6月12日。

第九章　广播电视新闻——全新闻频率/频道、深度报道、非虚构文本和可视化 | 357

和报道线索"①。《新闻调查》(见图9-5)秉持的节目理念强调,"在中国社会发生重大变革的时候,《新闻调查》注重研究真问题,探索新表达,以记者调查采访的形式,探寻事实真相,追求理性、平衡和深入,为促进和推动社会和谐进步发挥点点滴滴的作用"②。纵览《新闻调查》2021年第一季度的选题,都紧扣社会关注的重大议题(见表9-3),体现了国家级电视机构的权威性和专业实力。

图9-4　央视网《焦点访谈》栏目主页(2021年3月17日)

(资料来源:央视网,https://tv.cctv.com/lm/jdft/index.shtml? spm = C28340.PsvRSVFIZBBB.E2PQtIunpEaz.75)

---

①　参见央视网《焦点访谈》栏目简介,https://tv.cctv.com/lm/jdft/index.shtml? spm = C28340.PsvRSVFIZBBB.E2PQtIunpEaz.75,最后浏览日期:2021年3月17日。

②　参见央视网《新闻调查》栏目简介,https://tv.cctv.com/lm/xwdc/index.shtml? spm = C28340.PsvRSVFIZBBB.E2PQtIunpEaz.87,最后浏览日期:2021年3月17日。

图 9-5　央视网《新闻调查》栏目主页(2021 年 3 月 17 日)

(资料来源:央视网,https://tv.cctv.com/lm/xwdc/index.shtml? spm=C28340.PsvRSVFIZBBB.E2PQtIunpEaz.87)

表 9-3　中央电视台《新闻调查》选题一览(2021 年第一季度)

播 出 日 期	选　　题
2021 年 3 月 13 日	服贸新跑道
2021 年 2 月 27 日	大峡谷脱贫路
2021 年 2 月 20 日	春节变奏曲
2021 年 2 月 14 日	武汉,别来无恙
2021 年 2 月 6 日	"多闻"的 2020

续　表

播出日期	选　　题
2021年1月30日	孙小果的复活与覆灭
2021年1月23日	疫情下的冷链
2021年1月16日	万米深潜之路
2021年1月9日	谁帮我们养老

资料来源：央视网《新闻调查》栏目主页，https://tv.cctv.com/lm/xwdc/index.shtml? spm = C28340. PsvRSVFIZBBB. E2PQtIunpEaz. 87，最后浏览日期：2021年3月17日。

第三节　移动互联网时代的非虚构文本和可视化

如前所述，在欧美高校广播电视新闻专业的教学方案里，有一种做法是将按条线分门别类的动态新闻之外的一切具有一定时长和体量、以社会现实为反映对象的影像内容创作，统统归入一门叫作"非虚构节目制作"的大课，而不再专门细分新闻纪录片、特稿、深度报道、人物专访等，特别是记者、制片人、导演自主性更强的选题操作更是如此。从哥伦比亚广播公司深度报道名牌栏目《60分钟》的节目看，其选题风格的多样性，事实上很难用"深度报道"去统括。在中央电视台《新闻调查》的实践过程中，也曾有一些选题处理引起行业内部一些争论。例如，关于甘肃武威小学生连续服毒自杀事件的调查《双城的创伤》，编导更多关注孩子们心理状况，而非传统调查性报道完善证据链的着眼点，以及结尾部分出镜记者柴静与事件幸存孩子之间较多情感介入的互动和影像呈现的文学性，都或多或少引发了一些关于深度报道操作原则的讨论。从更广泛的新闻采编理念来看，长期以来一直存在着一个更偏向于以更高的文学性来驾驭和把握社会现实事件的特殊文本类别。在文字报道领域，这个文本类别非常庞杂，国际文学新闻研究会（The International Association for Literary Journalism Studies，简称IALJS）将这个概念含混不清的文本类别称为文学新闻或报告文学。IALJS表述为"literary journalism/reportage"，它不是"关于文学的新闻"，而是"作为文学的新闻"（journalism that is literature 或者 journalism as literature）。与中国对文学新闻的字面理解或对报告文学这一在中国社会现实语境中有特殊指向的媒介文本类型的狭窄理解不同，IALJS的定义里包括报告文学(literary reportage)、叙事新闻(narrative journalism)、创意非虚构(creative non-fiction)、新新闻主义(the New Journalism)、文学非虚构(literary non-fiction)和叙事非虚构(narrative non-fiction),IALJS 甚至专门列出文学新闻的葡萄牙语(Jornalismo Literário)和西班牙语(el periodismo literario),以及报告文学的汉语拼音(Bao Gao Wen Xue)①。在关乎如何从文本技术上呈现有关社会现实的事实性信息的理念和原则上,"'文学'是一个描述符号、一个强大的形容词,表达的是作家可以从场景、角色发展、情节、对话、象征等多方面使用变化多端的元素,这些元素往往超出一般新闻的惯例";"'新闻'则是这个概念同样重要的第二个术语,这两个术语共同构成一个强烈的特殊定义:文学新闻是一种非常规的写作形式,它遵循常规新闻报道和表达真相的所有惯例,同时采用更常见的与修辞有关的叙事技巧。总之,新闻就像文学一样"(Roiland,2015)。在这个意义上,传统电视纪录片可以说是与之有着剪不断的价值和美学关联。

一、非虚构写作与新闻业

新闻文本中的文学传统由来已久,除了早期英国报业实践中明显的英国文学传统,那些曾做过记者的知名作家,如海明威、马尔克斯等,也都为这个行业带来取之不竭的文学养分。这一点,中国也不例外,从不同历史时期的报告文学和长篇通讯中,都能找到与文学新闻共享的文本写作取向。从20 世纪 30 年代的左翼革命报告文学,如《包身工》,到改革开放之初产生重大社会影响的《哥德巴赫猜想》、《扬眉剑出鞘》,再到 90 年代末期的《大国寡民》,无不如此。

从新闻业的发展看,兴起于美国 20 世纪六七十年代的新新闻主义,是将文学手法运用于新闻报道写作的典型案例。2018 年 5 月离世的非虚构作家汤姆·沃尔夫(Tom Wolfe)是新新闻主义最重要的代表人物。但新新闻主义绝不是文本和写作技巧的变化,其背后是一些新闻从业者对于新闻行业"客观性法则"的强烈质疑。"客观性法则"是美国新闻界长期奉行的新闻报道原则和价值理念。美国作为英国的殖民地,其报纸发端之初是人们获得家乡消息的重要渠道,尽可能准确地提供事实也是报纸对付诽谤指控和新闻检查的最好抗辩。然而,1775 年独立战争将报纸卷入党派纷争,1791 年第一修正案确立

---

① 参见国际文学新闻研究会(IALJS)官网,https://ialjs.org/about-us/,最后浏览日期:2021 年 3 月 17 日。

的"新闻出版自由平等权利"却被不同党派利用,以报纸相互攻讦。直到19世纪30年代"便士报"崛起,"观点纸"回归"新闻纸"。一方面,为避免重蹈"政党报纸黑暗时期"报道事实这一新闻标准沦丧的覆辙;另一方面,商业化报纸的盈利目的使得每一家报纸的新闻产品都可以在准确性、时效性等方面与另一家进行比较,以事实为基础的"客观性法则"因此成为新闻采编的指导性原则,其思想基础在于工业革命带来的科学经验主义思潮。经由通讯社进一步确定,在《纽约时报》"信息模式"的巨大商业成功中得以提升,再到第一次世界大战之后新闻业对战时宣传的反思,对公共关系行业之于新闻业侵蚀的反思,对"天真的经验主义"事实观和"如外科手术般精确"的"客观报道"的反思,基于"主观性不可避免"这一认知,"客观性法则"在20世纪初日益成为美国新闻业的道德约束与职业理想。

在这里,"客观"不再被视为一种唾手可得的目标,而是新闻机构的专业新闻从业者努力探寻和呈现新闻本来面目的立场与态度,以及一整套为尽可能减少主观干扰的采编实践原则,比如事实与意见分开、多个信源交叉验证、对等与平衡原则、第三者写作视角、中性词的使用、引语使用等。

然而,20世纪60年代美国社会民权运动、青年反叛运动的社会批判浪潮风起云涌,就像马尔库塞所说的,在高度一体化的发达工业社会,某些曾体现出拒绝与颠覆态势的概念和范畴,正在丧失其批判性含义,变成欺骗性术语。不幸,"客观性法则"便被认为是一个这样的术语,尤其在经历20世纪50年代"麦卡锡事件"之后,人们开始看到新闻业过于依赖所谓的科学步骤和要领,非但无助于反映客观的社会现实,反而丧失了新闻媒体的道义责任,转而维护和粉饰现行权力结构中的不公,"一旦社会规范腐败了,客观的新闻也就腐败了"。

以汤姆·沃尔夫为代表的新新闻主义,以及倡导性新闻学、调查性报道、精确新闻报道等,都是在这一社会历史背景下崛起的。就像汤姆·沃尔夫坚信传统的新闻报道已无法真实展现错综复杂的社会一样,在这些新闻从业者看来,"客观性法则"往往因对事实细枝末节的过度关注和所谓科学采编流程的局限而丢掉了真理和正义。传播学奠基人施拉姆(1992)在《大众传播的责任》一书中引述学者观点:"那种平铺直叙、单一层面的处理手法,使谎言和真相受到同样的重视并相互拮抗,把傻瓜的影响力提高到与睿智之士同一水平,无知者与饱学者地位相等,罪恶与善良也无所差别。"

然而,就像在维护人类自由和社会进步的原则之下"客观"无法成为新闻业的唯一目的一样,为达成这一原则,"主观"也不能凌驾于报道事实这一新闻业的行业基石之上。在新新闻主义写作带来巨大社会影响力的同时,其文本当中的主观性问题,尤其是对被访者主观感受和心理活动的描写,也一直遭到行业内部的诟病。1981年《华盛顿邮报》记者珍妮特·库克(Janet Cooke)因虚构新闻人物致使普利策新闻奖蒙羞,更使新新闻主义这一术语陷入尴尬境地。

如今,非虚构写作则成为对这一类文本更具普遍意义的指代。无论业内人士是否认同国际文学新闻研究会(IALJS)将新新闻主义和非虚构写作都归为文学新闻(literary journalism)旗下,不可否认的是,在中国新闻领域,年轻的特稿/非虚构写作者们多多少少都受到汤姆·沃尔夫及其新新闻主义的影响。2000年前后《南方周末》文体创新、《中国青年报·冰点周刊》推动的一大批优秀特稿写作,如《野马的故事》《举重冠军之死》《系统》《回家》《无声的世界杯》等,或多或少与此相关。这些年,一些海外媒体记者关于中国改革开放的非虚构写作也为人熟知,除了何伟(彼得·海斯勒)的《江城》《寻路中国》,还有梅英东(迈克尔·麦尔)的《再会老北京》《东北游记》,史明哲的《长乐路》,欧逸文的《野心时代》,不一而足。2019年8月31日,由非虚构杂志 *Reportagen* 发起的第一届全球记者-真实故事奖(true story award)在瑞士伯尔尼粮仓剧场正式揭晓,以非虚构写作《太平洋大逃杀》广为人知的中国记者杜强发表在"腾讯新闻-故事硬核"的《废物俱乐部》在全球900多篇作品中脱颖而出,获得第三名,《南方人物周刊》记者刘子超的《乌兹别克斯坦:寻找中亚的失落之心》被列入特别关注名单,《人物》杂志记者巴芮的《逃离美发厅》也进入决选。2021年1月,2020/21真实故事奖提名公布,三篇来自中国的新闻报道获得提名,分别是:原载于2019年3月26日"腾讯新闻故事硬核"的葛佳男的《陶崇园:被遮蔽与被损害的》,原载于2020年7月20日《人物》杂志新媒体的安小庆的《葬花词、打胶机与情书》,原载于2020年9月8日《人物》杂志新媒体的赖祐萱的《外卖骑手,困在系统里》[①]。

二、非虚构写作的特征和文化价值

姑且撇开这一类文本概念内涵的复杂和争议,以及不同国家在新闻文化发展上的不同文化历史源流,我们可以大致归纳这一类文本所共享的基本价

[①] 参见《2020/21真实故事奖提名公布,三位中国作者入选!》(2021年1月28日),网易,https://www.163.com/dy/article/G1DVJR090521S83S.html,最后浏览日期:2021年3月18日。

第九章　广播电视新闻——全新闻频率/频道、深度报道、非虚构文本和可视化 | 363

值取向。与虚构写作不同,非虚构写作或文学新闻首先是其新闻性或曰事实性,是"以记者自身的实际经验为基础亲身讲述的故事","记者应当进行一手观察","记者应当在场";文学新闻是用文学武器来讲述真相的"现实的戏剧",当然其价值不止于此,而"在于公民生活核心的道德和政治追求","人文兴趣则是其不变的持久吸引力的来源"(Keeble,2011)。在写作上强调生动、准确、详尽,常常使用第一人称展开观察和叙事,丰富的场景描写和对话,创造强烈的个人风格。归根结底,这一切的基础都是事实性,赋予真实事件以文学结构。移情和同理心是这一类文本的基本特征,但并不是以煽情主义来故意模糊事实性、激起读者的情绪。

在实践层面,美国艾奥瓦大学作家工作坊的创意写作课程被认为对文学新闻影响深远。著有《越过一山又是一山》、《岁月如歌》的普利策奖和美国国家图书奖获得者特雷西·基德尔(Tracy Kidder)是20世纪70年代进入该工作坊的第一位非虚构作家,他"将真实事件塑造成小说叙事的能力",以及在此基础上发展起来的该课程主导性审美取向之一的文学现实主义,一直延续至今。

非虚构写作或文学新闻也并非总是与日常持续产出的传统报业格格不入,其中一个重要例证是《华盛顿邮报》。很多研究者认为,《华盛顿邮报》是将新新闻主义的文学手法引入日常报纸新闻生产的先驱。尽管新新闻主义主要是在杂志写作上发展起来的,但《华盛顿邮报》创立于1969年的"风格版",确立了新闻特稿的独特形式并首次将文学新闻嵌入新闻常规和实践中。可以说,邮报特稿形塑了编辑部文化和新闻生产新的组织化实践,创造了新闻叙事的新逻辑,为美国报业"叙事新闻"(narrative journalism)的发展作出了重要贡献。

非虚构写作或文学新闻的一项重要文化价值是与主流的对抗,包括源自新新闻主义的与主流新闻客观性原则的张力。近年来的一个热门议题是白俄罗斯作家斯韦特兰娜·阿列克谢耶维奇(Svetlana Alexievich),以非虚构写作获诺贝尔文学奖的作家。她的非虚构作品有着明确的文学意图,被认为是俄罗斯文学传统的一部分,也是"冷战"时期苏联新闻报道传统的一部分。无论是《战争的非女性面孔》、《锌皮娃娃兵》,还是《切尔诺贝利的回忆:核灾难口述史》、《二手时间》,她的作品的颠覆性来自丰富的生活细节与制度之间的强烈张力。对于打破种族、性别、阶层框架,非虚构写作也贡献了大量优秀的文本。例如,在近几年反性侵的Metoo运动中,日本纪录片导演伊藤诗织的非虚构作品《黑箱》和同名纪录片,以及获美国国家书评人协会奖自传类大奖,被评为《华盛顿邮报》、《纽约书评》、《时代》年度十大好书的美国"斯坦福性侵案"

受害者香奈儿·米勒的自传《知晓我姓名》。

三、移动互联网时代的非虚构文本和可视化

在移动互联网时代,非虚构文本已不再是文字或图文形式,在线交互可视化是值得高度重视的影响因素。2012年《纽约时报》的多媒体融合报道《雪崩》(Snow Fall)①不仅获得一周350万次点击,而且因斩获当年度普利策新闻特稿奖引发业内争议。这篇报道的缘起是记者对滑雪场高死亡率的关注,最终选择16名滑雪爱好者遭遇雪崩的经历,分为六个主题,以文字、图片、音频、视频、动漫、数字化建模、卫星地图等多媒体交互呈现,形成无缝的叙事流,首发于网络。《雪崩》不再是以往那种特稿写作完成之后再进行互联网化的传统报道模式,而是专为移动互联网量身定做的全新的可视化融合媒体产品。

一些观点认为,尽管互联网有助于将多方主体的声音引入文本对话而令非虚构写作/文学新闻的呈现更真诚,但对于长篇文本的叙事来说也更苛求了,因为"点击"和"眼球"会将受众吸引到文本中最电影化的部分,吸引到超链接和插图,吸引到嵌入文学新闻文本的视频和图片附件。就像《雪崩》,叙事文本中超负荷的超链接和附件除了视觉的快速移动,并没有推进人物发展、描写、内省、有意义的背景,甚至真正的悬念。互联网呈现的多样性和复杂性虽然可能会丰富故事的外在形式,但也会降低文学质量。然而,《雪崩》依然为非虚构文本的未来发展带来新的思考。既然在文化艺术领域多媒体讲故事的形式已经取得前所未有的成就,新闻报道也完全可以被设想为"文学、音乐、视觉和表演"的总和。从实践上看,在《雪崩》之后,视听互动非虚构文本或融合可视化报道越来越普遍。2016年10月,《华盛顿邮报》推出关于边境壁垒的长篇特稿《墙时代》(A New Age of Walls),以三集不同的主题"探究为何世界各国开始在边境地区建立物理屏障","一是通过介绍边境的物理屏障,探索国际趋势;二是呈现美国墨西哥边境人们的生活现状,以及在这里建立边境墙的社会影响"。《墙时代》"用不同于以往的方式来报道,在范围、技术和可视化途径方面有所突破",打造了一个"真正的综合叙述"模式,根据受众选择从手机

---

① 参见《纽约时报》官网,https://www.nytimes.com/projects/2012/snow-fall/index.html,最后浏览日期:2021年3月18日。

第九章　广播电视新闻——全新闻频率/频道、深度报道、非虚构文本和可视化 | 365

端还是从电脑端访问，每一集的视频、文章、图表会有差别地呈现①。

Longreads.com旗下数字文学新闻聚合网站Longform.org则将2016年度最佳作品授予卧底融合报道《我担任私人监狱看守的四个月》。这篇3.5万字的特稿来自一家进行独立调查性报道、有40年历史的非营利性新闻机构"母亲琼斯"（Mother Jones）。最初这只是一本双月刊，现在则有月访问量超过1 000万的网站，这家机构还获得了美国杂志编辑协会的2017年度杂志奖。在中国，基于可视化的非虚构文本探索也很多。2016年腾讯新闻推出的《远洋梦魇：中国船员被海盗劫持的1 671天》，是为手机端打造的由文字、图片、图表、漫画、音频、视频组成的关于中国船员在索马里被劫持的可视化融合报道，内容翔实，视觉呈现丰富。

上述这些非虚构文本的交互式可视化实践，包含形式更加广泛的电影叙事技巧对传统文字文本或图文的拓展，更是用新的数字化美学启迪了传统广播电视从新闻特稿、深度报道到纪录片的一系列新的可能，作为新的移动社交和交互传播新景观的组成部分，通过多种不同的交互界面在互联网上讲述真实世界的故事或者深入地报道新闻，都有可能生产出既具有电影语言基础上的视听奇观，又具备文学化的高品质书写的沉浸式体验作品（陆晔，2018）。例如，澎湃新闻2019年中国新闻奖融合创新类一等奖获奖作品，记录三江源国家公园体制试点的全媒体报道专题《海拔四千米之上》（https://www.thepaper.cn/newsDetail_forward_2675519），使用视频（普通拍摄+航拍+延时拍摄）、360度全景图片、定点VR视频、漫游VR视频、互动热点、交叉嵌合等方式，移动端封面采用随机打开可变技术，最终实现了多种技术和表现形式的大融合，是首个获中国新闻奖的VR新闻作品。2018年获中国新闻奖融媒界面项目一等奖的澎湃新闻H5产品《长幅互动连环画丨天渠：遵义老村支书黄大发36年引水修渠记》（https://h5.thepaper.cn/html/zt/2017/04/tianqu/index.html），以水为主线，用下拉式长幅连环画、渐进式动画、360度全景图片、图集、音频、视频、交互式体验等多种表现形式，全景展现了黄大发带领老一代修渠脱贫、带动新一代致富的故事。解放日报·上观新闻建立了自1996年上海马拉松诞生开始，包括全马、半马、10公里、5公里项目所有参赛者成绩的独家数据库，并且依托这个数据库，做出可查询成绩、上传照片、定制头条海报的H5产品《跑2017年上海马拉松，登解放日报头版头条》（https://web.shobserver.

---

① 参见"The Washington Post crosses a storytelling frontier with 'A New Age of Walls'," Nieman, December 20, 2016, accessed March 18, 2021, https://niemanstoryboard.org/stories/the-washington-post-crosses-a-storytelling-frontier-with-a-new-age-of-walls/。

com/thirdParty/shangma07/index.html），以及数据新闻《数说五年上海国际马拉松赛》。H5 产品被上海马拉松组委会转发，获得来自 40 多个国家的 10 万多次点击，并且在随后的三年中每年更新、每年推出。解放日报·上观新闻《外滩百年变迁之徐汇滨江》（http://web.shobserver.com/thirdParty/westbund/index.html?ver=2.0），在上海黄浦江两岸 45 千米岸线公共空间陆续贯通并对公众开放之际，梳理了外滩徐汇滨江段在贯通前后变化较大的六个标志性地点——龙华机场、上海飞机制造厂、北票码头、南浦站、上海水泥厂和白猫公司，用老照片、老影像视频、旧报纸版面、历史地图、规划效果图等历史资料讲述历史地点的近现代史，用 CAD 效果图、3D 建模等技术来模拟现代改造后的场景；在交互上，用户可以点击地图上的不同分区查看改造情况，还可以左右滑动按钮同屏对比改造前后同一区域的变化。这些可视化新闻产品不仅改变了过往的新闻生产流程和新闻叙事方式，也通过交互性改变了受众和新闻的关系。

  与可视化交互不同，另一类更偏向纪录片和深度报道传统，但又同时具备移动互联网特征的非虚构影像文本也在进行自身的探索。一个值得关注的动向是，非虚构影像在电影大银幕和手机端的两极发展，以及新技术的全面介入。2018 年 11 月，以高品质人物短视频和互联网纪录片长片等多种内容产品在业界享有专业声誉的非虚构影像机构 Figure，作为制片方和联合出品方，将非虚构电影《生活万岁》推上全国电影院线，同时在优酷视频播放。在登陆院线之前，新华网融媒体未来研究院（FMCI）使用刚刚设立的影视传感评测实验室，对《生活万岁》的首批特邀观众进行了观影体验测试。通过观影人佩戴的高精度传感器，观影过程中的情绪变化被记录下来。观影结束后，观影人在观影过程中的真实情绪通过多项数值组合客观呈现，作为对影片的直接反馈。2020 年 6 月，一条几个乡村小学女生在教室表演中国一线知名摇滚乐队痛仰乐队名曲《为你唱首歌》的快手短视频在社交平台上走红，Figure 促成痛仰乐队前往贵州六盘水海嘎小学探访，在海拔 1 400 米的贵州山区，与海嘎小学老师顾亚和他指导的学生乐队"遇乐队"、"未知少年乐队"一起举办了一场山里的摇滚音乐会。Figure 的非虚构影像作品《大山里的摇滚梦》（见图 9-6）2020 年 8 月 14 日在多个互联网视频平台发布后，全网播放量超过 2 068 万。截至 2021 年 3 月，这部短片在新浪微博@FigureVideo 和@痛仰乐队多条微博转发的总观看量分别是近 400 万和 106 万，话题标签#痛仰上山#和#大山里的摇滚梦想#累计阅读分别超过 4 244.1 万和 1 784.2 万。2020 年 12 月，在第十届"光影纪年"——中国纪录片学院奖评选中，清华大学学生影像工作室"清影工作室"的 18 分钟的短片《手机里的武汉新年》获最佳手机纪实作品奖。这部作品的全部影像素材都来自快手短视频平台,清影工作室联系了 77 位快手用户,使用他们从 2020 年新年伊始在快手拍摄上传的 112 条短视频,剪辑成这部抗疫公益纪录片(见图 9-7)。自 2020 年 4 月 2 日在新浪微博发布以来,到 2021 年 4 月底,共有 4 419 万次观看、5 万转发、1.1 万评论,获赞 13.3 万。

图 9-6　Figure 非虚构影像作品《大山里的摇滚梦》

(资料来源:Figure 官方微博,https://weibo.com/6134310030/JfQPnFR99)

无论是中国非虚构创作者多种多样的融合文本表达和互联网传播,还是世界范围内数字交互可视化推动的非虚构文本创新,都可以看到承袭自过往非虚构写作传统的精神价值和技巧,包括高度的主体介入性,强调利用感知和采访技巧获取新闻事件的内部视点,运用小说技巧"将重点放在写作风格和描写方面","用戏剧性的场景组织叙述","重视对话、场景和心理描写"(陆晔,2018),这些写作技巧背后呈现的批判性和社会关怀,以及对传统新闻报道框架的挑战。

图 9-7　清影工作室非虚构影像作品《手机里的武汉新年》

（资料来源：清影工作室官方微博，https://weibo.com/7415538791/IBrCguXQ5）

参考文献

丹尼尔·C.哈林(2006).美国新闻媒介中的商业主义与专业主义.载詹姆斯·库兰,米切尔·古尔维奇(编).大众媒介与社会.杨击译.北京：华夏出版社.

李强(2004).转型时期中国社会分层.沈阳：辽宁教育出版社.

陆晔(2018).文学新闻：特征、文化价值与技术驱动的未来.新闻记者,5.

迈克尔·舒德森(2006).新闻生产社会学.载詹姆斯·库兰,米切尔·古尔维奇(编).大众媒介与社会.杨击译.北京:华夏出版社.

施拉姆(1992).大众传播的责任.程之行译.台北:远流出版事业股份有限公司.

孙旭培(2003).舆论监督的回顾与探讨.炎黄春秋,3.

杨伟光(主编)(1998).中国电视论纲.北京:中国广播电视出版社.

叶子(1999).电视新闻节目研究.北京:北京师范大学出版社.

尹鸿(2004).《七分之一》:一种新闻选择.南方电视学刊,5.

张志安(2005).目标:做真正的调查性报道——访中央电视台《新闻调查》制片人张洁.传媒观察,1.

de Burgh, H. (ed.) (2000). *Investigative Journalism: Context and Practice*. London: Routledge Press.

Keeble, R. L. (2011). "The 2011 Keynote: An Appreciation". *Literary Journalism Studies*, 3(2): 83-87.

Roiland, J. (2015). "By Any Other Name: The Case for Literary Journalism". *Literary Journalism Studies*, 7(2): 60-89.

柴静(2013).看见.桂林:广西师范大学出版社.

《新闻调查》栏目组(编著)(2006)."调查"十年:一个电视栏目的生存记忆.北京:生活·读书·新知三联书店.

威廉·津瑟(2013).写作法宝:非虚构写作指南.朱源译.北京:中国人民大学出版社.

西蒙·罗杰斯(2015).数据新闻大趋势:释放可视化报道的力量.岳跃译.北京:中国人民大学出版社.

赵华(2008).央视《新闻调查》幕后解密.北京:中国广播电视出版社.

朱涛,袁雷(主编)(2005).电视新闻直击:中国调查报道.上海:复旦大学出版社.

第十章　广播电视谈话节目

本章概述

通过本章学习,了解广播电视谈话节目的基本内涵、节目种类和特点;通过对这类节目的典型案例的分析,深入思考广播电视谈话节目的理念、运作策略及社会功能;对移动互联网时代视听谈话节目的新发展有进一步思考。

第一节　广播电视谈话节目的基本内涵和发展

一、广播电视谈话节目的基本内涵

广播电视谈话节目,就是将人际语言交流引入广播电视,并且将这种交流本身作为节目的内容和形式呈现给受众(朱羽君、殷乐,2001)。谈话节目在西方叫"talk show",一些媒体则将其中文翻译为"脱口秀",颇能传神地体现出这类节目"脱口成章"的特点,同时也兼顾"talk show"的英语读音。从表现形式上看,谈话节目往往是由主持人与一位或数位访谈/谈话嘉宾就预先设定的话题[1]在演播现场进行讨论交流,并且通常会开放现场的热线电话或设置网络互动平台,接受演播室谈话现场之外的听众或观众打来电话、发短信或直接在网络平台上参与讨论。有些广播谈话节目,往往由主持人直接与拨打热线电话

---

[1] 因为节目风格不同,对节目话题的设定也有不同的表现:有的节目话题指向性很强,在节目过程中谈话能紧紧围绕话题展开;有的节目话题则相对比较灵活,可能只有一个大致的谈话主题或方向,在谈话过程中常常出现话题的临时"跳转"。

的听众进行交流,与听众讨论各种问题。谈话节目中的访谈对象或谈话参与者,可以是与所讨论话题相关的政府官员、学者、专家或社会知名人士,也可以是普通受众,他们在节目主持人引导之下即兴展开话题,所谈的内容通常能在相当程度上引起公众的兴趣与关注。

传统上广播电视谈话节目通常选择在广播电视的白天或深夜时段播出,这类节目风格繁多、形态各异。在这个节目领域中,也活跃着一批有影响力的节目主持人。2021年1月3日,有媒体报道,美国有线电视新闻网(CNN)著名谈话节目主持人拉里·金(Larry King)感染新型冠状肺炎病毒入院;1月23日,不幸离世,享年87岁。拉里·金不仅是美国家喻户晓的脱口秀节目主持人,也是第一个在世界范围内享有盛誉的脱口秀节目主持人。他在CNN主持以他个人名字命名的谈话节目《拉里·金现场》(Larry King Live)长达25年,这一节目是CNN收视率最高的节目,屡获美国电视艾美奖(the Emmy Award)、有线电视杰出奖(the Cable ACE Award)和被业界视为广播电视行业普利策奖的乔治·福斯特·皮博迪奖(George Foster Peabody Awards,简称皮博迪奖)[①]。《拉里·金现场》被《吉尼斯世界纪录大全》收录为世界上持续时间最长的晚间电视谈话节目。美国《电视指南》杂志曾称拉里·金为电视史上最优秀的谈话节目主持人,《时代》周刊称他为麦克风霸主。他的吊带裤、黑框眼镜和镜头前的老式麦克风成为他个人的招牌形象(见图10-1),也为提升CNN的全球影响力发挥了重要作用。他访谈过的名人政要超过3万人,包括从福特到奥巴马的每一位美国总统和第一夫人,接过观众数以千计的电话。2000年美国总统大选,在佛罗里达州重新点票期间,拉里·金连续37天在他的节目中谈论相关政治话题,邀请了348名嘉宾参与,包括当时争议话题的主角——总统候选人布什和戈尔。2001年"9·11事件"后数星期里,拉里·金访问了超过700名嘉宾谈论袭击事件,包括35名世界领袖和贵宾。2007年,拉里·金与CNN续约四年,年薪1400万美元,成为历史上身价最高的男性媒体从业者。2010年6月,拉里·金宣布《拉里·金现场》于当年秋天停播。

[①] 皮博迪奖是广播电视行业历史最悠久、最具权威性的全球性奖项,始于1941年,最初只是无线电广播节目评选,20世纪50年代评选范围扩大到电视节目,90年代后期把有线电视节目内容也增加进来。2003年有了通过互联网传播的视听内容,2012年有了博客。近年来获得皮博迪奖的中国广播电视节目包括:1995年香港广播电视公司关于第二次世界大战和中日关系的特别报道《终战50年》,2003年台湾纪录片《山有多高》,2008年四川电视台的汶川地震报道,2009年上海电视台纪实频道与德国NDR合作的纪录片《红跑道》,2012年香港广播电视公司新闻深度报道《学术造假》和《冤案》及台湾公视有关新竹县泰雅部落的纪录片 Smangus: A Year in the Clouds,2013年台湾公视与Steps International 合作的系列纪录片《为什么贫穷》。参见 http://www.peabodyawards.com/awards,最后浏览日期:2021年3月19日。

图 10-1　拉里·金

（资料来源：NPR 官网，https://www.npr.org/2011/07/23/138592689/larry-king-plays-not-my-job）

2012 年 2 月，拉里·金正式结束 CNN 任职①。

2021 年 2 月 17 日，美国著名广播谈话节目主持人拉什·林博（Rush Limbaugh）因癌症去世，享年 70 岁。在互联网社交媒体时代之前，拉什·林博是中波无线电台 AM 的先驱，他从 1984 年开始在加州首府圣克拉门托 KFBK-AM 电台主持同名电台节目《拉什·林博秀》（The Rush Limbaugh Show），赢得美国广播公司 ABC Radio 的关注。1988 年，这档节目成为全美播出的辛迪加节目（见图 10-2），拉什·林博移居纽约，节目开始在 WABC 电台播出。拉什·林博主持这档广播谈话节目 32 年，普及了政治类电台谈话这一节目模式。他以保守主义价值观吸引了数百万共和党保守派人士，同时，他的种族主义、性别歧视和仇视同性恋的言谈也冒犯了另外数百万人，他因此成为"电台之王"，"变成党派力量和美国政治中两极分化的人物"，里根总统称他为"保

---

① 参见"Larry King, legendary talk show host, dies at 87," CNN, January 24, 2021, accessed March 19, 2021, https://edition.cnn.com/2021/01/23/us/larry-king-dies-trnd/index.html; "Larry King Fast Facts," CNN, February 14, 2021, accessed March 19, 2021, https://edition.cnn.com/2013/05/27/us/larry-king-fast-facts/index.html。

守党的头号声音"。2008 年,他在英国《泰晤士报》的访问中说,"我没有竞争对手"。2020 年 2 月,他宣布已被诊断出患有晚期癌症,一天后,特朗普授予他总统自由勋章,这是美国总统赋予平民的最高荣誉。这一决定激起了那些认为拉什·林博在节目中存在分裂性言论和煽动性言论的批评者的愤怒。有媒体认为,"在他生命的最后几年中,林博像大多数保守派媒体一样,竭尽全力保护特朗普,诉诸向观众兜售虚假信息和阴谋论"。然而无论如何,这档广播谈话节目的影响力是不容置疑的,就像拉什·林博曾在接受《纽约时报》采访时所言,"我想说服有想法的人。我不会四处思考自己的力量。但是我内心深处,我知道我已经成为保守主义运动的知识引擎"①。

图 10-2　拉什·林博官方网站

(资料来源：拉什·林博官网,https://www.rushlimbaugh.com/)

二、广播谈话节目的发展

从历史沿革看,广播电视谈话节目或可回溯到两个不同的源头。一是类似单口喜剧(stand-up comedy)的舞台表演样式,这滋养了广播电视谈话节目

---

① 参见"Rush Limbaugh, conservative media icon, dead at 70 following battle with cancer," CNN, February 17, 2021, accessed March 19, 2021, https://edition.cnn.com/2021/02/17/media/rush-limbaugh-obituary/index.html；"Talk Show Host Rush Limbaugh, A Conservative Lodestar, Dies At 70," NPR, February 17, 2021, accessed March 19, 2021, https://www.npr.org/2021/02/17/926491419/talk-show-host-rush-limbaugh-a-conservative-lodestar-dies-at-70。

风趣幽默的娱乐品质,夜总会和歌舞餐厅邀请观众志愿者上台参与表演的"开放麦"也激发了日后公众投身早期广播谈话和游戏节目的娱乐参与热情。二是从18世纪英国咖啡馆闲聊发展而来的公共谈话,当时新兴的中产阶级热衷谈论最前沿、最具有争议的科学、政治、社会和艺术话题,记者和评论家们便把这些谈话内容转化为文字,通过蓬勃发展的印刷业催生的报刊广为传播,这是广播电视脱口秀公共讨论的预演(吉妮·格拉汉姆·斯克特,1999:27-31)。

20世纪20年代,随着广播的普及,广播谈话开始兴起,涉及的话题内容主要包括公共事务、宗教和家庭生活。早期的广播谈话多是专家式的,即谈话节目主持人往往以专家的身份针对不同的话题向听众"宣讲"自己的见解和看法。这类节目现在也还有,但数量已经比较少,现在的访谈节目更多地会强调与听众的互动和交流。

20世纪30年代,广播谈话在美国迅速发展,声音媒体带来观众与嘉宾之间"即兴的亲密感"。随着电话的介入,听众越来越普遍地参与节目,并且引发了社会对公共舆论的热切关切。第二次世界大战和战后电视的普及导致广播谈话一度衰落。20世纪50年代末期以后,美国地方电台的大发展,使得广播谈话节目再度崛起。而电话参与节目(call-in,台湾一度将之翻译成中文"叩应")成为广播谈话的新特征——听众通过打电话参与讨论的节目形式成为全世界这类节目的重要特征。之后,电视谈话也开始兴起,并且一直兴盛到今天,在媒介融合时代成为跨广播电视和互联网平台最受欢迎的视听节目之一。

从20世纪30年代到50年代,不论是罗斯福总统的"炉边谈话",还是高品质的广播讨论,美国电台的谈话节目对于促进社会公共生活有着不容置疑的积极影响,比如《芝大圆桌》(University of Chicago Round Table)和1935年5月开播的《美国空中城镇会议》(America's Town Meeting of the Air)。

《芝大圆桌》1933年至1955年间在NBC旗下的芝加哥广播电台WMAQ播出,嘉宾包括各种各样的政治家和知识分子,如参议员、记者、企业主、芝加哥大学和其他主要大学的教授,主题从战时政治、民权、经济学、文学、心理学到营养学无所不包,比如工会对美国政治有何影响、怎样才能使每个人都能负担得起住房、美国在中国革命中的利益、女性在美国社会中扮演什么角色、最新的癌症研究进展等,1941年曾获皮博迪教育节目奖[1]。如今在纽约旗舰公

---

[1] 参见"'University of Chicago Round Table of the Air' for Outstanding Educational Program," Peabody, http://www.peabodyawards.com/award-profile/chicago-round-table-of-the-air,最后浏览日期:2021年3月20日。

共广播电台 WNYC 官网的音频档案库里依然可以在线收听 20 世纪 40 年代《芝大圆桌》的节目。例如,芝加哥大学心理学系亨利·布罗辛(Henry Brosin)教授与嘉宾——迈克尔·里伊斯医院(Michael Riis Hospital)精神病学主任罗伊·格林克(Roy R. Grinker)和前神经精神病学系主任、外科医生威廉·门宁格(William C. Menninger)关于战争对心理影响的讨论《和平时期精神病学的战时课程》(Wartime Lessons for Peacetime Psychiatry);或者芝加哥大学法学院马尔科姆·夏普(Malcolm Sharp)博士主持的关于人类是否固有暴力倾向,以及如何制止和预防暴力的讨论《男人必须打架吗?》(Must Men Fight?),节目嘉宾是美国自然历史博物馆著名文化人类学家和心理学家玛格丽特·米德(Margaret Mead)博士和哈佛大学天文台馆长哈罗·沙普利(Harlow Shapley)博士。米德认为,人类学证据表明,人类社会不断发展,使越来越多的人和平共处。沙普利认为,一些战争的道德替代品,即那些对抗非人类敌人的竞争,比如两个队之间进行的体育比赛,可能会遏制,也可能会重新引导人类的侵略性[①]。

《美国空中城镇会议》的节目宗旨在于复兴一种古希腊时代的城市集会,就像神话中的城市传讯者宣示的那样:"今晚城镇聚会!来旧市政厅,聊一聊!"节目担忧不知情的公众不利于民主,而且美国社会正在变得两极分化,以至于人们没有机会听到不同的观点。因此,这个节目要推动广播成为一种新的既有趣味性又富于精神挑战性、有关当日时事问题的意见交锋,以激发普通老百姓对复杂的经济、社会、政治问题的兴趣,成为积极参与的公民。为了营造旧时市政厅的讨论氛围,节目讨论开始时甚至会摇铃。与《芝大圆桌》不同,这个节目很重视公众参与,在嘉宾讨论时,现场听众可以用掌声或嘘声来表达自己的好恶,最多的时候现场听众会有近千人;节目也允许一部分听众提问,只是必须简单明确,而且不得辱骂他人(Denny Jr.,1941)。

20 世纪 70 年代后,吸引女性听众的情感、人际关系的心理自助节目开始大发展。通过广播访谈或电话参与广播节目,来调节情绪、疏解压力,实现对人际关系、心理层面问题的调节。70 年代的谈话电台大都使用中波 AM 波段,而刚刚兴起的调频 FM 波段多数是音乐电台,毕竟播放音乐对音质要求较高。在 FM 频谱中为数不多的谈话电台大多是非营利性广播或曰公共广播,只有少数城市能找到 FM 波段上的商业谈话电台。许多广播公司的地面无线电开路电台谈话节目也会通过卫星传输并加载到有线电视服务当中。

---

① 参见 WNYC 官网,https://www.wnyc.org/series/university-of-chicago-roundtable,最后浏览日期:2021 年 3 月 20 日。

纯谈话(all talk)和新闻/谈话(news/talk)多年来是持续发展的电台类型,尤其在20世纪90年代。20世纪80年代中期,全美国只有不到200家谈话或新闻/谈话电台,这些以脱口秀或新闻+脱口秀见长的电台往往吸引的是35岁以上的受众。1995年,这一数字增长到大约1 900家。到2014年,采纳谈话或新闻/谈话类型的电台数量超过2 183家,比任何其他类型的电台数量都要多,而且是AM电台中第二受听众欢迎的电台类型,仅次于乡村音乐电台。2015年,基于无线电广播AM、FM电台,以及车载HD收音机和互联网流媒体收听,全美12岁及以上年龄广播听众份额最高的前三位类型电台分别是乡村音乐电台(15.2%)、新闻/谈话/信息电台(10.6%)和当代热门流行音乐电台(pop contemporary hit radio,8.0%)(Campbell,Martin & Fabos,2015:170),因此诞生了一批深受听众追捧的广播谈话节目知名主持人(见表10-1)。受新技术的影响,到2018年,全美谈话或新闻/谈话电台数量有所下降,只剩下1 315家左右,不过受欢迎程度依然居于乡村音乐电台之后的第二位,并且听众份额占比提高了。2018年,在收听份额前三位的类型电台中,乡村音乐电台听众份额为13.2%;新闻/谈话/信息电台听众份额为12.3%;第三位是成人当代(adult contemporary),听众份额占8.1%。当代热门流行音乐电台掉到第四位,听众份额占7.1%(Hanson,2018:180-186)。

表10-1 美国著名广播谈话节目的听众人数

单位:百万

脱口秀主持人 (内容取向)	年 份		
	2003年	2008年	2015年
拉什·林博(Rush Limbaugh) (保守派)	14.5	14.25	13.25
肖恩·哈尼蒂(Sean Hannity) (保守派)	11.75	13.25	12.50
戴夫·拉姆齐(Dave Ramsey) (财务咨询)	数据缺失	4.5	8.25
格伦·贝克(Glenn Beck) (保守派)	数据缺失	6.75	7
马克·莱文(Mark Levin) (保守派)	未在全国播出	5.5	7

续表

脱口秀主持人 （内容取向）	年份		
	2003 年	2008 年	2015 年
迈克尔·萨维奇（Michael Savage）（保守派）	7	8.25	5.25
吉姆·博安农（Jim Bohannon）（中间派）	4	3.5	2.75

资料来源：Campbell, R., Martin, C. R. & Fabos, B., *Media & Culture: Mass Communication in a Digital Age* (Tenth Edition), NY: Bedford/St. Martin's, 2015, p.170.

在美国受欢迎的著名广播谈话节目当中，以拉什·林博为代表的保守派政治谈话节目有着广泛的社会影响。当代政治谈话广播节目的起源可以追溯到 20 世纪 80 年代的三个行业和社会现象。其一是 FM 调频立体声广播对高音和低音的高保真性吸引了原本 AM 音乐电台的听众，于是，AM 音乐电台开始大量增加乐队访谈，中频的人声无需高保真度，一些传统音乐 DJ 脱颖而出，在这一风潮中转型的谈话节目，成为广播谈话节目发展的重要基础。其二是从 20 世纪 80 年代末期开始到以《1996 年电信法》为标志的"放宽管制"，废除了联邦通信委员会（FCC）自 20 世纪 40 年代末期确立的"平衡原则"，即作为获得 FCC 广播执照的条件之一，电台"在报道争议性的重要公共议题时必须合理分配注意力"，换言之，电台节目论及社会公共事务，必须为持不同意见的双方提供"合理但不一定相等"的机会来让双方表达意见。如果某家电台有一个为时 3 小时的节目，其主持人的政治立场处于意识形态光谱一侧，那么就必须安排另一个差不多时长的节目，其主持人或多或少地可以代表意识形态光谱另一侧的意见。传统上广播业使用的无线电波是公共资源，即便是商业广播也被认为从来就不是一个纯粹追求利润的行业，而是必须为服务公共利益而符合更高的社会责任标准。废除"平衡原则"是里根时期全面减少政府调控和干预、促进市场竞争的"放宽管制"政策的一部分，这之后，带有明确政治立场的广播谈话节目快速发展起来。其三是一些学者和媒体人对所谓主流媒体自由派偏见（mainstream media's liberal bias，简称 MMLB）的批判和反思。从专业素养上看，拉什·林博被认为是当今政治脱口秀广播节目的奇才，拥有非凡的才华和个人魅力；他的节目不仅成功地将新闻、娱乐和党派价值观结合在一起，成为后续众多谈话节目模仿者长期的榜样，而且他是第一个在节目上面向公众大肆推行 MMLB 理念的主持人，为自己的节目笼络了一大批对主流媒体心存不满的听众,同时这也是一种非常有效的话语方式,因为任何对其观点的批评都可以被视为是媒体偏见,即 MMLB 的产物。"MMLB 的论点蒸蒸日上,能够利用并永久保留许多保守派对现有媒体的不满,正是这种不满使政治谈话电台的广大忠实听众更加坚定。"(Campbell,Martin & Fabos,2015:171)

事实上,关于 MMLB 的争论一直持续到今天,尤其是社交媒体,而非广播谈话节目越来越被认为是偏见的来源。在美国媒介教育基金会(Media Education Foundation)1997 年出品的 60 分钟纪录片《自由媒体的神话:新闻的宣传模式》(*Myth of the Liberal Media: The Propaganda Model of News*)中,批判学者爱德华·赫尔曼(Edward Herman)和诺姆·乔姆斯基(Noam Chomsky)认为,美国政治文化的中心宗旨之一,即"自由媒体"的思想,是不可靠的,相反,新闻媒体服从公司和保守利益,其功能只能描述为"精英宣传"。另一些学者认为,既然媒体存在自由派偏见,那么也一定存在保守派偏见。也有一些实证研究的结论认为,并没有充分的证据证明 MMLB 存在,最新的研究成果包括《在政治记者选择报道的新闻故事里并不存在自由媒体偏见》(Hassell,Holbein & Miles,2020)等。在密歇根大学图书馆官网"研究指南"栏目下,有一个条目叫作"'假新闻'、谎言和宣传:如何从虚构中区分出事实"。关于新闻来源在哪方面属于政治偏见范围,该研究指南认为,"这个问题没有完全明确的答案,因为没有一种精确的方法可以衡量和评价新闻来源的党派偏见",但它同时提供了一些资源以帮助用户思考和识别政治偏见。例如,新闻网站 All Sides 会将新闻报道的多个消息源并列以提供完整的新闻报道内容,同时使用其获得专利的偏见评估系统对消息来源的政治光谱进行对照,受众也可以据此过滤新闻来源;皮尤研究中心的"政治极化调查";《华尔街日报》的一个在线互动工具"Blue Feed,Red Feed","可以让您并排浏览自由派和保守派的 Facebook",不一而足①。这可被视为是提升公众媒介素养,平衡无论是广播谈话节目的保守派观点,还是互联网社交平台众说纷纭的实践策略之一。

三、电视谈话节目的发展

电视谈话节目的模式和话题取向,一开始大多数是风靡和成功的广播谈话节目的移植。一个著名的例子是 CBS 的爱德华·默罗的电视政治和社会事务谈话节目《现在请看》(*See It Now*),就是他本人的广播节目《现在请听》

---

① 参见密西根大学图书馆官网,https://guides.lib.umich.edu/c.php?g=637508&p=4462444,最后浏览日期:2021 年 3 月 20 日。

(Hear It Now)的转型。《现在请听》是 CBS 于 1950—1951 年播出的广播节目，由爱德华·默罗主持。《现在请看》于 1951 年 11 月 18 日在 CBS 首播,1958 年 7 月 7 日停播,由默罗担任主持人,默罗与弗雷德·弗兰德利(Fred W. Friendly)出任联合制作人。节目社会影响深远,为世人留下了 20 世纪 50 年代终结参议员约瑟夫·麦卡锡(Joseph McCarthy)主导的政治迫害的经典论辩案例①。美国早期的娱乐杂耍谈话节目《百老汇开放日》(Broadway Open House)、新闻与公共事务谈话节目《与媒体见面》(Meet the Press,又译作《会见新闻界》)、《面对全国》(Face the Nation)等,也都多多少少源自电台广播谈话节目(吉妮·格拉汉姆·斯克特,1999:191-192)。

《百老汇开放日》是美国电视联播网第一个结合喜剧和综艺的深夜脱口秀节目(见图 10-3),1950 年 5 月 29 日在 NBC 开播,至 1951 年 8 月 24 日停播,

图 10-3 《百老汇开放日》主持人杰瑞·莱斯特(Jerry Lester)和常驻嘉宾手风琴家米尔顿·德吕格(Milton DeLugg)、女明星达格玛(Dagmar)

(资料来源:IMDb,https://www.imdb.com/title/tt0296315/? ref_=tt_mv_close)

---

① 参见 David Shedden,"Today in Media History:Edward R. Murrow investigated Joe McCarthy on 'See It Now'," Poynetr, March 9, 2015, accessed March 20, 2021, https://www.poynter.org/newsletters/2015/today-in-media-history-edward-r-murrow-examined-joe-mccarthys-methods-on-see-it-now/;"Murrow vs. McCarthy:See It Now," *New York Times*, March 4, 1979, accessed March 20, 2021, https://www.nytimes.com/1979/03/04/archives/murrow-vs-mccarthy-see-it-now.html。

开创了延续至今的电视深夜脱口秀传统,因专为这档节目更名为达格玛(Dagmar)的性感女郎珍妮·刘易斯(Jennie Lewis)在节目中走红而诞生了"愚蠢的金发女郎"这一刻板印象①。

《与媒体见面》(见图10-4)是周播的新闻谈话节目,于1947年11月6日在NBC首播。节目内容重在访谈相关政治领袖并由知名记者和专家对本周重要政治议题进行分析与讨论,话题广泛涉及政治、经济、外交政策和其他公共事务,例如2021年3月14日的节目连线采访白宫首席医疗顾问安东尼·福奇(Anthony S. Fauci),讨论疫苗和新冠病毒变异对全球防疫的影响。该节目是迄今为止美国电视联播网历史最悠久的电视新闻谈话节目,也是美国收视率最高的公共事务电视谈话节目,70多年来始终在周日早间联播网节目收视

图10-4 《与媒体见面》官网主页

(资料来源:NBC官网,https://www.nbc.com/meet-the-press)

---

① 参见"'Broadway Open House'... The Start Of Late Night Television," Eyes of A Generation, February 14, 2014, accessed March 20, 2021, https://eyesofageneration.com/broadway-open-house-the-start-of-late-night-televisionabove-a-link-to-so/。

排名第一,也是全世界被其他媒体引用次数最多的电视节目。《与媒体见面》最初时长半小时,1992 年 9 月 20 日改版扩展到一小时,目前的形式是一至三个有关美国国内和国际重要新闻的重量级嘉宾和新闻制作人的采访片段,紧随的是顶尖记者和 NBC 新闻特派员就此展开圆桌讨论。1997 年 2 月 2 日,该节目成为第一个数字高清现场直播的联播网电视节目。《与媒体见面》在美国政治生活中具有重要意义,自 1952 年阿尔本·巴克利(Alben Barkley)以来,每位副总统、每位国务卿、每位国防部长都曾出现在节目里;约翰·肯尼迪(John F. Kennedy)总统曾经称《与媒体见面》是美国的"第五十一州";2004 年 2 月 8 日,乔治·W·布什(George W. Bush)在就任总统的第一个周日上午接受了该节目的一小时独家专访。节目的日常录制在华盛顿特区的 NBC 演播室,当有重大事件发生时就会将演播室搭建在事件现场,如北京奥运会①。

《面对全国》(见图 10-5)开播于 1954 年 11 月 7 日,美国东部时间星期日上午 10:30 在 CBS 和 CBSN 首播,2011 年 12 月将半小时节目延长到一小时。与《与媒体见面》很类似,节目围绕当前热点事件与相关政治人物、记者和专家进行圆桌讨论②。该节目历史上有两任女性主持人。第一任是 CBS 著名记者莱斯利·斯塔尔(Lesley Stahl),她在 1983 年 9 月至 1991 年 5 月期间作为该节目主持人采访了撒切尔夫人、叶利钦、阿拉法特等国家首脑,1991 年开始担任 CBS 名牌深度报道栏目《60 分钟》特派员至今;2020 年 10 月 20 日在采访特朗普总统时,特朗普提前终止访谈,并且在 Twitter 上攻击她未戴口罩③。现任主持人玛格丽特·布伦南(Margaret Brennan)就任于 2018 年,她对特朗普政府的成员进行了多次采访,包括美国前国务卿雷克斯·蒂勒森(Rex Tillerson)和众议院监督委员会主席特雷·高迪(Trey Gowdy)。玛格丽特·布伦南在计划休产假前的最后一集节目中采访了时任副总统迈克·彭斯④。2021 年 3 月 14 日的节目关注的是美国各州可以通过哪些途径获得更多新冠疫苗,如何确保更多的资金流向真正最需要的地方,同时呈现了对美国社会过快重启的担忧⑤。

总体上,由于电视的大众文化特征,加上全世界范围内在第二次世界大战

---

① 参见 NBC 官网,https://www.nbc.com/meet-the-press,最后浏览日期:2021 年 3 月 20 日。
② 参见 CBS 官网 Face the nation 主页,https://www.cbsnews.com/face-the-nation/about-us/,最后浏览日期:2021 年 3 月 20 日。
③ 参见 Meridith McGraw,"Trump ends '60 Minutes' interview, attacks Lesley Stahl on Twitter," Politico, October 20, 2020, accessed March 20, 2021, https://www.politico.com/news/2020/10/20/trump-ends-60-minutes-interview-430466。
④ 专访完整版视频和文稿参见"Full transcript: 'Face the Nation' on September 9, 2018," CBS NEWS, September 9, 2018, accessed March 20, 2021, https://www.cbsnews.com/news/full-transcript-face-the-nation-on-september-9-2018/。
⑤ 参见 CBS 官网,https://www.cbsnews.com/face-the-nation/,最后浏览日期:2021 年 3 月 20 日。

图 10-5 《面对全国》官网主页

(资料来源：CBS 官网,https://www.cbsnews.com/face-the-nation/)

之后对家庭气氛的强烈向往,大部分电视谈话节目从一开始就是温和的、没有论争的家庭风格。20 世纪 50 年代,温和的电视谈话大致有杂耍式谈话和轻松的名人/明星闲聊,甚至大部分新闻谈话也是如此。"这种情况已经为电视谈话指明了方向：轻松、欢快、明星担纲,顺着这个方向它一直走到今天。"(吉妮·格拉汉姆·斯克特,1999：201) 20 世纪 60 年代,开放的社会风气造就了电视谈话的对抗性,甚至"对抗"本身也是娱乐方式。其后,随着收视率压力越来越大,谈话节目的娱乐化趋势愈演愈烈。最先出现在电视屏幕上的日间谈话节目是 1972 年的《菲尔·多纳休秀》(The Phil Donahue Show),这档以家庭妇女为主要受众的栏目,一改夜间谈话节目那种喜剧性的表演色彩,而是把下午时段变成一种倾谈时段。这类情感谈话节目随之风靡(苗棣,1998)。

20 世纪 80 年代美国商业电视谈话节目开始朝两个方向分化：一是嘉宾与主持人在节目中从观点的针锋相对发展为相互进行人身攻击,以贬损和羞辱对方来达到吸引眼球的目的,如《小莫顿·道内节目》；二是主持人或作为知心大姐善解人意,或作为贴心好友同病相怜,使出浑身解数,为节目参与者营造出一种可以掏心掏肺、倾心交谈的热络氛围,令被访者内心深处的极其私密的思想和情感通过电视传播,变成公众的视线焦点和热门话题,像《奥普拉·温弗瑞秀》(*Oprah Winfrey Show*,又译作《奥普拉脱口秀》)、《杰瑞·斯普林格秀》这样以情感倾诉为主要内容的电视谈话,因此成为电视谈话节目的一个重要类别(吉妮·格拉汉姆·斯克特,1999:230-233)。此后,经济和技术因素促成电视谈话节目日益多样,"嘉宾(名人/明星)+(引出热点话题的)普通观众+专家+现场观众"的电视谈话结构被普遍运用,话题越来越多地集中在那些有不平常生活方式、奇特人际关系的人身上,谈话方式则越来越注重语言表达本身的风趣机智。至于话题,从政治、经济、文化、社会到个人的内心深处无所不包,显示出持续的生命力。

在中国,作为电视媒介中具有相当影响力的节目形态之一,谈话节目在中国大陆的兴起不是偶然的,它包含"公共空间"、"娱乐"、"社会意见和舆论"的多种成分。与欧美电视往往在一开始就承袭或部分承袭广播电台节目的传统不同,一方面,中国大陆的第一代电视从业者大都来自报业和电影业,使得电视节目从一开始就体现出以画面的高度唯美主义及解说词的高度文学性和修饰性为主的表现风格与审美取向;另一方面,20世纪80年代以前,中国大陆媒介所强调的宣传意识至上的原则和苏联将纪录片视作"形象化政论"的观念,使电视从业者和受众双方都非常习惯于屏幕表达"高于生活"的神圣性,生活化的聊天自然难于涉足其中。除了政府高级领导的讲话外,电视节目中几乎不使用同期声。20世纪80年代以后,中国大陆社会的改革开放引发了人们对社会变革中出现的新问题的普遍关注。中央电视台1995年2月开办《电视论坛》,邀请社会知名人士就某些重大社会、政治、经济问题发表看法。当年12月11日,主持人赵忠祥和上海宝山钢铁公司的总指挥和总工程师们就宝钢建设问题进行的讨论,便是较早的一例以主持人和嘉宾为中心的电视谈话。然而,这种电视讨论与其说是"谈话",倒不如说是"采访+演说/做报告"更贴切。或者说,这类节目的传播方式仍然是单向和自上而下的,传播内容仍然比较单一,节目中出现的,往往都是具有相当级别的各种高层人士,普通公众较难介入(陆晔,1997)。

中国大陆第一个真正意义上的电视谈话节目当数1993年1月开播的《东方直播室》。当时,新成立的上海东方电视台在每晚7:00—7:30这个往往令地方电视台望而却步的晚间黄金时段,开办了这档演播室直播谈话节目,与中央电视台的王牌新闻栏目《新闻联播》进行收视角逐,取得了意想不到的成功。该节目以社会热门话题为依托,以演播室谈话为主干,以主持人、嘉宾和现场观众的互动为支撑,既体现出中国大陆电视传播观念的变化,也第一次把"演播室受众"这个特殊的受众群体放在与主持人和嘉宾同等重要的地位,构筑中国电视全新的传-受关系。在一些文化学者眼里,节目的直播形式和"演播室受众"对于热点话题的参与,使得这个节目在一定程度上可以作为普通市民"将他们原有的群体心理释放出来,参与公共生活、表达社会情绪的民间思想空间"(穆端正,1995;陆晔,1997)。在这里,电视谈话开始体现出公共空间的文化特征。也许正因为这个节目承载了太多的社会意义,而"在特定的社会条件下,其形式意义是要大过谈话内容的,谈话和要旨是'问题'的提出而不是'问题'的深入,而'问题'本身又是很有限度的"(穆端正,1995)。在开播两年多以后,该栏目因为社会性热点话题的枯竭从每周五档改为每周一档、双周一档,最后无疾而终。紧随《东方直播室》之后开播的同类直播谈话节目《今晚八点》(上海电视台1993年2月)也几乎是因为同样的原因而偃旗息鼓(沈莉,1999)。

1996年3月,中央电视台的谈话节目《实话实说》开播。较之于《东方直播室》主要强调一种谈话的氛围和仪式,《实话实说》更具有市场化背景下现代电视节目生产的自觉意识:话题甄选、谈话层次设计、有关资料的准备、记者前期调查、嘉宾的选择与搭配、主持人的风格定位与现场组织策略、大屏幕使用、灯光设计、现场乐队功能、现场多机摄录和后期编辑等,各环节的实施和有机协调多体现出对海外同类节目的模仿与借鉴,而且借鉴得十分到位,专业化程度很高。在这里,起主导作用的不仅是作为一种仪式和氛围的"谈话"本身的象征意义,而且是"谈什么"和"怎么谈"。话题的市场"卖点"和谈话的技巧被放到非常重要的位置,尤其主持人崔永元自然、松弛、冷面幽默和平民化,被业界人士称作"犹如邻居大妈家的儿子",使得节目在生活化的同时增添了许多娱乐成分:即使是社会意见和民间舆论的表达,在这个节目中也因为语言的机智幽默和生动活泼而增添了单纯的娱乐色彩。《实话实说》开始作为一种类型节目的市场化运作,影响中国电视界,进而影响受众。

20世纪90年代后期,电视谈话风靡一时,和其他大众媒介产品一起,成为影响中国社会价值观念和行为方式的重要因素,也同时体现出市场化大环境当中受众的文化选择及背后的社会文化特征。以上海为例。上海是一个都市化程度高、地域文化特点突出的城市,其他省市的节目在上海收视市场的表现向来一般。1998—1999年,上海的各家电视台在中央电视台《实话实说》走红的情形下,相继推出谈话节目《有话大家说》(上海电视台1998年10月)、《城市心情》(东方电视台1999年4月)和《走进心世界》(上海教育电视台),同时,有线电视台的各个专门频道,也依托自身的资源优势,先后推出《评头论足》、《看球评球》等影视类、体育类谈话节目。此外,还有东方电视台每周末的娱乐性谈话节目《相约星期六》和幼儿游戏类谈话节目《欢乐蹦蹦跳》。这些节目以突出的地域文化特征在较短时间内培养了相对稳定的本地观众(见表10-2)。

表10-2　2000年2月上海电视各频道谈话节目及中央电视台《实话实说》话题和收视率

单位：%

时间	《有话大家说》	《城市心情》	《走进心世界》	《相约星期六》	《实话实说》
2月28日—3月5日	8.28 "讨债人的苦恼"	1.49 "洋雷锋"	2.96	23.39	1.31 "住家男人"
2月21日—2月27日	8.04 "今年冬天几把火"		0.93	16.04	1.66 "走自己的路"
2月14日—2月20日	5.88 "我在马路边捡到……"	4.53 "文明养狗"	2.40	28.63	1.54 "再哭一次就长大"
2月7日—2月13日	8.58 "初九话酒"		1.96	18.39	0.99 "读本好书过个年"

资料来源：笔者调研上海广播电影电视信息咨询有限公司,2000年3月。

上海的电视谈话节目充分体现出受众和电视产品相互依赖的城市文化特征。《有话大家说》的节目定位是"大众话题评说"，虽然从话题处理和主持人的表达技巧上被一些业内人士认为是《实话实说》的地方版,但与《实话实说》的文化取向和风格非常不同。从《有话大家说》的编导阐述中,便可以看到一些海派文化特征。

全中国,北京人被公认是最能侃的,"上海人的嘴皮子真不如我们的头脑有名"。但是,做了几期《有话大家说》节目之后,我们惊异于发现上海人潜能的另一面——能说会道的一面。

上海人不是政治家,我们不善于调侃国家大事中的条条框框,却能从身边的小事中提炼待人处事的准则。

上海人不是雄辩家,我们务实,用一些最朴素的语言,讲一些老百姓的大实话。

上海人也不是小市民,生活在这样一个充满诱惑的国际大都市中,我们的

思想和行为正在逐步"接轨"……①

《城市心情》则以"理解都市情感,沟通凡人心灵"为主旨,试图"为城市人带来一种'新世俗关怀'",在话题设计和节目风格上较《有话大家说》更具有都市白领情趣。《走进心世界》发挥教育电视的特点,以"心理分析指导"的方式探讨人际关系,反映现实生活。

从个人收视情况看,当时上海电视谈话节目的主体受众是高中以上文化程度、30—59岁的城市市民群体(见表10-3)。这个群体本身就是最能够集中体现城市文化品性的主体人群。因此,业内资深人士认为,尽管在电视谈话节目走红之前,屏幕上十分兴盛一种以语言为主要表达方式的节目——大学生电视辩论,但至少在《有话大家说》当中,真正受到观众欢迎的电视谈话高手,却不是有较高文化水准的大学生,而是平民百姓当中的中年人(应启明,1999)。这不仅和生活阅历有关,也和电视谈话节目的主体观众的城市文化需求相关。

表10-3 上海电视谈话节目的个人收视情况(1998年10月—1999年9月)

单位:%

个人情况		《有话大家说》	《城市心情》	《走进心世界》	《相约星期六》
个人平均收视率		3.67	3.95	0.55	12.3
年龄	5—14岁	2.05	3.34	0.53	9.87
	15—19岁	2.67	2.6	0.59	11.67
	20—29岁	3.28	3.21	0.43	14.01
	30—44岁	4.42	4.08	0.52	11.88
	45—59岁	4.71	5.1	0.7	16.09
	60岁以上	2.9	3.85	0.39	9.58
教育程度	大学	4.62	5.16	0.62	14.6
	高中	4.04	3.74	0.56	12.55
	初中	3.68	4.12	0.52	13.05
	小学	2.38	3.22	0.44	8.9
	文盲	1.98	2.56	0.48	7.5

资料来源:陆云鹏,《上海地区谈话类节目个人收视率分析》,《广播电视研究》1999年第5期。

---

① 摘自2000年《有话大家说》栏目介绍。

一般认为,对于电视谈话节目的观众来说,话题是至关重要的影响因素。从《东方直播室》直到早期的《实话实说》,电视谈话节目起步阶段的话题选择,大都集中在社会热点上,而进入成熟阶段则逐渐分化:《实话实说》在"改进社会生活话题节目类型的同时,发展人生体验话题的节目类型"①。上海的电视谈话节目,话题则较多集中在都市生活方式、生活形态和生活观念,以及社会问题和社会公德上(见表10-4、表10-5)。即使是同类话题,《实话实说》一般围绕个案展开,而上海各电视谈话节目的话题则更趋于群体化,更接近上海城市市民的生活趣味和文化品性。例如,《有话大家说》有关生活方式的话题"经历公厕革命"、"家电故事"、"股民故事",有关婚姻家庭和人际关系的话题"嫁在上海"、"什么样的女性最幸福",有关社会问题和社会道德的话题"戳穿马路'阿乍里'"、"说话要说普通话"、"自行车被偷以后";《城市心情》的时尚消费话题"追风网球"、"透视内衣橱窗秀"等,都是取材于上海特有的都市生活和城市文化,与受众在文化上的契合程度是比较高的。《有话大家说》2000年的收视率几乎在6%—9%,"电视谈话节目有此效应,应该是一个不错的成绩"。

表10-4　2000年《有话大家说》、《城市心情》、《实话实说》话题比较

序号	《有话大家说》	《城市心情》	《实话实说》
1	"网络故事"(生活方式)		"畅想未来"
2	"人体模特儿"(文化观念)	"漫游未来"	"我的儿子太潇洒"(消费观念)
3	"出国打工记"(生活方式)		"聪明的烦恼"(青少年教育)
4	"我与电影"(娱乐)	"'保险'保险吗"(社会观念)	"强子"(个人奋斗经历)
5	"自行车被偷后"(社会问题)		"昨天、今天和明天"(青少年教育)
6	"过年话吃"(生活方式)	"没完没了好心情"(娱乐)	"新世界"(残疾人的社会关怀)
7	"初九话酒"(生活方式)		"读本好书过个年"(生活方式)

---

① 摘自2000年《实话实说》节目介绍。

续 表

序号	《有话大家说》	《城市心情》	《实话实说》
8	"我在马路边捡到……"（社会公德）	"文明养狗"（生活方式）	"再哭一次就长大"（青少年教育）
9	"今年冬天几把火"（安全）		"走自己的路"（交通安全）
10	"讨债人的苦恼"（法律）	"洋雷锋"（社会道德）	"住家男人"（家庭关系）
11	"网上消费谁来保护"（法律）		

资料来源：笔者调研《有话大家说》、《实话实说》、《城市心情》栏目组，2000年5月。

表 10-5　1999—2000年《有话大家说》、《城市心情》、《实话实说》话题类别占比

单位：%

类别	政治/社会事务	经济/消费	教育	娱乐	生活方式	社会问题/公德	婚姻/家庭关系	法律法规	环境	体育	其他
《有话大家说》	3.9	6.6	10.5	6.6	18.4	14.5	10.5	7.9	5.3	6.6	9.2
《城市心情》	4.2	—	8.3	16.7	29.2	16.7	12.5	—	—	4.2	8.2
《实话实说》	4.6	7.7	10.8	6.2	16.0	10.8	27.7	4.6	1.5	1.5	8.6

资料来源：笔者调研《有话大家说》、《实话实说》、《城市心情》栏目组，2000年5月。

第二节　广播电视谈话节目的类别和特征

一、广播电视谈话节目类别

广播电视谈话节目从涉及的内容题材看种类繁多，可以说，日常生活中人们相互之间交谈的话题有多广泛，广播电视谈话节目的话题就有多广泛。试图给广播电视谈话节目进行严格的分类其实是很困难的，因为谈话节目从形式到话题类别之间都有很多交叉重叠。从目前广播电视谈

话节目的常见形态,结合其内容话题取向及表现形式,可大致分为下面几个大类。

1. 新闻时政、公共事务和社会生活类谈话节目

这一大类谈话节目主要的话题是社会政治、时事新闻、老百姓关心的社会公共事务及社会生活的方方面面。与时事新闻往往可以分为硬新闻和软新闻两大类别相似,这类广播电视谈话节目的话题往往也可以分成硬话题和软话题两大类。

硬话题主要是新闻时政、公共事务方面的话题,往往围绕新闻热点和当下社会的难点、焦点问题或者令人关注的新闻事件而引发的社会话题来进行讨论。曾经产生很大影响的谈话类节目,如中央电视台新闻频道《新闻1+1》、上海人民广播电台《市民与社会》等节目的多数话题都属于此类(见表10-6)。《新闻1+1》强调从时事政策、公共话题、突发事件等大型选题中选取当天最新、最热、最快的新闻话题,还原新闻全貌,解读事件真相,力求以精度、纯度和锐度为新闻导向,呈现最质朴的新闻[1]。《市民与社会》的宗旨是就新闻事件或公共政策展开讨论,做好信息交流渠道、官民对话桥梁、公众意见论坛[2]。这类节目对于发挥大众媒介的舆论引导功能、宣传国家重要的方针政策、形成公共舆论、促进公众的社会参与,具有重要作用。有时候,新闻时政类的硬性话题的谈话板块也会内置于某档新闻节目当中,例如上海电视台新闻综合频道《新闻夜线》就有一个固定的谈话板块《夜线约见》(见表10-6)。重大议题也可在常规新闻节目版面中专门开设新闻谈话特别节目,例如获第三十届中国新闻奖二等奖的广播访谈作品《"共话城市治理"特别节目——从执法背后的人情味说起》,就是上海人民广播电台新闻广播《直通990》栏目"共话城市治理"特别节目中的一期。该特别节目于2019年11月18日至22日分五期播出,分别从社区服务、为老服务、公益服务、执法服务、政务服务方面,讲述社会治理的故事,探索城市治理的规律,是对2019年11月初习近平总书记在上海考察时对上海工作作出要深入贯彻党的十九届四中全会精神、提高城市治理现代化水平指示的响应[3]。

---

① 参见央视网,https://tv.cctv.com/lm/xinwen1j1/index.shtml? spm = C28340.PlFTqGe6Zk8M.S70924.38,最后浏览日期:2021年3月19日。
② 参见阿基米德《市民与社会》,https://m.ajmide.com/m/brand? id = 10607582,最后浏览日期:2021年3月19日。
③ 参见《"共话城市治理"特别节目——从执法背后的人情味说起》,中国记协网,http://www.zgjx.cn/2020-10/21/c_139450643_2.htm,最后浏览日期:2021年3月19日。

表 10-6 《新闻 1+1》、《市民与社会》、《夜线约见》选题(2021 年 3 月)

日 期	《新闻 1+1》	《市民与社会》	《夜线约见》
18 日	我们,需要什么样的医学院?	315,瘦肉精"再现",还是一直在?	诚意对话 相向而行
17 日	人脸识别,不能再"带病"发展!	云南路美食街即将"再见",不舍?	法律"织网"拦住"天降大祸"
16 日	疫情常态化防控,到哪个阶段了	停车难,你们小区怎么个难?	详解上海中招改革方案
15 日	"直播带货"的坑,拿什么来填?	315 到,消费者发声!	都市中的艺术自留地
14 日			保护消费者权益 我们在行动
13 日			探营特斯拉 揭秘"智能造"
12 日	想叫老师一声"爸爸",乡村教育如何更好?	2 亿人围观的导盲犬"方便"难题,堵在哪里?	"云"养树木 为城市添绿
11 日	两会 1+1	小学加中学缩短到 10 年,你同意吗?	完善选举制度助"东方之珠"重返荣光
10 日	两会 1+1	两会云对话之六:数字化转型刚刚开始,为什么"不安全感"同步?	完善选举制度 护港长治久安
9 日	两会 1+1	两会云对话之五:当爹妈,需要持证上岗?	导盲犬"方便"为何总不方便?+"三八"特别节目
8 日	两会 1+1	两会云对话之四:文化内容生产如此丰富,主导什么? 保护什么?	国家孩子 草原母亲
7 日	两会 1+1	两会云对话之三:"健康中国"目标,人均预期寿命再提高 1 岁,需要补哪些短板?	助你出生 伴你长大
6 日	两会 1+1	两会云对话之二:今年经济增长目标 6% 以上,怎么做到?	守护老建筑的数字化之路

续 表

日 期	《新闻1+1》	《市民与社会》	《夜线约见》
5日	两会1+1	两会云对话之一：开局之年政府重点工作有哪些？	高分交答卷　奋楫再出发
4日		你家也在急盼"护工陈阿姨"？	小灵猫的复旦"纪行"
3日	两会1+1	疫情这一年，你的健康素养最大的进步是什么？	抗癌"利刃"守护孩子健康
2日	国药新疫苗，新在哪？	纷纷悼念"配角"吴孟达，缘何？	唤醒耳朵，开启"新声"
1日	大保护之下，长江如何成为"黄金经济带"？	去哪遛鸟？这很重要吗？	纯电动车启动"加速度"

资料来源：央视网，https://tv.cctv.com/lm/xinwen1j1/videoset/? spm = C28340. PlFTqGe6Zk8M. S70924.37；阿基米德《市民与社会》，https://m.ajmide.com/m/brand? id = 10607582；看看新闻《夜线约见》，http://www.kankanews.com/search/search.php? q =％E5％A4％9C％E7％BA％BF％E7％BA％A6％E8％A7％81&index = 0，最后浏览日期：2021年3月19日。

软性新闻类话题主要集中在社会、文化类谈话节目当中。这类节目往往涉及家庭、恋爱、婚姻、伦理、道德、法律、人际关系、教育等社会生活内容的方方面面，讨论社会的良性运行、文化的交融沟通、人际的和谐相处，话题的时效性或许不如硬选题来得强，当然也会涉及硬性社会政治内容，只不过往往会选择从个人角度切入、展开话题。例如，中央电视台曾经的热门谈话节目《实话实说》、《半边天》。《实话实说》1996年3月16日在央视一套正式开播，通过主持人、嘉宾、观众的共同参与和直接对话，围绕社会生活相关的某一话题展开讨论，以促进参与者之间交流和广大观众对这一话题的共识和理解。该节目第一次在演播室使用现场乐队烘托气氛，第一任主持人崔永元因其幽默机敏的个人风格深受观众欢迎。1999年《中央电视台春节联欢晚会》根据《实话实说》编排的小品《昨天今天明天》由赵本山、宋丹丹和崔永元共同表演，已成为春晚经典小品之一。节目因收视瓶颈于2009年9月27日停播。为呼应联合国1995年在北京举办的第四次世界妇女大会，1995年1月1日《半边天》开播，成为中央电视台唯一一个以性别定位的节目，也是中国最早的女性栏目。节目遵循男女平等的原则，逐步确定"关注社会性别，倾听女性表达"的宗旨。2000年6月，联合国时任秘书长安南曾在联合国大会中特别赞扬"中国中央电视台定期播出的《半边天》栏目,专门播放妇女的话题,极具影响力"。《半边天》的话题极具先锋性和切中中国社会妇女现状的问题意识,这些议题包括:生理性别和社会性别,新《婚姻法》司法解释,广告中的性别刻板印象,妇科检查缺乏人文关怀,男性避孕药,产后忧郁症,老年妇女生存处境,城市外来妹的婚姻,妇女在家庭中不被货币化和统计的劳动,全职太太的权利,家庭暴力引发的杀夫,非婚生子的权利,妻子的财产权,女性与小额贷款,性工作者的生存,少女意外妊娠援助,北京首例性骚扰案,学校教育内容不应分性别,女性参政数量低,怀孕被辞退,电影《周渔的火车》,女人的欲望和选择等。《半边天》也是中国第一个在节目主创团队中加入性别顾问的节目,并且建立了由制片人、主编、性别顾问及女性学者、人文学者共同组成的策划组,女性成为节目的绝对主角,节目呈现的女性形象"已经摆脱作为社会的配角或者男人的附庸的倾向,成为具有独立品格的、有主体价值观的、呈多元化趋势的社会形象"。播出十余年后也因收视不佳停播[①]。

在这类节目当中,受众的参与也是节目话题展开的重要部分。当然,不同节目类型有不同的做法,有的以嘉宾对谈为主,其间穿插观众、听众的实时电话意见,形成或针锋相对、或相得益彰的良性互动。有的节目几乎全部以受众的参与为主体,以听众、观众的热线电话或主持人朗读的受众的短信、网络留言等形式,来完成节目的节奏调配与内容穿插。这种做法以广播谈话节目居多,其中,主持人的节目掌控能力是非常关键的,因为观众的实时互动在内容与形式上更难控制,怎样使节目话题展开、深入又配合节目节奏,主持人的功力尤显重要。

2. 社会名流、文体明星访谈节目

这类节目邀请的嘉宾往往是社会知名人士,其中又以演艺界、娱乐圈、文体界人士居多,但也不乏一些以话题出名的社会人物或前政治人物等,总之,其嘉宾是具有一定知名度的"名人"(celebrity)。这类节目的主要表现形式通常是主持人与嘉宾在演播室内进行面对面的对谈,一般是一对一的访谈;有时也因话题原因,由主持人一人与多个嘉宾对谈。例如,凤凰卫视的《鲁豫有约》,通常都是主持人鲁豫与某个名人进行面对面的访谈,但也曾将电视剧《武林外传》的编剧、导演和主要演员都请进演播室一起访谈。这类节目话题延展性强,从嘉宾的成长历程、个人生活感悟到对某个话题的见解,不一而足。例如,CNN亚洲频道曾有一个访谈节目叫《对话亚洲》(Talk Asia),专访过李连杰,话题从李连杰在好莱坞的拍片经历开始,回顾了他当年的第一部电影《少

---

① 参见《自由之路:半边天往事》(2021年3月8日),http://www.boyamedia.com/category/detail/14535/,最后浏览日期:2021年3月19日。

林寺》,一直谈到他的佛教观念从何而来等。

  这类访谈节目的话题内容范围比较广泛,从硬性的社会话题事件到软性的八卦娱乐都可能涉猎。例如中央电视台的访谈节目,既有《面对面》《新闻会客厅》《对话》这样的时事政治和经济类访谈节目,也有《艺术人生》这样的人文艺术类访谈节目。当然,有的节目本身话题也是"跨界"的,很难严格分类。例如,CNN《拉里·金现场》作为一档以名人访问及就公众话题进行探讨或评说为主的谈话节目,话题有时严肃、有时逗趣,嘉宾可以"贵为总统",也可以是流浪汉,因此很难严格归类。

  这类访谈节目的嘉宾,作为社会名流、演艺界人士,往往也有很多受访经验,谈吐与节目节奏、效果契合度往往较高,通常会使节目节奏更为紧凑流畅、张弛有度,节目效果通常比普通嘉宾要好。但也因为嘉宾往往熟悉节目流程,反而使这类节目被认为不像是真正的访谈,更像是一场安排好的"演出"。即使如此,这类访谈也是以谈话形式呈现出来的,例如台湾中天综合台的《康熙来了》(由蔡康永和徐熙娣主持,2004年开播,2016年停播)。

  有些节目以访谈类型展开,也融合了其他类型的节目元素。例如,美国 NBC 杰伊·莱诺(Jay Leno)主持的《今夜秀》(*The Tonight Show with Jay Leno*)和 CBS 大卫·莱特曼(David Letterman)主持的《深夜秀》(*Late Show with David Letterman*)等,都混杂了新闻时事、名人访谈、幽默搞笑。节目开场先由主持人一个人来一段单口喜剧(stand-up comedy),对当天的热门话题进行个性化的解读、调侃,然后访谈名人或新闻事件当事人,之后是主持人的段子表演,当中还有乐队即兴演奏音乐烘托气氛,以及现场观众的即时反应。杰伊·莱诺的《今夜秀》开播于1992年5月25日,在美国加利福利亚州洛杉矶伯班克市(Burbank)的 NBC 演播室录制,周一至周五晚上11:35播出。2009年5月29日,这档深夜节目由柯南·奥布赖恩(Conan O'Brien)接手。NBC 与杰伊·莱诺签了个新合约,从2009年9月14日开始在美国东部时间晚10点播出一档新节目《杰伊·莱诺秀》(*The Jay Leno Show*)。之后几经周折,杰伊·莱诺的新节目开播四个月后于2010年2月9日停播。2010年3月1日,杰伊·莱诺回到《今夜秀》主持人的位置,直到2014年2月6日由吉米·法伦(Jimmy Fallon)继任。《今夜秀》一直深受欢迎,2002年4月30日播出十周年特别节目吸引了1 188.8万观众[①]。大卫·莱特曼主持的《深夜秀》于1993年8月30日开播,在纽约百老汇和53街交汇处的埃德·苏利文剧院(Ed Sullivan

---

 ① 参见 Tom Jicha, "Jay Leno: 10 Years of Jawing on Tonight," April 30, 2002, accessed March 20, 2021, https://www.sun-sentinel.com/news/fl-xpm-2002-04-30-0204290240-story.html。

Theater)录制(那里也一直被称为 CBS 的 50 号演播室),在美国东部时间晚上 11:35 播出,获得过美国电视艾美奖黄金时段最佳系列节目提名 16 次,6 次获奖。2015 年 5 月 20 日,大卫·莱特曼主持完最后一期节目后退休,之后由斯蒂芬·科尔伯特(Stephen Colbert)接手,节目也顺理成章地改名为"The Late Show with Stephen Colbert"。

3. 情感、人际关系、心理自助类谈话节目

这类节目在广播里的表现形式通常以主持人与单个听众交流的形式为主,有时也出现多人交流的情况,主要内容是以个人的感情抚慰为多,常常是由受众通过热线电话向主持人倾诉宣泄,寻求感情上的慰藉,求解人生困惑。节目播出时间多安排在深夜,例如 1992 年开播的上海东方广播电台深夜栏目《相伴到黎明》中的"情感专线"就属于此类节目。

在欧美商业电视里,情感、人际关系、心理自助类节目在白天和深夜时段都不在少数,操作方式也不尽相同,有的也会引起争议。心理自助的谈话方式的取向,有以严肃、温馨、励志为主的《奥普拉·温弗瑞秀》,也有很多因轻佻刺激而被批评为谈话垃圾(吉妮·格拉汉姆·斯克特,1999)。《奥普拉·温弗瑞秀》于 1986 年 9 月 8 日开播,到 2011 年 5 月 25 日停播,播出了 25 季,是美国电视历史上运作时间最长、收视率最高的日间电视脱口秀节目,获得过十余个日间电视节目艾美奖,在《电视指南》"史上最伟大的 50 个电视节目"评选中名列第 49 位。奥普拉·温弗瑞创造了一种亲密、温暖、宽容、自白式的情感谈话方式,节目一些引人瞩目的内容包括:1986 年 11 月 10 日在关于性侵话题的讨论中,奥普拉·温弗瑞透露她九岁时被亲戚强奸,此后节目也成为帮助性侵和性骚扰受害者发声的重要平台;1995 年在以女性吸毒者为对象的一期节目中,奥普拉·温弗瑞公开关于吸毒的个人经历,"我在 20 多岁时做过让我感到羞耻的事情……我了解耻辱,了解秘密";在 2010 告别季曾有 200 名遭受过性骚扰的男性挺身而出反对性骚扰,节目希望能以此帮助沉默中的受害者释放耻辱。很多名人在奥普拉·温弗瑞的节目里吐露心声。1993 年 2 月 10 日播出的黄金时段特别节目专访迈克尔·杰克逊,他当时的录音室专辑《危险》(Dangerous)正在榜上居高不下。在杰克逊神秘的梦幻岛进行的这场现场直播,全世界有 9 000 万人观看,是迈克尔·杰克逊 14 年来第一次接受采访。他不仅敞开心扉向奥普拉·温弗瑞讲述了童年时期父子紧张关系的阴影,还解释了他皮肤颜色的变化是患有俗称白癜风的皮肤色素失调症,他承认鼻子整形但否认所有其他整形手术传言。所有 25 季节目完整版、精彩片段和音频都

可以在奥普拉·温弗瑞的官方网站上回看和回听①。该节目停播之后,奥普拉·温弗瑞仍与探索频道、CBS等不同媒体合作制作节目。2018年,苹果公司与奥普拉·温弗瑞达成协议,为网络流媒体Apple TV+创作新的原创节目。第一档是阅读类谈话节目《奥普拉书香俱乐部》(Oprah's Book Club),2019年11月1日开播;第二档节目在全球新冠肺炎疫情期间推出,名为《奥普拉谈新冠》(Oprah Talks COVID-19),2020年3月21日开播;2020年7月30日推出的第三档节目是《奥普拉对话》(The Oprah Conversation)。2021年3月7日CBS专访节目《奥普拉和梅根与哈里》(Oprah with Maghan and Harry)首播吸引了1 710万人观看,在美国的收视率仅次于"超级碗"(美国职业橄榄球大联盟年度冠军赛),从英国王室出走的哈里夫妇再次搅动舆论②。

在中国电视里,这类节目出现的时间不算太长,这与中国人传统上不善于面对众人谈论私人感情问题的含蓄内敛的性格有关。曾有较大影响的有湖南卫视的《真情》、安徽卫视的《家人》、上海生活时尚频道的《相伴到黎明》(电视版)等,都是以情感、人际关系、心理自助为主要内容。这类节目主要遭遇的问题是当事人不愿意面对镜头,例如上海SMG生活时尚频道的《心灵花园》常有当事人戴面具出镜,比较大的争议在于是否能基于真实人物事件由扮演者在演播室与主持人和现场观众交流。例如,东方卫视的《幸福魔方》心理访谈,还因为涉及嘉宾是否表演而遭到质疑。再如,台湾东森电视台的《分手擂台》内容是感情破裂的双方(最初以恋人关系为主,后扩展到亲子、婆媳、朋友、同学、老板员工等其他关系)互相推搡、争吵,现场有三位"陪审员"拟定让两人关系复合的建议书等。在节目中,当事人互揭隐私,场面火爆,关于当事人是由临时演员出演的传闻未绝于耳,而节目中"本节目故事内容均为真实,唯部分人物乃模拟重现"的字幕声明更是让人真假难辨。当然,如果能确定这部分节目的当事人是由临时演员扮演,这其实就不属于谈话节目的范畴了,而应属于"类戏剧"的范畴。

4. 其他专门话题类谈话节目

这类节目一般围绕某一专业领域内的话题,如财经、交通、体育、读书、文化、影视、经济、股市、科技等领域的话题,进行较为深入的讨论,通常会邀请相

---

① 参见Oprah Winfrey官方网站,https://www.oprah.com/app/the-oprah-winfrey-show.html,最后浏览日期:2021年3月20日。

② 参见澎湃新闻:《哈里夫妇专访美国首播引1 710万人观看,收视率仅次超级碗》(2021年3月9日),https://www.thepaper.cn/newsDetail_forward_11626012;《"出走王妃"梅根采访播出:王室曾担心儿子的皮肤"有多黑"》(2021年3月8日),https://www.thepaper.cn/newsDetail_forward_11604737,最后浏览日期:2021年3月20日。

关领域的专业人士参与讨论、点评。在西方国家,宗教类谈话节目也是广播电视谈话节目的一个部分。这类节目一般安排在专业频道(频率)或者特定时间播出,以吸引特定的受众群。

体育类谈话曾有中央电视台体育频道的《五环夜话》、上海 SMG 体育频道的《看球评球》,读书类节目曾有中央电视台的《读书时间》、凤凰卫视的《开卷八分钟》等,文化类谈话如上海 SMG 英语频道 ICS 的《说东道西》(Culture Matters),财经类谈话节目有第一财经的《波士堂》、《上班那点事》等。交通广播里也有相应话题的谈话节目。例如,湖南人民广播电台交通台曾有一档有关交通安全和交通法制宣传的谈话节目《惊心一刻》,由驾驶员现身说法,讲述自己经历过的交通事故以警示他人,并且请交警就事故发生原因和驾驶员的事故现场处理方式是否得当进行讲评,使听众能积累经验、学习交通法规。

二、广播电视谈话节目的主要特征和文化价值

1. 广播电视谈话节目的主要特征

广播电视谈话节目流行,很大部分原因在于这类节目制作成本相对较低,而目标听众和观众的人口统计特征集中、明确,并且在内容和风格上几乎是包罗万象的,从政治、社会公共事务到娱乐、个人心理健康,都可以成为广播电视谈话节目的主题。节目集娱乐和信息为一体,既能发挥广播电视的传播优势,又能通过人际沟通的互动特征吸引受众。

许多广播电视谈话节目,通常以 18—49 岁的观众为目标,其中,相当一部分目标受众为女性群体。如果考察谈话节目的发展脉络就会发现,作为低成本节目,广播电视谈话节目不需要像游戏节目或电视剧那样向演员付高额酬金,不需要创作剧本,只需要一个小型团队(包括主持人与制作人班子)负责迅速选定话题、邀请合适的嘉宾等;从技术的角度看,谈话类节目往往制作周期短,编辑合成容易,在首播后还能够通过节目辛迪加①等渠道方便地发行到其他地方电视台进行重播。更何况,广播电视谈话节目将许多本来属于私人领域的元素,如家庭、邻居、私人交往、个人困境等暴露在公众面前,使之具有公共性质;又能将政治、商业、社会及娱乐、体育事件等公共领域和特定的个人联系在一起,极大地满足了现代社会受众的好奇心。再加上广播电视演播现场

---

① 辛迪加是法语"le Syndicat"的译音,是"组合"的意思,是一种商业的低级垄断形式。它通过少数处于同一部门的大企业间相互签订协议而产生,所有加入辛迪加的企业都由辛迪加总部统一处理销售与采购事宜。辛迪加的优点在于批量采购和销售可以节约资本,广播电视节目可以通过辛迪加形式在小型的广播电视机构进行再次发行。

造就的谈话流程的不可预测性和广泛的受众参与性,均是谈话节目不断推陈出新的动力。

因此,可以说,大量传统的私人谈话的内容,通过广播电视传播扩展到公共的谈话领域,是广播电视谈话节目的首要特征。尤其在情感、人际关系、心理自助类谈话节目中,往往涉及大量在以往只存在于如夫妻、家庭成员、哥们儿或者闺蜜这样极其小范围的"私房话"。由于广播"只闻其声不见其人",比电视有很好的隐匿性,就更容易在电台节目中面对听众谈论以往只会在私人范围内谈论的话题。例如,上海东方广播电台 1992 年开播的深夜情感类谈话节目《相伴到黎明》,从一开始就涉及恋爱、婚姻、家庭方面的各种问题,而这类话题在传统上人们往往是不会公开讨论的;后来,该节目又在生活时尚频道推出电视版的《相伴到黎明》,其中的一位节目主持人万峰常因言辞犀利而引发争议,但节目也因此赢得了较高的收听率,形成"越骂越听"的有趣场景。

其次,在谈话节目中,无论是广播还是电视,很大程度上都离不开受众的深入参与。谈话节目的品质高度依赖谈话参与者的表现。无论参与谈话的是名人还是普通百姓,他们的谈话水准,包括涉及的话题内容、话题深度和特点、语言表达的技巧风格、幽默感等,是谈话节目成败的重要基础。例如,《鲁豫有约》主要依靠访谈对象的知名度与谈话表现;《相伴到黎明》或者其他类似节目的听众热线电话,他们的故事及表述能力直接决定节目的表现效果。电视谈话节目里的演播室受众的反应与即时互动,都是谈话节目成败的重要因素之一。

再次,谈话的过程具有一定的自发性和高度不确定性。谈话者对话题的看法、情绪变化、情感爆发,都无法完全在主持人和节目制作者的预料之中,只能在谈话的过程中由主持人、嘉宾、谈话参与者之间的互动逐渐推进。例如,有的访谈嘉宾因为情绪失控或其他原因在节目中表现失常,或文不对题,或王顾左右而言他,甚至拂袖而去,这一切都是对访谈节目主持人的访谈技巧的重要考验,同时也为访谈节目带来悬疑或意外冲突的效果。例如,2010 年 10 月 23 日和 26 日,"维基解密"(Wikileaks)网站创始人朱利安·阿桑奇(Julian Assange)在接受 CNN 访谈时,先后两次因为被主持人问到私人问题而大感不快,第一次甚至愤然离开采访现场。

在谈话节目中,节目主持人具有多重角色身份,既是提问者,也是谈话的倾听者和参与者,有时还是解决谈话所涉及问题的专家。例如,奥普拉·温弗瑞除了作为节目主持人,她本身的经历、人格特质都会对访谈对象形成强大的吸引力,同时作为妇女权益、有色人种权益运动的积极参与者,她在节目中适时表达自己的看法与意见,本身也具有"意见领袖"的吸引力。

谈话节目的播出时间,大多是在非黄金时间。谈话节目是低成本节目,无论其话题范围多么广泛,但单个的谈话节目,相对于早间广播新闻或黄金时间电视剧,其受众都是极其有限的。谈话节目虽然视听率不高,但其目标受众往往非常稳定。明确的目标受众也是广告商感兴趣的,因此,电视谈话节目往往有非常不错的收益。

2. 广播电视谈话节目的文化价值

第一,广播电视谈话节目促进了新的媒介文化形态和社会公众新的文化价值的分享方式。著名文化学者雷蒙德·威廉斯认为,电视对于拓展公共论坛与社会事务的讨论空间具有重要贡献,电视谈话节目便是其中的主要部分。由于电视谈话的话题涵盖面十分广泛,便越来越作为一种非常重要的文化现象对观众产生影响,而电视谈话中出现的言行,也越来越作为新的文化形式,成为社会公众普遍分享的一种重要文化经验(Williams,1990)。

第二,广播电视谈话节目拓展了社会公共事务的讨论空间,为公众提供了一个通过参与节目来达到参与社会目的的表达平台。尤其中国的大众传播媒介是党和人民的喉舌,广播电视谈话节目,特别是新闻时政类谈话节目,不仅在宣传党的路线方针政策、有效地引导舆论、沟通政府与民众之间的关系等方面,发挥着重要作用,而且能够及时反映民众的呼声,是舆情民意的"晴雨表"。同时,广播电视谈话节目是民众参与社会公共生活的重要途径,有助于通过普通百姓表达自己对社会事务的意见和看法,培育积极和负责任的现代社会公民,多元的意见表达也有利于形成公共舆论,进而影响决策。著名文化学者王元化曾在评价谈话节目时认为,好的谈话节目在某种意义上"即以现代传播方式提供了一个四合院,将各自封闭于钢筋水泥笼子里的市民解脱出来,将他们原有的群体心理释放出来,使之有一个参与公共生活、表达社会情绪的民间思想空间"(穆端正,1995)。

第三,在中国社会转型的过程中,社会分化的趋势使得各个不同的利益集团之间产生冲突和矛盾,普通百姓在日常生活工作当中,尤其是针对住房、交通、教育、养老等民生问题时,有一些牢骚和情绪在所难免。广播电视传播快捷便利,受众参与面广,在谈话节目当中,老百姓的各种意见能够充分地碰撞、交流、沟通,一些消极、负面的情绪可以通过谈话节目这个特殊渠道表达出来。对于整个社会来说,民间情绪表达有助于群体心理释放,可以达到"以小震防大震"的目的。因此,谈话节目也可以被视为一种特殊的"减震器"或"减压阀",有利于社会稳定,促进国家的和谐发展。

第四,情感、心理自助类广播电视谈话节目的兴起,为解决个人心理、情感问题,缓解人际冲突提供了一个渠道,为现代社会孤独、冷漠、相互隔绝的个体搭建起一个公共的情感家园,让观众在倾诉与聆听中实现自我认同(尹鸿,

2005）。然而，这类节目备受争议，一些节目被视作谈话垃圾，因为这类节目往往在商业竞争的压力之下，越来越多地关注隐私问题和不正常的人际关系，激发社会矛盾却无法解决问题，不仅加剧了社会的失望情绪，而且颠覆传统社会价值观，制造事端和混乱，造成心理伤害。有学者认为，在为吸引更多观众而进行的竞争中，许多谈话节目正在把社会分裂和个人痛楚聚光在公众面前，并且使得现实问题愈发严重（吉妮·格拉汉姆·斯克特，1999）。中国的这类电视谈话节目也曾招致批评，被认为更像是一次性的消费品、一个个情感游戏，并没有真正去承载普通人的人文关怀。这一问题需要引起媒体从业者的严肃反思。

第三节 互联网时代的谈话节目

在移动互联网时代，新型视听谈话节目快速崛起。其中一个大类是基于流媒体音频平台和手机应用的声音类节目，如播客（Podcast）、喜马拉雅、荔枝、蜻蜓 FM 等。据调查，2020 年在线音频行业用户规模达 5.42 亿。得益于移动音频的伴随属性，在睡前、出行路上等场景中，用户收听在线音频的频率较高。目前，用户收听音频的主要渠道仍为手机 App，覆盖 85.7% 的用户。值得注意的是，随着音频平台对车联网的布局，汽车广播也成为用户收听音频的重要渠道之一[①]。如此庞大的用户和如此多样化的使用场景，用户所接触的音频内容大致可以分为四类：其一是音频节目，通常是围绕某个主题或话题，单集音频文件上传互联网，实时更新，在多数平台上用户只要订阅就可以自动接收；其二是音频直播；其三是网络电台，通常指通过流媒体技术实现的音频播放，既可以是传统广播电台节目在流媒体上跨平台播放，也可以是专门为流媒体制作的在线音频内容；其四是有声书或广播剧。前三种类别都有大量在线音频谈话节目，其中不乏非常优质的、垂直细分的 UGC（用户生产内容），以及名流、专业人士、职业媒体主持人加盟的 PUGC（专业生产内容）。根据一些行业调查，2019 年中国网络音频用户偏爱脱口秀类节目的占 34.1%，在各类音频内容中仅次于历史类节目和相声小品类节目，居第三位；偏爱的音频直播类型，

---

① 参见《艾媒报告 | 2019 上半年中国在线音频市场研究报告》（2019 年 8 月 29 日），艾媒网，https://www.iimedia.cn/c400/65917.html，最后浏览日期：2021 年 3 月 21 日。

脱口秀占 53.7%，仅次于音乐类，位居第二①。

在互联网音频谈话节目中，知识类节目是很热门的一类，像《罗辑思维》、《十点读书》、《樊登读书会》和面向儿童的《凯叔讲故事》都在不同受众群体中很受欢迎。《罗辑思维》被认为是知识类脱口秀中的佼佼者，2012 年 12 月以长视频上线，前五季 200 期节目的视频和音频在优酷、喜马拉雅等平台上累计播放超过 10 亿次。2017 年，《罗辑思维》从第五季开始由周播的长视频改为工作日日播短音频，每集 8 分钟，仅限于主理人罗振宇的创业项目、思维造物公司旗下的"得到 App"独家播出。从 2020 年开始，《罗辑思维》第八季变身《罗辑思维·启发俱乐部》，节目简介称这是"罗振宇的硬派知识脱口秀。每周三晚 8 点，小剧场演出，罗胖把他过去一周读的书、听的课、见的人，还有他受到的启发，报告给你听。您可以在得到 App 观看独家直播，也可以买票到现场。直播期间，开售下一场演出门票。节目前身《罗辑思维》已连续制作并播出七季。在这里，您可以看到从 2012 年 12 月 21 日开播至今的所有节目"②。《十点读书》、《樊登读书会》、《凯叔讲故事》也都早已不再局限为一档音频谈话节目，而是演变成跨平台的知识文化品牌，都有自己的手机 App。

在中文播客领域，有一些垂直领域口碑上佳的音频谈话节目，像《反派影评》、《忽左忽右》、《无业游民》、《随机波动》等。独立中文播客《大内密谈》和《日谈公园》分别创立于 2013 年和 2016 年，是目前听众最多的中文播客之一。《日谈公园》是由文娱领域资深人士李叔（李志明）和小伙子（冯广健）共同主持的脱口秀播客节目。在做播客之前，他们一个长期从事音乐企划，一个则是摇滚乐队"青年小伙子"的主唱。节目畅聊电影、音乐、文学、动漫热门作品，日谈的节目内容也兼容并包，分享旅行、美食、消费、时尚、生活方式，更有各路名人趣士谈天谈地、谈笑风生、谈过去未来，从鲍勃·迪伦的诗集、清朝后宫八卦到日本知名罪案。截至 2021 年 3 月下旬已更新 343 期，每期节目较高的播放量超过 50 万次，较低的也在 5 万次以上③。获《新周刊》2020 年"年度新媒体"奖的《随机波动》(Stochastic Volatility) 是由三位女性媒体人傅适野、张之琪、冷建国发起的泛文化类播客，最初叫《剩余价值》，既讨论热门社会议题，更格外

---

① 参见《2019 年中国网络音频行业市场规模、用户付费情况及产业趋势》（2020 年 5 月 29 日），中国产业信息网，https://www.chyxx.com/industry/202005/868548.html，最后浏览日期：2021 年 3 月 21 日。

② 参见"得到 App"官网，https://www.dedao.cn/course/5L9DznlwYyOVdwasGdKmbWABv0Zk4a，最后浏览日期：2021 年 3 月 21 日。

③ 参见喜马拉雅官网，https://www.ximalaya.com/yule/5574753/；36Kr：《36 氪专访丨日谈公园创始人李志明：播客破圈是迟早的事》（2021 年 1 月 8 日），https://36kr.com/p/1042533843042441，最后浏览日期：2021 年 3 月 21 日。

关注女性相关议题。她们认为,2021年讨论的内容更严肃了(见表10-7),之前"有很多期闲聊的节目,包括《剩余价值》,现在回想起来,真的就是随便聊。还有影视剧和读书这两个万能选题,但今年这样的节目都很少。今年每一期的选题都挺严肃的,都在一定程度上和一些社会话题或者当下热点相关……面对疫情,你就会发现一些很大的时代命题其实跟自己的生活息息相关,所以我们也会去聊一些这样的话题"①。

表10-7 《随机波动》选题(2021年第一季度)

日 期	选 题
3月17日	理解一棵树:人类与荒野之间,存在与阐释之间
3月9日	NEIWAI内外创始人刘小璐:"女性消费"不是"消费女性"
3月5日	协和张羽:最佳育龄?生育之痛?女性要过无怨无悔的生活
3月1日	詹青云:性别意识有了就不会再消失,判断是非需要法律更需要人性
2月24日	荞麦:我在35岁之后才开始与自己的性别和解,感觉很不错
2月10日	从字幕组到灵魂拷问:知识经济的时代,为何还是工业时代的头脑?
2月3日	与大鹏谈《吉祥如意》:不是一起过个年就成为一家人,漫长生活编织出中国家庭
1月27日	赛博格、人造子宫与单性生殖:我们可以从代孕想到多远的未来?
1月20日	当妈妈忘记了我:一次关于照护、记忆与死亡的对话
1月17日	从父辈的工厂到我们的大厂,人要逃向哪里?
1月15日	喜欢是喜欢,不喜欢是"扔炸弹":交友软件可以女权吗?
1月13日	是谁在抑止女性冒犯和写作?
1月8日	一个小女孩和无穷大的恶
1月8日	文学升起处,女性汇流时
1月8日	公共空间、当代爱情与政治正确

资料来源:随机波动官网,https://www.stovol.club/,最后浏览日期:2021年3月21日。

截至2020年5月,中文播客的数量已超过1万个。2020年3月,中文播客App"小宇宙"上线。不同于中国既有的音频产品,"小宇宙"采取在国际播

---

① 参见《在随机波动的世界里,听见他们的声音》(2021年1月13日),网易,https://www.163.com/dy/article/G07DN1G40550HRM0.html,最后浏览日期:2021年3月21日。

客领域广泛使用的 RSS 订阅模式,理论上可以搜索到全球所有支持 RSS 订阅功能的播客,并且加入一定社交功能①。与传统广播电视的免费收听不同,在线音频节目有相当一部分是付费节目,无论是节目本身,还是流媒体音频平台对用户付费习惯的持续培养,提升了用户的付费意愿,并且衍生出多种多样的会员订阅模式,直播打赏也很普遍。

互联网流媒体在线视频市场规模也稳步提升。据调查,截至 2019 年 6 月 30 日,网络视频用户总数达到 7.58 亿,其中,长视频用户规模约为 6.39 亿,短视频用户规模约为 6.47 亿②。网络独播的综艺谈话节目成为一个重要门类,其中比较有代表性的是《吐槽大会》、《奇葩说》、《脱口秀大会》。

《吐槽大会》是由腾讯视频、上海笑果文化传媒有限公司联合出品的喜剧脱口秀节目,2017 年在腾讯视频开播,以网络独有的"吐槽文化"为切入点,每期节目邀请一位话题名人,让他们接受吐槽和自嘲。目前播出的第五季"以'幽默、犀利、多元、真实'作为节目底层调性,凸显'直面吐槽、释放真我'的价值主张,网罗更多圈层 21 位热点话题名人明星,用最真实犀利的段子,利用多维度的嘉宾搭配,进行多方面的观点呈现,由原始 1+6 模式迭代为嘉宾分队 battle。改变单一主咖吐槽模式,引入战队概念,开启最新一季的吐槽"③。2021 年 3 月 14 日晚更新的《吐槽大会》得到许多好评,被认为是"本季最强","精彩程度堪比第一季"。足球名将范志毅和男篮明星杨鸣、郭艾伦、周琦的加盟,让这期节目倾向体育主题,"段子调动了观众对于足球与篮球的集体记忆,并将那些或明或暗的槽点,一股脑地宣泄出来"④。同时,爆笑之余也引起了一些争议⑤。

《奇葩说》由爱奇艺出品,米未联合出品,2014 年在爱奇艺独家播出。2018 年,该节目获得 2019 爱奇艺"尖叫之夜"年度 IP 综艺节目奖。节目基于辩论的形式,以风趣幽默的语言,将思辨进行综艺化呈现,话题集中在年轻人最为关注的民生、人文、情感、生活等领域,不仅让主持人马东在青年群体里迅速走红,还产生了一批高学历网红,如姜思达、马薇薇等。目前播出的第七季,

---

① 参见《中文播客,到底何时才能火起来?》(2020 年 6 月 15 日),刺猬公社,https://mp.weixin.qq.com/s/1PewZhi5jKN2OFr7_3XmRQ,最后浏览日期:2021 年 3 月 21 日。
② 参见《2020 年中国在线视频行业市场规模及未来发展趋势分析》(2020 年 2 月 28 日),中国产业信息网,https://www.chyxx.com/industry/202002/838439.html,最后浏览日期:2021 年 3 月 21 日。
③ 参见腾讯视频《吐槽大会第 5 季》简介,https://v.qq.com/x/cover/mzc00200dndh155.html?ptag=10527,最后浏览日期:2021 年 3 月 21 日。
④ 参见《马上评 | 范志毅杨鸣为〈吐槽大会〉带来了什么》(2021 年 3 月 15 日),澎湃新闻,https://www.thepaper.cn/newsDetail_forward_11710398,最后浏览日期:2021 年 3 月 21 日。
⑤ 参见《新华社评论:周琦郭艾伦自嘲之后,千万别忘了知耻后勇》(2021 年 3 月 16 日),澎湃新闻,https://www.thepaper.cn/newsDetail_forward_11726992,最后浏览日期:2021 年 3 月 21 日。

由于华东师范大学政治学系著名教授刘擎作为导师加盟而引起更广泛的关注①。

除了网络综艺类谈话节目外，一些文化类视频谈话节目也很受欢迎，比如许知远的人物对谈《十三邀》、陈丹青聊中外美术史的《局部》、高晓松的《晓说》、梁文道的读书节目《一千零一夜》等。

值得注意的是，《吐槽大会》嘉宾使用提词器并预先准备逐字稿，与传统广播电视谈话节目具有高度不确定性的现场发挥特质相去甚远。这种更注重节目效果稳定性的制作方式，更类似于传统综艺节目，而非谈话节目。

参考文献

吉妮·格拉汉姆·斯克特（1999）.脱口秀：广播电视谈话节目的威力与影响.苗棣译.北京：新华出版社.

陆晔（1997）.电视时代——中国电视新闻传播.上海：复旦大学出版社.

苗棣（1998）.话语的力量（上）——美国电视的夜间谈话与日间谈话节目.现代传播（北京广播学院学报），4.

穆端正（主编）（1995）.东方直播——文化篇.杭州：浙江文艺出版社.

沈莉（1999）.上海电视节目的现状和发展趋势——上海广播电视发展战略研究.复旦大学新闻学院研究报告.

尹鸿（2005）.公共情感家园——评河北电视台电视谈话节目《真情旋律》.中国电视，4.

应启明（1999）.谈话常识.广播电视研究，5.

朱羽君，殷乐（2001）.大众话语空间：电视谈话节目——电视节目形态研究之二.现代传播（北京广播学院学报），2.

Campbell, R., Martin, C. R. & Fabos, B. (2015). *Media & Culture: Mass Communication in a Digital Age* (Tenth Edition). NY: Bedford/St. Martin's.

Denny, Jr., G. V. (1941). Radio Builds Democracy. *Journal of Educational Sociology*, 14(6): 370-377.

Hanson, R., E. (2018). *Mass Communication: Living in a Media World*

---

① 参见爱奇艺官网，https://www.iqiyi.com/v_1fawu9iysl4.html?vfm=2008_aldbd&fv=p_02_01；《"介入者"刘擎：和这个时代的年轻人谈谈心》（2021年3月18日），澎湃新闻，https://www.thepaper.cn/newsDetail_forward_11764891，最后浏览日期：2021年3月21日。

(*Seventh Edition*). LA: Sage.

Hassell, H. J. G., Holbein, J. B. & Miles, M. R. (2020). There Is No Liberal Media Bias in Which News Stories Political Journalists Choose to Cover. *Science Advances*, 6: eaay9344.

Williams, R. (1990). *Television: Technology and Cultural Form*. London: Routledge Publishers.

奥普拉·温弗瑞(2015). 我坚信. 陶文佳译. 北京: 北京联合出版公司.

时间, 乔艳琳(主编)(1999).《实话实说》的实话. 上海: 上海文化出版社.

苗棣, 王怡林(2006). 脱口成"秀"——电视谈话节目的理念与技巧. 北京: 中国广播电视出版社.

Wood, H. (2009). *Talking with Television: Women, Talk shows and Modern Self-reflexivity*. Champaign, IL: University of Illinois Press.

第十一章 广播电视文艺娱乐节目

本章概述

对广播电视文艺娱乐节目的发展历程有较为深入的了解,掌握广播音乐节目、广播电视游戏节目、真人秀、广播剧和电视剧的基本沿革、现状和特征,尤其深入思考电视节目模式和无脚本娱乐节目全球化的文化影响,敏锐观察互联网时代各类视听文艺娱乐内容的新发展。

第一节 广播电视文艺娱乐节目沿革和类别

广播电视文艺娱乐节目是一个开放的、种类繁多的节目类别,主要指运用广播电视的技术传播手段,通过广播声音和电视声画的表现形式,对各种各样的文艺娱乐样式进行加工、综合、再造和创造。

一、中国广播电视文艺娱乐节目

长期以来,文艺娱乐节目是中国广播电视节目的一个重要内容,其特点如下。

首先,广播电视文艺娱乐节目能够充分发挥广播电视的视听技术传播手段及其技术特征,通过广播和电视的普及优势,展示出音乐歌舞、戏剧小品、曲艺杂技等各种文艺表演样式的综合魅力,受众面广,让广大老百姓足不出户就能欣赏到高质量的文艺表演。

其次,广播电视文艺娱乐节目能够使用多种传播符号,营造出强烈的整体视听效果,感染力强,以欣赏性为主,兼具娱乐性。

再次,有两个十分重要的因素,直接影响到广播电视文艺娱乐节目对受众的吸引力:一是有赖于表演本身的艺术水准和演员的知名度与吸引力,二是有赖于广播电视及其相关技术手段的发挥。例如,1984年《中央电视台春节联欢晚会》第一次出现港台流行歌手的轰动,以及在现在看来十分简陋却代表当时最高水平的电视演播室和直播方式。

早在20世纪30年代至40年代中国广播的初创时期,民营商业电台就播放大量适合普通市民口味的娱乐节目。1946年3月,上海东吴大学的学生以东吴电讯学会的名义创办了进步电台"中联广播电台",开播当天播放了著名京剧演员梅兰芳的特别节目,为了吸引听众还在开播前刊发广告:敬请梅兰芳先生揭幕,言慧珠、吴素秋、童芷苓剪彩。中联台的节目除了进步新闻和学术内容,主要是文学、戏曲、曲艺、歌曲等(由国庆,2010)。1940年延安新华广播电台试播,标志着人民广播事业的开端,除了新闻、社论和评论以外,还播出革命故事和抗战歌曲。从那时起,文艺广播就被认为是宣传鼓动的有力工具。最初的文艺节目只是播音员和机务员吹口琴、唱歌和放唱片,毛主席也曾将自己保存的20多张唱片送给电台。为丰富文艺节目内容,电台曾约请材料厂的同志们来演播郭沫若的《屈原》和《棠棣之花》的片段,还约请总政文工团来演播。由于合唱队和乐队的人数很多,窑洞里挤不下,只好排列在山坡上,把话筒移到外面,"向着山峦和溪流、夜空和星光,使那嘹亮的歌声和雄壮的乐曲,飞上云天"(杨兆麟,2000)。

从新中国成立到"文化大革命"之前的17年,中国的文艺广播在这个集体主义、英雄主义、理想主义激情澎湃的历史阶段,获得了很大的开拓和发展,基本确立了新中国文艺广播的基本架构和实践模式[①]。

第一,建立起以歌曲音乐、戏曲曲艺、广播剧和文学广播为主干的文艺广播节目类别与节目形态框架。

第二,充分发挥广播的声音优势和录音设备出现后的技术优势,创造出电影录音剪辑这一广播文艺新形态。将电影录音之后,参照分镜头脚本,结合听觉感受,重新剪辑制作,用播音员的描述、叙说加以连接,使之成为一个完整作品。这一做法后来也推广到戏曲、话剧,甚至舞剧的录音剪辑在广播节目中播出。

第三,邀请专业文艺团体和演员参与文艺广播各类节目的演播,大量录制

---

① 参见《天津五十年代文艺广播杂忆》(2017年7月7日),网易,https://www.163.com/dy/article/COPF0E820514AA0T.html,最后浏览日期:2021年3月21日。

优秀演员的节目声音资料,建立起文艺广播的资料库。

第四,在电台文艺部门的组织领导下,成立了专业的文艺广播演播团体,包括广播文工团、说唱团、民族乐团、合唱团等。

第五,注重与广大人民群众的联系,不仅有一些教唱歌的节目深受群众喜欢,而且群众文艺活动也是广播文艺演播的重要内容之一。

"文化大革命"结束后,文艺广播长足发展。20世纪80年代初期,调频立体声技术的成熟使得文艺广播的收听质量大大提高。1986年,广东人民广播电台开办珠江经济广播电台,以大板块节目、主持人直播和热线电话为核心的广播"珠江模式",带来媒介改革和文艺广播的新气象。1987年,上海人民广播电台率先推出系列台模式,文艺电台是其中之一。之后,中央人民广播电台经过三次较大的调整,开办了一批文艺节目,深受听众欢迎。这样的变化当中蕴含一个重要的趋势,即以市场化为基础的广播娱乐节目逐渐取代文艺广播的寓教于乐方式,伴随着中国的改革开放和社会主义市场经济的发展,以现代社会文化工业生产和市场为基础的流行音乐作为大众文化的重要组成部分,开始越来越多地进入广播文艺节目。

与广播文艺类似,中央电视台的前身北京电视台1958年5月1日试播的第一天,除20分钟的新闻人物座谈会和新闻纪录片外,主体部分是5分钟的诗朗诵和20分钟的舞蹈,这可以被看作是中国电视最早的文艺节目的雏形。20世纪60年代出现了中国最早的电视综艺晚会和专题晚会。此后,电视文艺一直以剧场文艺表演的转播为主要节目形态,将既有的文学艺术类别搬上电视荧屏是电视文艺的主要内容,并且高度追求文艺节目的文学性和艺术性。

"文化大革命"十年,中国电视的发展基本停滞。"文化大革命"之后,电视文艺开始复苏。1978年,北京电视台正式更名为中央电视台;1979年1月,开播《外国文艺》栏目;1983年,第一次举办和播出《春节联欢晚会》;1984年,开播《周末文艺》,1990年改版为曾风靡一时的《综艺大观》。此外,央视一套还有《艺苑之花》、《百花园》、《曲艺与杂技》、《戏曲欣赏》等一大批文艺节目。在这一阶段,直到20世纪90年代,综艺节目和大型晚会一直是电视文艺节目的重头戏。《春节联欢晚会》不仅为中国最隆重的节日增添了普天同乐的喜庆气氛,而且在相当长的时间内几乎一直是全世界收视率最高的电视节目,全面展示出中国文艺创作表演和电视文艺的最高水准。

然而,从20世纪90年代开始,在电视荧屏上,传统的电视文艺栏目,如《综艺大观》、《正大综艺》等,开始走下坡路,电视游戏节目作为一种新的电视娱乐样式快速发展。继1993年上海东方电视台《快乐大转盘》后,广东电视台的《欢乐有约》,浙江电视台的《欢乐时光》,南京电视台的《大篷车》,天津电视台的《黄金8点》、上海电视台的《智力大冲浪》、《开心365》纷纷走红。到90年代末,传统的电视文艺栏目越来越少,直至消失,湖南电视台的《快乐大本营》、北京电视台的《欢乐总动员》、江苏有线电视台的《非常周末》等形成强大冲击。之后,真人秀的崛起和强大的影响力,加上频道、频率专业化步伐加快,广告、收视率的竞争压力,使得传统的广播电视文艺节目朝向更加娱乐化的方向发展。

二、广播电视文艺娱乐节目的类别

广播电视文艺娱乐节目种类繁多,常与其他类别节目,如信息类、谈话类节目交叉重叠。大致上,根据行业惯常的看法,结合中外广播电视业各自的发展路径,广播电视文艺娱乐节目比较受欢迎的类别如下。

1. 综艺节目

综艺节目在西方叫"variety show",最初指由歌曲音乐表演、喜剧小品(sketch comedy)、舞蹈、魔术、杂技、杂耍和口技等组成的综合剧场表演,之后进入广播电台节目当中,然后通过电视将这一杂耍时代的综合娱乐带进家庭,直到20世纪80年代,综艺节目都是全世界广播电视节目的主要内容,在今天也依然是大部分广播电视媒体节目编排的标配,并且具有独特的生命力。

于1975年10月开播的美国全国广播公司(NBC)的《周六夜现场》(Saturday Night Live,简称SNL)获得过71个黄金时段艾美奖、4个美国作家协会奖、2个皮博迪奖,2000年入选美国全国广播电视协会名人堂(National Association of Broadcasters Hall of Fame)并在《电视指南》(TV Guide)"史上最伟大的50个电视节目"评选中排名第十,2007年入选《时代》周刊"史上100个最佳电视节目",如今走过46季依然大受欢迎。除了电视荧屏和NBC官方网站,观众还可以在流媒体视频平台Hulu或GlobalTV.com(仅限加拿大境内)观看(见图11-1),还可以在它的YouTube频道(截至2021年3月有1 160万订户)观看精彩片段,同时与309万关注者一起与其官方Twitter互动。就像《纽约时报》所说的,"超越了时间和演艺圈惯例,SNL仍然是当代文化中最具普遍影响力的喜剧艺术"①。

除了栏目化的广播电视综艺,也有一些电视转播的大型综艺特别节目。例如,英国皇家综艺慈善机构(Royal Variety Charity)组织举办的年度筹款活动

---

① 参见 GlobalTV.com, https://www.globaltv.com/shows/saturday-night-live/about/,最后浏览日期:2021年3月21日。

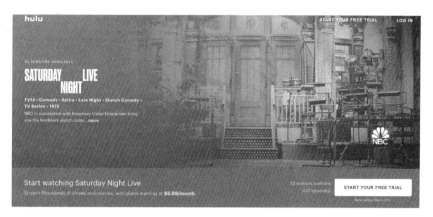

(a)

(b)

图 11-1　NBC《周六夜现场》在流媒体平台 Hulu 和 GlobalTV 上的观看主页

（资料来源：Hulu，https://www.hulu.com/series/saturday-night-live-94218485-ec4e-4e58-9c8c-2acadcb2371c；GlobalTV.com，https://www.globaltv.com/shows/saturday-night-live）

《皇家综艺表演》(Royal Variety Performance)的电视转播深受欢迎。该活动创办于1912年，从1927年开始由英国广播公司(BBC)播出，在1960年到2010年间由BBC和独立电视ITV轮流播出(1976年开始直播)，2011年之后ITV购买了十年的独家转播权。目前，每年的全球电视观众人数超过1.52亿。参加过该综艺表演的明星名人有：1954年的美国喜剧演员鲍勃·霍普(Bob Hope)和歌手简·罗素(Jane Russell)，1963年的甲壳虫乐队(The Beatles)，1966年摘冠世界杯的英格兰足球队等。从2007年开始，才艺类真人秀《英国达人秀》将观众电话投票的部分收益捐赠给皇家综艺慈善机构，作为回报，每年的获奖达人可参演《皇家综艺表演》①。2020年的活动在伦敦布莱克浦歌剧院(Blackpool Opera House)举行。受新冠肺炎疫情影响，该综艺表演第一次使用虚拟观众，整齐安置在剧院座位上的显示屏代替了以往的现场观众(见图11-2)，以至于大量观众吐槽这简直就是反乌托邦科幻电视剧集《黑镜》(Black Mirror)的现实版②。

与欧美各国类似，在中国，广播电视综艺节目是对各种既有的文艺形式通过广播电视的传播手段进行的二度创作，综合了音乐歌舞、戏曲曲艺、小品短剧、杂技魔术等多种表演形式，将既有文艺形式的艺术和审美价值与广播电视

(a)

---

① 参见 Royal Variety Charity 官网，https://www.royalvarietycharity.org/royal-variety-performance-home，最后浏览日期：2021年3月21日。

② 参见 "'I thought Black Mirror was supposed to be fiction?' Virtual audience on the Royal Variety Performance is likened to the hit Netflix show as viewers brand it 'the most dystopian thing they've seen'," Daily Mail, December 9, 2020, accessed March 21, 2021, https://www.dailymail.co.uk/femail/article-9034407/Virtual-audience-Royal-Variety-Performance-compared-Black-Mirror.html。

(b)

图 11-2 《皇家综艺表演》2020 年现场

(资料来源:"'I thought Black Mirror was supposed to be fiction?' Virtual audience on the Royal Variety Performance is likened to the hit Netflix show as viewers brand it 'the most dystopian thing they've seen,'" *Daily Mail*, https://www.dailymail.co.uk/femail/article-9034407/Virtual-audience-Royal-Variety-Performance-compared-Black-Mirror.html)

的艺术表达和传播功能相结合,为受众提供全新的审美享受,具有较高的欣赏性。广播电视综艺节目可以分为两大类。一类是固定时段常规播出的综艺栏目。中国电视第一个以"综艺"命名的栏目是中央电视台 1990 年开播、2004 年停播的《综艺大观》,同年开播的《正大综艺》也是这类荟萃各种文艺样式且兼具旅游风光、文化民俗的综艺节目。另一类是在各种节庆、纪念日等特别制作的大型综艺晚会。例如,中央电视台一年一度的《春节联欢晚会》可以说是电视综艺的集大成者,代表了中国电视文艺的最高水平。

《正大综艺》在 30 年的节目周期里经过多次改版,2006 年颠覆了选手答题形式,拓展出《世界真奇妙》和《吉尼斯挑战之旅》板块;2007 年推出《吉尼斯中国之夜》系列节目;2009 年开播特别节目《魔术大联盟》;2010 年引进海外节目模式,改版为"明星+游戏+对抗"形式的《正大综艺·墙来啦》;2011—2012 年推出融合喜剧真人秀和剧场互动的《正大综艺·谢天谢地你来啦》;2013 年推出亲子节目《正大综艺·宝宝来啦》;2016 年推出科学益智类节目《正大综艺·脑洞大开》;2018 年直到现在改版为科普益智竞猜《正大综艺·动物来啦》,每期节目邀请热爱动物的三组家庭,通过家庭成员之间的相互协作,完成轮流竞猜、趣味实验、互动游戏,优胜者得到终极大奖。2021 年 3 月 14 日播出的节目,主题聚焦浙江清凉峰国家级自然保护区的华南梅花鹿。2019 年,《正大综艺》落地泰国 True Visions 电视台播出①。

目前,央视三套(CCTV-3)为综艺频道,王牌栏目有:开启中国首档喜剧传承类综艺的《金牌喜剧班》;以"中国特色、时代之风!自古英雄出少年!"为节目口号,通过京剧和民族器乐舞蹈等,展示少年眼中传统文化的中央电视台首档台网互动国风少年创演节目《上线吧!华彩少年》;2003 年开播并诞生了知名主持人李咏的平民综艺选秀节目《非常 6+1》,老牌综艺《星光大道》、《我要上春晚》等②。

2. 音乐节目

音乐节目是广播文艺娱乐节目的主体。传统上,广播节目当中有不少音乐欣赏和音乐专题节目,音乐类别从古典音乐到流行音乐无所不包;现在更多的是音乐 DJ 播放的流行音乐和听众点播的歌曲。例如,中央人民广播电台的音乐频率 Music Radio。音乐节目在电视文艺娱乐节目和专业化电视频道当中也都占有一席之地。例如,中央电视台 2000 年开播的《同一首歌》,以制作系列大型演唱会和各类主题、公益演唱会为特色,曾与韩国 KBS 电视台、日本 NHK 电视台合作中日歌会、中韩歌会,于 2010 年停播③。

目前,中央电视台音乐频道(CCTV-15)的主要栏目有《童声唱》、《聆听时刻》、《中国节拍》、《精彩音乐汇》、《民歌中国》、《音乐公开课》、《风华国乐》、《音乐周刊》、《合唱先锋》、《乐享汇》、《中文音乐榜上榜》、《CCTV 音乐厅》、《中国音乐电视》、《影视留声机》、《音乐人生》、《乐游天下》、《一起音乐吧》等④。

音乐电视 MTV 是流行文化工业的重要组成部分,也是非常成功和成熟的电视音乐类别,该领域的知名电视频道有 MTV、Channel V 等。MTV 既是音乐电视 music TV 的英文缩写,也是以音乐内容为主打、于 1981 年开播的美国有线电视频道。经过 40 年在流行音乐领域的深耕,MTV 已成为引领青年文化潮流的知名品牌。为回应互联网作为音乐视频新的观看中心这一社会风潮,MTV 拓展了网站、流媒体和移动社交平台的数字内容原创和分发,还推出音乐发现网站"MTV 艺术家平台"(Artists. MTV)来推广原创音乐。目前的热门栏

---

① 参见央视网,http://tv.cctv.com/lm/zdzy/? spm = C28340.P10QUzIsypHP.EFwXuDGvxTlk.15,最后浏览日期:2021 年 3 月 21 日。

② 参见央视网,https://tv.cctv.com/cctv3/index.shtml? spm = C28340.P9dhkRStLqPh.ENlPq2DiQc4R.6,最后浏览日期:2021 年 3 月 21 日。

③ 参见《〈同一首歌〉停播十周年,这个当年最火的央视综艺为什么不见了?》(2020 年 12 月 1 日),搜狐网,https://www.sohu.com/a/435609692_247160,最后浏览日期:2021 年 3 月 21 日。

④ 参见央视网,https://tv.cctv.com/cctv15/index.shtml? spm = C28340.P9dhkRStLqPh.ENlPq2DiQc4R.21,最后浏览日期:2021 年 3 月 21 日。

目包括《你是这一个吗?》(Are You the One)、《每一天》(Each and Every Day)、《丘陵：新起点》(The Hill: New Beginning)、《古怪可笑》(Ridiculousness)、《圣路易斯超人》(St. Louis Superman)等①。

3. 戏曲曲艺节目

在中国，相声、评书、小品，都是广播电视文艺娱乐节目中很受欢迎的节目种类，传统戏曲也拥有固定的受众。例如，专门的曲艺广播频率内蒙古评书曲艺广播、北京人民广播电台北京戏曲曲艺频率、天津相声广播等。许多地方电台都有深受本地听众喜爱的名牌曲艺栏目，比如济南文艺广播的《曲山艺海》、包头文艺广播的《曲艺大观》、呼和浩特文艺广播的《曲艺998》、抚顺新闻广播的《曲艺大观》、新疆民生广播的《曲艺时间》、海峡之声文化生活广播的《曲艺群英会》等。中央电视台戏曲频道（CCTV-11）是"以弘扬和发展中国优秀戏曲艺术，满足戏迷审美要求为宗旨开办的专业频道，是中国覆盖面最广、影响力最大的专业性戏曲频道"，主要栏目有《戏曲青年说》、《名家书场》、《梨园周刊》、《宝贝亮相吧》、《CCYV空中剧院》、《一鸣惊人》、《角儿来了》、《青春戏苑》、《京剧音配像精粹》、《九州大戏台》、《梨园闯关我挂帅》、《梨园锦绣一路欢笑》、《快乐戏园》、《过把瘾》、《名段欣赏》、《戏曲影视专场》、《跟我学》、《戏曲采风》等。该频道逢年过节会举办戏曲晚会。例如，2021年2月6日CCTV-11和CCTV-4K超高清频道并机播出的《2021元宵戏曲晚会》，邀请京剧、评剧、豫剧、越剧、黄梅戏、川剧、粤剧、北路梆子、甬剧、锡剧、潮剧、彩调剧、花灯戏、婺剧等近20个剧种的数十位南北名家倾情献演代表名段，充分展现了中国戏曲百花园的欣欣向荣②。

4. 游戏节目

游戏节目在西方叫"game show"。在2020年美国一项关于史上最好看的电视游戏节目榜单中，排名前八的分别是《风险!》(Jeopardy!, 1964—1975, 1984年至今)、《价格是正确的》(The Price Is Right, 1972年至今)、《家庭争执》(Family Feud, 1976—1985, 1988—1995, 1999年至今)、《幸运轮》(Wheel of Fortune, 1975年至今)、《谁想成为百万富翁?》(Who Wants to Be a Millionaire?, 1998年至今)、《好莱坞方块》(Hollywood Squares, 1966—1981, 1983—1984, 1986—1989, 1998—2004)、《让我们做个交易》(Let's Make a Deal, 1966—

---

① 参见MTV官网，https://www.mtv.com/，最后浏览日期：2021年3月21日。
② 参见央视网，https://tv.cctv.com/cctv11/index.shtml?spm=C28340.P9dhkRStLqPh.ENlPq2DiQc4R.17；https://tv.cctv.com/special/2021yxxqwh/index.shtml?spm=C28340.PuSNaRsCv3sJ.S02646.7，最后浏览日期：2021年3月21日。

1978)、《金字塔》(Pyramid, 1973—1980)①。其中,名列第一的《风险!》(见图11-3)作为知名度最高的猜谜节目(quiz show),展示了电视游戏节目的持久魅力。它获得过 39 项艾美奖和一项皮博迪奖。主持人亚历克斯·特雷贝克(Alex Trebek)从 1984 年开始主持了 37 季超过 8 200 期节目,打破了"主持游戏节目最多"的吉尼斯世界纪录,7 次获日间节目艾美奖"杰出游戏节目主持人奖",并且获得美国国家电视艺术与科学研究院颁发的终身成就奖,2020 年 11 月 9 日因胰腺癌于 80 岁高龄辞世。去世前十天的 2020 年 10 月 29 日,他还在演播室工作。他录制的节目播出到他去世一个半月之后的 2020 年 12 月 25 日②。

图 11-3　游戏节目《风险!》

(资料来源:《风险!》官网首页,https://www.jeopardy.com/)

游戏节目也是近 30 余年来在中国广播电视节目中快速发展起来的节目样式。在广播节目中,主要是各种各样听众热线电话参与的猜奖;在电视节目中,则是从知识竞赛逐渐扩展到不同领域,并且与近几年快速发展的节目类别真人秀(reality show)结合,产生广泛影响。

5. 广播剧、电视剧、电影和文学广播

广播剧和电视剧是中国广播电视文艺娱乐节目当中深受广大听众与观众

---

① 参见 Lisa Kennedy, "The Best Game Shows in TV History, Ranked," AAPR, October 20, 2020, accessed March 21, 2021, https://www.aarp.org/entertainment/television/info-2020/best-tv-game-shows.html。

② 参见 Jeopardy! 官网,https://www.jeopardy.com/,最后浏览日期:2021 年 3 月 21 日。

喜爱的类别。此外,还有在电视频道里播放的电影,在广播里播放的小说连续广播、电影(话剧)录音剪辑等。

在世界范围内,广播和电视肥皂剧、电视系列剧、情景喜剧等都深受受众欢迎,尤其是各类电视剧,始终是占据综合电视频道播出时段最多的内容。有线电视的兴起推动了专门的影视剧频道快速发展,如 HBO、Showtime 等,付费观看也因此成为可能。近年来,除了传统影视剧制作公司,互联网流媒体视频平台的原创电视剧集生产相当令人瞩目,例如 Netflix 风靡全球的原创剧集《纸牌屋》(*House of Cards*)、《王冠》(*The Crown*),赛博朋克风格的科幻动画短片集《爱、死亡、机器人》(*Love, Death & Robots*),2020 年热门新剧集《女王的棋局》(*The Queen's Gambit*)等。

三、中国广播电视文艺娱乐节目受众参与沿革

早期中国广播电视文艺娱乐节目,主要是通过广播电视对各种文艺表演的展示,其目的是为广大受众提高文化和精神享受,因此,节目与受众的关系往往可看作是表演者和欣赏者的关系。

以电视文艺娱乐节目为例,改革开放之初,荧屏上最受老百姓欢迎的节目,除新闻和电视剧以外,当数大型电视晚会和综艺节目,其中的典型代表《中央电视台春节联欢晚会》自 1983 年开播以来,充分体现出中华民族普天同乐的欢乐气氛,曾是千家万户无可替代的"荧屏年夜饭"。

20 世纪 90 年代开始,电视游戏节目作为一种新的电视娱乐样式快速发展,几乎与此同时,中央电视台的王牌综艺节目《综艺大观》、《正大综艺》的社会影响力每况愈下,多年来长盛不衰的《春节联欢晚会》也越来越遭受来自各方的批评,普天同乐的盛况一去不复返。2000 年年末,自称中国最新锐的时事生活杂志《新周刊》与新浪网等合作,进行了一次被看成首次民间的"中国电视排行榜"评选,中央电视台《幸运 52》当选为"年度电视节目",主持人李咏以与第二名之间近一万票的差距,高居"最佳娱乐节目主持人"榜首。《新周刊》对《幸运 52》这档带有明显博彩性质的游戏节目的评价是:"对游戏精神的鲜活演绎和大胆倡导,不仅为中国电视,更为中国人的生活注入新鲜元素……"而《春节联欢晚会》则出现在投票评选之外的"榜外榜"中,这档"最具中国特色的电视节目",曾被视作"中国规模最大、级别最高、节目最丰富的娱乐晚会,成为海内外华人同心同德的象征"[①]。

---

① 参见《新周刊》2000 年 12 月 15 日第 97 期。

由此可见，与中国社会转型过程相一致，中国广播电视文艺娱乐节目的听众和观众，经历了从被动的观赏性参与，到主动的自娱性参与，再到互动的竞争性参与三个重要阶段。

从广播文艺发展之初，听众足不出户就能欣赏文艺表演的惊喜，到电视发展之初，大多数中国普通家庭把电视机看成"小电影"和不出门的家庭剧场。因此，综艺节目和大型晚会自然成了广播电视文艺娱乐节目的重头戏。这类节目决定了"我播你听你看"的单向度的传播关系，观众的参与感来自广播电视通过声音和画面营造的身临其境之感，是一种对节目的被动的欣赏。

随着社会价值的取向多元化，以受众的自娱自乐为重要特征的广播电视文艺娱乐节目悄然兴起。例如，随着电话进入普通家庭，广播听众可以通过电台音乐节目点播自己喜爱的歌曲。20世纪80年代中后期《家庭电视歌唱大赛》、《外国人唱中国歌》等电视文艺节目曾风靡上海滩，这些节目在艺术性和观赏性方面远远不能和大型晚会相提并论，但由于普通市民强烈的自娱自乐色彩，受到广泛的欢迎。无论是热线点歌，还是电视歌唱比赛，一个共同特征是受众主动参与节目，由于并没有今天娱乐选秀节目的高额奖励的吸引力和对成功的梦想，受众参与这类节目的目的往往是非功利的、自娱自乐和自我满足的。

20世纪90年代后期，电视游戏节目与成长于激烈的竞争环境中的新一代市民的娱乐需求相互推动、快速发展。例如，《幸运52》作为大型的互动性电视娱乐节目，其特点之一是强烈的对抗色彩，还有丰厚的奖品作为对参赛者和竞争中的强者的奖励。节目的对抗性特点和紧张活跃的场上气氛，充分调动电视机前观众的情绪，形成荧屏内外的互动。在这类游戏节目中，观众的互动性参与和现代社会对个体的肯定与彰显不谋而合，而形成节目火爆场面的对抗性和竞争性，在折射出转型期越来越主流化的"胜者为王"的社会价值的同时，极大地满足了参赛者在节目平等互动口号下的好胜心，以及为大众不断营造出的有关通过个体努力来实现希望与获得成功的梦想。

第二节　广播音乐节目和音乐广播

一、作为中国广播文艺构成的音乐节目

音乐是一种具有广泛社会影响的艺术，虽然不具有语言的具体描述性和

视觉的直观性,但音乐更富于感染力。音乐又是一种完全依靠听觉来欣赏的艺术,这十分符合广播传播的特点,因此,音乐节目在中国传统的文艺广播中占有重要的地位,一直受到听众的普遍欢迎。丰富多彩的音乐文艺节目给人以美感享受,有着怡情悦性、增进身心健康、净化灵魂的动人效果。此外,音乐还能够与文学、戏剧相结合,成为广播剧、歌剧、戏曲等综合性艺术,起到丰富文艺作品的表现手段、提升艺术品位的作用。

传统的广播音乐文艺节目的形式多样,主要有下列几种类型。

1. 欣赏性节目

欣赏性节目是完整播出音乐作品供听众欣赏的节目,这类节目所占比例最大,范围也最广。欣赏性音乐节目播出的作品包括从古典音乐到现代轻音乐,从严肃音乐到流行歌曲的各种类型节目。自20世纪90年代以来,在电台播出的音乐节目中,流行音乐所占的比重提升非常迅速,成为广播音乐节目的重要支柱,而古典音乐、声乐作品等严肃音乐作品的比例相对缩减;除了中文流行音乐之外,大量的外国音乐节目也是音乐广播的组成部分。除了英语歌曲之外,以往较少见的法语、西班牙、日语、韩语等流行音乐也出现在中国广播节目之中。

2. 报道性节目

报道性节目是关于音乐文艺的有关活动、作品、人物交流等方面的报道节目。音乐报道在鼓励推动音乐创作、活跃社会文化生活、密切广播电台与听众的联系、扩大音乐广播宣传影响等方面,都起到了积极作用。

3. 音乐知识性节目

音乐知识性节目是向听众普及音乐知识、提高音乐技能和鉴赏水平的节目。

4. 音乐专题节目

各种各样与音乐有关的专题类节目,往往有一定的主题。例如,2002年上海人民广播电台参加第三届东方畅想广播创新节目擂台赛的音乐专题节目《玫瑰玫瑰我爱你》,就是通过讲述《玫瑰玫瑰我爱你》这首老歌的传奇经历,呈现不同风格的演唱版本。通过讲述这首歌如何在不同的历史时期由不同的歌手演绎,如何漂洋过海进入美国流行音乐畅销排行榜,今天又如何在新落成的上海大剧院由作曲家陈歌辛的小儿子指挥再次献演,生动地刻画出海派文化海纳百川的文化活力。

二、作为类型电台内容的音乐节目

广播音乐是典型的伴随式媒介内容类型。在全世界范围内,无论是商业电台还是公共电台,音乐电台的类型化程度都是最高的。它不仅提供给听众丰富多样的各种专门类别的音乐选择,更是生活方式的一种体现。

与其他音乐欣赏和消费方式不同,广播音乐的收听特点主要从三个方面体现出来。第一,音乐到达的随意性。与目标明确的听 CD 不同,CD 往往是音乐听者的主动刻意的选择,而电台音乐多是不期而至的。因此,音乐的编播策略就十分重要,既要让连绵不绝的适合的音乐牢牢抓住那些已经在收听的听众,又要考虑到在每一分每一秒都可能有新的听众加入进来,同时,有可能会有老的听众流失。第二,听众可以通过不断更换频率而具有多次/重复选择性。这就意味着,当听众选择收听一个音乐类型电台的时候,很有可能这并不是他真正喜欢的音乐,只不过他需要在这个时间来点儿音乐,而这家电台是他没有选择的选择。这自然与将一张心仪的 CD 放进唱机,或者专程购票去观看现场音乐会的心态大不相同。第三,不单是音乐电台的问题,而是相对于现场而言,所有经过中介的音乐欣赏和消费方式,都缺乏听觉以外的影响因素,比如现场音乐会的环境和心理互动。这些收听特点直接影响到音乐电台的构成策略。

在广播音乐类型电台的音乐节目中,DJ 的作用非同一般。除了可以用自己的语言给所播放的音乐提供必要的背景、进行适当的音乐作品分析以外,许多 DJ 同时也是十分有个性、影响力和出色的乐评人。他们自身的语言风格和个性魅力,往往既是调动听众收听欲望和音乐想象力的重要因素,也作为音乐产业链上的一个环节,推动唱片市场的销售。

三、案例:美国流行音乐类型电台的产生和发展

一位资深电台主管认为,在美国,有两个绝对赚钱的行业:一是玩具,二是音乐。这部分地解释了音乐电台存在的基础[①]。音乐电台与录音工业、广告业和以青少年为消费主体的流行文化密切相关,也是大媒介联合企业运作中的一个重要环节。因为电台所播放的音乐往往取决于音像商店的热卖品,由于青少年比成年人更多地购买音像制品,间接地,青少年的流行趣味决定了音乐电台的播放内容。20 世纪 70 年代后期音乐排行榜类型电台 TOP 40 的出现,以及以摇滚乐和节奏与布鲁斯为代表的流行音乐革命,便是这种关系契合的结果。这也是青少年文化第一次成为电台—听众—广告商—录音工业相互关系中重要的市场动力(Fornatale & Mills,1980:37-40)。

---

① 笔者访谈 R&R 资深编辑托尼·诺维亚(Tony Novia),1999 年 3 月。

产生于媒介运作与市场调查逐步结合的"类型"概念,正是从音乐电台开始的。尽管早在20世纪30年代,美国全国广告主协会下属的一个机构就开始进行基于电话访问的电台收听率调查,但那不过是广告主了解其广告投放媒体的受众状况的方式之一。直到20世纪70年代末类型电台TOP 40的出现,才从根本上把广告主通过收听率了解媒体的做法改变为媒体通过受众调查来寻求符合广告主需要的听众群体。受众调查越成熟,类型电台变得越专业(陆晔,2000)。尤其在电视时代,广播变得越来越地方化。直到今天,广播电台仍然继续巧妙地发挥其类型化的节目策略。这一趋势带来的变化是,随着人口的增长,广播电台的新听众也不断增加,于是,为适应年轻人新的文化需要,新的电台类型不断被创造出来,并且引导流行文化。在这一转变过程中,不同类型电台听众的人口学特征达到前所未有的高度一致,这使得电台能够更明确地将这些目标听众作为预售商品出售给广告主(Fornatale & Mills,1980:49-57)。

类型音乐电台的良性循环主要通过两种途径实现:一是为新听众创造新的电台类型;二是进一步明确界定已经流行的类型的风格。例如,摇滚电台继续通过细分为专门播放校园非商业艺术家作品的"新摇滚"(New Rock),貌似20世纪60年代FM电台节目再度风行的"成人专辑另类音乐"(Adult Album Alternative),或者专播70年代老歌来寻找被过去其他类型电台忽略的那部分听众。伴随着电台类型增多的另一个变化是地方音乐类型电台的崛起。在美国,无论是老牌的ABC、CBS,还是其他众多的小联播网,它们提供的类型音乐节目,似乎越来越不能满足地方电台的需要。与此相对应的是,通过卫星和电脑提供的类型音乐"套餐式"(package)节目构成开始取而代之。

由于美国联邦通信委员会对于一家公司在一个广播电视市场所拥有的电台数量开始放宽,一个市场上可能会有三家以上的电台由相同的一个部门来提供音乐节目,卫星和电脑驱动的节目构成方式稍微地增加了节目成本,虽然一般节目成本相对保持不变,但电台运作的总成本仍然因此而增加了。于是,电台更倾向于如何重新定位其运作策略,如何更有效地将目标听众推销给广告主以更多地盈利。广告与收听率的关系越紧密,音乐类型电台就越自觉地出售某类具有相同人口学特征的听众给需要的广告主,并且以此作为将电台和整个广播电视与流行文化产业生产流程相互作用的节目运作策略。这种将类型音乐电台通过市场运作使之成为地方化、专业性广告媒介,并且培养、创造出具有相近年龄、文化程度、收入、个人兴趣、消费习惯的忠实听众,以预售给广告商来获得利润的战略转变,是自20世纪90年代中期以来广播业主和广告主在广播电视产业结构重组过程中表现出来的一个重要侧面(艾莉森·

亚历山大、詹姆斯·奥厄斯、罗德·卡维思等，2008）。类型音乐电台把众多歌手塑造成青少年追逐和崇拜的偶像，进而通过他们所代表的时尚潮流，来引导青少年不断变化的消费观念和生活态度，这正是广告商得以源源不断地推销商品的"虚假"欲求的基础。

以几种不同的音乐类型为例。在 20 世纪 90 年代"动感摇滚/摇滚"的听众中，63% 为 25—44 岁的成年人；"当代热门摇滚"则有 57% 的听众年龄在 24 岁以下；超过一半的爵士音乐听众的年龄在 35—54 岁；而 57% 的古典音乐听众年龄在 55 岁以上，24 岁以下的青少年只占 3%（陆晔，2000）。显而易见，他们的人口学特征必然决定了他们的生活观念、消费倾向等的区别，他们不同的心理欲求和对不同流行文化的追随，也必然需要通过对不同的广告形象的认同来满足；反过来，也只有不同的广告诉求才能打动他们，并且唤起他们不同的心理欲求。

这种状况导致美国流行音乐电台市场的变化无常和"碎片化"——这个词被用来解释自 20 世纪 90 年代末以来美国流行音乐电台从三大网的消沉到某种特别的音乐形式的突然走红等一系列现象，TOP 40 已经不再独霸听众市场和获得高额利润，音乐的类型被一个又一个电台越分越细。在这种情形下，几乎很少有听众会指望在一个电台同时听到热门说唱和动感摇滚，或是爵士和 60 年代乡村老歌的奇特组合。无论是电台的经理还是 DJ，都坚信 90 年代的音乐节目策略，不再是满足大多数人口味的不同风格的 40 首热门流行歌曲的大循环（尽管摇滚乐占 TOP 40 的大多数），而是需要精确到适合正在上高中的孩子们的跳舞趣味和流行风潮的音乐类型这样细化的程度，而这些孩子们正是可口可乐或李维斯（LEVI'S）牛仔裤这样的大广告主所寻求和力图培养的新一代消费者（Pease & Dennis, 1994）。当然，其节目构成策略仍然是 TOP 40 式的。

音乐电台市场的"碎片化"使得许多稍有实力的广播业主都利用政府"放宽规则"的一系列政策来增加他们在市场上拥有电台的数量。尽管一个 FM 电台在其覆盖范围内的市场占有率往往只有 10% 左右，但如果在一个或几个广播电视市场上拥有多个相同音乐类型的电台，则可以把其分散在各处的目标听众作为一个总数出售给广告商。

这种状况也和 FM 电台数量的增加互为因果。从 20 世纪 70 年代开始，直到 2000 年左右，几乎每十年间，美国商业 FM 电台就会增加 1 000 个左右，甚至更多。FM 良好的信号传输效果非常适合播放音乐，而多数 FM 电台的发射功率都不大，因此，可以有许多中小功率 FM 电台来分区域共同覆盖一个广播电视市场；况且，相对于报纸和电视，运作一个电台不需要太多的技术设备和人力资本投入,尽管总体上广播广告通常只占美国广告市场份额的10%左右,但这个行业仍然不失为一个有较高利润回报的产业。

对于这些新FM电台来说,并没有音乐类型细分的所谓法则或定规,关键还是在于它们如何去"开发"传统的所谓"黄金受众"以外的听众,即以往广告商最为感兴趣的年龄为25—44岁的人群,以及通过音乐测试进一步细分听众,寻找具有基本相同人口学特征和生活趣味及消费习惯的听众群体,以便出售给不同的广告主作为其诉求对象。不同类型的电台音乐,最终是经由广告商的经营方式的促销,主要针对年轻的消费者,这便是成功的音乐电台得以持续发展的原因。

当然,电台音乐人往往会认为音乐类型的定位和音乐节目构成既是艺术也是科学,因为市场变幻莫测,无论是对于一首新歌还是一种新的生活方式,没有任何一个专业人员可以通过分析听众调查和音乐测试结果来绝对认定其是否会流行和在什么时候流行。对于音乐电台而言,只有变化和循环是恒久不变的,就像Disco音乐在1978年风行,而在1980年突然消失,又在1986年复活;因为MTV在1983年的出现而走红的"另类摇滚"(alterative rock)在一度沉寂之后,于20世纪90年代后期又卷土重来;而一些十年前无人问津的音乐类型会突然变得炙手可热,就像1980年几乎在商业FM频率上绝迹的爵士乐和"软摇滚"(mellow rock),十年之后被"改造"成新"成人当代"(adulte contemporary)和"摇滚成人当代"再度风行(陆晔,2000)。

事实上自20世纪90年代以来,大媒介联合企业更为灵活的合作式运作方式使得作为其媒介产品生产—流通—消费系统中一个重要环节的音乐电台,越来越具有更强的引导流行风潮和塑造流行文化的能力,并且将这种流行文化扩展到全球的各个角落。如果一个媒体公司同时拥有几家类型的音乐电台、几个音乐工作室和唱片发行公司,再加上若干家音像连锁商店,以及一两个卫星或有线电视服务商,那么,媒体公司中任何一个微小的市场事件,比如一首新的原创歌曲,或者一个关于20世纪70年代城市民谣的重新包装,都会通过上述众多流通样式的重复再现和潜在的文化价值开发,摇身一变,成为主流的流行文化现象,就像1993年位居美国流行音乐排行榜首位的西班牙风格的歌曲《玛卡雷娜》(*Macarena*)的走红和风靡全球一样。无论是媒体公司还是广告主,自然都在拥有BMG音乐集团和RCA音像商店的媒介联合企业贝塔斯曼公司把生产、流通和交换系统紧密控制起来的价值链上,从这首歌"细密筹划的流行性里",竭尽所能地赚取每一分利润(Curtin,1999)。

第三节　广播电视游戏节目

一、广播电视游戏节目的特点

游戏节目近年来成为中国广播电视娱乐节目的重要组成部分，深受听众和观众喜爱。

实际上，被称为益智游戏的猜谜节目从来就是广播娱乐节目当中大受欢迎的内容之一。这类节目在国外叫"quiz show"，早在20世纪30年代就出现在欧美的电台节目当中，并且受到老百姓的追捧。

在美国，第一档广播电台猜谜节目是《谜语教授》(Professor Quiz)，1936—1948年在哥伦比亚广播公司(CBS)和美国广播公司(ABC)播出。在节目中，参赛者向节目主持人"谜语教授"提问，如果问题难倒了"谜语教授"，就可以获得25美元。四个月后，全国广播公司(NBC)蓝网(Blue Network)开播了同类节目《吉姆叔叔的问题蜜蜂》(Uncle Jim's Question Bee)，节目中的问题来自听众，节目组招募三男三女参赛，争夺25美元的奖金。节目组还开发了一些游戏周边，听众若有兴趣可购买同名桌游或答题书(Dunning, 1998)。1938年5月31日，BBC直播的拼写竞赛《拼写蜜蜂》(Spelling Bee)被认为是最早的电视游戏节目。世界上第一个栏目化的电视游戏节目是《我的职业是什么》(What's My Line)，在美国始于1950年，在英国始于1951年。在节目中，由名人小组来猜某一个参与者的职业是什么，同时，名人小组常驻嘉宾会被蒙上眼睛，通过提问猜出当期加入名人小组的一位神秘嘉宾。在美国，这档节目作为CBS原创游戏节目，从1950年播出到1967年，然后变成辛迪加节目播到1975年。1980年，原班人马以类似思路开发过《这就是我的职业》(That's My Line)，在CBS播出了两季。2004年开发了剧场版《我的职业是什么——现场演出》(What's My Line? — Live On Stage)，头两年在洛杉矶靠近好莱坞的喜剧剧院(ACMEComedy Theatre)演出，之后搬到纽约的巴罗街剧院(Barrow Street Theatre)演出，被誉为"不在电视上的经典电视游戏节目"[①]。目前，在视频网站YouTube上有个《我的职业是什么》官方合集，集纳了从胶片数字化的1950

---

① 参见巴罗街剧院官网，http://www.barrowstreettheatre.com/about-us/past-productions/what-s-my-line-live-on-stage，最后浏览日期：2021年3月22日。

年至 1967 年间在 CBS 播出的 758 集节目和一些花絮。截至 2021 年 3 月,该合集有近 10 万订阅,总观看量将近 170 万①。

与此类似的节目有很多,比如猜商品价格、猜歌曲等。从 20 世纪 50 年代开始,美国的电视游戏节目里设立了高额奖金,其中最著名的节目是《64 000 美元的问题》(The $64,000 Question)。这个节目源自广播游戏节目《带走它或留下它》(Take It or Leave It),不过在广播节目里最高奖金只有 64 美元(大卫·麦克奎恩,2003:67-68)。从此,在西方广播电视发达国家,电视游戏越来越占据商业电视的黄金时段,成为影响广泛的文化现象。

为什么这类游戏节目会走红?

首先,广播电视游戏是真实竞技,其最大魅力在于过程的变幻莫测和结局的不可预知。

其次,广播电视游戏打破了大人物、大明星一统节目的格局,为社会底层的小人物展示才华、脱颖而出提供了机会,这种机会非常具有诱惑力。例如,通过知识竞赛改变自身命运,就像电影《贫民窟的百万富翁》表现的那样。

再次,广播电视游戏节目中的竞技,试图体现出一种在机会面前人人均等的所谓社会公平准则。这给普通百姓带来很高的心理期待。因此,一旦这类节目被曝出如 1958 年美国 NBC 的《21 点大满贯》(Twenty One)那样的丑闻,优胜者竟然是被电视机构和广告商操纵的,这类节目就毁了(大卫·麦克奎恩,2003:68)。

从实践策略上看,广播电视游戏节目的核心构造是竞技与模仿。实际上,几乎所有的广播电视游戏都不是广播或者电视自己的发明创造,而是儿时各种各样的室内、室外游戏,或者一些流失的游戏,改头换面之后被广播或者电视吸收的结果。例如,上海电视台 20 世纪 90 年代的游戏节目《智力大冲浪》里的一个小游戏板块"拷贝不走样",就是小朋友经常会在幼儿园里做的模仿游戏。

许多游戏节目都有益智和博彩的双重成分,如《幸运轮》、《风险!》、《好莱坞方块》、《谁能成为百万富翁》、《争分夺秒》、《倒计时》、《最薄弱的一环》等。让名人出现在游戏节目当中,也是这类节目吸引人的重要看点,例如《好莱坞方块》就因演艺界明星的出场而备受欢迎。

---

① 参见 YouTube 上"What's My Line?"合集,https://www.youtube.com/c/WhatsMyLine/channels,最后浏览日期:2021 年 3 月 22 日。

二、案例:《幸运轮》的发展历程[①]

一位美国资深电视人曾说,你看一次半小时的电视游戏节目,会比你看一整个月的新闻节目更多地了解美国。发源于20世纪三四十年代电台智力测验节目的电视游戏,是美国商业电视非常重要的类型化节目。在美国,乃至全世界众多电视游戏节目当中,《幸运轮》(Wheel of the Fortune)可以说是其中非常幸运的一个。这档最初出自King World Productions旗下的节目,于1975年开始在美国本土播出,并于20世纪80年代中期进入国际市场。它是美国电视历史最悠久,也是最成功的辛迪加游戏节目,如今由索尼影视娱乐公司制作、CBS在美国本土发行,每周一至周五播出(见图11-4);它7次获得艾美奖;在全世界大约60个国家拥有超过1亿观众;节目组已向参赛者颁发超过2.5亿美元的现金和奖品;在美国,为了成为参赛者,每年都有1万多人试镜[②]。早在20世纪90年代,该节目的年制作费差不多是700万美元,而年盈利超过10亿美元(Abelman,1997:270)。2019年5月10日,《幸运轮》播出第7 000期,平均每晚仍吸引近1 000万观众[③]。2020年9月4日,《幸运轮》第38季开播,两位主持人——73岁的帕特·萨亚克(Pat Sajak)和63岁的凡娜·怀特(Vanna White)从1983年开始,已在这档节目搭档37个年头,他们都没有退休计划,与节目的合约签到2022年。与当下所有广播电视节目的跨平台策略一样,《幸运轮》也开设了YouTube频道和Facebook、Twitter账号,以及同名在线游戏。该节目的衍生产品《幸运轮名流版》(Celebrity Wheel of Fortune)第一季于2021年1月7日亮相ABC黄金时间(见图11-5),参与节目的明星名流最高可赢取100万美元的奖金用于慈善捐款,观众也可以通过观看节目并在官方网站注册加入"轮盘观察者俱乐部"(Wheel Watchers Club)参与抽奖,赢取1万美元的奖金。截至2021年3月的前8期节目中,参与节目的明星名流有:蕾切尔·雷·库克(Rachael Leigh Cook)、雪莉·谢泼德(Sherri Shepherd)、凯文·尼尔隆(Kevin Nealon)、罗伯特·赫雅维克(Robert Herjavec)、克里斯·哈里森(Chris Harrison)、阿方索·里贝罗(Alfonso

---

[①] 参见陆晔:《幸运轮的幸运之道》,《南方周末》2002年9月19日文化版。
[②] 参见索尼影视娱乐公司官网,https://www.sonypictures.com/tv/wheeloffortune,最后浏览日期:2021年3月23日。
[③] 参见Erin Jensen,"'Wheel of Fortune':Pat Sajak and Vanna White on Retirement, Gaffes, Their 7,000th Show," USA Today, May 12, 2019, accessed March 23, 2021, https://www.usatoday.com/story/life/tv/2019/05/09/wheel-fortune-vanna-white-and-pat-sajak-milestone-retirement/3654371002/。

图 11-4 《幸运轮》官网首页

（资料来源：幸运轮官网，https://www.wheeloffortune.com/）

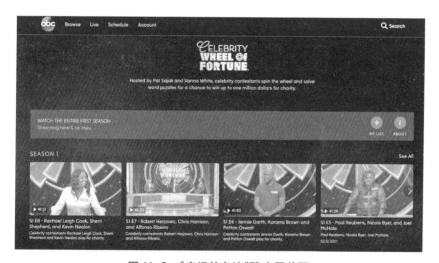

图 11-5 《幸运轮名流版》官网首页

（资料来源：ABC 官网，https://abc.com/shows/celebrity-wheel-of-fortune）

Ribeiro）、詹妮·加斯（Jennie Garth）、卡拉莫·布朗（Karamo Brown）、帕顿·奥斯瓦尔特（Patton Oswalt）、保罗·鲁本斯（Paul Reubens）、妮可·拜尔（Nicole Byer）、乔尔·麦克海尔（Joel McHale）、康斯坦斯·齐默（Constance Zimmer）、玛丽亚·梅努诺斯（Maria Menounos）、伊薇特·妮可·布朗（Yvette Nicole Brown）、罗伯·里格尔（Rob Riggle）、乔·特赛瑞（Joe Tessitore）、珍妮·麦（Jeannie Mai）、德鲁·凯里（Drew Carey）、泰瑞·哈彻（Teri Hatcher）、克里斯西·梅斯（Chrissy Metz）、莱斯利·琼斯（Leslie Jones）、钱德拉·威尔逊

(Chandra Wilson)、托尼·霍克(Tony Hawk)①。

这个节目最本质的吸引力最先来自和所有游戏节目一样的特征：智力测验题、激烈的竞争、语言的冲突和幽默，以及最最重要的——可能获得的巨额奖金和奖品。在1996年情人节播出的《甜心周》(Sweethearts Week)特别节目中，彼得·阿伊罗普洛斯(Peter Argyropoulos)和德博拉·科恩(Deborah Cohen)成为特别幸运的一对，他们总共获得146 529美元的奖金和奖品。

但这不足以充分解释《幸运轮》在美国和国际电视市场上的成功。事实上，20世纪90年代，这个节目就是在国际市场上产生稳定影响的美国商业电视节目之一。在许多国家，如澳大利亚、土耳其、匈牙利、芬兰、巴西、以色列，甚至一直不能普遍接受美国快餐文化的法国，《幸运轮》都大受欢迎。难怪一位美国电视学者把好莱坞式的流行文化在全球的影响力与中世纪的教堂相提并论，并且称《幸运轮》就是其中很重要的一个(Stark，1997：296)。

在传统上，游戏节目通常都是为白天时段制作的低成本节目，主要目标观众是白天在家的主妇。许多早年的游戏节目有着十分雷同的要素。例如，仪表堂堂的男主持人，生活常识类的智力测验题目，无论是参赛者还是演播室观众大多是女性，奖品大多为家庭生活用品，如微波炉或者电冰箱等。在今天很多游戏节目中，这些要素多多少少还保留着。

《幸运轮》在一开始就有所不同。它的蓝本是风靡欧美的古老儿童游戏"行刑者"(Hangman)，一个适合两个以上玩家的桌面游戏。一个玩家写出自己脑子里想到的某个单词或词组的部分字母，其他字母以空格代替，其他玩家要想办法将缺失的字母一个个填上。在节目演播现场，整个游戏过程很简单：三个竞争者每人转动一个类似博彩的轮盘一次，如果轮盘的指针停在一个数字上，这个参赛者就获得一个得到这个数额奖金的机会，然后他可以任意猜一个字母，看这个字母是不是构成一个被隐藏的短句。如果他猜中，就可以再转动轮盘一次，并且再猜这个短句中的另一个字母，猜不中就轮到下一个参赛者。就这样周而复始，直到某个参赛者猜出组成短句的全部字母，并且赢得他一次次转动轮盘所累积的奖金。节目最后，得到最多奖金的参赛者有机会参加巨奖竞争以赢得一个真正的巨奖，如游艇或赛车。不过，尽管游戏内容不同，刚开始它也和其他游戏节目一样，由一位英俊的男性主持，在日间播出。

最值得关注的变化发生在1983年。那时，《幸运轮》已经在NBC的白天时段播出差不多8年。当时的节目制作者还想拓展节目市场，开始考虑能不

---

① 参见ABC官网，https://abc.com/shows/celebrity-wheel-of-fortune，最后浏览日期：2021年3月23日。

能把它提供给节目辛迪加,发行给那些在晚间新闻与黄金时间电视剧之间(通常是晚上 6:30 或 7:00)还没有找到合适节目播放的地方电视台。但这个时段的观众和白天时段有很大不同,他们大多是上了一整天班、刚回到家里的疲惫的男性。针对观众的改变和晚间时段处于新闻与电视剧之间的节目编排需要,《幸运轮》做出相应的调整:题目更难,奖品更昂贵,增加了一个新的魅力十足的女性主持人,形成男女搭档主持的基本格局。很快,《幸运轮》在晚间时段站住了脚,并且成为迄今为止美国商业电视历史上最成功的辛迪加节目,很多时候,它的收视率甚至超过黄金时间的电视剧。两位王牌主持人帕特·萨亚克和凡娜·怀特的人气一如当初。

开播 46 年来,为了保持节目收视率,《幸运轮》一直在做一些改版,使整个节目的视觉效果更好,娱乐性更强。例如,一开始那个转动的轮盘是平躺着的,除了在参赛者转动它时使用一台悬置的摄像机拍摄,其他时候在电视屏幕上观众很难看清楚它,后来就把它竖了起来。又如,最初参赛者猜中的字母是在演播室的电子记录板上自动显示的,后来则改由女主持人动手把那个字母从板上翻出来,这个过程强化了女主持人的动态和魅力。再如,对参赛者的筛选也越来越严。现在,通过笔试的选手还需要参加一个练习,不仅看你是不是机智,还要看你是不是知道应该在适当的时候表现出很激动的样子、笑容是不是有感染力、会不会逗乐和有没有幽默感,如此等等,只有最具临场表现力的很少一部分报名参赛的选手可以上节目。但是万变不离其宗,除了奖品更丰厚、布景更华丽这样的外在元素的改变外,游戏内容从来没变。

为什么这样一个规则简单的节目会日复一日地吸引这么多的美国本土和海外观众?最直观的解释是,《幸运轮》是一个结合了合法的博彩、机智与金钱的游戏,是适合所有年龄和性别的观众在家里玩的游戏。与老牌的《64 000 美元的问题》和时髦的《好莱坞方块》都不同,《幸运轮》的参与者和观众都不需要了解某类专门知识(如历史、地理或动物学),不需要关于某些专门事件和事实的微小细节的超凡记忆力(例如刘易斯第一次参加奥运会时多大年龄,或者翼龙与三角龙有什么区别),常规节目也不依靠大明星的感召力。《幸运轮》的题目不是严格意义上的知识竞赛,参赛者需要猜的是一个没有任何相关性的短句中的一个个字母(例如,从"go to university"、"Sunday morning news"到"beyond the clouds"等各种各样的短句),它需要的只是被美国人称作"street-smart"的那种机智和小聪明。

如果从传播政治经济学的观点看,《幸运轮》的成功在一定意义上归功于它进入国际电视市场的时机。20 世纪 80 年代中期,许多欧洲国家刚刚开始允许国营或公营电视台播放少量的由私营广播电视公司制作的节目,这正适合纯粹娱乐的游戏节目介入。《幸运轮》的一位前任主管认为,在那个年代,大多数国家的电视节目要么旨在提供信息或者提供高尚的社会文化与公共知识,要么以宣传为目的,而美国的节目是纯粹为娱乐媒体打造的,"所以我们比别人更懂得如何制作这类节目"(Stark,1997:299)。更何况,该节目在如何本土化方面很用心。在不同的国家,它不仅用当地语言制作,而且除了保留那些在青少年中颇具影响的与美国流行文化相关的内容外,节目基本上是专门按当地观众的文化趣味打造的。King World Productions 的总裁曾说,如果你在德国做一档美国的游戏节目,观众一定不会喜欢看,因为观众听不懂节目中大量出现的美国俚语,观众便不会觉得那是他的节目(Stark,1997:296)。在《幸运轮》海外版本的制作班底中,有一半是当地人员。他们最重要的工作是给主持人提供当地文化的背景,开发有当地特色的题目。

当然,一个典型的美国游戏节目在其他国家本土化的过程并不容易,在那些完全不具备电视游戏传统的国家,如东欧,不光是节目制作理念相去甚远,就连参赛者和现场观众的表现在一开始也很难达到《幸运轮》要求的视觉和娱乐效果。有时,现场制作人员不得不教演播室观众该怎样鼓掌以强化现场气氛,教参赛者该在什么情况下夸张地尖叫,甚至怎么笑才能让电视机前的观众兴奋起来。在一些经济水平较低的国家,节目的奖品也不是越贵重越受欢迎,因为一些参赛者根本无力为他们辛苦竞争得来的昂贵奖品支付高额税款(Stark,1997:298)。

如果从文化的角度看,《幸运轮》在国际市场上的成功,还因为它成功地把美国文化价值当中的一些元素通过娱乐的方式,有效地扩散到其他国家观众的日常生活中。其中,最核心的概念是,任何人只要通过努力都有可能出人头地。在很多国家,如中东和南非,这个非常美国化的概念以日常生活的形态第一次被直观地表达出来。例如,无论是美国本土的版本还是海外版本,参赛者都穿着由节目组提供的同样的衣服,他们所获得的是一个单靠自己的机敏而平等竞争以实现财富梦想的机会。这种机会并不建立在任何需要基于金钱才有可能通过受教育而获得的专业知识和技能基础上,甚至在许多国家,接受良好的教育以获取专业技能是需要家庭背景和社会地位的支持的。同时,作为巨额奖励和游戏的结合,或者更确切地说,作为广告和电视节目的结合(节目的奖品大多来自企业赞助以换取广告时段),《幸运轮》本身就是一个关于商业主义、消费主义和物质主义的最理想的样板。

《幸运轮》一直是节目制作方的一座金矿,除了它的影响力以外,更重要的是它的低成本,而且在制作上它也远比一部普通水准的电视剧更容易。20 世纪 90 年代,King World Productions 的一些制作人员曾考虑把公司的另外一档当红游戏节目《风险!》向海外市场发行,但最终还是放弃了。原因之一是,这个游戏的内容跟所有的竞猜游戏都不一样,参赛者会先从主持人那里得到一个问题的答案,然后再反过来猜出那个问题是怎么问的,这在难度上比《幸运轮》要大,成本也要高得多。至少节目要有一套可以显示与所有不同答案相对应的每一个问题的复杂电子装置,而不像《幸运轮》,只要显示26个字母不同的排列组合就可以了。

三、案例:《开心辞典》

《开心辞典》是中央电视台经济部2000年推出的益智类电视节目,被认为是引进借鉴国外同类节目中的创新性实践。制片人郑蔚认为,栏目的核心竞争力是情感,因为情感的生动与活跃是电视节目中一个永远无法舍弃的元素。该栏目的品牌还有四个支撑点,分别是兼具实用性和趣味性的题目、参与和互动的形式、简单便捷的游戏规则、主持人(郑蔚、孙微,2002)。

在栏目开播之前,节目主创人员认为,这类益智节目在国外生命力很强,比如英国广播公司(BBC)的《最薄弱的一环》(Weakest Link)[①]等。因此,这一节目形态本身有比较大的发展空间,但是必要的本土化改造也十分重要,首要的一点就是要把电视手段的卖点和社会文化心理的卖点区分对待,保留电视手段的卖点,改善社会心理的审美文化(郑蔚、孙微,2002)。《开心辞典》栏目结合中国人重视家庭观念和亲情关系的观赏习惯与心理,创制了独特的中国电视益智节目形态。换言之,首创"家庭梦想"的概念,对国外同类节目的博彩成分进行成功解构,在为普通人提供参与节目、知识博弈的同时,也给更多的普通家庭提供互相表达爱心与真情的机会[②]。

《开心辞典》于2000年7月7日开播,3个月后收视率跃居CCTV-2所有栏目第二位,半年后居首位,2001年6月15日达到开播后收视最高值3.87%。2003年5月以来收视率缓慢下滑的趋势在2004年有所回升,平均收视达到

[①] 《最薄弱的一环》是英国广播公司2000年推出的益智类游戏节目,行销超过65个国家和地区。节目由8位互不相识的参赛者组成一个团队,相互协作,回答问题。每过一轮,通过选手相互投票,节目会以"You are the Weakest Link, goodbye!"(你是最薄弱的环节,再见!)淘汰其中一位选手,最后一位获得全部1万英镑的奖金。参赛者既相互合作,又相互算计,其中包含对参加者智力、个性,甚至善恶、是非、计谋的考验。参见 Weakest Link 官网,https://www.bbc.co.uk/programmes/b006mgvw,最后浏览日期:2021年3月23日。

[②] 参见载昕:《〈开心辞典〉的"开心"秘诀》(2003年1月6日),央视网,http://www.cctv.com/tvguide/onlinestory/dsmh/20030106/100089_1.shtml,最后浏览日期:2021年3月23日。

0.70%,不仅高于 2003 年度平均值,也略高于 2003 年同期 0.69%的收视水平①。

《开心辞典》推出后,各电视台也都纷纷推出类似的益智节目,竞争十分激烈。但《开心辞典》认为,观众希望看到节目的变化,只要针对这种心态,关注每一种新的节目元素,在不同阶段推出不同的亮点,就可以不断强化栏目品牌。

制片人郑蔚把《开心辞典》的品牌发展过程归纳为"五年五步"。2000 年,独创益智节目形态。《开心辞典》品牌的初始建立得益于符合当时市场需要的独特的节目形态,凭借独创的"家庭梦想"概念,以亲情聚拢了一个巨大的观众群。2001 年,强化题目设计。在节目形态被观众认同之后,题目的吸引力就成为节目创新的主要"软件"。这个阶段的工作重点是强化题目设计,以知识性、智慧性丰富品牌内涵。2002 年,主持人符号化。主持人和节目牢牢地融合在一起,互为表里,相得益彰。主持人成为节目明显的符号,使《开心辞典》的品牌丰满起来。2003 年,选手设计。通过对选手个性的挖掘和表现力的多样化设计,张扬节目中的选手个性。主持人与选手智力撞击,两相呼应,从而丰富了益智节目的表现手段,让品牌生动起来。2004 年,增加互动元素,使参赛者与现场观众和电视机前的观众之间的互动更加突出。2005 年 4 月改版,推出一套版和二套版。一套定位为《开心辞典:娱乐英雄版》,即"相对安静的比赛环境,有更多的智力英雄诞生"。二套则是《开心辞典:全民互动版》,整场节目分为 4 轮互动,每轮有 6 道题目。每一轮主考官先集中出题,电视机前的观众对每道题都有 20 秒钟的思考时间并用手机短信给出正确答案,在主考官揭晓正确答案之前将短信成功发送,而且在第一时间就会知道是否获奖。每轮答对者都有机会获奖,4 轮全部答对者,就可以获得等离子电视、整体厨房等超值大奖。"场外变成了主场,看电视的观众变成了选手。一个奖品丰富的游戏大卖场,一个拇指互动的全新玩法,一个不分场内场外的参与机会,一个明星名人参赛热度爆棚的现场,一个最适合全家'共餐'的'周末团圆饭'。"②

2009 年 8 月 12 日,《开心辞典》改由中央电视台综艺频道(CCTV-3)播出。2013 年 1 月 5 日停播。

---

① 参见《开心辞典》官网,http://www.cctv.com/program/happygame/index.shtml,最后浏览日期:2010 年 2 月 5 日。
② 参见《〈开心辞典〉制片人郑蔚:不会更换主持人》(2005 年 4 月 1 日),搜狐网,https://yule.sohu.com/20050401/n224976316.shtml;张晓禾:《〈开心辞典〉全新改版发起全民智慧总动员》(2005 年 4 月 1 日),中国新闻网,https://www.chinanews.com/news/2005/2005-04-01/26/557853.shtml,最后浏览日期:2021 年 3 月 23 日。

第四节 电视真人秀

一、真人秀的特点和类别

真人秀，又叫真实电视（reality TV），并不是一个严格的学术概念。作为一个行业术语，指的是这样一类节目：通常由普通人而非扮演者在规定的情景中，按照预设的游戏规则，为了达成某个胜利目标而采取行动，这个过程被记录下来，做成节目。它是规定空间环境中的真实故事，往往以近距离拍摄的人物为核心，具有不可预测的戏剧化冲突。因此，有学者将真人秀节目的特征归纳为"一种动态的具有目的性的线形的叙事模型，是对自愿参与者在规定情境中，为了预先给定的目的，按照特定的规则所进行的竞争行为的记录和加工"，自愿参与、规定情境、给定目的、特定规则、竞争、记录和加工这些元素构成真人秀节目的共同特点（尹鸿，2005）。

真人秀是一个在特定的空间和规定的场景之下发生的真实故事，从这个意义上看，真人秀节目结合了虚构和非虚构节目的形式与内容特征。在表现手法上，它借鉴纪录片的伴随式记录方式，以全方位、近距离拍摄和刻画参与者内心为重要表现内容；在结构上，它通过规定情境和预先制定的游戏规则来强化戏剧冲突，使得节目进行过程中参与者的行动和命运具有高度的不可预测性。同时，观众不同程度的互动和参与，例如投票决定参与者的去留，也是节目的重要看点。

有研究者将真人秀分解为七个基本元素（尹鸿、陆虹、冉学儒，2005），即人物、悬念、竞争、游戏规则、时空情境、现场记录和艺术加工。在真人秀节目里，参与者的吸引力很重要，他们是故事的主体，也是吸引观众倾注感情关注的主体。因此，各类真人秀对于参赛者的选择都有着明确的目的，既要涵盖不同的身份、职业、地域、民族等，以吸引各种与参赛者有所关联的观众，又要让参赛者在价值观上形成冲突，以便构成节目冲突的持久张力。例如《老大哥》（*Big Brother*）第十季，参赛者里既有年过七旬的老爷爷，也有舞女，有三个孩子的母亲，也有男同性恋牛仔，有来自牧师家庭的黑人小伙，也有遭遇婚姻危机的亚裔少妇，有中学教师，也有健身教练。在节目进行当中，每一类观众都很容易找到自己喜爱的选手，更重要的是，每个参赛者的个性、教养、价值观都是构成戏剧冲突的内在因素。与其他游戏节目一样，悬念是吸引观众的不二法门，而竞争、淘汰机制等游戏规则的制定，则是要确保悬念环环相扣、高潮迭起。时空情境是节目展开的时间和空间的规定性，使得游戏规则合理，戏剧冲突精彩。现场记录呈现的过程性强化了真人秀的"真"。艺术加工则令"真"超越日常生活体验，变得更具感染力。

实际上，高额奖金的吸引力，获奖选手"麻雀变凤凰"出人头地的可能性，也是真人秀节目的诱人之处。

真人秀种类繁多。大体上可以分成如下几类。

① 室内真人秀，比如《老大哥》（Big Brother）、湖南经视的《完美假期》。

② 野外生存类，比如《幸存者》（Survivor）、广东电视台的《生存大挑战》、北京电视台等的《走进香格里拉》。

③ 表演选秀类，比如《美国偶像》（American Idol）、《天桥骄子》（Project Runway）、湖南卫视的《超级女声》、东方卫视的《中国达人秀》。

④ 竞技类，职场竞技类如《学徒》（The Apprentice）、东方卫视的《创智赢家》、SMG生活时尚频道的《魔法天裁》，体育体能竞技类如《城市之间》、上海电视台外语频道的《冲刺中国》（China Rush）。

⑤ 身份互换类，比如湖南卫视的《变形记》、东方卫视的《明星行动》、北京电视台的《相约新家庭》。

⑥ 婚恋类，比如湖南卫视的《玫瑰之约》、江苏卫视的《非诚勿扰》。

⑦ 其他，从减肥、美容、装修到宠物狗竞赛等各类不同的真人秀。

在中国电视真人秀的发展历程中，《中国达人秀》（China's Got Talent）是值得分析的重要案例。该节目2010年7—10月在东方卫视播出第一季，口号是"平凡人也可以成就大梦想，相信梦想，相信奇迹！"节目的目标是，不仅要让普通人展示才华，还要让他们代表中国达人，走上世界舞台。从各地海选中脱颖而出的民间达人们，获得在节目的大舞台上展示自身才能的机会，若能获得评委的认同成功晋级，最终的冠军不仅将获得与蔡依林、赵晨浩、亚洲天团热力兄弟全球巡演的表演机会，以及签约版权方成为国际艺人，还会获得在美国拉斯维加斯一季演出的合约；如果冠军属于歌唱类选手，还将获得索尼音乐的唱片合约。该节目并不是中国第一档引进海外版权的电视娱乐节目，却是购买海外真人秀节目模式制作的众多电视节目中最成功、社会影响力最大的节目。第一季开播后收视率一路走高。2010年10月10日晚的《中国达人秀》总决赛收视率达到全国5.70%、上海本地34.88%，比该节目有史以来的最高收视率再度增长了约50%，创东方卫视历史新高，位列全国同时段第一、全国全天所有节目排行第一①。

《中国达人秀》与《英国达人秀》(Britain's Got Talent)、《美国达人秀》(America's Got Talent)等同属于一个版权方,即总部位于伦敦和洛杉矶的赛科娱乐(Syco Entertainment)。赛科娱乐由英国电视圈名流西蒙·考威尔(Simon Cowell)创立于2005年,索尼音乐娱乐公司(Sony Music Entertainment)是其合资方,有三个部门:赛科音乐(Syco Music)、赛科电视(Syco TV)和赛科电影(Syco Film)。除了在全世界运营索尼厂牌的音乐产品,旗下最知名的电视节目模式品牌便是《达人秀》(Got Talent)和《X音素》(The X Factor),均由电视制作公司 Fremantle Media 运作。《达人秀》被认为是全球最大的电视选秀品牌,作为有史以来最成功的节目模式,获吉尼斯世界纪录;通过输出节目模式,生产了70多个不同的本地版本,在194个国家地区播出,全球观众人数超过10亿,从科索沃、阿塞拜疆、亚美尼亚、厄瓜多尔到秘鲁、柬埔寨、菲律宾、斯里兰卡、东非和西非,不一而足②。到2020年,《美国达人秀》已播出15季,《英国达人秀》播出了14季。NBC在2021年3月宣布《美国达人秀》第16季即将回归,定档6月1日开播,在海选开放后,参与者可采用在线试镜或提交视频录像;原定2021年制作播出的《英国达人秀》第15季受新冠肺炎疫情影响,被迫取消③。

《达人秀》的宗旨是不设任何门槛,不限任何才艺,让拥有才华和梦想的任何一个普通人,都可以参与其中来展示其天赋和潜能。《中国达人秀》被认为是中国电视娱乐节目在告别山寨的同时也告别原创,成为全球化时代中国制造的标志,"在极端中国民间的节目呈现面前,我们体会到了世界情感"④。节目制作方认为,"如果说《中国达人秀》和英美原版还有什么不同,那就是他们70%的选手都是(节目)自己找的,我们70%的选手都是自己找上门的。在中国,达人秀变成了一个民生节目。现在的中国,社会更多元,阶层更丰富,对物质和精神的追求也更迫切,所以,他们表达自我的渴望也更强烈"。"这个节目看似简单,其实背后有一个非常庞大的制作理念和制作体系。比如讲故事的手法,美国、英国人坚持用纪录片的形式,不是惯常的主持人在台上采访,而是

---

① 参见《中国达人秀总决赛收视创新高》,《东方早报》2010年10月12日。
② 参见 NBC 官网,https://www.nbc.com/americas-got-talent,最后浏览日期:2021年3月23日。
③ 参见"'America's Got Talent' Judges Simon Cowell, Heidi Klum, Howie Mandel & Sofia Vergara Returning for Season 16," *Daily Mail*, March 3, 2021, accessed March 23, 2021, https://www.nydailynews.com/snyde/ny-americas-got-talent-judges-return-season-16-simon-cowell-20210303-iqyp6onienc4dbje2qvwfb6rzq-story.html; "NBC Summer 2021 Premiere Dates: 'America's Got Talent,' 'American Ninja Warrior' and 'Making It'," TV Insider, March 10, 2021, accessed March 23, 2021。
④ 参见《中国达人:上海制造的必然》,《东方早报》2010年10月11日。

从选手报名的第一秒开始记录他之后所有的表情、动作、心情,像流水线一样,一个人有 7 台摄像机跟着。《中国达人秀》延续了这套流程,在进等候区之前、等候区、上侧幕前、侧幕、表演结束后的密室等都有摄像机拍摄。舞台表演有 13 台摄像机,一共 20 个机位,大大颠覆了以往的操作理念。"达人秀的舞台,6 场初赛,3 场复赛,1 场总决赛,每个选手最多露脸 3 次。版权方讲求'一招鲜',第一招出来就要震撼。7 台单机用来叙事,就像《楚门的世界》那个电影一样,所有机器全方位捕捉你每个细节和表情。我们一天录下来有 150 盘带子,用来剪个一两个小时的节目,这种比例以前从没有过。"①这样的制作模式成就了《中国达人秀》。2011 年,《中国达人秀》年度盛典广告招标吸金逾 3 000 万元。然而,由于观众口味变化、收视率下滑和节目组经历了一些争议及版权到期等,在 2011 年 5 月、2011 年 11 月、2012 年 11 月、2013 年 12 月播出第二季到第五季之后,该节目戛然而止。

时隔五年,2019 年 6 月,《中国达人秀》回归,延续前五季"相信梦想,相信奇迹"的节目宗旨,起用沈腾、杨幂、金星、蔡国庆这四位风格迥异的梦想观察员,创新赛制,与当下时代旋律相呼应。10 月 20 日,经过 12 期激烈比拼后,杨幂的黄金按钮选手石哲元将表演场地设在敦煌沙漠,第一次采用无人机和沙丘投影、琵琶古韵、打铁花等艺术相结合的方式,呈现丰富立体的无人机表演,最终荣膺年度达人的桂冠。中国飞车特技表演团体华家班,带来了一段包括漂移、跳车、钻火圈等高难动作在内的全新升级户外表演,但以一分之差惜败。第六季《中国达人秀》也达成了全季同时段平均收视第一的收视成就②。

二、从真人秀到"无脚本娱乐":节目模式与广播电视娱乐节目全球化

2012 年 9 月 30 日,由星空卫视旗下"灿星制作"购买《好声音》(*The Voice*)版权的《中国好声音》,以第 14 期"巅峰之夜"获全国 42 城市 6.1 的高收视率落幕,当日浙江卫视 4 小时直播创下过亿元的广告收益,15 秒插播广告最高达 116 万元③。在此之前已热播三季的《中国达人秀》也正是该制作团队以

---

① 参见《没有一个国家有上海这样的速度》,《东方早报》2010 年 10 月 11 日。
② 参见《〈中国达人秀〉第六季开启,经典模式如何呼应新时代需求?》(2019 年 8 月 19 日),搜狐新闻,https://www.sohu.com/a/334893704_613537,最后浏览日期:2021 年 3 月 23 日。
③ 参见勾伊娜:《中国好声音 4 小时直播播出 14 轮广告 广告创收超亿元》(2012 年 10 月 1 日),人民网,http://media.people.com.cn/n/2012/1001/c40733-19162690.html,最后浏览日期:2021 年 3 月 23 日。

110万元购买了三年版权。购买国际版权的真人秀,成为中国电视娱乐领域的重头节目。《中国好声音》的版权方荷兰塔帕(Talpa)公司称,截至2012年9月,《好声音》已在全球范围内复制55个不同语言的版本,"其中有一些版本,在多个国家播出,例如阿拉伯语版本在北非和中东20多个国家播出"[1];到现在,大约有65个不同版本在145个国家和地区播出,还诞生了衍生品牌《儿童好声音》(The Voice Kids)和《长者好声音》(The Voice Senior)。实际上,从2004年左右开始,美国的电视业者已经哀叹,以往电视联播网总是预留给情景喜剧的晚间8—10点黄金时段,被来势汹汹的真人秀节目抢占了[2]。近十余年来,美国各联播网都有热播的真人秀节目,比如美国广播公司(ABC)的《与星共舞》(Dancing With the Stars)、《最美和声》(Duets),哥伦比亚广播公司(CBS)的《急速前进》(The Amazing Race)、《幸存者》(Survivor)、《老大哥》(Big Brother),全国广播公司(NBC)的《好声音》(The Voice)、《美国达人秀》(America's Got Talent),福克斯(FOX)的《舞魅天下》(So You Think You Can Dance)、《美国偶像》(American Idol)、《厨房噩梦》(Kitchen Nightmares)、《地狱厨房》(Hells Kitchen)、《超级主厨》(Masterchef),哥伦比亚及华纳兄弟(CW)的《全美超模大赛》(America's Next Top Model),FOX旗下有线频道(Lifetime)的《天桥风云》(Project Run way),收视业绩都很可观。

在真人秀大行其道的过程中,一些学者和业界人士认为,"真实"和"电视"加在一起构成的这个术语"reality TV"并未捕捉到这类节目的实质,这个新的电视节目类型被称为"无脚本娱乐"(non-scripted entertainment)更为合适:这类节目的共性在于摄像机记录的是无脚本的事件;节目中没有职业演员,即便有公众人物或明星参与其中,也并不是遵循拍摄脚本的指引,取而代之的是将他们自己嵌入节目的情境当中;有着无法预测的结局(Sigismondi,2011:48)。如今,美国电视艾美奖中的一个大类就是"无脚本娱乐"类别。

不管是叫真人秀还是叫"无脚本娱乐",这类节目之所以走红,一个重要原因在于节目在电视荧屏上为观众营造了一个并非如电视剧集那样按脚本演绎的"真实"的娱乐现场,形式重复循环,内容常变常新。高额奖金或奖励带来的巨大刺激,由于过程的变幻莫测和结局的不可预知而愈加凸显。节目会设置一些环节,用于推动意想不到的悬念出现,"险象环生"更是强化了这种不可预知性。对于观众来说,这种植入熟悉机制和环境、重复出现的新鲜刺激,就好

---

[1] 参见《荷兰为什么能造出"好声音"?》(2012年10月17日),中国周刊网,http://www.chinaweekly.cn/bencandy.php?fid=63&id=6274,最后浏览日期:2012年1月20日。
[2] 参见《美国情景喜剧进入"萧条时代"?》(2004年6月1日),国际在线,http://news.cri.cn/gb/2201/2004/06/01/561@179683.htm,最后浏览日期:2021年3月23日。

像"每星期从你在乎的某人那里收到一封信,装在同样的信封里,同样的格式,同样的邮票,但是里面这封信的内容你知道非常不同"(Altmeppen, Lantzsch & Will, 2007)。其实"无脚本娱乐"的内核并不新鲜,它共享电视视听文化传统中最令人着迷的部分,那种真实的、不可预期的精彩,比如重大新闻事件的现场直播,以及始终拥有数量庞大的观众群的体育赛事直播。这些节目往往会借鉴"真实电影"纪录风格,使用多部摄像机,长时间跟拍节目参与者,并且通过后期剪辑创造符合节目竞争风格的叙事节奏。

自从以《老大哥》为代表的真人秀节目走红以来,"无脚本娱乐"新浪潮成为21世纪电视娱乐全球化的重要推动力量。它不仅通过国际电视节目模式交易,彻底颠覆了以好莱坞为代表的传统的娱乐产品的全球购销、流通方式,也重组了原本以美国为核心的全球电视娱乐市场。从2002年到2004年,全世界基于节目模式的电视节目播出时间增加了22%,英国成为最大的节目模式出口商,短短两年间在全世界13个最重要的电视市场出售的节目模式,生产了共12 543小时的电视节目;德国是最大的节目模式进口商,两年购买节目模式的电视节目时间达5 092小时(Altmeppen, Lantzsch & Will, 2007)。

和真人秀或者"无脚本娱乐"一样,电视节目模式(format)也是一个约定俗成的行业术语。20世纪90年代,电视从业者往往只基于节目的本地制作经验,把节目模式看成由内容、内部结构、聚焦特定受众群体的播出形态、节目流程等多个部分组成的节目概念,一种每一集都会重现的节目特征的总和,忽略了节目模式可以在国际市场上售卖这一后来被"无脚本娱乐"再三凸显的特质。基于电视节目模式的国际交易,它更应该被看成是具有明显独特元素的节目理念,能够出售版权给其原创地之外的其他国家的电视从业者进行复制。换言之,节目模式的销售须和产品销售一样,能在异地将这个成功的节目"再生产"出来。由于节目模式交易的核心不是产品,而是生产娱乐内容的概念和流程,因此,节目模式更像是配方或秘籍:它从最初的创意开始,演化成一个描述基本理念、种类、呈现形态、目标观众的大纲和样片,之后形成一个"秘籍包",包括节目理念、流程细则,以及所有异地复制所需的元素,比如制作宝典、节目标版的视觉设计和音乐样带、主题音乐、固定的流程实施细则等,这样才集成了真正可以进行交易的节目模式(Altmeppen, Lantzsch & Will, 2007)。《中国达人秀》购买的节目模式宝典,详尽地将制作流程标准化。例如,主持人是烘托选手的配角,不出现在舞台上,只在侧幕,不用任何化妆造型;所有的声音都用话筒现场收音,不用煽情配乐;海选必须在剧场进行,以强调仪式感和对小人物的尊重,刻画出命运感以打动观众;每个选手从报名开始就被跟拍,每个人都有7台摄像机完整记录其动作、表情、心理变化等;针对采访的策略包括如何对选手提问,遇到不同的问题如何应对;针对拍摄的策略具体细致到每一个机位,有能力的电视制作机构架设几个机位,没有能力的电视制作机构要确保哪些机位;针对营销推广,具体到宣传口号和区域宣传策略;版权方也会在节目录制过程中派"飞行制片人"和剪辑师来现场督阵,以确保节目模式的标准化流程被严格执行①。

正是"无脚本娱乐"节目模式带动了电视娱乐的新一轮全球化。与过去电视制作公司在海内外售卖制作完成的节目不同,如今节目公司售卖节目模式,改变了电视节目在全球流通、推广的商业运作方式,不仅极大地增加了电视节目跨国、跨文化流通的机会和海外电视节目的本土适应性,也推动了文化创意产业从庞大的制作机构当中剥离出来,成为独立的实体,不需要依赖过多资源,单靠头脑就能发展。荷兰的恩德莫尔(Endemol)公司就是用一个"将一群普通人锁在一间屋子里,拍下他们每时每刻的举动"的点子,创造了在全球五六十个国家播出20年不衰的室内真人秀《老大哥》。2021年2月14日,《老大哥》官方发布了参与者招募公告,将于2021年夏天迎来第23季②。《好声音》也只是靠恩德莫尔合伙人之一德莫尔后来创办的塔帕公司一个20人的核心创意团队完成的③。尽管从媒介经济学的角度看,和体育赛事直播一样,"无脚本娱乐"这种对结局的不可预知性有很高要求的节目形态,其每一季的生命周期和"架上寿命"是比较短的,对于观众来说,一旦知道了结果,就很难再有兴趣观看比赛过程;但对于电视播出机构来说,"无脚本娱乐"节目成本虽不算低,尤其是野外生存类,却比电视剧集这样结构封闭的"有脚本娱乐"节目在内容和形态上更具弹性,更易于整合广告客户的需求,更便于在互联网时代的跨媒体平台上和产业链的不同环节进行交叉推广,因此,也更易于使自己快速成为大众文化版图上一个街谈巷议、不容错过的电视事件。

以《老大哥》为例,在不同国家的版本中,一个共通之处在于,除了在无线开路电视频道上播放经过后期剪辑的每一集节目(通常美国版一季是23集,每集不包括广告42分钟左右),感兴趣的观众还可以在有线电视的付费或点播频道,或者节目的官方网站上,通过无处不在的摄像机和麦克风"进入"那间完全封闭的豪宅,一天24小时随时查看节目参与者的一举一动。在这些主产

---

① 参见《达人是怎样炼成的——解密〈中国达人秀〉制作团队成功秘笈》,《影视制作》2010年10月。
② 参见 Big Brother 官网,https://bigbrothernetwork.com/big-brother-23-casting-search-2021-season/,最后浏览日期:2021年3月23日。
③ 参见《荷兰为什么能造出"好声音"?》(2012年10月17日),中国周刊网,http://www.chinaweekly.cn/bencandy.php?fid=63&id=6274,最后浏览日期:2012年1月20日。

品之外，甚至还可以开发形形色色的衍生产品，比如实时互动的手机游戏。《中国好声音》除浙江卫视播出节目之外，其官方网站上提供每集节目的视频，以及每一场比赛每位歌手演唱的完整视频片段，观众可以按比赛场次或导师旗下歌手进行检索和观看。笔者在《中国好声音》澳门巡演现场就发现不少观众并没有机会在电视频道上收看此节目，却在互联网上完整观看过。这样的各地巡演，以及总决赛"巅峰之夜"现场，都按照演唱会的推广方式售卖门票。

有业内人士将《中国好声音》的成功称作"模式的胜利"。然而，中国电视从私下模仿到正式购买海外节目模式版权的各类真人秀节目不在少数，为什么并不是每个节目都会像《中国达人秀》、《中国好声音》一样获得响亮的名气和丰盈的收益？有学者认为，迄今为止并没有把握完全寻找到全球化节目模式经在地改造获得成功的必然要素（Sigismondi，2011），但由于节目模式所能提供的创意、流程、结构只是"无脚本娱乐"的骨架，确实有一些宝典无法规定、必须由本地节目制作者来掌控的因素，会对购买节目模式的成败产生影响。购买国际版权的"无脚本娱乐"节目能否获得成功，节目参与者能否吸引本地观众，是一个很重要的影响因素。只有选择出最能与观众产生共鸣的选手，才能有效地通过节目设置的竞争环节推动悬念迭出，令观众牵肠挂肚、欲罢不能。这样的"准社会关系互动"是节目成功的核心要件。节目模式宝典只能提供有关参选者的理念，而现场全凭本地导演团队的发掘和把握。《老大哥》美国版就在原节目模式基础上针对参赛者做过一些变化，如全明星参赛者、VIP或青少年。《达人秀》节目模式宝典对于参赛者的选择标准是"海量录制、精选播出"，除了海选必须在剧场进行以凸显仪式感之外，还认为好的选手应该在才艺方面要有意思和有奇迹感，"cute or shock"，因此，往往是"自我突破的普通人"、"天才儿童选手"、"雷人选手"这三类最能在节目中引起观众共鸣。对比《英国达人秀》和《中国达人秀》，前者初赛海选基本上单纯展现才艺，凭借才艺的趣味和奇迹感进入复赛，才开始挖掘选手的情感故事。而后者从一开始就是才艺展示和情感故事并重。对节目参与者从情感故事方面所刻意进行的强调，除了《中国达人秀》团队认为这是符合中国观众喜好和中国国情的创新点以外，大概也与社会文化环境和机制有关。从《英国达人秀》当中可以深切地感受到，只有丰富多元的街头文化长期浸淫，才能激发出那种来自民间、草根的蓬勃的艺术创造力，而这恰恰是《中国达人秀》所缺乏的。这两个节目的参与者的差异被概括为《英国达人秀》"让你感受到平凡人创意的力量"，《中国达人秀》"让你感受到平凡人梦想的力量"。尽管这其中有两地文化土壤之不同的不得已，但人气选手确实是节目模式得以成功跨文化移植的重要保障①。

后期剪辑和制作也是影响外购节目模式获得成功的在地因素之一。节目的叙事结构和节奏,在很大程度上是由后期创造出来的。无论是《中国达人秀》还是《中国好声音》,观摩录制现场的体验远不如电视收看那样紧凑、有悬念、起伏跌宕,尤其是海选阶段。后期制作不仅有力地推动节目宝典的流程实施,而且创造出节目需要的戏剧冲突和节奏。这一点与"有脚本娱乐"并无二致。笔者在自身的节目制作经验中也体会到,担纲《中国达人秀》和《中国好声音》后期制作的幻维数码的确是中国数一数二的后期制作服务供应商。《中国达人秀》海选部分每次录制都有20多个机位、150盘素材,每一集要剪出25—30个选手的视频,挑选15—18个播出,尽管模式宝典会把每集分成大故事(完整的选手才艺表演、人物背景及VCR、评委互动)、小故事(只有选手才艺表演和评委互动,无VCR)、蒙太奇(多个选手的小故事快速剪辑在一起形成的短片)三部分,但从海量素材中进行选择并通过故事组合创造出新的、符合中国观众视觉习惯的戏剧冲突和节奏,本身就是对后期制作的巨大考验。

相比之下,同样购买《X音素》(The X Factor)节目模式的《激情唱响》,从播出版的节奏和视听观感上看,与原版节目的差距是比较大的。从这个意义上看,无论"无脚本娱乐"节目模式是怎样的,它所推动的电视娱乐全球化本身就包含全球(global)和在地(local)这两个要件。前者是节目模式核心概念所包含的人类共同感兴趣的价值元素,比如丰富的认知体验、情感的满足和愉悦感、被熟悉的日常生活环境中遮蔽的不平凡、冲突和矛盾、震惊、奇观、反差、真情流露……后者则是不同地域、文化的差异性。"无脚本娱乐"节目模式能在规定性与开放性之间达成一种良好的平衡,使之比"有脚本娱乐"更能够完成"全球在地化"(glocal)。在保持节目模式核心理念和流程这一骨架不变的前提下,"全球在地化"这一推动电视娱乐全球化的重要步骤,是将节目的共通价值元素,通过内容、节目参与者选择、后期制作、结构编排、受众参与等各个环节,进行本地适应性调试和再造,更有效地呈现出来。例如,从文化接近性上看,引进韩国节目模式或跟韩国制作公司合作的《奔跑吧兄弟》、《爸爸去哪儿》、《两天一夜》、《花样姐姐》、《我是歌手》、《真正男子汉》、《向往的生活》等更被中国观众青睐。当然,样式、内容之外,与节目模式版权交易相关的盈利模式的"全球在地化",同样是"无脚本娱乐"全球化的重要环节,这包括:无线开路电视播出和有线电视点播不同版权的收益与分成,与互联网营销渠道相

---

① 参见《达人是怎样炼成的——解密〈中国达人秀〉制作团队成功秘笈》,《影视制作》2010年10月。

关的版权保护,以及一些节目因为开放手机短信投票而涉及电信行业。同时,进入全球文化产品流通与消费市场的"无脚本娱乐"节目模式,越来越成为一个不断更新的开放的"数据库"。那些经过"全球在地化"改造的成功经验会被增加到节目模式宝典当中,成为这一节目模式进一步完成新的"全球在地化"的指引和借鉴。

特别值得关注的是,中国原创节目模式已开始进入国际电视节目市场。2018年法国戛纳春季电视节主舞台上,中国原创节目模式推介会"Wisdom in China"携《国家宝藏》、《朗读者》、《经典咏流传》、《天籁之战》、《声临其境》、《跨界歌王》、《明日之子》、《功夫少年》、《好久不见》九大中国优秀的原创节目模式集体亮相。这是中国电视人首次以"原创节目模式"的名义,集体发声于全球模式市场。这当中既有最新在电视台、网络平台播出的爆款节目,也有制作公司还没有播出但是模式新颖完善的"纸模式",出品方包括中央电视台、东方卫视、湖南卫视、北京卫视、腾讯视频、恒顿传媒和千足传媒,涵盖文化、歌唱、选秀、竞技等丰富的节目模式样态。江苏卫视的《超凡魔术师》、《超级战队》已实现海外输出和落地。2019年上海国际电视节入围白玉兰奖综艺板块的《声入人心》、《我就是演员》等多档原创节目模式均已成功与欧美主流平台实现模式输出的合作签约。这预示着中国除了是国际节目市场上至关重要的节目消费国,也开始成为优秀节目内容的全球供应商,正在世界舞台上展示自身的创造力①。

三、互联网时代的网络真人秀

近年来,一大批依托于互联网平台播出的真人秀节目得到大批观众的认可。除了传统电视机构参展制作并在电视频道播出的真人秀的跨平台呈现,如江苏卫视《最强大脑》、《非诚勿扰》,浙江卫视《我就是演员》、《奔跑吧兄弟》,东方卫视《欢乐喜剧人》等在爱奇艺、优酷都可以在线观看之外,涌现了大量原创且在互联网平台独家播出的真人秀,比如爱奇艺出品的《青春有你》、《偶像练习生》、《戏剧新生活》、《潮流合伙人》、《中国新说唱》、《热血街舞团》、《乐队的夏天》、《中国有嘻哈》、《我是唱作人》等,优酷自制的《这!就是街舞》、《这!就是灌篮》、《同一屋檐下》、《我们恋爱吧》、《宇宙打歌中心》、

---

① 参见颜维琦:《全球模式市场来了中国原创节目团队》(2018年4月12日),人民网,http://ip.people.com.cn/n1/2018/0412/c179663-29921134.html;王笈:《从"买家"到"卖家"中国电视节目模式"悄然转身"》(2019年6月12日),搜狐网,https://www.sohu.com/a/320056754_120043327,最后浏览日期:2021年3月24日。

《少年之名》《一起乐队吧》《演技派》等,腾讯视频的《创造 101》《创造营 2021》《拜托了冰箱》《演员请就位》《令人心动的 offer》《心动的信号》《明日之子》《奇遇人生》《放开我北鼻》等。还有些是传统电视机构与互联网公司共同生产、带有明显互联网基因的新节目类型,例如湖南卫视音乐类真人秀《我想和你唱》联合"唱吧"App 的 O2O 模式,《女神的新衣》联合电商平台的 T2O 模式。

以《乐队的夏天》为例(见图 11-6)。该节目是由爱奇艺出品、米未传媒联合出品并制作的原创节目,第一季和第二季分别于 2019 年 5 月 25 日和 2020 年 7 月 25 日在爱奇艺首播。每季集结了不同风格的 31 支乐队,通过不同主题单元的内容设计及音乐表演,角逐前五名。这是一档高制作标准的音乐类真人秀,音响制作人由北京奥运会开幕式音响师金少刚担任,力求还原 livehouse、音乐节的场景体验。为了视觉和比赛效果,演播厅被分成 A、B 两个舞台,在主嘉宾区和由乐评人组成的超级乐迷席位之外,舞台前面的观众区不设座位,现场乐迷可以像在音乐节和 livehouse 那样在舞台前随音乐舞动跟唱。在乐队演出过程中,甚至乐手"跳水"也被允许,创造出全身心投入的热烈氛围。第一季豆瓣评分中,12 万观众打出 8.8 分的高分,播出期间百度搜索指数峰值超过 84.5 万,是 2019 年上半年综艺节目里最高的;节目前 11 期占了全网 233 个热搜榜,产生了超过 1.4 万篇媒体报道;冠军队新裤子乐队在节目开播

图 11-6 《乐队的夏天》第二季五条人复活赛

(资料来源:爱奇艺《乐队的夏天》官方频道截屏,http://m.iqiyi.com/v_ss3wjqf4as.html?social_platform=link&p1=1_11_115)

过半时微博粉丝只有 12 万,节目结束时粉丝量突破 115 万;刺猬乐队、click#15 乐队的商业价格在原有基础上增长超过 10 倍①。第二季的话题乐队五条人引发的社会关注,包括他们的方言演绎、歌词里的底层视角、他们知识性格里的解构特性,都是对于娱乐工业的有益反思②。

第五节　广播剧和电视剧

一、广播剧的基本特点和历史沿革

广播剧是随着无线电科学技术的发展和广播的发明而产生的一种新的文学和戏剧样式,是以听觉来欣赏的综合性的声音戏剧(刘家思,2015)。

广播剧与话剧、电影、电视剧等其他艺术形式相比具有自身的特点:第一,广播剧是以声音为表现形式的综合艺术样式,主要运用语言、音乐和音响效果的组合,通过听众的想象产生各种情境,来表达剧中的内容;第二,广播剧的生产周期较短,制作成本比较低廉,具有反映现实生活较快、贴近群众生活的特点;第三,广播剧通过广播播出,覆盖面广,接收方式便利,几乎不受任何舞台、场地的限制;第四,对听众的文化程度和关注程度的要求都相对较低,有利于普及,群众性较强。

广播剧这一广播文艺形式最初产生于英国。1924 年 1 月 15 日,英国广播公司(BBC)播出世界上第一个广播剧《危险》(Danger)③,描写某煤矿塌方之后,矿口堵塞,坑道内外的焦急、紧张、慌乱。由于使用了坑道内外的对比性鲜明的音响效果,再加上情绪性音乐的烘托,造成紧张的氛围,播出效果很好。

中国广播剧起步于 20 世纪 30 年代。1933 年 1 月 20 日,《中国无线电杂志》发表中国第一部广播剧剧本《恐怖的回忆》,取材于 1932 年的"一·二八"上海大轰炸这一史实,同年 4 月由上海的一家私营广播电台播出。此后,这一新型文学和戏剧样式日益受到重视,成为中国现代文学和戏剧的重要组成部

---

① 参见祖薇:《〈乐队的夏天〉过去现在和未来》(2019 年 8 月 14 日),中国日报中文网,http://ent.chinadaily.com.cn/a/201908/14/WS5d54b373a31099ab995d9890_1.html,最后浏览日期:2021 年 3 月 24 日。

② 参见重木:《〈乐队的夏天 2〉:作为"解构者"的五条人》(2020 年 8 月 21 日),澎湃新闻,https://www.thepaper.cn/newsDetail_forward_8809772,最后浏览日期:2021 年 3 月 24 日。

③ 也有资料将这部广播剧的名称意译为"煤矿之中",是对故事情节的归纳。

分。作家曹禺曾说:"广播剧诉之于耳,此时无形胜有形。"在1935年1月19日到1936年5月23日之间,仅南京国民政府中央广播电台就播出了77部广播剧。那时候采用的名称尚不统一,有叫"播音剧"或"配音剧本"的,也有叫"播音话剧"、"配音话剧"、"空中话剧"的(刘家思,2015)。

1946年10月中旬,东北新华广播电台播出广播剧《我们宁死不当亡国奴》;同年年底,延吉新华广播电台播出《黎明前的黑暗》。这是解放区电台最早播出的两部广播剧。

1950年2月7日,为纪念"二七大罢工",中央人民广播电台播出新中国成立后的第一部广播剧《一万块夹板》。

此后,中国广播剧有了较大的发展,不仅制作数量提高,而且题材扩大了,既有反映现实生活的,又有根据中国、苏联和其他国家的话剧与小说移植、改编的,并且更加注重广播剧的语言、音乐、音响效果等要素的统一,较好地发挥广播剧的艺术特点。这一时期较有影响力的作品有《皇帝的新装》、《黎明的河边》、《三千里江山》等,上海电台还录制了第一部多集广播剧《原动力》。

1961年到"文化大革命"之前是中国广播剧继续发展并逐步成熟的时期,出现了一批思想性较强、艺术性较高的优秀广播剧作品,如《红岩》(3部)、《杜十娘》、《国际主义战士白求恩》、《真理的光芒》、《山谷红霞》、《党员登记表》、《辛弃疾》、《团圆》等。

1978年以后,广播工作者进一步掌握了广播剧的创作规律,并且通过国际交往,开始吸收国外广播剧的特点,使中国广播剧得到较大的发展。这一时期,广播剧的艺术形式也有很大发展,出现了一批音乐、戏曲广播剧的优秀剧目。多集连续广播剧逐渐多了起来。例如,上海广播电台播出的广播连续剧《特殊身份的警官》、《WP行动》等,情节曲折,扣人心弦,成为当地家喻户晓的节目;湖南电台改编、制作的30集连续剧《三国风云》被誉为湖南戏剧史上一部规模宏大的成功之作;中央台的35集连续剧《夜幕下的哈尔滨》播出后,在全国范围内引起轰动。

整个20世纪80年代是广播剧发展的黄金时期,而进入90年代,由于新的娱乐方式和多元化媒体的冲击,广播剧已不再是支撑广播文艺类节目的"半壁江山",80年代广播剧所产生的广泛社会影响已不复存在。

近年来,依托于晋江文学城等网络耽美小说改编而发展起来的耽美广播剧形成了稳定的亚文化收听市场,如古风耽美广播剧《纨绔》、《将军令》等,并且形成了线下粉丝社群。

二、案例：广播剧《刑警 803》

上海人民广播电台大型广播连续剧《刑警 803》，旧版分别于 1990 年制作播出 20 部 102 集和 1994 年制作播出 19 部 105 集，之后的新版从 2001 年开始到 2017 年共制作播出近 170 部 800 集，真正风靡 30 年不衰，培养了一大批忠实听众。截至 2021 年 3 月，在喜马拉雅上专辑播放量达 4 357 万；在阿基米德上每一集的播放量少则数万，多则二三十万[①]。

《刑警 803》是上海人民广播电台联合上海市公安局共同创作录制的。第一部《刑警 803》，即旧版，开播于 1990 年 8 月，每天在 990 千赫和 1 197 千赫首播，次日重播，到 1991 年 6 月 12 日播完了首批 20 部 102 集。从 1994 年 8 月 1 日起，上海人民广播电台又推出新编《刑警 803》续集 19 部 105 集。这套系列广播剧曾创下中国广播系列剧的最高收听率。《刑警 803》这一名称来自上海市公安局刑事侦查总队，该机构的门牌号码是上海市中山北一路 803 号，因此，803 是刑侦总队的代号，在广播剧当中，803 也是主角刘刚的代号。广播剧的故事都取材于上海市公安局刑侦总队的侦查破案故事。因为广播剧的热播，803 成了上海家喻户晓的刑警形象符号。

从 2001 年起，上海人民广播电台文艺频率对《刑警 803》进行全新改版，着力塑造一批年轻有为的青年刑警形象，并继续关注社会热点，选取采集了许多曾在社会上产生很大影响、群众十分关心的真实案例作为素材，比如系列"敲头案"、某著名女作家被害案、某涉外商店的百万玉佛被盗案、留美女博士杀夫案等，题材更加多样。

《刑警 803》的"走红"是因为剧情构思新颖，内容丰富多彩，情节惊险曲折、扑朔迷离，演员表演生动细腻，音响效果变幻莫测、逼真佳妙，鼓动了听众的耳膜，揪住了听众。上海电影译制厂著名配音演员乔榛、曹雷、丁建华、刘广宁、王玮、翁振新、王建新等，与影视明星达式常、奚美娟、吕凉、林栋甫等联袂参演，强化了广播剧的语言魅力，成为《刑警 803》的一大亮点。演员阵容强大，明星云集，精英荟萃，是广播剧史上所罕见的。

---

① 参见喜马拉雅，https://www.ximalaya.com/yule/27505286/；阿基米德，https://m.ajmide.com/m/brand？id=10609341，最后浏览日期：2021 年 3 月 21 日。

三、电视剧的类别、特点与历史沿革

按照西方商业电视的行业习惯,电视剧大体上按体裁可分为肥皂剧、情景喜剧、情节剧和电视电影;按叙事结构可分为单本剧、连续剧、系列剧;按制作方式可分为直播型和影片型。中国电视剧的分类方式,按产地和投资,可分为国产剧和引进剧;按故事发生的年代,可分为现代剧、民国剧、古装剧;按题材,可分为侠义公案剧、武打剧、历史正剧、传奇剧、神怪剧、涉案剧、情景喜剧、改革剧、军事革命剧、青春偶像剧、都市生活剧、普通百姓剧、少儿剧、动作剧、言情剧、时代变迁剧等。

此外,还有栏目剧,其特点是作为电视栏目周期性稳定播出,涉及的题材很广泛,如重庆电视台的《雾都夜话》、湖南广播电视台的《故事会》、浙江电视台的《大侦探西门》等,另外一些游戏节目中也曾包含类似栏目剧,例如《智力大冲浪》曾在节目当中固定设置一个由主持人反串扮演的短剧小栏目。

1930年英国BBC播出的皮兰·德娄的《花言巧语的人》,被认为是第一部正式播出的电视剧。中国第一部电视剧是1958年6月15日中央电视台的前身北京电视台在试播期间播出的单本剧《一口菜饼子》。尽管在这之后,直到"文化大革命"结束,各地电视台大约播出过百余部直播电视剧,但直到20世纪80年代,随着电视机的普及和中国电视观众人数的增加,电视剧才真正迎来大发展时期。

1980年,由王扶林导演的九集电视剧《敌营十八年》是新中国第一部电视连续剧。

20世纪80年代初期,以《蹉跎岁月》、《今夜有暴风雪》为代表的"伤痕题材"电视剧在当时特定的社会环境下,对正视"文化大革命"、促进知青问题解决起到了一定的作用。

20世纪80年代中期,一批为改革鼓与呼的电视剧应时而出,其中,《新星》(1985)代表了改革剧的巅峰。《新星》全方位地浓缩了当时农村改革的现实问题,成功地塑造了厉行改革的县委书记李向南的形象。剧中展示的改革与反改革势力的对垒,突显了改革初期的种种艰难。许多地方把电视剧《新星》作为整党学习的材料,号召基层领导向李向南学习,对现实中的改革起到感召和促进作用。一些观众甚至混淆了电视剧与新闻报道的区别,把主演周里京误认为是真正的县委书记,写信向他告状,请他解决困难。

20世纪90年代初,中国电视剧在内容和形态上都有诸多革新,第一部室内电视剧《渴望》(1990)是其中集大成的作品。这部当时最长的电视剧,塑造了刘慧芳和王沪生这两个道德对立的形象,契合商品经济大潮中人们对真善美的渴望,对道德滑坡、功利思想的痛恨之情。《渴望》创造了中国电视剧收视率的巅峰,全国90%以上的观众为剧中人的命运魂牵梦萦。公安部曾专门邀请《渴望》剧组开座谈会,因为该剧播出期间甚至使得全国犯罪率下降。一时间,"举国皆哀刘慧芳,万众皆骂王沪生",主流价值观在社会上得到弘扬。在各地举行的观众见面会上,王沪生扮演者孙松每次都躲在最后面,以免被冲动的观众攻击。

20世纪80年代到90年代,国产剧当中的农村题材,如《篱笆、女人和狗》;改编自文学作品的古装电视剧,如《红楼梦》;民国剧,如《围城》等,都堪称精品。欧美引进剧带来了《大西洋底来的人》这样的科幻题材,《加里森敢死队》这样的打斗片,《鹰冠庄园》这样的家族恩怨情仇剧集。第一部引进内地的港台剧《霍元甲》(1984)和之后的《射雕英雄传》引发了长久的武打、武侠剧热潮;《上海滩》的帮派、《烟雨蒙蒙》的言情,使得中国电视荧屏呈现出精彩纷呈的景象。

自20世纪90年代以来,中国电视剧制作开始走向市场。1992年,尤小刚在北京投拍的100集电视连续剧《京都纪事》,首开电视剧商业运作的模式,并以贴片广告等模式赚足1 200万元。此后,涌现了众多影视公司,各种资本进入电视业,促进中国电视剧制播分离和产业化进程发展。多元化的电视剧类型也开始出现。1992年,由作家王朔编剧的第一部国产轻喜剧《编辑部的故事》造就了一代笑星葛优,表现出情景喜剧的核心元素[①]。

20世纪90年代中后期,中国电视剧更敢于触及敏感的社会问题,以《苍天在上》(1995)为发轫的反腐剧风行荧屏。这类电视剧广受欢迎,反映了民众对市场经济条件下腐败现象严重的深深忧虑,同时也与党和政府下决心惩治腐败密切关联。《苍天在上》的编剧、著名作家陆天明曾在一档纪念中国电视50年的电视节目中吐露电视剧创作中的曲折:《苍天在上》在拍摄前,由于剧情首次涉及省部级的腐败官员形象,因此,是否投拍这部电视剧,是否要进行重大修改,中央电视台开了九次会议进行研究,历时五个半月,而陆天明的意见最终得以采纳。

1998年的《还珠格格》,引发其后一系列戏说历史、宫廷题材电视剧火爆荧屏。

进入21世纪以来,中国电视剧无论是在制作实力、市场化程度上,还是在

---

① 参见秦洛:《中国电视剧50年回望》(2008年4月15日),新浪新闻,http://news.sina.com.cn/c/2008-04-15/191315361512.shtml,最后浏览日期:2021年3月24日。

节目题材样式和文化品质上,都发展得非常迅速,真正成为今天中国社会影响最广泛的文艺样式。尤其是现实题材电视剧,包括传统家庭题材的《金婚》、青春偶像剧《奋斗》、农村题材的《乡村爱情》、情景喜剧《家有儿女》、都市家庭剧《蜗居》在内,无不折射出当今中国社会的变化轨迹。值得一提的是2007年的电视连续剧《士兵突击》,这部没有美女、没有爱情、没有明星的电视剧引发了持久的关注。导演康洪雷这样解释《士兵突击》大热的原因:"许三多像一面镜子,经常照耀着我们那些不能说的东西,照耀着我们身上每个人跟内心相悖的东西。"①

中国电视剧见证了中国社会的发展和进步。2018年12月10日在东方卫视、北京卫视首播,爱奇艺、腾讯视频、优酷同步播出的《大江大河》,由上海广播电视台、东阳正午阳光影视有限公司、SMG尚世影业联合出品,讲述了1978年到1988年间改革开放的大背景下,一些先行者们在变革浪潮中不断探索和突围的浮沉故事。该剧2019年获第十五届精神文明建设"五个一工程"奖优秀作品奖,2020年获第32届中国电视剧飞天奖优秀电视剧奖和第30届中国电视金鹰奖优秀中国电视剧奖。2021年1月12日在浙江卫视、北京卫视、东方卫视、东南卫视、宁夏卫视首播,腾讯视频、优酷、爱奇艺同步播出的脱贫攻坚剧《山海情》,讲述了20世纪90年代以来,宁夏西海固人民和干部响应国家扶贫政策号召,完成异地搬迁,在福建的对口帮扶下,通过辛勤劳动和不懈探索,将风沙走石的"干沙滩"建设成寸土寸金的"金沙滩"的故事,豆瓣评分高达9.4分。2021年2月1日在央视一套首播的电视剧《觉醒年代》,讲述了从1915年《青年杂志》问世到1921年《新青年》成为中国共产党机关刊物期间,从新文化运动、五四运动到中国共产党建立这段时期波澜壮阔的历史画卷,也深受好评②。

近年来,中国电视剧的专业品质日益得到国际认同,出口范围逐步扩大,数量与年俱增。《琅琊榜》、《芈月传》、《甄嬛传》等中国优秀电视剧在版权输出上都取得了良好的收益③。

---

① 参见上海电视台《七分之一》2008年6月8日特别节目《光阴如剧》。
② 参见李蕾、牛梦笛:《跨过鸭绿江、觉醒年代等电视剧引发追剧热潮:唤起青年人共情》(2021年3月15日),澎湃新闻,https://www.thepaper.cn/newsDetail_forward_11708969,最后浏览日期:2021年3月24日。
③ 参见《致敬中国电视剧60年——从中国电视剧60年看时代变迁》(2018年3月26日),搜狐网,https://www.sohu.com/a/226434513_99994436?qq-pf-to=pcqq.c2c,最后浏览日期:2021年3月24日。

四、案例：美国电视情景喜剧[①]

情景喜剧在美国电视中一向大受欢迎，美国全国广播公司(NBC)热播十年的《老友记》(Friends)就是全世界观众最熟悉的例子。《老友记》全剧共 10 季 236 集，于 1994 年 9 月 22 日至 2004 年 5 月 6 日在 NBC 播映。2004 年，《老友记》第十季播放结束之后再没有推出续集，直到 2019 年，华纳花费 4.25 亿美元买下《老友记》五年播放权。Netflix 也曾试图斥资 8 000 万至 1 亿美元留住《老友记》2019 年的播放权，但最终不敌华纳的出价。2020 年年初，六位核心原班人马和华纳兄弟电视台的 NBC 喜剧制作人正式达成协议，为华纳旗下全新流媒体服务 HBO Max 制作独家特别节目。这些演员重聚，每集的费用将是以前的两倍多，特别节目的费用将在 250 万到 300 万美元之间。之后，由于受新冠肺炎疫情影响，《老友记》特别重聚不得不延期[②]。

如果从制作的角度看，电视情景喜剧是一种与舞台表演的讽刺和口头喜剧联系最直接的形式。大多数情景喜剧都是 30 分钟，遵循一套具有显著特征的制作模式。例如，与舞台表演相一致，情景喜剧通常都是在演播室里面对现场观众录制的，观众适时的掌声和笑声是增强喜剧效果的重要元素，观众的反应也会影响演员后续的台词和表演。如果在录制的时候没有现场观众，那么后期也要加上"罐头盒笑声"以制造现场效果。又如，与电影表演和拍摄不同，情景喜剧通常像舞台表演那样采用演员面对现场观众表演的方式，用多个机位固定的摄像机拍摄，既保留了舞台表演的性质和观众身临其境观看舞台表演的亲切感，又能适当拉开观众与表演的距离。再者，情景喜剧在剧情上往往没有紧密的内在连贯性，每一集都是一个独立的故事，每一集当中的剧情副线与下一集有可能毫无关联。

从结构的插科打诨的模式看，情景喜剧也具有相当明显的特征。

首先，情景喜剧的幽默往往来源于人物所处的奇特情景。在某些情景喜剧中，奇特情景是由团体内外的差别产生的。由此，喜剧效果依赖于社会情景的冲突。在其他的情景喜剧中，戏中的主人公总是与奇特的情景不期而遇，幽默效果是由人物自身产生的。

其次，奇特情景通常是单一型(每集一个)的，并且容易预测。经典的情景

[①] 参见陆晔、陈立斌：《美国人怎么制造情景喜剧》，《南方周末》2002 年 12 月 19 日。
[②] 参见揭书宜：《由于好莱坞因新冠肺炎疫情停工，HBO〈老友记〉重聚将延期》(2020 年 3 月 19 日)，澎湃新闻，https://www.thepaper.cn/newsDetail_forward_6587949，最后浏览日期：2021 年 3 月 21 日。

喜剧在拍摄时,差不多每 28 秒钟就会出现一个笑料,情景喜剧结构要求剧情重复出现,因此,产生高度的可预见性结果。有评论家认为,可预见性正是情景喜剧取得成功的原因。在这些戏中,人物的习惯、弱点、对各种情景的反应,都具有一贯性,就如我们周围的朋友和家庭一样。

再次,剧情和幽默往往围绕一个或者多个倒霉的主人公展开。换言之,在情景喜剧中处于中心地位的是一个喜剧人物,一个含有讽刺意味的主人公,遭遇且被迫应对一个奇特的情景。为了一集接着一集、年复一年保持这种幽默效果和表演的核心动力,主人公通常是命运可以预知且是恒定不变的人物。他们没有因为经历事件而增长个人经验,也不会从错误中吸取教训,所以往往在下一集中重蹈覆辙。根据安排,主人公的命运往往回到剧情开始的地方。

最后,大部分剧情发生在非常有限的内部场景中,与口头喜剧表演节目相似。从一个情景移换到另一个情景,是通过相邻情景画面的淡入和淡出实现的。这个对电视直播的借鉴,是为了尽可能少地表现情景间的运动和过程。数量极其有限的情景成为某种标准,一方面是为了适应喜剧半小时的模式,另一方面是为了最大限度地压缩成本。

在媒介学者眼里,情景喜剧受到观众的广泛青睐,是因为人们总是愿意看同一集情景喜剧,就像孩子喜欢每天晚上一遍遍重复听同一个童话故事一样。在孩子们喜欢的童话故事里,所有的情景都是简单化的,人物形象明晰且往往两极分化,哥儿俩一个聪明、一个傻,姐妹俩一个善良勤劳、一个贪吃懒惰,一个美丽、一个丑陋。情景喜剧也有异曲同工之处,它们和观众的生活场景相一致,自然、亲切,却又比现实生活的真实场景更令人舒适,结局也更令人满意。

五、案例:电视栏目短剧《大侦探西门》[①]

《大侦探西门》是浙江电视台教视频道面向青少年观众的自制周播节目,开播于 2003 年 1 月,通过再现案件或故事,提出悬念进行推理,以提高广大青少年观众的逻辑思维能力和综合判断能力,形式上采取动画与实景相结合。该剧于 2010 年停播。

大多被视为通俗文学的侦探推理小说,其故事框架通常可概括为"布谜—解谜",引人入胜之处往往在于故事悬念迭出,情节扑朔迷离,环环相扣的"解谜"过程推波助澜,让人欲罢不能,被认为是读者最多的小说类别。在全世界每年文学图书的销量中,侦探小说大约占三分之一。在电视荧屏上,这一类题

---

① 参见陆晔:《侦探推理小说的视听表达》,《南方电视学刊》2006 年第 2 期。

材也广受欢迎。无论是美国 CBS 长盛不衰、获得过多项艾美奖和金球奖并在175 个国家热播的系列情节剧《犯罪现场调查》，还是神探李昌钰主持、基于真实探案经历的美国法庭电视网纪实类系列节目《蛛丝马迹：李博士奇案录》，都拥有广大观众。在中国电视荧屏上，除了为数不多的侦探推理电视剧，如《重案六组》《非常案件》《中国刑警》等，以及大量报道各类案件和纠纷的法制类专栏节目以外，将侦探推理小说的理念成功引入电视栏目的并不多。作为将逻辑性、想象力和娱乐精神融为一体并获得相当成功的电视侦探推理类型短剧栏目，《大侦探西门》确有颇多可圈可点之处。

《大侦探西门》的动画人物西门明显借鉴了日本动画片《名侦探柯南》的形象，不同的是，西门只在节目中起到类似于主持人这样的穿针引线的作用。该节目每期都用短片的形式来讲一个故事，从故事开场某个案子发生"布谜"，经过一系列取证环节的曲折跌宕，最后"解谜"真相大白。开播三年多，故事从单纯的刑事案件，也偶有扩大到诸如一场误会或者游戏、梦境等更具日常生活特质的内容，但侦探推理始终是节目的核心。

与一般的惊险悬疑小说不同，缜密严谨的科学推理是侦探推理小说的重要特征。尤其从日常生活中不为人注意的细节中寻找证据，通过逻辑推理得出意料之外、情理之中的结论，是许多优秀侦探推理小说的共同点。同样，《大侦探西门》之所以从青少年受众扩展到不同年龄背景但都十分爱好侦探推理小说的观众当中，其每集一个故事的展开，重点集中在对于细节的描写，以及警长在通过对细节的还原和分析当中寻找证据，最终解开疑团。这样的叙事结构，无疑是从侦探推理小说当中吸取了养分，并加以电视化的改造，更着意于画面和声音对细节的刻画，强化了故事的吸引力。

情节线索的设计是侦探推理小说的关键。好的故事里，总会有一些细小破绽被作者巧妙地放在读者面前，但又用扑朔迷离的情节线索将读者引入歧途，直到最后才在如福尔摩斯这样的天才侦探的推理分析中真相大白。《大侦探西门》在借鉴侦探推理小说情节设计思路的同时，将电视的表现力尽可能地挖掘出来，利用电视传播的时空表达自由和线性播出特征，在递进式的叙事推进当中，用镜头回访来表现倒叙、插叙的内容，让观众能与剧中的警长一起探究、观察、思考和推理，将观众的参与情绪最大限度地调动起来。

在为故事构造悬念的同时，将社会众生百态和人物心理活动融合在一起，也是侦探推理小说经久不衰的魅力源泉之一。《大侦探西门》的故事来源，除改编自一些名著以外，也征集了一些优秀的网络原创作品。这些内容中有相当一部分取材自当下的社会问题，主人公的行为和心理也折射出现代社会从人际关系到社会价值当中的种种热点和矛盾。这一点，恰恰和优秀侦探推理小说在陈述一个曲折案件的同时,也展现社会价值特征的深度和广度不谋而合。

栏目自开播以来,在本地收视率上取得了很好的成绩,然而,在与网络的互动方面,虽说做了不少尝试,但合作推广和影响力方面依然存在一些问题。栏目的合作网站"推理之门",是一个在侦探推理爱好者当中享有一定知名度和吸引力的平台,但是,网站上除了能看到与栏目合作相关的新闻外,点开《大侦探西门》的链接,竟找不到任何相关内容。BBS 里面有网友询问如何收听节目的广播版,也没有人回答。百度贴吧"大侦探西门"上的人气也远远不够。

原创推理故事的质量不稳定,也是一个问题。栏目组 2005 年 7 月与搜狐娱乐区"侦探推理"论坛合作征稿,先由该论坛每月整理所有征稿并投票评奖之后,再推荐给栏目,但截至 2006 年 3 月,每月得奖的稿件数,少则 4 则,多到 18 则。其中一些故事,内容的独特性和情节的缜密性都存在明显不足。

在节目当中,剧情短片的制作质量,也良莠不齐。有些画面明显粗糙,镜头运用缺乏章法,影响到节目的收视效果。2005 年,栏目改版时推出 DV 板块,让观众自己动手,拍摄片长 8—10 分钟推理破案的小故事,风格形式不限。这样的活动对于增强栏目与观众的互动会有好处。但是,侦探推理故事的精妙之处,更多体现在情节和细节表现上的智慧、想象力和科学思维的创造性,这会对包括节目制作在内的整个栏目的高品质专业化运作有极高的要求。在打造节目品牌的基础上,以低成本方式运作,是难以为继的。

六、中国网络电视剧的发展

与全世界流媒体原创电视剧的发展同步,中国网络自制电视剧近年来也取得了长足的发展。几乎几个头部视频平台都有自己热门的独播网剧,比如爱奇艺的《隐秘的角落》《沉默的真相》《唐人街探案》《盗墓笔记》《飞行少年》《延禧攻略》《余罪》等,腾讯视频的《三十而已》《安家》《陈情令》《法医秦明》《龙岭迷窟》《致我们暖暖的小时光》《如懿传》《庆余年》,优酷的《白夜追凶》《寻秦记》《北京女子图鉴》《镇魂记》《热血长安》等,以及几家网络视频平台联合播出的网剧,例如 2021 年 3 月 20 日起爱奇艺、腾讯视频和优酷联合播出的《大宋宫词》。

一些爆款网剧播放量和社会影响力惊人,仅以近几年一些热播网剧为例。根据墨香铜臭小说《魔道祖师》改编、以五大家族为背景讲述云梦江氏故人之子魏无羡和姑苏蓝氏含光君蓝忘机重逢、携手探寻往年真相守护百姓和平安乐的故事的古装仙侠剧《陈情令》,2019 年 6 月 27 日起在腾讯视频播出。截至

2019年9月，该剧播放量单日最高破2亿，总播放量超52亿，各集播放量均破亿；豆瓣评分7.7分，截至2021年3月，累计评分人数近150万；新浪微博粉丝480万，超话帖子超过40万，阅读量113.2亿。《延禧攻略》的累积播放量更是高达181亿。除了流量，类型剧也出现了很多优质作品。《隐秘的角落》改编自紫金陈的推理小说《坏小孩》，2020年6月16日起在爱奇艺播出，豆瓣评分8.9分，2021年1月21日起在日本收费电视台WOWOW播出。

艾莉森·亚历山大，詹姆斯·奥厄斯，罗德·卡维思等（编）（2008）. 媒介经济学：理论与实践（第三版）. 于汉青译. 北京：中国人民大学出版社.

大卫·麦克奎恩（2003）. 理解电视：电视节目类型的概念与变迁. 苗棣，赵长军，李黎丹译. 北京：华夏出版社.

刘家思（2015）. 论20世纪30年代初期的广播剧. 中国现代文学研究丛刊，9.

陆晔（2000）. 出售听众——美国商业音乐电台对流行文化的控制. 新闻与传播研究，1.

杨兆麟（2000）. 中央人民广播电台在战火中诞生. 炎黄春秋，12.

尹鸿（2005）. 解读电视真人秀. 今传媒，7.

尹鸿，陆虹，冉儒学（2005）. 电视真人秀的节目元素分析. 现代传播，5.

由国庆（2010）. 老广告里的岁月往事. 上海：上海远东出版社.

郑蔚，孙微（2002）. 电视节目形态的引进与创新——兼评《开心辞典》. 现代传播，3.

Abelman, R. (1997). *Reaching a Critical Mass: A Critical Analysis of Television Entertainment*. Mahwah, N. J.: Lawrence Erlbaum.

Altmeppen, K., Lantzsch, K. & Will, A. (2007). Flowing Networks in the Entertainment Business: Organizing International TV Format Trade. *International Journal on Media Management*, 9(3): 94-104.

Curtin, M. (1999). Feminine Desire in the Age of Satellite Television. *Journal of Communication*, 49 (2): 55-70.

Dunning, J. (1998). *On the Air: The Encyclopedia of Old-Time Radio*. NY: Oxford University Press.

Fornatale, P. & Mills, J. E. (1980). *Radio in the Television Age*. NY: The

Overlook Press.

Pease, E. C. & Dennis, E. E. (1994). *Radio: The Forgotten Medium*. NY：Routledge.

Sigismondi, P. (2011). *The Digital Glocalization of Entertainment: New Paradigms in the 21st Century Global Mediascape*. NY：Springer.

Stark, S. D. (1997). *Glued to the Set: The 60 Television Shows and Events That Made Us Who We Are Today*. NY：The Free Press.

高鑫(2008).电视艺术基础.北京：中国传媒大学出版社.

关玲(2000).中国电视文艺 20 年：知行轨迹.北京：北京广播学院出版社.

苗棣,毕啸南(主编)(2015).解密真人秀——规则、模式与创作技巧.北京：中国广播影视出版社.

苗棣,赵长军(2004).论通俗文化——美国电视剧类型分析.北京：北京广播学院出版社.

吴素玲(主编)(2008).电视剧艺术类型论.北京：中国传媒大学出版社.

尹鸿,冉儒学,陆虹(2006).娱乐旋风——认识电视真人秀.北京：中国广播电视出版社.

郑淑(2019).韩国综艺节目如何讲故事：从真人秀、脱口秀、喜剧节目到纪录片、广播节目的创作策略.陈圣薇译.成都：四川人民出版社.

Annette Hill(2008).流行真人秀——真实电视节目受众的定性与定量研究.赵彦华译.北京：中国国际广播出版社.

Moran, A. & Keane, M. (2004). *Television Across Asia: TV Industries, Programme Formats and Globalisation*. London：Routledge.

Moran, A. (2009). *TV Formats Worldwide: Localizing Global Programs*. Bristol, UK：Intellect.

Moran, A. & Malbon, J. (2006). *Understanding the Global TV Format*. Bristol, UK：Intellect.

第十二章 广播电视体育节目

> **本章概述**
>
> 对广播电视体育节目的发展历程有较为系统的梳理;了解不同广播电视体育节目的类别和特点;重点厘清广播电视产业和体育产业的关系,尤其是充分认识到有关电视转播权的相关议题及影响。

第一节 广播电视体育节目的特点和种类

一、广播电视体育节目的特点和影响

体育运动是力与美的象征,是人类挑战自我的体现,更是人们现代社会生活的重要内容。体育节目是广播电视节目中重要的节目类别,长期以来为广大听众和观众所喜爱。在美国,电视体育赛事和相关节目(包括体育比赛集锦、体育新闻和体育评论等)播出时间连年上升,在 2017 年达到 13.4 万小时(见表 12-1)。

表 12-1 美国体育赛事和相关节目的电视播出总时数

单位:万小时

年 份	电视播出总时数
2002 年	3.1
2004 年	3.7

续 表

年　份	电视播出总时数
2006 年	6.4
2008 年	7.8
2010 年	8.4
2012 年	10.3
2014 年	12.4
2016 年	12.6
2017 年	13.4

资料来源:"U. S. Sports Sponsorship TV Value Grows by More Than $54 Million in 2017," Nielsen, February 22, 2018, accessed March 30, 2021, https://www.nielsen.com/us/en/insights/article/2018/us-sports-sponsorship-tv-value-grows-by-more-than-54-million-2017/.

对于广播电视来说,其传播特点与体育运动的特点十分契合,是非常适合全方位展现体育运动魅力的大众传播媒介。

第一,体育运动,特别是竞技体育,既有极高的竞赛和对抗性,体现出人类不断保持和提升自身运动机能、战胜自我的决心和勇气,又有很高的观赏性,具有激烈的感官刺激和愉悦的审美享受。广播电视,尤其是电视,能够通过声音和画面的造型功能,在时间和空间两个维度上动态地呈现体育运动的竞技性和美感,具有独特的吸引力。

第二,体育比赛风云变幻,比赛结果往往具有高度的不确定性,因此,受众迫切地需要在第一时间获悉比赛结果。在传统媒体当中,相比报纸的制作与发行周期,广播电视传播与接收同步的时效优势,更能够满足受众的这一需要。

第三,体育运动的项目类别多种多样、十分丰富,为广播电视体育节目提供了大量精彩纷呈的内容。仅以四年一度的夏季奥运会为例,在奥运会上,就有包括田径、篮球、排球、乒乓球、羽毛球、体操、游泳、举重、赛艇、自行车、马术、击剑、射击等 25 个大项、257 个小项的竞赛,成为大众媒介竞相报道的对象,更是广播电视体育节目的重头戏。

第四,体育运动因其娱乐、休闲特征,深受人们喜爱,尤其社会发展带来的物质财富的增长和社会闲暇时间的增加,使得人们更多地参与体育运动,关注体育运动。广播电视受众广泛,尤其是广播的伴随式收听特点和电视声画并行的传播优势,使得其受众的广泛性和体育爱好者的广泛性可以有效地重合,最大限度地发挥传播优势,拓展和保持体育节目广泛的受众面。

第五,体育竞技不仅精彩纷呈、瞬息万变,而且气氛紧张、情感浓烈。一方面,广播电视可以通过声音和画面的直观性,有效地展现各种各样体育运动项目自身的魅力,让听众和观众在赛场之外也能够欣赏到紧张激烈的比赛,并且真切地感受到赛场内澎湃饱满的激情;另一方面,通过广播电视传播技术手段的充分运用,可以令受众获得全新的感受。特别值得重视的是电视的体育赛事转播,为观众提供了更为多样、丰富、全面的观看体验。电视转播通过多机位、多角度的拍摄,不仅能让观众从不同角度、不同景别观看那些关键性的比赛场景和细节,而且摇臂、导轨等设备能让画面拍摄充满流动性。特技的充分运用,比如对精彩瞬间的慢镜头回放、字幕、图表、双画面、资料画面插播,主持人的解说和评论等,让观众在充分领略竞技体育之力量、速度、美感、悬念等的同时,获得了单纯在赛场从固定座位上观看比赛时完全无法想象的视听体验,极大地拓展了与比赛有关的背景等信息,内涵也更丰富。高清晰度电视更是将体育比赛的细节呈现得淋漓尽致,使得非凡的视觉体验本身也越来越成为电视体育转播追求的目标。

此外,体育运动是世界性的语言,是非常国际化的。从20世纪70年代的"乒乓外交",到2008年北京奥运会中国面向世界的精彩亮相,广播电视体育节目始终在其中充分发挥着沟通中国和世界的积极作用。

2020年,全球新冠肺炎疫情使得许多线下人群聚集的大型体育赛事无法如期举行,例如2020年东京奥运会不得不延期到2021年7月23日至8月8日[1]。广播电视体育赛事转播节目也因此大幅缩水。然而,受众对体育和体育节目的热情不仅没有消退,反而更强烈了。以美国为例,尼尔森的相关调查显示,在疫情初期,2020年2—3月,诸项体育赛事仍正常进行,人们却被困在家里,重度体育节目受众的媒介使用时间有26%用于观看赛事转播,当然,人们整体的媒介使用时间也因疫情居家而增加,并且是跨媒介、跨平台的。之后,NBA(美国职业篮球联赛)从2020年3月11日开始取消比赛,其他体育联盟纷纷效仿。尽管线下体育赛事取消或延期,在某些热衷体育赛事的城市和地区,重度体育节目观众在几大联赛暂停后仍继续寻找与体育相关的内容:在波士顿,这一群体观看电视总时间的12%用于观看体育相关内容,其次是匹兹堡和华盛顿特区(11%),以及底特律和纽约市(10%)[2]。

---

[1] 参见东京奥运会官网,https://tokyo2020.org/zh/,最后浏览日期:2021年3月30日。
[2] 参见"During COVID-19 Sports Viewers Are Still a Scoring Opportunity for Brands and Media Owners," Nielsen, April 16, 2020, accessed March 30, 2021, https://www.nielsen.com/us/en/insights/article/2020/during-covid-19-sports-viewers-are-still-a-scoring-opportunity-for-brands-and-media-owners/。

经过四五个月的停顿,2020 年 9 月、10 月,北美四大联赛 NBA、NFL(美国国家橄榄球联盟)、MLB(美国职业棒球大联盟)和 NHL(国家冰球联盟)回归,体育电视也开始回暖。虽然不及 2019 年同期,这与视频点播流媒体和新闻资讯占据了比以往更大的收视份额有关,但重度体育节目观众的收视率与 2019 年同期相比下降得并不算太多(见表 12-2)。业内人士认为,既然疫情之后赛事现场完全重启暂时遥遥无期,是时候更多地发挥创造力,通过数字和线性平台,为实况体育转播和观看提供更好的交互体验。

表 12-2　2019 年和 2020 年美国观众观看开路和有线电视体育节目的总时数

单位:分钟

收视群体	全体观众			18—24 岁观众			25—54 岁观众			55 岁以上观众		
时间	2019年9—10月	2020年9—10月	差异%	2019年9—10月	2020年9—10月	差异%	2019年9—10月	2020年9—10月	差异%	2019年9—10月	2020年9—10月	差异%
重度体育观众	195.2	182.2	-7%	3.9	5.3	36%	79.8	71.7	-10%	107.2	100.8	-6%
其余体育观众	87.2	67.7	-22%	5.1	3.8	-26%	37.5	28.1	-25%	31.9	26.4	-17%
总数	282.4	249.9	-11%	9.0	9.1	1%	117.3	99.8	-15%	139.1	127.2	-9%

资料来源:"Sports Came Back, But SVOD and News Have Stolen Viewing Share," Nielsen, December 10, 2020, accessed March 30, 2021, https://www.nielsen.com/us/en/insights/article/2020/sports-came-back-but-svod-and-news-have-stolen-viewing-share/.

二、广播电视体育节目的主要类别

广播电视体育节目指通过广播电视媒介报道、传播的各种体育运动及其相关内容,从五花八门的竞技体育到群众性体育运动,内容无所不包。从节目类别上大致可以分为如下几个大类。

1. 体育新闻

和其他各类题材的动态新闻报道一样,体育新闻指的是广播电视新闻当中有关体育运动的各种新闻报道。体育新闻报道可以是综合新闻的内容之一,穿插在其他题材的新闻报道之中。例如,许多电台每天早间的新闻节目,或者许多电视台晚间的综合新闻节目里面,都会有体育新闻内容。在一些广播频率和电视频道当中,尤其在专业体育频率频道当中,体育新闻则独立成为专门的一档节目。例如,上海文化广播影视集团旗下的五星体育的《体育新闻》在电视频道 19:00—19:30 直播,广播频率 21:00—21:30 录播(见表12-3)。业内人士认为,对于报纸来说,尽管赛事报道从来都不是体育新闻的全部内容,却一直是大部分体育版的基础(布鲁斯·加里森、马克·塞伯加克,2002)。实际上,广播电视也是一样,竞技体育的赛事报道在体育新闻当中一向占据重要位置。

表 12-3　五星体育节目时间表

播出时间	五星体育频道(2021 年 3 月 30 日)	五星体育广播 FM94.0(周一至五)
	节目名称	
06:00		广播体操(录播)
06:05	《奥运故事会》【13】庞清、佟健	活到 100 岁(重播)
06:30	亲爱的,起床了	
06:55		
07:00	实况录像:2013 世界斯诺克上海大师赛决赛(下):丁俊晖—肖国栋	体育旅行家(重播)
08:00		
08:30	亲爱的,起床了	940 体坛风云(直播)
08:55	实况录像:2016 欧锦赛 B 组第一轮:英格兰—俄罗斯(精编 55′)	
09:00		940 体坛风云(重播)
09:55	健身时代精选	
10:00	弈棋耍大牌—上海三打一	广播体操(录播)
10:05		940 健康航班(重播)
10:58		
11:00	弈棋耍大牌—上海三打一	辣椒 sports(重播)
11:30		空中体坛(直播)
12:00	健身时代精选	强强三人组(直播)
12:05	棋牌新教室	
13:00		体育旅行家(录播)
13:02	弈棋耍大牌	
14:10	健身时代精选	

续 表

播出时间	五星体育频道(2021年3月30日)	五星体育广播FM94.0(周一至五)
	节目名称	
14:15	实况录像:2016巴西里约奥运会:羽毛球女单决赛:马林—辛杜(精编版40′)	体育旅行家(录播)
14:30		940小超人(录播)
15:00		广播体操(录播)
15:05		940健康航班(重播)
15:08	极速终点线5、6	
16:00	健身时代精选	G速车世界(直播)
16:05	实况录像:2020—2021赛季CBA联赛常规赛第三阶段第50轮:上海—山西55′(热炒)	
17:00	2021UFC集锦	体坛怡佳壹(直播)
17:33	五星精彩	
18:00	弈棋耍大牌	
18:30		辣椒sports(重播)
19:00	体育新闻	酷跑DJ
19:30	2020—2021西甲世界28	
20:00	五星足球—全民制作人15′	
20:15	实况录像:2020—2021赛季NBA常规赛:骑士—湖人55′	
21:00		五星体育19点新闻(录播)
21:30	体育夜线	辣椒sports(重播)
21:55	健身时代精选(2021—)周二(0635—1135)	
22:00	弈棋耍大牌—上海三打一(1758)上	强强三人组(重播)
23:00	弈棋耍大牌—上海三打一(1758)下	活到100岁(录播)
00:00	实况录像:2021澳大利亚网球公开赛女单第一轮:王蔷—埃拉尼55′	
01:00	实况录像:2017—2018男排超级联赛决赛第一场:上海—北京	

续表

播出时间	五星体育频道（2021年3月30日）	五星体育广播FM94.0（周一至五）
	节目名称	
02:35	2021UFC 集锦（2021—7）	
03:00	实况录像：2020年PGA高尔夫墨西哥世锦赛：第二天50′	
03:55	实况录像：2020—2021赛季CBA联赛常规赛第二阶段第39轮：青岛—上海55′	
05:10	实况录像：2020—2021赛季CBA联赛常规赛第三阶段第40轮：山东—上海55′	

资料来源：SMG 官网，https://www.smg.cn/review/tv/202103/wxty_0330.html，最后浏览日期：2021年3月30日。

2. 体育专题类节目

这类节目涉及的节目形态和内容都相对比较广泛，既可以是有关体育事件的深度报道、某个与体育相关话题的纪录片，也可以是体育评论类的谈话节目，或者有关某个体育运动类别的内容，甚至精彩体育运动比赛瞬间的集锦。不少体育专题类节目都采用杂志型的板块式结构和主持串联的形式，以大容量和一定的深度容纳动态的体育新闻无法容纳的内容，比如五星体育的《五星足球》、五星体育广播的《体育旅行家》（见表12-3）。

3. 体育赛事转播

广播电视的体育赛事转播可以是体育比赛的现场直播，也可以安排录像重播。随着体育产业化进程加快，广播电视的赛事转播不仅在数量上大量增加，运动种类也不断扩展。例如，五星体育常规赛事转播的体育项目包括足球、篮球、排球等重大国际赛事，如女排世界锦标赛、英格兰足球超级联赛、西班牙足球甲级联赛、欧洲冠军联赛、美国NBA篮球常规赛、NFL常规赛、WBO拳王挑战赛等。

事实上，广播电视体育节目的视听率总是随体育赛事波动。在美国，每年下半年电台体育节目的收听率都会比上半年高，这是因为职业棒球联赛等几项大型赛事的决赛都在下半年。2017年，广播体育频率的听众份额从6月份到年底增加了30%以上[①]。

---

① 参见"Taking Stork Sports Radio Listening, Millennial Music Tastes and More," Nielsen, December 7, 2017, accessed March 30, 2021, https://www.nielsen.com/us/en/insights/article/2017/taking-stock-of-sports-radio-listening-millennial-music-tastes-and-more/。

体育赛事转播也是媒介机构专业技术能力的展示。以上海国际马拉松的现场直播为例,2020年是上海马拉松25周年,在全球疫情下如期举行,有着非凡的意义。五星体育的现场直播出动了3台转播车、2台移动转播车、5辆BMW摩托车、一套EFP、9台摇臂、3架小飞机、一架直升机参与制作,以10个定点拍摄+马车移动拍摄和直升机辅助拍摄的方式,从定点到移动,从地面到空中,全方位、多视角表现,充分展示马拉松赛事及城市景观,画面优美,切换流畅,图文信息及时准确,技术保障给力,使这场盛大的直播成为精品制作。直播过程中除比赛应该表现的元素外,特别注意主办方刻意加强的防疫措施的镜头体现,包括踩点站位、三枪出发、口罩收集、即时保洁等,用镜头对终点最后三千米的医疗保障及沿途工作人员的工作状态作了交代,全面还原疫情下上海如期举办的赛事。马拉松直播每年都有创新,2020年植入直播的虚拟人物申小雅,在直播中多次适时出现,为直播增添了亮点。每10千米上屏的即时线路图和男女第一集团双框上屏的表现形式,很好地反映了马拉松比赛的转播特点[①]。

4. 其他体育运动相关节目

这是很宽泛的一类,大体包括体育运动讲座类教学类节目,如五星体育的《棋牌新教室》;群众性体育活动和健身类节目,如五星体育的《健身时代》;此外,重大体育赛事,如奥运会之后的庆功晚会等,也可算作与体育相关的边缘节目类型。

5. 体育竞技类娱乐节目

这类节目在节目模式上属于娱乐节目,是那些重在挑战运动素养和体能的游戏节目和真人秀,如《城市之间》《武林大会》《奥运向前冲》等。

近年来,进入广播电视体育的一个新兴领域是电子游戏竞技。以五星体育为例,F1电竞项目是五星体育和久事智慧体育在2020年上半年新冠肺炎疫情肆虐、全球赛事停摆的非常时期,充分发掘电竞项目的制播特性,通过多轮洽谈,促成F1电竞中国冠军职业联赛在五星体育落地。五星体育制作团队从无到有,快速培养出一批高度专业的F1电竞OB团队(观察者视角与切割),每场比赛他们都要时刻在121路虚拟讯道中甄选最优视角。这一全新的岗位不仅需要基于游戏机制下的敏锐判断、精准操作,更需要熟悉所有参赛选手的水平,以及对于F1这项运动本身的深刻理解。由于演播室使用1080 50i的信号输出,流媒体端则是1080 60p,制式不统一导致在逐行扫描的监视器下会看到游戏在高动态中隔行扫描的拖影掉帧情况,制作团队进行了多种路径的更

---

① 相关资料由五星体育向笔者提供,2021年3月28日。

新尝试,最终找到一套高兼容度的解决方案,完成了全赛季五星体育与斗鱼的双平台直播。五星体育大胆启用技术中心全新开发的低延时直播系统"XNEWS",在全赛季的 F1 电竞直播中完成了该产品自诞生以来的首次电视端直播连线,在直播中通过画中画的形式,全程实时呈现 20 位选手的 POV 视角,完美解决了来自全国超过 10 个城市的选手与车队人员的交流和连线问题。五星体育制作团队在为 F1 电竞的全赛季比赛中,设计了全新的图文包装,制作了 F1 电竞车手《人物志》及规则介绍片等,充分发挥作为专业体育频道的内容制作优势。同时,融合新兴科技手段,在总决赛中,采用选手即时心电图系统,实时反应电竞选手在比赛中的心率变化。这项赛事直播呈现了电子竞技的魅力,博得了以"90 后"、"00 后"为主的年青一代的关注,丰富了受众群体[1]。

第二节　中国广播电视体育节目的历史和发展

一、中国广播电视体育节目的历史沿革

中国的广播电视体育节目是伴随着人民广播的发展和新中国体育事业的发展而逐步成长起来的。新中国的第一次体育比赛实况转播是 1951 年 2 月,苏联男子篮球队作为新中国成立以后第一支来访的外国球队,与上海队进行了一场友谊比赛,由上海人民广播电台进行实况转播,解说是后来成为著名电影演员的陈述和后来被誉为中国体育解说第一人的播音员张之(肖东升,1999),转播收到出乎意料的好效果。事后,听众热情地写信告诉电台说:"听清楚了比赛的情况,及时了解到比赛的胜负,感受到了场上比赛的气氛。"[2]中央人民广播电台的第一次体育实况转播是 1951 年 5 月,篮球、排球比赛大会在北京举行,这是新中国成立以后举行的第一次全国性体育比赛。中华全国体育总会建议中央人民广播电台向全国转播比赛实况,中央人民广播电台将当时在上海电台工作的张之借调到北京完成了转播任务,张之也因此成了新中国第一位专门的体育解说员兼评论员。1953 年,张之正式调入中央人民广播电台,开始了他长达几十年的广播电视体育新闻报道和体育比赛实况转播

---

[1] 相关资料由五星体育向笔者提供,2021 年 3 月 28 日。
[2] 《1951 年球迷在声音中想象第一次电台转播体育比赛》,《城市快报》2006 年 1 月 12 日。

的解说工作①。1955年4月,中央人民广播电台《体育谈话》节目开播,成为中国广播史上开播最早的体育栏目②。这档节目于1957年5月改名为《体育运动节目》,1967年2月起被迫停播,直到1972年5月才得以恢复播出,恢复播出后改名为《体育节目》。

  体育新闻报道因竞技体育比赛结果的巨大吸引力,而将报道的时效性放在十分重要的位置。广播体育新闻力求以最快的速度把刚刚结束的体育比赛情况,甚至是正在进行的比赛情况及时、准确地播报出去。1961年第26届世界乒乓球锦标赛在北京拉开战幕,这是在中国举行的第一个世界性体育比赛,不仅在国内成为万众瞩目的赛事,在国际上也引起了广泛关注。中央人民广播电台对整个赛事做了及时报道。胡道本在关键时刻淘汰印度尼西亚选手考斯塔,几分钟后,中央人民广播电台就在正在播出的新闻节目中插播了这则消息。此外,还对9场重要比赛进行了实况转播。这也是中国广播第一次成功转播世界性体育比赛。在转播男子团体决赛时,解说员对中国选手徐寅生著名的"十二大板扣杀"的生动描述,给全国的广播听众留下了极为深刻的印象,这场转播也成为体育实况转播的代表作③。不满21岁、高中毕业刚进入中央人民广播电台一年的宋世雄因此一战成名。初创时期的中央人民广播电台体育组只有张之、宋世雄、黄继辰、陈文清四个人,却承担着每年近40场体育转播、每周固定三次体育节目的重任④。

  1978年,第八届亚洲运动会在泰国曼谷举行,中央广播事业局派出由中央人民广播电台和中央电视台组成的联合报道组,向国内传送排球等几个项目

---

① 参见《【难忘中国之声—广播传奇】体育评论员张之》(2016年11月3日),中国之声,https://mp.weixin.qq.com/s? src = 3&timestamp = 1617096793&ver = 1&signature = m1FVp53XauSrnOOaccLjJvYPUDljoVgxvsdn4U-J2K5610XVFqXQPu3EtMyT1IXHfH4vNa6AgEX7cJHN1oBN4W0i5dQy * M4BE0DJwI-M4VgNH2u5mi5X2Ft8ZlTKOPmfpB1M1PPWX9bKqCYWsYr4r6iFGC9bqvh1qMHolMPw2AE =,最后浏览日期:2021年3月30日。

② 参见《新中国体育广播50年纪念活动在人民大会堂启动》(2005年5月26日),中国新闻网,https://www.chinanews.com/news/2005/2005-05-26/26/578486.shtml,最后浏览日期:2021年3月30日。

③ 参见《【难忘中国之声—广播传奇】体育评论员张之》(2016年11月3日),中国之声,https://mp.weixin.qq.com/s? src = 3&timestamp = 1617096793&ver = 1&signature = m1FVp53XauSrnOOaccLjJvYPUDljoVgxvsdn4U-J2K5610XVFqXQPu3EtMyT1IXHfH4vNa6AgEX7cJHN1oBN4W0i5dQy * M4BE0DJwI-M4VgNH2u5mi5X2Ft8ZlTKOPmfpB1M1PPWX9bKqCYWsYr4r6iFGC9bqvh1qMHolMPw2AE =,最后浏览日期:2021年3月30日。

④ 参见《【难忘中国之声—广播传奇】体育评论员宋世雄》(2016年11月9日),中国之声,https://mp.weixin.qq.com/s? src = 3&timestamp = 1617096793&ver = 1&signature = m1FVp53XauSrnOOaccLjJvYPUDljoVgxvsdn4U-J2K7vJ2joVew8SYZTpOGfgPbH1qSKYubwTLWIX4ykycdyF1Ndb * Seyb2mV44RZbwmPD0ul * hr0JTVOatpvrDYszJF0z * FnpJw64T20tFSGYUt1Bvc-7izPb * 3jcy-rdtZ2KI =,最后浏览日期:2021年3月30日。

的实况转播,这是中央人民广播电台第一次在境外进行实况广播。从1951年到1984年,中央人民广播电台总共转播体育赛事700多场,包括篮球、足球、排球、乒乓球、羽毛球、手球、体操、武术、举重、摩托车、游泳、跳水、冰球、田径、棋牌类等各种体育项目的比赛(左漠野,1997)。

改革开放以来,广播体育节目进入新的发展时期。以上海人民广播电台为例,1983年,第五届全国运动会在上海举行,上海人民广播电台组织了20多人参加全运会采访组。跳高名将朱建华以2.38米的成绩打破由他本人保持的2.37米的男子跳高世界纪录的消息,是在裁判核实后不到一分钟的时间内及时插播的现场报道。1984年,该台在早新闻节目中开设《体育之声》栏目,每周播出1次,每次3分钟,以体育消息为主。这一年,中国首次派出代表团参加洛杉矶奥运会。为配合宣传,上海电台临时开设奥运会专栏,介绍有关奥运会情况,每天播出10分钟。随着中国重返奥运会,体育事业发展加快,体育节目的重要性也大大提升。1986年4月14日,上海电台开办了历史上第一个体育专题节目《空中体坛》。这是一个以新闻为主的综合性体育节目,除迅速报道国内外体育比赛消息外,还辟有"体坛精英"、"体育述评"、"体育史话"、"答听众问"等小栏目。这档节目每天由990千赫和1197千赫播出4次,每次10分钟,成为上海广播电视体育节目的重要品牌(《上海广播电视志》编委会,1999)。

从中国电视诞生到20世纪70年代末,是中国电视体育的萌芽和初创时期。1958年,中央电视台的前身北京电视台试播后不久就有体育报道,并且在同年开办了不定期的体育栏目《体育爱好者》。从1960年1月起,北京电视台试行固定的节目时间表,隔周的周二、周五播出《体育爱好者》节目。地方电视台也开始涉足体育报道。上海电视台自1958年建台开始,就在新闻节目中报道体育活动;1963年配备了分管体育报道的记者;1976年起设专职体育记者(《上海广播电视志》编委会,1999)。

从中国电视发展初期开始,体育比赛实况转播就时有出现。1958年6月,中央电视台转播了八一男女篮球队对北京男女篮球队的表演赛,这是中国第一次电视体育实况转播。1959年,第一届全国运动会在北京举行,中央电视台不仅在电视新闻当中报道了第一届全运会的相关比赛消息,之后又编辑播出了本届全运会的电视纪录片,还转播了全运会开幕式,以及足球、篮球、排球等重要比赛实况。1961年4月,第26届世界乒乓球锦标赛在北京举行。比赛期间,中央电视台转播其中14场比赛实况,共约35小时,是这一时期最重要的国际体育比赛实况转播。由于这一时期电视技术条件不完备,电视机也不普及,电视观众的人数十分有限,因此,中央电视台的体育赛事实况转播往往是和中央人民广播电台联合进行的,合用一个呼号,使用同一个解说员。直到 20 世纪 70 年代,中央电视台才真正开始独立的电视体育赛事实况转播。"文化大革命"期间,中央电视台及地方电视台的体育节目一度停办,1971 年以后逐步恢复,例如中央电视台重新开办了不定期播出的《体育爱好者》和《体育之窗》专栏。1973 年 10 月,中央电视台和湖北电视台合作,第一次利用微波干线把全国乒乓球锦标赛的电视信号从武汉传回北京,通过中央电视台向全国播出[①]。

20 世纪 80 年代以来,随着中国体育运动队在国际性竞技体育比赛当中获得更多胜利,与"文化大革命"之后中国渴望国家繁荣、民族昌盛的社会心理高度契合,在"冲出亚洲,走向世界"的口号激励下,中国的体育事业蓬勃发展,为国争光的体育比赛和老百姓对体育健儿的热切期盼,共同推动广播电视体育节目的飞速成长。中央电视台和中央人民广播电台分别在 1980 年和 1982 年成立了专门的体育部[②]。地方广播电视机构也纷纷效仿。上海电视台 1982 年 4 月成立体育组,隶属于社教部,负责体育转播和专栏节目。1983 年 10 月,体育组划归新闻部专栏科,此后,体育新闻的采、编和专栏节目、实况转播统一由体育组负责。随着国内外体育运动的发展,观看体育比赛的电视观众日益增多,上海电视台于 1985 年 11 月 29 日成立体育部,进一步加强体育运动的宣传报道。

大型体育赛事转播也在这一时期成为广播电视体育节目的重要内容。1978 年 12 月,中央电视台首次派出记者到现场转播第 8 届曼谷亚运会。1981 年 9 月,中央电视台转播了北京国际马拉松赛实况,参加转播的工作人员有近 200 人,动用摄像机 16 台、各种车辆 30 多部;1981 年 11 月,中央电视台先后通过卫星现场转播了中国女排首次荣获世界冠军的一系列比赛实况,在全国掀起"举国倾城话女排"的盛况。

1984 年 7 月,第 23 届奥运会在美国洛杉矶开幕,这是中国恢复在国际奥委会合法席位后第一次参加的夏季奥运会。中央电视台派出 5 人电视报道组,直播比赛实况 10 场,播出奥运专题 30 集、新闻 53 条、短评 3 条,共计播出 70 小时(《中国中央电视台 30 年》编辑部,1988)。中国电视观众第一次通过

---

① 参见《从广播电视到网络直播——新中国体育报道方式变迁》(2009 年 8 月 27 日),新浪体育, http://sports.sina.com.cn/o/2009-08-27/18454557779.shtml;《新中国辉煌体育六十年——中国体育传媒的跃进》(2009 年 9 月 25 日),央视网,http://www.cctv.com/cctvsurvey/special/01/20090925/103629.shtml,最后浏览日期:2021 年 3 月 30 日。

② 参见《从广播电视到网络直播——新中国体育报道方式变迁》(2009 年 8 月 27 日),新浪体育, http://sports.sina.com.cn/o/2009-08-27/18454557779.shtml,最后浏览日期:2021 年 3 月 30 日。

国际通信卫星看到奥运会实况。自此,中国电视体育进入大型体育赛事全面转播阶段。1988年9月的汉城奥运会,中央电视台派出18人的采访组,播出总量和报道方式都大大超过洛杉矶奥运会的电视报道,总时长180小时,转播96场,其中有60场直播,报道方式有新闻、字幕新闻、奥运特辑、现场直播、录像剪辑、交叉转播、英语新闻等(中国体育记者协会,2000)。

这个过程也充满艰难曲折。1984年洛杉矶奥运会,当时国际奥委会分给中国媒体的注册记者名额只有40多个,平面媒体之外的电视广播等领域均无从谈起,宋世雄等著名体育解说员只能在香港借用当地电视台的直播讯号进行播报。此后的16年里,在汉城、巴塞罗那、亚特兰大和悉尼四届夏季奥运会上,中国媒体的持证记者人数始终徘徊在百人之下。亚特兰大奥运会中国代表团入住奥运村举行升旗仪式,中央电视台报道组因为不了解奥运会的采访规程,没有事先申请这次活动的单边转播权,在自己国家的代表团入村升旗的时候,只能眼睁睁地看着别的电视台在旁拍摄、采访。1997年在上海举行的第八届全国运动会上,中央电视台派出100多人的报道阵容,开始了以奥运报道为标杆的实战操练。直到2001年北京申奥成功,国际奥委会授权新华社为东道主通讯社和国家摄影队后,借助东道主之利,中国体育媒体全方位参与到国际体育新闻竞争之中①。

各地方电视台的体育节目和大型赛事转播也在这一时期获得极大的发展,无论是技术条件还是专业化水准都大大提升。以上海电视台为例,1983年第五届全国运动会在上海举行,这是新中国成立以来第一次在首都以外的城市举行全国运动会,上海电视台承担向全国现场直播的艰巨任务。在全运会举行的14天里,上海电视台进行电视现场直播和实况录像转播70场次,其中,传送给中央电视台向全国直播和录播的共18场次,每天向全国播送20分钟《第五届全运会专题报道》,还向兄弟省市电视台提供整场比赛录像和录像剪辑,每天向香港无线电视台提供6小时的录像素材。参与整个转播和报道活动的团队达150人之多,同时,集中全台比较先进的设备,包括转播车4辆、新组装的小型转播车2辆、电子摄像机ENG12套、编辑机5套。1986年3月23日,上海电视台现场直播国际女子马拉松比赛,运动员沿途经过7个区县206条马路、11处繁华闹市地段,拐转40个弯,上海电视台共动用3辆转播车、2辆跟踪移动车、3辆升降车、各种汽车29辆,租用一架直升机,沿途设立了21个拍摄点,是第一家全程转播马拉松比赛的地方电视台(《上海广播电视

---

① 参见《新中国辉煌体育六十年——中国体育传媒的跃进》(2009年9月25日),央视网,http://www.cctv.com/cctvsurvey/special/01/20090925/103629.shtml,最后浏览日期:2021年3月30日。

志》编委会,1999)。

二、中国广播电视体育节目的快速发展期

20世纪90年代以来,媒介产业化和市场化对广播电视体育节目的发展起到了极大的推动作用。尤其是频率频道的专业化发展,使得体育节目成为广播电视一个专门化程度很高的类别,呈现出跟以往大不相同的特点。

首先,广播电视体育栏目的数量和体育节目的播出时间都大大增加。自20世纪90年代以来,中央电视台不仅新增了《体育新闻》、《足球之夜》、《世界体育报道》、《五环夜话》等栏目,而且原有的节目《体育大世界》的播出时间延长至近一小时,还安排在晚上的黄金时间播出。各地广播电台、电视台的体育节目播出时间也都大幅度增加。

其次,专业化的广播体育频率和电视体育频道开始出现。1995年,中央电视台体育频道(CCTV-5)开播,为电视体育提供全天候的报道空间;多数省级有线电视台,如上海有线电视台、山东有线电视台、北京有线电视台等,先后设立专业体育频道,使得电视观众可以大范围、全面地了解体育比赛动向,及时观看各种高水平的体育比赛。

再次,大型体育赛事的实况转播大大增加。例如,1990年意大利世界杯、1994年美国世界杯、1998年法国世界杯,1992年巴塞罗那奥运会、1996年亚特兰大奥运会,以及1990年北京亚运会、1994年广岛亚运会、1998年曼谷亚运会,中央电视台和地方电视台都派出大量记者与工作人员进行现场直播和详细报道。对于1994年开始的中国足球职业联赛、1995年开始的中国职业篮球联赛,中央电视台每周都有精彩比赛的现场直播,其他比赛通过专题节目的方式报道;各地广播电台、电视台也运用现场直播的方式转播有自己地方球队的比赛,以及关键场次比赛的实况。

重大赛事直播推动中国的电视体育赛事转播达到国际标准。从1990年亚运会开始,中央电视台的实况转播除满足国内播出需要外,还制作国际版信号向其他国家的电视机构传送。其转播信号要求包括:保证四分之一决赛以内关键比赛的完整实况;提供不含有台标、转播国文字,不具有特殊政治、商业或明显倾向性的镜头的干净画面;提供无解说的现场背景声;尽量提供必要的制式转换服务。这一过程极大地考验和强化了广播电视媒介的技术能力。例如1998年世界杯,中央电视台动用近20台各式数码摄像机、多角度的航空拍摄,利用地面移动卫星设备做单边注入点的现场采访报道,运用即时慢镜头回

放、动画模拟等技术,在球迷中取得了良好的反响①。

此外,广播电视体育节目所涉及的体育运动门类大大增加。除了继续关注足球、篮球、排球等传统体育项目之外,广播电视体育节目还将报道的视点延伸到其他体育项目上,包括竞技性项目,近年新兴的休闲、冒险、极限、另类运动项目,其中相当一部分项目原本并不为中国观众所熟悉,如冲浪、帆板、滑水、铁人三项、极限运动、徒手攀岩、F1方程式赛车、健美、体育舞蹈、拳击、高空造型跳伞、马术、橄榄球、高尔夫、网球等等。

广播电视体育节目的主持人也发生了一系列变化。在大型赛事转播中,主持人从解说型向评论型转变。在以往赛事转播中,主持人主要是解说比赛画面的情况,告知人们场上运动员的位置变化,简单介绍运动员的个人背景和经历。从20世纪90年代开始,赛事转播的主持人在解说比赛场景的同时,还向听众和观众提供更多的技战术分析、背景资料、比赛知识,乃至预测比赛的进展情况。例如,中央电视台前体育评论员黄健翔,因解说评论1995年美洲足球锦标赛的实况转播而一举成名。主持人的个人风格成为赛事转播中吸引受众的一个因素。例如,上海广播电视台体育节目主持人唐蒙,先后主持过《国际体育新闻》、《东视体育30′》、《中国体育报道》、《足球杂志》等多个体育栏目,做过数百场国际、国内体育赛事的转播解说工作。他辞藻丰富、旁征博引、评论犀利、富有激情的风格和他"足球就是生活"的格言,使他在国内体育主持和解说方面可谓独树一帜。

三、广播电视体育频率/频道:专业化发展之路

中国广播电视频率/频道的专业化,是中国广播电视改革带来的新变化之一,与媒介集团化进程密切相关。专业化的体育频率/频道便是这一改革的产物。

推动以体育频率/频道为代表的频率/频道专业化的,最先是广播电视技术的发展,尤其是有线电视网络的健全和发展。早期中国的广播和开路无线电视受到有限的频道频率数量的限制,广播电视频率频道都既担负宣传、教育功能,又兼顾受众的娱乐需要,因此往往力求节目内容综合全面。自1992年以来,中国有线电视网络建设迅速发展,新用户以每年增加1 000万户的速度

---

① 《电视体育节目改革路漫漫》,《新民晚报》1999年1月9日。

递增,中国成为全球有线电视用户最多的国家①,因此,频道频率资源不再短缺,专业化的内容播放渠道成为可能。这一时期,国内的有线电视台纷纷组织考察团赴美国、日本等频道专业化程度较高的国家进行考察,并且参照国外经验开始建设专业化频道。体育频道与影视剧频道都是最早的电视专业化频道,专业的广播体育频率也在这一时期出现。1995年1月1日,中央电视台体育频道开播,作为国内最早且规模最大的专业电视体育频道,因其拥有众多世界顶级赛事的中国大陆独家报道权而吸引了大批体育爱好者。

从20世纪90年代末开始,省级广播电视集团的建立直接带来开路无线电视台和有线电视台的合并,有线电视台业已开始的专业频道发展策略因此被纳入广播电视集团的改革当中,北京、上海、湖南、山东等地的广电集团纷纷推出不同的专业化频率/频道,体育频率/频道就是其中重要的组成部分。

以上海为例,2001年4月19日,上海文化广播影视集团成立,明确由6家媒体和4家公司组成新闻传媒板块,开始对组建上海文广新闻传媒集团的酝酿和探索,"频道、频率专业化改革从电视开始,并首先从体育专业频道的重组开始",被列为改革的三个重点之一。7月25日,文广集团新闻传媒板块深化改革会议,正式提出抓紧组建体育频道的构想。9月3日,上海电视台、东方电视台和上海有线电视台体育频道的体育新闻节目开始并轨制作、联合播出。10月8日,上海电视台体育频道正式开播。该频道在开播之初,其节目类型的构成就非常集中,其中,体育赛事转播和体育比赛集锦类节目占据总播出时间近60%,体育新闻占14%。其主体观众是15—24岁的年轻人和35—44、45—54岁的中年人,男性观众远远多于女性观众②。

根据媒介市场的生存规律和海外广播电视专业频道的经验,与其他产品市场一样,细分的产品需要更广阔的市场范围来实现其利润。以娱乐与体育节目电视网ESPN为例。这个开播于20世纪70年代末的全天候的体育节目广播电视台,到2000年,旗下拥有一系列24小时播出的电视体育频道,分别播出重大赛事转播、全天候的体育新闻和深度报道,甚至专门播放历史上精彩体育比赛的实况录像,还有一个专门的广播体育频率,以及体育网站、体育杂志和连锁店等。其电视频道在美国有9 000万家庭用户,覆盖全球近150个国家,仅在亚洲就拥有超过一亿观众③。

---

① 参见《关于加强广播电视有线网络建设管理的意见》,信息产业部、国家广播电影电视总局1999年9月13日发布。
② 笔者在上海文广新闻传媒集团总编室的调研材料,2001年12月5日。
③ 参见ESPN STAR Sports官方网站,http://www.espnstar.com.cn,最后浏览日期:2002年3月5日。

然而，在中国广播电视体育频率频道专业化的过程中，一个比较大的问题是地方广播电视体育频率频道一方面受限于中国广播电视行业的行政管理，无法走出本地，开拓更大的市场；另一方面，在本地市场又完全无法与中央电视台体育频道竞争。2000年1月24日，国家广播电影电视总局发布《关于加强体育比赛电视报道和转播工作的通知》（简称《通知》）。《通知》规定：对于重大的国际体育比赛，包括奥运会、亚运会和世界杯足球赛（包括预选赛）等，"在我国境内的电视转播权统一由中央电视台负责谈判与购买，其他各电视台不得直接购买。中央电视台在保证最大观众覆盖面的原则下，应就地方台的需要，通过协商转让特定区域内的转播权"；对于国内重大的比赛，如全国运动会等，"由中央电视台牵头召集各有关电视台进行协商，制定出合理的补偿方式及电视信号制作标准，并由中央电视台负责谈判和购买电视转播权，其他各电视台不得直接购买"，而其他比赛的电视转播权，则"本着公平合理的原则购买或转让"。国家广播电影电视总局对制定该项政策的解释是为了"防止国内外重大体育比赛电视报道和转播中出现不协调的现象与事故"，防止出现"哄抬报道权价格，进行恶性竞争"。从保护尚不够发达的中国广播电视产业的角度出发，这样的政策无可厚非。然而，这个政策的实际效果却是保证了中央电视台体育频道在市场竞争中的绝对垄断地位。2005年，中央电视台体育频道改版，以其拥有的足球世界杯、欧洲杯、欧洲冠军杯和西班牙、德国、意大利甲级联赛等一系列观众喜爱的重大国际大型赛事的独家转播权为基础，形成了以赛事转播和体育新闻报道为主干，辅之以全民健身娱乐类节目的整体频道编排风格。

为应对中央电视台体育频道的市场垄断，2008年成立的中国电视体育联播平台（China Sports Programs Network，简称CSPN），由辽宁、山东、江苏、湖北、新疆、内蒙古、江西七家省级电视体育频道联手，采用联合引进、联合制作、联合播出的模式，统一购买重大赛事节目版权，并且自行制作多个体育新闻和体育专栏节目，在这七个频道同步播出，使得电视体育成为中国最早结成联盟的电视细分市场。

到2010年左右，在媒介融合的大趋势下，广播电视专业体育频率频道的融合趋势也开始呈现出良好的发展势头，并且开始与互联网相互渗透。以上海广播电视台为例，其五星体育这一品牌下包括五星体育广播（FM94.0）、五星体育电视和互联网三大播出平台，每天电视频道24小时播出，广播播音时间18小时，官方网站上提供每天24小时的宽频在线直播。五星体育拥有全国第一个广播电视合一的专业演播室，平均每天直播重大体育赛事4场，每年直播近1 500场各类体育赛事。

近年来,五星体育依然保持国内广播电视体育行业的领先地位。名牌栏目《五星足球》自 2006 年开播至 2021 年,已经走过将近 15 个年头。栏目专业性、可看性并重,受到上海,乃至全国足球迷的广泛关注。栏目形式为总长 90 分钟的周播直播节目,以嘉宾访谈、专题成片、线上线下互动等多种呈现方式,全面剖析一周国内外足坛的焦点事件。因其直播属性,可借助新媒体的各种手段,在节目直播过程中和观众形成极其紧密的良性互动。2020 年,《五星足球》改版推出《足球相对论》这一专业深度访谈的特别板块,不仅在专业性和可看性上有所突破,更在广告营销上有所建树,在抖音客户端单条播放量达到180 万;在微博客户端,《走进康桥——申花特别节目》单条播放量达到 34 万,堪称"叫好又叫座"。年中策划播出的《女足队报》是上海女足首次和电视媒体进行全面合作,在电视荧屏和新媒体平台上以独家播出的方式呈现。此外,"上海绿地申花蓝白争霸赛"等阶段性重点项目中,《五星足球》也是五星体育全媒体版面中的中流砥柱。在新冠肺炎疫情期间,《中国足球往事》等深度编辑类选题,填补了全球足球联赛停摆之时足球话题的空白,保持了球迷观众对于五星体育的关注热度。此外,栏目组深挖后期制作潜力,用更多更精良的包装方式,提升电视专题的播出效果,同时也结合微博、抖音的视频推送,将互动营销和专业栏目有效结合①。

第三节　广播电视产业和体育产业的互利共赢

一、体育产业与广播电视产业的互动

自 20 世纪 90 年代以来,国际体育运动发展的一个突出特点是,体育运动与社会经济发展的关系日益密切,庞大的体育产业和消费市场包括:体育健身的有偿服务,体育比赛的门票,体育广告和体育赛事电视转播权的销售,体育彩票的发行,体育服装用品和运动饮料的生产销售,体育场馆和体育旅游经营等。20 世纪 90 年代,美国体育产业的市场价值达 1 500 多亿美元,占国民生产总值的 2%,位居各行业第 11 位;在澳大利亚,全国体育产业的生产总值达 80 亿澳元,占国民生产总值的 1%,超过铁路、汽车制造、肉—奶加工等行业,在 113 个产业行业中位居第 25 位;日本体育产业的总值 1988 年为 3.8 兆日

---

① 相关资料由五星体育向笔者提供,2021 年 3 月 28 日。

元,1989年为4.3兆日元;在足球王国意大利,足球产业每年的产值都在100亿美元以上;加拿大、瑞士、德国、芬兰、法国、西班牙、英国等国家,体育产业占国民生产总值的比例都在1%—2%(马天元,2002)。

作为体育赛事的最佳合作伙伴,广播电视媒介在推动体育产业发展方面发挥了巨大的作用。广播电视媒介与体育产业的互动主要有两个方面。

1. 体育赛事的转播权

按照国际商业惯例,一项完整的电视转播权分三个方面:一是新闻报道权,即赛事新闻,所使用的体育比赛的画面在3分钟以内,无须购买转播权,超过3分钟则要购买;二是比赛集锦的节目版权,即那些以体育赛事为主体内容的板块节目,超过15分钟就需要购买转播权;三是赛事的广播电视直播、录播的转播权,这一部分是最为昂贵的,主办方可以根据媒介的具体性质,分为不同广播电视媒介的转播权进行出售,或者按照不同覆盖区域的划分来出售。

销售体育赛事转播权的收入,是体育产业最主要的资金来源之一。20世纪80年代,大媒介集团购买大型体育比赛的电视转播权进行商业开发,获得巨大成功,极大地刺激了整个广播电视行业对转播权的购买欲望,促使大型国际体育比赛的电视转播权销售价格在90年代扶摇直上(见表12-4)。

表12-4 20世纪90年代体育比赛电视转播权的增长率

赛　　事	赛　　季	增长率
奥运会	1984年以来	400%
世界杯足球赛	1994—1998赛季至2002—2006赛季	1000%
美国超霸杯橄榄球赛	1989—1993赛季至1993—1997赛季	50%
	1993—1997赛季至1998—2001赛季	100%
英国足球超级联赛	1996—2001赛季	350%

资料来源:*Sport Business*,1999,6.

销售电视转播权,早已成为职业体育俱乐部及其联盟最主要的资金渠道。1990年、1994年、1998年三届世界杯足球赛,国际足联通过销售电视转播权共获得22.5亿美元的收入。通过这一渠道的收入一直在不断提高。1987—1988赛季,德国足球协会出售电视转播权的收入为4 000万马克,十年之后的1997—1998赛季,这一收入达到4.2亿马克,增加了十倍。1995年年底,美国职业棒球联盟与全美网络电视局签订5年合约,协议金为16亿美元,其中,FOX公司出资5.7亿美元,NBC出资4亿美元,ESPN出资4.4亿美元,总收入则由职业棒球联盟旗下的28支球队平分。1999年,美国职业橄榄球联盟通过销售电视转播权,全年获得60亿美元的收入(马天元,2002)。

国际奥林匹克委员会认为,如果没有电视网商业性转播的巨额资金注入,奥运会便不可能像今天这样存在。实际上,购买体育赛事的电视转播权,不仅给职业体育和体育产业提供了经济支撑(见表12-5),也为广播电视媒介自身创造了高额的商业利润(见表12-6)。

表12-5 奥运会电视转播费(1960—1996)

单位:万美元

年 份	奥运会举办地	电视转播费用
1960年	罗马	5
1964年	东京	150
1968年	墨西哥城	400
1984年	洛杉矶	36 000
1988年	汉城	40 700
1992年	巴塞罗那	69 400
1996年	亚特兰大	90 000

资料来源:《论电视在体育产业化进程中的作为》,《广播电视研究》1997年第2期;《辉煌与奋进》(新闻卷),上海人民出版社1998年版,第519—520页。

表12-6 奥运会电视转播收入

单位:百万美元

电视机构	1984年	1988年	1992年
美国NBC	225.0	302.1	401.0
澳大利亚Channel-7	10.6	7.0	33.7
加拿大CTV	3.0	3.6	16.5
欧洲UER	19.8	28.0	90.0
新西兰TUNZ	0.9	1.5	5.9
日本NHK	19.0	52.0	62.5
合计	278.3	394.2	609.5

资料来源:《论电视在体育产业化进程中的作为》,《广播电视研究》1997年第2期。

由于广播电视媒介机构转播比赛能够吸引大量受众,因此能够吸附大量的广告,或者能够吸引大量的收费电视用户,广播电视机构便可从中大大获利。法国一家电视频道,每星期转播两场足球职业联赛,一年的纯收入是1.2亿美元;荷兰付费的足球频道也是每周转播两场比赛,每月向用户收取34美元,年收入达到1 000多万美元;美国各大电视公司转播体育比赛时插播的广告收入,在20世纪90年代每年都超过25亿美元(马天元,2002)。

转播权是职业体育得以发展的重要经济基础,也是电视业可以大规模盈利的重要机会,两者密不可分。因而现代体育和电视常常"合谋"获取更大利润。以2008年北京奥运会为例,美国NBC为2008年奥运会转播所做的努力,在北京申奥成功之前就开始了。由于2000年悉尼奥运会举办的时间是9月,NBC因收视率不理想未能盈利,于是向当时的国际奥委会主席萨马兰奇提议将2008年奥运会的时间改到8月,因为9月份美国职业橄榄球联赛和全美大学生体育协会的篮球联赛都恰好开赛,大量的男性观众将因此而流失,同时,9月份学校开学了,孩子们不能看电视到很晚,这也是一个妨碍全家人观看奥运赛事的不利因素。萨马兰奇答应回去认真研究,因为NBC的电视转播费几乎是国际奥委会最大的收入来源——NBC购买北京奥运会在美国国内的转播权花费了8.93亿美元,日本由NHK和私营电视台组成的"日本转播联盟(JC)"以1.8亿美元的价格获得日本国内转播权,中央电视台在中国国内的转播费只有1 700万美元[1]。作为交换,不仅NBC如愿得到了一届在8月举办的奥运会(最初中国奥委会同意将时间从9月提前到8月中旬,但美国网球协会提议再提前一周,以避免和美国网球公开赛的比赛时间冲突),而且考虑到中国和美国的时差,NBC最终说服国际奥委会更改了一向是在晚间7点举行的游泳和体操这两项深受观众喜爱的项目的比赛时间。其中,游泳32个项目的半决赛和决赛都在北京时间上午10点开始;体操除男女个人单项外,团体及个人全能四项决赛也都被安排在北京时间上午10点至11点之间开始。此外,男篮和跳水等美国人很具竞争力的项目也做了调整,男篮冠军争夺战被破天荒地安排在北京时间上午进行,跳水决赛则于北京时间下午1点半开始[2],这样美国观众都能在晚上黄金时间收看这些比赛,NBC的转播收视人群才可以达到最多。《纽约时报》曾称,一般人会以为北京奥运会的开幕时间8月8日,是中国人挑选吉祥数字的结果,殊不知这其实是为了满足NBC通过电视转播最

---

[1] 参见《IOC称下届将提高奥运电视转播费》(2008年8月20日),中国奥委会官网,http://www.olympic.cn/e-magzine/09/2008-09-27/1642441.html,最后浏览日期:2021年3月30日。

[2] 参见《国际奥委会向美国妥协奥运游泳体操决赛上午举行》(2006年9月26日),中国游泳协会官网,http://www.swimming.org.cn/gjdt/2006-09-26/98974.html,最后浏览日期:2021年3月30日。

大限度获利的需要①。

2. 传媒公司投资体育产业

传媒公司直接投资各类职业体育俱乐部、场馆建设、相关产品等体育实体，以及直接投资和操办体育赛事。以默多克的新闻集团为例，不仅其旗下的天空电视台 BSkyB 独揽英格兰各类足球赛事的转播权（只有英格兰足总杯总决赛转播权是与 BBC 联合拥有的），而且该集团购买了曼彻斯特联队、利兹联队、曼彻斯特城队、切尔西队各 9.9% 的股份。传媒公司举办的运动会也是一例，例如时代-华纳集团下属 TNT 主导下的大型商业比赛友好运动会（Goodwill Games）。又如，ESPN 除了全年度投资购买 NBA 篮球、ATP 网球、PGA 高尔夫球等著名赛事转播权外，还自创了面向青少年的体育比赛"极限运动"，在 1997 年，其每周的比赛投资就达 2 500 万美元②。

近年来，在大众媒介，尤其是在电视的助推下，重大体育赛事的商业价值日益提升。尼尔森的研究报告显示，美国几大赛事 NFL、NBA、MLB、NHL、PGA Tour、NASCAR 和 INDYCAR 的体育赞助在 2017 年占美国电视台 QI 媒体价值的 73.5 亿美元以上。QI 媒体价值是尼尔森有关赞助商的曝光质量和权重、受众人数和千人成本等综合在内的全球行业测量标准，这一数字意味着赞助商为了将品牌触达体育观众，比上一年度多花费了 5 400 万美元③。

二、中国广播电视体育与体育产业化

长期以来，中国人多半把体育运动和强身健体、为国争光画上等号，其中蕴含的巨大市场能量，是随着中国改革开放和社会主义市场经济建设，以及中国媒体改革和媒介产业化的进程，逐步发挥出来的。1994 年，中国足球成立职业俱乐部，推行职业联赛。中央电视台以每轮两分钟广告时段从中国足协获得了中国足球甲 A 联赛在中国大陆的电视转播权，每年约合人民币 56 万元。此后，篮球、排球等运动项目也开始市场化的尝试。1998 年，四川电视台以 58 万元中标，获得在成都举办的国际女子飞人挑战赛的国内独家电视转播权，国内其他 11 家电视台则以每家 10 万元的价格购买了联合转播权，这是国内第

---

① 参见"On TV, Timing Is Everything at the Olympics," *New York Times*, August 24, 2008, accessed March 30, 2021, https://www.nytimes.com/2008/08/25/sports/olympics/25nbc.html。
② 参见《论电视在体育产业化进程中的作为》，《广播电视研究》1997 年第 2 期。
③ 参见"U.S. Sports Sponsorship TV Value Grows by More Than $54 Million in 2017," Nielsen, February 22, 2018, accessed March 30, 2021, https://www.nielsen.com/us/en/insights/article/2018/us-sports-sponsorship-tv-value-grows-by-more-than-54-million-2017/。

一次采用招标的方式出售体育赛事的电视转播权。然而,电视转播权的价值一直被低估,导致2002年中央电视台与中国足协之间有关甲A转播权的纠纷。按照国际统一销售模式,转播权分为现场直播、集锦制作和新闻现场报道三部分,足协报价每轮比赛18万元出售,中央电视台表示无法接受。僵持六轮之后,双方以每轮13万的价格妥协,但这一价格分歧致使中央电视台没有前六轮的实况转播,也没有新闻报道。这一事件直接导致当年年底甲A的主冠名商百事可乐退出(董奕,2003),令甲A联赛蒙受很大的经济损失。

从20世纪90年代到21世纪前十年,能够独立制作和现场直播大型体育赛事且有实力购买大型体育比赛转播权的广播电视媒介并不多,主要集中于中央电视台和北京、上海、广东等经济发达地区的广播电视机构,但广播电视产业与体育产业的相互推动已经初露端倪。其一,一些广播电台、电视台的体育部门积极参与体育赛事,投资组织一些适合媒体表现的体育比赛。例如,1995年中央电视台组织的"CCTV杯中国乒乓球擂台赛",对于推广乒乓球运动、增加收视率很成功;中央电视台的"中国电视围棋快棋赛"始于1987年,由中国棋院、中央电视台体育频道主办,中间多次更改冠名,2017年至2020年冠名为"当湖十局杯",均在围棋名城浙江平湖当湖十局围棋公园举行,形成持续的业内关注①;广东电视台的"五羊杯象棋电视快棋赛"也有较大反响。其二,部分有实力的广播电视媒介机构开始投资体育实体。例如,中央电视台参股辽宁足球俱乐部;上海东方电视台1996年组建东方男女篮球俱乐部;上海电视台1999年投资上海女足俱乐部;上海有线电视台投资组建排球俱乐部,出资参与上海八万人体育场的建设等;2001年,上海广电集团有限公司、上海文化广播影视集团、上海黄浦区国有资产总公司共同出资,对原上海申花足球俱乐部进行重组(董奕,2003),都在一定程度上是对中国体育产业的促进。

2008年的北京奥运会,是中国广播电视体育和体育产业化发展的一个新的契机。业界人士认为,广播电视体育的核心竞争力是赛事资源,奥运会是所有赛事当中的顶级资源,对于中国广播电视体育和体育产业化发展具有深远影响。中央电视台北京奥运会报道的核心理念是"使奥运资源效益最大化"及"全方位、多渠道实现转播的效益最大化"。这一届奥运会的电视转播创下奥运历史上转播频道最多、转播时间最长、覆盖面最广等多个第一,并且第一次全部采用高清技术,而且扩展到手机、电脑、车载电视等移动终端,电视转播权销售收入超过25亿美元,中国体育联播平台CSPN也在奥运报道中显示出强

---

① 参见《2020 CCTV电视快棋赛决赛:辜梓豪战胜连笑首次夺冠》(2020年9月24日),腾讯新闻,https://new.qq.com/omn/20200924/20200924A0G2YT00.html,最后浏览日期:2021年3月30日。

大的竞争力。这不仅有助于加快中国广播电视体育转播的产业化进程,而且借力数字电视和高清技术,积极推动中国体育传播的跨媒体发展。

事实上,奥运会电视转播权收入是迄今为止奥林匹克运动最大的一笔单项收入来源。北京奥运会之后,NBC为获得2010年和2012年奥运会的电视转播权出了创纪录的天文数字22亿美元。当然,购买转播权的电视机构则必须尽可能保障最大范围的公众能够免费观看这一重大国际体育盛会。以往欧洲地区的奥运会转播权由欧洲广播电视联盟(European Broadcasting Union,简称欧广联)包揽,但随着有线电视和互联网的冲击,欧广联的市场份额下降,国际奥委会不再将奥运会转播权打包出售给欧广联,而是有意引入更多竞争机制,以便获得更大的利益[1]。2011年国际奥委会宣布德国公共广播公司(ARD)和德国电视二台(ZDF)获得2014年俄罗斯索契冬奥会和2016年巴西里约热内卢奥运会在德国全平台的转播权,包括免费电视、付费电视、互联网和手机。法国电视台则获得2014年俄罗斯索契冬奥会、2016年巴西里约热内卢奥运会、2018年韩国平昌冬奥会和2020年日本东京奥运会在法国所有媒体平台的转播权,包括互联网和手机[2]。欧洲体育台的母公司探索频道(Discovery Communications)获得了2018—2024年四届奥运会所有平台在欧洲的奥运会转播权。探索频道和欧洲体育台在每个细分市场平均拥有10个频道,占据欧洲在线和互联网体育内容提供的领先位置,通过开路电视、与广播公司和分销商的创新合作模式等方式,两者可为欧洲超过7亿观众提供覆盖更广的收看平台。探索频道的独播权价值13亿欧元,其平台包括涵盖欧洲大陆50多个国家和地区所有语言的开路电视、订阅/付费电视、互联网在线和移动互联网版权。为了迎合国际奥委会和当地市场的需求,在奥运会期间,探索频道将免费播出至少200小时的赛事和100小时的冬奥会赛事,还要通过付费电视台、网络和移动终端转播,覆盖全媒体收视需求[3]。

2015年,beIN传媒集团(beIN SPORTS)获得2018—2024年奥运会在中东和北非地区的独家转播权,包括免费电视、付费电视、互联网和移动设施等的多语种播放平台;合作协议还包含有权转播截至2024年以前的所有青

---

[1] 参见《越来越受欢迎奥运电视转播权热销欧洲》(2004年4月26日),中国奥委会官网,http://www.olympic.cn/news/olympic/2004/0426/41819.html,最后浏览日期:2021年3月30日。
[2] 参见《国际奥委会授予奥运在德国、韩国和法国转播权》(2011年7月4日),中国奥委会官网,http://www.olympic.cn/e-magzine/11082011-08-23/2157249.html,最后浏览日期:2021年3月30日。
[3] 参见《探索频道获得欧洲地区2018—2024年独家奥运转播权》(2015年9月7日),中国奥委会官网,http://www.olympic.cn/e-magzine/1508/2015-09-07/2354532.html,最后浏览日期:2021年3月30日。

年奥运会①。2016 年,国际体育营销机构盈方体育(Infront)在已经获得 2016 年里约奥运会在 43 个撒哈拉以南非洲地区国家的独家媒体版权合作伙伴基础上,又购买了里约奥运会在撒哈拉以南非洲地区 8 个国家的媒体转播权。该公司与法国体育营销公司 TV Media Sport(TVMS)合作,确保在尼日利亚、肯尼亚、安哥拉、莫桑比克、刚果、塞舌尔、冈比亚、科特迪瓦等国家的里约奥运会转播权分销的权利,所有协议内容包括开幕式和闭幕式转播,每天至少 6 小时的免费直播,以及通过地面、卫星、数字电视、OTT 互联网和手机端的延播媒体权益。同时,盈方和 TVMS 还将推出适合非洲地区观看的特别版节目,包括每天的赛事集锦和新闻节目②。

在这一大背景下,中央电视台获得了 2018—2024 年四届奥林匹克运动会的转播权,包括免费电视、收费频道、互联网与移动终端的全语言、全媒体等内容,是非常有意义的。国际奥委会主席巴赫说:"我很高兴代表国际奥委会宣布,我们将延续与中国中央电视台的长期合作。作为我们电视转播方面的合作伙伴,他们多次证明了自己有能力将一流的奥运会赛事转播带给亿万中国观众。国际奥委会与中央电视台达成的这项协议,将对未来的奥运会组织者形成有力的支持,同时,为中国及全世界的体育运动和运动员个人的发展带来益处。"③

从长远看,一方面,中国作为一个体育强国和体育大国,越来越吸引国际体育产业的目光。尼尔森的一份调查报告显示,在中国城市人口中,体育爱好者占 59%,其中,61% 是男性,39% 是女性,82% 年龄在 26—45 岁之间,超过 30% 的家庭年收入超过 20 万元人民币;中国三分之一的城市人口(32%)积极参加体育运动,并且对整体健康和福祉的热情似乎有所提高;在这些人中,近一半(47%)跑步或慢跑(三年前只有 31%),接近四分之一的人(23%)打羽毛球,18% 的人打篮球④。另一方面,由于过载的媒体信息和付费电视等收看模式对广告的屏蔽,品牌越来越多地通过邀请体育明星在社交媒体上代言来触

---

① 参见《国际奥委会揭晓中东和北非地区 2018—2024 年奥运会转播权》(2015 年 11 月 11 日),中国奥委会官网,http://www.olympic.cn/e-magzine/1509/2015-11-11/2355337.html,最后浏览日期:2021 年 3 月 30 日。
② 参见《盈方和 TVMS 获得里约奥运转播权》(2016 年 10 月 11 日),中国奥委会官网,http://www.olympic.cn/e-magzine/1608/2016/1011/133041.html,最后浏览日期:2021 年 3 月 30 日。
③ 参见《CCTV 获得 2018—2024 年四届奥运会转播权》(2015 年 2 月 11 日),中国奥委会官网,http://www.olympic.cn/e-magzine/1501/2015-02-11/2349109.html,最后浏览日期:2021 年 3 月 30 日。
④ 参见"China Emerging Market Focus-NIELSEN SPORTS," Nielsen, August 23, 2017, accessed March 30, 2021, https://www.nielsen.com/us/en/insights/report/2017/china-emerging-market-focus-nielsen-sports/。

达用户。毋庸置疑,社交媒体和移动互联网将日益推动媒介融合背景下的广播电视和体育产业深度结合、共同发展,就像知名有线体育频道 ESPN 如今在 Facebook 上有 2 145 万用户关注,Twitter 粉丝 3 682 万、YouTube 订户 778 万一样,五星体育的微博粉丝也有 123 万。

布鲁斯·加里森,马克·塞伯加克(2002).体育新闻报道(第 2 版).郝勤等译.北京:华夏出版社.

董奕(2003).传媒与体育的产业变奏——广电集团化背景下的电视产业与体育产业.上海:复旦大学新闻学院硕士学位论文.

马天元(2002).中国电视产业与中国体育产业.上海:复旦大学新闻学院硕士学位论文.

《上海广播电视志》编辑委员会(编)(1999).上海广播电视志.上海:上海社会科学院出版社.

肖东升(主编)(1999).新闻内幕(第二辑).北京:人民日报出版社.

中国体育记者协会(编)(2000).百名中国体育记者自述.北京:人民体育出版社.

《中国中央电视台 30 年》编辑部(编)(1988).中国中央电视台 30 年(1958—1988).北京:中国广播电视出版社.

左漠野(编)(1987).当代中国的广播电视(上).北京:中国社会科学出版社.

李辉(2007).中国体育的电视化生存.北京:学林出版社.

汤姆·海德里克(2008).体育播音艺术——如何建立成功的职业生涯.任悦等译.北京:中国广播电视出版社.

孙玉胜,李挺(主编)(2009).聚焦奥运电视.北京:新世界出版社.

Billings, A. C., Hardin, M. (Ed.) (2014). *Routledge Handbook of Sport and New Media*. NY: Routledge.

Armfield, G. G., & McGuire, J. Earnheardt A. (Ed.) (2020). *ESPN and the Changing Sports Media Landscape*. NY：Peter Lang Inc.

Serazio，M.（2019）. *The Power of Sports: Media and Spectacle in American Culture*. NY：New York University Press.

Watkins，B.（2019）. *Sport Teams，Fans，and Twitter: The Influence of Social Media on Relationships and Branding*. London：Lexington Books.

第十三章　广播电视受众与受众研究

> **本章概述**
>
> 梳理受众的基本性质、广播电视受众的特征及其对节目的影响；了解基本的视听率调查的原理和方法；了解电视节目欣赏指数作为视听率之外的受众研究指标的意义；关注新技术时代广播电视受众研究的新发展。

第一节　广播电视受众：特征与变化

一、什么是受众

受众(audience)，在传播和媒介学者看来(丹尼斯·麦奎尔，2006)，是对大众传播过程中接受者(receiver)的总体指称，是一个抽象和众说纷纭的概念，所指称的现实事物，从18世纪初小说的读者到20世纪末卫星电视的订户，也是多种多样和不断变化的(丹尼斯·麦奎尔，2006：2)。受众作为大众传播媒介所面对发言的无名个体与群体，起源于古代体育比赛的观众，以及早期公共戏剧和音乐表演的观众，例如古希腊罗马城邦剧院或竞技场的受众。其特征包括：① 与表演一样，观看和收听是有计划和有组织的；② 事件具有公共的(public)和大众的(popular)特征；③ 表演内容是世俗的而非宗教的；④ 对事物的选择和关注是自愿的(voluntary)个人行为；⑤ 作者、表演者、观看者是专门化(specialization)的；⑥ 现场(locatedness)表演，观看者亲临现场观看(丹尼斯·麦奎尔，2006：3)。这与今天的大众媒介受众有许多相似之处。

大众媒介受众随印刷书籍的出现而产生,印刷品的远距离、延时性传播和更加私人化的使用,创造了一个新的、分散的社会群体——阅读公众(reading public)(丹尼斯·麦奎尔,2006:5);电影创造了真正意义上的大众受众(mass audience);无线电广播的发明则通过技术发展创造出新型受众,即"媒介业扩大市场和赢取利润的主要目标"(丹尼斯·麦奎尔,2006:6)。对于文化学者来说,受众被用来描述发达工业社会的所有成员,他们对媒介产品的使用,以及与媒介产品的互动,构成了"现代社会成员的一个起码标记,甚至一种需求"(约翰·菲斯克等,2004:18)。

通俗地说,受众是包括报刊读者、广播听众、电视观众等在内的大众传播媒介的内容接收者。在今天,如果考量互联网作为传播媒介的属性,那么受众还包括广大互联网用户,即网民。受众作为一个特殊的社会群体,从宏观上看,是报纸读者、广播听众、电视观众、网民等组成的数量十分庞大的集合,具有匿名性、流动性、分散性和异质性;从微观上看,则表现出作为独立的社会一分子的个人,具有高度的多样性和丰富性。受众既是社会环境的产物,也是特定媒介供应模式的产物。前者导致受众具有相同的文化兴趣、理解力和信息需求,后者则影响到受众的媒介可得性、时间使用模式、生活方式和日常作息规律。因此,"受众可以按照各种不同的、彼此相交的方式来定义,可以由地点(place)、人口特征(people)、各种媒介渠道(medium or channel)、讯息内容(content)和时间来界定"(丹尼斯·麦奎尔,2006:3),比如地方媒介受众、老年或青少年受众、报纸或广播电视受众、综艺节目或国际新闻受众、日间受众或黄金时段受众、短时受众或连续受众,不一而足。随着新技术和互联网的快速崛起,一些新的、深具理论阐释潜力的概念正在被发展和深化。其一是"粉丝"(fans),尽管往往被刻画成受到操控的、沉迷的且不理性的个体,但同样也被观察到作为最活跃的参与型受众。粉丝与传统大众媒介受众的原子化不同,他们拥有的社交连接和创造性参与在一定情景下有可能转化为公民行动。其二是通过互联网用户生成内容(user generated content,简称UGC),网民从媒介使用者和媒介内容消费者转变成媒介内容生产者。有学者将这种新型互联网用户称为"产消者"(prosumer),或者说,受众和媒介内容生产者合二为一。基于中国庞大的互联网用户,无论是在线影迷还是网上翻译社群持续深远的文化影响,都呈现出这类新型受众的社会和文化价值(Zhang,2016)。

在世界范围内,广播电视受众的数量之庞大不容置疑。2008年,在北京奥运会期间,收看奥运电视报道的观众达到47亿人,约占全球总人口的70%,开幕式电视直播吸引了大约全世界 20 亿观众①,显现出"天涯共此时"的传播魅力;当年度全世界受众最多的电视剧是《豪斯医生》(House M. D.),调查显示,2008 年有 66 个国家收看这部美剧,观看人数达到 8 200 万人②。广播电视受众的涵盖面非常广泛。与报刊阅读需要以一定的文字识读能力为基础不同,由于广播电视媒介具有视听结合、声画传播的特性,其受众可以涵盖几乎所有年龄段和文化程度,无论老人还是幼儿,即便不识字,或者有视力障碍,一样可以从收音机和电视机里找到乐趣,成为潜在的广播电视受众。广播电视的内容接收受到技术条件,如基础设施、信号覆盖、收音机电视机等硬件设备普及率等的推动和影响。据报道,在印度尼西亚农村开始通电的两年内,平均 30%的人拥有电视;七年内,拥有电视的人口达到 60%,而拥有冰箱的家庭却不到 5%③。中国国家信息产业部主导的"村村通工程"就是力图解决广大农村,包括电视在内的信息传播的覆盖问题。例如,在 2010 年春节到来之前,广西壮族自治区崇左市龙州市彬桥乡陆续运抵"村村通"项目的 650 多套卫星接收器,以便当地农村居民能看上电视④。2021 年 4 月,由国家广播电视总局科技司指导、广播电视规划院主办的"中国广播电视行业年度十大科技关键词评选活动"结果揭晓,2020 年度中国广播电视行业十大科技关键词为:媒体深度融合,智慧广电工程,广电 5G,全国一网,4K/8K 超高清,高新视频,广电科技抗疫,中国视听大数据,广播电视技术迭代行动计划,直播卫星节目高清化。这些关键词均立足于加强广播电视传播体系建设,扩大收视收听人群,提升收视收听效果,提高广播电视的公共服务能力,促进城乡广播电视公共服务均等化,为人民群众提供更高端、更优质、更便捷的视听服务⑤。

在传播学者看来,受众不仅是传播效果的核心概念和考察效果的基点与立足点,也是由媒介、社会与人之复杂关系建构起来的传播体系中一切问题的交叉点。随着大众传播媒介的发展和影响力的不断扩大,无论是媒介从业者

---

① 参见王冲:《北京奥运会成"眼球率"最高的一届奥运会》(2008 年 8 月 21 日),央视网,http://news.cctv.com/society/20080821/104931.shtml,最后浏览日期:2021 年 4 月 3 日;《北京奥运会转播破纪录全球累计有 47 亿人次收看》(2008 年 10 月 23 日),http://sports.cctv.com/20081023/102167.shtml,最后浏览日期:2021 年 4 月 3 日。
② 参见《电视:这个女妖》(2009 年 11 月 11 日),中新网,https://www.chinanews.com/cul/news/2009/11-11/1958770.shtml,最后浏览日期:2021 年 4 月 3 日。
③ 参见《电视:这个女妖》(2009 年 11 月 11 日),中新网,https://www.chinanews.com/cul/news/2009/11-11/1958770.shtml,最后浏览日期:2021 年 4 月 3 日。
④ 参见《彬桥乡 650 户群众春节前看上卫星电视》(2010 年 2 月 10 日),渭南市人民政府网站,http://top.weinan.gov.cn/wnxxh/nyxxh/215074.htm,最后浏览日期:2021 年 4 月 3 日。
⑤ 参见国家广播电视总局:《2020 年度中国广播电视行业十大科技关键词评选结果公布》(2021 年 4 月 2 日),http://www.nrta.gov.cn/art/2021/4/2/art_114_55663.html,最后浏览日期:2021 年 4 月 3 日。

还是研究者,对受众的聚焦也越来越多。受众究竟是媒介机构的传播对象还是同时也是传播活动的主体,究竟是理性的还是非理性的,是同质化的还是异质化的,是群体(group)还是聚合体(aggregates),是主动的还是被动的,这些问题一直备受关注(罗杰·迪金森、拉马斯瓦米·哈里德拉纳斯、奥尔加·林耐,2006)。在大众媒介与传播研究领域,人们对受众的认识经历了一个发展和逐渐深化的过程。在大众传播研究中,最初受众往往被看成是毫无差别的个体之和,是大众媒介强大刺激下被动接受的消极的个体,或者工业社会媒介产品的被动消费者。然而,人们很快发现,受众其实是由真实的社会群体构成,在传播过程中,并不完全是媒介选择了受众,显然受众会根据自己的喜好、想法和信息需求来选择媒介渠道和内容。日本 NHK 做过的一项国际比较调查显示,对于"如果将面临几个月孤立无援的生活,你只能从冰箱、汽车、报纸、电话、电视机共五类东西中选择一种时,你将选择哪样"的提问,美国人首选冰箱(42%),其次依序为汽车(39%)、电话(9%)、报纸(6%)、电视机(3%);日本人恰恰相反,答案依次为电视(31%)、报纸(23%)、电话(16%)、汽车(15%)、冰箱(13%)(NHK 放送文化研究所,2002:269)。由此可见,在不同国家受众心目当中,大众传播媒介对于日常生活的重要性是有差别的。因此,日后文化研究越来越多地关注到受众与媒介文本和社会场景更为复杂的互动。

受众不仅在媒介渠道和内容的选择上具有相当的主动性,也会根据自己的社会经验和文化视野,对媒介内容进行解读,并赋予意义(丹尼斯·麦奎尔、斯文·温德尔,2008)。传播学者利贝斯和卡茨针对 20 世纪 80 年代在全世界 90 多个国家热播的美国电视剧《达拉斯》(Dallas)进行的跨文化受众研究发现,不同族群的观众在复述剧情的时候,无论复述方式还是视角,都体现出其自身因文化背景、意识形态传统、社会地位导致的明显差异;在考察剧集作为不同族群的小组谈话资源时,意义的集体性生产是一个相互协商的过程,个人化的解读是通过选择性接受、拒绝和修正才能在所属族群的文化中取得合法性;在观看、议论这部电视剧集的过程中,即使是将该剧集与现实生活联系起来进行参照式解读,即使有相当大程度的情感性卷入,受众都不是完全被动的,他们会在不同程度上体现出与剧集文本的道德对抗;甚至由于《达拉斯》在文本门类、美学形式、社会期待心理等多方面与日本观众的文化期待的不协调性,反而对这部分观众产生了阻碍(泰玛·利贝斯、埃利胡·卡茨,2003)。关于中国公众媒介素养的实证研究也显示,受众并不是单纯地被媒介驱动,在他们遇到问题的时候,往往会主动选择求助媒介,通过参与媒介来解决社会问题(陆晔等,2010)。

站在生产者的立场看,中国广播电视的受众经历了三个阶段(周建新,

2010)。第一,早期在媒介从业者将媒介内容视为"宣传品"的阶段,受众理所当然地被认为是"受教育者",听广播,尤其是看电视,不仅是感受新事物,也是接受作为宣传工具的大众媒介的思想教育。第二,20世纪80年代至90年代,中国广播电视事业大发展的阶段,改革开放打破了"文化大革命"十年的精神禁锢,广播电视从业者的创作能力得到极大的发挥。这一阶段的媒介内容不再被视为千篇一律的"宣传品",而是开始有了很多个性化的表达,新的节目形态内容不断出现,因此,节目往往被广电从业者们认为是"作品"。于是,受众便成了"作品"的观赏者和欣赏者,受众根据自己的喜好选择收听收看的节目,收听收看节目的目的被认为是陶冶情操、提升精神品质。第三,随着媒介市场化进程的推进,广播电视节目越来越被视为"产品",因此,受众成为媒介内容的"消费者"。将受众看成是媒介消费者,一方面,强调受众对媒介产品的主动选择性;另一方面,要警惕商业文化对受众潜移默化的侵蚀,使之丧失现代社会公民通过参与媒介,进而参与社会的能动性。

从普遍意义上看,在今天,受众早已不仅仅单纯地被视为大众媒介内容的接收者,他们同时也被视为传播活动的主体和意义的生产者;不仅仅被看成是读者、听众、观众,还是媒介市场的消费者,也是现代社会的公民;他们被媒介迎合和操纵,也选择媒介、参与媒介,尤其是在互联网上积极进行内容生产,进而成为社会参与的重要力量。

二、受众的特征

一般来说,大众传播媒介受众的第一个重要特征是规模之巨大。社会上存在各种各样的社会群体,如同学、同乡、同事、邻居;各种依照个人兴趣集结起来的团体或协会,如歌迷、高尔夫俱乐部、牌友棋友等。这些群体的规模,往往很难与媒介受众的规模相提并论。换言之,受众群体的规模几乎超过各种各样的社会群体,尤其是广播电视传播的无远弗届,使得其受众群体的规模往往可以超越国界,是互联网出现之前最具国际化或世界性的社会群体。

大众传播媒介受众的第二个特征是分散性。受众分散在不同的社会阶层、社会群体当中。收听早间广播新闻的听众,既有普罗百姓,也有达官贵人;一部电视剧可以让不同民族、不同文化习俗、不同宗教信仰的人们与剧中人物的命运联系在一起,同喜同悲。

大众传播媒介受众的第三个特征是异质性,即受众社会属性和文化特质的多样化。

综上所述，对于传播者来说，大众传播媒介受众的特点可以概括为两点。

其一是不可见性。由于受众规模庞大、分散、异质性高，很难被精确描摹出来。然而，不管是管理、运作媒介的人，还是使用媒介的人，都会很有兴趣地想知道究竟是哪些人在阅读报纸、看电视、购买音像制品或者去电影院看电影。这一点对于广播电视机构来说尤其要紧。因为音乐、图书、杂志、电影都会有一些相对比较直接的数据，如销售量、票房和排行榜，来反映受众的注意力和兴趣。但是对于广播电视媒介来说，不仅受众的人数是未知的，而且由于人们在听广播和看电视的时候，注意力是飘忽不定的，又经常会切换频道，更增加了对受众进行描述和测量的难度（丹尼斯·麦奎尔、斯文·温德尔，2008）。

其二是非群体化，或曰碎片化。这一点在当今社会显现得尤为突出。早在20世纪80年代，美国未来学家阿尔文·托夫勒（2006）就在其享誉全球的著作《第三次浪潮》中提出，在当代信息社会中，无论是社会生产还是消费需求，乃至价值观念，都体现出从单一到多元、从整体到分化的发展走势，并预言信息传播领域内"非群体化传播时代"的到来。这种社会结构的变化趋势在社会学者的研究中被描述为社会分层的碎片化（Clark & Lipset, 1991），而人们参与其中的文化活动和价值认同也具有不断变化的多元形式。在自主性、分群化社会中，广播电视观众、听众和所有大众媒介的受众一样，呈现出多元化、碎片化的结构特征。受众非群体化的趋势与广播频率专业化、电视多频道的竞争不断互动，因此，业内人士形象地称之为广播电视从"广播"（broadcasting）向"窄播"（narrowcasting）的转化。

和所有大众传播媒介组织一样，为了使内容制作生产有的放矢，增强传播效果，广播电视机构需要清楚地了解它们的受众是谁，至少要知道他们的受众可能是什么样的一群人，还需要知道在每一个时刻，他们的数量和人口统计学特征的分布。例如，早上7点到8点究竟是些什么样的人在听广播，他们与那些早上9点到10点之间听广播的人有什么地方相同，又有哪些不同呢？而晚上7点到8点，看电视的又是些什么人，他们年龄多大，男性和女性各占多少比例，具有什么样的教育程度，从事什么样的职业，收入又是多少？在同一个时间段，通常有如此众多的电台频率和电视频道可供选择，究竟是哪些人选择了某个频率或频道的节目，又有哪些因素对这个选择产生影响？诸如此类的疑问需要通过各种不同的受众研究来解答。对于商业广播电视媒介来说，进行受众研究首先是因为需要向广告商提供上述相关的资料，同时也可以了解到受众对特定节目的喜好如何，作为改进已有节目和播出新节目的依据。即便对于公共广播电视机构而言,受众的视听数据也是衡量其公共服务功能和社会影响的一个重要指标(利萨·泰勒、安德鲁·威利斯,2005)。

三、目标受众和广播电视节目时间表

受众对广播电视的影响之一是节目时间表的设计和制定。对于传统的通过无线电波进行线性传输的广播电视媒介来说,节目时间表既是对广播频率和电视频道的节目播出和衔接的限定与规范,更是要通过这种方式让听众和观众对节目熟悉起来,这样受众才能在特定的时间和频率/频道上很方便地找到自己想收听收看的节目。例如,我们都知道,《新闻联播》固定在央视一套晚间7点播出;晚上8点到10点之间,大多数电视频道都播放电视剧,因为节目制作者相信这个时段在家里打开电视机的人数最多;儿童节目会在下午4点、5点播出,绝对不会在半夜播出,因为孩子们通常会比成年人睡得早;早晨的广播节目通常是新闻、气象和交通信息,深夜的节目则讨论情感问题;不一而足。广播电视行业的专家们认为,传统广播电视,尤其是电视,是典型的家居型或家庭型媒介,所以节目编排的核心理念是要面向家庭中的受众,因为人们对家庭生活有一系列的观念,这些都影响节目时间的安排(利萨·泰勒、安德鲁·威利斯,2005)。

在传媒行业内,特定的媒介内容接收者常常用目标受众(target audience)这个概念来描述,这是一个与广告和市场营销活动密切相关的概念,指的是某类媒介内容产品所专门针对的特定人群。广播电视的节目时间表就是要根据不同节目的目标受众日常生活的作息节奏和闲暇习惯与喜好来编排节目,以期最大限度地吸引目标受众。通常行业对于受众展开的研究有质化研究和量化研究两种方法,前者用于了解受众为何选择一个节目、受众对节目的看法和反馈,后者则用来描述和了解什么样的节目吸引什么样的受众。节目决策者往往会运用质化研究来选择和改进节目,及时掌握受众偏好、受众对节目内容的反馈;量化研究则主要用于描述受众规模和人口统计指标。受众研究的质化研究方法之一是焦点小组(focus group),一般由调查公司召集10—12个被测试者,根据预先设定的主题,对广播电视节目相关议题进行有控制的讨论。研究结论通常帮助节目制作方深入了解特定受众对节目内容、形态、风格等视觉和听觉材料的看法,也可作为大规模定量研究的问卷设计基础。质化研究方法之二是在商业流行音乐电台领域广泛使用的音乐测试。一种是电话测试(call out research),调查机构向被测试者播放20—30首歌曲片段(hooks),每个片段5—15秒,以了解听众的喜好,通常采取10分制,1代表"不喜欢",10

代表"非常喜欢";另一种是集中测试(auditorium research),调查机构邀请75—150名被测试者在特定场所集中播放200—400首歌曲片段,以确定哪些歌曲受欢迎(Eastman & Ferguson,2013)。受众研究的量化方法,一是收听率和收视率调查,即通过统计方法从样本的数据资料来推断某时段/节目收听收看人口占所有覆盖人口的百分比;二是电视节目欣赏指数(appreciation index,简称 AI),是对电视节目的品质评估,测量重点在观众的欣赏程度(在不同国家又叫满意指数、兴趣指数等)。

基于互联网技术的快速发展,广播电视与互联网的融合传播正在快速推进。在业内人士看来,媒介融合进程推动观众向用户不断转化。如果说看直播电视被界定为观众行为,那么对视频内容的回放、点播、倍速、多窗口等操作则应该被界定为用户行为——观众行为和用户行为相叠加就是媒介融合(郑维东,2020)。因此,在新技术环境下,越来越多的调查公司将流媒体、社交媒体、移动设备的用户考虑进视听率调查当中。CSM 全国网收视调查数据显示,2020 年前三季度电视观众人均每天收看时长为 117 分钟,其中,80% 的时间是在收看直播电视,其余时间用于电视大屏的回放和点播等。中国互联网络信息中心(CNNIC)的统计数据表明,截至 2020 年 6 月,全国网民(规模已相当于全国电视观众数量的约 75%)的人均每天上网时长为 240 分钟,其中,使用网络视频、短视频及网络直播等视频行为的时间占比为 8.9%,即人均约 70 分钟。基于以上数据可知,当前对于广泛意义的视频内容而言,观众人均(电视)消费时间每天约 94 分钟,用户人均(视频)消费时间每天约 93 分钟,两者数字基本相同。作为整体的受众,观众行为和用户行为对视频内容消费的组合性、复合性、此消彼长的特征,恰是对电视媒介融合发展进程的动态反映(郑维东,2020)。

第二节 广播电视受众研究:视听率测量

一、什么是视听率

科学的受众研究会让我们对于广播电视受众有比较深入的了解,甚至可能改变一些既有的误解,发现原来有相当多的关于广播电视节目和受众的经验并不很准确、可靠。例如,美国人普遍认为,广播电台每天的收听高峰大致是在早晨 6 点到中午 11 点之间,而听众调查表明,每天广播电台的收听高峰出现在下午4点到6点的驾车时段;一般认为上午10点到下午3点间的广播听众主体会是家庭妇女,但是调查显示,这个时段男性听众与女性听众一样多;调查数据还告诉我们,青少年每天的广播收听总时间比其他任何年龄的听众都要少,而并不是我们一直以为的青少年是最热衷于广播节目的核心听众,但在晚上7点以后,青少年又成了广播节目的最大听众群体(詹姆斯·G·韦伯斯特、帕特西亚·F·法伦、劳伦斯·W·里奇,2004:43)。以受众喜爱的美食类广播节目为例,《吃在重庆》是重庆人民广播电台都市频率FM93.8的王牌节目之一,节目以"为人民的胃服务"为口号,摒弃了传统的以主持人为主导介绍特色餐饮的节目形式,而是以接听听众电话咨询为主线,通过听众提问串联起整个节目。节目中,四位主持人都使用重庆方言主持节目,拉近与当地听众之间的距离。CSM收听率调查显示,2020年节目播出时段17:00—18:00在本地一天的收听时段中形成了显著的收听高峰。《就是爱吃货》是深圳生活频率FM94.2推出的广播美食户外直播真人秀,节目通过制定每周的觅食线路,每天中午主持人会在餐厅进行现场直播,并在餐厅组织策划各种互动以增加趣味性。严格甄选直播的餐厅,尽量全面、客观地展示餐厅的各个方面。节目播出时间为工作日(周一至周五)中午12:00—13:00。CSM的收听率调查显示,对比节目播出时段和周末同时段在不同收听场所的市场份额可以看出,节目播出时,车载收听的市场份额明显高于周末同时段(彭辰豪,2020)。

视听率(rating),指某一时段内收看(收听)某一节目的人数占该抽样地区电视观众(广播听众)总人数(该抽样地区拥有接收设备人口)的百分比。这是一项用来统计广播电视节目拥有观众、听众人数多少的指标。常用的相关指标还有潜在受众/覆盖率,指抽样地区拥有接收设备的人口占总人口数的百分比;开机率,指某一时段抽样地区收听收看广播电视人口数占覆盖人口总数的百分比;受众份额(sharing),指某特定时段收听收看某节目人口占该抽样地区整个开机人口的百分比;等等。

视听率调查的兴起与商业广播电视的发展密切相关。1922年,美国AT&T(美国电话电报公司)下属的纽约WEAF电台最先开始播放广告,称之为"付费广播"(toll broadcasting),很快其他电台迅速跟进(Dominick, Sherman & Copeland,1996:27)。尽管在电台投放广告显然是有效果的,但究竟效果如何,广播电台(包括后来的电视台)及广告主希望得到更精确的信息,例如了解哪些人在收听广播(收看电视)及收听(收看)的具体节目等。受众调查的业务由此产生。视听率对于广播电视机构和广告商来说都有重要的实用价值。与报纸杂志的发行量、电影的上座率和票房、经过户外广告牌的行人数量等一样,广播的收听率和电视的收视率对于业界来说极其重要,这些数据是衡量一个广播电视机构在商业上成功或失败,或者在公共服务上社会影响力如何的关键因素(利萨·泰勒、安德鲁·威利斯,2005)。

视听率作为科学、精确地对广播电视受众进行研究的最主要的方式之一,也依赖于统计学的成熟与发展。视听率调查只有运用概率抽样的方法,才能以最少的样本测量来推断一个地区,甚至一个国家全体受众的视听行为。

以电视收视率为例,要获得高质量的电视观众测量,首先要进行基础研究,其次才是确定固定样组。基础研究指的是通过对收视率测量区域内的各项人口统计学特征,如当地居民的性别比例、年龄分布、职业和收入情况等,以及可能对电视收视行为产生影响的因素,如收视设备(电视机等)的拥有情况、是否为有线用户、电视频道覆盖率情况、当地人的常用语言及生活习惯等,进行抽样调查,以便确定这个地区的人口规模和特征。固定样组指的是用于进行连续收视调查的样本户的集合。固定样组的建立和轮换以基础研究结果为依据。以 CSM 媒介研究为例,作为央视市场研究(CTR)与 Kantar Media 集团等共同建立的中外合作企业,中国广视索福瑞媒介研究(简称 CSM 媒介研究)自 1997 年 12 月 4 日成立以来,基于国际科学的技术理念和对国内市场的深入了解,开展电视收视率调查、广播收听率调查、体育与媒介研究和新媒体研究等多项研究业务,为中国内地和香港地区传媒行业提供可靠的、不间断的视听率调查及深度研究服务。目前,其视听率调查网络覆盖中国内地 12.8 亿电视人口、6 200 万广播人口和 655 万香港地区电视人口,拥有近 5.1 万户样本家庭、131 个收视率调查网络,并且完成收视率数据的跨平台升级,在"微博应用研究"、"实时收视率研究"、"时移收视率"等产品上提供服务,同时在 OTT/智能电视/IPTV 等领域拓展互动平台收视研究,开展 TV+IPTV 同源收视测量①。

视听率调查为广播电视及相关机构和人员,提供了有关广播电视节目和受众的比较科学的测量结果。例如,根据 CSM 媒介研究的调查数据,2020 年,在以 109 个城市推及的全国电视收视市场,人均每天收看电视 132 分钟,较 2019 年同期增加 8 分钟,增长幅度为 6.4%,是自 2013 年以来首次实现正增长。但从近五年的数据来看(见表 13-1),人均电视收视时间与 2016 年的 152 分钟仍有较大的差距,与 2018 年的 129 分钟基本相当。2020 年的收视总量增长主要受第一季度居家抗疫的影响,在疫情初期居家隔离成为常态,电视收看总量明显提升。随着逐步复工复产,收视总量也随之下降,进入 5 月以后生活恢复常态,电视收看时长与 2019 年基本保持一致(封翔,2021)。再如,2020 年

---

① 参见 CSM 媒介研究官网,http://www.csm.com.cn/,最后浏览日期:2021 年 4 月 3 日。

新冠肺炎疫情期间,15—44岁中青年观众回流明显,时长较过去半年增长近一倍;大学及以上教育背景的观众收视时长增长比例也超过90%;10—49岁受众中选择更多使用电视媒体的占比超过七成,同时,超过75%的大学以上高学历用户表示疫情期间对电视的接触增长。不同性别被访用户信息关注度各有侧重,男性更关注疫情动态,女性更关心病毒防范(包凌君、彭平、杨金姝、张琼子、周晓芳,2020)

表13-1 2016—2020年中国观众人均每日收视时长

	2016年	2017年	2018年	2019年	2020年
人均收视时长(分钟)	152	139	129	124	132
较上年同期增幅(%)	-2.6	-8.6	-7.2	-3.9	-6.4

资料来源:封翔,《时代心声、大屏畅享——2020年电视收视市场回顾》,《收视中国》2021年第2期。

再如,根据尼尔森公司的调查,经历了新冠肺炎疫情之后,美国电视观众比以往更热衷收看怀旧电视喜剧。2020年,一部首播于1989年至1998年间、全黑人演员班底的电视喜剧《家庭事务》(Family Matters)在全美的收视率大幅上升,人们观看该电视喜剧的总时长约为114亿分钟,比2019年(观看者仅观看了23亿分钟)的时长增长了近400%;其他怀旧电视喜剧收视率也有不同程度的增长,例如《老友记》(Friends)2020年的收视总时长近970亿分钟,比2019年的748亿分钟增加了30%[①]。在中国,女性题材电视剧2020年的收视表现可圈可点,1—9月晚间黄金档所有上星频道所播全部电视剧的平均收视率为0.37%,热播女性题材电视剧的收视率皆高于该平均值(见表13-2)。上海东方卫视的《安家》首播收视率为2.51%,在1—9月所有电视剧收视排行中位居第一,是2020年收视表现最好的一部剧;北京卫视的《安家》也获得2.23%的收视率。在所有上星频道电视剧中,收视率在2%以上的电视剧有19部,其中4部是女性题材,除了两家卫视联播的《安家》,另外两部来自湖南卫视,分别是《亲爱的自己》和《二十不惑》。当然,并不是所有的女性题材电视剧都收视走高,也有多部未能达到该频道电视剧的平均收视率(娜布琪,2020)。

[①] 参见"LOL: Amid Uncertain Times, Consumers Take Comfort in Nostalgic Comedy Shows," Nielsen, March 19, 2021, accessed April 3, 2021, https://www.nielsen.com/us/en/insights/article/2021/lol-amid-uncertain-times-consumers-take-comfort-in-nostalgic-comedy-shows/。

表 13-2 2020 年 1—9 月女性题材电视剧首播收视表现

剧　名	频　道	开播日期	首播收视率（%）	首播收视份额（%）	频道电视剧年平均收视率(%)	收视溢出率（%）
《安家》	北京卫视	2020 年 2 月 21 日	2.23	6.34	1.45	78
《安家》	上海东方卫视	2020 年 2 月 21 日	2.51	7.11	1.78	73
《亲爱的自己》	湖南卫视	2020 年 9 月 7 日	2.34	9.26	2.17	17
《二十不惑》	湖南卫视	2020 年 7 月 14 日	2.16	8.15	2.17	-1
《旗袍美探》	北京卫视	2020 年 8 月 28 日	1.55	5.77	1.45	10
《三十而已》	上海东方卫视	2020 年 7 月 17 日	1.53	5.58	1.78	-25
《爱之初》	江苏卫视	2020 年 7 月 20 日	1.36	4.95	1.62	-26
《爱之初》	浙江卫视	2020 年 7 月 20 日	1.33	4.84	1.72	-39
《小娘惹》	央视八套	2020 年 6 月 28 日	1.24	4.85	0.95	29
《幸福敲了两次门》	央视八套	2020 年 2 月 28 日	0.74	2.31	0.95	-21
《月是故乡明》	央视八套	2020 年 9 月 19 日	0.74	2.92	0.95	-21
《谁说我结不了婚》	央视八套	2020 年 5 月 26 日	0.6	2.25	0.95	-35
《怪你过分美丽》	深圳卫视	2020 年 8 月 5 日	0.43	1.53	0.45	-2

资料来源：娜布琪，《"她力量"在现实题材电视剧中的崛起》,《收视中国》2020 年第 10 期。

视听率只是对广播电视受众对节目的接受行为在数量上的直接测量，只能间接地评估广播电视节目的品质。视听率会受到节目播出时段的开机人数、同时段其他频率和频道播出节目、节目类型的影响。例如，各省级卫视的春节晚会和跨年晚会也都有很高的品质(见表13-3),尽管收视率和市场份额不及中央电视台。深夜看电视的人数比晚饭前后看电视的人数要少得多;如果一个频道在播一部热门电视剧,就可能影响到其他频道的收看人数;听广播财经资讯的人数,会比听广播流行音乐的人数要少一些;等等。因此,单纯依赖视听率来评价一个节目,视听率至上,或者将视听率视为导致节目品质降低之源,都是很片面的。

表13-3 2020年省级上星频道的春节晚会和跨年晚会收视表现

	节目名称	播出频道	播出日期	收视率（%）	市场份额（%）
春节晚会	《2020春节联欢晚会》	北京卫视	2020年1月25日	2.1	7.5
	《春满东方2020东方卫视春节晚会》	上海东方卫视	2020年1月25日	2.0	7.0
	《四海同春2020全球华侨华人春节大联欢》	湖南卫视	2020年1月25日	1.8	5.7
	《2020湖南卫视春节联欢晚会》	湖南卫视	2020年1月18日	1.2	5.1
	《2020开门红春节联欢晚会》	浙江卫视	2020年1月25日	1.2	3.8
跨年晚会	《快乐中国20—21跨年演唱会》	湖南卫视	2020年12月31日	2.5	1.3
	《梦圆东方2021跨年盛典》	上海东方卫视	2020年12月31日	1.9	8.1
	《点亮2021美好有你2020—2021跨年晚会》	浙江卫视	2020年12月31日	1.6	6.9
	《2021跨年演唱会》	江苏卫视	2020年12月31日	1.5	5.9
	《2021迎冬奥相约北京BRTV环球跨年冰雪盛典》	北京卫视	2020年12月31日	0.5	2.0

资料来源:吴凡,《2020年中国电视收视市场大事件扫描》,《收视中国》2021年第2期。

况且,视听率调查也不是一成不变的。在新技术背景下,业内人士认为,从时间与内容的组合序列分析,观众看直播电视是线性行为,用户使用视频则是非线性行为。传统收视率调查建立在线性行为数据基础上,创新的跨屏收视行为监测重点在于如何解析和统计用户使用视频的非线性行为数据。这是后者必须面对的一个挑战(郑维东,2020)。尼尔森 2021 年 3 月发布的最新受众群体研究报告显示,2020 年第三季度美国 18 岁以上受众在不同媒介平台的每周使用时间最多的是收音机、智能手机、实时直播和时移电视,每周有 88% 的成年人收听广播,平均收听时长超过 12 小时;智能手机应用程序 App/网络使用相差不多,每周 85% 的成年人使用智能手机 App 和上网,平均时长 20 小时;观看实时和时移电视的观众人数占 80%,每周平均观看时间超过 30 小时,这也是所有媒介里花费时间最多的;其余媒介使用分别是电视连接设备、电脑上网、平板电脑上的 App/网络,每周使用的受众比例分别是 56%、52%、45%,每周平均使用时长分别是 12 小时 35 分、7 小时 44 分、10 小时 44 分[①]。由此可见,受众的跨平台媒介融合行为已是常态。目前,CSM 受众研究包括广播收听率、电视实时收视率和时移收视率、大屏跨平台互动收视、社交媒体研究、融合传播研究、视频音频全媒体测量等等[②],为进一步了解新技术时代的受众行为提供更加全面的参考。例如,CSM 一项关于长三角城市媒体新闻融合传播的研究显示,根据 2020 年 1—7 月的长三角新闻融合指数,苏州台、无锡台、杭州台、南京台已展现出优势。其中,苏州台新闻融合发展相对均衡,无论是在电视大屏上的新闻节目收视,还是在移动新媒体端的新闻账号发布与传播数据都表现突出,位列长三角新闻融合指数第一位。无锡台、杭州台、南京台在移动新媒体端的优异表现在一定程度上补足了其在电视大屏的新闻节目传播效果。其中,长三角城市台新闻短视频传播量前 200 位的短视频占据整体传播量的 34%,14% 为有关新冠肺炎疫情的内容;多数优质短视频传播量百万+,有些达到千万+;长三角 11 个城市台 70 个微信公众号,在 2020 年 1—7 月共发布近 6 万篇文章,日均发布量 273 篇,累计获得超过 2.7 亿阅读量,日均阅读量超过 120 万次。由此可见,新闻融合传播已经成为城市广播电视媒介的重要阵地(吕一丹,2020)。

---

① 参见"The Neilsen Total Audience Report: Advertising Across Today's Media," Nielsen, March 25, 2021, accessed April 3, 2021, https://www.nielsen.com/us/en/insights/report/2021/total-audience-advertising-across-todays-media/。

② 参见 CSM 媒介研究官网,http://www.csm.com.cn/,最后浏览日期:2021 年 4 月 3 日。

二、视听率基本测量方法

在视听率测量的发展过程中,大体上采用过以下几种测量方法。

1. 系统性回忆

系统性回忆又叫"第二天回忆"(day-after recall,简称 DAR),主要用于广播收听率的测量,通常与电话调查相结合,始于 20 世纪 30 年代。这种方法通常选定某一天作为听众测量的样本日期,在第二天要求随机抽取的听众回忆头一天他们所听的广播节目内容和他们听广播的情景。

1927 年,美国一家食品生产商聘请克罗斯雷商务研究公司以电话访问的方式进行听众调查,了解广告的收听效果,这可被视为最早的广播收听率调查。很快,全美广告商联合会及全美广告主协会看到克罗斯雷研究的价值,继续购买该公司的调查服务,研究报告就是后来的"克罗斯雷受众研究报告"(Crossley Ratings),于 1930 年 3 月正式面世。但在当时,克罗斯雷的调查方法很有争议:在电话普及率仅 50% 左右的 20 世纪 30 年代,采用电话访问存在着先天的抽样缺陷;调查采用的系统性回忆法难免因为记忆偏差导致结果不够精确(Dominick,Sherman & Copeland,1996:412-413)。同时,这种调查方式比较简单、粗糙,调查报告很难定期发布,周期也比较长,最多一季度一次,有时一年发布一次或两次。

2. 同步访问

同步访问即经过训练的访员在受众正在收听(收看)节目时向他们提出相关的问题。

为避免系统性回忆的记忆偏差问题,在克罗斯雷之后,如盖洛普、胡泼尔、克拉克等,开始尝试用电话进行"同步调查法"(telephone coincidental method)。该方法要求受访者回答接到电话时正在收听的节目。其中,胡泼尔的公司自 1938 年起,定期向媒体发布广播节目收听率的调查结果,即"胡泼尔调查报告"(Hooperatings)(Dominick,Sherman & Copeland,1996:414)。在北美,这种技巧后来发展到司机在等红灯的时候,会有访员过来问他正在收听的广播节目是什么。

3. 日记卡

按照随机原则选取的被访者在调查公司专门设计的一个本子或卡片上记录下自己听广播或看电视的时间、频率或频道、节目内容等。

以日记卡进行调查最早开始于 1937 年,密歇根大学的加里森设计出一种表格,表格上每 15 分钟一栏,要求受访者填写当天收听的电台、节目等情况。

加里森认为,这种方法会费用低廉地获得广播听众的详细资料(葛岩,2002)。尽管日记卡有着回收率低、无效答案率高等弊端,但与其他方法相比,日记调查价格低廉且数据丰富。直到后来收视收听监测仪器等普遍使用前,日记卡仍然是通行的调查方法之一,并没有随之而被彻底淘汰。

在使用日记卡进行视听率调查的机构中,一家名为"美国研究局"(American Research Bureau,简称 ARB)的公司——这个由吉姆·塞勒(Jim Seiler)创办的商业调查机构,后来改名为阿比创(Arbitron)公司——成功地进行了大规模的地方性广播市场调查。尽管该公司同样使用实时采样设备来收集视听数据,但其主要研究方法还是以日记卡进行的地方性研究。事实上,阿比创公司的名字即来自该公司发明的实时视听监测设备,如同尼尔森公司(Nielsen Company)的记录器(Audimeter);1973 年后,"美国研究局"索性将这种设备的名称作为公司名。2012 年 12 月 18 日,尼尔森公司宣布以 12.6 亿美元收购其唯一竞争对手阿比创公司。此次收购于 2013 年 9 月 30 日结束,该公司更名为 Nielsen Audio[①]。

日记卡调查方法在 20 世纪六七十年代被大多数国家应用到受众的视听率调查之中,调查报告发布周期大大缩短,通常每星期,甚至每天定期发布调查报告。之后,尽管一些发达国家已经开始采用测量仪进行观众调查,但仍须配合日记卡方法以测量个人收视行为。

4. 人员测量仪

这是继日记卡之后的一种比较先进的电视收视率调查方法,即使用电子仪器监测样本户家中电视机的活动,结合样本的收视状态自动记录样本的收视情况。

与日记卡调查方法相比,人员测量仪避免了由于样本记忆因素造成的收视率偏差,可以忠实记录观众收看电视节目的情况,同时通过电话线传输数据的方式也大大提高了收视率研究的时效性。

测量仪的应用最早可以追溯到 20 世纪 30 年代中期。麻省理工学院教授爱尔德和伍德路夫发明了一种记录器,1936 年被尼尔森收购改进。这种记录器能够以机械方式将广播和电视的开关机及调谐(转换频率及频道)动作记录在纸带及后来的 16 毫米胶片上。记录器的发明改变了受众调查的信息搜集方式。尼尔森公司陆续将 800 个记录器安装在收音机用户家庭,系统的数据

---

① 参见 "Nielsen to Branch Out With Arbitron," The Wall Street Journal, December 18, 2012, accessed April 3, 2021, https://www.wsj.com/articles/SB10001424127887324407504578187043979264404? mod=googlenews_wsj.

收集被汇编成《尼尔森广播索引》,于 1942 年面世。从 20 世纪 50 年代初期开始,尼尔森公司开始采集电视收视数据,并推出《尼尔森电视索引》(Dominick, Sherman & Copeland,1996:414-417;葛岩,2002)。

这种实时测量技术有效地提高了视听率调查的精度与时效,可以避免回忆或日记卡中的人为失误,尤其是尼尔森公司于 1987 年开始用人员测量仪(people meter)来调查美国全国电视市场,原先记录器存在的以家庭为单位、无法了解具体的收视个人的各种有关参数的问题基本得以解决,因此,越来越多的调查机构开始使用测量仪进行收视率调查。1985 年,全球只有美国、英国等四个国家采用人员测量仪进行收视率调查;到 2001 年,已有 61 个国家使用这项技术作为主要收视测量手段(王锡苓,2004)。

人员测量仪被安装在样本户家庭中,与电视设备联通,可以设定家庭成员的性别、年龄、族裔等多种参数,为每位成员设定一个操纵码;收看电视节目时,收看者需在类似电视遥控器的装置上按动操纵码,人员测量仪将记录收看者的参数及电视机的开关与频道转换行为,并于当天将记录通过电话线自动传送回研究公司的数据库进行分析。人员测量仪还为家庭的临时访客预留了操作码。

这一技术同时也存在一定的问题:首先,测量仪的生产、安装费用较高,相应的样本数量及样本更换周期就会受到限制;其次,设备操控较为烦琐,容易使老人、儿童等受访人的收视行为被低估。随着技术发展又产生新的难题,例如,由于各地有线电视的频道设置不同,统一设定的频道监视比较困难;又如,如何对待一边收看电视,一边以录像机、刻录式 DVD 等录下另一频道的节目的行为;甚至像一户多(电视)机、电脑、手机等设备上收看电视,如何处理画中画、多屏幕分割的收看方式,在家庭以外收看电视等行为或情况,都会挑战人员测量仪的使用。实际上,人员测量仪一直在不断改进以适应新的技术发展。例如,2001 年,阿比创公司开始在美国费城地区实验该公司所研发的"便携式个人记录器"(portable people meter,简称 PPM),每个被访者携带一个小型接收终端,可以接收到调查公司在广播电台/电视台配合下加载在广播电视频率中的一个特别的电子信号,可同时用于广播、电视等多种媒体接触行为的监测。当被调查者在任何地方收听收看广播电视节目时,PPM 会自动录入广播电视机构、时段和节目名称等数据,计量误差较小,是所有方式中最为准确的。但 PPM 技术的使用又要求广播电视节目中加入超声波信息内容,以供 PPM 识别及记录。其不足在于非主流频道等没有得到配合加载电子信号的频率将不能被识别,测量的只能是主流频率的收听收看行为。因此,新问题的产生与解决会一直伴随着视听率调查的研究活动。

如今，基于互联网数字痕迹的测量成为受众研究的重要组成部分，与传统的测量手段一起发挥作用。在尼尔森的广播和音频受众测量中，PPM 依然是主要的测量手段，这些音频测量仪在美国 48 个最大的市场中使用。PPM 小组成员全天携带仪表，记录他们收听的音频。尼尔森使用这些数据来生成每个市场的本地收视率报告，每月发送一次，数据基于平均四个星期的调查结果。同时，尼尔森还在超过 225 个大小市场中使用纸质日记卡。日记小组成员以一周为单位记录他们的收听行为。这项久经考验的测量技术仍然是数百个美国广播市场的黄金标准。尼尔森使用日记卡生成本地收听率报告，根据市场情况每季度或每半年发布一次，数据基于 12 个星期的调查结果平均值。此外，Nielsen Digital Audio 测量听众使用手机 App 或网络播放器等流媒体的无缝收听习惯。尼尔森还测量播客（Podcast）收听者的详细人口统计指标和概况，并且通过整合流媒体测量技术跟踪实际播客的消费量，而不仅仅是下载量①。

对于中国领先的视听率数据提供商来说，CSM 媒介研究致力于为媒介融合传播提供统一的数据标尺。随着测量技术的升级，CSM 已经能够提供视听全媒体同源测量数据，实现"电视+广播+音视频 App"的同源连续测量。在统一的维度下，用户、媒介内容、传播平台、消费时长之间的交互关系都能得到充分展现。CSM 媒介研究基于市场实际需求，将融合媒体数据云平台"V+Scope"迭代升级至 2.0 版本，进一步统合主流媒体深度融合发展进程中所需要的各类数据，实现了测量内容和测量平台的双向拓展。音视频在固定设备端与移动端的直播和时移数据，高中低线城市、IPTV、OTT 等分层次和分平台数据，短视频、微信、微博、自有 App 等新媒体端的广电账号数据都被有机地统合到这一数据平台上（丁迈、王钦、王昀、吴凡、周欣欣，2021）。

第三节　广播电视受众研究：电视节目欣赏指数

一、电视节目欣赏指数：视听率之外的指标

欣赏指数（appreciation index，简称 AI）是测量观众对电视节目喜好与评价

---

① 参见尼尔森官网，https：//www.nielsen.com/us/en/solutions/capabilities/audio/，最后浏览日期：2021 年 4 月 3 日。

的一项指标。尽管视听率基本上能描述出受众的分布和偏好,但是很难依据这个数量指标判断出受众对节目的质量评价。换言之,视听率测量的是观众、听众是否接触一个节目,以及接触程度如何,即听众是不是听某个节目、听了多久,或者观众是不是收看一个节目、收看了多久,这只是对受众的实际媒介接触行为的测量,却无法考量受众的心理活动,即这个行为背后的态度。是否接触一个节目和是否喜爱一个节目,是完全不同的两回事。在实际生活中,我们经常会遇到一些节目叫好不叫座的情况,也会有一些节目视听率虽然很高,但是观众边看边骂,叫座却不叫好。电视节目欣赏指数就是为了弥补视听率的局限而发展出来的另外一套衡量指标,实际上也就是要试图测量出受众对广播电视节目质量的满意程度。

这一类指标在不同国家和地区、不同历史时期,有着不同的提法,比如英国 BBC 的"反应指数"(reaction index)和"欣赏指数"(appreciation index),美国的"电视系数"(television quotient data,简称 TVQ)、"热情系数"(enthusiastic quotient)、"艺人指数"(表演者/主持人系数)(performer quotient),加拿大公视 CBC 测量的是"享受指数"(enjoyment index),在法国叫"兴趣指数"(interest index),日本 NHK 则叫"世论调查",澳大利亚公视 ABC 则称为"Q 积分"(Q score)等。在美国,许多广播电视节目编播人员会使用 Marketing Evaluation, Inc. 的电视系数 TVQ 来补充尼尔森的收视率数据。尼尔森提供的是有关观看节目人数的信息,TVQ 则衡量电视节目和表演者(那些出现在电视荧屏上,来自电视、电影、体育和其他领域的名流)的受欢迎程度或吸引力(可喜程度),以及观众对他们的熟悉程度。TVQ 始于 1963 年,以家庭为单位进行采集,到 1980 年已经囊括 5 万多个家庭,提供八种不同的服务:电视节目指数 TVQ、表演者指数、产品指数、儿童产品指数、卡通指数、有线电视指数、体育运动指数和"死人指数"(意指那些已经过气的表演者是否仍然受到观众喜爱)。其中,TVQ 和表演者指数是最著名的测量,业内人士使用这些指数来确定具有明星潜力的演员,并评估他们在观众中的可识别性和讨喜程度。一些研究公司使用各种 Q 指数来预测联播网播出中的电视剧集是否能获得成功。与收视率不同,这些指数考察的是观众对某个节目的主观感觉或感受,而不是观看节目的人数多寡。像尼尔森调查一样,Q 值也是以量化的数字显示,但被认为是用于评估观众对电视节目或表演者的喜好程度的质化(qualitative)指标。换言之,尼尔森的数据是电视观看的客观指标,而 Q 值是观众对表演者和节目吸引力、熟悉程度的主观衡量指标(Eastman & Ferguson,2013)。

为表述方便,在这里,我们将这类测量指标统称为电视节目欣赏指数。欣赏指数具有一定的独立性,与节目的播出时段、时长无明显关系,可以比较不同频道、不同定位的节目,是一个反映电视节目内在质量的相对稳定的测量标准。

二、电视节目欣赏指数的测量方法

英国是最先研究广播节目质量的国家。早在1941年第二次世界大战期间,英国广播公司(BBC)开始进行电台节目听众的调查,了解听众对电台节目的偏爱程度,后来逐渐发展成为衡量广播电视节目质量的一项标准。第二次世界大战后,BBC用反应指数来测量电视节目质量,用欣赏指数来测量电台节目质量。20世纪60年代末,英国独立广播协会(IBA)开始测量电视观众对节目的喜好和欣赏程度,形成了涉及58个项目的0—5分的六度量表(six-point rating scale),用以评价九类不同的节目。之后,主要针对广播电视受众进行研究的英国受众研究局(British Audience Research Bureau,简称BARB)正式委托BBC的研究部门定期进行电视节目欣赏指数的测量。BBC原先一直通过组织志愿者小组的方法来收集受众对节目的反馈,到20世纪80年代后期改用更具代表性的随机抽样方法来抽选调查样本。现在使用的六度量表已改为用百分制来测量,六个等级分别是:"极度有趣/极度享受"(100分)、"非常有趣/非常享受"(80分)、"颇为有趣/颇为享受"(60分)、"普通"(40分)、"不大有趣/不大享受"(20分)、"完全不有趣/完全不享受"(0分)。将每位受访者对各个节目的评分得出平均分,即可得到每个节目介于0—100的平均欣赏指数(Goodhardt, Ehrenberg & Collins, 1987)。

英国欣赏指数的评价内容涉及兴趣和享受两部分,相应的欣赏指数也可细分为兴趣指数(interest index,简称II)和享受指数(enjoyment index,简称EI)。通常电视观众在信息类节目中强调的是兴趣(节目的II比EI高),在娱乐类节目中则更着眼于享受(节目的EI比II高)(Goodhardt, Ehrenberg & Collins, 1987)。不过,将电视节目分为信息类与娱乐类的二分法只是比较粗略的概括,有一些节目的种类划分比较含糊,节目的II及EI的特点并不一定符合上述判断(苏钥机、钟庭耀,2001)。

此外,有的学者还提出"要求度"(demandingness)的概念。"要求度"是度量电视节目对观众的要求度指标,即看有多少观众觉得该节目会"令他们思考"。通常信息类节目比娱乐类节目有更高的"要求度",即信息类节目比娱乐类节目更会要求观众去思考。电视节目的性质是否对观众有所要求,还可以影响这一节目的受欣赏程度。对观众"有要求"的节目("要求度"较高的节目),即使收视人数不多,通常也会得到较高的欣赏指数评价,即对观众"有要求"(demanding)的节目要比"无要求"(relaxing)的节目("要求度"较低的节目)容易获得更高的欣赏指数的评分(Barwise & Ehrenberg,1988)。

稍晚于英国,美国电视界于20世纪50年代也开始进行电视欣赏指数性质的调查。1958年,HTI公司利用邮寄问卷进行电视系数调查,使用五点量表测量观众对节目的认知程度及评价(Beville Jr.,1988:131-159)。之后,该公司又相继推出热情系数及艺人系数,用来表示观众对电视节目及其中艺人(表演者/主持人)的感受,这些指数均定期公布,以便电视制作者及广告商了解节目的升跌走势(陈华峰、孟庆茂,2003)。此外,美国阿比创调查公司与美国公共广播公司(CPB)以类似英国欣赏指数的方式邀请600名电视观众填写为期一周的电视日记,就每个看过的节目的娱乐性、信息性、实用性及独特性评分。CPB同时采用"吸引指数"(appeal index)来度量电视节目的受欢迎程度(苏钥机,1999)。

其后,加拿大、新西兰、澳大利亚、荷兰等许多国家先后引进英国的欣赏指数调查模式。在亚洲,日本在1990年开展"节目品质评估"调查,中国香港地区及泰国、新加坡、马来西亚等东南亚国家也于20世纪90年代先后引入电视欣赏指数的调查工作(陈华峰、孟庆茂,2003)。

有关电视节目欣赏指数的研究显示,首先,如果将不同类型的节目拿来比较,许多比较严肃的节目,比如时事和社会公共事务类节目、历史人文类节目等,一般收视率不会太高,但在欣赏指数上往往会得分比较高。换言之,公众对严肃节目(如新闻、公共事务节目、纪录片等)的评价往往会比对那些高收视率的娱乐节目的评价要高。其次,如果把同一类型的节目拿来比较,那么通常收视率较高的节目在欣赏指数上也有较高得分。再次,重复收看一个电视节目的人,即那些隔天或隔周会比较频繁地继续观看同一个节目的电视观众,由于他们对节目的涉入感与忠诚度比较高,所以通常会给予该节目较高的欣赏指数(Barwise & Ehrenberg,1988)。

三、个案:香港电视节目欣赏指数调查

中国香港地区是亚洲最早进行电视节目欣赏指数调查的地区。1989年,香港电台(RTHK)电视部开始引进欣赏指数,对电视节目进行质量调查,旨在准确探讨观众对电视节目的意见与态度,以排除电视观众的惯性收视因素对节目测量的影响,提升香港电视界的整体节目质量,并希望把欣赏指数发展成收视率以外的另一个重要专业指标。从1991年到1997年,RTHK委托专业调查机构SRG公司共进行了9次调查,调查范围集中在各电视台在黄金时段播

出的节目。1998年,香港电台、香港电视广播有限公司(无线/TVB)及亚洲电视有限公司(亚视/ATV)协商达成共识,这项调查转由电视台、学术界及广告界代表组成的"电视节目欣赏指数调查顾问团"主持。该顾问团负责独立厘定电视节目欣赏指数调查的发展方向、问卷内容、调查方法与节目范围等。截至2019年,顾问团成员一直为10位。欣赏指数调查由香港大学社会科学院民意研究计划独立执行,并负责分析解释结果和撰写报告,最后向社会公布调查数据,以保证调查的客观、科学和公正。1999年,香港有线电视有限公司(有线)加入,这一电视节目欣赏指数调查模式沿用至今。自1999年开始,香港大学社会科学院民意研究计划每季度以电话随机抽样进行一次调查,请受访观众用0—100的分数对调查节目直接评分。受调查对象为9岁(含9岁)以上讲粤语的香港居民,即一般的香港电视观众。调查范围是每季度在香港电台电视部、无线翡翠台(粤语频道)、亚视本港台(粤语频道)及香港有线各频道播放的香港本地制作的节目。由于资源有限,所有重播、配音、体育直播、外地制作本地包装及带宣传性质的节目暂时未能涵盖(苏钥机、钟庭耀,2001)。

  从2002年开始,四个电视台可在各个阶段,各自提名一个未能纳入上述范围的节目进入调查名单,条件是本地制作的节目,不限长度及播放次数。从2007年开始,为了区分大众和小众节目,电视节目顾问团决定所有在节目欣赏指数调查中认知率不足5%的电视节目,其欣赏指数的得分会分别列出和分开描述。2009年,顾问团又对调查设计做出微调,即在每个季度的调查中,预留80个节目名额给经常性的本地制作节目,但不包括新闻财经报道节目,各电视台的名额平均分配,即香港电台、无线电视、亚洲电视及有线电视各占20个名额,并通过电视台各自提名的方法确立最后的调查名单。节目长短和次数不限,唯一条件是节目必须为本地制作,以及在有关调查阶段内起码播出过一次。2016年,ViuTV派出代表参与"电视节目欣赏指数调查顾问团",其节目亦正式纳入调查范围,令整项调查更具代表性①。

  以2018年的调查结果为例。2018年,香港电台连续第21年委托香港大学社会科学院民意研究计划全年共分四次进行同类调查。调查节目范围为2018年在港台电视31、无线翡翠台及J2、ViuTV及奇妙电视/香港开电视播放的本地制作节目;同时调查由无线电视、有线电视及NOW宽频电视制作的新闻和财经节目,以探讨香港本地观众对各电视台整体新闻报道的欣赏程度。2018年四个阶段的调查分别于当年4月、7月、10月及2019年1月进行,香港

---

① 参见 RTHK 官网,https://gbcode.rthk.hk/TuniS/rthk9.rthk.hk/special/tvai/2018/2018_overall.htm,最后浏览日期:2021年4月3日。

大学社会科学院民意研究计划通过电话成功访问了 8 039 名 9 岁以上讲粤语的香港居民,响应率63.2%,抽样误差小于 3.2%①。综合"2018 电视节目欣赏指数调查"全年四个阶段的调查结果显示,被评分的 215 个非新闻财经报道节目所获得的总平均欣赏指数为 67.65 分,平均认知率(评分人数/收看电视总人数)为 17.8%。以认知率5%或以上的非新闻财经报道节目计,全年度欣赏指数排名最高的节目是港台《火速救兵Ⅳ》和无线《长命百二岁》(见表13-4)②。可以说,电视节目欣赏指数调查除了弥补收视率调查之不足,扭转单纯以市场为目标的收视率导向之外,也是为了对本地制作节目的评价和品质进行引导,在这一点上,香港经验提供了有关电视节目多元评价标准的有益参考。

表 13-4　2018 年香港电视节目欣赏指数年度排名

名　　次	节目名称	制作播出机构
1	《火速救兵》	港台
2	《长命百二岁》	无线
3	《跳跃生命线》	无线
4	《华人作家Ⅲ》	港台
5	《2018 国际风云大事回顾》	港台
6	《铿锵集》	港台
7	《一路走来半世纪》	无线
8	《2018 香港政情大事回顾》	港台
9	《大学问》	港台
10	《运输背后》	港台

资料来源:RTHK 官网,https://gbcode.rthk.hk/TuniS/rthk9.rthk.hk/special/tvai/2018/2018_overall.htm,最后浏览日期:2021 年 4 月 3 日。

参考文献

阿尔文·托夫勒(2006).第三次浪潮.黄明坚译.北京:中信出版社.

---

① 参见 RTHK 官网,https://gbcode.rthk.hk/TuniS/rthk9.rthk.hk/special/tvai/2018/design.htm,最后浏览日期:2021 年 4 月 3 日。
② 参见 RTHK 官网,https://gbcode.rthk.hk/TuniS/rthk9.rthk.hk/special/tvai/2018/2018_overall.htm,最后浏览日期:2021 年 4 月 3 日。

包凌君,彭平,杨金姝,张琼子,周晓芳(2019).战"疫"路遥、融合助力——电视、新媒体融合传播战疫情.收视中国,2.

陈华峰,孟庆茂(2003).电视节目质量研究述评.心理科学进展,5.

丹尼斯·麦奎尔(2006).受众分析.刘燕南,李颖,杨振荣译.北京:中国人民大学出版社.

丹尼斯·麦奎尔,斯文·温德尔(2008).大众传播模式论(第2版).祝建华译.上海:上海译文出版社.

丁迈,王钦,王昀,吴凡,周欣欣(2021).2021年传媒市场十大趋势.收视中国,1.

封翔(2021).时代心声、大屏畅享——2020年电视收视市场回顾.收视中国,2.

葛岩(2002).美国广播电视市场上通货:受众调查.现代传播(中国传媒大学学报),5.

利萨·泰勒,安德鲁·威利斯(2005).媒介研究:文本、机构与受众.吴靖,黄佩译.北京:北京大学出版社.

陆晔等(2010).媒介素养:理念、认知、参与.北京:经济科学出版社.

罗杰·迪金森,拉马斯瓦米·哈里德拉纳斯,奥尔加·林耐(编)(2006).受众研究读本.单波译.北京:华夏出版社.

吕一丹(2020).疫情驱动下的"长三角"城市媒体新闻融合传播.收视中国,10.

娜布琪(2020)."她力量"在现实题材电视剧中的崛起.收视中国,10.

彭辰豪(2020).健康美食类广播节目观察.收视中国,9.

苏钥机(1999).用欣赏指数量度电视节目品质——香港的经验.广播与电视,14.

苏钥机,钟庭耀(2001).电视节目欣赏指数:香港经验.香港:电视节目欣赏指数调查顾问团.

泰玛·利贝斯,埃利胡·卡茨(2003).意义的输出:《达拉斯》的跨文化解读.刘自雄译.北京:华夏出版社.

王锡苓(2004).视听率调查之七十年历史纵横.中国广播电视学刊,3.

约翰·费斯克等(编撰)(2004).关键概念:传播与文化研究辞典(第二版).李彬译注.北京:新华出版社.

詹姆斯·G·韦伯斯特,帕特西亚·F·法伦,劳伦斯·W·里奇(2004).视听率分析:受众研究的理论与实践(第二版).王兰柱,苑京燕译.北京:华夏出版社.

郑维东(2020).从线性到非线性.收视中国,12.

周建新(2010).中国电视受众角色嬗变及新时期电视受众收视需求分析.现代传播(中国传媒大学学报),6.

Barwise, T. P. & Ehrenberg, A. (1988). *Television and its Audience*. London: Sage.

Beville Jr. H. M. (1988). *Audience Ratings: Radio, Television, and Cable*. Hillsdale, NJ: Lawrence Erlbaum Associates.

Clark, T. N. & Lipset, S. M. (1991). Are Social Classed Dying? *International Sociology*, 6: 379-410.

Dominick, J. R., Sherman, B. L. & Copeland, G. A. (1996). *Broadcasting/Cable and Beyond: An Introduction to Modern Electronic Media (Third Edition)*. NY: McGraw-Hill.

Eastman, S. T. & Ferguson, D. A. (2013). *Media Programming: Strategies and Practices (9th Edition)*. Boston: Wadsworth.

Goodhardt, G. J., Ehrenberg, A. S. C. & Collins, M. A. (1987). *The television Audience: Patterns of Viewing, An update (2nd Edition)*. UK, Aldershot: Gower Publishing Company.

NHK放送文化研究所(2002).广播电视的20世纪.东京：NHK出版社.

Zhang, W. (2016). *The Internet and New Social Formation in China: Fandom Publics in the Making*. NY: Routledge.

大卫·克罗图,威廉·霍伊尼斯(2009).媒介·社会：产业、形象与受众(第三版).邱凌译.北京：北京大学出版社.

亨利·詹金斯(2016).文本盗猎者：电视粉丝与参与式文化.郑熙青译.北京：北京大学出版社.

刘燕南(主编)(2016).跨屏时代的受众测量与大数据应用.北京：中国传媒大学出版社.

上海广播电视台总编室(2015).图说收视收听率.上海：上海交通大学出版社.

索尼娅·利文斯通(2006).理解电视：受众解读的心理学(第2版).龙耘

译.北京:新华出版社.

Eves, D. (2021). *The YouTube Formula: How Anyone Can Unlock the Algorithm to Drive Views, Build an Audience, and Grow Revenue*. NY: Wiley.

第十四章　广播电视的社会功能与技术驱动的未来

本章概述

通过本章学习,了解广播电视的传播特性,比较不同媒介的差异,分析和探讨广播电视的社会功能。对移动互联网时代崛起的新型视听文化如何超越传统广播电视发挥出巨大的社会作用,有一定的思考和前瞻。

第一节　广播电视的社会影响和传播特性

一、广播电视的社会影响

美国媒介学者埃默里父子在《美国新闻史》一书中论及广播电视的发端时,引用了这样一段话:"无线电广播是现代新闻界的一个基本组成部分。它与较老的大众传播机构有着相同的功能,遇到相同的问题。另一方面,无线电广播也显示了重大的差别。它能够使千百万公民与领袖人物,以及当前事态同时保持密切的接触,这使它在公共事务管理方面具有范围广、影响大的特别的重要性。"(迈克尔·埃默里、埃德温·埃默里,2001:307)广播电视是20世纪最伟大的发明之一,媒介和文化学者们常把人类传播的历史划分为三个大的阶段:口头传播、印刷媒介、电子媒介。包括广播电视在内的电子媒介的产生和发展,极大地改变了人类社会的生活形态和文化传承与发展的方式。在当今社会,广播电视,尤其是电视,不仅被认为是世界上最为流行和普及的休闲娱乐活动,而且通过提供大量的信息和娱乐,对社会生活产生了不可估量的影响,甚至"重塑了当今世界的社会运行方式"(大卫·麦克奎恩,2003:3)。可以说,包括广播电视在内的大众媒介全然渗透进当代日常生活,是最为重要的文化力量,"既限制又解放我们,既区分又黏合我们,定义我们的存在,塑造我们思维、感觉、行为的方式"。以美国为例,美国人平均每周看电视35.6小时,其中,2—11岁的儿童每周看电视25.8小时,平均每个家庭有2.5台电视机,31%的家庭有4台,甚至更多。不止电视,移动互联网的影响力与日俱增,在世界范围内,手机使用者每年下载的应用程序App超过1 850万,社交网站Facebook上近9亿活跃用户中超过一半使用智能手机访问该网站。不止社交媒体,人们还在智能手机上看电视、上网、听广播和MP3、阅读,往往同一时间进行多项媒介接触使用行为(斯坦利·J·巴兰,2016:11-13)。"永久在线、永久连接"使得以社交媒体为代表的数字传播环境大大助推社交网络等社会因素对个人的影响力(周葆华,2020)。

在2020年新冠肺炎疫情全球大流行期间,一项针对中国公众如何获取新冠肺炎相关健康科普资讯的调查发现,微信、电视和网站是最主要的途径,新闻资讯App、微博次之(刘思彤等,2020)。另一项于2020年1月30—31日面向全国展开的在线问卷调查也发现,97.62%的公众通过媒体和互联网了解新冠肺炎疫情资讯(罗琳等,2020)。一些研究者观察到,在新冠肺炎疫情下的中国,健康传播渠道已转移到网络社交平台上,公众不是被动的信息接收者,他们主动的信息获取、互动、转发等行为凸显,包括自媒体在内,激增的网络传播主体、海量的疫情信息、长时间的媒体暴露,这些都可能导致"信息疫情"(infodemic)(王帆、郑频频、傅华,2020)。2020年3月开展的一项有关"全国公众科学认知与态度"的全国网民抽样调查发现,在新冠肺炎疫情信息获取的渠道中,微信高居首位,全国网民整体上更依赖搜索引擎这样的综合性信息渠道,中央级权威媒体、商业新闻网站或其App、视频类应用也是人们重要的信息来源,而市场化机构媒体则与问答社区、专业自媒体等的使用频率相似,较为小众(见表14-1)。预测模型进一步显示,从渠道类型与行为倾向的关系来看,中央级权威媒体在疫情防控的全民健康教育方面扮演了重要的角色(楚亚杰、陆晔、沈菲,2020)。

表14-1 新冠肺炎疫情下中国公众的信息获取渠道及频率

	均 值	标准差
微信	3.53	1.103
搜索引擎或App(百度、搜狗、必应、谷歌等)	3.31	1.049

续 表

	均 值	标准差
中央级权威媒体(《人民日报》、中央电视台、新华社等,含网站或 App)	3.23	1.193
商业新闻网站或 App(腾讯、网易、今日头条等)	3.22	1.050
视频网站或移动短视频 App(腾讯视频、优酷视频、B 站、抖音、快手等)	3.21	1.099
微博	3.10	1.142
各地政府的政务发布平台(如上海发布、武汉发布等)	3.04	1.084
网络论坛(天涯论坛、百度贴吧、校园 BBS)	3.01	1.131
地方媒体(当地省市级报纸广播电视等,含网站或 App)	2.99	1.066
问答社区(知乎等)	2.90	1.105
市场化媒体(澎湃、财新、《新京报》、《三联生活周刊》等,含网站或 App)	2.89	1.110
各类专业团体的自媒体(果壳、丁香园等)	2.86	1.111

资料来源:楚亚杰、陆晔、沈菲,《新冠疫情下中国公众的知与行——基于"全国公众科学认知与态度"调查的实证研究》,《新闻记者》2020 年第 5 期。

注:询问所有被访者从上述渠道(含网站和手机客户端)获取信息的频率(1=从不,5=总是)。

从媒介发展的沿革看,与传统的印刷媒介相比,广播的诞生改变了人们接触媒介的方式,人们可以更直接——诉诸感官——的方式来接收信息,"收听"的特质成为广播媒介的重要特点。例如,1925 年日本的电台播出第一个广播剧时,其开场白就是"请大家关上灯收听"(张采,2001:1),至今听来仍让人感到震撼。无独有偶,麦克卢汉也反问道:"广播是中枢神经系统的延伸,它超越了电话和电报,只有人类言语本身才能与之匹配。广播与我们中枢神经系统的原始延伸相和谐,也与先民的大众媒介(口语)相和谐,这难道不值得我们深思吗?"麦克卢汉进而指出:"如果我们坐在黑暗的屋子里谈话,话语突然就获得了新的意义和不一样的质感。它们的质感甚至比柯布西耶[①]所断言的最适合在黑夜里感知的建筑物还要丰富。那些被印刷书页剥夺的说话时伴有的姿态,在黑暗中(的谈话)和广播中都恢复了过来。"(McLuhan,1994:303)在东

---

① 勒·柯布西耶,现代主义建筑师,1887 年出生于瑞士,1917 年定居巴黎,1922 年在巴黎开设建筑事务所。他的现代主义的建筑思想理论集中体现在他的重要论文集《走向新建筑》(Vers Une Architechture,1937)中,基本主旨是否定建筑设计上的复古主义和折中主义。

西方不同的文化背景下,两者都强调"听觉"之于广播的重要性,在这种巧合中反映出广播的特质。事实上,广播发展到今天,听众收听的方式已经越来越缺乏专心致志,而往往是随意的、伴随性的。

20世纪60年代,法国总统戴高乐曾经专门为"声音广播"发表过这样一番谈话:"在语言、绘画、舞台、文字、印刷术、摄影、电影之后,便是广播得以直接与人们的智慧、感觉和意愿相接触,广播通过它生动感人的节目,通过它自身那种绝对的、即时的方式,成为一种非常适应我们这个机械化、混乱而仓促的时代的信息方式。"(让-诺埃尔·让纳内,2005:225)在很多人看来,这段对广播表达敬意的口吻如同悼词一般,似乎正暗合了那个年代大多数人的预感。当时,日渐兴盛的电视正在声名鹊起,广播却在逐渐衰落下去,但在战争和危机中广播曾经展现的巨大力量使人们相信,广播这个重要的媒介会在社会的政治生活和普通百姓的家庭生活中长时间地扮演重要角色,只是电视这个新兴的竞争力量,实在是出现得太快了。

然而,戴高乐将军对广播所表达的敬意,并没有像许多人感受到的那样真的成为广播的悼词。尽管当时不少学者或业内人士都认为,电视(兼具声音与画面传播要素)的出现势必将取代广播(只有声音要素),然而,事实是,尽管在电视媒体的强势竞争下,广播已不复昔日最初的辉煌,但广播也并没有被赶出人们的生活。只不过,对于人们生活其中的这个"混乱而仓促的时代"而言,20世纪60年代以后,广播与人们收听广播的方式都发生了重大变化。

随着互联网和移动信息终端的普及,很多人开始预言广播电视最终将被网络媒体替代。然而,由于媒介的特性、社会受众内部的差异,尽管人们可接触的媒介大大增加,电视仍是迄今为止人们接触最多的大众媒介之一。2020年2月CSM媒介研究发布的新冠肺炎疫情期间用户媒介消费及使用预期调查报告显示,当居家成为人们娱乐休闲、工作生活的主要场景,用户的时间被重新分配之后,线上社交更活跃了,微信的广泛连接和社交传播能力进一步凸显,78.7%的用户比以前更多使用微信;同时,传统媒体依托其公信力与权威性,也迎来了用户使用的增长,分别有72.6%、64%的用户更多地看电视、浏览传统媒体网站和客户端;在线视频也持续升温,超过六成的用户表示比以前更多使用短视频、视频网站及客户端;在居家生活场景中考察用户在不同媒介上花费的时长,超过30%的用户表示疫情影响下使用微信的时间最长,但也有18.6%的用户表示看电视的时间最长(见表14-2);用户第一时间快速获取疫情信息的媒体渠道排名前五的分别是传统媒体网站/客户端(40.8%)、商业新闻网站/客户端(40.4%)、微信(39.7%)、电视(33.1%)、微博(24.2%);用户认为获取疫情信息更为真实可信的渠道,电视的排名显著上升,排名前五的分别是传统媒体网站/客户端(57.7%)、电视(43.2%)、商业新闻网站/客户端(39.0%)、微信(26.6%)、微博(19.5%)①。至于广播,虽然用户范围不及电视广泛,但在垂直领域仍有稳定的市场份额。CSM 的调查显示,一方面,手机端音频 App 日均到达人群比例高于传统广播 FM/AM 直播到达人群,大量 App 用户在直播与点播之间自由切换,平均每天使用 App 收听直播节目或点播节目的人群比例为 61.0%,略高于 FM/AM 直播收听 59.9%的比例;另一方面,手机 App 音频点播用户中同时收听广播直播的比例很高,平均每天通过手机 App 点播音频节目的听众比例达到 53.7%,其中,40.8%的听众每天同时收听 App 点播节目和广播直播节目(包含 FM/AM 和 App),每天只使用手机 App 收听点播节目而不收听广播直播节目的用户比例仅为 12.9%;传统广播的单一忠实用户仍有一定比例,虽然平均每天收听 FM/AM 直播与 App 直播或点播之间的重叠比率较高,但仍有 26.7%的人群每天只通过 FM/AM 收听直播节目,而不通过手机 App 收听直播或点播节目(吴凡,2019)。可以说,即便在媒介融合的新场景下,迄今为止,广播电视仍有其独特的传播优势,而且无论是传统广播听众还是传统电视观众,他们并不是消失不见,而是正在向电脑和手机移动端转换。

表 14-2 新冠肺炎疫情期间用户接触时间最长的媒介

媒 介	接触时间最长的用户比例(%)
微信	32.3
电视	18.6
视频网站	10.4
商业类新闻网站/客户端	9.2
传统媒体网站/客户端	9.1
短视频网站/客户端	9.1
微博	5.8
广播	1.5
直播网站/客户端	1.3
音频客户端	0.7

资料来源:《CSM 发布疫情期间用户媒介消费及使用预期调查报告》(2020 年 2 月 25 日),CSM 官网,http://www.csm.com.cn/Content/2020/02-25/1015314370.html,最后浏览日期:2021 年 4 月 4 日。

① 参见《CSM 发布疫情期间用户媒介消费及使用预期调查报告》(2020 年 2 月 25 日),CSM 官网,http://www.csm.com.cn/Content/2020/02-25/1015314370.html,最后浏览日期:2021 年 4 月 4 日。

二、广播电视的传播特点

传统上,大众传播媒介的基本特点大体上包括以下几点。

首先,大众传播媒介通常由媒介机构来运作,需要数量庞大的具有专业训练背景的从业者。广播电视更被认为是高技术、重装备的行业,不仅从组织层面看要比报纸杂志更为复杂,即便是一家小型的电视公司,也需要有摄像、录音、灯光、布景、音乐、音效等各个不同的工种,其从业者针对不同的技术环节也需要更多的专门知识。例如,一个报纸编辑最看重的是文字功底,而电视编辑不仅要会写稿,也常常需要能够熟练操作后期剪辑设备,要掌握画面、声音的蒙太奇技巧等。

其次,大众传播媒介所面对的受众不仅人数众多,而且具有很高的异质性和匿名性。尽管每一天不断有张三李四通过热线电话或者作为"演播室观众"参与到各种广播电视节目当中,但是,不仅广播电视受众在年龄、性别、教育程度、职业和收入状况、兴趣爱好等各个方面都差异很大,而且从总体上看,与所有的大众媒介一样,传统广播电视也并不知道自己面对的受众具体究竟是谁。

再次,大众传播媒介所传播的信息内容具有公开性、传递迅速的特点,但是在很大程度上不具有耐久性,每天旧的媒介内容会源源不断地被新的媒介内容覆盖和取代,媒介传播的内容往往是速朽的。因此,尤其在新闻报道领域,大众传媒会格外重视新闻的时效性。

此外,与传统的纸质媒介不同,广播电视是通过声音和画面将远方的世界带到受众身边,能够营造出一种身临其境之感和虚拟的面对面人际传播模式。例如,听众、观众与电台、电视台主持人之间的关系,就被媒介学者们视为一种基于人际传播的"准社会关系互动",换言之,受众在接触使用广播电视媒介时,会产生一种错觉,好像与电波里和荧屏上的主持人正在发生真实的、面对面的个人联系(Horton & Whol,1956)。

更重要的是,大众传播媒介的发展和变化与技术进步密不可分,从报纸、广播、电视到互联网,每一种新的媒介出现,都离不开技术的发展。广播电视的产生和发展更是与技术进步息息相关,其特点也首先是由其技术特征决定的。如果说20世纪以来人类最重要的科技创新有二——卫星与计算机,那么,这两项影响深远的科技创新都为广播电视的发展带来了新的巨大变革:卫星电视加速了广播电视的全球化和分众化趋势;以个人计算机的普及为基础的数字化加上互联网的发展,为广播电视参与到新的媒介融合进程提供了丰富的可能性。

路易斯·拉潘姆(2000)在为麦克卢汉的传世之作《理解媒介——论人的延伸》所作的序言中,用15对相互对应的关键词来对比印刷媒介和电子媒介的特点,以此来概括麦克卢汉的思想精髓(见表14-3)。尽管其中一些概念的内涵十分深奥,但仍有力地阐明了包括广播电视在内的电子媒介基于其技术特征的重要特质。例如,与文字阅读相比,对广播电视内容的感知不仅需要视觉,还需听觉,甚至电视的二维形象可以给人们带来身临其境的感受。又如,对于报刊来说,文字和图像的排列是序列性的,在一个个版面平面上次第展开,阅读也是序列性的,需要在线性的时间轴上次第展开;广播电视的声音和画面元素则是共时性的,音乐和人声、声音和图像,在一个时间节点上可以有多个表达符号同时铺陈,同时让人们接收。此外,在广播电视传播当中,如主持人或被访者表达的即兴性、家庭接收模式的群体性等,都与广播电视的技术特征密切相关。

表14-3 印刷媒介和电子媒介特征对照

印 刷 媒 介	电 子 媒 介
视觉的(visual)	触觉的(tactile)
机械性(mechanical)	有机的(organic)
序列性(sequence)	共时性(simultaneity)
精心创作(composition)	即兴创作(improvisation)
眼目习染(eye)	耳朵习染(ear)
主动性的(active)	反应性的(reactive)
扩张(expansion)	收缩(contraction)
完全的(complete)	不完全的(incomplete)
独白(soliloquy)	合唱(chorus)
分类(classification)	模式识别(pattern)
中心(center)	边沿(margin)
连续的(continuous)	非连续的(discontinuous)
横向组合(syntax)	马赛克式的(mosaic)
自我表达(self-expression)	群体治疗(group therapy)
文字型的人(typographic man)	图像型的人(graphic man)

从一般意义的传播方式上看,广播电视的传播特点大致可以归纳为如下

几点。

1. 传播对象的广泛性

广播电视传播不像报刊阅读会受到受众文化程度的限制,也不像报刊受发行渠道和其他自然与社会条件的影响;无线电波无远弗届、渗透性强,不受地域疆界的限制;卫星传输技术的发展更是实现了广播电视传播对象的全球化。只要是信号可以覆盖的范围,都可以收听和收看;只要能够进行基本的人际沟通,就可以理解广播电视传播的内容,甚至不同语言背景的人们,单单通过电视图像,也能够在一定程度上理解传播的内容。

2. 传播速度迅速及时

广播电视传播和接收几乎同时的特性是印刷媒介不具备的,这不仅仅指无线电信号的传输速度很快,通过无线电波传送可以实现媒介内容的同步传播与接收;而且,广播电视不必像印刷媒介那样要经过一系列的运输、发行环节,在现场实况直播的情况下,能充分体现出现场事件发生发展、节目播出和受众收听收看三个环节的共时同步。同时,传播的内容源源不断、延绵不绝,通常都遵循严格的节目时间表,日复一日有规律地面对广大听众和观众播出节目。

3. 丰富的视听语言作为传播符号,具有强烈的直观性和感染力

广播电视不仅通过声音和画面提供大量生动的事件发展过程与现场细节,而且通过声音和画面的各种蒙太奇组合,产生丰富的变化与表现力。广播电视不仅综合了文学、摄影、音乐、舞蹈、戏剧、电影等各种艺术门类的表现手段,而且其传播内容也是丰富多彩、包罗万象的。

4. 接收方式的随意性和伴随性

阅读需要比较集中的注意力,而广播作为伴随性媒介,或者电视的家庭接收方式,都决定了其接收行为是"一心多用"的。随时开机、关机及在各种家庭事务中被打扰,会使得观众和听众习惯于从任何一个节目的中间进入与离开,导致所接收内容呈现碎片化的特点。遥控器的普遍使用更是加剧了这种特性。如果比较看电影和看电视,就会发现,同样都是观看视听影像,但是接收方式大不相同。看电影的时候,周围的环境是黑暗的;看电视则通常在室内正常的日光或灯光下。看电影的时候,周围都是陌生人,少有人走动或聊天,大家都专注地沉浸在银幕上的故事当中;看电视的时候,要么独自一人,更多的时候是跟家人在一起,大家的注意力并没有那么集中在电视荧屏的故事当中,会做做其他事情、聊聊天。看电影往往会是一个难得外出的较为正式的活动,而人们看电视的时间和频率都要比看电影高很多(大卫·麦克奎恩,2003:5-6)。

广播电视把重大的社会政治、经济和文化生活带进家庭,尤其是电视创造了独特的以客厅和家庭成员为主要依托的新的文化消费方式。家庭接收的随意性、连续性和近距离观赏的特点,决定了广播电视媒介广泛的受众基础和其传播内容的大众文化特征。

当然,情况也是逐步变化的。在广播发明之初,常常出现的是一家人或朋友围坐在客厅里,一起专注地收听收音机播出的节目。除了节目之外,收听广播也类似一种社交方式。随着收音机的普及,个体化的广播收听更容易成为伴随式的有声背景,有了更多节目选择的听众,反而不能像最初亲朋好友聚集在一起收听同一个节目时那样专心致志了。从那时候开始,新兴的电视又取代了广播,变成在客厅里家庭成员、亲朋好友聚集在一起专心收看的媒介了。

5. 线性传播,顺序接收,具有强烈的"现在进行时"的视听感受

有媒介学者认为,电视的一个重要特点是它的即时性(immediacy)(大卫·麦克奎恩,2003:7),换言之,广播电视能让听众和观众产生直接的面对面交流的感觉。例如,在广播电视节目当中,主持人往往采用直接对听众和观众说话的交谈方式,甚至广播电视广告也常常直接向听众和观众提问、进行劝诫。同时,传统广播电视线性的节目编排方式也使得受众无法像阅读报纸那样自由选择版面。听众和观众想要收听收看自己感兴趣的广播电视节目,就必须遵守线性节目编排的精确时间安排,这也增强了广播电视"现在进行时"的感受。

6. 转瞬即逝,难以保留

印刷媒介在阅读之后可以保存,可以事后查阅,或者反复阅读。然而,除非使用专门的录音、录像装置,一般情况下,广播电视节目的信号随风飘散,过耳过目不留。因此,广播电视传播的内容是无法像报纸那样可以被读者反复琢磨,甚至留存为以后查阅之用。这就决定了广播电视的传播内容必须是直观易懂的,尤其广播仅使用单个听觉通道,更需要明白晓畅。尽管互动电视、IPTV等一系列新技术均力图解决这个问题,但迄今为止,传统广播电视节目的这种转瞬即逝的特点依然是其主要局限。

在关于广播电视传播特点的讨论中,有两点需要格外关注。

其一,广播电视的技术特性决定了其更深层的制度特征,即无线电频率资源的公共性和稀缺性,因此决定了广播电视的公共服务和政府规制的传统角色。这与传统印刷媒介有很大的不同。广播电视从一开始就受到严格的管理,政府合法介入,以确保节目信号传输所需的无线电频谱这一稀有资源能够被公平分配和防止垄断。由于无线电频谱资源就像阳光、空气和水一样属于公共资源,广播电视媒介与邮政、电报、电话这些向大众普遍开放的服务类

似,因此,普遍性的公共服务理念从一开始就根植于广播电视政策规制的核心(丹尼斯·麦奎尔、斯文·温德尔,1990)。

其二,在有关广播电视的传统理解当中,一个重要的核心是将广播电视作为家庭型的媒介进行考量,那种全家人围坐在一起收听广播和看电视的体验,是广播电视的重要特质之一。例如,有文化学者认为,对于电视而言,"在它的审美、经济和文化模式中,一个中心思想是面对家庭观众。它是家庭媒体和家庭生活的空间,是家庭事务"(安德鲁·古德温、加里·惠内尔,2001:212)。然而,今天这个基于数字技术的媒介融合时代,传统广播电视的边界早已被打破。单纯从空间上看,在家庭环境之外,户外电子媒介,比如LED大屏幕,车载移动电视,遍布候机楼、候车大厅、公交车站的电视屏幕,楼宇电梯口的显示屏等,种种新媒介技术都在"激进地挑战"以往所理解的"电视""作为媒体的全部概念"(大卫·麦克奎恩,2003:208)。即便仍然将广播电视在家庭环境中的作用视为重点,新媒介技术也远远拓展了传统广播电视的内涵,而是"把休闲、工作、教育和购物等以前区分清晰的活动联系起来,并汇集于一点"(大卫·麦克奎恩,2003:224)。

实际上,有关新媒介技术及其带来的媒介融合,人们的预期从来都是无限广阔的。早在20世纪90年代初期,学者伊契尔·索勒·普尔(Ithiel de Sola Pool)就预言新技术可能之于人类行为空间范式的改变,以及对社会内聚力与个人性之间平衡的影响,因为新技术带来了"一种新的范式,在那里人们出于不同的目的,在不同的地点,用全新的途径聚集"(Pool,1990:13-17)。今天的广播电视行业正被纳入这样的一种新的范式当中。从接收终端看,过去人们用收音机听广播,用电视机看电视,今天人们在收音机、电视机之外,还可以十分便捷地用电脑、手机、iPod等各种各样便携式、多用途的终端设备听广播、看电视。从受众的媒介消费习惯看,广播电视,尤其是电视,曾在长达数十年的时间里占据公众大部分的闲暇时间,而今天各种各样新的娱乐休闲方式都在不断侵占和挤压广播电视收听收看时间。甚至成长于电脑和互联网时代的年青一代,根本不屑于分清广播、电视还是其他什么样的媒介内容,搜索引擎、网络游戏、博客、微博、讨论区、播客、视频分享等等,对于他们来说,无非是不同的平台以满足他们不同的需求。一部电视连续剧,是通过电视机日复一日地收看,还是在线观看,或者下载之后在个人电脑上一下子看完,完全视个人喜好和需要而定;在看这部电视连续剧的同时,究竟是在家中的客厅里与家人边看边议论,还是通过社交网站发起投票、点评或者发表感想,又或者是加入某个网络讨论群与其他观众一起分享体会,也都可以根据个人喜好和需要来选择。从媒介机构看,传统意义上的广播电台或电视台,只是开路无线电广播或电视节目的制作机构和播出机构,从有线、卫星电视的发展,到广电、电信、互联网的"三网融合",在基于传播技术进步的媒介融合的历程中,广播电视媒介机构早已超越传统的制作播出范围。

2021年3月国家"十四五"规划纲要公布,智慧广电固边工程、智慧广电乡村工程、推进有线电视网络整合和5G一体化发展、完善应急广播体系、完善乡村广播电视基础设施建设、抵边新村广电普遍覆盖建设、壮大网络视听产业、超高清制播能力建设、电视频道高清化改造、沉浸式视频和云转播应用、视听中国、影视精品工程、纪录片创作传播、中华文化新媒体传播、网络文艺创作传播、鼓励优秀影视剧"走出去"等广播电视和网络视听重点任务项目,以及制定信息网络传播视听法律法规等重大改革举措被纳入纲要。同时,包括广电在内的融媒体中心建设、文艺作品质量提升工程、建立健全文化产品激励机制和评价体系、加强国际传播能力建设、规范发展文化产业园区等一系列其他方面的宣传文化重点任务项目也被纳入纲要①。这呈现出广播电视行业的快速变化,也预示着中国广播电视今后的发展方向。

第二节　广播电视的社会功能

一、大众媒介社会功能的早期研究

1948年,美国政治学者哈罗德·拉斯韦尔在《社会传播的结构与功能》中,从政治学的角度提出大众传播具备三项主要社会功能,即监测环境、协调社会、传承文化(哈罗德·拉斯韦尔,2015)。1960年,查尔斯·赖特在这三个功能之外增加了娱乐功能(Wright,1960),由此概括了大众传播的四大基本功能。与拉斯韦尔同时代的哥伦比亚学派代表人物拉扎斯菲尔德和默顿,在他们著名的《大众文化、流行品位和组织化社会行为》一文中提出的功能观认为,大众传播媒介具有社会地位赋予功能(the status conferral function)、强化社会规范功能(the enforcement of social norms)和负功能,即对人的麻醉作用(the narcotising dysfunction)(Lazarsfeld & Merton,1948)。美国传播学集大成者施拉

---

① 参见国家广播电视总局:《国家"十四五"规划纲要明确广播电视和网络视听重点任务项目》(2021年3月17日),http://www.nrta.gov.cn/art/2021/3/17/art_114_55431.html,最后浏览日期:2021年4月4日。

姆认为,拉斯韦尔不提传播的愉悦功能大概是认为这不是政治进程里必不可少的要素,赖特则进一步用社会学概念把协调功能称为"解释与规约",把传承文化功能称为"社会化"。至于施拉姆本人,则从政治功能、经济功能和一般社会功能三个方面对大众传播的社会功能进行了总结:政治功能主要包括监察,协调,社会遗产、法律和习俗的传递;经济功能表现在关于资源及买卖机会的资讯,解释这些资讯,制定经济政策,市场运作与控制等;一般社会功能包括社会规范、角色等的资讯,接受或拒绝这些资讯,协调公众的理解和意愿、市场控制的运行,向新社会成员传承社会规范和角色,以及包括休闲活动、从工作和现实中得到解脱、无意为之的学习、社会化在内的娱乐功能(威尔伯·施拉姆、威廉·波特,2010)。

广播电视作为社会影响广泛的大众传播媒介之一,不同的学者对其社会功能进行过诸多不同理论路径的研究,通常都离不开以下几个方面。

1. 和其他大众传播媒介一样,广播电视具有传递信息、监测环境的功能

例如,一个人可以通过收听电台的气象预报和路况交通信息,来决定今天出门需不需要带雨伞,或者开车走哪条路。从复杂的社会心理层面看,包括广播电视在内的大众传播媒介,可以通过报道、传播、传递新的符号及其内涵,来确立和改变社会上人们的共同认识,影响人们对社会问题的看法,甚至影响人们在社会生活当中的实际行为(梅尔文·L·德弗勒、埃弗雷特·E·丹尼斯,1989:10-12)。

2. 广播电视具有连接、协调、整合社会的功能

广播电视社会影响广泛,可以通过传递共同的信息和价值观,将现代社会零散的个体凝结起来,促成共同的社会认同,帮助新的社会成员融入其中,这样可以有效地将大规模的具有高度差异性的现代社会整合起来(丹尼斯·麦奎尔、斯文·温德尔,1990)。

3. 广播电视是现代社会民主政治过程重要的基本元素

广播电视既是政治人物和政府机构借助于媒介的优先使用权宣传政治主张、行使政治权力的重要手段,也是民众进行政治参与的平台。广播电视促成了新的意见表达渠道和政治参与形式,例如电台的听众热线电话节目和电视谈话节目中老百姓对社会公共事务的讨论、对公共性话题的多元意见呈现、与政府官员的直接对话等,都被认为具有建设性地促进公众的政治和社会参与的作用。

4. 广播电视具有重要的娱乐功能

作为现代社会人们最主要的娱乐方式之一,广播电视大量占据人们的闲暇时间,成为人们生活中不可或缺的组成部分。如果从社会文化领域看,广播

电视传承社会文化,塑造社会文化价值观。现代人的工作节奏很快,工作之余需要放松、娱乐。应重新认识和肯定广播电视娱乐性节目的地位和作用,把办好、办活娱乐性节目,作为赢得大众、服务大众的重要一环。

5. 广播电视是一个庞大的产业,具有强大的经济功能

例如,与其他相关的娱乐行业形成紧密的产业联系,可以获取巨额利润。广播电视盈利的一个重要途径是广告。热门的电视剧集每秒插播广告高达数十万美元,甚至更高。另外一个典型的例子是电视与体育的关系,通过电视体育转播创造的巨大经济价值重新塑造了体育产业和体育文化,形成了一种奇特的"媒介体育文化复合体"(大卫·罗维,2006)。

6. 广播电视的服务功能

近年来,随着人们对广播电视功能需求的旺盛,服务性节目开始显示出它的优势和活力。从广义上理解,凡不宜归入新闻、教育、文化娱乐节目的均可划入服务性节目,比如市场信息、天气预报、正点报时、广告。狭义的服务性节目,特指实用的,能直接帮助受众解决工作、思想和日常生活中实际问题的节目,如《消费者之声》、《生活服务》、《医生咨询》、《律师楼外楼》等。

广播电视服务性节目具有广泛性,服务方式更亲切、生动、真实。受众的广泛性要求服务性节目的触角伸向社会生活的各个角落,为受众提供多方面的服务。受众在收看收听广播电视时,要求获得新鲜信息的心理占有很大的比重,不但对新闻节目要求新,对服务性节目也要求新,包括新角度、新内容、新观点等。现在,广播电视的一些服务性节目采用杂志型板块方式,融新闻性、服务性、知识性于一体,人们在固定的节目长度内获得尽可能多样的丰富的信息。同时,内容的衔接由分割式转变为粘连式,符合受众的习惯,增强了节目的连贯性,提高了传播效果。

二、广播电视的社会功能:传播学研究的重要领域

广播电视由于其受众的广泛性,引起了传播和社会学界的高度重视,产生了一系列有价值的研究成果。

在大众媒介的传播效果研究历程当中,广播电视始终占据重要位置,许多影响深远的研究成果从不同的理论视角阐述了广播电视之于现代社会的作用和意义,对广播电视在现代社会中的效果和影响进行了深入的研究。例如,1938 年 CBS 播出日后因电影《公民凯恩》而声名远扬的天才导演奥森·威尔斯(Orson Welles)制作的广播剧《世界大战》(*The War of the Worlds*,也有按故事情节意译为《火星人入侵地球》),带来极大的社会恐慌,加速了人们对于大

众传播媒介社会影响力的反思。尽管在广播剧播出期间,电台不断告诉听众,这只是一个虚构的科幻故事,但还是在全社会引起巨大的恐慌。在故事描述的火星人登陆地点新泽西州,无数市民因惊吓而纷纷逃离。事发之后,普林斯顿广播研究中心旋即开始调查,发现当时至少有 600 万以上的美国人收听了广播,其中,有 28% 的人(约 170 万人)误以为是新闻广播而非科幻广播剧,这中间的 70%(约 120 万人)受到惊吓;在新泽西州附近对 135 名听众做的访谈显示,受访者中除 28 人外,其他 107 人均因节目而受到惊吓。造成恐慌的原因,除了当时收音机在公众心目中威信极高、人们对战争和经济危机余悸犹存外,该广播剧"描写逼真、情节细腻、音响效果极佳",也是非常重要的原因(翁秀琪,1993)。这个案例引起传播学研究的持续关注,并且作为研究对象被学者们用来展开从恐慌心理到宣传技巧、假新闻等各种研究,经年不衰(Pooley & Socolow, 2013; Cantril, 2009; Heyer, 2003)。广播的强大威力由此可见一斑。

20 世纪 40 年代初,赫尔佐格通过对日间广播剧听众的研究发现,听众会主动选择收听的内容,以及从广播当中选择什么样的内容、获得什么样的满足,对于不同听众来说是因人而异的(Herzog, 1941)。在此基础上,很多学者开始从"使用与满足"的角度对电视在儿童生活中产生的影响进行研究,揭示出电视在儿童社会化过程中的重要作用(Katz, Blumler & Gurevitch, 1973)。

在政治传播学者看来,电视带来了客厅里的民主,现代社会中政治的运作离开电视几乎是不可想象的。电视一方面给各种政治力量和政坛要员提供了一个特殊的活动场景;另一方面,也把政治带进家庭、带进客厅,进而确立起自身在政治社会化过程中的特殊地位。在西方国家,以研究大众传播媒介和竞选活动关系为主要对象的政治传播,已经积累相当丰富的成果,而电视的作用是其中非常重要的部分。一位美国学者认为,美国的政治与电视已经纠结得难解难分,所有的政治活动都在为适应电视这一舞台而变化(西奥多·怀特,1985)。美国历届总统大选时两党候选人的电视辩论,起始于 1960 年,成为美国民主的一种重要形式被延续下来。从 1960 年肯尼迪通过电视辩论战胜对手尼克松入主白宫后感慨"电视改变了潮流",到尼克松在他的回忆录中语重心长地说"要学会使用电视",再到 1996 年克林顿在竞选的最后阶段,每天花 120 万—150 万美元做电视竞选广告(时统宇,1999),"形象政治"、"电视明星总统"成为美国政治的一大特点。

格伯纳开始于 1967 年的文化指标研究,源于对电视主导的社会文化环境的关注。研究者探究电视塑造的世界和真实的现实世界的差异,考察电视对于个人的长期的涵化(cultivation)效果。研究发现,电视节目编排的整体模式是公众对社会现实达成共识的重要来源,电视培养了人们的共同观念,可以使人们以电视荧屏上呈现的社会情状、价值观和思维体系来看待真实的现实世界,是当今社会文化主流的首要渠道(乔治·格伯纳等,2009)。涵化理论研究表明,电视暴力内容不仅会对青少年的行为产生影响,而且电视内容也会影响到人的态度、价值、思想方式等内心世界。尽管该理论在学界受到来自各方的批评,但具体到电视暴力内容是否会引起青少年的攻击性行为,一直到电视在青少年社会化过程中扮演的角色,都是传播学、教育学和心理学界非常关心的问题。无论是在西方还是在中国,相关研究表明,电视是青少年接触最多的媒介,对于这些伴随着电视机成长、生活在电视日常化时代的"电视的一代",电视文化必然在他们的生活中发生影响。中国传播学者的研究表明,儿童接触媒介对他们的道德发展、现代观念、社会化确实影响显著。在一定社会因素影响下,儿童接触印刷媒介频度越高、越喜欢媒介纪实性内容,就越有利于儿童道德、现代观念、社会化的发展,即传播发生于有利于儿童的影响条件是:儿童接触印刷媒介的频度高和儿童喜欢媒介纪实性内容(卜卫,1994)。有学者将媒介对青少年产生正面影响的条件归结为"少看电视多看书"(时统宇,1999),从另一个侧面表达了对电视文化之于青少年社会化影响的忧虑与关注。

三、案例:格拉斯哥媒介研究小组的电视新闻研究和英国的广播电视文化批判

格拉斯哥媒介研究小组(Glasgow Media Group)成立于1974年,由格拉斯哥大学 Media Unit 的专家学者组成。他们的共同研究成果起初以格拉斯哥媒介研究小组的集体名义持续出版,包括:1976年出版并引起媒介行业和社会强烈反响的《坏新闻》(Bad News),1980年的《更多坏新闻》(More Bad News),1982年的《真正的坏新闻》(Really Bad News),2001年为英国国家防止虐待儿童协会(National Society for the Prevention of Cruelty to Children,简称 NSPCC)编写的《格拉斯哥媒介研究小组儿童死亡报告》(Reporting Child Deaths by Glasgow Media Group)。也有研究小组成员个人署名的著作出版,例如:创始人之一约翰·埃尔德里奇(John Eldridge)编著、1993年出版的《获取信息:新闻、真相与权力》(Getting the Message: News, Truth and Power),1995年的《新闻内容、语言和视觉:格拉斯哥大学媒介读本》(News Content, Language and Visuals: Glasgow University Media Reader),1997年的《大众媒介与现代英国的权力》(The Mass Media and Power in Modern Britain);创始人和现任主任格里

格·费罗（Greg Philo）教授编著、1990 年出版的《眼见与相信》(Seeing and Believing)，1995 年的《产业、经济、战争和政治：格拉斯哥大学媒介读本 2》(Industry, Economy, War and Politics: Glasgow University Media Reader: 2)，1999 年的《接收到的信息》(Message Received)，2000 年的《市场杀戮：自由市场的作用和社会科学家的作为》(Market Killing: What the Free Market Does and What Social Scientists Can Do about It)，2004 年的《来自以色列的坏新闻》(Bad News from Israel)，2011 年的《来自以色列的更多坏新闻》(More Bad News from Israel)，2013 年的《来自难民营的坏新闻》(Bad News for Refugees)，2019 年的《来自劳工的坏新闻：反犹主义、党派和公众信仰》(Bad News for Labour: Antisemitism, the Party and Public Belief)；大卫·米勒（David Miller）教授等人编著、1998 年的《大众传播的途径：艾滋病危机中的媒介策略、媒介呈现和受众接受》(The Circuit of Mass Communication: Media Strategies, Representation and Audience Reception in the AIDS Crisis)；艾伦·麦克劳德（Alan MacLeod）2018 年出版的《来自委内瑞拉的坏新闻：假新闻和错误报道 20 年》(Bad News from Venezuela: Twenty Years of Fake News and Misreporting)；以及数不胜数的期刊论文和报刊文章。

可以说，近半个世纪以来，格拉斯哥媒介研究小组从电视新闻开始，一直致力于对媒体进行社会引导的机制和过程的批判，不仅直接影响到英国媒体的运作实践，而且在有关媒介文化批判和新闻报道的公正性与客观性批评方面作出卓越的理论贡献。他们开创的聚焦新闻和其他媒介模式中的语言运用，以及受众如何建立意义的研究方法，对大众传播学术研究产生了深远的影响，并且外溢到其他社会科学领域，广泛用于风险分析、心理健康、歧视、气候变化和其他社会政策研究。他们的研究涵盖广播电视法规的变化对广播电视行业与国家关系的影响，BBC、ITV、4 频道播放的电视剧制作过程中的商业压力和受众意见，以及如何挑战社会敏感议题，电视如何报道卢旺达危机、非洲的灾难与叛乱、埃塞俄比亚饥荒，针对难民和移民的报道框架如何扭曲现实政治，在报道战争与冲突时电视新闻是否客观公正，不一而足。他们最近的新书《来自劳工的坏新闻：反犹主义、党派和公众信仰》分析了有关英国工党领袖杰里米·科尔宾（Jeremy Corbyn）、工党和反犹主义议题的众多媒体报道，展示了科尔宾成为工党领袖后的三年中，全英国新闻界 5 000 多篇新闻报道和文章如何呈现"制度上的种族主义"，哪些是出于政治目的而对事实进行夸大，并且在此基础上研究了这类报道如何左右公众之于工党的信任，分析了反犹主义的现实、公共辩论中的误解，以及与各种形式的种族主义斗争的最佳方法①。

　　格拉斯哥媒介研究小组秉持的是英国文化研究一贯的批判立场,他们对于广播电视社会的看法基于公共广播电视的政策初衷:英国的广播电视服务建立在为公众服务这一纲领的基础之上,英国广播公司(BBC)更是全世界公共广播电视机构的标杆。与报纸、杂志等印刷媒介不同,传统的开路广播电视通过无线电波进行传输,无线电频谱作为公共资源又是有限的,因此,广播电视服务必须向国民提供公共服务。英国广播的公共服务概念很早就已经确立,正如1923年赛克斯(Sykes)委员会提出的报告所说的那样:任何国家中可利用的波段都必须视为有价值的公共财产形式,用于任何目的的权力均需经全面细致的考虑后方可授予,用于任何特殊目的的必须以保护未来的大众利益作为前提(安德鲁·古德温、加里·惠内尔,2001)。广播(包括后来的电视)的廉价与便利,使之成为社会政治生活的重要媒介,并且在启发民主方面显示出巨大的潜力,因此,不应成为毫无节制的商业垄断事业。如果将广播电视的竞争等同于一般的商业竞争,那么"劣币驱逐良币"的法则同样会在广播电视领域发生作用。从长远来看,为争夺受众资源,广播电视将会不惜降低节目品位,以迎合观众中人数众多但较为低级的口味;节目将逐渐缺乏多样性与独创性,并且不愿意尝试富于挑战、对受众有较高要求的节目题材。

　　由此可见,广播电视在作为公共服务的发展史中,贯穿了平等、公正、多元化三个关键词:所有人都应该也能够得到广播电视的覆盖和服务;广播电视的内容服务应当既不受制于政府,也不能因商业竞争而罔顾社会责任;要照顾到各个阶层、群体的需求,提供有价值的优质节目。那么,广播的公共服务目标究竟只是一个文化理想,还是可能真正得以实现的现实境界? 英国媒介文化学者认为,当年BBC的一统天下对社会团结与国家骄傲的关心,集中在代表国家利益的大众服务角色上。用1923—1926年BBC总经理约翰·里斯的话说,是通过具有"把整个国家凝聚为一人"效应的广播节目,赋予文化与民族主义相结合这一国家文化思想以新的含义。因此,在英国,广播电视机构自始至终被要求遵循公正无私的原则,无论是公营型的BBC所赖以建立的"皇家特许状"等一系列准则或协议,还是关于商业广播——英国人向来不喜欢"商业广播"的称呼,他们称之为"独立广播"——成立的相关国会立法文件,都有关乎公正、中立的相应要求。例如,国会要求独立广播务必"在有争议的政治或工业问题上,或当今大众政策的问题上保持应有的公正"(安德鲁·古德温、

---

① 参见格拉斯哥媒介研究小组官网,https://www.glasgowmediagroup.org/,最后浏览日期:2021年4月5日。

加里·惠内尔,2001)。

然而,公正、中立不会凭空得来,若将对电视机构社会背景的研究,置于意识形态、经济权力和社会合法性等更广泛的理论框架下进行,就会看到阿尔都塞所论述的主体建构与意识形态国家机器之间的内在关联无处不在。霍尔从意识形态效应的研究框架出发,关注意识形态如何在电视中和通过电视来表达,认为研究人员的任务就是解释这些新闻的价值倾向和提出明确易懂的意识形态结构。格拉斯哥媒介研究小组的研究发现,电视报道不仅充满偏见,而且偏见并不是偶然和随意发生的过错。与在新闻报道中偶发的失实和错误不同,格拉斯哥媒介研究小组恰恰证实的是,电视新闻报道语言的使用、对被采访人的选择等,不仅使得偏见系统性存在,而且总是采纳偏向富人和权贵的少数人的观点,即使电视报道反对观点,也只能在主流意见持有者设定的框架之内[1]。至于偏见的形成是非常复杂的,从社会政治经济和文化环境,到媒体行业的工作常规,再到从业者的阶级与社会背景和工作习惯,都在大众媒介的实践中发挥作用。就像盖伊·塔奇曼(2008)所说的,新闻是社会现实的建构。这一点,是需要在观察从传统广播电视到新媒介技术的过程中不断反思的。

第三节　超越广播电视:技术驱动的未来

一、技术驱动的新型视听文化

信息技术革命不仅扩张了信息的广度、深度和时效性,也极大地改变了身处网络社会中的人们的生活环境和互动模式,过往基于传统报刊、电影、广播电视发展起来的视听文化被彻底改变了。在中国,移动互联网不仅改变了中国公众的媒介使用行为,更触发了社会生活各个领域的变革。英国文化学者尼古拉斯·米尔佐夫(2017)用两个实例来描述这一变化。一是1972年美国宇航员杰克·斯米特(Jack Scmitt)在阿波罗17号宇宙飞船上拍摄了一张地球的照片,这张迄今为止被复制得最多的照片又叫"蓝色弹珠"(Blue Marble),画面上地球以蓝色海洋为主导,其间穿插着绿色的大陆板块和漩涡状的云朵。二是2012年的两张照片:日本宇航员星出彰彦(Aki Hoshide)在太空拍摄了

---

[1] 参见格拉斯哥媒介研究小组官网,https://www.glasgowmediagroup.org/downloads,最后浏览日期:2021年4月5日。

一张自己的照片,他把摄像头转向自己,掠过地球和太空,完成了一幅自拍;美国宇航局 NASA 创作了一张新版的"蓝色弹珠",这不是一个单张照片,而是由一系列卫星拍摄的数码图片组合而成。1972 年的"蓝色弹珠"与自拍照和新版"蓝色弹珠"相距整整 40 年,这中间发生的变化可以用年轻的、城市化的、网络化的、炙热的来概括。米尔佐夫描摹了通过互联网创作、发送、浏览的各种图像之惊人的数量,断言新兴的全球社会是可视化的,图像则是人们为理解身处的不断变化的世界,以及寻找自身在世界中所处位置付出的所有努力中的关键。因此,40 年后的这两张照片是这一新的可视化世界极佳的隐喻。"自拍是在新型网络化、全球都市青年文化的第一个视觉产物",而新版"蓝色弹珠"以排列化成像(tiled rendering)这种构造数码图像的标准化方法,提供了理解新的数字时代最重要的文化特质的样本:照片中所有的细节都是准确的,但它整体上又是一个幻象,"出现在新的归档文件中的所有图像,无论是静止的还是动态的,都是数字信息的变体。从技术层面说,他们根本不是图像,而是计算机结果的呈现……我们在数码照片中看到的是一个计算过程……这是由机器所提供的观看世界的方式"(米尔佐夫,2017:前言 3-21)。换言之,尽管公众的视听内容接收行为从收音机和电视机,转移到以智能手机和电脑为中介的移动互联网应用程序与网站上,但这些声音内容和影像内容与过往模拟时代通过无线电波传送的内容,有着截然不同的技术本质。

除了上述技术本质外,以快手、抖音为代表的短视频平台展示出全新的视听媒介的活力。2019 年 8 月 26 日,开播 41 年的中央电视台权威新闻栏目《新闻联播》正式入驻抖音、快手,当天快手粉丝数瞬间超过 1 200 万,抖音粉丝数将近 1 500 万。央视新闻相关负责人称,"为什么把抖音作为主平台?……一是抖音是个巨大的短视频流量池……二是央视新闻抖音号……逐渐完成了长视频改短视频、横屏改竖屏的转化"[1]。2019 年 12 月,中国人民大学国家发展与战略研究院发布《5G 时代中国网民新闻阅读习惯的量化研究》,报告显示:受访者阅读新闻使用最多的终端是智能手机,占 99.82%;受访者每天获取新闻信息,75.25% 来源于微信群,39.02% 来源于抖音,26.61% 来源于今日头条,20.03% 来源于微博,纸媒、电视和其他只分别占到 0.68%、6.56% 和 4.24%[2]。以移动互联网和社交媒体作为主要新闻和信息获取渠道这一趋势是世界性

---

[1] 参见祖薇:《〈新闻联播〉入驻快手抖音　一天涨粉超千万》(2019 年 08 月 27 日),人民网,http://media.people.com.cn/n1/2019/0827/c40606-31318568.html,最后浏览日期:2020 年 1 月 2 日。

[2] 参见马海燕:《5G 时代中国网民新闻阅读习惯报告:手机阅读近 100%》(2019 年 11 月 16 日),中国新闻网,http://www.chinanews.com/sh/2019/11-16/9009274.shtml,最后浏览日期:2020 年 1 月 2 日。

的。2018年年初,美国皮尤研究中心发布了一项有关全球公众如何认知当今新闻业的调查,发现数字技术正在影响全球的新闻习惯:在调查展开的38个国家,42%的人每天至少一次从互联网上获取新闻,其中,较富裕国家和地区的互联网访问率更高,在14个国家和地区中,每天有超过一半的成年人在线获取新闻。调查同时显示,与一般意义上从互联网上获取新闻的国家差异不同,发展中国家的人们在社交媒体上获取新闻的比例与发达国家相比并无显著差异,每天至少一次通过社交媒体获取新闻的人分别为33%和36%[1]。社交媒体正在颠覆过往基于传统大众媒介的受众媒介行为习惯。

不仅如此,移动互联网为个人展演提供了前所未有的机遇(陆晔、赖楚谣,2020),颠覆了包括传统广播电视在内的大众媒介"一点对多点"的传播逻辑。网络空间里不间断滚动的"非排他性"摄像机(Kroon,2016)无处不在,极大地提升了整个社会的可见性(visibility)。尽管社交平台上的准社会关系互动对有些名流"大V"来说,其超社会关系的强度在很大程度上不受反馈功能的影响(Rihl & Wegener,2019),但普通人基于社交互动反馈的可见性提升正在创造出新的社会文化特质。有研究者分析在YouTube上声名远播的一位美国穆斯林Baba Ali的案例,认为YouTube催生了一种在严肃主题里杂糅幽默影像的自我表现、平凡但顽皮的互动性的新型互联网文化(Naggar,2018)。社交平台也是少数群体/弱势群体可能通过数字空间的自主选择进行自我表达的替代性场所,例如乌干达的性少数群体运用Twitter内置技术可供性的自我掌控的可见性,来对抗和挑战社会上普遍的恐同言论(Strand,2019)。在这里,基于视频的信息与传播技术(video-based ICT)融合的网络可见性(networked visibility)被认为是一种技术增强型媒介能力,正在挑战过往高度集中和基于实体空间的可见性结构,推动并扩大网络创造的数字可见空间作为合法社会存在的文化定义边界(Martini,2019)。如果套用传统的传-受角色,从传播者的角度看,社交媒体可见性的一大特征在于可以绕过传统上娱乐行业和大众媒体扮演的把关人角色,业外人士因此获得了成名的另一种机会,就像YouTube美妆视频博主通过与其受众之间可管理的连接、个人特质的丰富性、自给自足的独特文化关注,将社交媒体名人或曰"网红"的全新文化逻辑嵌入由平台商业模式、技术支持、广告和商业文化中介的互联网特质的全新产业结构当中(Hou,2019)。从受众/用户的角度看,多项实证研究显示,YouTube在

---

[1] 参见"Publics Globally Want Unbiased News Coverage, but Are Divided on Whether Their News Media Deliver," Pew Research, January 11, 2018, accessed January 3, 2020, https://www.pewresearch.org/global/2018/01/11/publics-globally-want-unbiased-news-coverage-but-are-divided-on-whether-their-news-media-deliver/,最后浏览日期:2020年1月3日。

全世界不同国家"千禧一代"当中都大受欢迎,他们享受同龄人传递的混杂的影像美学,古怪的肢体语言、玩笑和网络段子;相较视频质量,他们更在意平台的社区性,从罗马尼亚"Z 世代"(Abrudan & Neaga,2018)到葡萄牙青少年(Pereira,Moura & Fillol,2018),概莫能外。

  当然,移动互联网生产了新的传播关系,绝非传统的传-受关系可以概括。除了"人人都是传播者"这一老生常谈之外,算法是非常重要的影响因素。有研究者以"算法八卦"(algorithmic gossip)来阐释 YouTube 美妆博主如何在算法结构化的社交平台上共享和实施其可见性,并且力图以社区交流的八卦与博主上传的美妆视频之间的关系来揭示对算法的感知如何影响内容生产(Bishop,2019)。在这里,正如米尔佐夫所言,"互联网让我们经历了第一个真正意义上的集成媒体时代"(尼古拉斯·米尔佐夫,2017:导言 23),信息与传播技术驱动的新型视听文化已演变成一种实践形式,一种新的视听思考,一种"创造变化可能的方式"(尼古拉斯·米尔佐夫,2017:271)。如果单从视觉影像的维度看,"视觉行动主义是像素和创造变化的行动之间的互动。从文字处理机创作的话语到所有形式的图像、声音和视频都是像素。而我们运用那些文化形式来创造变化时所做的事情就是行动"(尼古拉斯·米尔佐夫,2017:280)。至于传统广播电视,它们并没有消逝,而是以新的面貌在新技术驱动的新型视听文化里卷入、整合、杂糅、变异,并继续对社会生活产生影响。

二、案例:澎湃新闻"城市漫步"以媒介行动创造情感社区

  随着技术和社会的整体变迁,传统新闻业在商业模式、生产常规、文本形态、与使用者关系等多个方面遭遇巨变和挑战(王辰瑶,2018),各类新型新闻模式的发展使得"新闻业"(journalism)这一术语在当下变得极具误导性(Usher,2016)。新技术带来的参与机会的扩大促使人们对新闻生产者与受众之间的传统区别提出质疑,并且带来了更多新的情感表达形式,渗透到新闻生产和消费实践中(Wahl-Jorgensen,2020),例如公民新闻的兴起(Blaagaard,2013)。从 2004 年亚洲海啸到 2013 年波士顿马拉松爆炸案,这些事件的第一个镜头都来自普通人,他们用便携式摄像机和手机记录了这些事件(Allan,2009)。这一变化不仅打破了职业管辖权的界限,也促使更具情感的新闻形式渗入新闻生产中,催生了"新的真实性"(new authenticity)——一种关于真实宣称的新的体系,它并不是与客观性的权威联系在一起,而是与内在于普通人的真实联系在一起(Wahl-Jorgensen,2016)。

  从整个媒体行业看,"广播电视"这一术语在当下也日益显得力不从心。

这倒不仅仅是因为在媒介融合背景下,所有的机构媒体都推出包括图文、数据可视化、音频、视频等在内的多种内容产品,或者公众通过社交平台与机构媒体的内容产品积极互动而推动了新型视听文化的发展,而是新技术激发的公众参与实践形态催生了立足于数字化时代技术可供性(technological affordances)、以"协作式新闻策展"(collaborative journalistic curation)(陆晔、周睿鸣,2018)为特征的媒介行动,正在激活和维系新型情感社区,创造新的公共生活。澎湃新闻"城市漫步"项目便是一例。

澎湃新闻(www.thepaper.cn)2014年7月开通,被认为是中国第一个直接切入移动互联网的媒体整体融合转型产品,它的广告语(slogan)"人塑造地方,地方也塑造人"充分体现出它的在地性与互动性。"沿苏州河而行"是澎湃新闻"城市漫步"栏目2020年度的行走项目,受新冠肺炎疫情影响,6月正式启动。苏州河漫步小组由写作者、研究者、感兴趣的普通市民、拍摄和录音志愿者构成,通过沿苏州河行走来了解它的历史及岸边现状,核心参与者的微信群人数近120人。苏州河是吴淞江入海的最后一段,被视为黄浦江的支流。除了历史上的"黄浦夺淞"之说,20世纪80年代的臭河浜、90年代河滩两岸的码头、工厂、市场,都曾在上海人的生活中占据重要位置。2020年,苏州河两岸逐步实现从外白渡桥至外环线总长约21公里、两侧合计42公里岸线的公共空间基本贯通,封闭小区和厂区逐步向公众开放,苏州河沿岸和上海的城市公共生活产生了新的联系。

2020年"沿苏州河而行"小组一共进行了8次城市漫步活动,从外白渡桥出发,以外环线为界,分段走通苏州河两岸的城市街道、社区、公园和其他公共空间。苏州河的影像、两岸的历史地标、公共空间对不同人群的公共性、沿河步行和骑行的友好程度、生态环境与水质等议题,都进入苏州河漫步小组的视野,并且在澎湃新闻官方平台,包括官网和微信公众号等,刊发了近50篇由文字内置音频和短视频、图文集、访谈和口述实录等多种文本形式构成的新闻作品①。

除了常规的文字与影像记录与呈现,8次线下的漫步活动也派生出其他类别的媒介产品。例如2020年7月11日的"唱桥会",几十位参与者从外白渡桥到恒丰路桥,在走过12座桥的同时分享自己有关苏州河的所思所想,最终完成了一次集体创作——音乐人孙大肆当场收集整理每个人写下的苏州河断想,创作成一首歌,在活动结束前带领所有人在蝴蝶湾公园学习与演唱。这首

---

① 参见澎湃新闻·思想频道—城市漫步—【专题】沿苏州河而行,https://www.thepaper.cn/newsDetail_forward_95588,最后浏览日期:2021年1月10日。

以众包方式创作的关于苏州河的歌曲《温柔的水鬼》,不仅留下了两支 MV,音乐人孙大肆也在多个场合表演,包括 2020 年 8 月上汽·上海文化广场"回到民谣——双场音乐会",使这首歌在更大范围传唱,感染更多公众。

在 8 次漫步活动之外,社交平台上的各类分享也持续不断,比如微信群里苏州河相关历史文化生态等资料的分享,相关话题的讨论,以及相关议题的转发、点赞、评论。此外,项目也延展出更具多样性的线下实体空间的其他活动,例如,历史爱好者陈仲伟在苏州河畔的"远东第一公寓"河滨大楼"河滨客厅"做的公寓历史小型图片展和学术分享会,与音乐人小河发起的公共艺术项目"寻谣计划"结合。2020 年 9 月 26 日至 12 月 13 日,上海多伦现代美术馆主办由施瀚涛策展,顾铮担任学术主持,陆元敏、鸟头小组、严怿波、朱浩等艺术家参展的《公·园》,专门为苏州河漫步小组提供了一个展位"没有围墙的公园",参展者均为"沿苏州河而行"项目参与者。作品围绕苏州河这一主题,"既有对于声音的搜集并由此折射出苏州河畔的日常生活,也有上班族对自己午休空间的视觉记录;同时,他们对于公园的记述,并不局限于人类的视角,动物的叫声、植物的种类、城市公园的生物多样性,通过他们的作品得以展示一隅。当然,作为个体的人,无疑是城市公园的使用者,是这种公共空间的参与者,同时也是公园时空的承载者。通过对他人活动的观察,这些作品试图探讨的是空间与人的关系"①。

"沿苏州河而行"这一由机构媒体主导、普通公众参与的媒介行动,无论是其内容生产呈现,还是其后续的影响力和社会文化价值,都极大地溢出传统新闻生产的框架。这个在线上发起、通过线上招募参与者、在线下展开的城市漫步一系列相关活动,最终在线上以多元视听文本形式呈现出来,并且通过社交平台不断堆叠新的点赞、评论、转发,从苏州河漫步小组进入更广阔的公共语境。如果将苏州河漫步小组的参与者视为情感公众,即通过在网络人群中传播的情感表达、以文本形式呈现出来的公众形式(Papacharissi,2016),那么他们对这一媒介行动的情感依赖正类似迪恩(Dean,2010)所说的"社区感"(feelings of community),通过共同参与的协作式新闻策展,公众以线上和线下相互嵌入的方式连接起来,创造出移动互联网时代的新公共社区——那种由情感公众(常江,2019)构成、既在线上也在线下积极参与社会公共生活的数字时代特征的情感社区。这样的新公共社会之于当下中国社会的公共生活尤为重要。

---

① 参见沈健文、袁璟:《沿苏州河而行|没有围墙的公园·开篇》,澎湃新闻,https://www.thepaper.cn/newsDetail_forward_9378971_1,最后浏览日期:2021 年 1 月 10 日。

三、新技术与数字中国发展愿景

在当下,还需要关注数据和算法作为移动互联网时代解决庞大信息池"信息过载"问题的重要手段,如何对整个传播领域造成影响。算法推荐类 App 已成为中国网民获取信息、娱乐和展开交往的重要平台(周葆华,2019),公众所处的时代不仅受到"永远在线"的影响,还受到渗透入所有领域的算法的深刻影响(Sujon & Dyer,2020),日常数字生活充满了算法选择的内容,人们也逐渐产生了"算法意识",主动感知算法的存在及其潜在影响。根据 2019 年《互联网趋势报告》,从 2017 年 4 月到 2019 年 4 月,中国短视频 App 日均使用时长从不到 1 亿小时,增长到 6 亿小时。报告显示,从短视频平台日均活跃用户数看,抖音 App 和快手 App 分别居第一位和第二位①。从技术可供性来看,这两个平台都通过内置的"拍摄——一键上传"模式和各种傻瓜式剪辑按钮、滤镜、背景音乐、字幕等便捷功能实现视频内容的制作和上传。此外,值得注意的是,这两个平台均采用推荐系统(recommendation systems)作为核心内容分发路径,对平台内的用户能够观看什么内容及如何形成不同的群体有着决定性作用,这实现了"从以传统媒体为代表的专业化分发模式(由编辑进行专业筛选与内容分发),到以社会化媒体为代表的社交分发模式,向以计算机算法为中心的机器分发模式的转移"(周葆华,2019)。随着算法越来越多地引导媒介内容挖掘读者的情感、价值观和身份,社交媒体算法与分享和互动中的情感动力相结合究竟是会强化"过滤气泡"(filter bubble)和"回声室"(echo chamber)效应进而导致更多的偏见和分歧,还是会促进更具吸引力的内容产生并增进相互理解,是移动互联网时代需要面对的重要议题。

2021 年 3 月,十三届全国人大四次会议表决通过关于"十四五"规划和 2035 年远景目标纲要,其中,第五篇为"加快数字化发展,建设数字中国"。纲要强调:"迎接数字时代,激活数据要素潜能,推进网络强国建设,加快建设数字经济、数字社会、数字政府,以数字化转型整体驱动生产方式、生活方式和治理方式变革。""适应数字技术全面融入社会交往和日常生活新趋势,促进公共服务和社会运行方式创新,构筑全民畅享的数字生活。"第十篇"发展社会主义先进文化,提升国家文化软实力"提出:"推进媒体深度融合,做强新型主流媒

---

① 参见《2019 年互联网趋势报告》(2019 年 6 月 12 日),中文互联网数据资讯网 199IT,http://www.199it.com/archives/890321.html?weixin_user_id=bao6ETQjrW2p8ZXli1Ml-uA9GWHin4,最后浏览日期:2021 年 4 月 5 日。

体。完善应急广播体系,实施智慧广电固边工程和乡村工程。""实施文化产业数字化战略,加快发展新型文化企业、文化业态、文化消费模式,壮大数字创意、网络视听、数字出版、数字娱乐、线上演播等产业。加快提升超高清电视节目制播能力,推进电视频道高清化改造,推进沉浸式视频、云转播等应用。"①广播电视的发展是与数字中国的建设愿景紧密结合在一起的,推进国家、省、市、县四级融媒体中心(平台)建设,推进国家有线电视网络整合和5G一体化发展,是国家社会主义文化繁荣发展工程在全媒体传播和数字文化建设领域的重要工作。因此,创造更丰富的视听文化产品,拓展更多元的公共视听文化服务,激发更具活力的个体视听文化选择和积极的互动参与,在技术驱动下超越传统广播电视、走向新的数字中国传播场景,未来可期。

参考文献

安德鲁·古德温,加里·惠内尔(编著)(2001).电视的真相.魏礼庆,王丽丽译.北京:中央编译出版社.

大卫·罗维(2006).没有收入,就没有比赛?——传媒与体育.载詹姆斯·库兰,米切尔·古尔维奇(编).大众媒介与社会.杨击译.北京:华夏出版社.

卜卫(1994).进入"地球村"——中国儿童与大众传播.成都:四川少年儿童出版社.

常江(2019).互联网、技术可供性与情感公众.青年记者,25.

楚亚杰,陆晔,沈菲(2020).新冠疫情下中国公众的知与行——基于"全国公众科学认知与态度"调查的实证研究.新闻记者,5.

大卫·麦克奎恩(2003).理解电视:电视节目类型的概念与变迁.苗棣,赵长军,李黎丹译.北京:华夏出版社.

丹尼斯·麦奎尔,斯文·温德尔(1987).大众传播模式论.祝建华,武伟译.上海:上海译文出版社.

哈罗德·拉斯韦尔(2013).社会传播的结构与功能.何道宽译.北京:中国传媒大学出版社.

刘思彤等(2020).公众对新型冠状病毒肺炎相关健康科普的获取途径及

---

① 参见《中华人民共和国国民经济和社会发展第十四个五年规划和2035年远景目标纲要》(2021年3月13日),中华人民共和国中央人民政府官网,http://www.gov.cn/xinwen/2021-03/13/content_5592681.htm,最后浏览日期:2021年4月5日。

影响因素研究.科技传播,5.

陆晔,赖楚谣(2020).短视频平台上的职业可见性：以抖音为个案.国际新闻界,6.

陆晔,周睿鸣(2018).新闻创新中的"协作式新闻布展"——媒介融合的视角.新闻记者,9.

路易斯·拉潘姆(2000).麻省理工学院版序——永恒的现在.马歇尔·麦克卢汉.理解媒介——论人的延伸.何道宽译.北京：商务印书馆.

罗琳等(2020).新冠肺炎疫情期公众疾病认知、应对方式及锻炼行为调查.中国公共卫生,2.

迈克尔·埃默里,埃德温·埃默里(2001).美国新闻史：大众传播媒介解释史(第八版).展江,殷文主译.北京：新华出版社.

梅尔文·L·德弗勒,埃弗雷特·E·丹尼斯(1989).大众传播通论.颜建军,王怡红,张跃宏,刘遒文译.北京：华夏出版社.

乔治·格伯纳等(2009).与电视共同成长：涵化过程.载简宁斯·布莱恩特,道尔夫·兹尔曼(主编).媒介效果：理论与研究前沿(第二版).石义彬,彭彪译.北京：华夏出版社.

让-诺埃尔·让纳内(2005).西方媒介史.段慧敏译.南宁：广西师范大学出版社.

斯坦利·J·巴兰(2016).大众传播概论：媒介素养与文化(第8版).何朝阳译.北京：中国人民大学出版社.

时统宇(1999).电视影响评析.北京：新华出版社.

王辰瑶(2018).反观诸己：美国"新闻业危机"的三种话语.国际新闻界,8.

王帆,郑频频,傅华(2020).新冠肺炎疫情中的健康传播与健康素养.健康教育与健康促进,1.

威尔伯·施拉姆,威廉·波特(2010).传播学概论(第二版).何道宽译.北京：中国人民大学出版社.

翁秀琪(1993).大众传播理论与实证.台北：三民书局股份有限公司.

吴凡(2019).融合传播时代的音频受众——8个测量仪城市广播听众基本特征及行为分析.收听研究,6.

西奥多·怀特(1985).美国的自我探索.北京：中国对外翻译出版公司.

张采(2001).日本广播概观.北京：中国广播电视出版社.

周葆华(2020).永久在线、永久连接：移动互联网时代的生活方式及其影响因素.新闻大学,3.

周葆华(2019).算法推荐类 APP 的使用及其影响——基于全国受众调查的实证分析.新闻记者,12.

Abrudan, M. & Neaga, S. (2018). How Do Romanian Post-millennials Behave on YouTube? A Comparative Analysis of Contemporary Online Cohorts. *Journal of Media Research*, 11(3): 53-70.

Allan, S. (2009). Histories of Citizen Journalism. In Allan, S. & Thorsen, E. (Eds.), *Citizen Journalism: Global Perspectives* (pp. 17-32). New York: Peter Lang.

Bishop, S. (2019). Managing Visibility on YouTube through Algorithmic Gossip. *New Media & Society*, 21(11/12): 2589-2606.

Cantril, H. (2009). *The Invasion from Mars: A Study in the Psychology of Panic*. New Brunswick: Transaction Publishers.

Herzog, H. (1941). On Borrowed Experience: An Analysis of Listening to Daytime Sketches. *Zeitschrift für Sozialforschung*, 9(1): 65-95.

Heyer, P. (2003). America under Attack I: A Reassessment of Orson Welles' 1938 War of the Worlds Broadcast. *Canadian Journal of Communication*, 28(2): 149-166.

Horton, D. & Wohl, R. R. (1956). Mass Communication and Para-social Interaction: Observations on Intimacy at a Distance. *Psychiatry*, 19(3): 215-229.

Hou, M. (2019). Social media celebrity and the institutionalization of YouTube. *Convergence: The Journal of Research into New Media Technologies*, 25(3): 534-553.

Katz, E., Blumler, J. G. & Gurevitch, M. (1973). Uses and Gratifications Research. *The Public Opinion Quarterly*, 37(4): 508-523.

Kroon, A. (2016). Messy Interviews: Changing Conditions for Politicians' Visibility on the Web. *Media, Culture & Society*, 38(7): 1015-1033.

Lazarsfeld, P. F. & Merton, R. K. (1948). Mass Communication, Popular Taste and Organized Social Action. In Bryson, L. (ed.), *Communication of Ideas*. NY: Harper and Row.

Martini, M. (2019). Topological and Networked Visibility: Politics of Seeing in the Digital Age. *Semiotica*, 231: 259-277.

McLuhan, M. (1994). *Understanding Media: The Extensions of Man*. Cambridge, Massachusetts: The MIT Press.

Naggar, S. E. (2018). "But I did not do anything!"—Analysing the

YouTube Videos of the American Muslim Televangelist Baba Ali: Delineating the Complexity of a Novel Genre. *Critical Discourse Studies*, 15(3): 303-319.

Papacharissi, Z. (2016). Affective Publics and Structures of Storytelling: Sentiment, Events and Mediality. *Information, Communication & Society*, 19(3): 307-324.

Pereira, S., Moura, P. & Fillol, J. (2018). The YouTubers Phenomenon: What Makes YouTube Be Stars So Popular for Young People? *Fonseca: Journal of Communication*, 17: 107-123.

Pool, I. S. (1990). *Technologies without Boundaries: On Telecommunications in a Global Age*. Cambridge, MA: Harvard University Press.

Pooley, J. D. & Socolow, M. J. (2013). Checking Up on the Invasion from Mars: Hadley Cantril, Paul F. Lazarsfeld, and the Making of a Misremembered Classic. *International Journal of Communication*. 7: 1920-1948.

Rihl, A. & Wegener, C. (2019). YouTube Celebrities and Parasocial Interaction: Using Feedback Channels in Mediatized Relationships. *Convergence: The Journal of Research into New Media Technologies*, 25(3): 554-566.

Strand, C. (2019). Navigating Precarious Visibility: Ugandan Sexual Minorities on Twitter. *Journal of African Media Studies*, 11(2): 229-256.

Sujon, Z. & Dyer, H. T. (2020). Understanding the Social in a Digital Age. *New Media & Society*, 22(7): 1125-1134.

Usher N. (2016). *Interactive Journalism: Hackers, Data, and Code*. Chicago: University of Illinois Press.

Wahl-Jorgensen, K. (2016). Emotion and Journalism. In Witschge, T., Anderson, C. W., Domingo, D. & Hermida, A. (Eds.), *The SAGE Handbook of Digital Journalism*. London: SAGE Publications.

Wahl-Jorgensen, K. (2020). An Emotional Turn in Journalism Studies? *Digital Journalism*, 8(2): 175-194.

Wright, C. (1960). Functional Analysis and Mass Communication. *Public Opinion Quarterly*, 24 (4): 605-620.

陈为,沈则潜,陶煜波等(编著)(2013). 数据可视化. 北京:电子工业出

版社.

胡泳(2020).数字位移:重新思考数字化.北京:中国人民大学出版社.

罗杰·西尔弗斯通(2004).电视与日常生活.陶庆梅译.南京:江苏人民出版社.

尼古拉斯·阿伯克龙比(2007).电视与社会.张永喜等译.南京:南京大学出版社.

皮埃尔·布尔迪厄(2000).关于电视.许钧译.沈阳:辽宁教育出版社.

约书亚·梅罗维茨(2002).消失的地域:电子媒介对社会行为的影响.肖志军译.北京:清华大学出版社.

图书在版编目(CIP)数据

当代广播电视概论/陆晔,赵民著. —3版. —上海:复旦大学出版社,2021.8(2024.8重印)
(复旦博学. 新闻与传播学系列教材:新世纪版)
ISBN 978-7-309-15759-8

Ⅰ.①当… Ⅱ.①陆…②赵… Ⅲ.①广播工作-高等学校-教材 ②电视工作-高等学校-教材
Ⅳ.①G22

中国版本图书馆 CIP 数据核字(2021)第 115609 号

当代广播电视概论(第三版)
DANGDAI GUANGBO DIANSHI GAILUN (DI SAN BAN)
陆 晔 赵 民 著
责任编辑/朱安奇

复旦大学出版社有限公司出版发行
上海市国权路 579 号 邮编:200433
网址:fupnet@fudanpress.com   http://www.fudanpress.com
门市零售:86-21-65102580   团体订购:86-21-65104505
出版部电话:86-21-65642845
常熟市华顺印刷有限公司

开本 787 毫米×960 毫米 1/16 印张 34.25 字数 615 千字
2024 年 8 月第 3 版第 9 次印刷
印数 53 701—59 800

ISBN 978-7-309-15759-8/G·2261
定价:68.00 元

如有印装质量问题,请向复旦大学出版社有限公司出版部调换。
版权所有   侵权必究